W0394850

Das Exil der kleinen Leute

Das Exil der kleinen Leute

Alltagserfahrung deutscher Juden in der Emigration

Herausgegeben von
Wolfgang Benz

Verlag C. H. Beck München

Die Deutsche Bibliothek – CIP-Einheitsaufnahme

Das Exil der kleinen Leute : Alltagserfahrung deutscher Juden in der Emigration / hrsg. von Wolfgang Benz. – München : Beck, 1991

ISBN 3-406-35503-X
NE: Benz, Wolfgang [Hrsg.]

ISBN 3 406 35503 X
© C. H. Beck'sche Verlagsbuchhandlung (Oscar Beck), München 1991
Gesamtherstellung: Hieronymus Mühlberger GmbH, Gersthofen
Gedruckt auf alterungsbeständigem (säurefreiem) Papier,
gemäß der ANSI-Norm für Bibliotheken
Printed in Germany

Inhalt

IV.
Rückblick und Erinnerung

V.
Suchen nach Identität

VI.
Rückkehr?

Das Exil der kleinen Leute

von Wolfgang Benz

I.

«Die Emigration war nicht gut. In dieser Welt der Nationalstaaten und des Nationalismus ist ein Mann ohne Nation, ein Staatenloser übel dran. Er hat Unannehmlichkeiten; die Behörden des Gastlandes behandeln ihn mit Mißtrauen; er wird schikaniert. Auch Verdienstmöglichkeiten bieten sich nicht leicht. Wer sollte sich des Verbannten annehmen? Welche Instanz verteidigte sein Recht? Er hat ‹nichts hinter sich› – keine Organisation, keine Macht, keine Gruppe. Wer zu keiner Gruppe gehört, ist schutzlos in dieser Welt des Kollektivs, der Masse. Wer zu keiner Gemeinschaft gehört, ist allein.»[1]

Klaus Manns Fazit umschrieb aber noch nicht die ganze Wahrheit des Exillebens. Die bitteren Worte entsprachen der Realität des politischen Emigranten, des Hitlergegners, der als Politiker oder Literat, Künstler oder Pazifist aus Deutschland hatte fliehen müssen, meist unmittelbar nach der Machtübernahme der Nationalsozialisten. Bei allem Unglück hatten diese Emigranten erhobenen Hauptes und ungebrochen an Körper und Seele ihre Heimat verlassen, um im Exil den Kampf fortzusetzen oder doch das Ende der Nazi-Tyrannei abzuwarten, auf bessere Zeiten und Rückkehr hoffend.

Das unterschied die Männer und Frauen des politischen und literarischen Exils gründlich von den «kleinen Leuten» – der Ausdruck ist nicht herablassend gemeint, er dient lediglich zur Unterscheidung von Prominenz –, denen als Juden bürgerlicher Status, wirtschaftliche Existenz und zuletzt das Lebensrecht verweigert worden war. Diese Menschen, die Helden dieses Buches, hatten unter unwürdigen Umständen Deutschland verlassen, nach Diskriminierung und Ausgrenzung, ausgeplündert und verhöhnt, tief gedemütigt und verletzt. Fast alle hatten schlimme Erfahrungen mit Nachbarn und Bekannten, Berufskollegen und Geschäftsfreunden gemacht, deren Anpassungswille an die Doktrinen des NS-Staats stärker war als ihr Vermögen zur Solidarität mit den jüdischen Bürgern des gemeinsamen Vaterlands. Viele der deutschjüdischen Emigranten hatten die Konzentrationslager erlebt, waren mißhandelt und verfolgt worden.

Und im Gegensatz zur politischen und literarischen Prominenz des Exils waren die kleinen Leute, als sie kein Geld und keinen Status mehr hatten, auch in den Ländern, auf die sie hofften, alles andere als willkommen. «Ich hab mich für Amerika begeistert», sagt Kalle in Brechts ‹Flüchtlingsgesprächen›, «und hab Amerikaner werden wollen oder wenigstens hinkommen in diese Freiheit. Ich bin vom Pontius zum Pilatus gelaufen. Der Pontius hat keine Zeit gehabt und der Pilatus war verhindert. Der Konsul hat verlangt, daß ich viermal um den Häuserstock kriech auf allen Vieren und mir dann von einem Doktor bestätigen laß, daß ich keine Schwielen gekriegt hab. Dann hab ich eidesstattlich versichern sollen, daß ich keine Ansichten hab.»[2] Den Nachsatz, mit dem Brechts Flüchtling Kalle seine Ablehnung kommentiert, er sei nicht sicher, ob seine Freiheitsliebe für dieses Land ausgereicht habe, hätten sich die jüdischen Exilanten, denen es ums nackte Überleben ging, als sie 1938 und 1939 Fluchtmöglichkeiten aus dem Deutschen Reich suchten, nicht leisten können.

Mindestens das literarische Exil wurde zur Idylle stilisiert unter erheblicher Beteiligung der Stilisierten. Die Idylle reicht von derb-bukolischer Exotik bis zu großbürgerlicher Eleganz, von Oskar Maria Graf, dem – tatsächlich? – krachledernen Bajuwaren in New York zum feinsinnigen Lion Feuchtwanger, der in Sanary sur Mer und später in Pacific Palisades mit Thomas Mann den Tee unter Palmen nimmt. Die sommerlichen Gartenfeste der literarischen Kolonie an der provenzalischen Mittelmeerküste, dann am kalifornischen Pazifik, die netten Villen und prächtigen Häuser, von denen Thomas Mann wünschte, Doktor Goebbels hätte dabeisein müssen, um neidvoll mitzuerleben, wie behaglich und schön man es hatte – die Schilderungen der Lebensumstände der Dichterfürsten verzerren das Bild vom Exil. «Wie er dort haust, ist fabelhaft», schrieb Thomas Mann über den Freund und Kollegen Feuchtwanger, «ein wahres Schloß am Meer ist sein, in den malerischen Hügeln der Santa-Monica-Bucht mit prachtvollem Ausblick gelegen, in dessen weitläufigen Wohnräumen die kostbare Büchersammlung sich reiht, die er stetig vermehrt.»[3] Das ist fast schon eine Denunziation. Aber auch Else Lasker-Schüler, die als tandbehangene Vogelscheuche durch Jerusalem irrt, allen unerträglich, unstet, in elenden Umständen lebend, paßt ins literarische Idyll, denn exzentrisch, unerträglich und ruhelos, abseits der Realität existierend war die Dichterin, wohl die bedeutendste deutscher Zunge überhaupt, auch in Elberfeld und Berlin schon gewesen.

Als das Exil als Forschungsgegenstand, spät genug, im Generationsabstand von den Ereignissen von ein paar Pionieren entdeckt wurde und als dann Scheu und Abwehr der Administratoren von Forschung und Forschungsmitteln linder wurden, steckten die Pioniere ihre Felder ab. Wichtige Untersuchungen entstanden, und das Publikum wurde über politische Gruppen und Bestrebungen im Exil und mit Biographien und Werkdarstellungen über die deutsche Literatur jenseits von Hitlers Machtbereich bekannt gemacht[4].

Den Monographien folgten Gesamtdarstellungen[5] und ein monumentales biographisches Handbuch[6]. Die erzielten Erfolge sind beachtlich. Die Exilforscher haben sich organisiert und etabliert. Ihre Aufmerksamkeit haben sie freilich bislang fast ausschließlich der literarischen, politischen und gelehrten Emigrantenprominenz, deren Geschicken, Taten und Spuren gewidmet[7]. Über den Exodus der Kultur weiß man nun einigermaßen Bescheid, und das bot auch genügend Anlaß erst zum Erschrecken und dann zur Klage über die Verluste, die der deutsche Kulturkreis durch die Barbarei des Nationalsozialismus erlitt.

Die Frage nach den Kulturträgern war natürlich nicht falsch, die Wiederentdeckung der Künstler, Professoren, Literaten war verdienstvoll, und die Beschäftigung mit liberalen, sozialistischen, katholischen Politikern, die in Paris und Prag, dann in London und New York und an vielen anderen Orten der Welt das Ende der Hitlerherrschaft abwarteten, war notwendig.

Aber mit dieser Perspektive bekommt man nur die besonnte Seite des Exils in den Blick (um nicht mißverstanden zu werden, auch diese Seite war für die meisten elend genug), nicht das gewöhnliche Exil, die Flucht und Vertreibung der kleinen Leute, die sich nicht künstlerisch, literarisch oder politisch artikuliert hatten noch solches je beabsichtigten, die einfach wegen ihrer jüdischen Herkunft entwurzelt und verjagt worden sind. Aber diese Leute aus dem kleinen und mittleren Bürgertum, die außer durch ihr religiöses Bekenntnis (und viele von ihnen nicht einmal dadurch) kaum von den nichtjüdischen Deutschen ihres Standes zu unterscheiden, die vom gleichen Vaterlandsgefühl durchdrungen waren, sie stellten das Gros der Emigranten.

Mindestens 250 000 Menschen zugleich deutscher und jüdischer Herkunft waren es, die zwischen Frühjahr 1933 und Herbst 1941 (dann wurde die zuvor erwünschte und erzwungene Flucht der Juden verboten) Deutschland verlassen mußten. Die politischen und intellektuellen Gegner des NS-Regimes, die antifaschistischen Politiker, Publizisten, Literaten, Künstler und Gelehrten bildeten zusammen eine Gruppe von weiteren 30 000 bis 40 000 Menschen, also ein Zehntel. Ohne zu behaupten, es sei falsch, diesen Eliten die gebührende Aufmerksamkeit zu widmen – auch für den kulturellen und demokratischen Konsens der Gegenwart sind sie ja wichtig –, wird man konstatieren müssen, daß nach der liebevollen Beschäftigung mit den großen und edlen Geistern ein beträchtliches Stück Realität der Erforschung erst noch bedarf.

Soweit es Ansätze dazu gibt, sind sie – in Fernsehfilmen wie in etlichen zu Büchern kondensierten Interviews[8] – parallel mancher Bemühungen auf dem Felde der Emigrationsprominenz mit rückwärts gerichtetem Blick unternommen worden. Die Autoren oder Editoren sind fasziniert vom Schicksal der Emigranten im nationalsozialistischen Deutschland, von der Geschichte ihrer Ausreise oder Flucht, und das Interesse endet mit der Ankunft in New York oder Haifa, nicht anders in der Bescheidung als die Brüder Grimm, bei denen das eigentliche Abenteuer und das wirklich Spannende, nämlich der lebenslange Alltag nach den glücklich bestandenen Aventüren der dramatischen Phase des Märchens, stets ausgespart bleibt.

Die Umstände der Ausreise mit ihren demütigenden und schikanösen bürokratischen Prozeduren waren allerdings schlimm genug, und sie übergehen, würde die Wahrheit auch verkürzen. Das aufreibende Antichambrieren bei Konsulaten und Reedereien, das Anstehen für polizeiliche und finanzamtliche Unbedenklichkeitsbescheide, die zollamtliche Abfertigung der Habe (die je länger desto mehr eine Beraubung war) hatten die 1933 oder wenig später Geflohenen – also die prominenten Emigranten – noch nicht erlebt. Das gehörte zum Alltag ab etwa 1935. Je später die Flucht aus dem nationalsozialistischen Machtbereich glückte, desto größer waren die Opfer an Hab und Gut, aber auch die psychischen Lasten im Gepäck.

Anders als die Mehrzahl der bald nach Hitlers Regierungsübernahme Auswandernden hatten alle späteren Emigranten Diskriminierung und Demütigung erlebt, die meisten auch den Verlust von Beruf und Arbeit, viele Mißhandlung und Haft im KZ. Die Auswanderung war mindestens für alle jüdischen Deutschen nach dem Novemberpogrom nicht mehr die Alternative zur Verfolgung, sondern sie schloß sich an schreckliche Erlebnisse an.

Aber doch war die Emigration, auch wenn sie mit dem Verlust der materiellen Existenz einherging, fraglos ein Privileg, das denen, die es in Anspruch nehmen konnten, wenigstens das Leben rettete. Verglichen mit Auschwitz und Treblinka, mit Majdanek und Sobibor, aber auch mit dem sogenannten Altersghetto Theresienstadt, das in Wirklichkeit ein KZ war, verdiente natürlich der erbärmlichste Neubeginn im Exil noch den Vorzug. Den Geretteten war das kein großer Trost, weil sie sich damals dem äußersten Maß an Gefährdung, dem sie ausgesetzt gewesen, oft kaum bewußt waren. Die deutschen Juden waren aber, wie Ilse Davidsohn, die Tochter des Oberkantors im Tempel Fasanenstraße in Berlin, für viele bekannte, «unendlich tief in deutscher Erde, Sprache, Kunst und deutschem Denken verwurzelt», sie fühlten sich so deutsch, wie sie glaubten, daß die legendären Eichen deutsch seien. «Und man konnte doch einer deutschen Eiche nicht einfach sagen: ‹Von heute an bist du nicht mehr eine deutsche Eiche! Zieh deine Wurzeln aus dieser Erde und geh fort!›»[9]

Solch schmerzhaftes Bewußtsein und das Abwägen zwischen den kläglichen Lebensbedingungen im Aufnahmeland, die aber in Würde und Freiheit genossen werden konnten, und der Entrechtung und Entwürdigung im Vaterland machten erst die Entscheidung und dann das Leben im Exil bitter. Die deutsche Heimat war für viele trotz allem (und ganz abgesehen von den Sprach- und Zivilisationsbarrieren) das Synonym für bürgerliche Behaglichkeit, für mäßigen Wohlstand und für geordnete, nicht improvisierte Lebensumstände wenigstens im privaten Umkreis. Die Last des Exils setzte sich aus vielen einzelnen Beschwernissen zusammen, aus Verlust und Kränkung, aus Heimweh und Schwierigkeiten in der neuen Umwelt und aus Zweifeln an der eigenen Identität.

Vernichtung – bis hin zum Physischen – geschah nicht nur in Auschwitz und den anderen Lagern, sie vollzog sich auch in New York und Tel Aviv, in Südamerika und Australien. Man wird dem Exil nicht gerecht, wenn man es nicht auch als Verfolgung begreift, die über die damals verfolgte Generation hinausreicht. Die innerfamiliären Konflikte mit den Kindern und Enkeln der Exilierten, die Aggressionen und Berührungsängste, die auf der ganzen Skala vom lebenslangen Schweigen der Opfer bis zur Anklage der Nachgeborenen artikuliert werden, sind untrennbar mit der Tatsache verbunden, daß die Emigration lebensrettend war. Am Syndrom der Überlebensschuld leiden beileibe nicht nur die geretteten Opfer der Konzentrations- und Vernichtungslager[10].

Die Figur des Möbelhändlers Neuberger, einst deutscher Rechtsanwalt, zuletzt aufgedunsener zynischer Trunkenbold der New Yorker Emigrantenszene, steht bei Oskar Maria Graf für die Zerstörung der Gemüter im Diasporaleben der 50er Jahre. «‹Früher›, sagte Neuberger schmerzlich, ‹in Deutschland, da hab' ich überhaupt nicht getrunken. Ich hab' das Saufen erst hier angefangen. Ohne Saufen halt' ich es nicht mehr aus. Es ist sonst nichts mehr! Gut und schön, die vier Jahre KZ in Dachau hab' ich überstanden, meine Zähne haben sie mir rausgeschlagen, einen doppelten Leistenbruch hab' ich, ein Stück Vieh, ein Spielzeug für Sadisten ist man gewesen, aber man hat's überlebt! Man lebt noch! Und jetzt? Jetzt geht's uns doch wieder gut!...› Er schnaubte schwer: ‹A-aber, aber es ist eben nichts, nichts, nichts mehr da, gar nichts mehr in und um uns, was uns hält oder was wir wollen. Wir wollen's schon gar nicht mehr! Zu was denn auch, zu was? Unsre beste Lebenszeit hat uns die Hitlerei gestohlen, ganz gleich, ob im KZ oder sonstwie, ganz gleich!›»[11]

Ein legendäres Bild vom Exil vermitteln alle, die der Faszination deutsch-jüdischen Lebens in New York (nirgendwo gab und gibt es Vergleichbares) erliegen und das «Café Hindenburg», den Stammtisch in der «Kleinen Konditorei» in Yorkville oder den Zirkel alter Damen im «Eclair» an der 72. Straße als den Alltag deutschjüdischer Emigranten schlechthin ausgeben. Die Fernseh-Inszenierungen und Tonbandaufnahmen mit erinnerungsseligen (oder durch entsprechende Fragestellungen zur Erinnerungsseligkeit gezwungenen) Heimwehkranken bieten ein falsches, aber willkommenes Bild, das die vielbeschworene «Betroffenheit» weckt, aber oft ohne Einsicht oder Erkenntnis zu vermitteln. Denn die wesentliche Frage muß erst noch gestellt werden, die Frage nach der realen Existenz in der neuen Heimat. Ganz vordergründig lautet sie: Wie hat sich der jüdische Viehhändler aus Mittelfranken nach 1938 in Cincinnati, Ohio, einrichten können, wie fristet der jüdische Metzger aus Hessen in Argentinien sein Leben, welche Identitätskrisen und Konflikte spielen sich in der zweiten und dritten Generation der Auswanderer in Israel, in Neuseeland, auf den Philippinen ab?

Hinweise zur Realität der nach einem halben Jahrhundert immer noch andauernden Vertreibung sind etwa die Suchanzeigen in den «Mitteilungen des Verbandes ehemaliger Breslauer und Schlesier in Israel e. V.». Ein kanadischer Staatsbürger fragt dort, wer Auskunft geben kann über das Schicksal seiner Eltern, seines Bruders und zweier Vettern, «alle früher wohnhaft in Beuthen, Oberschlesien, Hohenzollernstraße 14». Das ist nur ein Beispiel. Lehrreich ist auch die Lektüre des ‹Aufbau› (America's only German Jewish Publication – Founded in 1934), insbesondere die Rubrik Kleinanzeigen, in der die Alten von Washington Heights Wohngefährten suchen, wo Hinweise auf Zeitzeugen und Verwandte erbeten werden, wo Aufkäufer von Hausrat ihre Dienste anbieten.

Mit der Beschreibung der Gegenidylle deutschjüdischer Emigration in New York als Kontrastprogramm zu Thomas Mann und den wenigen anderen, die in einigermaßen komfortablen Umständen lebten, ist es freilich nicht getan. Joachim Prinz, ehemals Rabbiner in Berlin, als Jugendführer, Zionist und feuriger Kanzelredner berühmt, der seine Karriere in New York fortsetzen konnte, hat die Schwierigkeit des Zurechtfindens, das Trügerische der Situation in New York benannt. Man komme mit dem wirklichen Leben Amerikas kaum in Berührung, da eine jüdische Bevölkerung von nahezu zwei Millionen die engere Umgebung bilde. «Das bedeutet, daß die Patienten, die Kunden, die Lieferanten, der Besuch, die Bridgepartner, die Freunde unserer Kinder – daß sie alle, alle Juden sind. Das legt sich gut und schützend um das neue Leben, denn es wird erstaunlich viel getan, und meist in erheblicher Großzügigkeit. Aber es schützt nicht nur, es versperrt einem auch die Aussicht. Man sieht nicht das Wesentliche, und man will es auch nicht sehen.» Geschrieben 1937[12].

Die Situation ist anders heute. Die Überlebenden der ersten Generation hausen vereinsamt in armseligen Wohnungen wie die frühere Berliner Ärztin Hertha Nathorff, deren spät veröffentlichtes Tagebuch[13] viele Gemüter bewegte: Kontakte zur Außenwelt, wegen der körperlichen Gebrechen nur noch möglich mit dem Telefon, bestehen vor allem zu anderen alten Damen, die auch längst verwitwet sind, die sich auch nicht mehr aus ihren Behausungen wagen, weil sie hinfällig sind oder Angst haben. Das ist ein Stück der Geschichte des gewöhnlichen Exils, des Existenzkampfs einfacher Leute, die entwurzelt wurden, die darunter leiden, daß sie nach der Vertreibung nicht mit offenen Armen empfangen wurden, weil man sie nicht brauchte, weil man sie nirgendwo gerufen hatte, weil sie nur gerade geduldet waren.

Andere Facetten derselben Geschichte spiegeln das Schicksal der Sophie Caplan, die als kleines Mädchen aus Eschweiler an der holländischen Grenze vertrieben wird, erst im französischen Exil, dann in der neuen Heimat Australien mühsam in fremden Sprachen Schulbildung erwirbt, studiert, Talente entfaltet und Selbstbewußtsein findet, die Distanz hält zu Deutschland und bekennt, daß der Umgang mit Deutschen für sie Ähnlichkeit mit dem Gang durch ein Minenfeld hat.

Oder die Geschichte von Herbert Liffman, der den Umgang mit gleichaltrigen Deutschen eher mied, seit er im Februar 1939 31jährig mit zehn

Mark in der Tasche Deutschland verließ. Er kam aus dem deutschjüdischen Mittelstand, aus einer patriotischen Familie, hatte in Köln studiert. In Melbourne 35 Jahre lang eher erfolglos als Inhaber eines Lesezirkels um seinen Lebensunterhalt bemüht, fand er im Alter als ehrenamtlicher Dozent in der Erwachsenenbildung die Befriedigung, die der Existenzkampf versagte. Zeitlebens auf der Suche nach seiner Identität beschrieb sie der 80jährige als dreifältig: Vornehmlich Jude, die deutsche Kultur im Blut, aber seine Heimat war Australien, für das er weit stärkere Gefühle empfand als nur die Dankbarkeit, daß die Einwanderungserlaubnis sein Leben gerettet hatte.

II.

Oft ist die Frage gestellt worden, warum sich die deutschen Juden dem drohenden Ungemach denn nicht mehrheitlich durch rechtzeitige Flucht aus dem Machtbereich Hitlers entzogen hätten. Zu den Gründen gehören die ökonomischen Schwierigkeiten, die einer Ausreise im Wege standen, und ebenso die politischen Hindernisse, die den Juden aus Deutschland (und später aus ganz Europa) von den potentiellen Aufnahmeländern in den Weg gelegt wurden. Das Selbstverständnis der hoch assimilierten deutschen Juden war ein gewichtiger, zunächst sogar der gewichtigste Grund, der gegen die Auswanderung sprach.

Anfang 1933, zum Zeitpunkt der nationalsozialistischen Machtübernahme, lebten im Deutschen Reich etwas mehr als eine halbe Million Menschen, die sich zum Judentum bekannten und sich als religiöse Minderheit (0,76 Prozent der Gesamtbevölkerung) verstanden. Zur Besonderheit dieser Minorität gehörte, daß sie in einigen Berufen überproportional häufig vertreten war, vor allem in den Sparten Handel (vom Viehhändler über den Makler zum Bankier), in den Berufsgruppen der Ärzte und Rechtsanwälte in künstlerischen und kulturwirtschaftlichen Berufen. Das hatte lange zurückliegende soziale und politische Gründe, an denen die Juden selbst die geringste Schuld hatten. Die traditionelle Judenfeindschaft mit ihren lange über die formelle bürgerliche Gleichstellung der Emanzipationszeit hinaus wirksamen gesellschaftlichen Diskriminierungen scherte sich ja nicht darum, was Ursache, was Wirkung war. Ebenso war es den Antisemiten wenig wichtig, wie die Juden als kulturelle und religiöse Minderheit in Deutschland tatsächlich lebten; ihnen war nur am Zerrbild einer allen Deutschen feindlich gesonnenen, Wucher und Schacher treibenden Schar fremdartiger Schmarotzer gelegen, das sich als politisches Instrument gebrauchen ließ[14].

Überspitzt formuliert hätte der Antisemitismus gar nicht gegen die in der Wirklichkeit existenten Juden gerichtet sein müssen, denn seine Funktion bestand ja auch – und bis 1933 sogar in erster Linie – darin, als Motivations-

und Rechtfertigungsideologie Anhänger zu mobilisieren und beim Kampf um die Macht zu aktivieren. Dazu brauchte es nicht die Realität der Juden – die ja auch keineswegs dem Zerrbild entsprach, das die nationalsozialistische Propaganda von ihnen zeichnete –, die Rolle der Ersatzschuldigen etwa am verlorenen Ersten Weltkrieg, an der Friedensordnung von Versailles, an der Inflation war von der NS-Ideologie auf diese Minderheit projiziert. In dieser abstrakten Funktion wurden die Juden vor allem anderen gebraucht.

Konkretisieren ließ sich der seit dem 19. Jahrhundert anwachsende Rassenantisemitismus politisch am ehesten an der Gruppe der Ostjuden mehrheitlich polnischer Staatsbürgerschaft, die im Deutschen Reich lebten. Diese Ostjuden, die den Kaftan oder wenigstens einen Gehrock trugen, die Jiddisch sprachen und nicht nur im Religiösen orthodox waren, traten überwiegend in Berlin in Erscheinung. Im Scheunenviertel, unweit vom Alexanderplatz, führten die meisten von ihnen ein kümmerliches Leben. Man konnte sich ins osteuropäische Schtetl versetzt fühlen, unter Kleinhändler und Arbeitslose, die die Straßen, und Fromme, die die Bethäuser und Synagogen bevölkerten. Die in der legendären Grenadierstraße und ihrer Umgebung lebenden Ostjuden waren während und nach den Revolutionswirren aus Rußland, Polen und dem Baltikum zugewandert, angezogen auch vom Vertrauen in die Liberalität der Weimarer Republik[15].

Aus der Perspektive der deutschen Juden, der Emanzipierten und Assimilierten, für die Jiddisch eine Fremdsprache war, die die Sitten und Gebräuche der Ostjuden als seltsam empfanden, waren diese Menschen allenfalls Objekte der Fürsorge, wie man sie im Elend und in Not lebenden entfernten Verwandten eben schuldet. Die Unterstützung von Auswanderungsbestrebungen dieser Ostjuden nach Übersee lag den alteingesessenen deutschen Juden aus naheliegenden Gründen am Herzen. Denn keinesfalls wollten sie mit diesen knapp 99 000 Glaubensbrüdern identifiziert werden, die 1933 in der Statistik des Deutschen Reiches besonders aufgeführt wurden, weil sie die deutsche Staatsbürgerschaft nicht hatten. Wenig scheuten die deutschen Juden mehr, als mit solchen andersartigen Leuten verwechselt zu werden.

Schlimmer als diese auf bewußter Karikatur oder absichtsvollem Mißverständnis beruhende Konkretisierung des Jüdischen in der nationalsozialistischen Propaganda waren freilich die Verschwörungstheorien, die auf sozialem Neid aufbauten und die die – keineswegs in der Überzahl befindlichen – wohlsituierten Juden zum Ausgangspunkt nahmen, um Machenschaften eines «Weltjudentums» gegen «die Deutschen« zu unterstellen. Das war insbesondere bei Kleinbürgern und verarmten Angehörigen des Mittelstands wirksam, weil es simple Erklärungsmuster für die kaum zu durchschauenden Ursachen der ökonomischen Katastrophe der Inflation von 1923 lieferte. Der Jude habe «es gewagt, dem deutschen Volke den Krieg zu erklären. Er betreibt in der ganzen Welt mit Hilfe der in seinen Händen befindlichen Presse einen groß angelegten Lügenfeldzug gegen das wieder national gewordene Deutschland», hieß es im Aufruf zur Massenkundgebung auf dem Münchner Königsplatz am Vorabend des Boykotts der jüdischen Geschäfte und Unternehmungen, die für den 1. April 1933 angesetzt war[16]. Weniger primitiv, aber nicht weniger falsch war der andere Vorwurf an die Adresse der deutschen Juden, sie lebten in einer doppelten Loyalität, nämlich zuerst als Juden, dann als Deutsche.

Am 30. Januar 1933 hatte sich die antisemitische Propaganda der Nationalsozialisten als erfolgreich erwiesen. Sie war ja eine der tragenden Säulen der Ideologie, deren Anhänger jetzt zur Macht gekommen waren. Der Antisemitismus wurde – daran waren bald alle Zweifel vergeblich – zur Staatsdoktrin, und es erhob sich zunächst allenfalls die Frage, ob die Judenfeindschaft auch zum Machtanspruch gehörte oder ob sich der zum Erfolg gelangte Nationalsozialismus mit Drohgebärden begnügen würde. Darauf hofften natürlich viele, die in angstvollem Abwarten die Hitler-Regierung beobachteten.

Sollte alles Streben nach Emanzipation und Assimilation, wie es in der kurzen Zeit der Weimarer Republik als der letzten kulturellen Blütezeit des deutschen Judentums erreicht schien, zerrinnen, weil die NSDAP mit ihrer primitiven Rassenideologie zur Macht gekommen war? Das schien unvorstellbar, aber bald vernahmen die deutschen Juden mit ungläubigem Staunen, daß ihr Einsatz fürs Vaterland im Ersten Weltkrieg, daß ihre Liebe zu Deutschland, daß ihre Wurzeln in deutscher Kultur und Geistigkeit nun nicht mehr existent sein sollten. Die wenigsten glaubten den Drohungen, daß «die Judenfrage» von der Hitler-Regierung mit Gewalt gelöst würde, viele weigerten sich gar, die angekündigten Maßnahmen als Realität zur Kenntnis zu nehmen, fühlten sie doch ebenso wie andere nationalliberal oder demokratisch, deutsch-national oder sozialdemokratisch empfindende Deutsche sich mit manchen Zielen und Bestrebungen der von Hitler geführten Reichsregierung solidarisch: Für die Überwindung des Versailler Vertrags und den Wiedergewinn nationaler Größe begeisterte sich das jüdische Bürgertum nicht weniger als das nichtjüdische.

Für den gebildeten deutschen Juden war es, trotz gelegentlicher Ausschreitungen, die zu beobachten, aber auch als unerlaubte Übergriffe abzutun waren, in den ersten Wochen nach der Machtübernahme Hitlers einfach nicht denkbar, daß bürgerliche Rechte und wirtschaftliche Existenz der deutschen Juden durch den Nationalsozialismus zerstört werden könnten, von Schlimmerem ganz zu schweigen.

Über die sogenannte Judenfrage wurde ja mindestens seit Jahrzehnten gestritten. Ein so vornehmer Mann wie Heinrich von Treitschke, der den Radauantisemitismus ablehnte, aber an ein «germanisches Volksgefühl» gegenüber dem fremden jüdischen Element glaubte und den Antisemiten manches handliche Schlagwort («Die Juden sind unser Unglück») lieferte, hielt an den Errungenschaften der Emanzipation fest. Die bürgerlichen Rechte sollten den Juden natürlich nicht genommen werden, erklärte er Ende des vorigen Jahrhunderts in dem berühmten Streit mit seinem Historikerkollegen Theodor Mommsen. Der hatte entgegnet, die Juden seien ebenso Deutsche wie die Nachkommen der französischen Hugenotten in Preußen. Entscheidend war beim damaligen Historikerstreit, daß trotz der gegensätzlichen Positionen der Kontrahenten Konsens bestand, daß der rechtliche Status der deutschen Juden unantastbar sei[17].

Jetzt war mit der vermeintlichen nationalen Erhebung Anfang 1933 jedoch der Antisemitismus in seiner schlimmsten Spielart die offiziell herrschende Lehre geworden. Der Antisemitismus wurde zur Konsolidierung der neu etablierten Herrschaft benutzt und planmäßig angewendet zur moralischen Diskreditierung, sozialen Diffamierung und rechtlichen Diskriminierung der jüdischen Minderheit in Deutschland.

Die deutschen Zionisten waren der Zukunft gegenüber skeptischer als die im «Central-Verein deutscher Staatsbürger jüdischen Glaubens» Organisierten, die sich programmatisch ebenso zum «Judentum» wie zum «Deutschtum» bekannten, die vielfach dem Traum einer deutschjüdischen Symbiose anhingen, deren nationale Hoffnungen und Sehnsüchte sich in nichts von denen der nichtjüdischen deutschen Staatsbürger unterschieden. Trotz aller Skepsis – und darin waren sich die kleine Gruppe der Zionisten und die mehrheitlichen Anhänger der deutschjüdischen Assimilation im Centralverein einig – gaben sich die jüdischen Kommentatoren auch in den folgenden Wochen – und viele noch länger – überzeugt, daß zwischen dem Volkstribun Hitler in Stiefeln und Braunhemd und dem Reichskanzler Hitler im Gehrock, flankiert von deutschnationalen und anderen hochkonservativen Notabeln, ein grundlegender Unterschied sei. Was der Parteiführer Hitler propagiert habe, könne der Kanzler Hitler nicht realisieren, ja nicht einmal wollen. Im übrigen glaubten sie an die Kraft der Normen, die Verankerung der Gleichberechtigung der deutschen Juden in der Reichsverfassung, die nicht durch das Programm der NSDAP einfach ersetzt werden könne. Daß genau dieses geschehen würde, widersprach aller Vernunft und schien daher außer dem Bereich des Möglichen. Ganz entschieden faßte daher die ‹Jüdische Rundschau›, das Organ der Zionisten, den Kanzler ins Auge und brachte die Sache auf den Punkt: «Die deutschen Juden, von der Partei des Reichskanzlers dauernd bedroht und beleidigt, herabgewürdigt und verleumdet, fordern von jeder Regierung, welche es auch sei, die Respektierung ihrer Existenz, ihrer Ehre und Art.»[18]

Das Präsidium des Centralvereins deutscher Staatsbürger jüdischen Glaubens übergab am 30. Januar 1933 der Öffentlichkeit eine Resolution, deren Quintessenz im Schlußsatz lautete: «Im übrigen gilt heute ganz besonders die Parole: Ruhig abwarten», und das war auch der Tenor des Artikels, den

Rechtsanwalt Ludwig Holländer, der Direktor des Centralvereins und Chefredakteur der ‹C. V.-Zeitung›, zum Ereignis verfaßt hatte: «Ernst und besorgt blicken die deutschen Juden in die Zukunft», hieß es da, und es habe keinen Sinn, sich über die Gefahr zu täuschen, die darin bestehe, daß die führenden Männer einer judenfeindlichen Partei nun die Politik beherrschen. Aber: «Auch in dieser Zeit werden die deutschen Juden ihre Ruhe nicht verlieren, die ihnen das Bewußtsein untrennbarer Verbundenheit mit allem wirklich Deutschen gibt. Weniger denn je werden sie ihre innere Haltung zu Deutschland von äußeren Angriffen, die sie als unberechtigt empfinden, beeinflussen lassen»[19].

Ludwig Holländer hatte aber auch einfließen lassen, was vielen Gegnern einer Regierung Hitler als Trost diente, die Vermutung nämlich, daß sich das vom Reichspräsidenten abgesegnete Bündnis der bürgerlichen Konservativen mit der NSDAP als kurzlebiges Experiment, dessen Mißlingen als wahrscheinlich galt, herausstellen werde. Auf Recht und Gesetz wies der Centralverein ausdrücklich hin, durch die Veröffentlichung der Eidesformel, die Hitler auf die Weimarer Verfassung geschworen hatte, und durch die Zitierung der drei für den Status der Juden wesentlichen Verfassungsartikel: Die Gleichheitsgarantie für alle Deutschen (Artikel 109), die Bestimmung über die unterschiedlose Zulassung aller Staatsbürger zu den öffentlichen Ämtern (Artikel 128) und die Zusicherung der Glaubens- und Gewissensfreiheit allen Bewohnern des Deutschen Reiches (Artikel 135).

Die optimistische Vermutung, daß die Judenfeindschaft der NSDAP nicht in Judenverfolgung von Staats wegen münden würde, teilten mit dem Centralverein auch andere Gruppen im deutschen Judentum. Im ‹Israelit›, dem «Centralorgan für das orthodoxe Judentum», war zu lesen, daß das Kabinett Hitler zwar eine «schwere stimmungsmäßige Belastung der ganzen deutschen Judenheit» bedeute und darüber hinaus alle besorgt mache, die in der «Überspitzung des nationalistischen Rassen-Fanatismus unserer Tage ein Hemmnis auf dem Wege menschlicher Gesittung und weltgeschichtlichen Fortschritts erblicken», aber man gab sich zuversichtlich, daß die neue Regierung nicht nach den Rezepten im ‹Völkischen Beobachter› und im ‹Angriff› vorgehen könnte oder das auch nur wollte, also «kurzer Hand die deutschen Juden ihrer verfassungsmäßigen Rechte entkleiden, sie in ein Rassen-Ghetto sperren oder den Raub- und Mord-Instinkten des Pöbels preisgeben» würde[20].

Der «Reichsbund jüdischer Frontsoldaten» übte sich in selbstverleugnender Loyalität zu einer Reichsregierung, die sich dadurch nicht im mindesten beeindrucken ließ. Seine Hauptaufgabe sah der betont national auftretende Reichsbund wie schon vor 1933 darin, auf die 12000 jüdischen Gefallenen des Ersten Weltkriegs verweisend, der antisemitischen Propaganda vom Drückebergertum der Juden entgegenzutreten. Dazu diente in erster Linie die Zeitschrift ‹Der Schild›, von der im August 1933 eine Sondernummer erschien, mit dem Zweck, die Rechtsposition der jüdischen Deutschen eindringlich zu beschwören[21].

Die öffentlichen Reaktionen der verschiedenen politischen oder ideologischen Richtungen im Judentum dürfen freilich nicht darüber hinwegtäuschen, daß die Mehrheit sicherlich ängstlich-abwartend, aber vor allem indifferent die Ereignisse hinnahm. Es waren die wenigsten, die auf die neue Regierung mit dem Gedanken an Auswanderung reagierten. Diejenigen, die sich politisch oder literarisch gegen die Hitlerbewegung exponiert hatten und die Rache der Nationalsozialisten fürchten mußten, wie der Schriftsteller Lion Feuchtwanger, der Pazifist Emil Gumbel, die Publizisten Alfred Kerr, Rudolf Hilferding, Theodor Wolff, flohen natürlich ins Exil. Aber die Mehrzahl fühlte sich persönlich nicht bedroht und dachte nicht an Auswanderung. Daß nur die Emigration lebensrettend war, und für viele, die später in Frankreich und Holland unter der deutschen Besatzung den Häschern der Gestapo in die Hände fielen, galt nicht einmal das – wer konnte das vor dem November 1938 wissen?

Im Rückblick ist es nicht schwer festzustellen, daß die am frühesten von Maßnahmen der neuen Regierung Betroffenen die größeren Chancen hatten. Margot Bloch-Wresinski etwa, eine junge Sozialarbeiterin in Berlin, verlor im Mai 1933 ihre Stelle und schloß sich einem Jugendgefährten an, der schon zwei Monate vorher als Jude die Kündigung erhalten hatte. Er wollte sich «als Pionier zum Aufbau von Palästina melden». Die jungen Leute bereiteten sich im Memelland in einem landwirtschaftlichen Lehrgut auf das Siedlerleben in Palästina vor, «Hachscharah», Ertüchtigung, hieß dieses Training. Ende 1934 gingen sie in Haifa an Land, dann kamen sie nach Tel Aviv, «der ersten von Juden erbauten und nur von Juden bewohnten Stadt. Welches Erlebnis für uns! Alle Straßenbezeichnungen, alle Aufschriften an den Geschäften in hebräischen Buchstaben!»[22]

Die Wendung zum Zionismus und der Anschluß an den Hechaluz, die Pionierorganisation der jungen Juden für Palästina, war aber als Antwort auf den Nationalsozialismus die Ausnahme. Die Erinnerung des jungen Frankfurter Juden Georg Kiever an die Anfänge der NS-Zeit überliefert die typischere Reaktion. Die Wendung vieler Juden zum Zionismus war ihm ebenso unverständlich wie die Gleichschaltung der deutschen Gesellschaft. Er lebte in einem bewußt assimilierten Elternhaus, in dem auch keine tiefe Bindung zur jüdischen Religion bestand. Die Eltern waren eigentlich Freidenker: «Aber die Religion diente ihnen, besonders Mama, als eine Art Kitt, der die Familie zusammenhielt ... Dem ganzen damaligen Rummel vom wiedererweckten jüdischen Bewußtsein stand ich ablehnend gegenüber. Dabei war anfänglich durchaus nicht eine betonte deutsche Haltung meinerseits ausschlaggebend, das kam erst später. Vorläufig war meine Absicht, in absehbarer Zeit einen technischen Beruf zu ergreifen wesentlicher.»[23]

Nach der Reichstagswahl vom 5. März 1933, die der NSDAP 43,9 Prozent und der Koalition mit den Deutschnationalen knapp die absolute Mehrheit brachte, wurden die Stimmen stärker, die eine Art Rückzug propagierten ins innere Exil, verbunden mit der Belebung jüdischer Tradition und der Neubesinnung auf jüdische Religiosität und jüdischen Geist. Im ‹Israelitischen Familienblatt›, das in den innerjüdischen Richtungsstreitigkeiten neutral war, konnte man Mitte März als Nutzanwendung aus dem Tagesgeschehen lesen, wenn es draußen gewittere, müsse man den Schutz seines Hauses, die Geborgenheit der jüdischen Familie und Gemeinde aufsuchen: «Die jüdische Familie ist die feste Burg, in die wir uns in der Stunde der Not flüchten. Aber diese Burg muß stark, mit Idealismus ausgestattet sein. Und die jüdische Gemeinde ist ihrem Ursprunge und ihrem Berufe nach eine erweiterte jüdische Familie, unserem Herzen ebenso nah und teuer wie jene.» Geboten schien die Tugend der Entsagung, empfohlen als alte jüdische Kunst, und als notwendig wurde das Wiederfinden jüdischer Eigenart, die Bewahrung jüdischer Ehre und, als Voraussetzung dazu, die Überwindung der Zerrissenheit im Judentum propagiert: «Wenn je ein Waffenstillstand im Kampfe der Richtungen und Parteien not tat, dann heute. Die schwere Lage muß uns einig finden. Das jüdische Bewußtsein muß gestärkt, das Gefühl für jüdische Würde gesteigert werden.»[24]

Die von der NSDAP Ende März angekündigte und am 1. April 1933 in Szene gesetzte Boykott-Aktion brachte für die Juden nach den Wochen bangen Ahnens das erste tiefe Erschrecken und das erste Signal, daß die Nationalsozialisten bei den gewohnten Deklamationen ihres Antisemitismus nicht stehen bleiben würden. Die Proteste und Verwahrungen, die Ende März von jüdischen Offiziellen verfaßt wurden, bestanden aus einer Mischung von feierlicher Zurückweisung der «ungeheuerlichen Anschuldigungen, die gegen uns deutsche Juden erhoben werden», entschiedener Distanzierung von der ausländischen Presse, die mit ihrer Berichterstattung über die Judenpolitik der Hitlerregierung den Anlaß bot, und Appellen an Anstand und Vernunft. In keinem dieser Dokumente, die Regierungsstellen auf allen Ebenen bis hinauf zur Reichskanzlei zugestellt oder in der jüdischen Presse veröffentlicht wurden, fehlte der Hinweis auf die jüdischen Opfer im Ersten Weltkrieg[25].

Die offizielle Reaktion der Repräsentanten des deutschen Judentums auf die Boykott-Ankündigung bestand in einem Appell an den Reichskanzler, in dem sie beteuerten, wie sie sich «mit allen Fasern ihres Herzens der deutschen Heimat verbunden» fühlten. Das Plädoyer, Rechtsverwahrung und Hilferuf in einem, schloß mit Beschwörungen: «Wir rufen dem deutschen Volke, dem Gerechtigkeit stets höchste Tugend war, zu: Der Vorwurf, unser Volk geschädigt zu haben, berührt aufs tiefste unsere Ehre. Um der Wahrheit willen und um unserer Ehre willen erheben wir feierlich Verwahrung gegen diese Anklage. Wir vertrauen auf den Herrn Reichspräsidenten und auf die Reichsregierung, daß sie uns Recht und Lebensmöglichkeit in unserem deutschen Vaterlande nicht nehmen lassen werden[26].

Die jüdische Minderheit in Deutschland war alles andere als eine soziologisch, kulturell, politisch geschlossene Gruppe mit gleichartigen Überzeugungen, Verhaltensweisen und Reaktionen auf die Bedrohungen durch den nationalsozialistischen Staat. Auch nach dem 1. April 1933 schlossen sich die jüdischen Reihen nur zögernd. Das Bedürfnis nach Positionsbestimmung, nach Definition des jüdischen Selbstverständnisses, nach der Wiederbelebung jüdischer Eigenart wurde allenthalben artikuliert und – streng nach Richtungen geschieden – zur wichtigsten Forderung der Zeit erhoben. In der jüdischen Presse taucht folgender Gedankengang verschiedentlich auf: Der Nationalsozialismus sei Ausdruck der Selbstbesinnung der deutschen Menschen, er stehe für die nationale Wiedergeburt des deutschen Wesens, und die Antwort auf jüdischer Seite müsse (schon weil der Antisemitismus der Nationalsozialisten eine solche erzwinge) in der Rückbesinnung auf traditionelle jüdische Werte und Leistungen bestehen.

Das wurde von den einzelnen Fraktionen im Judentum aber ganz unterschiedlich verstanden. Die Zionisten warfen den Leuten vom Centralverein vor, sie erschöpften sich in der Aufzählung der Leistungen und Verdienste, die das deutsche Judentum zugunsten der deutschen Nation erbracht habe, um mit dem Goethe-Wort «Wenn ich dich liebe, was geht's dich an» zu resignieren. Sie verlangten statt Opportunismus und Sentimentalität ein energisches Bekenntnis zum Judentum und die Auseinandersetzung in «der Judenfrage» mit dem «Deutschtum», die sie sich freilich ehrenvoller gedacht hatten: «Wir hätten gewünscht, daß die Initiative rechtzeitig von den Juden ausgegangen wäre oder daß wenigstens in einem Stadium, wo die Zuspitzung der Lage bereits offenkundig war, die deutschen Juden das Wesen des Geschehens begriffen hätten.»[27] Besonders kritisch äußerten sich auch die jungen Juden, die sich in der zionistischen Jugendbewegung engagierten und nach bewußt jüdischen Antworten auf die nationalsozialistische Herrschaft suchten[28]. Von orthodoxer Seite wurde dagegen die Erneuerung aus dem Geist der jüdischen Religion propagiert, gipfelnd im Aufruf zur Teschuwo (Umkehr und Buße)[29].

Die ‹Jüdische Rundschau› wurde im Frühjahr 1933 zum geistigen Wegweiser für die deutschen Juden durch eine Folge von Artikeln, die mit dem vielzitierten Aufsatz «Tragt ihn mit Stolz, den gelben Fleck!» aus der Feder des Chefredakteurs Robert Weltsch einen bedeutenden Auftakt hatte[30]. Der 1. April könne und müsse der Tag des jüdischen Erwachens und der jüdischen Wiedergeburt sein. Daß der jüdische Neubeginn im Zeichen des Zionismus stehen müsse, verstand sich für die ‹Jüdische Rundschau› und ihre Leser von selbst. Die Zionisten waren nach dem 1. April 1933, an dem den deutschen Juden nachdrücklich demonstriert wurde, daß ihr Heimatrecht in Deutschland ausgelöscht werden sollte, die einzige Fraktion der deutschen Judenheit, die eine Perspektive bot. Die Durchhalteparolen der ‹C. V.-Zeitung› waren wenig tröstlich. «Haltung!» lautete dort die Losung, und der

Historiker Ismar Elbogen propagierte unter dieser Überschrift «Denken wir an die Geschichte unserer Väter, die immer wieder solche Katastrophen erlebt und dennoch den Lebenswillen nicht aufgegeben haben!»[31]

Die Schlußfolgerung lautete, die Lage der deutschen Juden sei nur so lange verzweifelt, als sie an sich selbst zweifelten, eine Gemeinschaft gehe nicht unter, solange sie sich nicht selbst aufgebe. In die Praxis umgesetzt bedeutete das Wohlfahrtsmaßnahmen und Existenzsicherung auf bescheidenem Niveau, Berufsumschichtung und andere Anstrengungen der jüdischen Selbsthilfe wie Wirtschaftsberatung, genossenschaftliche Zusammenschlüsse, Arbeitsvermittlung. Dieser Weg wurde in den folgenden Jahren beschritten. Mit bewundernswertem Einsatz bemühten sich Organisationen wie die «Zentralstelle für jüdische Wirtschaftshilfe» oder der «Zentralausschuß der deutschen Juden für Hilfe und Aufbau» um ein Notdach. Zukunftweisend konnten diese Anstrengungen aber nicht sein, und mehr und mehr war diese Arbeit von der bitteren Erkenntnis getränkt, daß es für Juden in Deutschland keine Existenzmöglichkeit mehr gab. Daß die Vertreter der Juden den Lebensraum, der blieb (wenngleich er immer kleiner wurde), verteidigten, und daß viele sich an ihr Dasein in Deutschland klammerten, war wohl nur natürlich[32].

Die Erkenntnis, daß die Basis jüdischen Lebens in Deutschland verlorenging, war im Frühjahr 1933 unter den Juden noch nicht besonders verbreitet. Der Schock der Boykott-Aktion stärkte freilich die Autorität der Zionisten, die – je radikaler sich das NS-Regime gab und je bedrohlicher die Situation für die Juden in Deutschland wurde – sich darauf berufen konnten, mit ihrer Propaganda zur Stärkung des jüdischen Selbstbewußtseins und zur Gründung einer eigenen Nation auf dem Boden Palästinas auf dem richtigen Wege zu sein, und zwar schon seit langer Zeit. Die Leitartikel in der ‹Jüdischen Rundschau›, die zur Erneuerung des Judentums aufriefen, gaben in der Folgezeit auch vielen Nichtzionisten moralischen Halt. Unter dem Titel «Ja-Sagen zum Judentum» wurde konstatiert, das Gemeinschaftsgefühl unter Juden sei stärker geworden. Jüdische Menschen, die vor kurzem noch achtlos und gleichgültig aneinander vorbeigingen, seien einander nähergekommen. «Man empfindet den Juden als Schicksalsgenossen, als Bruder. Jüdische Menschen können wieder miteinander sprechen.»

Aber darum ging es nicht in erster Linie. Die weltanschaulichen Differenzen im Judentum verschwanden keineswegs plötzlich in der Versenkung, die Funktionäre des Centralvereins warnten auch weiterhin davor, sich in Gruppenisolation – gemeint war: ins Ghetto – zu begeben durch die bewußte und demonstrative Hinwendung zum Jüdischen. Die Zionisten hatten mit ihrem Appell «Ja-Sagen zum Judentum» eine Aufbruchstimmung erzeugt, die nicht nur nach Taten – etwa der Hachscharah, der Ertüchtigung fürs Siedlerleben – drängte, sondern auch zur Suche nach einem neuen jüdischen Selbstgefühl, einer Bestimmung des Standorts: «Wir Juden, die wir die jüdische Gemeinschaft nicht als ‹aufgezwungen› betrachten, sondern als eine natürliche geschichtliche Gegebenheit, zu der wir innerlich ja sagen und aus der heraus wir unser gesamtes Leben gestalten wollen, nehmen für uns in Anspruch, die deutsche Bildung und Kultur, in der wir aufgewachsen sind, als unentwindbaren Besitz zu behalten und als deutsche Bürger für das Ganze einzustehen.»[33]

Ab Mai 1933 arbeiteten führende Männer aus allen Lagern des deutschen Judentums mit Eifer daran, das jüdische Leben neu zu strukturieren, organisatorisch mit dem Ziel eines für alle Richtungen repräsentativen Dachverbands, kulturell in der Hoffnung auf die Zusammenfassung der Kräfte zur Artikulation jüdischen Selbstbewußtseins und sozial, um der Notwendigkeit zu wirtschaftlicher Selbsthilfe und Fürsorge zu entsprechen. Auf dem letztgenannten Tätigkeitsfeld kamen mit der Gründung des «Zentralausschusses für Hilfe und Aufbau» im April 1933 die Dinge am schnellsten in Fahrt. Einmal gab es bereits Organisationen wie die «Zentralwohlfahrtsstelle der deutschen Juden» oder den «Hilfsverein der deutschen Juden» und das Palästina-Amt der Jewish Agency, zum anderen war angesichts der äußeren Bedrohung die Einigung auf ökonomischem und sozialem Gebiet leichter als in den politisch und ideologisch besetzten Bereichen. So waren im Zentralausschuß alle wichtigen jüdischen Organisationen vertreten, der Centralverein, die Zionistische Vereinigung für Deutschland, der preußische Landesverband jüdischer Gemeinden, die Jüdische Gemeinde Berlin, der Jüdische Frauenbund und die orthodoxe Landesorganisation der Agudas Jisroel. Dem Zentralausschuß präsidierte der prominente Rabbiner Leo Baeck, die Richtung bestimmten Jüngere wie der Generalsekretär Max Kreutzberger, der freilich schon 1935 nach Palästina auswanderte, Salomon Adler-Rudel, der 1936 aus Deutschland ausgewiesen wurde, und Friedrich Brodnitz, der 1937 in die USA emigrierte. Sein Nachfolger Paul Eppstein kam 1944 in Theresienstadt ums Leben.

Der Zentralausschuß bildete in den sechs Jahren, die ihm bis 1938/1939 blieben, ein eindrucksvolles und alle Lebensbereiche umfassendes Selbsthilfewerk, finanziert von den jüdischen Gemeinden im Deutschen Reich, aber auch großzügig subventioniert von ausländischen Hilfsorganisationen wie dem American Joint Distribution Committee und der Central British Fund und gespeist aus den Sammlungserträgen der Jüdischen Winterhilfe[34].

Das Arbeitsprogramm mußte in Reaktion auf die fortschreitende ökonomische und soziale Diskriminierung der Juden in Deutschland immer wieder erweitert und neu definiert werden. So erhielt der Bereich Bildung und Erziehung nach dem Erlaß der Nürnberger Gesetze größere Bedeutung, als mit einem eigenen jüdischen Schulwerk nicht nur jüdische Gemeinschaft und jüdisches Bewußtsein, sondern gleichzeitig die Auswanderungsfähigkeit durch Hinführung zu praktischen Berufen durch Unterricht in Hebräisch gefördert wurde. Auswanderungsvorbereitungen und die Hilfe für

Auswanderungswillige spielten naturgemäß eine große Rolle, aber auch die Maßnahmen zur Berufsumschichtung, das heißt, die Vermittlung von meist manuellen Kenntnissen und Fähigkeiten, mit denen sich die aus ihren Berufen Verdrängten – etwa die aus dem öffentlichen Dienst, im Bereich der Presse usw. Entlassenen oder die brotlos gewordenen Freiberufler – die künftige Existenz sichern sollten. Die ganze Skala der Wohlfahrtspflege und Wirtschaftshilfe mußte, da ja die jüdischen Deutschen zunehmend aus dem öffentlichen System der sozialen Sicherung ausgegrenzt wurden, vom Zentralausschuß für Hilfe und Aufbau übernommen werden, und das angesichts der rapide zunehmenden Verarmung der deutschen Juden[35].

Darlehenskassen, Arbeitsvermittlung, Wirtschaftshilfe für besondere Berufsgruppen, Gesundheitsfürsorge, Altenpflege, Anstaltswesen, Kriegsopferfürsorge bildeten im Organisationsplan die wichtigsten Positionen. Die Leistungen demonstrierten Selbstbehauptungskraft und Solidarität in einer von Tag zu Tag bedrohlicher werdenden Umgebung. Nicht weniger bedeutsam waren die Anstrengungen im kulturellen und geistigen Leben, die der «Kulturbund Deutscher Juden» ab Mitte Juli 1933 unternahm.

Das schwierigste Problem der Selbstdarstellung des deutschen Judentums bildete der ebenso dringende wie unter dem Druck der Verhältnisse eilig und im letzten Moment vollzogene Bau eines gemeinsamen Daches über den politisch, soziologisch und religiös so verschiedenen Organisationen, Richtungen und Gruppierungen. Im September 1933 war die Einigung erzielt (nur die Orthodoxen des Halberstädter Verbands hielten bis 1937 weiterhin Distanz), und Präsident Leo Baeck veröffentlichte das Programm der «Reichsvertretung der deutschen Juden». Sie hatte sich vor allem drei Aufgaben gestellt, nämlich Erziehung im Geiste des Judentums in Schule und Beruf, Sicherung der wirtschaftlichen Existenz und Förderung der Auswanderung aus Deutschland[36].

Der letztgenannten Aufgabe dienten neben dem «Zentralausschuß für Hilfe und Aufbau» (er wurde 1935 der Reichsvertretung eingegliedert) drei weitere Organisationen: Der 1901 gegründete «Hilfsverein der deutschen Juden» hatte ursprünglich die Aufgabe, den nach Deutschland einwandernden Ostjuden das Weiterkommen nach Übersee zu ermöglichen. Nach 1933 entwickelte er sich zur zentralen Institution, die mit 18 Büros in Deutschland und 400 Kontaktadressen in der ganzen Welt bei der Auswanderung half, durch Beratung, Nachweis von Möglichkeiten, Informationen über Auswanderungsländer und finanzielle Unterstützung für rund 31 000 Menschen. Der «Hilfsverein» war nicht zuständig für die Palästina-Auswanderung. Dies war Aufgabe des «Palästina-Amts», einer Abteilung der Jewish Agency for Palestine, also der Zionistischen Zentralorganisation. Der «Hauptstelle für jüdische Wanderungsfürsorge» schließlich oblag die Sorge für nichtdeutsche Juden. Seit Dezember 1937 arbeiteten alle einschlägigen jüdischen Organisationen in der «Zentralstelle für jüdische Auswanderung» zusammen.

Der NS-Staat forcierte und bremste die Auswanderung der deutschen Juden gleichzeitig. Die Verdrängung aus der Wirtschaft förderte den Emigrationswillen, aber die Ausplünderung durch Vermögenskonfiskation und ruinöse Abgaben hemmte die Auswanderungsmöglichkeiten. Kein Immigrationsland ist an verarmten Einwanderern interessiert, und eine Heimtükke des Regimes bestand darin, daß es den Antisemitismus zu exportieren hoffte, wenn die aus Deutschland vertriebenen Juden zum sozialen Problem in den Aufnahmeländern würden.

Im Juli 1938 fand am französischen Ufer des Genfer Sees eine internationale Konferenz statt, die den Problemen der jüdischen Auswanderung aus Deutschland gewidmet war. Eingeladen hatte Präsident Roosevelt, gekommen waren Vertreter von 32 Staaten und vieler jüdischer Organisationen. Außer der Etablierung eines «Intergovernmental Committee for Refugees» mit Sitz in London und der vagen Zusicherung einiger Staaten, die bestehenden Einwanderungsquoten könnten in Zukunft voll ausgeschöpft werden, geschah jedoch nichts, was die Emigrationsmöglichkeiten der Juden aus Hitlers Machtbereich verbessert hätte.

Institutionell zuständig war in Berlin zunächst das Reichswanderungsamt im Reichsministerium des Innern; im Januar 1939 wurde nach einem von Adolf Eichmann in Österreich entwickelten Modell die «Reichszentrale für jüdische Auswanderung» gegründet. Sie unterstand dem Chef der Sicherheitspolizei, Reinhard Heydrich, und ressortierte offiziell beim Reichsinnenministerium, de facto war die Geschäftsstelle identisch mit der Abteilung II der Gestapo. Die Auswanderungspolitik des NS-Regimes war widersprüchlich und undurchsichtig, dem verstärkten Druck zur Emigration Anfang 1939 folgten massive Behinderungen bis zum Auswanderungsverbot im Herbst 1941. Gefördert wurde die Auswanderung nach Palästina, dazu gab es komplizierte Vereinbarungen zum Kapitaltransfer (Haavara-Abkommen) und die Unterstützung der illegalen Einwanderung nach Palästina. Behindert wurde dagegen die Auswanderung in die europäischen Nachbarländer.

III.

So wenig «die Juden» in Deutschland als homogene Gruppe gesehen werden dürfen, so individuell, vom jeweiligen sozialen Status und von politischen wie religiösen Überzeugungen abhängig, waren die Überlegungen, die zur Frage der Auswanderung angestellt wurden. Mit zunehmender Diskriminierung und Ausgrenzung aus dem gesellschaftlichen und ökonomischen Leben nahm die Bereitschaft zur Emigration zu. Einen wesentlichen Impuls gaben die Nürnberger Gesetze, mit denen die deutschen Juden im

September 1935 zu Bürgern minderen Rechts erniedrigt wurden; das Olympiajahr 1936 schien dagegen eine Beruhigung der rabiaten Judenpolitik zu verheißen, im Jahr 1938 steigerte sich die Judenfeindschaft dann zur offenen Verfolgung. Jetzt waren die Möglichkeiten zur Auswanderung freilich drastisch schlechter geworden.

An zwei Familienschicksalen läßt sich die Situation charakterisieren. Den Gedanken, Deutschland zu verlassen, haben die Nathorffs lange erwogen. Als sie im Juli 1938 erfahren, daß ihre ärztliche Approbation ab 30. September 1938 erloschen sein wird – das trifft mit der 4. Verordnung zum «Reichsbürgergesetz» alle jüdischen Ärzte in Deutschland –, steht der Entschluß fest. Das Ehepaar Nathorff, beide erfolgreiche Mediziner in Berlin, bittet Verwandte in USA um ein «affidavit of support», die nach dem amerikanischen Einwanderungsgesetz notwendige Bürgschaft, die unerläßliche Vorbedingung einer Auswanderung in die Vereinigten Staaten. Das begehrte Papier ist im August in ihren Händen und wird beim US-Konsulat eingereicht. Daß eine Wartezeit bevorstand, war sicher – die Konsulatsangestellten hatten keinen Grund zur Eile bei der Bearbeitung der Anträge, und außerdem gab es für die Einwanderung nach USA Länderquoten, in die man eingereiht werden mußte[37].

Aber während der Wartezeit wurde der Novemberpogrom inszeniert. Die «Reichskristallnacht» vom 9. November wird für die deutschen Juden zur Apokalypse. Dr. Erich Nathorff wird abgeholt und kommt ins KZ Sachsenhausen. Er ist einer von rund 30 000 jüdischen Männern, die in diesen Tagen für Wochen oder Monate nach Dachau, Buchenwald, Sachsenhausen verbracht werden. Ihre Drangsalierung und Demütigung hat den Zweck, Druck zur Auswanderung auszuüben. Wenn eine konkrete Emigrationsmöglichkeit nachgewiesen ist, sollen die Männer freigelassen werden. Die Frauen machen angstvoll Jagd nach den notwendigen Papieren, kämpfen mit gelangweilten Bürokraten, schachern mit skrupellosen Geschäftemachern, die Visa und Passagen dubioser Qualität als Rettungschancen feilbieten.

Frau Nathorff hat Mitte November 1938 immerhin eine telegraphische Einladung von Verwandten nach Kalifornien. Damit steht sie fünf Stunden vor dem amerikanischen Konsulat, um eine Bestätigung darüber zu erlangen, daß sie im August das Affidavit eingereicht hat. Vergeblich. Bei der Auswandererberatungsstelle will sie eine Bescheinigung, die notwendig ist zur Ausstellung eines Passes. Den erhält man aber nur, wenn ein definitiver Ausreisetermin angegeben werden kann. Sie sendet Telegramme in alle Welt nach Visa, egal wohin, nach Schiffspassagen zu jedem beliebigen Hafen in Übersee. Ein Visum für Chile, von einem österreichischen Nazi angeboten, soll 3000 Reichsmark kosten. Ein Reisebüro offeriert – legal, nach stundenlangem Verhandeln – eine Passage nach Kuba, im Februar 1939.

Kuba wird gebucht. Das Vorzeigegeld, das in Havanna vorzuweisende Anfangskapital, wird telegraphisch von den amerikanischen Verwandten erbeten. Sie sagen zu, es in Kuba zu deponieren. Im Auswanderungsamt kann Hertha Nathorff jetzt den Reisepaß beantragen. Nach stundenlangem Anstehen (auf der Treppe, die als Extraaufgang nur von Juden benützt wird) bekommt sie eine Nummer für den nächsten Tag, an dem sie die für das Weitere erforderliche Bescheinigung abholen kann. Zwei Tage später, am 5. Dezember, wird der Paß bei der Polizei beantragt. Dazu ist es notwendig, Unbedenklichkeitsbescheinigungen verschiedener Finanzämter beizubringen, daß alle Steuern bezahlt sind, daß auch die «Reichsfluchtsteuer» entrichtet ist.

Am 8. Dezember bekommt Hertha Nathorff im amerikanischen Konsulat die Quotennummer zugeteilt; wegen der langen Wartezeit bis zur Einreise in die USA wird es notwendig sein, einen Zwischenaufenthalt in England zu organisieren. Erste Zweifel an der Seriosität der Kuba-Passage kommen auf. Am 15. Dezember wieder ein Gang zum Finanzamt. Der Anteil an der «Sühneabgabe», der den deutschen Juden zynisch auferlegten Sondersteuer von einer Milliarde Reichsmark aus Anlaß des Novemberpogroms, muß bezahlt werden. Das Geld ist auch für diejenigen, die Vermögen haben, nur mit Schwierigkeiten aufzutreiben, denn seit Ende April 1938 sind jüdische Vermögen sequestriert. Kurz vor Weihnachten gibt es neue Probleme beim Versuch, ein Permit (Erlaubnisschein) für den Zwischenaufenthalt in England zu bekommen, das britische Konsulat braucht eine Bestätigung vom US-Konsulat mit dem Zeitpunkt der Einreiseerlaubnis für Amerika.

Dieses Datum wird aber nicht bekanntgegeben, und deshalb gibt es kein Permit für England (15. Januar). Über den jüdischen Hilfsverein ist dann doch zu erfahren, daß die Einreise nach USA ab August 1939 möglich sein wird. Jetzt braucht das britische Konsulat die Quotennummer (20. Januar). Am 30. Januar wird bekannt, daß die gebuchte Schiffspassage nach Kuba nicht zu erhalten ist.

Wenigstens kommt am 11. Februar das Permit für Großbritannien: Aufenthaltserlaubnis für ein halbes Jahr. Am 2. März verläßt der 14jährige Sohn Deutschland, Frau Nathorff hat für ihn einen Platz in einem Kindertransport nach London ergattert. Die Auflösung der Wohnung beginnt. Am 12. März entscheidet ein Beamter im Auftrag der zuständigen Behörde, wieviel Abgaben zu entrichten sind für die Ausfuhr des Eigentums. Am 18. März müssen Schmuck und Silber abgeliefert werden, das ist Pflicht für alle Juden. Die Ablieferung findet in der Pfandleihe statt, und bezahlt werden auf amtliche Anordnung nur Bruchteile des Wertes. Zur Auswanderung darf die Familie Nathorff drei Bestecke und fünf kleine Schälchen aus Silber (je 40 Gramm schwer) behalten, ferner die Trauringe und eine silberne Uhr.

Am 1. April werden die Listen für das Umzugsgut genehmigt. Vier Tage lang wird an Ort und Stelle von Zollbeamten Stück für Stück alles überprüft. Dann, am 6. April 1939, geht der Speditionsbehälter mit dem Rest der Habe, der «Lift», wie er im Emigrantenjargon allenthalben heißt, nach Rotterdam. Von dort aus soll er nach USA verschifft werden. Die leeren Zimmer der Wohnung sind versiegelt, die Koffer für die Reise nach England plombiert. Drei Wochen später, am 27. April, reist das Ehepaar Nathorff im Zug nach Bremerhaven und weiter nach England. Der Aufenthalt dort zieht sich in die Länge, die Situation ist mehr als deprimierend: in einer dürftigen Kammer in einem Londoner Vorort notiert Hertha Nathorff: «Seit Anfang Mai sitzen wir so und warten, mein Mann und ich – stumm, zerquält und verzweifelnd. Dieses Wartenmüssen, es hat uns um alles gebracht, alles, was wir an irdischen Gütern noch besessen hatten. Unsere Schiffskarten sind verfallen, unser Geld in Deutschland ist nicht transferiert worden, unser Lift in Holland ist verloren, weil wir jetzt den Transport in Devisen ein zweites Mal zu bezahlen hätten, da die Nazi-Räuber auch dieses Geld nicht transferiert haben. Auf fremde Hilfe und Güte sind wir angewiesen für unser kärgliches Essen und Wohnen.»[38] Ende Februar 1940 kommt die Familie Nathorff endlich in New York an und beginnt mit dem Wiederaufbau einer bescheidenen Existenz.

Im Vergleich mit der Auswanderung in den ersten Jahren des NS-Regimes ist die Emigrationsgeschichte der Familie Nathorff ein Drama, verglichen mit anderen verlief sie freilich glimpflich.

Dr. Alfred Heller, Druckereibesitzer und Verleger in München, dessen Tochter und Schwiegersohn seit Februar 1935 in Palästina leben, trägt sich seit 1937 mit dem Gedanken, den Münchner Betrieb aufzulösen und in Palästina neu zu beginnen. Er ist kein Zionist, er will nur aus der Not das Beste machen. In der «Reichskristallnacht» wird er ins KZ Dachau verschleppt. Im Frühjahr 1939 bemüht sich das Ehepaar mit aller Kraft, aus Deutschland wegzukommen.

Das Einwanderungszertifikat für Palästina ist längst beantragt, das Vermögen zum Transfer bereitgestellt, der Transfer des Vorzeigekapitals angemeldet. Mit zwei Jahren Wartezeit, erfährt Dr. Heller, ist zu rechnen, bis seine Anmeldenummer aufgerufen wird. Das hat, neben der restriktiven Politik der britischen Mandatsmacht, auch fiskalische Gründe: Die 1000 Pfund Vorzeigekapital, die in Palästina verlangt werden, müssen von der Reichsbank (gegen 26 000 Reichsmark nach der Bestimmung vom Frühjahr 1939) zugewiesen werden im Rahmen der Verfügbarkeit von Devisen.

Dr. Heller bittet Verwandte in der Schweiz, ihn und seine Frau für die Dauer der Wartezeit aufzunehmen. Es fällt ihm schwer, danach zu fragen, aber den Verwandten sind sie willkommen. Die Schweizer Behörden verlangen indes Beweise für die «ernste Weiterwanderungsabsicht» der Hellers, und diese sind in bürokratisch befriedigender Form nicht beizubringen. Dr. Heller schreibt Gesuche um Aufenthaltsgenehmigungen auf dem Weg nach

Palästina nach Cypern, Griechenland und Italien. Inzwischen haben die Kinder in Haifa das Vorzeigekapital aufgebracht und die Einreisegenehmigung beantragt.

Dr. Heller betreibt nun die Auflösung von Geschäft und Wohnung und kümmert sich wie Zehntausende deutscher Juden, wie auch die Nathorffs in Berlin, um die Ausreiseformalitäten bei der Polizei, beim Paßamt, bei der Auswanderungsberatungsstelle, beim Finanzamt, der Vermögensverwertungsstelle, dem Devisenamt und der Devisenüberwachungsstelle, beim Zoll. Das Vermögen schwindet durch die Gebühren, Abgaben, Steuern rasch dahin, «die Werte schmolzen wie an der Sonne. Was in Jahrzehnten aufgebaut und zusammengetragen, ging in Augenblicken verloren».[39] Schließlich ist der «Lift» beim Spediteur zum Transport nach Palästina an die Adresse der Kinder. Er geht gerade noch vor Kriegsbeginn ab; Hellers Lift bleibt nicht, wie so viele, deren Besitzer die Weiterbeförderung in ausländischer Valuta nicht bezahlen können, in Rotterdam oder Triest und anderen Häfen liegen, wo er für die Eigentümer unwiederbringlich verloren ist.

Aber für das Ehepaar Heller sinken die Chancen der Auswanderung. In Palästina sind neue Bestimmungen in Kraft. Es muß wieder ein Ausweg, eine Zwischenlösung gesucht werden. Hilferufe gehen nach USA. Ein amerikanischer Verwandter überweist die von den britischen Behörden verlangte Garantiesumme für den Lebensunterhalt in London. Das Permit für den Zwischenaufenthalt in Großbritannien ist vielleicht schon unterwegs, als das britische Konsulat die Arbeit einstellt. Es ist September 1939. Der Zweite Weltkrieg hat begonnen.

Im Spätherbst findet sich – zufällig hat Dr. Heller davon erfahren – eine Gelegenheit zur Auswanderung, und Mitte Dezember 1939 verlassen sie München, um auf die abenteuerlichste Weise den illegalen Weg nach Palästina zu suchen. Die Schweizer Verwandten haben für sie zwei Plätze gebucht für eine Reise, die über Wien nach Preßburg auf Donauschiffen bis zum Schwarzen Meer und von dort aus entlang der türkischen Küste durch die griechische Inselwelt über Kreta nach Erez Israel führen soll.

Veranstalter der Reise war die «Aktion Auswanderung» in Wien. Unternehmen eines Kommerzialrats Storffer, der mit Duldung der Gestapo in Zusammenarbeit mit der Wiener jüdischen Gemeinde das Ziel hatte, möglichst viele Juden aus dem deutschen Herrschaftsbereich fortzubringen. Daß *die Auswanderung* legal war, konnte den Reisenden leicht bestätigt werden, für *die Einwanderung* nach Palästina war das Unternehmen nicht zuständig.

Für die Hellers und 3500 Mitreisende wird es eine Odyssee mit Entbehrungen und Zwangsaufenthalten von deprimierender Dauer. Schon die erste Station, Preßburg/Bratislava, die kurz vor Weihnachten 1939 erreicht wird, erweist sich als Alptraum. Weil die Donau zugefroren ist, weil die Veranstalter finanzielle Probleme haben, wegen der politischen Lage (welche Flagge können die Schiffe führen?), müssen die jüdischen Auswanderer neun Monate in Lagern, bewacht von der Hlinka-Garde, der slowakischen SS, ausharren.

Am 4. September 1940 legt die Flüchtlingsflottille endlich ab, vier gefährlich überladene Schiffe mit Juden aus Deutschland, Österreich, dem «Protektorat Böhmen und Mähren». In Tulcea im Donaudelta steigen sie um auf drei seegängige Schiffe, «Atlantik», «Pacific» und «Milos», Seelenverkäufer, mit Bretterbuden auf Deck kläglich ausgerüstet, in der Überfüllung schwimmenden Konzentrationslagern ähnlich. Schwierigkeiten mit den rumänischen Behörden, der griechischen Reederei, Mangel an Verpflegung und Kohlen verzögern die Weiterreise. Man wartet auf ein viertes Schiff, die «Rosita», auf die unsägliche Mannschaft. Nach wochenlangem Aufenthalt werden am 7. Oktober die Anker gelichtet unter der Flagge Panamas.

In Istanbul helfen die ortsansässigen Juden, finanzieren Hafengebühren und liefern Proviant. Genügend Kohlen sind aber nicht aufzutreiben. Die Weiterfahrt dient vor allem der Suche nach Brennstoff, vergeblich in Mytilene, Lesbos, Samos. In Kreta wird nach vielem Hin und Her schlechtes Heizmaterial erworben, am 7. November geht es weiter. Die Ägäis ist inzwischen Kriegsgebiet. Der Kapitän der «Atlantik» hat Angst, versucht zu fliehen, will die jüdischen Flüchtlinge sich selbst überlassen. Längst haben sie begonnen, die armselige Schiffsmannschaft selbst nach Kräften zu ersetzen. Aber das Schiff macht kaum noch Fahrt, der Dampfdruck ist wegen der miserablen Kohle zu gering. Die Reisenden verfeuern alles, was aus Holz ist auf dem Schiff, kriechen so mit letzter Kraft ohne Proviant und Wasser nach Cypern. Für viel Geld und ihre Wertsachen gibt es neue Vorräte. Schließlich, unter britischem Kommando, erfolgt der Aufbruch zur letzten Etappe nach Haifa. Anfang Dezember 1940 erreichen die drei Schiffe die Küste Israels.

Aber die Flüchtlinge aus dem Reich Hitlers dürfen nur an Land, um im Internierungslager Atlith südlich von Haifa auf ihre Deportation zu warten. Der britische Dampfer «Patria» soll die Illegalen, die unerwünschten Einwanderer, wieder nach Europa bringen. Als die «Patria» nach einer Explosion untergeht, wobei fast 300 Menschen den Tod finden, zeigen sich die Engländer gnädig: die Geretteten dürfen in Palästina bleiben. Hellers gehören jedoch nicht dazu. Am 9. Dezember 1940 transportiert sie ein britisches Schiff auf die Insel Mauritius. Hier bleiben die Emigranten bis zum Sommer 1945 in einem Polizeigefängnis interniert, bei unzureichender Ernährung, in schwer erträglichem Klima, getrennt nach Geschlechtern, von Malaria geplagt. Am 26. August 1945, mehr als sechs Jahre nach der Abreise in München, betritt Alfred Heller endlich palästinensischen Boden. Seine Frau wird vom Schiff getragen, sie stirbt wenige Tage nach der Ankunft. Heller findet eine Anstellung in einer Druckerei und gründet später eine Werkstatt für Büttenpapier. Zehn Jahre bleiben ihm noch bei Kindern und Enkeln in der neuen Heimat. Auch sein Schicksal ist typisch, denn darin spiegeln sich die existentiellen Probleme einer jeden Flucht aus Hitlerdeutschland: die «Wahl» des Auswanderungslandes und die Bestimmung des Zeitpunkts der Emigration, sofern Vokabeln wie «Wahl» und «Bestimmung», die Freiheit und Handlungsspielraum suggerieren, hier angebracht sind. Brecht hat es auf die Formel gebracht: «Damit man herausbringt, ob man schon heut fliehen muß oder erst morgen fliehen darf, ist eine Intelligenz nötig, mit der man noch vor ein paar Jahrzehnten hätt ein unsterbliches Werk schaffen können.»[40]

IV.

Der Zweite Weltkrieg machte zudem die europäischen Orte des Exils zu unsicheren und gefährlichen Plätzen.[41] Daß die Flüchtlinge in Frankreich nach der Invasion deutscher Truppen im Frühjahr 1940 Unangenehmes erwartete, wunderte keinen, daß sie aber als Feinde betrachtet und in Internierungslagern zusammengepfercht wurden, verstanden sie nicht recht. Lion Feuchtwanger, der sich in Südfrankreich so wohl gefühlt hatte, erinnerte erbittert daran, wie man die Emigranten aus Deutschland gefeiert hatte, als sie vor Jahren gekommen waren, die Zeitungen brachten damals herzliche und respektvolle Begrüßungsartikel, die Behörden versicherten, «es sei eine Ehre für Frankreich, uns gastlich aufzunehmen, der Präsident der Republik hatte mich empfangen. Jetzt also sperrte man uns ein.»

Im Internierungslager Les Milles bei Aix en Provence teilte der berühmte Schriftsteller Exilerfahrungen der kleinen Leute: «Am schwersten erträglich im Lager war mir, daß man niemals mit sich allein sein konnte, daß immer, Tag und Nacht, bei jeder Verrichtung, beim Essen und beim Schlafen und bei der Entleerung, hundert Menschen um einen waren, schwatzende, lachende, schreiende, seufzende, weinende, fressende, schmatzende, schnarchende, furzende, stinkende, schwitzende, sich säubernde Menschen. Ja, jede Verrichtung geschah in der größten Öffentlichkeit, und selbstverständlich spürte keiner die geringste Scham vor dem andern.»[42]

Auch in Großbritannien empfand man die Deutschen, die als Hitlergegner oder verfolgte Juden auf die Insel gekommen waren, nach Kriegsausbruch als bedrohliche Gäste, setzte sie ab Mai 1940 als «enemy aliens» hinter Stacheldraht. Die Ironie, daß bei der Internierung Nazis, Antifaschisten und Juden zusammengesperrt wurden, tröstete die Betroffenen wenig. Im Frühjahr 1940 stellten die Briten Schiffstransporte zusammen, die waffenfähige Männer deutscher Herkunft nach Kanada und Australien bringen sollten. Eines der Schiffe war die «Arandora Star», sie wurde auf dem Weg nach Kanada torpediert, die Internierten kamen um. Ein anderes Schiff hieß «Dunera», es fuhr nach Australien; diese Reise wurde zu einem der Mythen der

Exilgeschichte. Die «Dunera» legte am 11. Juli 1940 in Liverpool ab, 2500 Internierte (darunter 2000 Flüchtlinge vor Hitler) waren an Bord, bewacht und behandelt wie Gefangene. In den ersten zwei Wochen durften sie überhaupt nicht an Deck (sie wußten anfangs auch nicht, wohin die Reise ging), dann war ein kurzer Aufenthalt täglich erlaubt, im Laufschritt und im gleichen Ritual, unter dem Strafgefangene Hofgang haben. Am 6. September 1940 erreichte das Schiff Sydney. Die Männer wurden per Bahn in Internierungslager gebracht, dort hatten sie es ganz gut, nicht nur im Vergleich zu den Bedingungen auf dem Schiff.

Ihre Situation war mit dem kläglichen Dasein in den französischen Lagern wie Les Milles und Gurs gar nicht vergleichbar, ganz abgesehen davon, daß sie vor dem Nationalsozialismus definitiv gerettet waren. Die Internierten in Australien hatten den Status von Kriegsgefangenen, der Stacheldraht um das Lager machte dies zusätzlich klar. Sonderbar wurde die Situation, als die Briten im Herbst 1940 die Internierung aufhoben: Die Deportation nach Australien sei ein Mißverständnis gewesen, hieß es in London. Zur Rückkehr nach Großbritannien gab es aber bis Kriegsende wenig Möglichkeiten, und die australischen Behörden erinnerten daran, daß die Internierten keine Einwanderungserlaubnis hatten.

Eine Alternative war die Verpflichtung bei der australischen Armee (8th Australian Employment Company), die Internierte zu Transportaufgaben und anderen Hilfsdiensten übernahm. Von den 2000 Flüchtlingen der Dunera blieb knapp die Hälfte für immer in Australien. Die «Dunera boys» fühlen sich bis heute als Gemeinschaft, die den Zusammenhalt über Befreiung und Kriegsende hinaus wahrten, auch wenn sie sich über die ganze Welt zerstreuten. Dem Zusammenhalt dienen regelmäßige Treffen in Sydney und ein Mitteilungsblatt ‹Dunera News›. Im September 1990 gab es eine feierliche Zeremonie im Hafen von Sydney anläßlich der 50. Wiederkehr der Ankunft der Dunera, Zeremonienmeister war Klaus Loewald, der Autor des Berichts «Ich bin nicht und war nie im Exil» in diesem Buch[43].

Daß sich die jüdischen Flüchtlinge vor Hitler in der ersten Auswanderungswelle zunächst in die unmittelbare Nachbarschaft begaben, lag nahe. Das bis 1935 unter Völkerbundsmandat stehende Saargebiet war ebenso erste Zuflucht für viele wie Österreich und die Tschechoslowakei, die per saldo mehr Menschenfreundlichkeit den Emigranten gegenüber bewies als die Schweiz. Das wichtigste Exilland war 1933/34 Frankreich. Freilich war die wirtschaftliche Lage dort trostlos, und nicht wenige Juden kehrten, der zermürbenden und aussichtslosen Jagd nach einer neuen Existenz müde, nach Deutschland zurück. Ein französisches Gesetz vom November 1934 beschränkte die Erwerbsmöglichkeiten für Ausländer definitiv, ähnlich war es in Belgien, wo der Zuzug im Februar 1935 drastisch erschwert wurde. Das kleine Luxemburg bot bis zum deutschen Überfall im Mai 1940 Zuflucht, in die Niederlande hatten sich 25 000 bis 30 000 deutsche Juden in trügerische Sicherheit gerettet. Möglichkeiten bot auch das faschistische Italien, und zwar über den September 1938 hinaus, als Mussolini unter deutschem Druck eine Judengesetzgebung einführte, die sich allmählich mit den Nürnberger Gesetzen vergleichen ließ. In Italien – und ähnliches galt auch für das Spanien, in dem der Faschist Franco herrschte – mangelte es der Bevölkerung an antisemitischer Überzeugung, und die Rassengesetze waren nicht unbedingt dazu erlassen, um streng beobachtet zu werden.

Weil es nicht wie die meisten Emigrationsländer Europas schließlich unter deutsche Herrschaft geriet, hielt Großbritannien den größten Anteil deutschjüdischer Einwanderer auf Zeit wie auf Dauer. Bis Herbst 1938 hatten sich ca. 11 000 Juden auf die britischen Inseln gerettet, nach der «Reichskristallnacht» durften noch einmal 40 000 kommen. Generös war die rasche, unmittelbar nach dem Novemberpogrom einsetzende Hilfe für jüdische Kinder aus Deutschland. Tausende konnten mit Hilfe der Kindertransporte gerettet werden.

Die wichtigsten und begehrtesten Exilländer waren Palästina und USA. Aus unterschiedlichen Gründen war es schwer, dorthin zu gelangen. Palästina war britisches Mandatsgebiet, und die einwanderungswilligen Zionisten, meist junge Juden, die sich gemeinsam auf das Siedlerdasein vorbereiteten[44], wurden nur in geringer Zahl nach einem komplizierten Quotensystem zugelassen. Von der Jewish Agency offiziell betreut, also legal, wanderten 1933 bis 1936 maximal 29 000 Juden aus Deutschland nach Palästina, in den Jahren 1937 bis 1941 waren es noch rund 18 000. Die illegale Einwanderung (Allija Beth) war, wie Dr. Hellers Beispiel zeigt, reich an Risiko und nur für einige tausend Menschen insgesamt erfolgreich.

Einwanderungsquoten bildeten auch die für viele unüberwindbare Barriere vor den Vereinigten Staaten. Aber bis 1939 wurden nicht einmal die Jahresquoten ausgenutzt. Ursachen waren sowohl die Devisenbewirtschaftung in Deutschland als auch die restriktive Politik der amerikanischen Einwanderungsbehörden. Nach dem Novemberpogrom 1938 wurden die Restriktionen zwar gelockert, aber für viele war es zu spät. War es erst die Sorge, von verarmten Juden aus Mitteleuropa belästigt zu werden, so kam nach Kriegsausbruch die Furcht vor Nazi-Spionen dazu, die im Flüchtlingsstrom einsickern konnten. Auf jeden Fall waren vor der Einwanderungserlaubnis in die USA bürokratische Hürden von beträchtlichem Ausmaß zu überwinden. Trotzdem waren die Vereinigten Staaten das wichtigste Exilland überhaupt, in dem über 130 000 deutsche und österreichische Juden Zuflucht fanden[45].

Der seltsamste Exilort war wohl Shanghai. Bis Ende 1941, als der pazifische Krieg ausbrach, konnte jedermann ungehindert von Paß- und Visumschranken in das internationale Gebiet von Shanghai einreisen und dort bleiben. 25 000 jüdische Flüchtlinge aus Mitteleuropa – Deutschland, Österreich, Tschechoslowakei, Ungarn und schließlich viele orthodoxe Juden aus

Polen – machten von der Möglichkeit Gebrauch. Die meisten kamen per Schiff, nach dem Kriegsausbruch in Europa benutzten viele die Transsibirische Eisenbahn bis Wladiwostok, sie schifften sich dann nach Kobe ein und gelangten von dort nach Shanghai. Unter japanischer Besatzung wurden die Verhältnisse schwierig, aber nie lebensgefährlich. Im Februar 1943 verfügten die Japaner die Ghettoisierung der Juden, nach Kriegsende zerstreute sich die jüdische Kolonie in alle Welt: Ziel der meisten waren die USA, Israel oder Australien.

Südafrika, das sich von den Folgen der Wirtschaftskrise rascher als andere Länder erholte, bot Mitte der 30er Jahre gute Einwanderungschancen. Freilich waren sie zuerst nicht so begehrt, und für Akademiker bestanden sie kaum. 1936 gab es dann einen regelrechten Ansturm. 1200 deutsche Juden hatten sich in diesem Jahr ins südliche Afrika aufgemacht, bis die Regierung im November die Einwanderungsbedingungen verschärfte, das Vorzeigegeld drastisch erhöhte und ab 1. Februar 1937 die Einwanderung praktisch unterband. Der «Hilfsverein der deutschen Juden» hatte gerade noch ein Schiff gechartert, das 540 Juden kurz vor dem Stichtag nach Kapstadt brachte.

Die Länder Lateinamerikas spielten zahlenmäßig keine sehr große Rolle. Mitte der 30er Jahre wurden jährlich einige hundert bis tausend deutsche Juden in Argentinien und Brasilien aufgenommen, 1937/1938 wurde Kolumbien für etwa 1000 ein Land des Exils, in geringerer Zahl waren Mexiko, Paraguay und Uruguay vertreten. Kuba galt in höchster Not 1938/1939 vielen als begehrtes Ziel: Hier hofften sie, die Einwanderungserlaubnis für die USA in Ruhe abwarten zu können. Dies machten sich skrupellose Reisebüros und Konsularbeamte zunutze, die gefälschte Visa und Schiffspassagen an Verzweifelte verkauften. Als der Hapag-Dampfer «St. Louis», der am 13. Mai 1939 Hamburg mit knapp 1000 jüdischen Passagieren verließ, Havanna erreichte, waren die kubanischen Landungsgenehmigungen ungültig erklärt. Das Schiff mußte umkehren. Der amerikanisch-jüdischen Hilfsorganisation Joint war es nicht gelungen, die Kubaner mit einer halben Million Dollar zur Duldung der Juden zu bewegen, auch die USA übernahmen sie nicht. Immerhin konnten sie sich, weil die Weltöffentlichkeit Anteil nahm – denn die Sache war dramatisch und sensationell –, auf die Länder Belgien, Großbritannien, Niederlande und Frankreich verteilen.

Der letzte Akt der Tragödie der Emigration auf europäischem Boden spielte nach der Niederlage Frankreichs und dem Überfall auf Belgien, Niederlande und Luxemburg ab Sommer 1940. Verzweifelte Flüchtlinge sahen in den Internierungslagern der Vichy-Regierung einem bösen Schicksal entgegen, hofften auf eines der letzten Schiffe in Marseille, versuchten illegal über die Pyrenäen nach Spanien und Portugal zu entkommen. Das «Emergency Rescue Committee» rettete in bewundernswertem Einsatz Hunderte von Intellektuellen, Künstlern und anderer Prominenz und ermöglichte Heinrich Mann und Walter Mehring, Lion Feuchtwanger und Alfred Döblin die Flucht nach Übersee. Aber für die Mehrzahl der jüdischen Emigranten aus Hitler-Deutschland, die in Westeuropa Schutz gesucht hatten, gab es keine Hilfe. Für etwa 30 000 wurde das Exil zur Falle, sie wurden nach der deutschen Besetzung in die Vernichtungslager im Osten deportiert und dort ermordet[46].

V.

Um die Vielfalt existentieller Probleme des «Exils der kleinen Leute» darzustellen, erschien der Zugang über Lebensgeschichte und Gruppenschicksal die sinnvollste Methode. In 27 Beiträgen wurde die Absicht in reichlich vier Jahren realisiert[47]. Eine gleich schwierige wie dankbare Aufgabe war es, die richtigen Autoren zu finden (unter ihnen acht, die ihre eigene Geschichte oder die ihrer Familie erzählen), denn die Kompetenz der Darstellung beruht hier ebenso auf Einfühlungsvermögen wie Sachkenntnis, während die Zugehörigkeit zu einer bestimmten Wissenschaftsdisziplin weniger wichtig ist. Dargeboten sind neben den Autobiographien Erfahrungen der Akkulturation, die den Berichterstattern in Gesprächen vermittelt wurden, oder Gruppenschicksale wie die der Hühnerzüchter in New Jersey, der Siedler im Urwald Boliviens und in Mexiko, derer, die als Kinder 1939 nach England kamen, und schließlich der Bewohner des Seniorenheims in Chicago. Einige Lebensgeschichten konnten nur noch nach den Dokumenten erzählt werden, die im Archiv des Leo Baeck Instituts New York von Auswanderung und Neubeginn oder Flucht und tragischem Ende künden. In drei Beiträgen sind die Namen durch fiktive ersetzt worden, auf Wunsch der Betroffenen, die (oder deren Nachkommen) in Bolivien, Mexico und Südafrika leben.

Der Herausgeber erinnert sich dankbar der Begegnung mit Autoren, die ihm über der Arbeit in vielen Diskussionen zu Freunden wurden. Zwei Berichterstatter über ihre Emigration, ihre Suche nach Identität erleben das Erscheinen des Buches nicht mehr. Der Versuch eines Treffens mit Rudolf Aub wurde 1989 zum verlorenen Wettlauf mit Krankheit und Tod; mit Herbert Liffman war ich in Wien verabredet – anläßlich der Ehrung seines Schwiegervaters Oppenheim, der Mitarbeiter Sigmund Freuds gewesen war –, wenige Tage davor, im Juni 1989, meldete ein Telegramm seinen Tod.

Bewegend war aber auch die Entdeckung, daß zwei Mitarbeiter, Herbert Liffman in Australien und Kurt Fischbein in Argentinien, sich über dieses Buch wiederfanden, sie waren in Köln befreundet gewesen und hatten sich nach der Flucht vor Hitler aus den Augen verloren.

Der Arbeitstitel des Buches, unter dem es nun auch erscheint, ist mit allen Mitarbeitern erörtert worden. Es gab keinen Einwand der davon Betroffenen gegen die Formulierung «kleine Leute» (daß dieser Begriff hier nicht abwertend gemeint sein konnte, war, wie schon eingangs gesagt, immer klar), wohl aber gegen das «Exil». Hiergegen wendeten einige ein, er impliziere das Warten auf Rückkehr und davon könne bei ihnen keine Rede sein.

Anmerkungen

[1] Klaus Mann, Die Emigration war nicht gut. Das Dritte Reich war schlimmer, aus dem Manuskript «Der Wendepunkt». Städtische Bibliothek München.

[2] Bertolt Brecht, Flüchtlingsgespräche, Berlin, Frankfurt a. M. 1961, S. 94 f.

[3] Freund Feuchtwanger, in: Thomas Mann, Autobiographisches, Frankfurt a. M. 1968, S. 401 f.

[4] Zur politischen Emigration entstanden am frühesten Arbeiten zu SPD und KPD: Erich Matthias, Sozialdemokratie und Nation. Ein Beitrag zur Ideengeschichte der sozialdemokratischen Emigration in der Prager Zeit des Parteivorstandes 1933 bis 1938, Stuttgart 1952; Kurt Kliem, Der sozialistische Widerstand gegen das Dritte Reich, dargestellt an der Gruppe «Neu Beginnen», Phil. Diss., Marburg 1957; Arnold Sywottek, Deutsche Volksdemokratie. Studien zur politischen Konzeption der KPD 1935–1946, Düsseldorf 1971; Werner Röder, Die deutschen sozialistischen Exilgruppen in Großbritannien. Ein Beitrag zur Geschichte des Widerstandes gegen den Nationalsozialismus, Hannover 1969; Helmut Müssener, Die deutschsprachige Emigration in Schweden – ihre Geschichte und kulturelle Leistung, Stockholm 1971; Joachim Radkau, Die deutsche Emigration in den USA. Ihr Einfluß auf die amerikanische Europapolitik 1933–1945, Düsseldorf 1971. Nach diesen Pioniertaten kam die Exil-Forschung in den 70er Jahren allmählich voran.

[5] Auf der Basis vieler Vorarbeiten von Hans-Albert Walter die Geschichte der Exilliteratur, die viel mehr bietet, als der Titel verspricht, nämlich auch die Darstellung von politischen und sozialen Bedingungen der Emigration: Hans-Albert Walter, Deutsche Exilliteratur 1933–1950, Stuttgart 1978 ff. (geplant sind sechs Bände, drei liegen vor). Regional gegliedert ist die siebenbändige Reihe «Kunst und Literatur im antifaschistischen Exil 1933–1945», die seit Mitte der 70er Jahre von einem Autorenkollektiv der Akademie der Wissenschaften der DDR, dem Zentralinstitut für Literaturgeschichte und der Akademie der Künste der DDR erarbeitet wurde. Die Bände erschienen 1979 bis 1981.

[6] Biographisches Handbuch der deutschsprachigen Emigration nach 1933, hrsg. vom Institut für Zeitgeschichte München und von der Research Foundation for Jewish Immigration New York unter der Gesamtleitung von Werner Röder und Herbert A. Strauss, München, New York, London, Paris, 3 Bde., 1980–1983.

[7] Mit dem seit 1983 im Auftrag der Gesellschaft für Exilforschung erscheinenden Jahrbuch gibt es ein alle – politische, gesellschaftliche, literarische – Aspekte umfassendes Publikationsorgan: Exilforschung. Ein Internationales Jahrbuch. Vgl. dort – Band 9 (1991) – Ernst Loewy, Zum Paradigmenwandel in der Exilliteraturforschung.

[8] Vgl. Henri Jacob Hempel (Hrsg.), «Wenn ich schon ein Fremder sein muß...» Deutsch-jüdische Emigranten in New York, Frankfurt a. M., Berlin, Wien 1984; Thomas Hartwig/Achim Roscher, Die verheißene Stadt. Deutsch-jüdische Emigranten in New York. Gespräche, Eindrücke und Bilder, Berlin 1986; Gabriele Kreis, Frauen im Exil. Dichtung und Wirklichkeit, Darmstadt 1988.

[9] Ilse Stanley, Die Unvergessenen, Wien, München, Basel 1964, S. 83.

[10] Dies wird im vollen Bewußtsein der komplexen Problematik konstatiert. Vgl. Elisabeth Brainin und Isidor J. Kaminer, Psychoanalyse und Nationalsozialismus, in: Psyche 36 (1982), S. 989–1012, zit. S. 1004: «Der Begriff der ‹Überlebensschuld› kann sehr leicht zu simplifizierenden Gleichsetzungen führen und erfreut sich bei Emigranten und auch deutschen Analytikern großer Beliebtheit. Das Phänomen der Überlebensschuld findet man tatsächlich sehr häufig bei ehemaligen KZ-Insassen. Die Frage: ‹Wie kann ich leben, wenn

die wertvollsten und besten Menschen umkommen?› taucht immer wieder auf. Aber welches Maß an Scham und Entwürdigung bedeutet es, die Ermordung von Kindern und Eltern hilflos ertragen und überleben zu müssen?»

[11] Oskar Maria Graf, Die Flucht ins Mittelmäßige. Ein New Yorker Roman, München 1976, S. 345 f.

[12] Joachim Prinz, Amerika – hast Du es besser? Notizen von einer Reise, in: Der Morgen (Berlin), 3. 6. 1937 (zit. nach: Die jüdische Emigration aus Deutschland 1933–1941. Die Geschichte einer Austreibung ⟨Ausstellung⟩), Frankfurt a. M. 1985, S. 191.

[13] Das Tagebuch der Hertha Nathorff. Berlin–New York. Aufzeichnungen 1933 bis 1945, hrsg. und eingeleitet von Wolfgang Benz, Frankfurt a. M. 1988.

[14] Abgedruckt in: Wolfgang Benz (Hrsg.), Die Juden in Deutschland 1933–1945. Leben unter nationalsozialistischer Herrschaft, München 1988; Arnold Paucker, Sylvia Gilchrist, Barbara Suchy (Hrsg.), Die Juden im nationalsozialistischen Deutschland, Tübingen 1986.

[15] Trude Maurer, Ostjuden in Deutschland 1918–1933, Hamburg 1986; Eike Geisel, Im Scheunenviertel. Bilder, Texte und Dokumente, Berlin 1981.

[16] Faksimile in: Benz (Hrsg.), Juden in Deutschland, S. 26.

[17] Vgl. Wanda Kampmann, Deutsche und Juden. Die Geschichte der Juden in Deutschland vom Mittelalter bis zum Beginn des Ersten Weltkrieges, Frankfurt 1979, S. 265 f.

[18] Jüdische Rundschau, 31. 1. 1933 (Regierung Hitler).

[19] C. V.-Zeitung, 2. 2. 1933 (Ludwig Holländer, Die neue Regierung).

[20] Der Israelit, 2. 2. 1933 (Die neue Lage).

[21] Der Schild, 27. 10. 1933.

[22] Margot Bloch-Wresinski, Streiflichter aus dem einfachen Leben einer deutsch-jüdischen Einwanderin, Manuskript im Leo Baeck Institute, New York; vgl. Werner T. Angress, Generation zwischen Furcht und Hoffnung. Jüdische Jugend im Dritten Reich, Hamburg 1985.

[23] Georg Kiever, Erinnerungen 1921–1983, Manuskript im Archiv des Instituts für Zeitgeschichte München, F 231.

[24] Israelitisches Familienblatt, 16. 3. 1933 (Fabius Schach, Vergangenheit redet zur Gegenwart).

[25] Vgl. Deutsche jüdische Soldaten 1914–1945. Im Auftrage des Bundesministeriums der Verteidigung hrsgg. vom Militärgeschichtlichen Forschungsamt, Herford, Bonn 1982.

[26] Zit. nach Klaus J. Herrman, Das Dritte Reich und die deutsch-jüdischen Organisationen 1933–1945, Köln 1969, S. 60 f.

[27] Jüdische Rundschau, 13. 4. 1933 (Jüdische Zwischenbilanz), vgl. Robert Weltsch, Die deutsche Judenfrage. Ein kritischer Rückblick, Königstein/Ts. 1981, S. 73 f.

[28] Werkleute-Bund deutsch-jüdischer Jugend, Rundbrief 21. 4. 1933, Kibbuz-Archiv Hasorea, Israel; vgl. Jehuda Reinharz, Hashomer Hazair in Nazi Germany, in: Paucker u. a. (Hrsg.), Juden im nationalsozialistischen Deutschland, S. 317 ff.

[29] Der Israelit, 23. 3. 1933 (Nechunia, Die Losung der Stunde).

[30] Jüdische Rundschau, 4. 4. 1933.

[31] C.V.-Zeitung 6. 4. 1933.

[32] Vgl. Kurt Jakob Ball-Kaduri, Vor der Katastrophe. Juden in Deutschland 1934–1939, Tel Aviv 1967; Günter Bernd Ginzel, Jüdischer Alltag in Deutschland 1933–1945, Düsseldorf 1984.

[33] Jüdische Rundschau, 16. 5. 1933 (Ja-Sagen zum Judentum!). Die Artikelfolge erschien anschließend unter dem Titel «Ja-Sagen zum Judentum!» auch als Buch.

[34] Vgl. Clemens Vollnhals. Jüdische Selbsthilfe bis 1938, in: Benz (Hrsg.), Juden in Deutschland, S. 314–412; s. a. S. Adler-Rudel, Jüdische Selbsthilfe unter dem Naziregime 1933–1939 im Spiegel der Berichte der Reichsvertretung der Juden in Deutschland, Tübingen 1974.

[35] Vgl. Avraham Barkai, Vom Boykott zur «Entjudung». Der wirtschaftliche Existenzkampf der Juden im Dritten Reich 1933–1943, Frankfurt 1988; Helmut Genschel, Die Verdrängung der Juden aus der Wirtschaft im Dritten Reich, Berlin 1966.
[36] Vgl. Günter Plum, Deutsche Juden oder Juden in Deutschland?, in: Benz (Hrsg.), Juden in Deutschland, S. 35–74.
[37] Claus-Dieter Krohn, «Nobody has a right to come into the United States». Die amerikanischen Behörden und das Flüchtlingsproblem nach 1933, in: Exilforschung 3 (1985), S. 127–142.
[38] Tagebuch der Hertha Nathorff, S. 13.
[39] Alfred Heller, Dr. Seligmanns Auswanderung. Der schwierige Weg nach Israel, hrsgg. von Wolfgang Benz, München 1990, S. 19.
[40] Brecht, Flüchtlingsgespräche, S. 159.
[41] Den besten Gesamtüberblick bietet Juliane Wetzel, Auswanderung aus Deutschland, in: Benz (Hrsg.), Juden in Deutschland, S. 413–498.
[42] Lion Feuchtwanger, Der Teufel in Frankreich. Ein Erlebnisbericht, München, Wien 1983, S. 36f.
[43] Ungedruckte Aufzeichnung von Klaus Loewald und Interview Bern Brent, beide Canberra; zur Literatur nur einer von mehreren Titeln: Cyril Pearl, The Dunera Scandal, Sydney 1983.
[44] Vgl. Perez Leshem, Straße zur Rettung. Junge Juden aus Hitler-Deutschland bereiten sich auf Palästina vor (1933–1948), Archiv Institut für Zeitgeschichte München, Ms 217.
[45] Zahlen nach Herbert A. Strauss, Jewish Emigration from Germany, in: Year Book, Leo Baeck Institute 26 (1981), S. 359; vgl. Kurt R. Grossmann, Emigration. Geschichte der Hitler-Flüchtlinge 1933–1945, Frankfurt a. M. 1969; Rolf Vogel, Ein Stempel hat gefehlt. Dokumente zur Emigration deutscher Juden, München, Zürich 1977.
[46] Die zahlenmäßige Bilanz von Emigration und Holocaust: von den rund 500 000 deutschen Juden wanderten aus:

1933: 37 000
1934: 23 000
1935: 21 000
1936: 25 000
1937: 23 000
1938: 40 000
1939: 78 000
1940: 15 000
1941: 8 000
1942–1945: 8500

(Biographisches Handbuch der deutschsprachigen Emigration nach 1933, S. XIX).

Etwa 15 000 Juden überlebten als Ehepartner in «Mischehen», maximal 5000 überlebten in der Illegalität, 5000 kehrten aus dem Osten zurück, vor allem aus Theresienstadt. Die Zahl der Ermordeten liegt zwischen 160 000 und 195 000. Vgl. Ino Arndt/Heinz Boberach, Deutsches Reich, in: Wolfgang Benz (Hrsg.), Dimension des Völkermords. Die Zahl der jüdischen Opfer des Nationalsozialismus, München 1991.
[47] Einige Texte dieses Bandes sind (in meist längeren Versionen) auch an anderem Ort erschienen, so Klaus Voigts Beitrag in einem von Michele Sarfatti herausgegebenen Sammelband: 1938. Le leggi contro gli ebrei (La Rassegna Mensile di Israel, Band 54/1988); Miriam Koerners Aufsatz über Hertha Nathorff im Band 3 der Dachauer Hefte 1987; Salomea Genins Bericht erschien 1989 in der Dokumentation des Evangelischen Pressedienstes. Der Beitrag des Herausgebers, «Rückkehr auf Zeit», wird in einer längeren Fassung publiziert in: Exilforschung. Ein Internationales Jahrbuch, Band 9 (1981).

I.
Existenzgründung in der Fremde

Neuanfang auf dem Lande: Die Hühnerzüchter von New Jersey

von Gert Niers

Keine zwei Autostunden südlich von New York, abseits der großen Fernstraßen Turnpike und Parkway trifft man im Hinterland New Jerseys gelegentlich auf leerstehende, langgestreckte, eingeschossige Holzbauten. Diese nunmehr vom Verfall gezeichneten Trakte, hoch genug, daß ein erwachsener Mensch sich aufrecht darin bewegen kann, waren einst die Stallanlagen von Hühnerfarmen. Die Eigentümer dieser Betriebe haben sich längst anderen Erwerbsquellen zugewandt oder befinden sich im Ruhestand. Vorübergehend gewährte das Landleben inmitten des Federviehs auch Flüchtlingen aus Deutschland eine neue, freilich schwer erarbeitete Existenz. Es war ein harter Weg in die amerikanische Normalität, aber kein Umweg. Anhand der Schicksale einiger solcher «Egg Farmer», wie der Beruf in der Landessprache genannt wird, sollen verschiedene Aspekte und verschiedene Stadien dieser spezifischen Erfahrung dargestellt werden.

Norbert Schuster, Ruth Wertheimer, Harold (urspr. Hanns) Neumann – drei deutsch-jüdische Schicksale, drei Geschichten des Überlebens an der amerikanischen Ostküste zwischen New York und Philadelphia. Allerdings waren diese Emigranten nicht die ersten und auch nicht die letzten jüdischen Siedler, die im «Gartenstaat» ihr Glück als Landwirte suchten. Die erste von jüdischen Einwanderern gegründete Niederlassung war Alliance bei Vineland im Südwesten New Jerseys. Sie wurde bereits im vorigen Jahrhundert, und zwar 1882, von Einwanderern aus Osteuropa errichtet, die im Zuge der jüdischen Agrarbewegung und mit finanzieller und fachkundlicher Unterstützung philanthropischer Organisationen wie des «Baron de Hirsch Fund» einen Neuanfang auf dem Lande wagten.

Die letzte Gruppe jüdischer Einwanderer, die es ins rustikale New Jersey zog, waren ab Ende der vierziger bis in die fünfziger Jahre *Displaced Persons* und andere KZ-Überlebende, wiederum aus Osteuropa. Vor diesen, aber lange nach den Pionieren der Jahrhundertwende, waren die deutsch-jüdischen Flüchtlinge eingetroffen, von denen hier die Rede sein soll.

Die Zahl der damals in New Jersey in der Hühnerzucht tätigen deutsch-jüdischen Familien – verteilt auf die Bezirke (*Counties*) Monmouth, Ocean,

Cumberland, Salem – beläuft sich auf mindestens 300. Die meisten ihrer landwirtschaftlichen Kleinbetriebe existieren heute nicht mehr, aber sie boten den Emigranten trotz schwerer Arbeitsbedingungen ein unabhängiges, menschenwürdiges Dasein, bisweilen später sogar einen gewissen Wohlstand und sorgenfreien Lebensabend, besonders nach dem Verkauf des zu Vorkriegspreisen erworbenen Grundbesitzes an Bauunternehmer von heute.

Einer der ganz wenigen, die auch jetzt noch auf ihrer alten Hühnerfarm wohnen, ist Norbert («Norman») Schuster. Zwar hat seine Firma Aufzucht und Eierproduktion Ende der sechziger Jahre eingestellt, unter Mitarbeit des Sohns Edwin («Eddie») hat sich «Schuster's Poultry Farm» jedoch auf den Vertrieb von Hühnereiern und Molkereierzeugnissen spezialisiert, die an Supermarktketten, Krankenhäuser, staatliche Betriebe und andere Großabnehmer geliefert werden. Für die Produkte seines Federviehs erhielt Schuster im Laufe der Jahre zahlreiche Preise und Auszeichnungen, sowohl vom Berufsverband als auch vom Landwirtschaftsminister New Jerseys. Auf Messen und Ausstellungen trug er immer wieder *Blue Ribbons* – oft gleich in mehreren Sparten – davon.

Schuster ist stolz auf seinen beruflichen Erfolg. Mit Recht: Es verstand sich in den USA (wie anderswo) nämlich keineswegs von selbst, daß es Juden – ob sie nun aus Deutschland oder anderen Ländern kamen – in der Landwirtschaft zu etwas bringen würden. Das gängige Vorurteil sah im Juden den Händler aus der Großstadt. Als während der Weltwirtschaftskrise jüdische Farmer in New Jersey bundesstaatliche Unterstützung beantragten, wurden ihnen wegen angeblich mangelnder Berufserfahrung nicht selten negative Bescheide erteilt. Mit zinsgünstigen Darlehen sprangen Hilfsorganisationen wie die bereits 1900 in New York gegründete, dem Hirsch-Fonds unterstehende «Jewish Agricultural Society» ein. Doch Schuster nahm weder amerikanische Regierungsgelder, Mittel jüdischer Hilfsorganisationen noch später bundesdeutsche Wiedergutmachungszahlungen in Anspruch. Als der Hühnerzüchter Sigg Eisenberg, in dessen Dienste Schuster 1944 getreten war, sich zwei Jahre später vom Landleben zurückzieht und dem Pelzhandel in New York zuwendet, übernimmt der Neueinwanderer die gesamte Anlage in Lakewood gegen ein Darlehen bei seinem bisherigen Arbeitgeber. Mit Produktions- und Absatzsteigerung sowie einem Zweiteinkommen aus Nachtschichtarbeit in einer Fischgroßhandlung schafft Schuster schon 1949 die Tilgung des Eisenberg-Darlehens.

Allerdings war nicht alles ohne Rückschläge und Krisen verlaufen. Am Jahreswechsel 1946/47 wurde der Hühnerbestand des gerade erworbenen Unternehmens von einer Krankheit (*Newcastle Disease*) heimgesucht, was die Produktion Mitte Januar zum Erliegen brachte. Zwei bange Monate später war die Hühnerkrankheit überwunden und die alte Legezahl von 1800 Eiern pro Tag wiederhergestellt.

Der frischgebackene Farmbesitzer, der zu den 4000 übernommenen Hennen zur baldigen Produktionssteigerung gleich 3000 Küken hinzugekauft hatte, mußte natürlich auch neue Abnehmer für seine Ware finden. Als er auf Kundensuche in einem Küstenort mit einem Restaurantbesitzer ins Gespräch kam, erntete Schuster nur Unglauben bei der Erwähnung seiner deutsch-jüdischen Herkunft. Sich einen Juden als Landwirt, zumal als Geflügelzüchter vorzustellen, war für die breite Bevölkerung offenbar ein Unding. Erst als der prospektive Kunde der Einladung zur Betriebsbesichtigung Folge geleistet und sich an Ort und Stelle staunend von der Solidität des Unternehmens überzeugt hatte, war der Bann gebrochen und das Geschäft besiegelt.

So beachtlich Schusters Geschichte seines amerikanischen Erfolgs ist, so bemerkenswert ist auch sein deutsches Schicksal. Als gutaussehender, lebensfroher junger Mann erfreute er sich in seinem Heimatort auch bei Nichtjuden starker Beliebtheit. Als nach den Novemberpogromen 1938 und nach Kriegsbeginn 1939 die Verfolgungsmaßnahmen gegen die jüdische Minderheit verschärft wurden, blieb Schuster aufgrund seiner freundschaftlichen Beziehungen zur Ortsbevölkerung der Abtransport ins KZ erspart. Er konnte sich allerdings nicht der Zwangsarbeit in der Landwirtschaft entziehen. Ihm wurde die Bestellung eines Gutshofs aufgetragen: eine harte praktische Erfahrung, die sich später auf der Hühnerfarm in New Jersey auszahlen sollte. Als Schuster mit seiner (ersten) Frau Berta (geb. Strauß, 1906–1970) und seiner Mutter (Rosa Schuster, geb. Stein, 1875–1969) schließlich im März 1940 Deutschland verläßt, stellt ihm der Bürgermeister seines Orts ein wohlwollendes Führungszeugnis über die unfreiwillige Tätigkeit in der Landwirtschaft aus. Über Genua kommen die Flüchtlinge am 1. April 1940 in New York an. Dort verdingt sich das Einwandererehepaar die ersten beiden Jahre als Dienstpersonal bei einem Rechtsanwalt: er als Chauffeur, sie als Mädchen für alles. 1941 wird der Sohn geboren. Bis September 1943 ist Norbert Schuster nacheinander als Hausmeister bei einer Schokoladenfirma, Raumpfleger in einer Synagoge und Hilfsarbeiter in einer Wurstfabrik beschäftigt. Dann findet der Umzug nach New Jersey statt: Nach kurzem Aufenthalt in Farmingdale läßt sich die Familie in Lakewood nieder, wo im Jahr darauf die Tochter Ruth geboren wird.

Seit 1972 ist Schuster in zweiter Ehe mit einer deutsch-jüdischen Emigrantin verheiratet, die – so will es der Zufall – mit Mädchennamen ebenfalls Schuster heißt und – doppelter Zufall – aus demselben Dorf stammt. Alma Schuster (geb. 1913 in Sterbfritz) war 1936 mit Zertifikat nach Palästina ausgewandert, hatte in Haifa und Jerusalem gewohnt und war 1946 nach New York gekommen.

Das Überlebensschicksal hat den Emigranten Schuster (der sich in seiner Freizeit der Schaf- und Pferdezucht widmet) nicht unbedingt religiöser gemacht, aber der Samstag wird schon als Sabbat eingehalten, ebenso werden die hohen Feiertage begangen. Mit seinem deutschen Geburtsort steht der unfreiwillige Auswanderer wieder in freundschaftlichem Kontakt: Das Bürgermeisteramt schickt regelmäßig heimatkundliche Veröffentlichungen, und alte Bekannte melden sich gelegentlich mit Briefen, denen manchmal auch ein Foto beigelegt ist. Unter seinen eigenen Aufnahmen befindet sich auch ein Gruppenbild aus den dreißiger Jahren: Es zeigt einen jungen Norbert Schuster inmitten zahlreicher Landarbeiter, darunter Frauen, vor einer Scheune. «Das bin ich», erklärt er, und ohne Pathos fügt er hinzu: «Die anderen sind alle umgebracht worden.»

Von den wirtschaftlichen Möglichkeiten der Hühnerzucht hatte Ruth Wertheimer bereits auf der Überfahrt nach New York gehört, als sie auf dem Schiff andere Emigranten traf, die in New Jersey eine Farm zu übernehmen gedachten. Mit ihrem Mann Ernst Wertheimer (1900–1961) und ihrem 1935 geborenen Sohn Stefan («Stephen») war sie zunächst in die Schweiz gegangen. Da beide Ehepartner in Straßburg geboren waren, konnte die Familie 1939 auf der französischen Quote in die USA einwandern. Ernst Wertheimer, der in Deutschland eine Fabrik für Vogelkäfige und Haushaltsartikel besessen hatte, machte dann in New York die Bekanntschaft eines angehenden Hühnerzüchters, fuhr mit ihm nach Farmingdale, begutachtete die Lage und entschloß sich zum Ortswechsel.

Mit einem Darlehen der «Federal Land Bank» wurde das Gelände gekauft und eine Farm errichtet, die im August 1939 bezugsfertig war. Einen Monat später kamen Verwandte aus Mainz nach, die ebenfalls ins Geflügelgeschäft einstiegen und sich in der Nachbarschaft ansiedelten. 1941 trafen Ruth Wertheimers Mutter und Schwiegermutter – über Kuba – ein. Versuche, weitere Verwandte zu retten, strapazierten dauernd die wirtschaftlichen Verhältnisse der Neueinwanderer und waren oft mit finanziellen Verlusten verbunden.

So sehr die Kinder der Emigranten den Aufenthalt auf dem Lande genossen, hatte die berufsfremde Existenz für die Erwachsenen mitunter abenteuerliche Züge. Abgesehen von der körperlich anstrengenden Arbeit hatte sich der Neuling im Schnellverfahren bzw. Selbststudium über sämtliche Aspekte der Hühnerzucht, von der Ernährung bis zu den Krankheiten, zu informieren. Außer Krankheiten konnten Tiere in freier Wildbahn – Eulen, Marder, Waschbären, streunende Hunde – den Bestand dezimieren. Ihren Anschlägen mußte mit kostspieligen Drahteinzäunungen und manchmal mit dem Gewehr begegnet werden. Da die Farmen in damals noch dünn besiedelten Gebieten lagen und der Inhaber eines Betriebs weitgehend auf sich selbst angewiesen blieb, war es schlecht um ihn bestellt, wenn er krank wurde. Ruth Wertheimer erinnert sich einer Episode aus dem Jahre 1954, als ihr Mann nach einem Herzanfall das Bett hüten mußte und ein Hurrikan den Ort traf. Von der Windstärke wurde das Dach einer Aufzuchtanlage davongetragen. Zum Glück begegnete die Farmersfrau nach dem Sturm einem Gelegenheitsarbeiter auf der Straße, der den Schaden zu beheben bereit war.

Die Beziehungen zu den bereits ortsansässigen Züchtern waren normalerweise nicht unfreundlich. Die um die Jahrhundertwende und auch danach aus Osteuropa eingewanderten Juden, die keinen Wert auf ein Leben in der amerikanischen Großstadt gelegt hatten, waren häufig sozialistisch engagiert oder sehr religiös und hatten ein gut funktionierendes Netz von Kooperativen, Beratungsstellen, Sozialeinrichtungen etc. aufgebaut, von denen auch die Neuankömmlinge aus Deutschland Gebrauch machten. Wenn auch die deutschen Juden von ihren östlichen Glaubensbrüdern mitunter als «Jecken» beargwöhnt wurden, besuchte man doch gemeinsam den Gottesdienst und pflegte gesellschaftlichen Umgang. Vortragsabende, die jeweils auf einer anderen Farm stattfanden, kamen dem Unterhaltungs- wie dem Bildungsbedürfnis entgegen (bisweilen wurden gegen Honorar auch Universitätsprofessoren als Redner bestellt). Übrigens lasen die Einwanderer aus Rußland und Polen die von der «Jewish Agricultural Society» veröffentlichte Zeitung «Der Yiddisher Farmer», die deutschsprachigen Juden den vom «New World Club» (ehemals «German-Jewish Club», New York) getragenen «Aufbau».

Mit den nichtjüdischen Farmern waren die Kontakte spärlich. Es gibt aber Geschichten von aufopfernder Hilfsbereitschaft seitens der Nichtjuden gegenüber den Siedlern mit dem seltsamen Akzent. In – freilich seltenen – Fällen kam es jedoch auch zu antisemitischen Demonstrationen durch den Ku-Klux-Klan.

Das soziale Klima der Zeit mag in einer Anekdote spürbar werden, die Ruth Wertheimer aus ihrer Erfahrung erzählt. Ein schwarzer Hilfsarbeiter, der zur Stallreinigung und für andere Verrichtungen tageweise beschäftigt wurde, konnte sich vor Verwunderung kaum fassen, als die Frau des Hauses ihn bei der Mittagspause nicht zum Essen ins Kellergeschoß schickte, sondern mit der Familie am Küchentisch Platz nehmen ließ. So peinlich ihm zunächst das Erlernen der Besteckhandhabung war, verstand und genoß er doch die ungewohnte vorurteilsfreie Aufnahme.

Für die Angehörigen des assimilierten deutsch-jüdischen Bürgertums bot die Führung eines amerikanischen Farmbetriebs trotz aller Umstellung bessere Aussichten auf eine Kontinuität der Lebensformen als die Annahme untergeordneter Angestelltenpositionen in der Großstadt. Das eigene Haus auf dem Lande hatte einen Investitionswert, der Farmer war Unternehmer – im Gegensatz zum Wohnungsmiete zahlenden Arbeitnehmer in der Stadt. Insofern gewährte das Farmhaus Selbständigkeit und Sicherheit und gestattete bis zu einem gewissen Grade die Weiterführung eines gewohnten Lebensstils. Die relative Abgeschiedenheit des Landlebens und die vorwiegend körperliche Berufstätigkeit enthoben den Einwanderer auch der Anpassungsdringlichkeit und der schnellen Entwicklung neuer verbaler Fähigkeiten am Arbeitsplatz; mit den Worten von Ruth Wertheimer: «Die Hühner verstanden Deutsch genauso gut wie Englisch.» Welche Verbindlichkeit der deutsche Bildungsgedanke für die Emigranten aber weiterhin besaß, zeigte sich an der Tatsache, daß alle für diesen Aufsatz befragten Auswanderer ihren Kindern in Amerika eine akademische Ausbildung ermöglichten (einige von diesen gingen sogar ins Lehrfach oder, wie Ruth Wertheimers Sohn, in die College-Administration).

So sehr das Verhältnis zu Deutschland verletzt und diese Verletzung günstigstenfalls vernarbt ist, blieb die Beziehung zur deutschen Sprache, Kultur und eigenen deutschen Vergangenheit bei vielen Emigranten weitgehend intakt. Ruth Wertheimer hat in ihrem Bungalow am See in Lakewood immer noch die aus Deutschland überführten Wohnzimmermöbel stehen, den Bücherschrank füllen Gesamtausgaben deutscher Klassiker. Der Gedanke an Deutschland bringt sie zwar nicht um den Schlaf, bleibt aber an Schmerz- und Verlusterfahrung gebunden. Ihr Großvater wurde in Auschwitz ermordet, ihre jüngere Schwester ertrank, als das Schiff, auf dem sie von England aus zu entkommen suchte, von einem deutschen U-Boot versenkt wurde. Der Nachkriegsgeneration will Ruth Wertheimer keine Schuld anlasten, aber sie hat Deutschland, seit sie fliehen mußte, nicht mehr betreten. Auch eine Einladung des Stuttgarter Oberbürgermeisters lehnte sie ab.

Harold Neumann war 20 Jahre alt, als er in den vom Vater errichteten Betrieb in Howell eintrat. Mit einem Darlehen der «Federal Land Bank» und beratender sowie organisatorischer Unterstützung der «Jewish Agricultural Society» hatte Otto E. Neumann (1885 Stadecken bei Mainz – 1964 Howell, New Jersey) im Jahre 1940 Land gekauft und darauf die Farm errichten lassen. Der einst angesehene Rechtsanwalt blieb bis 1955 in der Geflügel- bzw. Eierbranche tätig, der Sohn bis 1963. Das Unternehmen hatte mit einem Bestand von 2000 Hühnern angefangen und erhöhte diese Zahl bis 1944 auf 10 000, d. h. die Eierproduktion wurde während dieses Zeitraums von 1200 auf 6000 Stück pro Tag angehoben (wirtschaftlich kaum erheblich war der Verkauf nicht mehr legefähiger Hennen zur Fleischgewinnung).

Ebenfalls der jüngeren Generation von Emigranten, die aufgrund der Berufsentscheidung ihrer Eltern mit der Hühnerzucht in Berührung kamen, gehört Harold Neumanns Frau Ruth (Mädchenname: Schindler) an. Sie wurde 1928 in Dresden geboren und gelangte 1938 mit ihren Eltern über Holland nach New York. Die nächste Exilstation war Boston: Dort betrieb ihr Vater, der in Deutschland Gürtelfabrikant gewesen war, einen Import-Export von Lebensmitteln. Dem Rat von Bekannten folgend, entschlossen sich die Eltern Ende 1939 zum Umzug nach Howell, um dort – nach Landkauf und Hausbau – den Farmbetrieb aufzunehmen. Die Neumanns und die Schindlers waren Nachbarn in Howell, und im Dezember 1949 heirateten die Nachbarskinder.

Die Arbeit auf einer Hühnerfarm war – besonders im Anfangsstadium, wenn man sich noch keine Hilfskraft leisten konnte – eine gehörige Plackerei, mit einem Zehn- bis Zwölfstundentag und einer Siebentagewoche. Da mußte auch die Frau mit anpacken: bei der Fütterung, Stallreinigung, Kükenaufzucht, Ausstattung der Hühner mit Sichtblenden, beim Impfen, beim Einsammeln, Putzen, Wiegen und Verpacken der Eier etc.

Auch Ruth Neumann hatte auf der väterlichen und dann auf der eigenen Farm aushelfen müssen, aber noch genügend Zeit abgezweigt, um einer anderen Ausbildung nachzugehen: Nach Besuch der Highschool in Lakewood (1942–1946) studierte sie mit einem Stipendium Journalismus, Englisch und Spanisch am Douglass College in New Brunswick (1946–1950), schrieb eine Kolumne für die Lokalzeitung in Lakewood und unterrichtete 1950–1951 in der Grundschule in Howell. 1959 nahm sie den Lehrberuf wieder auf, absolvierte nebenher 1966 am Newark State College die Magisterprüfung für den akademischen Verwaltungsdienst und war bis 1989 als Unterrichtsinspektorin, vorübergehend auch als Schulleiterin in Howell tätig.

Als sich ihr Mann 1959 entschließt, noch einmal die Schulbank zu drükken, um Fremdsprachenlehrer zu werden, beliefert er auf dem Weg zum College (Monmouth in Long Branch) noch Kunden mit seinen Farmerzeugnissen. Aber im Staat New Jersey, einst als «Eierkorb Amerikas» bezeichnet, standen der Hühnerzucht schwere Zeiten bevor. Betroffen waren nicht nur die Betriebe der Neueinwanderer, sondern auch die alten Siedlungszonen um Vineland und Woodbine.

Was war geschehen? In den dreißiger Jahren ging die Zahl jüdischer Hühnerzüchter in New Jersey in die Tausende (die Emigranten aus Deutschland machten nur einen geringen Prozentsatz aus). Im Hinblick auf die Versorgung der Nation erfreute sich die Landwirtschaft, einschließlich der Hühnerzucht, während des Zweiten Weltkriegs der besonderen Aufmerksamkeit der Regierung in Washington: Die Eierpreise wurden gestützt, die Farmer waren vom Militärdienst befreit, gezielte Bundesdarlehen stimulierten Agrarinvestitionen. Der Niedergang setzte Ende der fünfziger Jahre ein mit der (kostspieligen und deshalb für Kleinbetriebe nicht erschwinglichen) Automatisierung der Arbeitsvorgänge, dem Aufkommen der landwirtschaftlichen Großbetriebe und deren Marktbeherrschung. Während die Getreide-, d. h. Futterpreise von Washington subventioniert wurden, entfielen solche Maßnahmen für Hühnereier, und die Schwankungen des von Chicago aus dirigierten Getreidepreises ließen sich nicht an den Abnehmer weitergeben, weil die Eierpreise vertraglich in die Produktionsabnahme eingebunden waren. Wenn also der Hühnerzüchter für Futter mehr bezahlen mußte, als er für seine Ware erhielt, ließ die Schließung des Unternehmens nicht lange auf sich warten.

Norbert Schuster hatte diesem Los schon recht früh vorgebeugt, indem er im Bemühen, den Zwischenhändler auszuschalten, selber die Lieferung an den Kunden vornahm, auf diese Weise einen wachsenden Kundenstamm errichtete und sich auf Qualitätserzeugnisse spezialisierte, die den staatlichen Auflagen entsprachen und auch von staatlichen Einrichtungen – wie beispielsweise der Armee – bezogen wurden. Später gab er, um das Investitionsrisiko weiter abzubauen, die eigene Produktion auf und begann mit dem Vertrieb der Erzeugnisse anderer Farmer.

Ruth Wertheimer hatte nach dem Herzanfall ihres Mannes die Farm noch zwei Jahre allein bis 1956 weitergeführt und dann die Produktionsanlagen – zum Teil für Lagerungszwecke – vermietet. Sie blieb bis zum Verkauf 1970 im Haus wohnen, wandte sich aber einem anderen Beruf zu: Sie nahm eine Stelle als Sekretärin und Arzthelferin in Lakewood an.

Besonders die Angehörigen der jüngeren Generation, die den Betrieb von den Eltern übernommen hatten, mußten sich angesichts der schier unzumutbar gewordenen Wettbewerbsbedingungen überlegen, ob es sinnvoll war, das Geschäft weiterzuführen, oder ob man besser nach anderen Berufsmöglichkeiten Ausschau hielt. Ruth Neumann hatte diese Frage bereits 1950 mit dem Erwerb der Lehrbefähigung für Grundschulen entschieden. Sie ging auch wieder in den Schulberuf, als ihr Mann mit 38 Jahren das Studium aufnahm. Norbert Schuster, obwohl weiter erfolgreich in seiner Branche, ergriff noch späte Diversifikationsmaßnahmen, um seinem Sohn den Einstieg in den Vertrieb von Computer-Software zu ermöglichen.

Wenn Emigranten wie das Ehepaar Neumann sich zu einem akademischen Beruf entschlossen, beendeten sie nicht nur eine wichtige Phase ihrer Einwandererexistenz, sondern bezeugten auch die in der Neuen Welt anhaltende Tragfähigkeit jenes Bildungskonzepts, dem sich das bürgerliche Judentum in Deutschland schon immer verschrieben hatte. Auch die dritte Neumann-Generation in Amerika schlug die akademische Laufbahn ein: Der 1952 geborene Sohn Ronald, Yale-Absolvent, wurde wie sein Großvater Rechtsanwalt, die 1954 geborene Tochter Barbara ging ins Hochschulfach bzw. in die College-Administration.

Wenn auch die Hühnerzucht im Rahmen von Kleinbetrieben der Wirtschaftsentwicklung zum Opfer fiel, was nicht nur für New Jersey und auch nicht nur für Unternehmer jüdischen Glaubens gilt, so hatte sie doch Emigranten die Chance gegeben, sich in der entscheidenden Phase der Gründung einer neuen Existenz zu bewähren. Gerade in Europa war es für Juden nicht die Regel gewesen, Land besitzen und bewirtschaften zu dürfen. So gesehen war das Experiment von New Jersey auch ein Exerzitium gegen eine historisch gewordene Diskriminierung.

Siedler im Urwald Boliviens

von Patrik von zur Mühlen

An manchen Abenden saßen Egon Blumenberg und seine Frau auf der Veranda um eine Ölfunzel und sprachen von damals. Draußen hörte man Affen schreien, über den Fußboden huschten Cucarachas, handgroße Kakerlaken, und das Schlagen nach Moskitos und anderen Plagegeistern war fast schon eine reflexartige Bewegung geworden wie das Atmen.

Die Situation hatte etwas Unwirkliches. Noch hatten sie weder einen Puma noch eine Anakonda gesehen. Aber sie lebten mitten in einer Landschaft, in der es diese Tiere gab, und manche weitererzählte Schauergeschichte belebte ihre nächtliche Phantasie, durch die sie irgendeinen fernen Urwaldschrei als vergeblichen Hilferuf eines wehrlosen Beutetieres vernahmen. Die Welt, in der sie lebten, war gefährlich. Es gab Verfolgte und Verfolger, Opfer und Täter, und es gab Augenblicke, in denen es schien, als sei man einer Welt der Gewalt schutzlos ausgeliefert, überall, auch hier im bolivianischen Urwald.

Noch vor drei Jahren hatte Egon Blumenberg nur eine ungefähre Ahnung davon gehabt, wo Bolivien liegt. Immerhin hatte er des öfteren zum Atlas gegriffen, wenn ein Rundschreiben des Hilfsvereins der Juden in Deutschland irgendwelche exotischen Auswanderungsziele empfahl, für die man Einreisevisa beantragen sollte. Und es war ihm im Laufe der letzten Jahre aufgefallen, daß die hierfür empfohlenen Länder immer unbekannter und fremdartiger wurden, weil es von den bekannteren und vertrauteren immer häufiger hieß: geschlossen, Aufnahmesperre.

Gewiß, an Auswanderung hatten die Blumenbergs in den letzten acht Jahren immer wieder gedacht, denken müssen, seit er in seiner Leipziger Praxis nur noch jüdische Patienten hatte behandeln dürfen und sein Bewegungsraum immer mehr eingeschränkt wurde. Täglich wurden es mehr Einrichtungen, die er nicht mehr betreten oder benutzen durfte: Bibliotheken, Theater, Konzerthäuser, Parkbänke, Sitzplätze in Straßenbahnen. Täglich verringerte sich auch der Kreis der Freunde und Bekannten. Zunächst blieben die nichtjüdischen Patienten aus, dann zogen sich viele Freunde zurück, ließen Kontakte einschlafen, kannten sie nicht mehr oder sprachen nur noch mit ihnen, wenn sie sich unbeobachtet fühlten. Auch der jüdische Bekanntenkreis wurde kleiner. Mehr und mehr verließen Deutschland, verschwanden aus dem Blickfeld. Einige wenige schrieben. Auf den Absendern ihrer Briefe standen fremde Länder – Frankreich, Portugal, USA, Chile. Und spätestens nach den Schrecken der «Reichskristallnacht» im November 1938 stand für die meisten deutschen Juden fest, daß es ratsam sei, das Land ihrer Väter zu verlassen.

Wann die Blumenbergs nach Bolivien auswanderten, wissen wir nicht. Wir können nur mit Sicherheit sagen, daß dies nicht vor 1937 geschehen sein kann. Erst nachdem bevorzugte Länder in aller Welt – die Vereinigten Staaten, die Commonwealth-Länder, Brasilien, Argentinien – nur noch eng begrenzte Flüchtlingskontingente aufgenommen oder ihre Grenzen vorübergehend vollständig geschlossen hatten, bewegte sich der Flüchtlingsstrom in weniger bevorzugte Länder, in die armen und unterentwickelten, in denen der Neubeginn für Einwanderer und die Lebensbedingungen ganz allgemein sehr viel schwieriger waren: Shanghai in China, die Dominikanische Republik, Paraguay – und eben auch Bolivien.

Wir wissen auch nicht, ob die Blumenbergs überhaupt die Wahl hatten, sich ein Land auszusuchen. Oftmals besorgten jüdische Hilfskomitees Einreisepapiere, Transitvisa und Schiffskarten und informierten dann nur so nebenbei, wohin die Reise gehen sollte. Wir wissen aber wohl, daß Bolivien in den meisten Fällen kein freiwilliges Reiseziel war und daß selbst die Ausreise in diese wenig begehrten Exilländer mit Schwierigkeiten verbunden war. Nachdem einige tausend Emigranten das Land betreten hatten, schloß auch Bolivien seine Grenzen. Visa erhielt man von den Konsulaten manchmal nur durch Zahlung einer «propina», eines Schmiergeldes, wobei man dann bei der Einreise erleben konnte, daß die Grenzbehörden diese Visa als illegal oder gefälscht betrachteten. Da mußte dann die Fürsprache einer jüdischen Hilfsorganisation nachhelfen, gelegentlich auch ein weiteres Schmiergeld.

Zeitweilig ließ das Land nur Angehörige bestimmter Berufsgruppen einreisen, Landwirte zum Beispiel, die brachliegende Ländereien oder ungerodete Urwaldflächen kultivieren sollten. Hier deklarierten sich dann Flüchtlinge, die noch nie einen Pflug gesehen geschweige denn bedient hatten, zu Bauern und künftigen Kolonisten, weil anders die Einreise nach Bolivien – und damit die Ausreise aus Deutschland – nicht zu erreichen war.

Wenn Egon Blumenberg und seine Frau unter dem Blätterdach ihrer Veranda in Gedanken zurückschauten und Verlust und Gewinn ihrer Emigration bilanzierten, dann überwogen gewiß die Pluspunkte. Sie hatten ihr Leben gerettet, sie waren weiteren Schikanen und Verfolgungen entgangen. In Europa herrschte jetzt Krieg, und die lückenhaften Nachrichten über die Lage der Zurückgebliebenen klangen so erschreckend, daß man sie eigentlich nicht glauben mochte. Aber sie hatten fast alles verloren, woran sie gehangen hatten. Nur zehn Reichsmark hatten sie aus Deutschland mitnehmen dürfen und Möbel, Schmuck, Bilder zurücklassen müssen. Nur Kleidungsstücke hatten sie eingepackt, etwas zögernd, da sie nicht wußten, was man in Bolivien würde brauchen können; dazu Bücher, deren Gewicht sich auf Reisen als äußerst lästiger Ballast erweisen sollte, und das alte mechanische Grammophon mit den Schallplatten. Und natürlich die ärztlichen Instrumente, mit denen Egon Blumenberg sich eine neue berufliche Existenz aufbauen wollte.

Von der abendlichen Veranda im Urwald von Charobamba aus konnten die Blumenbergs ihre Anfänge in Bolivien mit einer gewissen Gelassenheit

Revue passieren lassen. Sie hatten so viele Wechselfälle erlebt, daß sie jetzt, da sie die größten Hürden genommen hatten, sich vor keinen weiteren Erschütterungen mehr fürchteten. Und doch waren die Anfänge hart gewesen. Die ersten Enttäuschungen erlebten sie auf der dreiwöchigen Schiffsreise zum chilenischen Hafen Arica. Sie hatten eine Schicksalsgemeinschaft von Verfolgten erwartet, die durch die gemeinsamen Erfahrungen zu einer solidarischen Einheit zusammengeschweißt worden war. Statt dessen erlebten sie auf engem Schiffsraum einen Jahrmarkt der Eitelkeiten, Eifersüchteleien und des Dünkels. Die wenigen wohlhabenden Flüchtlinge setzten sich von den vielen Habenichtsen ab und bestanden auf strenger Einhaltung der Decksklassen. Berufs- und Standesdünkel wurden offen zur Schau getragen. Die wenigen nichtjüdischen, d. h. politischen Emigranten wurden ausgegrenzt; es bildeten sich Fraktionen unterschiedlichster Art unter den Passagieren: orthodoxe gegen liberale, religiöse gegen konfessionslose oder christlich getaufte Juden, Flüchtlinge aus Deutschland und Österreich gegen Ostjuden aus Polen.

Auch der erste Eindruck von Bolivien war abschreckend – eine kahle Mondlandschaft, die sie mit einer ächzenden und stöhnenden Eisenbahn über einen 5000 m hohen Gebirgspaß erreicht hatten. Hier beobachtete Blumenberg die ersten Krankheiten, mit denen er in seiner Leipziger Praxis noch nie zu tun gehabt hatte: die Höhenkrankheit Soroche, die sich in Schwindelgefühlen, Kopfschmerzen, Nasenbluten, Schlaflosigkeit und Durchfall ausdrückt. Die Atemnot in der Höhenluft, die in den ersten Wochen jeden Treppenaufstieg zum Marathonlauf werden läßt. Die vielfältigen Ungeziefer, die mangelhafte Hygiene, die Unterbringung in fensterlosen Lehmhütten und vieles andere mehr. Hier beobachteten die Blumenbergs erstmals auch die häufigen Reaktionen auf den Ortswechsel. Viele Emigranten vergaßen Verfolgungen und Demütigungen. Zu Hause in Berlin, Wien, Frankfurt, Breslau war alles besser gewesen, sauberer, pünktlicher, kurz: zivilisierter. Auch sie selbst ertappten sich gelegentlich bei manchen Dünkeln, wenn sie die barfüßigen Polizisten in zerlumpten Uniformen sahen oder die indianischen Landbewohner in schäbigen Ponchos, die an Straßenrändern hockten und Coca-Blätter kauten. War es in Leipzig nicht doch besser gewesen, trotz allem? Und als einige Schicksalsgenossen aus Wut über ihr Exilland sich zu der Feststellung verstiegen, so ganz falsch könne Hitlers Doktrin von der Überlegenheit der weißen Rasse ja wohl nicht sein, da reagierten sie verwundert, aber ohne zu widersprechen.

Recht bald konnten sie feststellen, daß sie im Lande keineswegs mit offenen Armen empfangen wurden. Zeitweilig hielten sich, so hieß es, fast 8000 Flüchtlinge in La Paz auf und bildeten an Straßenecken oder auf Plätzen Diskussionsgruppen, deren Hauptgesprächsstoff die miesen Zustände im Gastland waren. Von den Debatten verstanden die Einheimischen zwar kein

Wort, aber daß die Flüchtlinge nicht sehr freundlich von ihnen sprachen, spürten sie wohl. Manche Emigranten eröffneten Bauchläden und machten sich bei den fliegenden Händlern der Stadt dadurch nicht beliebter. Die aus der Sicht der tief katholischen Bolivianer recht lockeren Sitten der Fremden führten zu weiteren Mißverständnissen, und an manche Unterkunft hatten Einheimische die Worte geschmiert: «casa de puta» (Hurenhaus).

Die Bolivien-Emigranten waren zwar der tödlichen Gefahr des Dritten Reiches entkommen, aber sie waren in ein recht unwirtliches Land geraten. Es hatte kurz vorher den blutigen Chaco-Krieg gegen Paraguay verloren, die Wirtschaft lag darnieder. Bergarbeiterstreiks und Bauernrevolten erschütterten den Staat. Im historischen Durchschnitt fand jedes Jahr mindestens ein Staatsstreich statt. Als die ersten Emigrantengruppen das Land betraten, hatte sich gerade Oberst Germán Busch, Sohn eines deutschen Einwanderers, zum Diktator gemacht. Im Offizierskorps konspirierten radikale Geheimlogen, deren Ideologie ein merkwürdiges Gemisch von linksrevolutionären und faschistischen Ideen darstellte. Es konnte den Flüchtlingen durchaus widerfahren, daß sie ein Militär mit einem aufrichtig gemeinten «Heil Hitler!» begrüßte und zugleich den Klassenkampf gegen das ausbeuterische Fremdkapital propagierte.

Für die Emigranten hatten die innenpolitischen Ereignisse nachhaltige Folgen. Fremdenfeindliche Ressentiments gegen die europäischen Asylanten in der Bevölkerung, faschistisch beeinflußte Kreise in Politik und Armee und eine weitgehend gleichgeschaltete, vom deutschen Gesandten straff geführte auslandsdeutsche Kolonie machten ihnen mitunter das Leben schwer. Ein antisemitischer Abgeordneter, ein katholischer Geistlicher, forderte im Parlament offen die Vertreibung der Flüchtlinge aus Bolivien. Berufs- und Standesorganisationen sorgten dafür, daß die Emigranten bestimmte Berufe nicht oder nur mit Einschränkungen ausüben durften. Für Egon Blumenberg hatte dies zur Folge, daß seine deutschen medizinischen Prüfungen und Approbationen nicht anerkannt wurden.

Wir wissen nicht, ob Blumenberg sich in der von ihm mühsam erlernten spanischen Sprache erneut einem medizinischen Examen stellte. In jedem Falle scheint er das Glück gehabt zu haben, daß er anfangs Aufnahme in den Staatsdienst fand und so in seinem Beruf weiterarbeiten konnte. Viele andere emigrierte Ärzte, Rechtsanwälte, Professoren und Künstler mußten irgendwelche Handlangerdienste verrichten, um sich und ihre Familien ernähren zu können. Denn die finanzielle Unterstützung durch jüdische Hilfsorganisationen gab es nur für eine Übergangszeit. Vielleicht waren Blumenberg auch die innenpolitischen Wechsel zugute gekommen. 1938 kam Präsident Busch bei einem gewaltsamen Staatsstreich ums Leben. Sein Nachfolger, ein Interimspräsident, schrieb Neuwahlen aus, durch die im April 1940 General Enrique Peñaranda an die Macht gelangte. Er war darum bemüht, die emigrantenfeindliche Stimmung im Lande zu entspannen.

An dieser Stimmung waren die Flüchtlinge selbst nicht ganz unschuldig gewesen. Bolivien hatte viele unter der Bedingung hereingelassen, daß sie sich als Landwirte betätigten. Statt dessen hockten die meisten in La Paz herum und betrieben Geschäfte, mit denen sie dem einheimischen Handel Konkurrenz machten. Andere warteten die erste beste Gelegenheit ab, um in das höher entwickelte Nachbarland Argentinien weiterwandern zu können. Sowohl das 1939 in La Paz gegründete Emigrantenblatt «Rundschau vom Illimani» als auch politische, jüdische, kulturelle und karitative Vereinigungen ermahnten immer wieder dazu, das Gastland nicht zu enttäuschen.

Anfang 1940 richtete der Jüdische Hilfsverein von La Paz im Vorort Miraflores eine landwirtschaftliche Versuchs- und Ausbildungsanstalt ein, um einige in Ackerbau und Viehzucht völlig unkundige Kolonisten auf ihre neue Aufgabe unter tropischen oder subtropischen Bedingungen vorzubereiten. Der in Bolivien ansässige jüdische Eigentümer einer der großen bolivianischen Zinnminen, Mauricio Hochschild, förderte das Projekt, indem er von der Regierung zur Verfügung gestelltes Land erwarb, um Siedlerstellen für jüdische Flüchtlinge zu schaffen. Es handelte sich um die verlassenen, aber noch teilweise bewohnbaren Anlagen der Haciendas Santa Rosa, Charobamba und Polo-Polo in den Yungas, den tropischen Osthängen der Andenkette. Zur Finanzierung und Betreuung des Projekts gründete Hochschild mit staatlicher Förderung die «Sociedad Colonizadora de Bolivia», kurz «Socobo» genannt. Im Laufe des Jahres 1940 ließen sich die ersten Siedler dort nieder, bald sollten es etwa 30 Familien sein. Anfang 1941 zogen auch die Blumenbergs von La Paz in die Yungas. Sie reizte die neue Aufgabe. Wahrscheinlich dürfte ihnen das kalte Höhenklima der fast 4000 m hoch gelegenen Hauptstadt den Abschied nicht schwer gemacht haben.

Wer heute mit dem Bus von La Paz nach Coroico, dem Hauptort der Yungas, reist, erlebt ein überwältigendes Schauspiel. Zunächst fährt man über ansteigende Straßen an Ödland vorbei, wo nur noch genügsame Lamas ein paar Grashalme finden. Die Vegetation wird immer dürftiger, bis man bei La Cumbre (Gipfel) den höchsten Punkt der Straßenführung erreicht hat. Hier wächst nichts mehr. Hie und da sieht man Schnee. Dann bewegt sich das Fahrzeug wieder abwärts. Nicht über sich, sondern tief unter sich in den Tälern sieht man die Wolken. Nach mehrstündiger Fahrt gelangt man dann in subtropische Zonen. An einer Stelle muß der Bus durch einen Wasserfall hindurch. Je weiter man fährt, desto wärmer wird es, desto üppiger wird die Vegetation; sie nimmt schließlich eine Farbenpracht an, die man im graubraunen Altiplano der Hochebene rings um La Paz nicht für möglich gehalten hätte.

Obwohl die Hauptstadt nur etwa 100 km in der Luftlinie entfernt liegt, befindet man sich in Coroico in einer anderen Welt. Um zu den Ländereien der «Socobo» zu gelangen, mußten die Siedler damals noch weiterreisen, diesmal mit Maultieren, da die Trampelpfade für Lastwagen unpassierbar waren. Dieser Weg war während der Regenzeit nicht ganz ungefährlich, da man unterwegs in Erdrutsche geraten konnte und reißende Bäche zu durchwaten hatte. Mit dem Aufbau der Siedlung wurden auch kleine Brücken gebaut, die aber nicht das Gewicht eines Fahrzeugs hätten tragen können. Die schlechten Verkehrsverbindungen stellten denn auch eines der großen Probleme der Siedlung dar. Obwohl sie in einer fruchtbaren Gegend lag, brauchte es etliche Monate, bis die Siedler ernten konnten. Nach wie vor blieben sie aber von Lebensmittellieferungen aus La Paz und damit auch finanziell von der «Socobo» abhängig.

Die Blumenbergs zogen Anfang 1941 in die Nähe von Charobamba. Sie sollten im Auftrag der «Socobo» die Siedler medizinisch betreuen. Der Arzt mußte seine Praxis zunächst in einer leerstehenden Hütte mit Strohdach eröffnen, in der bei Dunkelheit allerlei Getier, das man nicht einmal in Brehms Tierleben hätte finden können, seine mehr oder minder lästige Nachbarschaft summend, raschelnd, stechend, beißend kundtat: Cucarachas, Mäuse, Spinnen, eine Vielzahl von Insekten und gelegentlich auch eine Schlange. Seine Instrumente mußte Blumenberg in kochendem Wasser auf offener Herdstelle reinigen. Trotz der schwierigen Umstände, die sich so sehr von seiner Leipziger Praxis unterschieden, konnte er seine Arbeit durchführen. Mit primitiven Mitteln kurierte er einige Fälle von Malaria und Pocken. Schwieriger für ihn waren, da er durch die europäische Schulmedizin nicht darauf vorbereitet war, tropische Hautkrankheiten, die von Insektenstichen oder Bissen anderer Tiere oder durch die Berührung mit bestimmten Pflanzen hervorgerufen worden waren. Sogar kleinere chirurgische Eingriffe nahm er vor, wobei dann seine Frau neben ihm stehen und Insekten von der offenen Wunde verjagen mußte.

Frau Blumenberg betrieb nebenher eine kleine Hühnerzucht und bebaute den Garten. Infolge des subtropischen Klimas und des fruchtbaren Bodens wuchs fast alles – aber es gedieh auch alles, was die jungen Pflanzen bedrohte. Wildkräuter mußten täglich gejätet werden, um die Kulturpflanzen nicht zu ersticken. Gefräßige Nagetiere oder Insekten meldeten sich als unerwünschte Mitesser an. Für die Hühnerzucht kaufte Frau Blumenberg Eier von Zuchtrassen und ließ sie von weniger ertragreichen Hennen ausbrüten. Aber auch hier lauerten Gefahren. Mehrere Küken wurden von Raubvögeln, Schlangen und irgendwelchen marderartigen Tieren geraubt.

Mit der Zeit entstand auch so etwas wie ein geselliges Leben, dessen Mittelpunkt nahezu selbstverständlich das Ehepaar Blumenberg wurde. Sobald die Siedler ihre Hütten halbwegs eingerichtet und die Felder gerodet und bebaut hatten, besuchten sie sich gegenseitig. Egon Blumenberg war der einzige, der aus Leipzig seine Bibliothek mitgenommen hatte. Wie oft hatte er auf Reisen ihr Gewicht verwünscht. Jetzt bereute er die Mühen nicht mehr. Regelmäßig erschienen Nachbarn, um sich Bücher auszuleihen, die er dann nach einigen Wochen zurückerhielt. Vor allem die Frauen legten Wert darauf, daß gewisse kulturelle Bedürfnisse nicht vollkommen im Urwald verkümmerten. Alle zwei Wochen fanden auf der Veranda der Blumenbergs Konzertabende statt. Hier bewährte sich das mitgebrachte Grammophon mit der Sammlung von Schellackplatten. Und wenn dann mit etwas blechernem Klang Beethoven oder Mendelssohn-Bartholdy durch die Nacht ertönte, dann kehrten manche Gedanken zurück an das Gewandhaus, an Leipzig, an Deutschland, das jetzt im Kriege lag und von dem man hier jenseits der Andenkette nichts verspürte.

Die neuen Lebensumstände veränderten auch die Lebensweise der Emigranten. Manche unter ihnen waren erst durch das Dritte Reich mit ihrer jüdischen Herkunft konfrontiert worden. Sie hatte ihnen bis dahin wenig bedeutet. In der Ferne aber besannen sich einige ihrer Ursprünge und besuchten Synagogengottesdienste, wie sie es zuletzt in der Kindheit oder vielleicht sogar noch nie getan hatten. Die Gemeinde bot ihnen Ersatz für eine verlorene Heimat, die zuletzt keine mehr gewesen war. Hier in den Yungas setzte eine umgekehrte Entwicklung ein. Das Interesse an religiösen Dingen schwand wieder. Die nächste Gemeinde mit ihrem deutschsprachigen Rabbiner in La Paz war weit, und der so ganz anders geartete Lebensrhythmus im Urwald ließ Feiertage, Gebete, Traditionen und Speisevorschriften in Vergessenheit geraten.

Der Kontakt zur Außenwelt beschränkte sich auf Besuche von Vertretern der «Socobo», die dann Geld, Post, Lebensmittel und die letzten Ausgaben der «Rundschau vom Illimani» mitbrachten. Selten unternahm ein Siedler die beschwerliche Reise nach Coroico oder gar in die Hauptstadt. Da sie unter sich lebten, war und blieb Deutsch und in einigen Familien auch Jiddisch die Umgangssprache. Gelegentlich tauchten aus entfernten Indiodörfern Männer auf, die Gemüse oder ein erlegtes Tier zum Tausch gegen industriell gefertigte Gegenstände anboten. Es hatte sich auch herumgesprochen, daß da ein fremder weißer Mann Krankheiten behandle, und einige Male suchten ihn auch indianische Patienten auf. Die Verständigung war mitunter schwierig. Egon Blumenbergs Spanisch war noch recht fehlerhaft, während die Indios Aymara als Muttersprache verwendeten und gewöhnlich nur wenig Spanisch verstanden. Um so überraschender war es, daß einige der Eingeborenen deutsche und jiddische Ausdrücke aufschnappten und im Verkehr mit den Dorfbewohnern verwendeten.

Nachdem Egon Blumenberg und seine Frau fast zwei Jahre lang in der kleinen Siedlung ihren Dienst getan hatten, ließen sie sich manchmal die gemachten Erfahrungen und auch ihre Zukunft durch den Kopf gehen. Wenn sie draußen auf der Veranda saßen und in der Regenzeit die Tropfen auf das Blätterdach prasselten, besprachen sie ihre weiteren Pläne. Hatten sie das Endziel ihres Fluchtweges erreicht? Konnten sie sich damit abfinden, im letzten Urwaldkaff unter erschwerten Bedingungen, bei dürftiger Bezahlung und mit großen Entbehrungen eine mangelhaft ausgestattete Buschpraxis zu betreiben? Andererseits hatten sie in der kurzen Zeit doch so etwas wie Heimatgefühle entwickelt. Sie kannten alle Bewohner der Siedlung persönlich, sie hatten sich an die Arbeit im Busch gewöhnt und waren irgendwie selbst Urwaldbewohner geworden, die sich mit Pflanzen und Tieren, mit den Gefahren ebenso wie mit der Schönheit ihrer Umwelt auskannten. Wahrscheinlich beschäftigte sie immer wieder der Gedanke an einen Ortswechsel, und wahrscheinlich schoben sie die Vorstellung eines neuen Aufbruchs in eine ungewisse Zukunft beiseite. Hier hatten sie – vorerst – ihre Welt gefunden, und zudem eine, die sie zu wesentlichen Teilen selbst aufgebaut hatten.

Es herrschte Regenzeit, und die Tropfen prasselten wieder tagelang auf das Blätterdach. Wir wissen nicht, wann die Blumenbergs die neuesten Nachrichten erfuhren. Sollte jemand im Ort ein batteriegetriebenes Funkgerät besessen haben, dann wird es der 20. Dezember 1943 gewesen sein, wahrscheinlich aber war es etliche Tage später: In La Paz hatte das Militär geputscht. Das war in der etwa 120jährigen Geschichte des Landes schon mehr als 120mal vorgekommen. La Paz war weit, und was dort geschah, berührte die Urwaldsiedlungen in den Yungas herzlich wenig. Aber diesmal verdichteten sich die Nachrichten, daß auch die Emigranten in Bolivien unmittelbar von den Folgen betroffen waren, und als die Lebensmittel- und Materiallieferungen, die Post- und Geldsendungen aus der Hauptstadt ausblieben, ahnten alle, daß es diesmal bitterer Ernst war.

Erst viele Wochen später, als die Blumenbergs sich in La Paz um neue berufliche Möglichkeiten bemühten, erfuhren sie den vollständigen Ablauf der Ereignisse. Eine radikale, von sozialrevolutionären wie von faschistischen Ideen bestimmte Offiziersgruppe hatte den Präsidenten gestürzt, ihr Anführer, Oberstleutnant Gualberto Villaroel, hatte die Macht ergriffen. Seine ersten Maßnahmen richteten sich gegen auswärtige Firmen und fremdes Kapital. Mauricio Hochschild, der Finanzier und Förderer der Urwaldsiedlung in den Yungas, wurde verhaftet und vor ein Standgericht gestellt. Seiner Erschießung entging er nur durch die Zahlung eines Lösegeldes. Danach wurde er des Landes verwiesen.

Damit brach auch das Kolonisationsprojekt zusammen. Noch trug es sich nicht selber. Irgend jemand bemühte sich bei jüdischen Hilfsorganisationen vergeblich um Gelder. Aber auch die politischen Arbeitsbedingungen waren für auswärtige Komitees, alliierte zudem, schwieriger geworden.

Der neue Präsident Villaroel sympathisierte offen mit dem Dritten Reich. Da war es für die nur geduldeten Emigranten ratsam, nicht weiter aufzufallen.

Wir wissen nicht, in welche Richtung der weitere Lebensweg die Blumenbergs führte. Wir können nur vermuten, daß sie – wie die meisten

Bolivien-Emigranten – spätestens nach dem Kriege das Land verließen. Die meisten gingen nach Nordamerika, andere nach Argentinien oder Brasilien, einige wenige auch wieder zurück nach Deutschland. Der Bericht, den Egon Blumenberg über seine Urwalderfahrungen verfaßt hat, deutet jedenfalls darauf hin, daß er die politischen Wirren seines Gastlandes ohne Schaden überstanden hat. Das einzige aber, was wir sicher wissen, ist die Tatsache, daß die Emigrantenkolonie in den Yungas bereits ein Jahr nach dem Putsch vom Urwald überwuchert wurde.

«Viva México»

von Irene Lorisika

In Mexiko haben Anna Seghers, Alexander Abusch, Ludwig Renn, Gustav Regler, Otto Rühle, Alice Rühle-Gerstel, Bodo Uhse, Bruno Frei und viele andere prominente Persönlichkeiten den Nationalsozialismus überlebt, sie haben ihn mit den Exilzeitschriften «Alemania Libre» und «Demokratische Post» und durch die Veröffentlichungen des Verlages «El Libro Libre» von hier aus bekämpft. In Mexiko haben aber auch viele «namenlose» Exilanten – aufgrund der räumlichen und kulturellen Distanz weniger als in anderen Ländern – überlebt und sich eine neue Existenz aufgebaut, eine zweite Heimat gefunden. Das unterscheidet sie von der Mehrzahl der prominenten Exilanten.

Viele von ihnen waren Teilnehmer des spanischen Bürgerkriegs, die Mexiko relativ großzügig aufnahm, es gab aber auch andere Fluchtwege und Überlebensstrategien. Ein Beispiel wird hier dargestellt, exemplarisch trotz seiner Besonderheiten, denn die Fluchtwege nach Mexiko waren fast immer besondere: Die Geschichte der Flucht und der Einwanderung von Otto Schreiner nach Mexiko.

«México, la esperanza para muchos de los perseguidos» – Mexiko bot eine Hoffnung, wie viele andere Staaten; häufig auch eine trügerische. Die wirtschaftlichen Beziehungen zwischen Mexiko und dem Deutschen Reich waren bis 1941 gut, seit dem Zeitpunkt der Verstaatlichung der mexikanischen Erdöllager 1938 und dem darauffolgenden wirtschaftlichen Boykott Mexikos durch die USA und England sogar sehr gut. In den zwei Jahren von 1935–1937 hatte sich das Handelsvolumen zwischen den beiden Staaten fast verdoppelt. 1937 äußerte sich der damalige mexikanische Gesandte in Berlin geradezu euphorisch über die deutsch-mexikanischen Handelsbeziehungen: «Die Möglichkeiten für eine Ausweitung des deutsch-mexicanischen Handels sind prächtig. Ich glaube nicht, daß es in der Welt zwei Länder gibt, die sich in ihren Erzeugnissen so gut ergänzen wie Deutschland und Mexico.»

Von diesen guten wirtschaftlichen Beziehungen profitierten vor allem die alteingesessenen Angehörigen der Deutschen Kolonie (ca. 6000 deutsche Staatsangehörige lebten allein in der Hauptstadt), die 1933 zu 99,9% für die NSDAP votiert hatten und die hier eigene Kultureinrichtungen wie die Deutsche Schule, einen Deutschen Klub, eine Deutsche Zeitung und schließlich 1934 auch eine Auslandsorganisation der NSDAP unterhielten. Dies war das eine Verhältnis zwischen Deutschland und Mexiko in den dreißiger Jahren.

Das andere Verhältnis ist gekennzeichnet durch die offene Stellungnahme der mexikanischen Regierung für das republikanische Spanien – und damit gegen Hitler-Deutschland – und die Waffen- und Hilfsgüterlieferungen an die republikanischen Truppen, durch das Verbot der antisemitischen und antikommunistischen «Camisas Doradas» 1936, durch die Nichtanerkennung des «Anschlusses» von Österreich 1938, durch Appelle mexikanischer Vertreter im Völkerbund zugunsten der antifaschistischen Flüchtlinge; und Mexiko appellierte nicht nur – es öffnete sich auch für Flüchtlinge aus dem nationalsozialistischen Deutschland.

Allerdings orientierte sich die mexikanische Immigrationspolitik primär an eigenen Interessen (eine Ausnahme sind die spanischen Emigranten, für deren Einwanderung andere Aspekte ausschlaggebend waren): aufgenommen wurden solche Personen und Personengruppen, die für Mexikos wirtschaftliche Entwicklung von Nutzen sein konnten. Das bedeutete, daß der Nachweis, politisch und/oder rassisch verfolgt zu sein, nicht ausreichte, um ein Visum für dieses Land zu erhalten, ja sogar nur von sekundärem Interesse war. Das mußte zur Folge haben, daß politisch Verfolgten die Einreise verweigert wurde, wenn sie wirtschaftlichen Kriterien nicht entsprachen; es hatte aber auch zur Folge, daß diejenigen Exilanten, die die Anforderungen erfüllten, sich relativ schnell in das mexikanische Leben integrieren konnten.

So standen den 6000 in Mexiko lebenden deutschen Staatsangehörigen der Deutschen Kolonie bis 1943 etwa 3000 ehemalige deutsche Staatsangehörige gegenüber, die Deutschland aus politischen und/oder rassischen Gründen verlassen mußten. Diesen Flüchtlingen bot Mexiko, wenn sie einmal eingereist waren, weitaus großzügigere Lebens- und Arbeitsmöglichkeiten als viele andere Exilländer. Aufgenommene Exilanten hatten in Mexiko rechtlich die Möglichkeit, sofort eine Arbeit aufzunehmen – sofern sie eine fanden.

Otto Schreiner und mit ihm 17 weitere deutsche Staatsbürger jüdischen Glaubens kamen nach Mexiko, weil dieser Staat gute wirtschaftliche Kontakte zu Deutschland besaß und Mangel an bestimmten Fachkräften litt. Vor seiner Flucht nach Mexiko war Otto Schreiner im deutschen KZ Buchenwald gewesen. 1938 war er dorthin gebracht worden, weil er als «asozialer Mensch» vor 1933 aus der Schlachterei seines Vaters Innereien an die sogenannten Volksküchen gespendet hatte – und diese wurden ebenfalls von «Asozialen» eingerichtet und unterhalten. Einer aus der Familie – so verlangte es das Gebot der Kollektivhaftung – sollte und mußte dafür büßen, und nachdem sein Bruder 1935 schon einmal als «Rassenschänder» festgenommen und bestraft worden war, war die Reihe nun an ihm.

Drei Monate verbrachte er in Buchenwald. Dann traten der Jüdische Hilfsverein und der mexikanische Konsul in Köln auf den Plan. Der Konsul – die Verhältnisse zwischen Deutschland und Mexiko waren noch gut – kannte die Gefahr, in der viele Deutsche schwebten, und er kannte das Angebot seines Landes, unter bestimmten Bedingungen Emigranten aufzunehmen. Mexiko benötigte Fachpersonal für den landwirtschaftlichen Bereich. Deutsche Juden benötigten Visa. Und der mexikanische Konsul benötigte Geld. So wurde aus dem mit einer Jüdin verheirateten Pianisten D. ein Bauer, ebenso wie aus dem Metzger Otto Schreiner eine landwirtschaftliche Fachkraft wurde – gegen Bezahlung natürlich. Damit auch alle an diesem Handel profitierten, kauften die 18 Flüchtlinge eine Hin- und Rückfahrkarte und unterschrieben beim Konsul, daß sie in Mexiko nichts über diese Transaktionen verlauten lassen würden. Überdies mußte ein weiterer Revers unterzeichnet werden: trotz Rückfahrkarten würden sie nie wieder nach Deutschland zurückkehren. In Mexiko erwies sich diese zweite Unterschrift als vorteilhaft. Das korrekte deutsche Transportunternehmen erstattete das Geld für die Rückfahrkarte zurück.

Im August 1938 legte ein Frachtdampfer in Hamburg ab, der über Antwerpen, Southampton, Lissabon und Kuba nach Veracruz, Mexiko, fuhr und neben Sachgütern Menschen beförderte, deutsche Juden und republikanische Spanier. Die Spanier konnten am 18. September in Veracruz problemlos von Bord gehen, die deutschen Juden mußten erst einige Hürden überwinden: Die Berufsbezeichnung «landwirtschaftl. Fachkraft» machte die Mitarbeiter in der «Gobernación» stutzig. Man zog in Erwägung, die ganze Gruppe wegen falscher Papiere zurückzuschicken. Erst längere Verhandlungen zwischen Vertretern des jüdischen Zentralkomitees, die die Gruppe erwartet hatten, und den mexikanischen Behörden machten den Weg zur Einreise frei. So kam Otto Schreiner aus Bonn mit einem Koffer voll Berufskleidung und Metzgerwerkzeugen nach Veracruz.

«Wir können den Deutschen dankbar sein, daß sie uns gezwungen haben, hierher zu gehen, wir hätten in Deutschland nie so gut leben können.» Otto Schreiner meint diese Äußerung nicht zynisch oder ironisch. Er hat unmittelbar nach seiner Ankunft begonnen zu arbeiten; zunächst nur kurze Zeit in einer Schreinerei und dann in seinem Beruf zusammen mit seinen deutschen Kollegen auf einer Viehzuchtfarm im Norden des Landes.

Mit der damals noch intakten Bahnlinie fuhr die Gruppe gemeinsam von Veracruz in die Hauptstadt. «Sie haben uns gerettet. Und jetzt sind wir hier verloren» – dies seien die Gefühle bei der Ankunft in Mexico City gewesen, sagt Otto Schreiner. Aber mit Unterstützung der jüdischen Hilfsorganisationen werden sie schnell von Auswanderern zu Einwanderern. Ein erstes Matratzenlager wird zur Verfügung gestellt, und die hier verursachten Flohbisse werden von Dr. Frenck, einem deutsch-jüdischen Arzt, der wegen der antisemitischen Hetze Deutschland schon zu Beginn der dreißiger Jahre verlassen hatte, behandelt. Er hatte nach 1933 fast alle auslandsdeutschen Patienten verloren, dafür bekam er nun zunehmend neue aus dem Kreis der seit 1936 eintreffenden deutsch-jüdischen Einwanderer. Die kleine Gruppe deutscher Juden in Mexiko, die 1933 weniger als 100 Mitglieder hatte, vergrößerte sich bis 1942 auf ca. 1600. Seit 1938 war mit der «Menorah – Vereinigung deutschsprechender Juden» eine Institution geschaffen, die vor allem deutsch-jüdischen Emigranten die Anfangsschwierigkeiten in Mexiko überwinden half und die Ausübung des jüdischen Glaubens ebenso ermöglichte, wie sie ein Forum für kulturelle Aktivitäten bot. Von einer der Vorläufergruppen dieser Organisation wurde Otto Schreiner betreut, er selbst hat später in der «Menorah» mitgearbeitet.

Die Gruppe bleibt zunächst in der Hauptstadt: Otto Schreiner arbeitet in der Schreinerei eines polnischen Juden mit, zum Mittagessen für einen Peso trifft er sich mit seinen Kollegen im «Wiener Restaurant». Auch die Gutscheine für das Mittagessen werden von der Hilfsorganisation ausgestellt. Nach einigen Wochen kommt das Angebot, das die Flüchtlinge «legalisieren» soll: Eine jüdische Ladenbesitzerin aus der Hauptstadt hat Land im Norden gekauft und bietet es jetzt parzellenweise den Flüchtlingen an. Für 500 Peso pro Person kaufen sie sich ihren Anteil und können dadurch notariell beglaubigen lassen, daß sie in der Landwirtschaft arbeiten. Ein Lastwagen bringt die 18 Personen zum Rancho San Gregorio bei Saltillo. Hier gibt es «mehr Steine als Land», also konzentrieren sich die Einwanderer auf Fleischverarbeitung: Sie kaufen Vieh, schlachten und verarbeiten es und verkaufen es wieder auf dem Markt in Saltillo. Auch hier haben sie die Unterstützung der jüdischen Gemeinde in Monterrey. Nachdem es aber zu Auseinandersetzungen kommt («Es ging, wie fast immer, um Frauen»), geht ein Teil der Gruppe, darunter auch Otto Schreiner, zurück in die Hauptstadt. Er wird Angestellter in dem Herrenbekleidungsgeschäft seines zukünftigen Schwiegervaters und baut zusammen mit ihm eine kleine Schuhfabrikation auf. 1951 wird er mexikanischer Staatsangehöriger; nach dem Tod seiner Frau zieht er sich immer mehr zurück und lebt heute das Leben eines gutsituierten Pensionärs.

Otto Schreiner formuliert nie den Anspruch, für andere zu sprechen, für andere gültige Aussagen oder Interpretationen zu entwickeln. Er hat sich den Verhältnissen angepaßt und überlebt, ohne anderen zu schaden. Und er hat dadurch sich selbst, anderen Exilanten und seinem Gastland genützt.

Was bleibt von diesem Exil, was können wir überhaupt von einem «normalen Exilanten» lernen? Dazu ein kleiner Exkurs in die Gegenwart. In einer deutschen Kleinstadt im Herbst 1988: Zwei Frauen kehren Laub vor dem Haus. Die eine kehrt große Haufen zusammen und preßt dann mit beiden Händen große Ballen in einen Müllsack. Dabei bleiben auch Blätter liegen, eine relativ große Fläche wird relativ schnell bearbeitet. Die andere kehrt kleine Haufen zusammen, kehrt diese auf eine Schaufel und schüttet sie dann in den Müllsack. Dann kehrt sie die Reste zusammen. Dabei bleibt nichts liegen, eine relativ kleine Fläche wird sehr schön sauber.

Es fällt schwer zu verstehen, warum die eine ihre Sache so macht und die andere so. Vor allem dann, wenn das Tun verknüpft ist mit Vorstellungen darüber, was gut und was schlecht ist. Unsere deutsche Arbeitsmoral und -ethik ist geprägt von Grundsätzen der Effizienz, der (Zeit-)Ökonomie. Ästhetik ist für uns im Zusammenhang mit Arbeit kaum von Bedeutung. Die deutschen antifaschistischen Einwanderer in Mexiko waren nicht in einer Position, in der sie Arbeitsmethoden favorisieren oder zumindest zur Disposition und Diskussion stellen konnten, das unterscheidet sie von den deutschen Einwanderern in vorherigen Jahrzehnten. Sie waren gezwungen, hierher zu gehen, und sie mußten dem Land gegenüber, das ihr Überleben garantierte, Dankbarkeit entwickeln – auch wenn das Land mit seiner Einwanderungspolitik ganz eigene Interessen verfolgte. Aus der Perspektive der Flüchtlinge waren die Mexikaner die Retter. Hier liegt die besondere Schwierigkeit der Akkulturation antifaschistischer Emigranten, von Flüchtlingen.

Die Mexikaner schätzen an den Deutschen ihre Effizienz, ihre Tüchtigkeit, ihre Präzision und ihren Erfolg. Die Deutschen mögen an den Mexikanern ihre Spontaneität, ihre Farbenfreudigkeit, ihre Kunst zu feiern und ihr Geschichtsbewußtsein. So steht es in fast jedem Reiseführer. Otto Schreiner lebt heute lieber in Mexiko, «weil man hier das Fahrgeld nicht abgezählt in der Tasche hat». Die Frau, die die kleinere, aber dafür schönere Fläche gekehrt hat, eine Mexikanerin, lebt gerne in Deutschland, «weil hier alles so ordentlich ist, die Autos am Zebrastreifen wirklich anhalten».

«Hatten wir Gelegenheit, durch Felder zu fahren, so sahen wir die Indios bei ihrer Landarbeit niemals mit nacktem Oberkörper und ohne Sombrero, obwohl auf den Höhen des ewigen Frühlings kaum 30 Grad Hitze erreicht und selten überschritten wurden. War ihre weiße Kleidung aus Baumwolle löchrig, so war sie jedoch immer rein.» Auch dies ist eine Äußerung eines deutschen Exilanten über Mexiko, Alexander Abusch, der den Anspruch vertrat, das Gastland solidarisch zu verstehen. Mit den wechselseitigen Klischees ließen sich ganze Bücher füllen. Ein Unterschied zwischen den beiden Klischees, dem von den «großzügigeren Mexikanern» und dem der «armen, aber reinlichen Indios», besteht darin, daß sich hinter Abuschs Beschreibung eine Absicht vermuten läßt, die schon vor seiner Beobachtung der Landarbeiter existierte und der diese nur zum Ausdruck verhalfen: «Mit seinen Naturschätzen war es ein reiches Land, aber seine Bevölkerung, trotz der Verstaatlichung der Ölquellen und der Landaufteilung durch die Regierung des Präsidenten Cardenas, eine der ärmsten der Welt. Mexiko war zu jener Zeit das progressivste Land Lateinamerikas.» Abusch gesteht zwar zu, daß sich die Welt, «gesehen vom lateinamerikanischen Kontinent», anders darstelle, denn «Antiimperialismus und Antikolonialismus, theoretisch längst verfochten und praktiziert, werden in ihrer Bedeutung für eine freie Zukunft der Menschheit viel begreifbarer.» Aber er insistiert auch: «Kommunist ist und bleibt derjenige, der seine grundlegenden politischen Anschauungen nicht vergißt, auch wenn sie im gegebenen Augenblick nicht in die Tat umgesetzt werden können.» Bei ihm wandelt sich das verbreitete Klischee «arm, aber glücklich» zu dem für die Rekrutierung der Armen für eine sozialistische Veränderung erfolgversprechenderen «arm, aber sauber». Es soll nicht bestritten werden, daß die nichtkommunistischen oder weltanschaulich nicht so festgelegten Emigranten in die interkulturelle Begegnung und Auseinandersetzung auch Voreinstellungen und Wertungen mitbrachten. Ihre Interpretationsmuster sind aber nicht durch ein Theoriegebäude legitimierbar und erheben in der Regel nicht den Anspruch allumfassender Gültigkeit. Das macht sie gelassener und offener, verschafft ihnen andere Zugänge. Beobachten, Unterschiede erkennen, sich selbst mit seinen eigenen Vorlieben und Abneigungen darin einrichten: so entstehen neue Formen internationalen Zusammenlebens, die – auch – die Verfolgung von Minderheiten, von «Andersartigen» reduzieren helfen können. Das kann man von Leuten wie Otto Schreiner lernen.

Die meisten Prominenten des mexikanischen Exils versuchten, nach 1945 möglichst schnell nach Deutschland zurückzukehren, um ihren Einfluß beim Wiederaufbau politisch geltend zu machen. Die meisten Nicht-Prominenten hingegen sind geblieben und kamen insofern im nachhinein den Vorstellungen und Wünschen der mexikanischen Regierung an die Emigranten am nächsten. Ihre Kinder verheirateten sich mit Mexikanern oder mit amerikanischen Juden, sie arbeiteten in eigenen Betrieben oder als Angestellte. Die meisten haben – nach einigem Zögern – eine Rente in der Bundesrepublik beantragt und sich dadurch formal mit ihrer alten Heimat versöhnt. Sie blicken noch heute nach Deutschland – von ihrer neuen mexikanischen Heimat aus. Es interessiert sie, was in Europa und besonders in Deutschland passiert. Auf kleinste Zeitungsmeldungen über neonazistische Aktivitäten reagieren sie gereizt, fragen immer wieder nach, welche Bedeutung ihnen zuzumessen sei. «In Deutschland ist alles so anders geworden. Ich komme zu Besuch dahin.» Für Otto Schreiner ist es eine große Genugtuung, daß er schon zweimal von der Stadt Bonn zu einem Treffen ehemaliger jüdischer Bürger eingeladen wurde. Aber daß er zur 700-Jahr-Feier der Stadt Bonn «aufgefordert» wurde zu kommen, nicht etwa «eingeladen» war, das hat ihn geärgert.

«Mexiko hat was in sich. Es tut allen leid, wenn sie weggehen.» Das ist seine Erklärung für sein Bleiben und das vieler Freunde. «Alles funktioniert großartig in Deutschland, aber leben möchte ich da nicht mehr.» Vielleicht könnte man das «aber» durch ein «deshalb» ersetzen.

«Wir haben hier Wurzeln geschlagen» Von Memmingen nach Rio de Janeiro

von Gernot Römer

Ruth Weikersheimer, geb. Guggenheimer, stammt aus dem bayerischen Teil Schwabens. Aus jenem Landstrich also, dem der Historiker Falk Wiesemann bescheinigt hat, daß dort während des Dritten Reiches «in den von Juden bewohnten Orten die Beziehungen zur katholischen Umwelt weit weniger in Mitleidenschaft gezogen worden waren und die Juden sich auch nach 1938 noch in größerer Zahl halten konnten». Memmingen, Ruth Weikersheimers Geburtsort, verdient es nicht, in dieses positive Urteil einbezogen zu werden. Auch dort, selbstverständlich, gab es während des Dritten Reiches viele Menschen, die Hitlers Judenpolitik nicht billigten und die den bedrängten Mitbürgern halfen. Indes ist wohl nirgendwo im bayerischen Schwaben, dem Regierungsbezirk Augsburg, die Verfolgung, angeheizt vom örtlichen NSDAP-Hetzblatt «Allgäuer Beobachter», gnadenloser gewesen als in der ehemaligen Reichsstadt.

1921 bereits bringen antisemitische Ausschreitungen Memmingen unrühmlich in die Schlagzeilen. Nur durch den Einsatz der Polizei kann verhindert werden, daß ein jüdischer Käsehändler, eine Tafel mit der Aufschrift «Ich bin der größte Schieber von Memmingen» um den Hals, auf dem Marktplatz an den Pranger gestellt wird. Beschimpft, bespuckt, geschlagen erreicht der Geschäftsmann das Sicherheit bietende Gefängnis. Auf dem Weg dorthin müssen die zu seinem Schutz aufgebotenen Polizeibeamten, so ein Zeitungsbericht, «alles aufbieten, damit er ihnen nicht entrissen und erschlagen» wird. Als sich die tobende Menge um ihr Opfer gebracht sieht, versucht sie, in die Wohnungen einiger anderer jüdischer Geschäftsleute einzudringen. Die Ausschreitungen haben einen Prozeß zur Folge. Er endet mit milden Verurteilungen für einige der Angeklagten und mit Freisprüchen für die Mehrzahl.

Ruth Weikersheimer stammt aus einer angesehenen und glücklichen Familie. Der Vater betreibt zusammen mit seinen Brüdern eine Pferdehandlung. Er ist ein im ganzen Allgäu bekannter Kaufmann. Seine Tochter Ruth erreicht im Februar 1933 – Hitler ist noch keinen vollen Monat an der Macht – ein Brief ihres ehemaligen Französischlehrers mit der Bitte, ihn bald einmal zu besuchen. «Verlaßt Deutschland so schnell wie möglich. Die Anständigen unter uns werden unterdrückt werden, der Terror wird über

Deutschland in unvorstellbarer Weise wüten», rät der Pädagoge, als sie ihm gegenübersteht. Ein erstaunlicher Weitblick! Am 1. April 1933 verliert Ruth Guggenheimer ihren Arbeitsplatz als Sekretärin in Kaiserslautern. Auf Anordnung der NSDAP entläßt ihr Chef sie und sämtliche anderen jüdischen Beschäftigten. Auch Tennisclub und Alpenverein dulden sie nicht länger als Mitglied.

Von ihrer Familie wird Ruth nun ebenfalls bedrängt, Deutschland zu verlassen. Sie zögert – bis sie an einem Sonntagnachmittag während des Ausflugs mit Freundinnen erlebt, wie ein Hitlerjugend-Führer – ihr Banknachbar in der Schulzeit – seinen braunen Jungs kommandiert: «Augen links abwenden, Juden in Sicht!» Diese Episode gibt den Ausschlag. Ruth Guggenheimer entschließt sich, Deutschland zu verlassen. Um die dafür benötigten Papiere schnell zu bekommen, reist sie sogar nach Berlin. Im D-Zug versuchen zwei SS-Offiziere mit der jungen Frau ins Gespräch zu kommen. Die Mitreisende aus Memmingen entspricht dem damals gepriesenen Frauenideal. Sie ist blond und blauäugig.

Im Spätsommer 1933 erfolgt der Abschied von Memmingen, der Stadt ihrer behüteten Kindheit, der ersten Liebe, ihrer Heimat. Resi, die Köchin der Eltern, schreibt ihr vorher noch das Kochbuch ab, damit Ruth auch in der Fremde Semmelknödel zubereiten kann. Als der Zug Memmingen verläßt, schaut sie nicht aus dem Fenster. «Ich nehme meine Heimat in meinem Herzen mit», sagt sie den Eltern. Sie begleiten die Tochter bis ans Schiff in Lindau.

In Frankreich ergeht es der jungen Frau wie vielen anderen jüdischen Emigranten aus Deutschland: Sie wird aufgenommen, darf aber nicht arbeiten. Zwei Jahre lebt sie in Paris in einer Familie «als besseres Dienstmädchen». Dann heiratet sie. Ernst Weikersheimer, ihren Bräutigam, hat sie schon in Deutschland gekannt. Er stammt aus dem Fränkischen, aus Gaukönigshofen. Er ist schon 1933 nach Brasilien ausgewandert. Um Ruth Guggenheimer zu heiraten, kehrt er noch einmal nach Europa zurück. In einer kleinen Stadt in Lothringen nimmt sie zum zweitenmal Abschied: Von Max und Rosa Guggenheimer, den Eltern; von Fritz und Nelly, den Geschwistern; von Europa. In Antwerpen schifft das junge Paar sich ein. Es ist der Juli des Jahres 1935, und die Temperaturen – zeitweise 36 Grad im Schatten – stimmen die junge Frau auf die Tropenhitze ein, die sie in Brasilien erwartet.

Die «Bagé», auf der das Ehepaar Weikersheimer reist, ist ein brasilianisches Schiff, und wäre die Überfahrt nicht eine Flucht vor Hitler, hätte Ruth sie genießen können. Es sind freundliche Mitreisende an Bord. Die Besatzung ist hilfsbereit gegenüber der Fremden, die kein Wort Portugiesisch spricht und versteht. Der Zahlmeister versucht sogar, ihr zu ihrem 25. Geburtstag eine Freude zu machen, indem er ihr die Speisekarte ins Deutsche übersetzt. Sie gewinnt bei einem Bordspiel den ersten Preis, und am achten

Reisetag überfliegt das Luftschiff «Graf Zeppelin» das Schiff: «Für uns das Symbol Deutschlands, in das wir eines Tages als freie Menschen zurückkehren wollten», erinnert Ruth Weikersheimer sich an ihre damaligen Gedanken.

Der 28. Juli 1935. Ein Wintertag mit plus 30 Grad! Die «Bagé» fährt in die Bucht von Rio ein. Ruth Weikersheimer vergißt für ein paar Augenblikke, daß sie als Flüchtling kommt und nicht als Touristin: «Das Auge konnte sich nicht sattsehen an den Wäldern, den vielseitigen Buchten, dem Spiel der darauf glänzenden Sonne.» Aber als sie kurz darauf für die Zollkontrolle Koffer und Kisten öffnen muß, wird ihr klar, daß sie mit Illusionen gekommen ist. Was soll sie mit den vielen Büchern, mit den Tennisschlägern, mit den Skistiefeln in der neuen Heimat? Dann die Fahrt in den Vorort Bonsucesso; durch sumpfiges und unbebautes Gelände führt der Weg dorthin. Die Avenida Paris, in der das gemietete Reihenhaus steht, ist kein weltstädtischer Boulevard, sondern eine ausgefahrene Lehmstraße. Und mit der Nacht fallen Schwärme von Moskitos ein.

In Bonsucesso wohnen die Weikersheimers nicht lange. Um weniger Miete zahlen zu müssen, entschließen sie sich für einige Zeit zum gemeinsamen Haushalt mit Ernst Weikersheimers Eltern – was das erste Ehejahr nicht gerade erleichtert. «Es müßte für junge Ehepaare verboten sein, mit Eltern oder Schwiegereltern zusammen zu wohnen», bilanziert Ruth Weikersheimer den unausbleiblichen Generationenkonflikt. Immerhin: Das alte, ziemlich verbaute Haus im Stadtteil Santa Teresa ist nach deutschen Maßstäben spottbillig. 360 Milreis – damals etwa 25 Dollar – kostet die Miete. Ruth Weikersheimer hat aus Deutschland 15 000 Mark mitnehmen dürfen. 10 000 davon sind beim ersten Kassensturz in Rio noch übriggeblieben. Wenig genug, wie sie zunächst meint – «ich wußte nicht, welche Kaufkraft 10 000 Mark in Brasilien besaßen, sonst hätte ich wahrscheinlich einen Luftsprung vor Freude gemacht».

Zweimal in der Woche fährt Ruth Weikersheimer mit der Tram zum Portugiesisch-Unterricht. Aber sie muß noch vieles mehr lernen in Brasilien. Fast alles in der neuen Heimat ist anders als in Memmingen. Gleich beim ersten Gang zum Metzger begegnet Ruth Weikersheimer einer Schlange. Das ungewohnte Klima macht ihr zu schaffen. Und nachts wartet das junge Paar stundenlang darauf, daß aus der Wasserleitung – Wasser fließt. Strömt oder tröpfelt es endlich, dann werden Töpfe, Eimer, Badewanne gefüllt. Oft genug aber bleibt das Wasser aus.

Die Wasserknappheit in Brasilien hat für Ernst Weikersheimer freilich auch eine gute Seite. Er hat in Deutschland Hydrogeologie studiert. Deshalb schafft er es als Emigrant, selbständig zu bleiben, indem er für Firmen und reiche Brasilianer Brunnen baut. Die Anfänge freilich sind mühsam. Ein eigenes Büro oder gar ein Telefon kann sich die junge Firma nicht leisten. Ein ostjüdischer Freund nimmt die Anrufe entgegen. Jeden Sonntag wirbt Ernst Weikersheimer in einer winzigen Zeitungsanzeige um Kunden; abends tippen er und seine Frau auf einer uralten Maschine Werbebriefe und Angebote. Sie sind zufrieden, wenn von zehn Schreiben eines beantwortet wird. Eine große Hilfe ist es für Ernst Weikersheimer, daß sein Vater die Gabe besitzt, mit der Wünschelrute Wasseradern aufzuspüren.

Weil die Aufträge oftmals nur tröpfeln wie zu manchen Zeiten in Rio das Wasser, leben die Weikersheimers jahrelang in ganz bescheidenen Verhältnissen. Im Karneval 1938 können sie sich erstmals einen Urlaub in einem ganz billigen Hotel leisten. Als Ernst Weikersheimer einmal längere Zeit keine Brunnen zu bauen hat, weil Aufträge ausbleiben, eröffnet Ruth sogar vorübergehend eine Art Kindergarten. Doch ganz langsam geht es aufwärts, sie haben es jedenfalls besser als viele andere jüdische Einwanderer, an die Frau Weikersheimer sich erinnert: «Wir gehörten zu den wenigen, die eine eigene Wohnung hatten. Viele Ehepaare hatten nur ein möbliertes Zimmer und waren froh, ein Dach über dem Kopf zu besitzen. Man konnte nicht wählerisch sein, um den Lebensunterhalt zu verdienen, vor allem, solange man die Landessprache noch nicht beherrschte. Die Akademiker und Kaufleute aus Deutschland waren zufrieden, einen Posten als Portier oder als Fabrikarbeiter zu bekommen. Die aus ihren Lebensgewohnheiten herausgerissenen älteren Leute wollten ihren Kindern nicht ganz zur Last fallen. Sie waren ein ernstes Problem. Mit unglaublicher Energie schufen sie sich einen kleinen Kundenkreis unter deutschen Juden und Christen. Sie lieferten alles vom Klopapier bis zum eleganten Hemd und selbstfabrizierten Krawatten. Sie brachten uns Wurst, Butter und Schokolade ins Haus. Es waren, wie es so treffend im Jüdischen heißt, ‹Rachmonesgeschäfte› – Geschäfte aus Mitleid. Die Not in dieser Zeit hat viele Ehen fester gefügt, aber es gab auch andere, die die Belastungsprobe nicht aushielten und zerbrachen.»

Wenn Ruth Weikersheimer an jene ersten Jahre zurückdenkt, fallen ihr auch die Levis ein. Sie führen damals in ihrer Wohnung ein Lebensmittelgeschäft, das zum Treffpunkt für die Flüchtlinge aus Deutschland wird. Die Levis haben für ihren Laden keine Lizenz und zahlen keine Steuern, aber wen kümmert das zu jener Zeit schon? Die Kunden ohnehin nicht. Denen bedeuten Tante Levis Kuchen etwas, ihre marinierten Heringe und die Salzgurken, für die sie ein herrliches Rezept besitzt. In Levis Laden werden Ehen gestiftet und gekittet, Zimmer und Wohnungen vermittelt sowie Ratschläge für alle Lebenslagen erteilt – und die können viele der Flüchtlinge dringend brauchen. In ihren Gesprächen schmieden die Leute unentwegt Pläne für die Rückkehr. Doch, so Ruth Weikersheimer, keiner sei zurückgekehrt, alle seien geblieben in dem «heißen Tropenland».

Einmal in der Woche, am Samstagabend, leisten die Weikersheimers es sich, ins Café Simpatia zu gehen und zuzusehen, wie Menschen aller Hautfarben dort vorbeiflanieren: Weiß, schwarz, braun, gelb – ein immer gutgelauntes Völkchen. Was weiß es schon von Hitler und dem jüdischen Problem!?

Aber so heiter Brasilien auch ist, so unbeschwert viele Menschen dort sind – auch in jenem Land hat Ruth Weikersheimer Antisemitismus und Angst erlebt. Eines Nachts zum Beispiel weckt sie der Gleichschritt Marschierender. Sie kennt diesen Alptraum aus Memmingen. Die junge Frau will ihren Augen nicht trauen, als sie vor dem Fenster SA-Leute zu sehen meint, nur daß deren Hemden nicht braun, sondern grün sind. Es handelt sich um Mitglieder der Integralisten, einer extrem rechtsradikalen Partei, die Juden und Fremde haßt. «Ich hatte 10 000 Kilometer Entfernung zwischen mir und Deutschland geschaffen und mußte wieder dem nackten Antisemitismus ins Gesicht sehen», erinnert Ruth Weikersheimer sich an jene Schrecksekunden. Zwei Jahre dauert es, bis Brasiliens gemäßigter Diktator Vargas im Herbst 1938 dem grünen Spuk ein Ende bereitet und auch den Weikersheimers die Furcht nimmt, nochmals alles aufgeben und auswandern zu müssen.

Immer wieder drückt Ruth Weikersheimer auch die Sorge um die Eltern in Memmingen. Sie bedrängt sie in jedem Brief, nach Brasilien zu kommen. Doch ein um das andere Mal erwidert der Vater: «Einen alten Baum verpflanzt man nicht.» Bis Nazis im November 1938 – in der verharmlosend so genannten «Reichskristallnacht» – auch die Wohnung der Guggenheimers kurz und klein schlagen. Damals wütet der Mob in Memmingen besonders schlimm. Die Synagoge wird gesprengt. Um die Eltern aus Deutschland herauszubekommen, sei sie in Rio von Pontius zu Pilatus gerannt, berichtet Ruth Weikersheimer, und von den Einwanderungsbehörden habe sie jeden nur möglichen Knüppel in den Weg gelegt bekommen. Guimarães Rosa, Schriftsteller, Diplomat und damals auch Brasiliens Konsul in Hamburg, habe Max und Rosa Guggenheimer dann schließlich zu einem Visum verholfen. Ruth Weikersheimer ist ihm unendlich dankbar: «Er war der Retter meiner Eltern!»

Verarmt, niedergeschlagen, krank kommen die Eltern in Südamerika an. Ehe sie Deutschland verlassen durften, hatten sie 40 000 Mark Reichsfluchtsteuer zahlen müssen. Das übriggebliebene Geld verwendet Max Guggenheimer darauf, Verwandten Visen für die Flucht in die Dominikanische Republik zu kaufen. Zehn Mark besitzt Max Guggenheimer noch, als er und seine Frau in Rio an Land gehen. Drei Gehminuten von Ernst und Ruth Weikersheimer entfernt beziehen sie ein Zimmer in einer Pension. Max Guggenheimer geht viel mit Erica, der Enkelin, spazieren, freundet sich mit den Müllmännern an: Sie laden ihn gelegentlich zu einem Täßchen Kaffee ein, er füttert ihre Maulesel mit Zucker. «Am Nachmittag», erinnert die Tochter sich, «saßen die Eltern im Garten der Pension und trauerten vergangenen Zeiten nach.» Max Guggenheimer soll Recht behalten mit seiner Meinung, daß man einen alten Baum nicht mehr verpflanzt. Im Juli

1939 erliegt er einem Gehirnschlag. 1941 stirbt auch Rosa Guggenheimer. Sie ist den Sorgen um die in Deutschland zurückgebliebene Mutter, um die in Frankreich lebende Tochter Nelly und deren Kinder, um den unter schwierigsten Verhältnissen in Argentinien ausharrenden Sohn nicht länger gewachsen. Auch das Bangen um die in alle Welt zerstreuten Familienmitglieder ist ja Teil des Schicksals der von Hitler vertriebenen Juden.

Der Zweite Weltkrieg beginnt. In jedem freien Augenblick hören die Weikersheimers Rundfunknachrichten. In den ersten Kriegsjahren sind es vornehmlich Nachrichten, die sie erschrecken lassen. Ein Kunde von Ernst Weikersheimer bucht, von Hitlers Siegen berauscht, bereits Schiffspassagen nach Deutschland, weil er die Siegesfeier nicht verpassen will. Als deutsche Unterseeboote auch brasilianische Schiffe versenken, erklärt die Regierung in Rio 1942 dem Dritten Reich den Krieg. Ruth Weikersheimer: «Für uns deutsche Juden war es ein zweischneidiges Schwert. Wir freuten uns über jeden Verbündeten, den die Alliierten gewannen, aber wir wurden von einer Minute zur anderen, obwohl wir ausgebürgerte deutsche Juden waren, feindliche Ausländer.» Das bedeutet, daß die Bankkonten der Eingewanderten gesperrt werden; daß es verboten wird, deutsch zu sprechen; und daß Reisen eine besondere Erlaubnis voraussetzen, was Ernst Weikersheimer beruflich sehr hinderlich ist. Brasilien ist weit vom Schuß, aber voller abenteuerlicher Befürchtungen und Gerüchte. Harmlose alte Juden werden in Pyjama und Pantoffeln als Spione festgenommen. Es heißt, daß die «feindlichen Ausländer» alle Wohnungen mit Blick zum Meer räumen müßten. Die Weikersheimers vergraben in zwei Flaschen ihr bißchen Erspartes im Garten. Als sie es nach Kriegsende wieder ausbuddeln wollen, finden sie nur eine Flasche wieder.

Aber noch ist es nicht soweit. Weihnachten 1940 übermittelt das Rote Kreuz eine Nachricht von Schwester Nelly in Frankreich, die einzige bis 1944. Es ist keine gute Nachricht. Nelly lebt mit ihren beiden Kindern in einem kleinen Nest im besetzten Frankreich, eingeholt von Hitlers Truppen. Ihr Mann ist innerhalb weniger Tage an einer Lungenentzündung verstorben, als er nach der Demobilisierung der französischen Armee zur Familie zurückkehren wollte.

Im November 1943 kommt Renato zur Welt, Ernst und Ruth Weikersheimers drittes Kind nach Erica (1936) und Mario (1939). Das Fest seiner Beschneidung macht deutlich, daß die Zeiten sich im Vergleich zu den ersten Jahren in Brasilien gebessert haben. Ruth Weikersheimer: «Zwischen der Beschneidung unserer beiden Söhne lagen vier Jahre. Was für ein Unterschied in der Stimmung und im Wohlstand unserer Gäste. Alle verdienten gut, wir bekamen hübsche Geschenke.»

1944 landen die Alliierten in Frankreich. Wie so viele Emigranten auch, sitzen die Weikersheimers am Radio und hoffen auf den Erfolg der Invasion. Im Mai 1945 kommen die Nachrichten von Hitlers Tod und dem Ende des

Zweiten Weltkriegs. Der Gedanke an eine Heimkehr nach Deutschland, nach Memmingen, stellt sich für Ruth Weikersheimer nicht. Guggenheimers gibt es dort nicht mehr. Die geliebte Großmutter und drei Geschwister des Vaters sind in Hitlers Lagern umgebracht worden. Fritz, der Bruder, zuerst nach Frankreich und dann nach Argentinien ausgewandert, lebt ebenfalls in Südamerika. Er stirbt im November 1954 dort, völlig verarmt. Nelly, die Schwester, übersteht die Verfolgung in Frankreich, aber wieviel Angst mußte sie dort ausstehen, wieviele Entbehrungen auf sich nehmen! Sie lebte im Untergrund und sah jahrelang keinen Sonnenstrahl, während die beiden Kinder bei christlichen Familien untergebracht waren. Die älteste Tochter muß sie mit Hilfe eines Gerichts zurückerstreiten, weil die Pflegemutter sie nicht mehr herausgeben will. Auch Nelly bleibt arm, bis sie 1965 in Lyon stirbt.

Was also sollte Ruth Weikersheimer zurückziehen in ihre Geburtsheimat? Ihre Kinder sind in Brasilien geboren. Die Eltern ruhen in brasilianischer Erde, Ernst Weikersheimer ist in diesem Land 1985 gestorben. Bis wenige Jahre vor seinem Tod war er als Brunnenbauer tätig. Er hat sich selbst und seiner Firma einen guten Namen gemacht, und dank Fleiß und Sparsamkeit haben Ruth und Ernst Weikersheimer es zu einigem Wohlstand gebracht. Die Familie hat sich in Rio ein Haus gebaut und später im Gebirge noch ein kleines Landhaus erworben. «Wir lebten in geordneten Verhältnissen als Bürger des guten Mittelstandes», sagt Ruth Weikersheimer.

Seinen Beruf hat Ernst Weikersheimer sozusagen an die nächste Generation weitergereicht. Erica, die Älteste, ist mit einem Ingenieur verheiratet, der heute eine große Baufirma in Sao Paulo besitzt; Mario und Renato sind beide, wie der Vater, Ingenieure geworden. Die Brunnenbaufirma des Vaters allerdings haben sie nicht weitergeführt. Die Millionenstadt Rio von heute ist nicht mehr das Rio der dreißiger Jahre: die Wasserprobleme sind gelöst, sind Vergangenheit wie so vieles.

Nicht zu vergessen: Ruth Weikersheimer hat inzwischen acht Enkel und sechs Urenkel. «Wir haben hier Wurzeln geschlagen», resümiert sie, wenn sie zurückdenkt bis zu jenem 28. Juli 1935, an dem die «Bagé» in die Bucht von Rio einlief.

II.
Alltag im Exil

Die Kunst zu überleben
Emigrantenalltag in Stockholm
von Hilde Rohlén-Wohlgemuth

Ein Europäer brauchte im Jahre 1934 kein Einreisevisum nach Schweden und konnte sich dort drei Monate aufhalten. Wollte man länger bleiben, mußte bei den Sozialbehörden um eine «Aufenthaltserlaubnis» nachgesucht werden, die nach je drei Monaten erneuert werden mußte. Was man absolut nicht tun durfte: eine Arbeitserlaubnis beantragen. Gerade zu dieser Zeit sprach man in Schweden dauernd von «diesen schlechten Zeiten», obwohl der Trend sich schon gewendet hatte. Im Frühling 1934 kam mein damaliger Bräutigam Norbert Wohlgemuth nach Stockholm. Er verließ Deutschland via Rostock mit einem Ausflugsschiff nach der dänischen Insel Möen; von Kopenhagen fuhr er auf Deck eines Schiffes nach Stockholm. Das war die billigste Verbindung zwischen den beiden Städten. Im Juli 1934 folgte ich ihm per Eisenbahn von Berlin aus. Ich hatte gerade mein Studium mit dem Dr. phil. beendet. Zum Staatsexamen als Studienreferendar war ich nicht mehr zugelassen worden, da dieses zu einer staatlichen Stellung führen würde. Als politisch wache junge Leute hatten wir beide erkannt, daß wir als Juden keine Zukunft mehr in Hitler-Deutschland hatten. Norbert Wohlgemuth, der noch sein Studienreferendar-Examen hatte ablegen können, studierte weiter Ethnologie. Sein Professor hatte ihm einen sehr schönen Empfehlungsbrief an Professor Gerhard Lindblom, den Chef des Ethnographischen Museums in Stockholm, mitgegeben. Er wählte deswegen Stockholm als Zufluchtsort.

Die ersten jüdischen Flüchtlinge aus Deutschland (zwar sah keiner aus, wie man sich Flüchtlinge vorstellte – sie wirkten alle wie gutsituierte Touristen) in Schweden waren meistens Kaufleute und Handelsreisende, die vorher in Schweden tätig waren und nun dort blieben, Fabrikanten, die Verbindungen mit Schweden hatten, Chaluzim und junge Intellektuelle wie wir, die frühzeitig die Lage in Deutschland erkannt hatten. Die beiden ersten Gruppen waren wohl ökonomisch gesichert, wenn auch nicht vergleichbar mit ihren früheren Positionen in Deutschland, aber für die jungen Akademiker war die Situation ganz anders. Einigen Juristen mit den richtigen Verbindungen gelang es, nochmals zu studieren. Aber all die anderen?

Während der dreißiger Jahre und auch später nannte man die deutsch-jüdischen Flüchtlinge merkwürdigerweise «Emigranten», nicht einmal «Immigranten», was sie ja eigentlich waren. Ihr Selbstverständnis als vollwertige – wenn auch verworfene – Deutsche brachte es mit sich, daß sie diese unlogische Bezeichnung anerkannten. Ihr erster, 1938 gegründeter offizieller Verein erhielt bezeichnenderweise auch den Namen «Die Selbsthilfe der Emigranten».

Mein Bräutigam und ich baten nie um Unterstützung durch die jüdische Gemeinde in Stockholm. Aber wir haben oft gute Ratschläge und moralische Unterstützung von den Beamten der Gemeinde erhalten. Das hat uns sehr ermutigt. Außer uns gab es noch einige Jugendliche, meist junge Paare, die versuchten, ohne Geldhilfe durchzukommen. Meistens hatte ein Partner eine Gelegenheitsarbeit, oder die Frau arbeitete als Dienstmädchen. Mehrere hatten auch Verwandte oder Freunde in Schweden, die ihnen behilflich waren. So besaß zum Beispiel ein Jurist einflußreiche Verwandte, die ihm bald eine Stellung in einem Anwaltsbüro verschafften. Er durfte aber nur unqualifizierte Arbeiten ausüben. Die Behörden verlängerten zwar regelmäßig die Aufenthaltserlaubnis, aber arbeiten durfte man nicht. Wie man sich ernährte, war den Behörden gleichgültig.

Wenn jemand trotz allem um eine Arbeitserlaubnis ansuchte, mußte er eine Anstellung nachweisen – aber eine Arbeit bekam man nicht ohne Arbeitserlaubnis. Fand man einen netten Menschen, der einem eine Anstellung versprach, bekam man nicht die gewünschte Erlaubnis, zum Beispiel als Kontorist zu arbeiten, sondern nur als Laufbursche oder als Lagerist – auch wenn man ein volles Studium absolviert hatte. Die Touren hin und zurück konnten sich über ein Jahr hinziehen, und der Arbeitssuchende brauchte Ausdauer und gute Freunde, um die nervöse Zeit zu überstehen. Die Bürokratie, die lange Prozedur und die damit verbundene nervliche Anspannung hielten uns davon ab, Arbeitserlaubnis für uns zu beantragen. Schon Ende des 18. Jahrhunderts hatte man in Schweden diese zweideutige Methode angewandt. Man durfte Schutzjude werden, aber man erschwerte gleichzeitig die Möglichkeiten, diese Position zu erreichen.

Vom Landungsplatz des Schiffes am Nybrokaj in Stockholm bis zur jüdischen Gemeinde sind es nur einige Schritte. Dort traf Norbert Wohlgemuth zu seinem Glück Kantor Idy Bornstein, der ihm anbot, einige Nächte bei ihm zu bleiben. Sein Kollege und Mitbewohner, Oberkantor Leo Rosenblüth, hatte gerade seine Hochzeitsreise angetreten. Als aktiver Zionist besuchte Norbert Wohlgemuth den Vorsitzenden der zionistischen Vereinigung in Stockholm, Norbert Masur. Dieser beschaffte ihm gleich ein möbliertes Zimmer bei einer Familie, die nach Stockholmer Sitte ihr Sommerhaus in den Schären bewohnte. Nach Ferienende mietete mein Bräutigam ein billiges Zimmer in einem Hinterhaus auf dem zentral gelegenen Sveavägen, das auch mein erstes Heim in Schweden wurde. Nach den Sommerferien kam er auch in Kontakt mit Professor Gerhard Lindblom vom Ethnographischen

Museum, der ihn natürlich nicht anstellen konnte, aber ihm ein paar unbezahlte Aufträge gab. Nach einiger Zeit veröffentlichte Lindblom die Übersetzung einer größeren Arbeit von Norbert Wohlgemuth in seiner Zeitschrift «Ethnos». Es handelte sich um die Übersetzung eines afrikanischen Märchens in der Fantesprache. Norbert arbeitete freiwillig im Ethnographischen Museum in der Hoffnung, so allmählich fest angestellt zu werden. Dann aber kam Ernst Emsheimer, ein etablierter Musikethnograph aus der Sowjetunion (wo die Situation für deutsche Juden gefährlich wurde) nach Stockholm und faßte Fuß im Ethnographischen Museum. Da zog sich Norbert zurück, weil er befürchtete, daß zwei Juden in einer Institution Anlaß zu Antisemitismus geben könnten. Dem wollte er vorbeugen.

Wir besuchten oft die Bibliothek der jüdischen Gemeinde, die damals vom zweiten Rabbiner der Gemeinde, Emil Kronheim, geleitet wurde. Kronheim war ein echter Seelsorger, für viele von uns eine wirkliche Stütze. Durch ihn kam Norbert in Kontakt mit einem Lehrer aus einer alten vornehmen Stockholmer Familie, der ein höheres Examen in Ethnographie ablegen wollte und dafür Hilfe beim Studium der schwierigen deutschen Literatur brauchte. Diese Hilfe konnte ihm Norbert geben, und das führte zu einer langjährigen Zusammenarbeit der beiden und allmählich auch zur Freundschaft der beiden Familien.

Privatunterricht und Übersetzungen waren die wenigen Dinge, mit denen sich Leute mit Nur-Aufenthaltserlaubnis ihr Brot verdienen durften. Norbert Wohlgemuth gab Privatstunden in Deutsch und Mathematik. Er unterrichtete Kinder einiger gutsituierter jüdischer Familien in Hebräisch und in jüdischer Geschichte. Er bereitete einen deutsch-jüdischen Jungen für die schwedische Schule vor, einem jüdischen Jungen vom hohen Norden gab er während zweier Sommer den notwendigen Unterricht für seine Bar-Mizwah, er half einem Volksschullehrer, seine Schüler für den Eintritt in die Realschule vorzubereiten. Hätten wir mehr Bekannte und Freunde gehabt, die Norbert Empfehlungen gegeben hätten, wären wir aus allen Sorgen herausgewesen. Aber auch so konnten wir uns ernähren, da wir uns das Sparen angewöhnt hatten.

Da Norbert mit dem Lehrer wissenschaftliche Bücher las, lernte er ein sehr gutes und gebildetes Schwedisch. Ich erlernte die Sprache, indem ich Zeitungen las und täglich Einkaufen ging. Mein Schwedisch entsprach dadurch mehr der täglichen Umgangssprache. Keiner von uns erhielt je eine einzige Stunde Unterricht in Schwedisch. Eine Möglichkeit zur Erlernung der Sprache gab es auf der Volkshochschule Birkagarden; 1938 begann ein anderer Schwedischunterricht, der von der Selbsthilfe der Emigranten und der jüdischen Gemeinde angeregt war und in den Räumen der Gemeinde stattfand. Zwei junge jüdische Akademiker leiteten den Kursus. Aber 1938 fanden wir beide, daß wir schon zuviel konnten, um nochmals von vorne anzufangen. Außerdem hatten wir wohl auch keine Zeit.

Bei einem Besuch in der großen Tageszeitung «Svenska Dagbladet» lernte Norbert einen Redakteur kennen, den Sohn eines sehr bekannten und geschätzten hohen liberalen Politikers. Durch ihn erhielten wir viel moralische Stütze. Wir durften zwei Sommer in der großen Villa der Familie in einem vornehmen Vorort wohnen und gleichzeitig während der langen Ferien der Familie das Haus bewachen. Dieser Mann und der vorher erwähnte Lehrer gaben uns Referenzen dem Staate gegenüber. Besonders behilflich waren sie später, als wir versuchten, die Einreiseerlaubnis für unsere Eltern zu bekommen. Ich selbst hätte natürlich sofort Arbeitserlaubnis als Dienstmädchen bekommen können (die einzige Erlaubnis, die man sofort bekam). Aber ich hörte zu viele abschreckende Schilderungen von anderen deutsch-jüdischen Mädchen über ihre Arbeitssituation, und Norbert fand, daß ich von mehr Nutzen wäre, wenn ich das Telefon bewachte und seine Schüler organisierte. Da fing ich an, Übersetzungen ins Deutsche für das Arbeitsbüro der «Gebildeten Frauen» zu machen. Ich hatte auch einige Schüler in deutscher Konversation, und ich arbeitete hin und wieder für Emigranten. Außerdem begann ich, «weißen Käse», Quark, herzustellen. Viele deutsche und österreichische Emigranten vermißten diesen Käse, der in Schweden unbekannt war, sehr. Da die Milch damals noch nicht pasteurisiert war, war es nicht schwer, saure Milch und daraus Quark herzustellen. Ungefähr sieben bis acht Jahre lang standen immer fünf Gestelle mit Seihtüchern mit tropfender Käsemasse in unserer Küche, und am Freitag mußten die bestellten Portionen abgeliefert werden. So verdiente ich mir mein Taschengeld und fand auf diese Weise auch Freundinnen unter den neu eingewanderten jüdischen Frauen.

1934 bekam ich noch von meinen Eltern aus Deutschland die erlaubten zehn Mark per Monat zugeschickt, ein guter Zuschuß zur Haushaltskasse. Damals war es viel billiger, in Schweden zu leben als in Deutschland, Reis und Kaffee zum Beispiel kosteten nur die Hälfte, Kartoffeln allerdings waren einige Pfennige teurer. Allmählich gelang es mir auch, aus meiner Doktorarbeit Nutzen zu ziehen. Eine schwedische Zeitschrift veröffentlichte eine Zusammenfassung unter dem Titel «Die Oasenstadt Konya – eine krisenimmune Ortschaft». Als mein Schwedisch geläufiger war, ließ die türkische Gesandtschaft aus meinen guten Türkeiphotographien Diabilder machen und beauftragte mich, einen Vortrag über meine Anatolienreise in der Bürgerschule zu halten.

Während dieser Zeit wohnten wir in verschiedenen düsteren Zimmern. Später mieteten wir einen schönen Raum bei dem Beamten der Gemeinde, der für die deutschen Flüchtlinge zuständig war. Das Zimmer befand sich in einer Wohnung in der feinsten Gegend am Ufer des Mälar-Sees. Dort gründeten wir auch unseren eigenen Haushalt. Vorher aßen wir mittags in den «Haushaltsschulen», die damals sehr populär waren und billiges und gutes Essen boten. Auf dem Tisch standen viele Gerichte, kalte und warme, so viele, daß man mit der richtigen Auswahl «koscher» leben konnte. Am schlimmsten ging es uns an unserem ersten Weihnachten in Stockholm; wir wußten nicht, daß am ersten Weihnachtsfeiertag alles geschlossen war, so daß wir an diesem Tag ohne Mittagessen blieben.

Im Frühling 1935 entschlossen wir uns zur Heirat, aber dieser Wunsch war gar nicht so leicht zu verwirklichen. Als erstes weigerte sich die deutsche Gesandtschaft, uns zu bestätigen, daß wir beide unverheiratet waren. Aber wir gingen trotzdem zum Pfarrer der als Standesamt fungierenden Kirchengemeinde, die für uns zuständig war. Der nette, einsichtsvolle Pfarrer sagte sofort: «Ich kenne die Deutschen» – und nahm uns gleich zum Aufgebot in der Kirche an. Damit unsere Eltern der Hochzeit beiwohnen konnten, nahmen wir Kontakt mit Rabbiner Schlesinger in Memel auf. Dorthin durften die Deutschen nämlich 100 Reichsmark mitnehmen anstatt der zehn Mark in andere Länder. Hitler wollte damit betonen, daß Memel eine deutsche Stadt war. Wir mußten uns erst bürgerlich trauen lassen im Rathaus in Stockholm; mit diesem Dokument in der Hand konnte Rabbiner Schlesinger uns in der Synagoge in Memel trauen. Meine Mutter hatte ein Brautkleid für mich im Koffer, und es gab ein feines Hochzeitsessen mit Gänsebraten. In Memel und Schwarzort auf der kurischen Nehrung, wo wir 14 Tage blieben, war es so billig, daß wir alles bezahlen und noch Geld mit nach Schweden zurücknehmen konnten. Wir machten sogar eine kulturell sehr interessante Reise zusammen mit Rabbiner Schlesinger nach Kowno, Litauens damaliger Hauptstadt. Wir lernten auf dieser Reise, wie billig das Leben im Baltikum war, und ab 1935 waren wir jeden Sommer dort, entweder in Litauen, Lettland oder Estland. Wir kamen in engen Kontakt mit der stark verankerten jüdischen Kultur in diesen Ländern, die aber leider heute untergegangen ist. Die Reise auf dem Deck des Schiffes entweder nach Riga oder Tallinn war billig, und anschließend reisten wir abenteuerlich mit Bauernfuhren oder Bummelzügen. Wir lebten flott und interessant, und es blieb uns noch Geld über. 1938 fanden wir uns so «reich», daß wir das Schiff von Tallinn nach Helsinki nahmen, uns diese Stadt ansahen und dann mit der Eisenbahn nach Turku und mit dem Schiff von dort nach Stockholm zurückfuhren. Aber für das reichhaltige «Buffet» auf dem Schiff reichte unser Geld doch nicht aus. Den Namen «bedauernswerte, arme Emigranten» trugen wir trotz allem mit Berechtigung.

Norbert Wohlgemuth hatte schon die Synagogen in Stockholm besucht, bevor ich dorthin kam. Es gab einige orthodoxe Familien, die sich der Emigranten annahmen. So wurde Norbert Gast bei einer sephardischen Familie Sealtiel zum Sabbatmittag, und ich durfte mitkommen, als ich in Stockholm eintraf. Wir waren dann eine lange Zeit Gäste an den Vorabenden von Sabbat- und Festtagen. Als dann das Ehepaar Sealtiel nach Palästina auswanderte, übergab uns Herr Sealtiel in die Obhut der Familie von Direktor Hans Lehmann. Ich habe heute noch das Bild vor

Augen, wie wir alle auf der Straße standen und Herr Sealtiel uns den Lehmanns anempfahl. Mehrere Jahre waren wir Sabbatgäste bei Lehmanns und wurden auch zu den Familienfesten eingeladen (mein weißes Brautkleid wurde braun gefärbt und ein feines Festkleid). Es gab in Stockholm noch eine weitere Familie mit einem festen Kreis von Sabbatgästen – die Familie Ettlinger. Der Einsatz, den diese Familien für die deutschen Emigranten leisteten, darf nicht unterschätzt und nicht vergessen werden. Der sehr assimilierte schwedische Jude Stig Bendixon gründete in der Altstadt ein «Internationales Foyer», in dem sich viele deutsche Juden heimisch fühlten.

Die Familien, bei denen Norbert jüdischen Religionsunterricht gab, bewirteten hinterher mit Kaffee und frisch gebackenem Kuchen, wozu ich auch immer eingeladen war. All dies war von großer Bedeutung für uns, es gab uns ein gewisses «Heimatgefühl» und war auch gut für unser Portemonnaie. Durch den Zionismus kam mein Mann auch bald in Kontakt mit Moritz Tarschys. Dieser sammelte im Winter 1934/35 um sich eine Gruppe von jungen jüdischen Intellektuellen, sowohl schwedische wie deutsche. Und um Professor Walter Berendsohn scharte sich ein Kreis jüdischer Studenten. Beide wurden bald zu einer Gruppe vereint, die sich «Aktiva gruppen» nannte. Man diskutierte jüdische Probleme aller Art, von Zionismus und Arab-Politik bis zur Bibel und jüdischer Literatur. Es waren Leute in unserem Alter, und wir fühlten uns dort wohl. Viele aus dieser Gruppe wurden später bekannt als Ärzte, Anwälte, Professoren, und ein übriggebliebener Kern trifft sich noch heute hin und wieder. Wir trafen uns in unseren Wohnungen, und auch wir in unseren bescheidenen Verhältnissen hatten die Gruppe zu Gast.

Ein junges, musikalisches jüdisches Ehepaar begann mit einem «open house» am Sonntagnachmittag. Dort wurde fleißig musiziert; der musikalische Norbert Wohlgemuth spielte Klavier und war ein guter Sänger. Dort lernten wir eine neue Gruppe von Menschen kennen, schwedische Juden wie deutsche Emigranten. 1936 durfte ich einen bezahlten Vortrag – in Deutsch allerdings – beim jüdischen Frauenverband halten, und schon 1935 wurde ich Mitglied in der «Wizo» («Women International Zionist Organization») und auch gleich Mitarbeiter im Vorstand, verantwortlich für «Kultur». Auch dort fand man Freunde und Bekannte. Auf diese Weise fühlten wir uns nie vereinsamt, wie so viele andere deutsche Flüchtlinge. Diese klagten oft über die kalte «Von oben»-Attitüde, die man bei vielen Juden Stockholms und bei etablierten Vereinigungen beobachten konnte. Leider war es oft ihr eigener Fehler, daß man sie so behandelte. Die sehr selbstbewußten und immer noch das «Vaterland» liebenden deutschen Juden sprachen allzuoft von «bei uns zu Hause» oder «bei uns in Deutschland», womit sie ihre schwedischen Freunde und die schwedischen Beamten vor den Kopf stießen.

Der nächste Strom von Flüchtlingen, die konzilianten Österreicher, hatte es viel leichter, sich anzupassen und auch akzeptiert zu werden. 1938 wurde die Selbsthilfe der Emigranten gegründet, und wir wurden gleich aktive Mitglieder dort. In dieser frühesten Periode arbeitete Norbert für Mia Leche-Löfgren, die Vorsitzende der Hilfsorganisation für intellektuelle Flüchtlinge, und er erhielt einen kleinen Lohn für seine Arbeit. Einige Zeit arbeitete er auch gegen Bezahlung für die Zionistische Vereinigung. Er hoffte, einen Treffpunkt für Zionisten schaffen zu können, indem er eine kleine Wohnung mietete und dort ein «Center» einrichtete. Dieser Plan zerschlug sich aber wegen innerer Streitigkeiten zwischen den verschiedenen zionistischen Gruppen.

Norbert Wohlgemuth versuchte auch, mit Buchverlagen in Kontakt zu kommen, um eventuell Bücher ins Deutsche zu übersetzen. Er bat einen bekannten Buchhändler um Hilfe, aber dieser behauptete, keine Verleger zu kennen. Ein beinahe gegensätzliches, aber trotzdem gleiches Erlebnis habe ich selbst gehabt. Ich bekam eine Empfehlung an eine bekannte Journalistin, die mich freundlicherweise an eine noch bekanntere weiterempfahl; nach der vierten oder fünften Weiterempfehlung erkannte ich das Nutzlose der Sache.

1935 bezogen wir unsere erste eigene Wohnung, sie war allerdings in einem Hinterhaus, aber sehr zentral gelegen. Meine Eltern in Deutschland konnten mir Ende 1935 noch einen sogenannten Lift, einen Speditionscontainer, mit Möbeln und der üblichen Aussteuer (ein großer Teil davon waren Hochzeitsgeschenke) schicken, so daß wir eine kleine Zweizimmerwohnung mit Küche möblieren konnten. Man hatte einige neue Kleidungsstücke für mich im Lift versteckt, und einen großen Teil der Weißwaren hatten die Angestellten im Kaufhaus meines Vaters für mich zurückgelegt, als das Geschäft wegen des Naziboykotts ausverkauft werden mußte. Das Wissen, wie man einen Haushalt führt, mußte ich mir dann langsam praktisch erwerben. Durch die zentrale Lage wurde unsere Wohnung bald ein beliebter Treffpunkt, besonders in der Lunchpause einiger deutsch-jüdischer Junggesellen.

In normalen Zeiten wurde man schwedischer Mitbürger nach fünf, spätestens sieben Jahren. Aber nach Ausbruch des Krieges wurde die Frist verlängert, und wir mußten bis nach dem Ende des Zweiten Weltkriegs auf die schwedische Staatsbürgerschaft warten.

Durch einen Zufall fand ich ein altes Kassenbuch aus dieser Zeit, und anhand dessen will ich alle Versuche von Norbert Wohlgemuth, Geld zu verdienen, rekonstruieren. Die chronologische Reihenfolge kann ich nicht garantieren. Die Angaben über Einkommen und Ausgaben aus Einkauf und Verkauf sind sehr genau geführt. Außerdem enthält das Kassenbuch lakonische Angaben über «Monatseinkommen» für die Jahre 1936 bis 1944. Das Jahreseinkommen für 1936 betrug 2452 schwedische Kronen, 1941 3058, 1943 8317 und 1944 wieder nur 5334. Im Januar 1941 schreibt Norbert unter die Aufstellung: «Pleite». Außerdem gibt es hin und wieder noch eine Kolumne mit Ziffern – zwischen 50 und 100 Kronen –, ich glaube, daß dies die Einnahmen waren von Leuten, die manchmal bei uns in Pension wohnten. Diese Summe war nicht in der Schlußsumme einberechnet; das Geld war für die Ausgaben für die Gäste bestimmt. Im Jahr 1936 verdiente Norbert auf diese Weise 304, im Januar 1937 203 und 1943 242 Kronen. Im Juni und Juli betrug der Verdienst nur 75 respektive 15 Kronen (und das war ja der Grund unserer Reisen ins Baltikum). 1943 zeigt das Kassenbuch genau an, in welchem Monat Norbert Wohlgemuth ein Lehrervikariat hatte. Dreimal in diesem Jahr ist im Kassenbuch ein Verdienst von über 1000 Kronen ausgewiesen.

Als Vergleich zu dem, was ein Durchschnittsschwede im Monat verdiente, kann ich ein Gespräch zitieren, das sich meinem Gedächtnis eingeprägt hat. Ende der dreißiger Jahre fragte uns ein sehr netter, älterer jüdischer Herr, der aus Rußland stammte, über unsere Verhältnisse aus. Er meinte, es sähe so aus, daß wir ganz gut lebten mit einem ungefähren Einkommen von 600 Kronen, dem Gehalt eines Gymnasiallehrers. Wir machten also einen guten Eindruck, obwohl wir nur knapp die Hälfte hatten, wie aus dem obigen hervorgeht.

Norbert wurde auch Berichterstatter für die «JTA» («Jewish Telegram Agency») in London und erhielt dadurch eine Pressekarte. Er verdiente nicht viel damit, denn es gab nicht viele jüdische Neuigkeiten in Schweden. Aber wir bekamen dadurch die Möglichkeit, der Hochzeit zwischen Prinzessin Astrid und König Leopold von Belgien beizuwohnen und die Feier des 80. Geburtstags des schwedischen Königs Gustav V. aus allernächster Nähe zu erleben. Norbert Wohlgemuth schrieb einen langen Artikel aus Anlaß des 70. Geburtstags von Oberrabbiner Marcus Ehrenpreis am 17. August 1939, und es gelang ihm, ihn auch in diverse Länder auf dem Balkan zu verkaufen. Der französische Zweig der JTA interessierte sich überhaupt nicht für Schweden. Um so lebhafter war der Briefwechsel mit Dr. Alfred Wiener, der seine Wiener Library in Holland aufbaute. Aber Wiener veröffentlichte und bezahlte nur einen Bruchteil aller Brieftips. Norbert bemühte sich auch, seine skandinavischen Neuigkeiten an jüdische Zeitungen in den USA zu verkaufen, aber er hatte wenig Glück damit. Erfolgreicher war er mit jiddischen Zeitschriften aus Mukačewo und Przemysl. Er verschaffte diesen Blättern Abonnenten in Stockholm und verdiente einige Öre mit der Zustellung. Ich erinnere mich, daß ich oft diese Arbeit übernahm.

Außerdem begann Norbert sehr bald, rituelle Gegenstände und Gebetbücher aus dem Ausland zu importieren. Gemäß dem Kassenbuch ging das erste Geld 1935 nach Przemysl für Gebetsmäntel sowie Zeitschriften und die letzte Bestellung für M'susoth und Gebetsmäntel für Knaben am 31. Oktober 1941 an den Lieferanten Jósef Freund in Przemysl, «Generalgouvernement Polen»; sie kam als «unbestellbar» bald zurück. Hebräische Gebetbücher aller Art lieferte die Buchhandlung Schlesinger in Wien und später Viktor Goldschmidt in Basel. Dieser hatte den bekannten Rödelheim-Siddur, ein Gebetbuch, von Frankfurt übernommen. Bald verkaufte Norbert Wohlgemuth auch Esrog, Lulaw und andere Ritualien, die Viktor Goldschmidt lieferte. Ich hatte Bestellungen für diese Dinge von den Rabbinern in Göteborg, Malmö und Oslo wie auch von Kantoren und Privatpersonen in meinen Papieren. Für Hebräisch-Studierende versuchte Norbert Wohlgemuth, die notwendigen Lehrbücher zu besorgen. Die Geschäftsverbindung mit Viktor Goldschmidt war sehr lebhaft. Norbert hatte ein gut gefülltes Lager, als der Krieg ausbrach. Der Verdienst wuchs mit der Zeit und war am besten am Ende des Krieges, als Judaica knapp wurden.

Noch eine andere Handelsware versuchte mein Mann aus der Schweiz zu importieren, nämlich koschere Lebensmittel, hauptsächlich koscheren Käse und Suppenwürfel von der Firma Schmehrling in Zürich. Da der Käse nicht so haltbar war, war er schwerer zu verkaufen. Die Suppenwürfel waren ein guter Artikel. Aber auch hier zerstörte der Krieg das Geschäft. Auch Koscher al-Pessach-Waren verkaufte Norbert während mehrerer Jahre. Teils wurden sie importiert, teils wurden sie in Schweden hergestellt unter der Aufsicht von Rabbi Zuber von der orthodoxen Gemeinde Adass Jisroel. Der Religionslehrer Landau in Kristianstad stellte koscheren Pessach-Wein her, den Norbert für ihn in Stockholm verkaufte. Frau Seidel, die einen koscheren Mittagstisch in ihrer Wohnung in Stockholm führte, erzeugte koscheren Met zu Pessach, den Norbert für sie vertrieb. Alle diese verschiedenen Beschäftigungen, teils gleichzeitig, teils nacheinander, leisteten einen Beitrag zu unserem Lebensunterhalt.

Am Ende der dreißiger Jahre war die Schächt-Frage aktuell in Schweden. Norbert bekam den Auftrag von Oberrabbiner Ehrenpreis, alles aktuelle Material darüber zusammenzustellen und ins Schwedische zu übersetzen. Norbert beschäftigte sich damit während einiger Wochen im Sommer, und ich schrieb einen Teil davon auf der Maschine. Wir saßen oft außerhalb der Stadt in einem Kaffeegarten mit der Schreibmaschine und arbeiteten an der frischen Luft. Nach dieser zufälligen Arbeit beantragte die jüdische Gemeinde die Arbeitserlaubnis für Norbert als Privatsekretär für Ehrenpreis. Dieser hatte oft junge Akademiker als Sekretäre gehabt, und nun brauchte er einen neuen, da die Arbeit sich bei ihm wegen der Zustände in Europa häufte. So arbeitete Norbert Wohlgemuth während mehrerer Jahre einige Vormittage bei Ehrenpreis. Er war zum Beispiel dabei, als Ehrenpreis eine Einreiseerlaubnis für den alternden jüdischen Historiker Simon Dubnow aus Riga bei der Behörde beantragte. Ungefähr zur selben Zeit wurde Norbert Sänger im Synagogenchor. Das gab ein kleines, aber regelmäßiges Einkommen. Einen Abend in der Woche war Probe, und an jedem Freitag und Sonnabendmorgen wurde im Gottesdienst gesungen; dazu kamen die Feiertagsgottesdienste.

Als mehr und mehr Flüchtlinge 1939/1940 nach Stockholm kamen, reichte der Gottesdienst in der Synagoge und der Extragottesdienst im Versammlungssaal nicht mehr für alle Besucher aus. Daher richtete man einen Extragottesdienst für die hohen Feiertage mit einer deutschen Predigt in einem großen Saal in der Nähe der Gemeinde ein. Da Norbert Wohlgemuth das Ritual gut beherrschte und eine gute Stimme hatte, vertraute man ihm «Schacharith» (Morgen-) und «Mincha» (Nachmittagsgebet) an und auch oft das Lesen aus der Thora. Außerdem blies er oft Schofar. Das Schofar, das er benutzte, hatte Herr Braude bei seiner Flucht aus Oslo gerettet und Norbert übergeben. Das Schofarblasen übte Norbert lange Zeit aus, bis ungefähr 1955, auch als er schon Geld auf gewöhnliche Weise verdiente.

Noch einen Broterwerb hatte Norbert Wohlgemuth: er begann Versicherungen zu verkaufen – Unfall-, Kranken- und Lebensversicherungen. Dazu brauchte man keine Arbeitserlaubnis. Auch diese Nebenbeschäftigung behielt Norbert ziemlich lange. Bis 1939/40 kann man unser Einkommen mit einem schwedischen Sprichwort bezeichnen, für das es kein entsprechendes deutsches gibt, nämlich «Viele kleine Bäche ergeben einen großen Strom». Unser Einkommen glich noch keinem großen Strom, aber wir beschlossen trotzdem, mit dem Gedanken an Kinder, eine größere Wohnung zu mieten. Damals gab es viele leere Wohnungen in dem feinsten Stadtteil, Östermalm, und man konnte sogar einige Monate mietfrei dort wohnen. Im Sommer vor unserem Umzug wohnten wir noch in einer eleganten Villa auf einer Insel und bezahlten sehr wenig, da wir das Haus und den Garten pflegten.

Um die Ausgaben fürs Essen niedrig zu halten, sammelten wir oft und gerne Pilze. Als wir in der Villa wohnten, war es ein ungewöhnlich gutes Pilzjahr. Wir hatten dort ein junges, aber sehr verwöhntes Mädchen in voller Pension, das bei uns alles über einen koscheren Haushalt lernen sollte, da sie einen sehr frommen Mann heiraten wollte. Aber sie war bald der Pilze überdrüssig und verschwand.

Im Oktober 1938 zogen wir in eine große Fünfzimmerwohnung in der Linnéstraße 77 ein. Wir hatten von vornherein geplant, einige Zimmer zu vermieten. Wir waren aber noch nicht mit dem Umzug fertig, als Oberrabbiner Ehrenpreis mit seiner alten Tante aus Wien bei uns eintrat. Die alte Dame war auf der Flucht von Wien zu ihrer Schwester in den USA. Sie wurde also unser erster Gast mit voller Verpflegung. Ein Hinterzimmer war an einen Juden aus Hamburg vermietet. Einen Monat später kam unvermutet mein Schwiegervater und vier Wochen danach meine Schwiegermutter. Sie übernahmen unser Schlafzimmer, und wir zogen in den «Salon» und mußten unsere Kinderpläne hinausschieben.

Die Linnéstraße 77 lag in der Nähe von zwei damals noch benutzten Kasernen. Als dann der Krieg kam, wurden wir zur Polizei bestellt, die behauptete, wir wären ein Jahr vorher schon in die Linnéstraße gezogen, um zu spionieren. Da nur Ausländer bei uns wohnten, war das ohne

Schwierigkeit zu behaupten. Wir konnten uns aber leicht mit Hilfe unserer schwedischen Freunde von dieser Beschuldigung reinwaschen. Nach dem Krieg wurde bekannt, daß der berüchtigte Inspektor Robert Paulson hinter solchen Anschuldigungen steckte. Er war Nazi und arbeitete für die Deutschen. Man hätte später einen Schadensersatz erhalten können, aber wir wollten die alten Wunden nicht wieder aufreißen. Die Polizei sagte uns, wir müßten schnellstens von dort wegziehen. Das wollten wir selber, denn wir wollten uns von der älteren Generation trennen. Das alte Ehepaar fand eine passende Wohnung in der Nähe auf dem Narvavägen. Dort nahmen sie eine gutsituierte Fabrikantenfamilie aus Polen als Gäste in Vollpension auf und ernährten sich teilweise damit. Wir zogen im Herbst in eine gemietete Villa in Älvsjö, etwas südlich von Stockholm, wo wir endlich das sehnlichst erwartete Kind bekamen. Kurz vorher hatte Norbert seine erste Arbeitserlaubnis in seinem eigentlichen Beruf als Mathematiklehrer erhalten. Es war inzwischen leichter geworden, eine Erlaubnis zu erhalten; so durften zum Beispiel deutsche Ärzte deutsche Flüchtlinge behandeln, Volontäre bekamen feste Anstellungen. Auf Grund der Einberufung zum Militärdienst herrschte auch ein großer Mangel an Lehrern, und so – ironisch genug – wurde Norbert Wohlgemuth Mathematik- und Physiklehrer an der Schule für werdende Kriegsflieger in Barkarby. Im Frühling und Sommer darauf war er Lehrer an der Technischen Schule in Hässleholm. Daß in beiden Fällen die Schüler Erwachsene waren, erleichterte es ihm sicher, in den Beruf hineinzuwachsen. Es gab ja keine Probleme mit der Disziplin. Allmählich bekam er auch längere Aushilfsstellen an höheren Schulen in Stockholm. Die vielen Extraarbeiten wurden immer weniger, schließlich war er nur noch als Sänger im Synagogenchor und als Versicherungsagent tätig.

Nach dem Krieg wurden Norbert und ich schwedische Bürger und er auch ordentlicher Gymnasiallehrer. Aber leider brachte die schwedische Staatsbürgerschaft nicht nur Erleichterungen mit sich. Als 38jähriger Mann mußte Norbert Wohlgemuth zusammen mit 18jährigen Studenten seinen Wehrdienst nachmachen. Das war zu anstrengend für ihn, und er wurde Schreibgehilfe in der Regimentskanzlei. Ich bekam als Frau eines Soldaten eine kleine, aber regelmäßige Summe ausgezahlt. Alle behaupteten, daß diese zu nichts ausreichte, aber ich glaubte, ich befände mich im Himmelreich. Gewiß ein kleines, aber sicheres Einkommen, so daß man zum ersten Mal etwas disponieren konnte. Das stand in grellem Kontrast zu der Unsicherheit der vorhergegangenen Zeiten.

Während der Zeit, in der Norbert in Hässleholm arbeitete, blieb ich zusammen mit meinen Schwiegereltern in Stockholm und besuchte ihn nur einige Male. Ich versorgte meine Gäste, fabrizierte immer noch meinen weißen Käse und hatte einige Schüler in deutscher Konversation. In den Jahren 1940 bis 1947 befaßte ich mich hauptsächlich mit der Pflege meiner Kinder und mit den großen Gärten, die zu den Häusern gehörten, in denen wir nacheinander wohnten. Als die Kinder in die Schule kamen, sehnte auch ich mich nach einer Erwerbstätigkeit und konnte endlich meinen Traum verwirklichen, Bibliothekarin zu werden. Alle meine literarischen Vorträge und Beschäftigungen mit Büchern wurden jetzt von großem Wert für mich. Nach siebzehn Jahren als Bibliothekar an der jüdischen Gemeinde in Stockholm und zehn Jahren an der Stadtbücherei in Göteborg bin ich jetzt seit langem pensioniert. Diese Zeit habe ich zur fortlaufenden Bibliographierung aller schwedisch-jüdischen Literatur genutzt.

Als wir 1934 nach Schweden kamen, war Deutschland der bewunderte große Bruder und das Vorbild für Schweden. Deutsch war die erste Fremdsprache in der Schule. Kein Schwede glaubte daher etwas Böses über das Land, das Goethe und Schiller hervorgebracht hatte. Es glaubte uns niemand, wenn wir über den Zustand, in dem sich Deutschland seit 1933 befand, und über die Nazis berichteten. Man fertigte uns mit dem Wort «Greuelmärchen» ab. Wir waren beleidigt, daß die Schweden uns nicht für glaubwürdig hielten. Als die Deutschen zuerst Österreich und dann die Tschechoslowakei annektierten, fing man an, uns zu glauben. Aber erst mit dem Einmarsch in Dänemark und Norwegen waren die Behörden und die Bevölkerung vollständig überzeugt, und die Einstellung zu den deutschen Emigranten wurde ganz anders.

Gleichzeitig kämpften wir gegen ein anderes, tiefes Gefühl an. Jeder politische oder andere Flüchtling konnte sich seinem Heimweh hingeben, aber wir deutsch-jüdischen Flüchtlinge waren in unserem Innersten in unserer Eigenschaft als Juden gekränkt worden. Unser Vaterland hatte unsere Existenzberechtigung verneint. So konnten wir es uns nicht einmal erlauben, das primitive und selbstverständliche Gefühl des Heimwehs zu hegen. Das erschwerte zumindest mein Leben als Flüchtling. Man war zu stolz, um zu gestehen, daß man eine heimliche Sehnsucht nach Heimweh hatte.

Handlanger in Sierra Leone – Amtsarzt in Jamaika

von Rudolf Aub

Geboren bin ich am 12. Januar 1901 in Augsburg. Ich hatte keine Geschwister außer meinem beinahe fünf Jahre älteren Bruder. Beide Eltern waren jüdisch. Mein Vater, geboren 1861 in Bayreuth und Inhaber einer alteingesessenen Textilgroßhandlung in Augsburg, entstammte einer Familie aus einer der ältesten jüdischen Gemeinden Deutschlands, die schon im 12. Jahrhundert nachweisbar ist. Zwei seiner Großonkel hatten als Rabbiner führende Rollen bei der Entstehung des liberalen Judentums im Deutschland des frühen 19. Jahrhunderts eingenommen. Er selbst, interessiert an Geschichte und Naturwissenschaften, stand der religiös-freisinnigen Bewegung nahe. Meiner Mutter, einer guten Amateurpianistin, verdanke ich meine frühe Liebe zur Musik. Sie wurde geboren 1872 in Laupheim, Oberschwaben, als Tochter eines Landarztes (später Oberamtsarzt), der unter dem Einfluß der naturwissenschaftlichen Weltanschauung der zweiten Hälfte des Jahrhunderts stand. Meine Mutter hatte ebenfalls keine intensive religiöse Bindung an das Judentum. So kam es, daß ich keine formal jüdische Erziehung im Elternhaus erhielt. Meiner Existenz als Jude wurde ich mir erst nach dem Schuleintritt durch den von den Mitschülern getrennten Religionsunterricht bewußt. Ich muß gestehen, daß der Religionsunterricht in meinen frühen Schuljahren wenig eindrucksvoll war. Erst in den letzten Jahren der höheren Schule gelang es dem Rabbi, mein religiöses und historisches Interesse am Judentum zu wecken. Abgesehen vom historischen Aspekt, blieb mir der formale Anteil der Religion unwichtig.

Vom sechsten bis zum zehnten Lebensjahr besuchte ich die Städtische Volksschule. Die Klassenlehrer waren verantwortlich für sämtliche Fächer in einer Klasse von etwa 60 Schülern. Ich bewundere noch heute ihr umfassendes Wissen, ihre pädagogischen Fähigkeiten – und ihren Erfolg. Nächste Stufe war das 1531 gegründete «Kgl. Bayerische Protestantische Humanistische Gymnasium zu St. Anna in Augsburg». Auch hier hatte ich Glück mit den Lehrern. In den oberen Klassen wurden wir als selbstverantwortliche Studenten angesehen, nicht als Schüler. Während der meisten Schuljahre hatte ich auch jüdische Mitschüler, bis zu vieren in der Klasse, am Ende nur einen. Ich erinnere mich nicht, je einer judenfeindlichen Bemerkung oder Handlung von seiten der Mitschüler ausgesetzt gewesen zu sein. Ich wußte von der antisemitischen Tendenz einiger weniger Lehrer, erinnere mich jedoch nicht an eine diesbezügliche Bemerkung oder Handlung. Wie ein Großteil der Klasse war ich Mitglied des Chores des Oratorienvereins. Ich wurde auch bei mehreren Gelegenheiten vom Musikdirektor der St.-Anna-Kirche gebeten, bei Kirchenkonzerten als Cellist auszuhelfen.

Mein Bruder hatte sich zu Beginn des Krieges 1914 mit 18 Jahren als Kriegsfreiwilliger gemeldet. Er wurde 1915 aufgerufen. Er fiel im März in den ersten Tagen der letzten großen, gescheiterten deutschen Offensive an der Westfront. Von frühester Kindheit an hatte ich ihn trotz aller kindlicher Streitereien geliebt und seine geistige und charakterliche Überlegenheit bewundert. Sein Tod brachte mir unlösbare weltanschauliche Probleme.

Während der kritischen Periode nach dem Kapp-Putsch im März 1920 trat ich zusammen mit dem Großteil der Oberklasse in die – politisch neutrale – bewaffnete Stadtwehr ein (wie auch andere jüdische Mitbürger). Es nahte die Zeit des Abiturs. Die seit dem Beginn des Jahrhunderts zunehmende Einbeziehung von Mathematik und Physik in den humanistischen Stundenplan und der damit erweiterte Gesichtskreis hatten allgemein die Berufswahl erleichtert. Meine Eltern ließen mir völlig freie Wahl. Ich hatte ursprünglich Interesse an der Jurisprudenz. Nach langen Diskussionen mit meinem mir am nächsten stehenden Schulfreund entschieden wir uns beide für Medizin, sozusagen aus ethischen Gründen. Mein Großvater und mein Onkel, beide Ärzte, waren entsetzt. Am Ende stimmte mir der Großvater doch zu, lächelnd.

Damals konnte man unter den Universitäten frei wählen. Es war üblich, mehrmals zu wechseln. Ich begann in Freiburg, endete in Heidelberg, dazwischen lagen Würzburg, noch einmal Freiburg und Kiel. Die Wahl von Heidelberg sollte mein weiteres Schicksal entscheidend bestimmen. Ich gehörte keinerlei Studentenverbindung an, auch keiner jüdischen oder zionistischen Vereinigung. In Freiburg trat ich einem kleinen Wanderklub bei, der auch jüdische Mitglieder hatte. Die Vorbereitungszeit zum Staatsexamen in einer Gruppe von vieren gehört zu den glücklichsten Perioden meines Lebens: intensive Arbeit, verbunden mit Kameradschaft, ausgerichtet auf ein gemeinsames Ziel. Das Examen in Pharmakologie bei Professor Wieland bestand aus einer dreistündigen Diskussion. Ich kam zum Entschluß, einen Teil meiner weiteren Ausbildungszeit im Pharmakologischen Institut zu verbringen und dort zu doktorieren.

Ich hatte vorher Professor Albert Fraenkel, einen bekannten Internisten, der besonders auf pharmakologischem Gebiet tätig war, kennengelernt. Er schlug mir vor, beim Ausbau eines fast vollendeten Krankenhauses mitzuhelfen. Er war der Initiator des von den umliegenden Bezirken getragenen «Mittelstands-Sanatoriums Speyererhof», oberhalb Heidelbergs, für den damals noch ungenügend sozial abgesicherten Mittelstand, zum Beispiel selbständige Handwerker, freie Berufe, Landwirte, Künstler. Ich war u. a. für die Planung und Einrichtung der Laboratorien zuständig. Nach der Eröffnung ging diese Arbeit noch monatelang weiter. Ich war nach dem Oberarzt der einzige Assistent und buchstäblich Tag und Nacht am Werk. Ich konnte monatelang das Haus nicht verlassen.

Mit einer Ausnahme: Ich mußte eines Nachmittags dienstlich in die Stadt. Bei meiner Rückkehr erhielt ich die Nachricht, daß Professor Wieland vom Pharmakologischen Institut nach mir gefragt habe. Ein Professor Aub aus Boston, USA, dessen Namen ich aus der Literatur kannte, sei bei ihm besuchsweise im Institut und wünsche mich zu sprechen, nachdem er meinen Namen gehört habe. Als ich mich telefonisch melden konnte, hatte er das Institut aber bereits verlassen und war nicht mehr aufzufinden. Ich berichte diesen banalen Vorfall, weil er für mich von großer Bedeutung werden sollte.

Es war bei dieser Arbeit, daß ich meine spätere Frau, eine Schwester im Bayerischen Roten Kreuz, kennenlernte. Sie entstammte einer Pfarrersfamilie aus dem Siegerland. Wir heirateten 1930. Es war der Beginn einer sehr schönen und einer sehr schweren Zeit. 1929 wechselte ich nochmals zur wissenschaftlichen Ausbildung (Physiologie des Kreislaufs) ans Physiologische Institut Basel unter Professor Broemser. Nachdem dieser einen Ruf ans Physiologische Institut Heidelberg erhalten hatte, folgte ich ihm dorthin. 1931 ging ich zurück in die klinische Medizin. Ich wurde an der Medizinischen Universitäts-Poliklinik unter Professor Oehme angestellt. Außer der Arbeit an der Klinik hatten die Assistenten auch zahlreiche Hausbesuche in den Armenvierteln zu machen. Es waren hauptsächlich die Familien der «Ausgesteuerten» (heute: «Sozialhilfeempfänger») zu versorgen. Diese Tätigkeit gab mir manche Einblicke in die politische Realität der Zeit. Die Bewohner eines Viertels waren großenteils «Rote», die eines benachbarten Anhänger der Nazis. Die Lebensbedingungen aller waren im wesentlichen die gleichen. Es gab dauernd Reibereien zwischen den Lagern. Bei einem Besuch fiel mir der Schlagstock neben dem Bett eines schwerkranken alten Mannes auf. Im anderen Quartier sah ich im Nähkorb einer hochschwangeren Frau zu meinem Entsetzen einen Schlagring. Es war 1932.

Am 30. Januar 1933 kam die Machtergreifung, am 1. April ein allgemeiner Boykott und stellenweise eine Zerstörung jüdischer Geschäfte und Büros. Unser Chef versetzte mich, im beiderseitigen Interesse, in die Dunkelheit der Röntgenabteilung. Am 7. April 1933 erschien das «Gesetz zur Wiederherstellung des Berufsbeamtentums», das die Entlassung «nicht-arischer» Beamter vorsah. Mitte April erhielt ich das Entlassungsschreiben mit Wirkung vom 1. Juni 1933. Persönlich erfuhr ich keinerlei Anfeindungen. Professor Oehme erlaubte mir, mich bis zum Entlassungstermin weiter in der Röntgenabteilung, im wesentlichen zu meiner eigenen Ausbildung, aufzuhalten.

Als einzige Möglichkeit weiterzuarbeiten sah ich den Versuch, mit meiner Frau als Helferin, eine Privatpraxis zu beginnen. Ich wählte meine Geburtsstadt Augsburg, wo ich einen größeren Bekanntenkreis hatte. Wir hegten eine vage Hoffnung, daß der Umstand der jüdisch-evangelischen Mischehe behilflich sein könnte.

Die Augsburger Ärztekammer erteilte mir die Erlaubnis zur Niederlassung und die Zulassung als Facharzt für Innere Medizin. Die Zulassung zur Krankenkasse beantragte ich nicht. Es gelang uns in verhältnismäßig kurzer Zeit, eine bescheidene Praxis aufzubauen, die die Unkosten deckte und einen bescheidenen Haushalt ermöglichte. Die Familie vergrößerte sich bis 1937 auf fünf Personen. Außer jüdischen Patienten kam eine nicht ganz kleine Anzahl von nicht-jüdischen, mutigen politisch «Andersdenkenden». Auch mit den Kollegen hatte ich keinerlei Schwierigkeiten. Mit manchen Freunden teilten wir eine gewisse Hoffnung auf mögliche Besserung der Lage. Diese Hoffnung war ohne jede solide Grundlage, aber wir sahen damals, wie die meisten jüdischen Familien, keinen Ausweg.

Die Gesetzgebung verschärfte sich. Die Nürnberger Gesetze brachten die weitere Verschlechterung der Daseinsbedingungen der jüdischen Bevölkerung. Wir sahen die Notwendigkeit der Auswanderung vor uns, hatten jedoch keinerlei persönliche Beziehungen zum Ausland. Mit einer Ausnahme: Ein Bruder meiner Frau arbeitete als selbständiger Kaufmann im Innern von Sierra Leone, damals britische Kolonie im tropischen Westafrika. Das Klima und die damaligen Lebensverhältnisse in den afrikanischen Tropen waren jedoch für Kleinkinder ungeeignet.

Anfang 1938 erhielt ich von wohlinformierter (nicht jüdischer) Seite den Wink, wenigstens für mich Schritte zur Auswanderung zu tun, obwohl dieselbe Quelle bis dahin Zurückhaltung angeraten hatte. Da erinnerte ich mich jenes Vorfalls zu der Zeit meiner Arbeit im Krankenhaus Speyererhof bei Heidelberg, als ein Treffen mit Professor Joseph C. Aub am Pharmakologischen Institut Heidelberg nicht zustande kam. In der Not der Situation fühlte ich mich berechtigt, mit ihm in Kontakt zu treten (die Adresse kannte ich aus der medizinischen Literatur) mit der Bitte um Beratung und möglicherweise Hilfe. Die Antwort kam postwendend: er erinnere sich genau an den Vorgang (der damals etwa zehn Jahre zurücklag) und sei bereit, Schritte für meine Einwanderungserlaubnis in die Vereinigten Staaten zu tun und die erforderliche Bürgschaft, das Affidavit, für mich zu übernehmen (begreiflicherweise nicht für die Familie). Einige Monate später erhielt ich vom zuständigen amerikanischen Generalkonsulat die Mitteilung der Zulassung zur Antragstellung für die Einwanderung unter Nr. XY, die unter dem Quotensystem in etwa zwei Jahren zum Zuge kommen würde. Diese Nummer in Händen zu haben, sollte von entscheidender Bedeutung für unsere Zukunft werden, wenn auch in völlig anderer Richtung als vorgesehen.

Mitte Juli 1938 wurde mit Wirkung ab 1. September «nicht-arischen» Ärzten summarisch die Approbation entzogen. Ich fand diese Meldung in der Morgenzeitung. Eine persönliche Benachrichtigung habe ich nie erhalten. Sofort nach Abwicklung der Praxis fuhr ich zu Verwandten (ebenfalls Mischehe) nach Berlin, um Kurse in Englisch und speziell im medizinischen Fachenglisch zu nehmen, die von den dortigen jüdischen Gemeinden organisiert wurden. Diese Zeit war nur von kurzer Dauer. Die Ereignisse um den 8.–12. November 1938 («Kristallnacht») brauche ich nicht im einzelnen zu erwähnen. Ich wollte nicht in Berlin verhaftet werden, sondern unter allen Umständen noch die Möglichkeit haben, mit meiner Frau die unmittelbar notwendigen Maßnahmen zu treffen. Als ich um 5 Uhr morgens mit dem Nachtzug von Berlin im Bahnhof Augsburg ankam, sah ich am Ausgang einen Herrn, der verschwand, sowie er meiner ansichtig wurde. Ich wußte, was mir bevorstand. Es war uns vergönnt, einige Tage vereint zu sein und unsere Pläne festzulegen. Für Frau und Kinder, nach dem Gesetz «arisch» bzw. «halbarisch», war zunächst nichts Ernstes zu befürchten. Wir hatten uns also zu trennen. Meine Frau sollte im Falle meiner Verhaftung ihren Bruder in Sierra Leone bitten, den Antrag auf meine Einreiseerlaubnis bei der dortigen Regierung zu stellen. Für die Kinder bestand Aussicht, von einer Familie in der Schweiz aufgenommen zu werden.

Drei Tage nach meiner Rückkehr von Berlin wurde ich von der Gestapo verhaftet und ins Untersuchungsgefängnis eingeliefert, wo ich etwa zehn mir bekannte Glaubensgenossen vorfand. Ich muß zu Ehren Augsburgs erwähnen, daß wir von seiten des Gefängnispersonals keinerlei Schikanen ausgesetzt waren, sondern freundlich behandelt wurden. In diesem Zusammenhang möchte ich die Schilderung einer kurzen Szene vorwegnehmen: Nach der Entlassung aus Dachau meldete ich mich auf einer Polizeistation, um eine überfällig gewordene Änderung meines Personalausweises vornehmen zu lassen. Der Beamte schnauzte mich an: «Sie kommen ja viel zu spät.» «Ich war zum Termin abwesend.» «Wo waren's denn?» «In Dachau.» Er sah meinen kahlgeschorenen Kopf. «Bitte, nehmen's Platz, Herr Doktor.»

Nach zwei Wochen im Gefängnis, in denen wir Kohlen aus der Synagoge und anderen Gebäuden der jüdischen Gemeinde schaufeln mußten, wurden wir ins KZ Dachau transportiert. Ich halte es nicht für nötig, den Berichten über die Konzentrationslager einen weiteren hinzuzufügen. Nur einen kurzen Vorgang zur Illustration: Ein alter Herr erhielt von einem jungen SS-Mann eine solche Ohrfeige, daß seine Zahnprothese zu Boden fiel, worauf der SS-Mann sie mit Tritten seines schweren Stiefels zerstörte. Ein positives Erlebnis im Lager war die Kameradschaft der Gefangenen, die auch ein Risiko nicht scheute.

Inzwischen hatte mein Schwager meine Aufenthaltsgenehmigung für Sierra Leone erreicht, jedoch unter der Bedingung, daß die Möglichkeit der Weiterreise garantiert sei. Meine «Nummer» auf der Liste der Antragsteller am amerikanischen Generalkonsulat Stuttgart wurde als solche Garantie anerkannt. Nach unendlichem Telegrammwechsel mit meinem Schwager, unzähligen Gängen zur Gestapo mit allerlei Demütigungen und nach Vorsprachen im amerikanischen Generalkonsulat in Stuttgart und dem britischen Generalkonsulat in München hatte meine Frau meine Einreiseerlaubnis nach Sierra Leone in Händen und erreichte bei der Gestapo die Zusage meiner baldigen Entlassung aus dem KZ mit der Auflage, das erstmögliche Schiff zu benutzen.

Am 14. Januar 1939, genau zwei Monate nach meiner Verhaftung, wurde ich aus Dachau entlassen. Es war ein schwerer Abschied von den Kameraden, die ich zurücklassen mußte. Meines Wissens ist es den meisten gelungen, auszuwandern. Einen, der Auschwitz überlebte, traf ich 20 Jahre später wieder.

Meine Frau hatte mit größter Umsicht inzwischen alle nur möglichen Vorbereitungen für die Ausreise erledigt und die Ausrüstung für die Tropen besorgt. Am 14. Februar 1939 verließ ich die Familie und das Land, das einmal meine Heimat war, auf dem Wörmann-Dampfer «Usaramo» in Richtung Freetown, Sierra Leone. Die Behandlung durch Kapitän und Personal war zwar korrekt, doch wies man mir im Speisesaal getrennt von den anderen einen Einzeltisch zu. Der Kapitän setzte sich einmal zum Tee ostentativ zu mir. Einige Mitpassagiere nahmen Kontakt mit mir auf. Von Veranstaltungen hielt ich mich fern.

Ein an sich unbedeutendes Erlebnis möchte ich der Kuriosität halber erwähnen, eine Wirklichkeit gewordene Kombination von Unwahrscheinlichkeiten. Unser Aufenthalt im Hafen von Santa Cruz auf Teneriffa verlängerte sich wegen eines Maschinenschadens um zwei Tage. Für die Passagiere wurden Touren organisiert, an denen ich nicht teilnehmen konnte und auch nicht wollte, da ich bei der Ausfahrt nicht mehr als ganze zehn Reichsmark mitnehmen durfte (außer Bordgeld). So zog ich zu Fuß los. Auf dem Rückmarsch hatte ich mich etwas verspätet. Ich eilte mit langen Schritten Richtung Hafen, da ich ja auf das Schiffsdinner angewiesen war. Ein kleiner Personenwagen fuhr vorbei, hielt an, fuhr weiter, hielt wieder an, wartete aber dann auf mich. «Wo wollen Sie hin?», fragte mich der Fahrer in fließendem Deutsch. «Auf die Usaramo.» «Kommen Sie mit!» Insassen waren der Fahrer, eine Dame (offenbar seine Frau), ein Franco-Soldat und ein Huhn. Die Situation war irgendwie seltsam. Nach einigem Schweigen fragte ich den freundlichen Chauffeur, warum er mich sofort in Deutsch angeredet habe. «Jemand, der mit der Kamera um die Schulter auf der Landstraße geht, ist ein Deutscher.» Langes Schweigen. Nach einiger Zeit erwähnte ich seinen schwäbischen Akzent. Er erwiderte, er sei aus Schwaben. Ich antwortete, ich sei Augsburger. Er stammte aus Nördlingen. Das Gespräch wurde offener. Ich erwähnte meine Situation. Auch er war Jude, Jahre vor der NS-Zeit nach Teneriffa ausgewandert. Er war Vertreter einer bekannten Augsburger Fabrik, mit der mein Vater viel gearbeitet hatte. Jetzt war er selbständig. Dann nannte er seinen Namen. Ich erwähnte, daß dies auch der Name des jüdischen Steinmetzmeisters sei, der den Grabstein meiner Großeltern angefertigt hatte. «Das war mein Vater.» Weiterhin ergab sich, daß seine Frau aus Freiburg stammte und Schulfreundin einer Kusine meiner Frau war. Der «Franco-Soldat» war nur ein Anhalter. Das Huhn sah ich am nächsten Tag auf dem Mittagstisch wieder. Ich hatte zwei schöne Tage auf Teneriffa.

Die Einreiseformalitäten in Freetown liefen reibungslos ab. Mein Schwager nahm mich in Empfang und fuhr mit mir sofort zu seinem Wohn- und Arbeitsort Makeni, etwa 150 km von der Küste entfernt im Bergland. Die Fahrt führte mich zum ersten Mal in meinem Leben durch die tropische Landschaft von Savanne und Busch über Flußtäler mit üppigem Baumbestand.

Mein Schwager betrieb zusammen mit seinem französischen Teilhaber eine «Faktorei», ein für die damaligen Kolonialländer typisches En gros- und Detailgeschäft für eine große Reihe von Artikeln des täglichen Bedarfs, mit weitverstreuten Filialen im Hinterland, manche nur zu Fuß mit Trägern zu erreichen. Der Teilhaber war zu der Zeit gerade dabei, einen Europaurlaub vorzubereiten. Die Familie meines Schwagers war zu gleicher Zeit aus Krankheitsgründen in Deutschland. So fand ich sofort Arbeit als ungelernte Hilfskraft. Meine Anwesenheit gab meinem Schwager die Möglichkeit zu Inspektionstouren zu den Filialen. Damit war ich nicht zu nutzlosem Müßiggang verurteilt. Arbeit in meinem Beruf kam nicht in Frage, da ich nicht im Besitz einer britischen Lizenz war. Dies hinderte jedoch den lokalen Regierungsarzt nicht, mich gelegentlich für eine Kurznarkose ins lokale Krankenhaus zu bitten.

Die offizielle Landessprache dort ist Englisch, die Umgangssprache eine Mischung von modifiziertem Englisch mit lokalen Dialektwörtern. Außerdem werden je nach Bezirk völlig verschiedene lokale Stammessprachen verwendet. Mein Englisch war ohnehin noch ziemlich lückenhaft. Die Kollegen meines Schwagers in benachbarten Faktoreien waren meistens Franzosen. Irgendwie konnte ich mich verständlich machen. Ich wurde freundlich aufgenommen. Mein Schwager bemühte sich, mir auf seinen Fahrten möglichst viel von dem schönen bergigen, fruchtbaren Land zu zeigen. Die Hauptausfuhrartikel sind Ölpalmenkerne, Erdnüsse, Reis, außerdem Eisenerz und Gold.

Dieser Abschnitt meines Exils war nur von kurzer Dauer. Am 3. September, ein halbes Jahr nach meiner Ankunft, brach der Krieg aus. Trotz meines Status als von den Nazis Vertriebener war ich offiziell «enemy alien» (feindlicher Ausländer) und wurde zusammen mit meinem Schwager und anderen in der Kolonie ansässigen Deutschen in einer Schule in Freetown interniert. Ich protestierte zusammen mit einem als Nazigegner anerkannten Hamburger Mechaniker und einem in der Schweiz Geborenen von ungewisser Staatsangehörigkeit offiziell gegen die Internierung. In einem Gerichtsverfahren wurden unsere Anträge auf Entlassung abgelehnt. Im Laufe der nächsten Wochen vergrößerte sich die Zahl der Internierten durch Zufluß von Mannschaften aufgebrachter deutscher Schiffe. Um fair zu sein, muß ich erwähnen, daß ich von seiten meiner deutschen Mitgefangenen keinerlei Feindseligkeiten ausgesetzt war. Die Behandlung durch die britische Lageraufsicht war human und höflich. Über Verwandte in der Schweiz und Holland erhielt ich Nachricht von meiner Frau. Zu meiner größten Beruhigung war sie mit den Kindern vom bombengefährdeten Augsburg nach dem Allgäu gezogen (später nach Lindau). Außerdem begann die Post über das Rote Kreuz zu funktionieren.

Im Dezember wurden die Internierten, auch mein Schwager, mit Ausnahme von uns dreien, die Protest eingelegt hatten, nach England transportiert; wie wir später hörten, kamen einige bei dem Weitertransfer nach Kanada durch ein deutsches Torpedo ums Leben. Wir drei Zurückgebliebenen erhielten wesentliche Hafterleichterungen. Wenige Wochen später wurden wir entlassen.

Für ein paar Wochen nahm mich der Hamburger in seinem Haus auf. Ich hatte Gelegenheit, im lokalen Regierungskrankenhaus zu hospitieren. Dann bot mir der Leiter der Methodistischen Mission Aufnahme bei dem Arzt eines Missionshospitals weiter oben im Lande an. Ich erwartete nicht, angestellt zu werden, arbeitete aber mit großer Freude als inoffizieller Assistent mit, wobei ich Bekanntschaft mit der Tropenmedizin machte. Eine Persönlichkeit, die nicht genannt sein wollte, sandte mir eine Summe für meine Arbeit für «die Menschen in Sierra Leone».

Eines Tages bat mich der District Commissioner (oberster Verwaltungsbeamter des Distrikts), den Ausverkauf der örtlichen Filiale einer deutschen Faktorei zu übernehmen. Er ließ meinen Einwand der mangelnden kaufmännischen Ausbildung nicht gelten, ich hätte in den sechs Monaten bei meinem Schwager genug Erfahrungen gesammelt. Ich nahm den Auftrag mit Freuden an, auch weil ich auf diese Weise zu etwas Einkommen in Form einer Provision kommen konnte. Der frühere Leiter des Geschäftes, der vorher erwähnte Schweizer, der an einem anderen Ort eine ähnliche Arbeit vornahm, gab mir wertvolle Anweisungen. Ich führte den Auftrag mit überraschendem Erfolg durch und kehrte zur Arbeit im Krankenhaus zurück. Einige Tage später bat mich der Commissioner eines anderen Distrikts, dieselbe Arbeit in seinem Bezirk durchzuführen. Der Vorschlag kam aber nicht zur Ausführung.

Der Mai und der Juni 1940 brachten den Zusammenbruch der alliierten Front, die Evakuierung der britischen Armee vom Kontinent und die deutsche Besetzung Frankreichs. Auf der britischen Seite wurde mit der Möglichkeit der deutschen Besetzung der französischen Kolonien, die Sierra Leone umgaben, gerechnet. An einem Junitag 1940 erschien der Assistent des District Commissioners im Hospital mit dem Auftrag, mich zu verhaften und am folgenden Tag als Zivilinternierten nach Freetown zu bringen. Noch vor der Abreise erhielt ich ein Telegramm vom District Commissioner: «I personally regret.» Dies nur als Beispiel für das Verständnis mancher Behörden für meine Situation.

Wenige Tage nach meiner Einlieferung erreichte mich ein Telegramm vom amerikanischen Konsulat in Lagos, der Hauptstadt von Nigeria, sofort zur Visumausstellung zu kommen. Nigeria lehnte jedoch meine Einreise ab. Der amerikanische Konsul versuchte alles, um mir zu helfen. Er übertrug meinen Fall nach Monrovia, Liberia, einem Sierra Leone benachbarten neutralen Staat. Liberia erteilte mir die Einreiseerlaubnis. Zuletzt verweigerte jedoch Sierra Leone meine Ausreise. Das war das vorläufige Ende meines Versuchs, in die Vereinigten Staaten auszuwandern.

Inzwischen wuchs die Zahl der Internierten wesentlich. Eine große Schule wurde zur Aufnahme eingerichtet, für Deutsche und Italiener aus anderen britisch-westafrikanischen Kolonien oder von aufgebrachten Schiffen, dazu kamen griechisch geborene pseudo-italienische Schiffsmannschaften von den ägäischen Inseln, die Italien 1911 annektiert hatte, ein Holländer, ein Norweger und zwei Schweden, die sich nazifreundlich geäußert haben sollten.

Ich war der einzige Jude unter schätzungsweise 800 Personen. Ich bekam viel Besuch von Freunden meines Schwagers, von Menschen, die irgendwie Beziehungen zu Deutschland hatten und von mir gehört hatten. Die Ärztin eines evangelischen Krankenhauses versorgte mich mit medizinischer Literatur. Dagegen wurde ein Gesuch des Gesundheitsamtes an die Regierung, mich an einem Malariaprojekt im Labor mitarbeiten zu lassen, abgelehnt.

Mitte November 1940 wurden alle Internierten nach kurzer Voranzeige auf einem unter britischer Flagge fahrenden Holländer eingeschifft, zunächst ohne Angabe des Reiseziels. Ein Gerücht besagte, es gehe nach Jamaika. Nach Verlassen des Hafens wurde das Gerücht offiziell bestätigt. Wir drei Ausnahmefälle verlangten vom Kapitän sofort Trennung von den «anderen». Sie wurde nach Durchsicht der Akten gewährt. Wir erhielten eine Kabine, während das Gros im Zwischendeck und in Laderäumen untergebracht war; Ehepaare erhielten ebenfalls Kabinen. Nach zwei Tagen kehrten wir aus uns zunächst unbekannten Gründen in den Hafen von Freetown zurück. Das Gerücht, daß unsere Reiseroute von deutschen Kriegsschiffen gekreuzt würde, sollte sich bestätigen. Nach Jahren von mir angestellte Berechnungen machen es wahrscheinlich, daß es sich dabei um das später in der La Plata-Mündung selbstversenkte deutsche Panzerschiff «Graf Spee» gehandelt haben muß. Einige Tage darauf verließen wir Freetown und landeten nach einer ungestörten Überfahrt am 3. Dezember 1940 im Hafen von Kingston, der Hauptstadt von Jamaika. Unser Schiff fiel später dem Seekrieg zum Opfer.

Das auf dem Exerzierplatz der britischen Garnison neuerbaute Barackenlager war zweckmäßig eingerichtet und sehr gut organisiert. Wir drei wurden einer abgesonderten Abteilung zugewiesen. Wir fanden eine etwa 30 Mann starke Gruppe vor, eine bunte Mischung, die meisten davon jüdische Emigranten. Sie waren eine unterschiedliche Zahl von Jahren in Jamaika ansässig gewesen. Zwei warteten auf ihre schon beantragte Einbürgerung. Andere, Österreicher, hatten ein Jahr vorher nach monatelanger Irrfahrt in Jamaika Asyl gefunden. Die nicht-jüdischen Internierten waren aus politischen Gründen von den Deutschen bzw. Italienern getrennt worden. Außerdem fanden wir einige jamaikanische Politiker vor, die sich irgendwie bei der Regierung mißliebig gemacht hatten. Durch den Kontakt mit den Alteingesessenen bekam ich wertvolle Informationen über das Leben und die Probleme in Jamaika.

Erst bei dieser Gelegenheit wurde mir bekannt, daß ich als Folge meiner Auswanderung meine deutsche Staatsangehörigkeit automatisch verloren hatte und somit staatenlos war. Daraufhin stellte ich wieder den Antrag auf Entlassung. Er wurde vom Gouverneur abgelehnt. Die Britisch-Naturalisierten und diejenigen, die einen Antrag auf Einbürgerung laufen hatten, wurden nach einiger Zeit entlassen. Ein späterer Antrag, auf eine von Jamaika abhängige Insel versetzt zu werden, um die frei gewordene Stelle des dortigen Amtsarztes auszufüllen, blieb auch erfolglos.

Um diese Zeit teilte mir mein Sponsor, Professor Aub in Boston, mit, daß er sich gezwungen sehe, seine Bürgschaft zurückzuziehen, um sie für die Aufnahme eines Kindes seiner englischen Freunde zu verwenden, das nach USA evakuiert werden sollte. (Es war die Zeit der deutschen Groß-Luftangriffe auf London 1940–1941.) Als Interniertem könne mir die Einwanderung in die Vereinigten Staaten zur Zeit ohnehin nicht gewährt werden. Etwa 25 Jahre später lernte ich in Jamaika eine Engländerin kennen. Sie stutzte, als sie meinen Namen hörte. Es ergab sich, daß sie das Kind war, zu dessen Gunsten Professor Aub die ursprünglich für mich bestimmte Bürgschaft zurücknehmen mußte.

Über Langeweile im Lager hatte ich nicht zu klagen. Mein Sponsor in Amerika, mit dem ich dauernd in Kontakt blieb, hatte eine amerikanische medizinische Wochenschrift für mich abonniert, ich hatte Bücher aus Afrika mitgebracht, und ich versuchte, mein Englisch zu verbessern. Der für das Lager verantwortliche britische Militärarzt ernannte mich zu seinem Vertreter für die Sondergruppe und zu seinem «Sekretär», auch verantwortlich für die medizinischen Akten des Lagers. Er verschaffte mir eine Schreibmaschine und gab mir einen Arbeitsplatz im Hauptbüro der Lagerverwaltung. Er wollte mir damit auch die Möglichkeit ungestörten Lesens geben. Der englische Oberquartiermeister, verantwortlich für das Büro, sah mich als willkommene Ergänzung seines militärischen Personals. So kam es zu der grotesken Situation, daß ich, der Internierte, u. a. bei der Einteilung der Wachen für das Lager mithalf oder englisch geschriebene Bekanntmachungen ins Deutsche zu übersetzen hatte (obwohl ein englischer Dolmetscher im Lager war).

Ich erhielt allerlei Besuche: entlassene jamaikanische Internierte, deren Freunde, eine Quäkerin, die seit Jahren jüdischen Emigranten beigestanden hatte, den Rabbiner von Jamaika, offiziell Beauftragte wie den Schweizer Konsul oder den Leiter des «YMCA» («Christlicher Verein Junger Männer»). Das wichtigste war die Post, die vom Internationalen Roten Kreuz und vom Weltpostverein hervorragend organisiert war. Meine Frau schickte regelmäßig Berichte und Päckchen. Die wichtigste Nachricht – ich hatte sie schon in Freetown erhalten – war, daß zwei uralte Schwestern, frühere Patientinnen, ihre Verwandte in New York veranlaßt hatten, die Bürgschaft für die Einreise meiner Frau nach USA zu stellen. Das Vorhaben gedieh bis zur Erteilung der Antragsnummer, jedoch wie immer mit jahrelanger Wartezeit. Wie früher erwähnt, sollten die Kinder in der Schweiz aufgenommen werden, bis wir in Amerika vereinigt sein würden. (Später nahmen sich die beiden Schwestern vor dem Abtransport nach dem Osten das Leben.) Die deutsche Kriegserklärung an die Vereinigten Staaten im Dezember 1941 sollte dies alles in Frage stellen.

Im Februar 1943 wurde einer der früh Entlassenen, ein inzwischen naturalisierter Zahnarzt, beim Direktor des Gesundheitswesens für mich vorstellig und wies auf den entsetzlichen Ärztemangel im Lande hin – damals kam ein Arzt auf etwa 5000 Einwohner. Am 26. März 1943 erhielt ich daraufhin vom Gouverneur meine Entlassung ohne jede Einschränkung mit voller Freizügigkeit. Ich wurde sofort als «Assistant Medical Officer» (die unterste Stufe in der ärztlichen Beamtenhierarchie) angestellt. Da ich keine britische Lizenz hatte, erhielt ich nach britischem Muster in einer Notverordnung die spezielle Erlaubnis für ärztliche Tätigkeit auf Grund meiner deutschen Approbation mit gewissen Einschränkungen: u. a. Tätigkeit nur in öffentlichen Krankenhäusern unter Aufsicht des Chefarztes.

Ein ernstes Problem mußte noch überwunden werden. Mit der Entlassung verlor ich das Recht, die Interniertenpost zu benutzen. Damit wäre die Verbindung mit meiner Familie abgebrochen gewesen. Außerdem durfte niemand in Deutschland wissen, daß ich im Dienst einer feindlichen Regierung stand. Die Lagerkommandantur arbeitete mit Erlaubnis der Regierung ein System aus: Ich erhielt einen Vorrat speziellen Interniertenpost-Briefpapiers und sandte meine Briefe unverschlossen an die zuständige Stelle im Lager, wo sie vom Zensor unter die Interniertenpost gemischt wurde. Post für mich wurde mir vom Lager in meine Wohnung geschickt. Selbstverständlich stellte ich in meinen Briefen meine Lage völlig falsch dar, klagte zum Beispiel über Langeweile, während ich alle Hände voll zu tun hatte. So erfuhr meine Frau meine wirkliche Lage erst Monate nach Kriegsende, und zwar über den Gartenzaun von einer Nachbarin. Diese wußte durch den französischen evangelischen Militärpfarrer und über ein Mitglied des Genfer Weltkirchenrates Bescheid; letzterer war einer meiner Freunde aus der Studentenzeit, den ich brieflich um die Benachrichtigung gebeten hatte.

Meine Arbeit begann in einer Abteilung, die etwa einer Ambulanz für Allgemeinmedizin entsprach, in der einige wenige Ärzte Tag und Nacht Hunderte von Patienten zu versorgen hatten. Die Erfahrung mit dieser medizinischen und soziologischen Vielfalt gab mir wichtige Einblicke in meine neue Umwelt. Zum Dienst fuhr ich mit Straßenbahn oder Fahrrad. Ein Auto kam bei meinem niedrigen Gehalt nicht in Frage. Von den Kollegen wurde ich als einer der ihrigen vorbehaltlos angenommen, im Laufe der Zeit auch in ihre Familien eingeführt. Immerhin darf nicht vergessen werden, daß Jamaika als britische Kolonie im Kriegszustand mit Deutschland war. Meine Vorgeschichte war jedoch schnell allgemein bekannt. Dazu kamen die früheren, in Jamaika ansässigen Mitinternierten, die mir das Einleben in das mir früher nur in groben Umrissen bekannte Land wesentlich erleichterten. Ich hatte keine Schwierigkeiten, Quartier zu finden, und erfuhr keinerlei Feindseligkeit.

Jamaika ist ein gastfreundliches Land, wohl als Folge der Vielfalt der Herkunft seiner Bewohner: Die Arawaks, die frühesten Siedler, über die

Einzelheiten bekannt sind, wurden von den spanischen Konquistadoren und Siedlern völlig ausgerottet. Die Praxis der Einfuhr westafrikanischer Sklaven für die Arbeit auf den Zuckerrohrfeldern wurde von den Briten nach der Vertreibung der Spanier weitergeführt. Die Westafrikaner und deren Mischlinge mit Briten und allen späteren Zuwanderern bilden den weitaus überwiegenden Teil der Bevölkerung. Nach Abschaffung der Sklaverei in den dreißiger Jahren des 19. Jahrhunderts wurden Zehntausende von Indern in einem Massenvertrag zur Übernahme der Landarbeit verpflichtet. Ein kleiner Teil kehrte in seine Heimat zurück. Mitte des 19. Jahrhunderts wurden auch deutsche Ansiedler, meist Handwerker aus Norddeutschland, angeworben. Eine weitere Welle von mehreren tausend Menschen kam aus China. Die meisten von ihnen wählten später nichtlandwirtschaftliche Berufe. Eine weitere kleine Gruppe waren Franzosen, die während der Emanzipationskriege zur napoleonischen Zeit aus dem benachbarten Haiti geflohen waren. Über die Jahrhunderte siedelten sich selbstverständlich auch mehr Engländer, Schotten und Iren an. Dazu kamen syrische und libanesische Einwanderer. Im späten 16. Jahrhundert war eine Gemeinde sephardischer Juden entstanden, die sich nach ihrer Verfolgung und Vertreibung aus Spanien und Portugal über mehrere andere Länder in Jamaika niederlassen durften. Einige Familien kamen im 19. und 20. Jahrhundert auch aus Deutschland.

Unmittelbar nach Kriegsende stellte ich den Antrag auf dauernden Wohnsitz und auf Arbeitserlaubnis in Jamaika. Ich hatte nach allem, was vorgefallen war, keine Absicht, nach Deutschland zurückzukehren. Ich mußte diese Entscheidung auf meine eigene Verantwortung ohne Beratung mit meiner Frau treffen, da Monate vergingen, ehe die Postverbindung mit Deutschland wiederhergestellt werden konnte; es zeigte sich später, daß sie meinen Schritt vorausgesehen hatte. Mein Antrag wurde von der Regierung und dem übergeordneten Kolonialministerium in London in verhältnismäßig kurzer Zeit genehmigt. Ich schloß unmittelbar danach den Antrag auf Zulassung meiner Familie an. In der Korrespondenz zwischen den jamaikanischen Behörden und dem Kolonialministerium wurde nicht nur mein Antrag unterstützt, sondern auch das Kolonialministerium gebeten, die Besatzungsbehörden der französischen Zone, in der meine Familie lebte, zu veranlassen, die Ausreise zu erleichtern. Die Erlaubnis zur Niederlassung meiner Familie in Jamaika wurde erteilt. Bei den Daseinsbedingungen im Nachkriegseuropa mußte ich mit einer langen Wartezeit rechnen. Sie sollte noch beinahe zwei Jahre anhalten, trotz mancher Hilfe von Behörden und Freunden.

Nach Bewilligung meines dauernden Wohnsitzes hatte ich den Antrag auf meine Übernahme in den regulären Staatsdienst gestellt. Bis dahin hatte ich, wie vorher erwähnt, unter einer speziellen Kriegszeit-Notverordnung gearbeitet. Unter Anerkennung meiner deutschen Approbation und dem Bestehen eines formalen medizinischen Examens erhielt ich die Anstellung als «Medical Officer» (Arzt im öffentlichen Dienst). Die damit verbundene erhebliche Einkommenserhöhung war von größter Wichtigkeit. Nun konnte ich Rücklagen für die zu erwartenden Überfahrtskosten meiner Familie schaffen und mir, auch im Hinblick auf die kommende Familie, einen kleinen Wagen mit Hilfe eines staatlichen Darlehens leisten.

Mit der Ernennung zum Medical Officer vergrößerte sich mein Arbeitskreis erheblich. Zusätzlich zur Arbeit in der Ambulanz erhielt ich auch die Verantwortung für eine Station von über 70 Betten hauptsächlich im Bereich der Inneren Medizin. Dazu kam später noch die Verantwortung für die Reorganisation der völlig veralteten Krankenhausstatistik.

Mit der Anerkennung als ordentliches Mitglied des ärztlichen Standes beantragte ich meine Aufnahme in die Landesgruppe der «British Medical Association». Die Aufnahme wurde mit außerordentlich freundlichen Worten gewährt. Diese Anerkennung der Zugehörigkeit äußerte sich auch späterhin in der Selbstverständlichkeit, mit der ich zum Mitglied mehrerer ärztlicher und ähnlicher Vereinigungen berufen wurde. Ich erwähne diesen Punkt nicht als Selbstlob, sondern um die Bereitschaft der Kollegen zu zeigen, mich als einen der ihren anzunehmen. Darüber hinaus wurde ich auch in die jüdische Kultusgemeinde aufgenommen.

Endlich näherte sich der Tag, an dem ich meine Familie wiedersehen sollte. Die Gewährung meines Antrags auf einige Wochen Urlaub erhielt ich mit warmen Glückwünschen des Chefarztes. Am 12. November 1947, auf den Tag neun Jahre nach meiner Verhaftung in Augsburg, landeten meine Frau und die drei Kinder nach stürmischer Überfahrt, aber wohlbehalten im Hafen von Kingston. Zur Zeit meiner Auswanderung waren die Kinder Martin siebeneinhalb, Gertrud dreieinhalb und Konrad eineinhalb Jahre alt. Als ich sie wiedersah, waren sie sechzehn, zwölf und zehn. Meine Frau hatte eine sehr schwere Zeit durchlebt. Unsere Bewegung brauche ich wohl nicht zu beschreiben.

Glücklicherweise war in der Pension, in der ich während der letzten Jahre wohnte, genug Raum, die ganze Familie aufzunehmen. So konnte sich meine Frau von den langen schweren Jahren erholen, ohne sofort mit der Einrichtung eines neuen Haushaltes belastet zu werden, und alle hatten die Gelegenheit, sich mit den neuen Lebensbedingungen ohne Hast vertraut zu machen. Mit dem Beginn eines neuen Trimesters konnten die Kinder wenige Wochen nach ihrer Ankunft eingeschult werden. Martin war unter dem Naziregime mehrere Jahre lang der Besuch der höheren Schule nicht gestattet gewesen. Er hatte aber mit privater Nachhilfe, auch in Englisch, das entsprechende Wissen vermittelt bekommen. So konnten alle drei Kinder in die altersgemäßen Klassen der höheren Schule aufgenommen werden. Die beiden älteren hatten schon in Deutschland englischen Sprachunterricht, der jüngste war noch in dem Alter, in dem er im Umgang mit Gleichaltrigen die fremde Sprache schnell erlernte. Alle fanden ohne Schwierigkeiten Aufnahme in ihre Klassengemeinschaften.

Meine Frau empfing durch neugewonnene Freunde viel freundliche Anleitung für die Gründung eines Haushaltes mit all den Besonderheiten einer völlig neuen menschlichen und klimatischen Umgebung. Anfang 1948 begann der eigene Haushalt im gemieteten Einfamilienhaus neben freundlichen Nachbarn. In erstaunlich kurzer Zeit fühlte sich die Familie zu Hause. Der Kreis der Bekannten vergrößerte sich. Die Eltern der Schulkameraden der Kinder gehörten auch dazu. Im Laufe der Jahre wurde auch meine Frau um Mitwirkung in verschiedenen Ausschüssen sozial tätiger Vereinigungen gebeten.

Wenige Wochen nach der Wiedervereinigung stellte ich den Antrag auf britische Staatsbürgerschaft für die Familie. Es gab keine Schwierigkeiten, die notwendigen Bürgen zu finden. Dem Gesuch wurde vom Gouverneur von Jamaika und den Behörden in London schon 1948 stattgegeben. Damit wurden wir Bürger des British Commonwealth und damit auch der Kolonie Jamaika. Nach diesem bedeutungsvollen Schritt verzichtete ich auf meine Anwartschaft auf Einwanderung in die Vereinigten Staaten. In diesem Zusammenhang will ich vorausnehmen, daß im Laufe der Emanzipierung der britischen Kolonien Jamaika 1962 ein völlig selbständiger Staat innerhalb des «British Commonwealth of Nations» wurde. Auf Antrag wurden auch wir jamaikanische Bürger. Unsere in Jamaika geborenen Enkel waren dies bereits durch die Geburt. Wir blieben Bürger des British Commonwealth, aber unter den wesentlichen Einschränkungen, die nun für die selbständig gewordenen Nationen des Commonwealth galten, vor allem der Beendigung des bis dahin automatischen Rechts der Einwanderung nach Großbritannien und Nordirland, also nach dem «United Kingdom».

1951 brachte die Reorganisation des Krankenhauses eine berufliche Wende. Die Verantwortung für Stationen blieb von da an nur Spezialisten höherer Qualifikation vorbehalten. Im britischen und amerikanischen medizinischen Ausbildungssystem wird diese Qualifikation nur nach speziellen Kursen und nach einem schwierigen Examen verliehen. Die Zulassung als «Facharzt der Inneren Medizin», erteilt von einem Ärztlichen Bezirksverein in Deutschland und nur auf dem deutschen Ausbildungsgang beruhend, war kein Äquivalent. Diese Neuordnung bedeutete eine wesentliche Einschränkung meiner Befugnisse und meiner Selbständigkeit. Ich reichte mein Entlassungsgesuch zum nächstmöglichen Termin ein. Die Kollegen ließen mir meine alten Befugnisse für diese Restzeit unangetastet.

Ich gedachte, eine Allgemeinpraxis ohne Chirurgie und Geburtshilfe mit meiner Frau als Praxishilfe zu eröffnen und kündigte dies der Gemeinschaft der freipraktizierenden Ärzte an. Die Antwort war außerordentlich herzlich und ermutigend. Als Praxisräume mieteten wir einen Teil des Wohnhauses langjähriger Freunde, die uns in vielen Richtungen halfen. Wir empfanden es als ein gutes Vorzeichen, als wir am Eröffnungstag ein kleines Häuflein meiner früheren Krankenhauspatienten am Eingang auf uns wartend vorfanden. Die Praxis entwickelte sich überraschend schnell. Zu der damaligen Zeit und unter den dortigen Bedingungen war Besuchspraxis noch viel mehr üblich als heutzutage. Sie führte mich in alle Distrikte der dichtbesiedelten Stadt und ihrer Außenviertel. Ich erhielt neue Einblicke in die zum Teil erschütternden Lebensbedingungen der Stadtbevölkerung. Ähnlich wie in anderen Ländern der Dritten Welt lebte ungefähr ein Drittel der Gesamtbevölkerung des Landes – 1950 etwa 1,3 Millionen – in der Hauptstadt. Natürliche Vermehrung und Landflucht führten zu beängstigenden Ziffern.

Das Jahr 1958, mehr als 19 Jahre nach meiner Vertreibung, brachte unser erstes Wiedersehen mit Europa, mit unseren in Großbritannien studierenden Kindern, mit der Familie meiner Frau und mit unseren uns immer treu gebliebenen Freunden. Außer einem halbjüdischen Neffen hatte ich keine Blutsverwandten mehr in Deutschland. Einige waren ausgewandert oder eines natürlichen Todes gestorben, wie meine Mutter 1940 vor der schlimmsten Zeit. Meinen Vater hatte ich schon 1930 verloren. Acht Verwandte, mit denen ich vorher in Verbindung gestanden hatte, waren in den Vernichtungslagern umgekommen. Es war keine Rückkehr in die Heimat. Wir hatten großes Interesse am neugeformten Deutschland, aber das Gefühl der Zugehörigkeit blieb aus. Nicht daß wir die positiven Erlebnisse unserer Frühzeit und die Dankbarkeit für sie vergessen hätten. Aber die Erinnerung an die bösen Zeiten ließ bedingungsloses Vertrauen nicht mehr aufkommen. Die Existenz radikaler Gruppen war auch nicht hilfreich. Ein kurzer Blick auf offener Straße in die Physiognomie unbekannter Vorübergehender erweckte manchmal eine Sensation, verwandt dem «déjà vu». Diese neurotische Reaktion hat sich im Laufe der Jahre vermindert, aber besteht, allen Vernunftgründen zum Trotz, bis zum heutigen Tag. Das Trauma der Verbannung ist nicht auslöschbar.

Trotzdem hatte der Besuch in der früheren Heimat eine Auflockerung meiner negativen Haltung zur Folge. Ich nahm die Stellung des Vertrauensarztes des deutschen Konsulats (nachmals Botschaft) in Jamaika an, sowie später die Stelle des Vertrauensarztes der Lufthansa und die ärztliche Betreuung der deutschen Entwicklungshelfer.

1965 wiederholten wir unseren Besuch in Europa. Um dieselbe Zeit wurde mein Anspruch auf «Wiedergutmachung» des unter dem NS-Regime erlittenen finanziellen Schadens endgültig geregelt, teilweise in Form eines Anspruches auf Ruhegehalt für eine «Als ob»-Dienstzeit von 18 Jahren Dauer als Beamter in Heidelberg. Diese Regelung sollte sich später als lebensrettend erweisen: Unsere in Jamaika zurückgelegten Ersparnisse, die unter den Devisengesetzen ohnehin nicht ausgeführt werden durften, schrumpften infolge der chronischen Inflation in den siebziger und achtziger Jahren zusammen.

1967 starb meine Frau an Krebs. 37 Jahre einer sehr glücklichen Ehe hatten ein Ende genommen. Sie ist in jamaikanischer Erde begraben. Eine unerwartet große Zahl von Freunden und Patienten nahm an dieser Beerdigung teil. Worte am Grabe wurden von einem Offizier der Heilsarmee und vom Rabbiner gesprochen. Im folgenden Jahr heiratete ich zur Freude der Kinder und unserer Freunde die Nichte meiner verstorbenen Frau. Sie litt an chronischer rheumatischer Erkrankung, derentwegen wir sie eine Zeitlang in das für sie günstigere Klima Jamaikas bei uns aufgenommen hatten. Nach dem Tod meiner ersten Frau war sie nach Deutschland in ihren früheren Beruf als Sozialarbeiterin zurückgekehrt. So kam sie wieder nach Jamaika. Wir waren uns des Risikos bewußt: des Altersunterschieds und ihrer Krankheit.

An dieser Stelle will ich über die Weiterentwicklung meiner Nachkommen und ihrer Schicksale berichten: Der ältere Sohn war vom Prinzipal seiner Schule zum Schulsprecher ausersehen worden. Unter den politischen Verhältnissen der Zeit hielten wir es nicht für ratsam, daß ein Angehöriger der sehr kleinen europäischen Minderheit diese Stellung innehaben sollte. Ein erfolgreicher Kompromiß wurde gefunden: er teilte sein Amt mit seinem jamaikanischen Freund. Für das jährliche Landesstipendium war er wegen seiner zu kurzen Ansässigkeit im Lande nicht qualifiziert. Er studierte Mathematik und Physik an der Universität London. Dort heiratete er eine jamaikanische Freundin seiner Schwester. Diese neuen Familienbande verstärkten unsere Bindung an Jamaika ganz wesentlich. Die beiden kehrten nach Jamaika zurück, er als Dozent an der neugegründeten Universität von Westindien, sie als Lehrerin zuletzt in einem Lehrerseminar. Sie adoptierten drei jamaikanische Kinder, die jetzt noch in der Ausbildung sind. Die Schwiegertochter starb 1982 mit 47 Jahren an Krebs. Mein Sohn ist jetzt wiederverheiratet.

Die Tochter erhielt das obenerwähnte Stipendium. Sie studierte Sprachen, vornehmlich Französisch, in Edinburgh, Paris und Straßburg, heiratete einen Deutschen und kehrte nach Jamaika zurück, ebenfalls als Dozentin an der Universität von Westindien. Ihre beiden Söhne, beide Physiker, studierten in London und Cambridge. Der ältere arbeitet an einem privaten Forschungsinstitut in den USA, der jüngere ging nach Abschluß des Studiums zur Weiterausbildung nach Cambridge.

Mein jüngerer Sohn studierte ebenfalls mit Hilfe eines Stipendiums Geographie in Cambridge. Mehrere Jahre lang widmete er sich einer Forschungsarbeit in Jamaika, wo er eine englische Lehrerin heiratete. Er erhielt eine Anstellung als Dozent an der Universität Aarhus, Dänemark. Seine Tochter studiert in England.

Mitte meiner siebziger Jahre fand ich die Zeit gekommen, die hohe Verantwortung einer Alleinpraxis abzulegen. In meinem 75. Jahr schloß ich die Praxis. Ich wurde etwa ein halbes Jahr später von der Leitung des Universitätskrankenhauses gebeten, die Ambulanz für das Pflegepersonal und für die Schwesternschule zu übernehmen, insgesamt eine Gruppe von etwa 700 Personen. Diese Möglichkeit sagte mir sehr zu: Ich war sozusagen unter einer dauernden Kontrolle, die Irrtümer meinerseits sofort entdeckt hätte. Außerdem führte ich noch die ehrenamtliche Versorgung des Heimes der Heilsarmee für Blinde und des jüdischen Altersheims weiter.

Diese Tätigkeiten setzte ich noch über viereinhalb Jahre bis ins 80. Lebensjahr fort. Die Beendigung kam als Folge nichtberuflicher Umstände.

Jamaika befand sich wie so viele Länder der Dritten Welt in einer wirtschaftlichen Dauerkrise, nur vorübergehend unterbrochen in den sechziger Jahren vom weltwirtschaftlichen Boom. Steigender Bevölkerungszuwachs und Arbeitslosigkeit waren schon im 19. Jahrhundert schwere Probleme. Massenauswanderungen um die Jahrhundertwende nach den Vereinigten Staaten, nach Panama während des Kanalbaues, nach Kuba und nach dem Zweiten Weltkrieg nach England brachten zeitweise Erleichterung. Die spätere Einwanderungspolitik der Aufnahmeländer drosselte dieses Ventil weitgehend. Wenn ich mich recht erinnere, ergaben die Volkszählungen von Anfang der vierziger bis zum Ende der siebziger Jahre einen Bevölkerungsanstieg von 1,25 auf etwa 2 Millionen Einwohner. Anfang der siebziger Jahre kam ein ernster Rückgang der Produktion. Ein Teil der Bauxitgruben war unergiebig geworden oder mußte wegen billigerer Produktion in anderen Ländern schließen. Die Rohrzuckerproduktion, der traditionelle Hauptausfuhrartikel des Landes über Jahrhunderte, war als Folge der steigenden Rübenzuckerproduktion in den gemäßigten Zonen nicht mehr konkurrenzfähig. Verbesserter Anbau anderer Agrarprodukte konnte keinen Ausgleich schaffen. Anwachsende Klein- und Mittelindustrialisierung kompensierte die Situation zu einem gewissen Grad, aber die Handelsbilanz blieb negativ. Landflucht, Arbeitslosigkeit, weitverbreitete Armut waren die logischen Folgen. Die Sozialgesetzgebung befand sich erst in den Anfängen und blieb auf eine niedrige Stufe der Altersversorgung beschränkt. Arbeitslosenversicherung war ein Ding der Unmöglichkeit. Die natürliche Konsequenz all dieser Umstände war eine erschreckende Zunahme der Eigentums- und der Gewaltverbrechen, einschließlich Mord. Das Leben, vor allem in der Stadt, war sehr gefährlich geworden. Eine inoffizielle Umfrage ergab, daß ungefähr jedes dritte Mitglied der Stadtbevölkerung schon einem gewaltsamen Angriff ausgesetzt gewesen war. Die Einschränkung der Bewegungsfreiheit im wörtlichen Sinne war unausbleiblich. Ein Spaziergang etwa zur Erhaltung der Gehfähigkeit einer Einzelperson, zum Beispiel in den Außenbezirken der Stadt, war ein zu großes Risiko geworden. Vorkehrungen gegen Einbrüche nachts oder auch am hellichten Tag beengten den ganzen Lebensstil. Dieser Zustand löste eine Welle der Auswanderung, hauptsächlich der Besserbemittelten aus, mit weiteren ernsten Folgen für die Wirtschaft.

Die Zeit war gekommen, in der wir erwägen mußten, ob wir uns diesen Gefahren länger aussetzen durften. Der Gedanke, uns von den Kindern, der Familie unserer Schwiegertochter, von all den Freunden und Bekannten, kurz: von Jamaika trennen zu müssen, erschien uns unerträglich. Die Gefahr war jedoch in unserem Falle erhöht durch die Tatsache der vollkommenen Wehrlosigkeit: meine Frau war erheblich bewegungsbehindert, ich näherte mich dem Ende meiner siebziger Jahre. Trotzdem schoben wir die Entscheidung ungefähr zwei Jahre vor uns her. Der einzige Schritt, den ich unternahm, war mein Antrag auf die Wiedererlangung der deutschen Staatsangehörigkeit. Sie wurde gewährt ohne die Auflage, die jamaikanische Staatsangehörigkeit aufgeben zu müssen. Diese Regelung galt für die Aufnahmeländer von Emigranten der Nazizeit.

Eines Tages wurde ich im Zufahrtsweg zu einem Parkplatz von vier jungen Leuten angefallen und dabei verletzt, wenn auch nur oberflächlich, und meines gesamten Tascheninhaltes beraubt. Der ganze Vorgang war eine Sache von Sekunden, perfekt organisiert. Um fair zu sein, muß ich anfügen, daß die Räuber mit der Bemerkung «Laß dem alten Mann seine Schlüssel!» tatsächlich meine Schlüssel und mein Notizbuch fallen ließen; das ist auch ein Stück Jamaika! Wenige Wochen später drang am hellichten Tag ein Mann durch die Jalousien in die Wohnung, während meine Frau allein im Hause war. Glücklicherweise hatte er es nur auf den Inhalt des Kühlschrankes abgesehen und verschwand auf demselben Weg, ohne meiner Frau gewahr zu werden.

Diese Vorgänge brachten uns zum endgültigen Entschluß. Er wurde uns durch die Tatsache erleichtert, daß meine Tochter der besseren Schulausbildung ihrer beiden Söhne wegen eine Stelle als Dozentin und als Leiterin des Sprachenlehrzentrums an einer englischen Universität annahm (die Ehe war schon vorher getrennt). Sie ist inzwischen britische Staatsangehörige geworden. Auch ihr Entschluß war rein von der Vernunft diktiert. Jamaika war ihre Heimat.

Wir verließen Jamaika im September 1980, beinahe 40 Jahre nachdem ich die Insel betreten hatte. Unser neuer Wohnsitz wurde Lindau im Bodensee. Wir fanden Unterkunft in der Wohnung der Mutter meiner Frau, die von ihrer Tochter und deren Mann betreut wurde. Sie wohnten im oberen Stockwerk desselben Hauses. Diese Betreuung wurde auch auf uns ausgedehnt. Die Lage in einem kleinen Dorf oberhalb des Bodensees mit freundlichen Nachbarn ersetzte vieles, was wir hinter uns lassen mußten. Die Familie ist schon über siebzig Jahre in Lindau ansässig und dort wohlbekannt. Von meiner Verwandtschaft war in Deutschland nur noch der Neffe übriggeblieben.

Ich muß feststellen, daß sich meine gefühlsmäßige Einstellung zu meinem Geburtsland, von der ich gelegentlich meines ersten Besuchs in Deutschland 1958 sprach, trotz meines bis jetzt acht Jahre währenden Hierseins nicht geändert hat. Dabei muß ich auch gestehen, daß ich keine Illusionen habe, daß sich nicht dem Nazistaat ähnliche Zustände zu jeder Zeit in jedem Land (vielleicht Großbritannien ausgenommen?) wiederholen könnten, wenn es zu einer Kombination von schwerer nationaler Notlage und dem Erscheinen einer charismatischen hemmungslosen Persönlichkeit kommt. Aber wenn es in der eigenen Heimat geschieht, tut es mehr weh.

Anfang 1982, im dritten Jahr unserer Aussiedlung aus Jamaika, bat uns unsere Schwiegertochter um unseren Besuch. Sie war todkrank. Wir blieben etwa vier Monate in Jamaika. Zwei Monate nach unserer Rückkehr nach Europa starb sie.

Wenige Monate danach, 1983, starb meine Frau an den Folgen ihres rheumatischen Leidens. Sie hatte mir noch einmal 15 Jahre einer glücklichen Ehe geschenkt. Die Verwandten sorgten für mich weiter in rührender Weise. 1984 machte ich mich noch einmal zu einem Besuch nach Jamaika auf. Ich erwog, ob es nur bei einem Besuch bleiben sollte. Überlegungen der Vernunft mußten aber wieder die Oberhand über die Emotionen erhalten. Ich blieb nur einige Monate. Jetzt, vier Jahre danach, in meinem 88. Lebensjahr, fühle ich mich einem solchen Unternehmen nicht mehr gewachsen.

Es hatte nicht sein sollen, daß ich das vorgesehene Endziel meiner Wanderung: Leben und Arbeit in den Vereinigten Staaten, erreichen sollte. Rückschauend bin ich jedoch überzeugt, daß ich in dem armen Jamaika mehr, wichtigere und mir mehr zusagende Arbeit leisten konnte als in den Staaten. Gleiches, glaube ich, gilt auch für meine beiden Frauen.

«Ich habe geglaubt, in Südafrika laufen die Löwen über die Straße»

von Angelika Tramitz

Niemals zuvor haben wir uns gesehen. Er ist dennoch bereit, mit mir über sein alltägliches Leben in Südafrika zu reden. Das jedenfalls hat er in seinem Antwortschreiben vor zwei Monaten angekündigt. Und aus den Zeilen seines kurzen Briefes ließ sich vor allem eines ermitteln: daß er im Exil beruflich etwas erreicht hat, auf das er offensichtlich stolz ist.

Bereits seit 1936 wohnt Paul Fender in einem Land, in dem ich sicher nicht würde leben wollen, hätte ich – wie er – am eigenen Leibe erfahren müssen, wozu der Begriff «Rasse» mißbraucht werden kann. Wie wohl den meisten Europäern der Nachkriegsgeneration fällt mir zu Südafrika als erstes «Apartheid» ein. Das könnte das Treffen erschweren. Ich möchte von meinem Gesprächspartner etwas über seinen Alltag am Kap hören und ihn nicht zu Rechtfertigungen seines Lebens im Exil drängen. Kurz:

Ich würde dem Treffen entspannter entgegensehen, wenn mein Gesprächspartner im Norden Europas leben würde und nicht im Süden Afrikas.

Paul Fender scheint die Vorbehalte zu kennen, die in Europa gegen das Land bestehen, in dem er weit mehr als die Hälfte seines langen Lebens verbracht hat. Bereits in den ersten Minuten unserer Begegnung, unmittelbar nach der Begrüßung, macht er das völlig unvermittelt zum Thema: «Mein Land hat kein gutes Ansehen hier, ich weiß. Aber in den Zeitungen wird viel übertrieben.» Dann geht er schnell zu anderem über. Seinen nächsten Satz beginnt er, strahlend, wie so viele Sätze, die in unserer dreistündigen Unterhaltung noch folgen werden, mit: «Ich muß Ihnen was sagen...» Und er erzählt begeistert, wie schön er es findet hier in der Stadt, die wirklich «outstanding» sei. Und daß er sich so sehr darüber freut, hier zu sein. Wohl kaum jemand, der ihn so erlebt, würde ahnen, daß er etwas anderes ist als ein begeisterter Tourist, der eine fremde Metropole für sich entdeckt. Einer, der ein ganz ausgezeichnetes Deutsch spricht und der nur selten einen englischsprachigen Ausdruck in seine Sätze einfließen läßt.

Die Bedenken, daß ein Gespräch mit «dem Südafrikaner» schwierig sein könnte, verfliegen sofort. Der alte Emigrant gefällt mir auf Anhieb sehr: ein kleiner, lebhafter und auf eine altmodische Weise charmanter Mann, der so aussieht, wie vielleicht Kafka im Alter hätte aussehen können. Und doch völlig anders: denn seine auffälligen Augen sind nicht groß und dunkel, sondern außerordentlich hell, wie blaugrüne Murmeln ohne Marmorierung. Lebhafte, kleine Augen, die während der Unterhaltung immer wieder vergessen lassen, daß es ein Greis ist, der mir gegenübersitzt. Die Stirn, die Nase, vor allem die Hände übersät mit dunklen Flecken, Altersflecken. Mehr als alles andere weist das auf sein Geburtsjahr hin, zehn Jahre vor Beginn des Ersten Weltkrieges.

In gewisser Weise ist das Berlin am Ende der achtziger Jahre, wo wir uns treffen, tatsächlich eine fremde Metropole für ihn. Paul Fender verbindet nicht allzu viel mit dieser Stadt, nur etwa 1000 Tage hat er hier gelebt, und das vor nahezu 60 Jahren. Straßenzüge, die er wiedererkennen könnte, hat er bislang nicht entdeckt. Und als ich nach den Bezirken frage, in denen er zu Beginn der dreißiger Jahre gelebt hat, zuckt er die Achseln. Es war in verschiedenen Gegenden, und immer waren es möblierte Zimmer. Wilmersdorf? Kann sein, muß nicht sein. Vielleicht. Es ist gut für das Gespräch, daß er in dieser Stadt nicht überwältigt ist von Erinnerungen, die sich auf das Leben vor der Emigration beziehen. Sonst wäre es schwieriger. Meinem Gesprächspartner fällt zu Berlin nur wenig ein; seine Familie hat hier nicht gelebt, und sein Aufenthalt war begrenzt. Aber es gefällt ihm hier alles, fast alles. Nur die Deutsche Oper nicht. Die lange Reihe der Eingänge erinnert ihn an riesige Hundezwinger. Die Deutsche Oper hält jedenfalls keinem Vergleich stand mit der in Cape Town. Die ist «outstanding», wenn es auch an guten Stimmen mangelt. Wenn er von der Oper redet, gerät er ins Schwärmen. «Es gibt kaum eine Aufführung, die wir versäumen, meine Frau und ich.» Er ist allem Anschein nach ein begeisterungsfähiger Mensch, erfolgreich bemüht, die guten Seiten des Lebens zu entdecken.

Von den Vorzügen seines Lebens erzählt er gleich zu Beginn. Er ist glücklich und zufrieden, und dazu hat er allen Grund: weder braucht er sich finanzielle Sorgen zu machen, noch erlebt er sein Alter als einsam oder langweilig. Paul Fender ist rüstig und spürt kaum, daß 6000 Seemeilen zwischen Kapstadt und Hamburg liegen. Sogar jetzt noch arbeitet er täglich einige Stunden im Büro, nicht etwa, weil er das tun müßte, einzig, weil sein Beruf ihm Freude macht. Das Land, in dem er lebt, hat ein wunderbares Klima, schöne Landschaften und eine gute Oper. Und mit seiner dritten Frau, die er mit Mitte Siebzig geheiratet hat, ist er seit zehn Jahren sehr glücklich. Manchmal geht er während unseres Gespräches zu ihr, die in ein anderes Gespräch verwickelt ist, und tätschelt sie zärtlich.

Er versteht sich als glücklichen Menschen. Dabei fiele es leicht, sein Leben zu schildern als eine lange Kette von Entbehrungen, Enttäuschungen und Verlusten. Schon diesen Krieg zu Kindeszeiten – auch er erinnert sich, wie fast alle seiner Generation, vor allem an den Hunger im Steckrübenwinter 1917/18 – hätte er schildern können als einen Schicksalsschlag. Zwar hat sein Vater – «ein glühender Patriot, erst wurde er in Rußland verwundet und hat sich dann noch freiwillig nach Frankreich gemeldet» – den Krieg überlebt. Trotzdem hatte das Kriegsende gravierende Folgen für den Jungen Paul: Seine schulische Laufbahn mußte er vor deren Abschluß abbrechen, eine vor dem Krieg gesichert scheinende finanzielle Zukunft gab es nicht mehr.

Bereits mit 14 Jahren mußte Paul Fender die Mittelschule verlassen, als sein Vater einen Verlust von 20000 Mark hinnehmen mußte. So groß war die Summe gewesen, die er als Kriegsanleihe gezeichnet hatte. Nach dem Krieg lebte die große Familie von der Hand in den Mund, denn die kleine Firma, die sein Vater geleitet hatte, mußte verkauft werden. Als Zeitungsverkäufer auf den Straßen verdiente der ehemalige Fabrikant in den nächsten Jahren sein Geld. So wurde auch die Arbeitskraft der Kinder frühzeitig gebraucht. Paul, der älteste Sohn, begann – unmittelbar nach dem Ende des Ersten Weltkrieges – eine Lehre als Geldschrankschlosser. Die Arbeit gefiel ihm. Später bildete er sich fort und nahm an einem Meisterkurs teil. Die drei jüngeren Schwestern arbeiteten als Kontoristin, Hausangestellte, Modistin, die Brüder als Elektriker und Schlosser. Ende der zwanziger Jahre erkrankte der Vater schwer, nach mehreren Jahren Krankenlager starb er. Die Machtübernahme durch die Nationalsozialisten hat er nicht mehr erlebt.

Im Herbst 1936 erhielt Paul Fender überraschend Besuch vom zuständigen Blockwart der NSDAP, Friedrich, dem Besitzer einer Zoohandlung, in Uniform: «Was haben Sie hier noch zu gewinnen? Sehen Sie zu, daß Sie das

Land schnellstens verlassen!» Paul Fender sah keinen Anlaß dazu und fragte sich, was er denn verbrochen habe. Da sei doch einmal eine Auseinandersetzung mit der Handwerkskammer gewesen, deutete der Uniformierte an. Aber das sei doch längst vergessen. Nein, das sei es nicht. Und wenn er nicht innerhalb von 14 Tagen aus der Stadt verschwunden wäre, würde er unweigerlich verhaftet werden. Und nochmals, halb drohend, halb warnend: «Was haben Sie hier noch zu gewinnen?» Und Paul Fender erinnert sich, daß der Blockwart hinzugefügt hat: «Wenn ich nur könnte, würde ich alle meine Grundstücke verkaufen und ebenfalls weggehen.» Ob Paul Fender ihm das geglaubt hat, erwähnt er nicht.

Seine Mutter und die fünf Geschwister, denen er von dem bedrohlichen Besuch berichtet, bestärken ihn darin, nicht länger in Deutschland zu bleiben. Sein nächster Weg führt ihn zu der jüdischen Gemeinde, der er seinen Fall schildert. Dort erfährt er, daß am 16. Oktober 1936 ein Schiff von einer norddeutschen Hafenstadt aus nach Südafrika fahren soll. Die Passage wird teuer sein, 600 Mark sind zu zahlen, aber der Junggeselle Fender hat Geld zurückgelegt und kann die Summe bezahlen. «Ich weiß heute noch nicht, wer damals die Garantie in Südafrika für mich übernommen hat.» Er war der erste seiner Familie, der Deutschland verlassen hat.

Seine neue Heimat hatte er sich 1936 nicht ausgewählt, niemand erwartete ihn dort, niemand war ihm dort bekannt. Jene Sprachen, die er in der Mittelschule seiner Heimatstadt in Schlesien während des Ersten Weltkriegs «für das Leben lernen» sollte, wird er später nie gebrauchen können: Französisch und Latein. Was er 18 Jahre nach Schulende dringend benötigt, ist Englisch. Das aber hat er nicht gelernt. Rein zufällig ist er ans Kap geraten, weil das nächste Schiff, für das er eine Passage erhalten konnte, nach Südafrika fuhr. Anderenfalls würde er jetzt in Südamerika leben, in Australien, irgendwo. Eine Schwester verschlug es später nach Shanghai und Südamerika, eines ihrer Kinder zog von dort in die USA. Einer seiner Brüder lebte zeitweise in Italien und kehrte nach 1945 nach Deutschland zurück. Für ihn selbst wäre die Rückkehr nach über neun Jahren keine Lösung gewesen: Niemals hat er sich vorstellen können, auf Dauer nach Deutschland zurückzukehren: «Nein, ich bin ja ein Fremder hier.» Und es würde ihn auch nicht reizen, seine Geburtsstadt in Schlesien noch einmal aufzusuchen. «Nein, da ist ja alles platt im Krieg.» Er ist zufrieden dort, wo er ist.

Als der Krieg zu Ende ist, gibt es viel Berufliches und Privates, das ihn in dem Land hält, in das er geflohen war. Andere Verwandte haben sich auf dem Kontinent angesiedelt, in dem Paul Fender nun seit mehr als einem halben Jahrhundert lebt und arbeitet. Eine Schwester ist zwei Jahre nach seiner erzwungenen Flucht nach Südafrika gekommen, sie aber durfte nur zwei Monate besuchsweise bleiben, dann – da dort die Aufnahme leichter war – ist sie gegen eine geringe Gebühr nach Rhodesien gegangen und erst nach dem Krieg zurückgekehrt. Seine Mutter war 1938 mit dem jüngsten Bruder nachgekommen – im letzten Schiff, das von Deutschland nach Südafrika fuhr – und lebte bis zu ihrem Tod vor 16 Jahren ganz in der Nähe ihres ältesten Sohnes. Im Alter kam sie auf die Idee, daß die Tochter in Südamerika sich besser um sie kümmern würde als der Sohn am Kap und zog probeweise einen Kontinent weiter. Das blieb Episode, denn dort schwärmte sie nur davon, wie gut ihr Sohn in Südafrika zu ihr sei, zu dem sie dann zurückkehrte, um ihm von den Vorzügen der Tochter zu erzählen. Paul Fender lacht, wenn er davon erzählt. Und berichtet von den Qualitäten der jüdischen Altersheime, die auch die (vielleicht 1500 bis 2000 Seelen umfassende) jüdische Gemeinde Kapstadts unterhält. Von dieser Gemeinde hält er sehr viel: «Sie hat sich *aufgeopfert* für die Emigranten», betont er.

Vielleicht wird er in einem Altersheim der jüdischen Gemeinde leben, wenn er sich selbst alt fühlen wird. Jetzt noch nicht. Noch wirkt er sehr rüstig. Was aber, wenn er nicht mehr selbständig leben kann? Kinder, zu denen er ziehen könnte, hat er nicht. Die jüdischen Altersheime in Südafrika sind sehr gut, sagt er, egal, ob man arm ist und hundert Rand bezahlt, oder reich ist und tausend Rand bezahlt, man wird gleich verpflegt und gleich behandelt. Natürlich seien trotzdem nicht alle Heimbewohner zufrieden: «Solange sich die Leute beschweren, sind sie gesund, wenn sie es nicht mehr tun, dann sind sie krank. Dann geht es ihnen wirklich schlecht.»

In der Fremde alt zu werden, konnte er sich vor 52 Jahren noch nicht vorstellen. «Ich hatte ja keine Ahnung von Südafrika, ich dachte, da laufen die Löwen über die Straße.»

Zwölf Tage dauerte die Schiffspassage, lange genug, die anderen Passagiere kennenzulernen. Einige gehören noch immer zu Paul Fenders Bekannten- und Freundeskreis. Was in Erinnerung blieb: Die Mannschaft des Schiffes war außerordentlich freundlich und behauptete, noch nie so nette Passagiere gehabt zu haben. Und es waren auch alles «anständige Menschen», wie er betont, unter den ganzen angekommenen Einwanderern der dreißiger Jahre seien allenfalls zwei bis drei «criminals» gewesen. Die anderen haben es alle geschafft, sich in der Fremde hochzuarbeiten.

An einem Dienstag in Kapstadt angekommen, findet er bereits am folgenden Donnerstag bei einer Fahrstuhlfirma Arbeit. Die Adresse war ihm in Deutschland genannt worden, eine Empfehlung kann er nicht vorweisen. Facharbeiter wie er aber sind Ende der dreißiger Jahre in Südafrika sehr gefragt. Die Arbeit an der ersten Arbeitsstelle jedoch muß er bald wieder aufgeben. Ihm werden sofort vier schwarze «boys» zugeteilt, denen er sagen soll, was sie zu tun haben. Aber es gelingt ihm nicht, sich verständlich zu machen. Also macht er die Arbeit selbst, und seine Untergebenen sehen ihm zu. Problematischer noch: Nicht nur die gelernten Sprachen kann er nicht verwenden. Mit den gewohnten Maßeinheiten kann er in der neuen Heimat ebenfalls nicht rechnen: hier ist nicht von Milli- und Zentimetern die Rede, es wird – bis zu der Umstellung vor etwa einem Jahrzehnt – in inches und yards gerechnet. Bereits nach zwei Wochen muß er aufgeben. Um dann später, im Alter, von einem Fachmann angerufen zu werden, der halb verzweifelt ist, als in Südafrika die Maßeinheiten aufs metrische System umgestellt werden. «Du mußt alles vergessen, was du (über Einheiten) weißt. Ganz neu anfangen, anders geht es nicht», ist der Rat eines, der sich an die Schwierigkeiten der Umstellung noch genau erinnert.

Sein Glück im Unglück: Die Löhne sind gut, er verdient sechs Pfund und acht Cent in der Woche und kann von dem Einkommen der ersten zwei Wochen einen ganzen Monat leben, lange genug, bis er eine neue Arbeit gefunden hat. Anfangs lebt er in einem preiswerten deutschen Boardinghouse, da kostet das Zimmer – mit Verpflegung – pro Monat sechs Pfund Miete.

Nach einem Jahr zieht er um, denn er heiratet, «was aber nicht so erfolgreich war». Das Paar wird schon nach zwei Jahren wieder geschieden, «und zwar aus pekuniären Gründen»: Paul Fender hat eine geschiedene Frau mit einem Kind geheiratet. Sie ist Emigrantin wie er. Seinen Schwiegereltern gelingt es noch rechtzeitig, aus Deutschland auszuwandern. Kaum ein Jahr verheiratet, hat der Mann eine fünfköpfige Familie zu ernähren, die noch um zwei Personen wächst, als 1938 seine Mutter und der jüngste, damals erst sechzehnjährige Bruder folgen. Sein Einkommen reicht für eine so große Familie nicht aus, allein die Aufwendungen für das große Haus, das er für alle mieten muß, betragen zehn Pfund im Monat. Auf Dauer geht das nicht. Seine erste Frau und er haben sich dann bald völlig getrennt und überhaupt nicht mehr miteinander geredet.

Wie ist er zurechtgekommen, ohne die Landessprache zu kennen? «Es war herzerweichend. Aber die Leute sind dort sehr hilfsbereit, keiner lacht einen aus.» Ohne viel Hilfe von anderen wäre es unmöglich gewesen, sich einzuleben. Geholfen haben ihm in den ersten Wochen Menschen, die Englisch ebensogut sprachen wie Deutsch.

Im Kreis seiner Verwandten greift man auf die vertraute Sprache zurück, wenn man sich miteinander unterhält. Etwa fünf Jahre hat es gedauert, bis er richtig Englisch reden konnte: «Ich bin ‹not gifted› in Sprachen, im Rechnen ja, aber als ich nach Südafrika kam, habe ich fast nur mit Deutschen verkehrt und unter ihnen viele Freunde gewonnen.» Die zweite Frau ist sprachbegabt, der fällt es leichter als ihm, in der neuen Sprache zu reden. Im neunten Jahr seines Exils verheiratet er sich erneut mit einer Emigrantin, mit der er ein Vierteljahrhundert, bis zu ihrem Tod, kinderlos zusammenbleibt.

Alle drei Frauen, die im Laufe der Jahrzehnte sein Leben in der Fremde mit ihm teilen, gehören ebenfalls zu denen, die aus Deutschland oder aus den besetzten Gebieten fliehen mußten, wenn sie ihr Leben bewahren wollten. Bis heute sind auch die meisten der Bekannten und Freunde, mit denen die Fenders in ihrer langjährigen neuen Heimat verkehren, Exilanten der dreißiger Jahre. Und die Jüngeren, das sind dann häufig Deutsche der zweiten Generation, bereits in Südafrika geboren.

Mittlerweile, 52 Jahre nach der Emigration, sprechen die Fenders beide Sprachen, Deutsch und Englisch durcheinander, und sind sich oft nicht einmal darüber bewußt, welche Sprache sie gerade verwenden. In unserem Gespräch ist davon wenig zu merken. Nie sind es ganze Sätze, die der alte Emigrant in der spät erlernten neuen Sprache redet, immer nur – selten genug – einzelne englische Einsprengsel.

Bei Kriegsausbruch – «Wir wußten, daß es Krieg geben würde, aber wir Deutschen haben nicht geglaubt, daß Deutschland den Krieg verliert» – wird er von der englischen Firma, bei der er damals arbeitet, als «feindlicher Arbeiter» entlassen. Empört hat es ihn nicht, ausgerechnet mit denen identifiziert zu werden, von denen er aus seiner Heimat vertrieben worden war. Seine Arbeitgeber bedauern die Kündigung auch selbst, aber es geht nicht anders. Und immerhin stellen sie dem Facharbeiter ein Zeugnis aus, so ausgezeichnet, «daß man es sich rahmen lassen könnte». Paul Fender hat es eher erstaunt, von der englischen Firma überhaupt angestellt worden zu sein. Und Sorge, arbeitslos zu werden, mußte er sich auch nach Kriegsbeginn nicht machen: für Buren war er kein feindlicher Ausländer, dort konnte er auch nach Kriegsbeginn Arbeit finden. Seine Erklärung lautet: «Seit dem Burenkrieg, da war für die Buren England der Feind, Deutschland der Freund. Das war bis 1939 noch nicht überwunden.»

Wenn er vom Beginn des Zweiten Weltkrieges erzählt, redet er von «uns Deutschen». Fühlt er sich nach wie vor in erster Linie als Deutscher oder – nachdem er mehr als fünf Jahrzehnte am Kap gelebt hat – als Südafrikaner? Er nickt. Ja, als Südafrikaner. Er hat zwei Pässe. Staatsangehörigkeit südafrikanisch, Staatsangehörigkeit deutsch. Das ist möglich und wird auch von der südafrikanischen Regierung toleriert.

Interniert worden ist er während des Krieges nicht, im Gegensatz zu vielen anderen Emigranten. Und er weiß auch warum: «Ich war politisch nicht tätig, niemals, ich bin an ‹politics› nicht interessiert, denn das ist das schmutzigste Geschäft, das es gibt. Mir ist es egal, welche Partei dran ist, aber es soll der richtige Mann in der richtigen Position sein.» Er wünscht sich Fachleute, keine Politiker und Funktionäre an der Spitze des Staates.

Am Anfang des Krieges hat er sich selbständig gemacht und zusammen mit einem Freund einen Betrieb gegründet – Bauschlosserei und Galvanisierung – mit 30 Angestellten. Die aber waren, der deutsche Vorarbeiter ebenso wie die schwarzen Arbeiter, unzuverlässig, alle zusammen «soffen und rauchten Marihuana, ein Wunder, daß es an den Maschinen keine Unfälle gab. Wenn die sechs Stunden am Tag gearbeitet hätten, dann wäre es gut gewesen, aber die haben nicht einmal vier Stunden gearbeitet.» Paul Fender macht es keine Freude, Chef eines Betriebes zu sein. Nervlich stark belastet gibt er den Betrieb auf, zwölf Jahre später, als er eine Chance hat, sich beruflich zu verändern.

Ein anderer Freund, der als Fachvertreter südafrikanischer Maschinenfabriken arbeitete, hat sich nach dem Krieg kommunistisch betätigt und mußte Anfang der fünfziger Jahre das Land verlassen. Paul Fender übernimmt die Generalvertretung.

Seit seinem Berufswechsel vor über 35 Jahren führen ihn Messebesuche immer wieder nach Deutschland; ein Anlaß für mich zu fragen, ob das nicht sehr schwierig für ihn gewesen sei. Natürlich, räumt Paul Fender ein, man hat sich immer wieder gefragt, was die deutschen Geschäftspartner wohl zwischen 1933 und 1945 gemacht haben. Ob er jemals mit Deutschen seiner Generation über ihr Leben während des «Tausendjährigen Reiches» geredet habe. Mit einem – ja. In der Wiedergutmachungsverhandlung trat ein Werkzeugmacher, der Deutschland nicht verlassen mußte, als Zeuge für ihn auf. Vor Paul Fender rechtfertigt er seine Mitgliedschaft in der NSDAP: «Man mußte ja damals in die Partei, ob man wollte oder nicht.» Paul Fender läßt nicht erkennen, ob er die Aussage seines ehemaligen Kollegen für glaubwürdig hält. Auch der Blockwart hatte ihm 1936 gesagt, daß er am liebsten selbst auswandern würde. Er gibt unkommentiert wieder, was ihm erzählt worden ist. Die Deutschen wollten nicht Nazis sein, sie mußten aber. Mir ist aufgefallen, daß er lediglich das Exilleben seiner Mutter und vier seiner Geschwister erwähnt hat, das der dritten Schwester blieb ungenannt. Es könnte ein Zufall sein. So direkt kann ich nicht fragen. Er wirke so erstaunlich versöhnlich, ob alle Menschen, denen er sich verbunden fühlte, den Holocaust überlebt hätten. «Nein», sagt er schnell, greift nach meinem Arm und sagt beschwörend: «Vergessen wir das! Fragen Sie nicht weiter. Vergessen wir das!» Es ist nicht leicht, einen neuen Anfang des Gespräches zu finden. Nach einer Pause ist es möglich.

Wie hält er es jetzt mit religiösen Traditionen, mit den gebräuchlichen Feiertagen, Chanukka, Jom Kippur? Gibt es etwas, was ihn noch heute an den Jahresablauf erinnert, an den er als Kind gewöhnt war? Religiöse Rituale im engeren Sinne spielen für ihn heutzutage keine Rolle. Ob er denn aus einer religiösen Familie komme? «Mein Vater war sehr religiös eingestellt, aber das hat er nach dem Ersten Weltkrieg aufgegeben. Mein Vater war auch ein großer Patriot.» Und er, der Sohn? «Ich würde mich für *kein* Land der Welt als Patriot bezeichnen! In Südafrika habe ich vor allem gelernt ‹charity›. Man zahlt dort ja keine Kirchensteuer. Ich gebe nicht nur jüdischen Organisationen, ebenso auch christlichen, für Schulspeisungen, für Altersheime. Es gibt so viele, die es brauchen.»

Ermüdet wirkt mein Gesprächspartner auch nach drei Stunden noch nicht. Aber je länger das Gespräch dauert, desto häufiger sagt er: «Nun habe ich Ihnen aber alles erzählt.» Natürlich bin ich bereit, das Gespräch zu beenden. Aber ich bedauere es sehr, nicht länger mit dem freundlichen alten

Herrn reden zu können. Viele Fragen, die ich habe, werden mir zu spät einfallen. Immer erneut kündigt er an, nun wirklich nichts Weiteres zu erzählen zu haben. Und immer ist er es, der erneut beginnt. Von seiner Arbeit zum Beispiel erzählt er gerne. Dazu fällt ihm immer wieder etwas ein.

Auch heute arbeitet er noch und verfolgt aufmerksam die englischsprachige Presse. Insbesondere die Nachrichten von der Börse interessieren ihn nach wie vor sehr. Nur Geschäftsreisen macht er in den letzten Jahren nicht mehr. Früher waren es lange Reisen, mit 4000 bis 5000 Kilometern in jeweils sechs Wochen. Ob er einen Fahrer hatte? Ja, anfangs ja, aber das machte zuviel Mühe: ein schwarzer Fahrer konnte ja niemals in dem Hotel untergebracht werden, wo auch der weiße Arbeitgeber wohnte. Nun sind wir unversehens doch beim Thema Apartheid. Die Schwarzen wollen ja gar nicht mit einem zusammenwohnen, bekomme ich als erstes zu hören, die hätten eine völlig andere Wohnkultur. Die «coloured» hätten eine mehr «uns angeglichene Lebensweise». Und: Die Schwarzen würden sich vermehren wie die Kaninchen. Es würde bereits fünfmal so viele Schwarze wie Weiße in Südafrika geben, erläutert Paul Fender. Und die Situation sei genauso schlimm wie in den USA, nur sei dort der Rassismus nicht von der Regierung angezettelt. Es kann seiner Meinung nach nie zu einer hundertprozentigen «satisfaction» kommen. Und dann, ähnlich unvermittelt wie seine Sätze kurz nach der Begrüßung: «Es sieht nicht gut aus, mehr kann ich nicht sagen.» Mehr möchte er jedenfalls nicht sagen, das ist deutlich. Seit wann es nicht gut aussieht? Seit etwa fünf Jahren, meint er. Und dann, nach einer kurzen Pause: «Es erinnert mich an Nazi-Deutschland. Wer den Mund aufmacht und sich politisch betätigt, wird einfach weggesteckt, ohne Verhandlung.» Aber er hält sich ja aus allem heraus – «‹politics› sind das schmutzigste Geschäft, das es gibt» – und vor allem: er möchte in seinem Alter nicht in Gefangenschaft geraten. Deshalb habe ihn seine Frau auch dringend davor gewarnt, in diesem Gespräch mit mir über die Situation in Südafrika zu reden. Deshalb solle ich auch keinesfalls seinen Namen nennen, wenn ich über ihn schreibe. Paul Fender, der diesen Namen nie getragen hat, bekommt mein Versprechen, seine Identität nicht zu verraten.

Jetzt erst verstehe ich den Sinn seiner ersten Sätze. Ganz zum Schluß komme ich noch einmal darauf zurück, was er am Anfang sagte: In den Zeitungen hier würde viel übertrieben, wenn von seinem Land die Rede sei. «Ja», sagt er, «ich will Ihnen was sagen: vieles ist übertrieben. Und vieles ist wahr.»

Wir werden uns kein zweites Mal treffen, denn bis zu seiner Abreise möchte er sich noch so vieles ansehen hier in der Stadt. Sein Programm ist übervoll. Als wir uns herzlich verabschieden, ahne ich schon, daß noch viele Fragen offen sind. Wenn mir noch etwas einfallen würde, im nachhinein, ob ich ihm dann bitte noch einige Fragen nachschicken könnte? Ja, doch, das könne ich machen, obwohl er mir doch nun wirklich alles erzählt habe. Zum Abschluß werde ich fotografiert, und mittlerweile klebt ein Bild von mir vielleicht in einem südafrikanischen Fotoalbum, irgendwo zwischen Bildern vom Brandenburger Tor und der jüdischen Gemeinde in der Fasanenstraße.

Bei dem Versuch, all das, was er mir erzählt hat, niederzuschreiben, fällt mir etliches auf, was noch zu fragen gewesen wäre. Woraus sein Gepäck bestand, als er in Südafrika eintraf, zum Beispiel. Oder: Was im Zentrum der Gespräche mit Bekannten steht, die Emigranten sind wie er: die gemeinsame Gegenwart oder die gemeinsame Vergangenheit. Auch habe ich vergessen zu fragen, welche Jahre der Emigration für ihn die schwierigsten waren. Zwei Seiten mit Fragen schicke ich ihm hinterher, unverfängliche Fragen, die zum großen Teil mit Ja oder Nein zu beantworten wären, seine Schilderungen aber dennoch abrunden würden.

Eine Antwort auf meinen Brief habe ich bis heute nicht erhalten. Mögliche Gründe für sein Schweigen gibt es genug. Vielleicht habe ich während unseres Gespräches doch den richtigen Moment verpaßt, mit meinen Fragen aufzuhören. Eine andere Möglichkeit: die weite Reise war zu anstrengend für den alten Mann, und er ist jetzt nicht in der Lage, Briefe zu schreiben. Oder aber: es kehrte ganz einfach seine tiefsitzende Angst zurück, zuviel gesagt zu haben.

Nachtrag: Nicht Mißtrauen oder Angst war es gewesen, was ihn am Antworten hinderte. Tatsächlich hatte Paul Fender die Reise sehr angestrengt, und er war noch vor der Rückkehr nach Südafrika ernsthaft erkrankt. Die Arbeit am Manuskript ist längst beendet, als ich Monate später von dem Rekonvaleszenten einen Brief erhalte. Noch ist er geschwächt, aber die Krankheit hat er «glücklich überstanden». Seine Zufriedenheit und seine Dankbarkeit bilden erneut das Grundmotiv seiner Schilderungen. Wenn es ihm jemals schlecht ging, dann hatte er das selbst zu verantworten: Die schwierigste Zeit seiner Emigration, schreibt er, sei die Zeit seiner ersten Ehe gewesen, während der er «durch eigenes Verschulden zu große Verpflichtungen übernommen» hätte. Und nochmals betont er, wie dankbar er der jüdischen Gemeinde seiner Stadt ist: «Der Empfang der Emigranten in Südafrika war so vorbereitet von den hier lebenden Juden, unbeschreiblich, in Rat und Tat.»

Wieder schwärmt Paul Fender von den klimatischen Vorzügen seiner neuen Heimat, die er – mit lediglich zehn Mark und seinem persönlichen Gepäck – erreicht hatte. Seine alte Heimat nämlich hat er als «Urlauber» verlassen müssen. Nicht alles war fremd in der Fremde. Das Schiff – mit etwa 550 Passagieren an Bord – wurde im Hafen vom Deutschen Club empfangen, mit Hakenkreuzfahnen in der Hand.

Wartezimmer Shanghai

von Frank Stern

Als Heinz Kronheim in der Nacht vom 9. zum 10. November 1938 unter Gejohle aus der Wohnung gezerrt und die Treppe im Mehrfamilienhaus in Berlin-Halensee hinuntergestoßen wurde, blieben die Türen der Nachbarn geschlossen. Käthe, seine Frau, und die Kinder, die elfjährige Anna und der achtjährige Ernst, standen wie erstarrt zwischen den demolierten Möbeln. Auf dem Boden zerrissene Zeitungen und Bücher, zerschlagenes Geschirr. Anna preßte eine Puppe an sich, wie um sie zu beschützen, und Ernst sagte immer wieder unter Schluchzen zu seiner Mutter: «Warum hilfst du ihm nicht! Warum hilfst du ihm nicht!» Wie im Traum begann sie, Scherben aufzusammeln, eilte zum Fenster, sah gerade noch, wie Heinz zu anderen auf einen Lastwagen geprügelt wurde und der Hauswart mit dem Kopf nickend auf eine Wohnung im ersten Stock gegenüber zeigte. Meyers, dachte sie, aber die waren schon seit einem Monat in Sicherheit. Verreist – wie es hieß.

Über sein Judesein hatte sich Heinz Kronheim erst nach der Veröffentlichung der Nürnberger Gesetze Gedanken gemacht, aber irgendwie war das Leben weitergegangen. Bisweilen sprach man mit Freunden über Auswanderung. Aber dann kam der folgende Tag, und es ging auch ohne große Pläne. Jetzt, im November 1938, hatte man ihn als deutschen Juden nach Buchenwald verschleppt. Zurück kam er als unerwünschter Nichtarier mit der Auflage, das Deutsche Reich innerhalb kürzester Zeit zu verlassen.

Während der ewig dauernden zerstörerischen Tage und Nächte in Buchenwald, wenn er nicht wußte, ob er die Kinder, seine Frau wiedersehen würde, stand das Gesicht des Vaters vor ihm. Beim letzten Besuch in der kleinen Stadt nahe Königsberg, als die drei Brüder zum Geburtstag des Vaters gekommen waren, hatte dieser beim Abschied gesagt: «Es wird schon nicht so schlimm werden.» Der kleine Uhrmacherladen war bereits leer gewesen, wer wollte auch beim Juden reparieren lassen, wo doch gegenüber ein Parteimitglied wohnte. Als Heinz den Vater umarmte, zögerte dieser einen Moment, holte dann aus dem unteren hinteren Teil des niedrigen Werkzeugschrankes eine kleine aufklappbare lederne Tasche. Das Werkzeug. Der Vater hatte es von seinem Vater. Als Kinder durften sie manchmal die fein ziselierten, wie Silber glänzenden Schraubenzieher, Pinzetten, Messer betrachten. Zu allem gab es eine Geschichte, meist aus der Zeit, als der Großvater übers Land zog, bis nach Gumbinnen, manchmal auch bis Memel, wo er die Armbanduhr eines jungen Mädchens repariert hatte. Die Großmutter, die – wie sie oft leise sagte – in der deutschen Kälte nicht glücklich geworden war, war im Jahr 1934 gestorben. Der Vater drückte ihm die kleine lederne Tasche in die Hand. «Du bist der Älteste, und du bist ein guter Uhrmacher. Bewahr es.»

Nach Buchenwald wußte er, daß er den Vater nicht wiedersehen würde. Er schrieb ihm, bekam keine Antwort. Auch die Brüder antworteten nicht. Vielleicht war Amerika doch näher als Königsberg. Sie hatten Pässe, aber sie hatten kein Visum. Als sie die Schlange für ein Visum sahen, wußten sie, daß Amerika sehr weit war, und England dachte mehr an Geschenke für Herrn Hitler als an die jüdischen Bittsteller. Welches Land war auch auf der Suche nach einem Uhrmacher mit Frau und zwei Kindern? Die Jüdische Gemeinde empfahl Shanghai und half mit 200 Mark.

Shanghai. Was wußten sie von Shanghai, was sollten sie dort? Aber wenn es die einzige Möglichkeit war, dem drohenden Konzentrationslager zu entgehen? Die Nachbarn mieden sie jetzt noch mehr, die Kinder blieben ängstlich in der Wohnung. Im Betrieb hatte man Heinz freundlich-bedauernd erklärt, daß er auf Grund seiner nichtangemeldeten Abwesenheit fristlos gekündigt worden sei. Ein SA-Kollege hielt ihm hämisch grinsend die Tür auf und sagte irgend etwas von «Uhrenflicken» in Palästina.

«Kaufen Sie Bahnfahrkarten nach Triest oder Marseille, und suchen Sie eine Schiffspassage», lautete der Hinweis des Gemeindebeamten. Man war hilflos, Kronheims waren nie über den Spreewald und die deutsche Ostseeküste hinausgekommen. Annas Schulatlas wurde hervorgeholt. Wo war denn Shanghai, wie kam man dorthin, was mußte man mitnehmen? Was durfte man mitnehmen?

Fünf Dollar, hieß es behördlicherseits, man ließ sich die Schiffspassage zeigen. Ein Vermerk auf der Liste. Es hatte alles seine Ordnung 1938. Zu Hause wurde immer wieder auf den Atlas gestarrt. Der Vater versuchte, den Kindern die lange Schiffsfahrt schmackhaft zu machen. Aber allen blieb ein ungutes Gefühl zurück. Nach China. Wo war Shanghai, wenn man an Amerika dachte, oder Palästina? Als es ans Packen ging, riß die Mutter einige Seiten aus dem Schulatlas, Europa, Afrika, Asien, China. Viele Stunden auf der Fahrt und manche Abende in den folgenden Jahren würden sie auf diese wenigen Blätter starren, mit dem Finger Entfernungen messen, nach Amerika, nach Palästina – und auch nach Deutschland.

Als die Japaner, die 1937 Shanghai besetzt hatten, bei Kriegsausbruch im September 1939 die Tore Shanghais schlossen, hatten ungefähr 20000 deutsche, österreichische und tschechische Juden hier Zuflucht finden können. Es war meist die letzte Möglichkeit nach verzweifelten Versuchen, ein Visum für ein Land im Westen, in Übersee zu erhalten. Und es waren jene Monate, in denen in vielen deutschen Städten der Selbstmord selbst noch ein Akt der Selbsterhaltung, der Würde war.

Shanghai war zu dieser Zeit einer der größten Welthäfen, ein Freihafen, eine Handelsmetropole, in der zwar die meisten der über vier Millionen Einwohner Chinesen waren, in der aber einflußreiche und starke europäische Bevölkerungsgruppen zum Teil bis 1937 unter britischer Oberhoheit in einer Art Enklave lebten. Da war das «International Settlement» der Engländer und Amerikaner, die «Frenchtown» der Franzosen. Der Rest Shanghais war die Chinesenstadt. Die Westeuropäer – Engländer, Franzosen, Italiener, Deutsche, Skandinavier, Schweizer – und die Amerikaner bildeten die Oberschicht in jener merkwürdigen europäisch-asiatischen Gesellschaftshierarchie. Dann kamen Portugiesen, Chinesen portugiesischer Abstammung, Weißrussen, russische Juden, irakische Juden, gefolgt von den Japanern, und am Ende der Stufenleiter befand sich die große Masse der Chinesen. Zwei alteingesessene jüdische Gemeinschaften bestimmten das Bild jüdischen Lebens in Shanghai. Etwa 700 sephardische Juden, die sich im 19. Jahrhundert hier niederließen, als die Briten den Hafen für die Welt geöffnet hatten, lebten neben den minder einflußreichen 4000 russischen Juden, die nach der Oktoberrevolution hierher geflohen waren. Dazu kamen etwa 300 Juden aus Deutschland, Österreich und der Tschechoslowakei, die zwischen 1933 und 1937 den Weg hierher gefunden hatten; meist Akademiker, Ärzte, Rechtsanwälte, Fachleute, die noch nicht gezwungen worden waren, mittellos zu emigrieren, und sich daher eine Existenz in den internationalen Enklaven aufbauen konnten.

Als die Mehrheit der deutschen und österreichischen Juden an der Reede von Shanghai eintraf, veränderte sich bereits der Charakter dieser blühenden Handelsstadt. Die Japaner hatten die Grenzen zum chinesischen Hinterland geschlossen, und die Chancen für eigenständige wirtschaftliche Aktivitäten der jüdischen Flüchtlinge hatten sich ebenfalls drastisch verringert. Vier Millionen Chinesen und hunderttausend Ausländer prägten die Widersprüche in dieser brodelnden Metropole: tiefste Armut und westlicher Luxus, blühende Universitäten und Analphabetismus, funktionierende Krankenhäuser und unkontrollierbare Epidemien, europäisches savoir vivre und elende Opiumhöhlen. Die jüdischen Flüchtlinge, die seit 1938 kamen, fühlten sich als Ausgestoßene, am Ende der sozialen Stufenleiter. Und doch hatten sie nicht das Schicksal chinesischen Massenelends zu teilen. Nur wenige konnten zwar in der Internationalen Siedlung oder in der Französischen Kolonie Unterschlupf finden und mußten in dem von den Japanern kontrollierten, zerstörten und verwahrlosten Vorort Hongkew ein Unterkommen finden. Hier waren die Mieten jedoch um zwei Drittel niedriger als in anderen Stadtteilen und die Lebensmittel entschieden billiger.

Als Kronheims und die anderen Flüchtlinge nach der langen Seereise am Hafen eintrafen, warteten bereits Lastwagen auf die Neuankömmlinge. Ein Sprecher des Hilfskomitees begrüßte sie mit den Worten: «Willkommen in Shanghai. Jetzt sind Sie nicht mehr Deutsche und Österreicher. Jetzt sind Sie nur noch Juden.» Käthe und Heinz Kronheim blickten den Sprecher verständnislos an, aber dessen Worte waren im Getümmel sowieso untergegangen. Kronheims wurden vom Jüdischen Hilfskomitee zuerst in einem Lager untergebracht. Ende 1938 hatte das «American Jewish Joint Distribution Committee» 5000 Dollar für Shanghai zur Verfügung gestellt, das «Council for German Jewry» gab Unterstützung. Alteingesessene jüdische Familien halfen den vielen Emigranten mit Geldern, wenngleich oftmals widerwillig, und vermittelten zwischen den Flüchtlingen und den chinesischen, später den japanischen Behörden. Aber das wurde dennoch meist nur als Tropfen auf dem heißen Stein der Nöte, Bedürfnisse und Probleme der Flüchtlinge empfunden. Kronheims wollten nicht um Unterstützung betteln, auf Almosen angewiesen sein. Heinz wollte arbeiten, Käthe und die Kinder hielten es in der Lagerenge nicht mehr aus. Frauen und Männer waren hier getrennt worden. Es gab Zank und Streit. Die anstrengende Schiffsreise wirkte im nachhinein wie eine Ferienfahrt.

Sie beschlossen sehr bald, eine Wohnung oder zumindest Zimmer zu suchen. Sie fanden in einem der von den Kriegsfolgen nur wenig betroffenen Straßenzüge Hongkews zwei kleine Zimmer über einem Laden mit undefinierbarem Gerümpel. Ein älteres chinesisches Paar ohne Kinder betrieb hier undurchschaubare Geschäfte, wohnte im hinteren Teil und vermietete die Räume im Obergeschoß. Drei Jahre später, als die Japaner Hongkew zum Ghetto für Staatenlose erklärten und die besser gestellten jüdischen Familien, die in den internationalen Siedlungen wohnten, zwangsinterniert wurden, erwies sich diese kleine Wohnung als wahrer Glücksfall. Sie mußten nicht umziehen, waren im Haus akzeptiert, hatten gute Kontakte zu Nachbarn – und nicht nur zu den Staatenlosen aus Europa. Aber während all der Jahre mußten tägliche Kämpfe gegen Ungeziefer, Feuchtigkeit, Stromausfälle in der Wohnung und Überschwemmungen im Zugang neben dem Laden bekämpft werden. Das Wichtigste war der Schutz vor ansteckenden Krankheiten vor allem im feuchten Sommerklima; denn Ungeziefer, Schaben, Fliegen drangen durch die Ritzen der Wände, und Läuse konnten Typhus übertragen. Zum Glück blieben sie davon verschont, aber nicht selten mußten sich die Kinder nach Spaziergängen oder Fahrten in überfüllten Bussen mit heißem Wasser abwaschen. Die Haare der beiden wurden kurz gehalten, und beim geringsten Hautjucken geriet die Familie gleich in Panik. Der eigentliche Schwerarbeiter in der Familie, sagte Heinz oft den Kindern, sei nicht er, sondern Käthe, und ein wenig mehr Hilfe bei der Hausarbeit und vor allem mehr Sauberkeit sei wohl zu erwarten.

Viele der jüdischen Emigranten waren, wie Kronheims, der Meinung, der Krieg werde schnell zu Ende gehen, die Gegner Hitlers würden die Oberhand gewinnen, und die Vernunft werde siegen. Man ließ die Koffer halb gepackt. Es würde bestimmt bald weitergehen, nach Übersee oder nach Palästina. Was sollte man auch in China. Die Sprache verstand man nicht, die Kultur war fremd, und auch zu den Tätigkeiten und zur Vorstellungswelt der jüdischen Gemeinden und Organisationen fand man eigentlich keinen Zugang.

Für Kronheims und auch für viele andere Juden aus Deutschland oder Österreich war die Begegnung mit einer sich entwickelnden jüdischen Gesellschaft eine völlig neue Erfahrung. Sie waren Berliner gewesen, für manche Nachbarn hörbar noch mit ostpreußischem Akzent. In Gesprächen über politische Fragen, wenn darüber überhaupt gesprochen wurde, war die Neigung zur SPD offensichtlich. Die Kinder hatten in der Grundschule am christlichen Religionsunterricht teilgenommen – man wollte kein Aufheben machen. Und dann hatte Hitler ihm, Kronheim, sein Judesein einprügeln lassen. Nun in Shanghai war man zuallererst unter Juden, lebte in einer Art gesellschaftlichem Ghetto. Sie waren alle, wie es in einem der Wiener Caféhäuser für die vermögenderen Emigranten zynisch hieß, Juden von Hitlers Gnaden.

Natürlich hatten Kronheims in Berlin gewußt, wo die Synagogen standen. Aber das waren Plätze für die anderen. Zur Gemeinde waren sie gegangen, als es keinen anderen Ausweg mehr gab. Sicher, zu Pessach fuhren sie meist zu den Eltern nach Ostpreußen, aber das auch nur, wenn es sich mit den Osterfeiertagen vereinbaren ließ. Das ging nicht in der Firma, paßte auch nicht zu Heinz' Teilnahme an den Treffen der SPD-Ortsgruppe. Zumindest bis Februar 1933, als der Vorsitzende ihn bat, doch lieber erst einmal nicht zu kommen, bis – wie er verhalten sagte – sich alles beruhigt hätte.

Nach den ersten Wochen und Monaten im Shanghaier Lager und während der Wohnungssuche veränderte sich langsam das Bild. Sie sahen viele kleine Betriebe und Geschäfte, in denen Emigranten arbeiteten. Arztpraxen und Anwaltsbüros hatten Schilder in deutscher, englischer und chinesischer Sprache, deutschsprachige Zeitungen wurden verkauft. Der Wartesaal wirkte wohlausgestattet, und ein Ausgang war nicht in Sicht. Außerdem wurde das Geld knapp. Erwartete die eine jüdische Organisation, daß man im Lager blieb und nicht nach Arbeit suchte, so wies der immer leerer werdende Geldbeutel in eine andere Richtung. Realistischere jüdische Organisationen empfahlen Arbeitsmöglichkeiten. Heinz dachte an sein Werkzeug, das er wohlbehalten durch alle Kontrollen geschleust hatte, und begann zaghaft bei Uhrengeschäften und kleinen Werkstätten nach Arbeit zu fragen. Man hörte ihn an, ließ sich sein Werkzeug zeigen, hatte manchmal für ein bis zwei Tage Arbeit, aber etwas Festes konnte er nicht finden. Käthe wirkte immer schmaler, die Kinder waren blaß, das gemeinsame Abendbrot wurde zunehmend zur traurigen Runde, in der keiner in die Augen des andern zu sehen wagte. Manchmal stand Käthe unter irgendeinem Vorwand auf, schob ihren Teller zu Ernst, ging ins Nebenzimmer. Dann redete Heinz plötzlich los, erzählte von seinen Begegnungen am Tage, von toten, verhungerten oder an Epidemien gestorbenen Chinesen, die er früh am Morgen am Straßenrand gesehen hatte, von brutalen Streifen der internationalen Polizei, die Rikscha-Kulis mit Fußtritten traktierten. Je lauter er sprach, um so weniger konnte man das Weinen im Nebenzimmer hören. Manchmal holte Anna die Mutter zurück, legte die Schulatlasseiten auf den wackligen Tisch und bat den Vater, Geschichten zu erzählen. Der holte tief aus der Erinnerung Karl May hervor, und oft erfand er Großvaters Geschichten von der magischen Uhr weit hinten in den Wäldern im Polnischen neu. Die Atlasseiten waren bald speckig von den vielen Fingerreisen.

Die ersten Monate, das ganze erste Jahr, war die schwierigste und trübseligste Periode der Kronheims in Shanghai. Zwar konnten die Kinder Schulen in den Europäervierteln besuchen und Anschluß an andere jüdische Kinder aus Deutschland und Österreich finden, aber so sahen sie auch, wie es den Bessergestellten ging. Die Mutter drängte die Kinder, zu lernen. Alles konnten sie wieder verlieren, wer wußte, was sie aus Shanghai bei der Weiterreise würden mitnehmen können. Aber was Anna und Ernst im Kopf hätten, so sagte sie immer wieder, das könne ihnen keiner wegnehmen. «Auch kein Deutscher!», fügte Anna dann trotzig hinzu. Nach ihrem zwölften Geburtstag begann Anna regelmäßig zu einer Jugendgruppe zu gehen, in der über Palästina gesprochen wurde und ein junger Berliner Jude, über den es viele Gerüchte gab, einmal die Woche Hebräisch unterrichtete. Anna verliebte sich zum ersten Mal und war sehr schnell die beste Schülerin. Der Vater schüttelte hin und wieder den Kopf, brummte etwas von «Lieber Englisch lernen...», schwieg aber, wenn Käthe ihn vorwurfsvoll ansah. Die Kinder lernten, sie beide aber waren so mit der Aufrechterhaltung eines halbwegs geordneten Familienhaushalts beschäftigt, daß für Geselligkeit oder gar abendliche Weiterbildung keine Zeit und kein Geld blieb. Erst im Herbst 1942 bemühte sich Käthe in der ORT-Ausbildungsstätte um einige Stunden Schneiderlehre, die ihr dann halfen, etwas dazuzuverdienen, und die Jahre später in Haifa die Grundlage des Familieneinkommens bildeten.

Überhaupt nahm in dieser Zeit das gesellschaftliche Leben der Flüchtlinge in Shanghai an Lebendigkeit zu. Neben der jüdischen Gemeinde entstanden verschiedene jüdische Institutionen, Berufsvereine, Kultur- und Bildungsaktivitäten zogen viele Emigranten in ihren Bann. Hofkämpfe fanden statt, Berliner zankten sich mit polnischen Juden und Wiener mit Berliner Emigranten. Wie auf einer Bühne wiederholten sich die Auseinandersetzungen aus den Jahren vor der Flucht. Zionisten brachten deutschnationale Juden in Rage, Religiöse diffamierten Assimilierte, und selbst die Geheimagenten des deutschen Generalkonsulats und der Nazikolonie in Shanghai suchten hier ihr Süppchen zu kochen. Heinz Kronheim ließ sich oft von einem befreundeten Kellner, der im selben Haus wohnte, davon erzählen. Georg, der Kellner aus Graz, war mit seiner christlichen Frau nach Shanghai gekommen. Er war Besitzer eines gutgehenden Restaurants gewesen. Seine Hoffnungen auf eine Shanghaier Karriere zerstoben bald, und der aufwendige Haushalt seiner Frau ließ nichts übrig für Investitionen. Es dauerte nicht lange, und seine Frau war den Verlockungen der Leute des deutschen Generalkonsulats erlegen. Sie lebte jetzt mit einem deutschen Geschäftsmann in einer der luxuriösen deutschen Villen. Georg war viel allein, brachte den Kindern einmal die Woche Kuchen- oder Tortenreste mit, suchte das Gespräch mit Käthe und Heinz, die so gar nicht der Caféhauskundschaft entsprachen. Regelmäßig spät abends oder am Sonntag in aller Frühe, bevor sein Café öffnete, klopfte er mit einem stolzen Lächeln an die Tür. Ohne etwas zu sagen, bat er um kochendes Wasser und holte ein kleines Papiertütchen aus der Jackettasche, das verlockend nach frischem Kaffee duftete. Wenn Georg am Sonntag in aller Frühe kam, erzählte er Geschichten aus der Neuigkeitsbörse des Cafés, die auch die Kinder hören durften. Das war für die Kronheims eine andere Welt, in der es um Devisen, Geschäfte, Vergnügungsstätten, Korruption, Liebestragödien und nur selten um Arbeit ging. Von sich selbst erzählte Georg kaum.

Diejenigen, die Zeit dazu hatten, saßen in Cafés, lasen die junge deutsch-jüdische oder englisch-jüdische Presse, debattierten die Fehler der internationalen Gemeinschaft und tauschten die Namen derjenigen japanischen Beamten aus, mit denen man auskommen konnte, wenn man von offizieller Seite etwas benötigte. Kurz, die meisten richteten sich im Wartesaal so ein, wie es der Geldbeutel ermöglichte, und hofften, sich beruflich und gesellschaftlich irgendwie in den internationalen Enklaven zu etablieren. Heinz Kronheim hatte nach einem Jahr allerdings das bittere Gefühl, daß dort wohl kein Platz für ihn und seine Familie zu finden sei. Über Gelegenheitsarbeiten war er noch nicht hinausgekommen. Zwar gab es ein portugiesisches Uhrengeschäft in Frenchtown, in das er gelegentlich gerufen wurde, weil er imstande war, komplizierte Reparaturen schnell und gut auszuführen, aber eine feste Anstellung wollte ihm der Inhaber, einer der portugiesischen Chinesen aus Macao, auch nicht geben. Dafür bezahlte er jedoch sehr gut, was dazu führte, daß Kronheim regelmäßig einmal im Monat vorbeischaute und nach Arbeit fragte. So vergingen Monate. Deutschland überfiel Polen, und die spärliche Post, die es aus Deutschland noch gegeben hatte, versiegte.

Eine kleinformatige, unscheinbare und vergilbte Broschüre vom November 1939 ist auf dem Deckblatt mit einer Anzeige geziert, in der es heißt: «Brot, Brötchen, Kuchen, Torten, Pralinen. Spezialität deutsches Schwarzbrot – liefert gut und preiswert...» Es ist das Titelblatt des Emigranten-Adreßbuches von Shanghai. Kaum ein Beruf, der hier fehlt: vom Handwerker bis zum Arzt und Künstler.

Es war Januar 1940, Heinz saß eines Vormittags in einem geheizten Café, trank das Billigste, was Georg, der Kellner, ihm ungefragt gebracht hatte, einen ungesüßten Tee. Neben dem Glas lag das Werkzeug, daneben das Adreßbuch, das er sich von der Kassiererin hatte geben lassen, um Anschriften für die Arbeitssuche zu notieren. Am Nebentisch saßen zwei junge geschminkte Frauen mit Pelzkrägen an den Mänteln und sprachen viel zu laut über eine Bar und ihre diversen Verehrer. Eine blickte ständig auf ihre

Armbanduhr, schüttelte den Kopf, klopfte auf das Uhrglas. Der Kellner, an den Tresen gelehnt, sah zu Kronheim, der jetzt Telefonnummern und Adressen aus dem Adreßbuch schrieb. Dann sagte er so laut, daß die beiden Frauen ihn hören konnten: «Na, Kronheim, was macht das Uhrengeschäft. Sind Sie immer noch so flink beim Reparieren? Unsere Wanduhr haben Sie ja in Null Komma nichts hingekriegt.» Kronheim blickte verständnislos hoch, eine der Frauen drehte sich um. «Könnten Sie vielleicht meine Armbanduhr einmal ansehen. Sie bleibt dauernd stehen.» Kronheim guckte zum Kellner, der nickte zustimmend. Am Caféfenster prangte ein Schild in drei Sprachen, das höflichst darauf hinwies, daß im Café bitte keine Geschäfte zu tätigen seien. Das bezog sich zwar mehr auf die jungen Damen als auf einen arbeitslosen Uhrmacher, aber Verbot war Verbot, dachte Kronheim. Er legte das Adreßbuch zur Seite, faltete die Ledertasche auf und öffnete die Armbanduhr. Mit der kleinen Pinzette holte er den verfilzten Staub heraus, pustete den Rest weg, zog die Uhr auf, überprüfte Zeit und Zeiger. Mit einem beinahe galanten Lächeln reichte er die Uhr zurück. Als die junge Frau ihre Geldbörse hervorholte, setzte Kronheim zu einer langschweifenden und ablehnenden Bemerkung an, die abrupt vom kraftvollen Räuspern des hinzugetretenen Kellners unterbrochen wurde. Kronheim wollte im Boden versinken oder zumindest hinter seinem Teeglas verschwinden. Die Hand, in die der Schein gelegt wurde, schien ihm abzufallen. «Nu, stecken's schon ein.»

So begann Kronheims Shanghaier Uhrmacherlaufbahn. Zu bestimmten festen Zeiten, so war er mit dem Kellner übereingekommen, würde er für eine gewisse Provision im Café sitzen, Uhr- und Schmuckreparaturen durchführen oder annehmen. Nach zwei Monaten hatte sich ein Kundenstamm gebildet, der ihn weiterempfahl. Nun vereinbarte Kronheim eine Pauschale mit dem Kellner, der weiter Klienten an ihn vermittelte, und überredete die Vermieter ihrer Wohnung, ihm ein Eckchen in ihrem Laden zu überlassen. Er brachte an der Hauswand ein Schild in drei Sprachen an, trennte seinen Arbeitsplatz mit einem Vorhang von dem Rest des Gerümpels ab und hatte endlich wieder eine regelmäßige Arbeitszeit und einen festen Arbeitsplatz. Das einzig Neue war die Tatsache, daß er sein eigener Chef war. Alles zusammen veränderte schnell die Stimmung in der Familie; denn daß er ein guter Uhrmacher war, hatte sich herumgesprochen, und dies bedeutete halbwegs regelmäßige Einnahmen. Hinzu kam, daß der Portugiese ihn jetzt zweimal im Monat benötigte. Anna bekam ihr Kleid, Käthe richtete langsam den Haushalt ein, und Ernst sah eines Tages die herbeigesehnten Schuhe vor dem Bett stehen.

Anna und Ernst mußten in den Wochen des Kriegsbeginns nach der Schule sofort nach Hause kommen, nachdem es eine unerfreuliche Szene mit der Polizei und einem aggressiven japanischen Beamten gegeben hatte. Auf Grund eines vorgezogenen Schulschlusses und aus nicht ganz ersichtlichen Motiven, über die sich Anna und Ernst auch Jahre später noch nicht auslassen wollten, waren die Kinder durch das deutsche Villenviertel spaziert und hatten ein an einem Zaun hängendes Hakenkreuzfähnchen zerrissen. Deutsche Kinder hatten sie gesehen, und die Prügelei, in der Annas einziges Kleid zerrissen wurde, fand erst durch das unwirsche und wenig sanfte Eingreifen einer Polizeistreife ein Ende. Ernst lag den Eltern nun damit in den Ohren, daß er Boxen lernen wollte, und Anna zankte sich mit den Eltern, die endlich auch Hebräisch lernen sollten. Es wurde deutlich, daß die Kinder wahrscheinlich nicht mehr lange in die internationalen Schulen gehen würden. Die jüdischen Komitees waren nun mit neuen Problemen konfrontiert. Die scheinbare Ruhe im Wartesaal ging langsam ihrem Ende entgegen. Der wirkliche Einschnitt war der Kriegsbeginn im Pazifik.

Die Japaner hatten Pearl Harbor angegriffen, die Kriegssituation wurde auch in Shanghai spürbar. Die Japaner besetzten ganz Shanghai, die jüdischen Flüchtlinge mußten sich polizeilich melden, und die Unsicherheit nahm zu. Man wußte nicht, ob die Japaner sich den antisemitischen Maßnahmen anschließen würden, ob sich bei weiteren Erfolgen von Deutschen und Japanern Shanghai nicht in ein Konzentrationslager verwandeln würde. Japanische Posten standen jetzt an allen Kreuzungen, und durch chinesische Beauftragte ließen die Japaner im Laufe der Zeit ein Blockwartsystem einführen. Viele Waren des täglichen Bedarfs verschwanden vom Markt oder wurden nahezu unerschwinglich. Käthe versuchte, billiges Gemüse auf irgendeine Weise einzukochen, um einen Vorrat zu schaffen. Keiner wußte, was auf die jüdischen Emigranten zukommen würde. Auf jeden Fall mußte auf Sauberkeit geachtet werden, auf Hygiene, um Krankheiten und Anstekkungen zu verhindern. Sie hielt die Kinder an, viel frisches Gemüse zu essen und sich im Freien zu bewegen. Bloß nicht krank werden, war die Devise.

Als die Japaner 1943 in Hongkew ein «designated area» genanntes Ghetto einrichteten, in das alle nach 1937 eingetroffenen staatenlosen Flüchtlinge übersiedeln mußten, atmeten Kronheims zunächst auf. Sie konnten bleiben, wo sie waren, hatten sich eingerichtet, Arbeit, Nachbarn, mit denen es sich auskommen ließ. Anna und Ernst konnten jetzt allerdings weder Schule noch Kurse in den internationalen Siedlungen besuchen, ganz abgesehen davon, daß der Familienetat auch reichlich geschrumpft war, gemessen an den steigenden Preisen. Die erste Erleichterung wich allerdings tiefer Beklemmung, als Heinz Kronheim feststellen mußte, daß die Konzentration von 20 000 Emigranten aus Deutschland und Österreich zusätzlich zu den bereits hier lebenden 100 000 Chinesen und etwa 10 000 Japanern auch viele zusätzliche Probleme schuf. Es wurde enger, es gab mehr Konflikte, die Arbeitssuche wurde schwieriger. Mit Entsetzen wurde ihm bewußt, daß er Gefahr lief, die Haupteinnahmequelle der Familie, die regelmäßige Arbeit für den Portugiesen, zu verlieren. Zwar gab es viele Eingänge in das Ghetto, denn alle anderen Shanghaier konnten sich auch hier problemlos bewegen, aber an allen Straßenenden, die das Ghetto begrenzten, standen Wachen, wurde der von den Japanern ausgestellte Spezialpaß, der die Staatenlosen zum Verlassen berechtigte, verlangt. Nur wer eine Arbeit außerhalb des Ghettos nachweisen konnte, erhielt einen derartigen Paß, mit dem er zwischen sieben Uhr morgens und sieben Uhr abends das Ghetto verlassen konnte. Junge Burschen, die sich frech darüber hinweggesetzt hatten, waren für Tage im japanischen Gefängnis verschwunden und mit schweren Prügelverletzungen wieder zurückgekehrt.

Kronheim bemühte sich nun um eine Stelle in einer der für die Japaner arbeitenden Fabriken in Hongkew, aber das hatten vor ihm schon viele andere versucht. Der Zustrom der 20 000 hatte zu hygienischen und medizinischen Problemen geführt, so daß Käthe sich mit ihrem Sinn für Sauberkeit und ihren frisch erworbenen Nähkenntnissen an eine Oberschwester in einem der zwei Krankenhäuser wandte. Für einige Stunden wöchentlich flickte sie nun die Arbeitskittel der Ärzte und Schwestern oder hatte chinesische Arbeiterinnen zu beaufsichtigen, die die OPs und Behandlungsräume reinigten.

Ohne die Arbeit beim Portugiesen sah es trotzdem düster aus. Kronheim war hilflos, bis Georg, der sich über das Café einen Spezialpaß besorgt hatte, versprach, im Laden des Portugiesen vorzusprechen. Dieser erwies sich sofort als hilfsbereit, und auch die japanische Bürokratie konnte Heinz Kronheim mit Hilfe eines Briefes des portugiesischen Geschäftsmannes überzeugen, daß er ein unabkömmlicher Uhrmacher im anderen Teil der Stadt sei. Damit war das Hauptproblem der Familie Kronheim bis zum Kriegsende gelöst. Sie verfügten nicht über Luxus, große Ausgaben waren unmöglich, aber zu Essen hatten sie immer genug, und auch für kleinere Arztrechnungen oder die notwendigste Kleidung reichte es. Käthe schaffte es sogar, ein wenig zurückzulegen – für alle Fälle.

Nach den ersten Niederlagen der Japaner verschärfte sich die Lebenssituation, wenngleich sich der tägliche Lebensrhythmus erst mit den amerikanischen Luftangriffen veränderte. Nicht wenige Bomben fielen auf Hongkew, da sie aber nicht in der Nähe der Fabriken oder der japanischen Radiostation wohnten, die die Amerikaner zu treffen versuchten, blieben sie verschont. Allerdings fiel jetzt oft der Strom aus, und von einer regelmäßigen Schulausbildung konnte überhaupt keine Rede mehr sein. Ernst begann, Botengänge für den Vater zu erledigen, Anna ging der Mutter zur Hand, zeigte Interesse an einer Krankenschwesterausbildung und mußte sogar manchmal kochen, wenn die Mutter länger im Krankenhaus arbeitete. In den langen freien Stunden brachte Anna ihrem Bruder all das bei, was sie auf Hebräisch bereits gelernt hatte.

Der Tag, an dem der Krieg zu Ende ging, wäre den Kronheims kaum in Erinnerung geblieben, wenn er nicht mit der Armbanduhr eines japanischen Offiziers zusammengehangen hätte, die dieser nicht mehr abholen ließ.

Nachdem die Amerikaner gekommen waren, schenkten Kronheims die Uhr dem alten Vermieter, mit dem sie über all die Jahre nie Probleme gehabt und auch kaum mehr als nur wenige Worte gewechselt hatten.

Kronheims wollten den Warteraum Shanghai verlassen. Zwar war 1945 endlich der Krieg zu Ende, Palästina jedoch lag noch in weiter Ferne. Die restriktive britische Einwanderungspolitik machte viele mutlos. Erneut ging es um Visen, um Warteschlangen, um Schiffspassagen. Internationale jüdische Organisationen, vor allem aus den Vereinigten Staaten, konnten jetzt jedoch offener helfen. Heinz ließ sich allerdings nur auf legale Einwanderung ein. Nach aller Erfahrung, die mit dem Verlassen von Deutschland verbunden war, schloß er für sich und die Familie jeden Schleichweg aus. Der amerikanische Traum war auch allmählich verblaßt. Verwandte hatten aus Haifa geschrieben, von Schwierigkeiten, aber auch vom wirklichen Leben. Hinzu kam, daß Kronheims zum ersten Mal über Jahre in jüdischer Gesellschaft gelebt und eine Solidarität erlebt hatten, an die sie 1938 nicht mehr glauben konnten. Die Chinesen hatten sich zwar als menschlicher als die Deutschen erwiesen, aber zu Hause war man auch dort nicht. Australien oder Neuseeland, wohin zahlreiche deutsche Juden strebten, kam nicht in Frage. Erneut sich auf Englisch abmühen? In Haifa sollte es ja eine große deutschsprechende Kolonie geben. Die Kinder sollten Deutschland vergessen, Shanghai mußte eine Erinnerung werden. Wozu hatten sie schließlich Hebräisch gelernt? Aber das bezog sich mehr auf die Kinder, die unter sich ein eigentümliches Hebräisch-Deutsch entwickelt hatten und ständig von Palästina und dem Staat, den es dort noch gar nicht gab, sprachen.

Die Aufbruchstimmung im Shanghaier Ghetto 1945 machte jedoch sehr schnell Bestürzung und Angst Platz. Es schien manchmal, als ob die Welt die Shanghaier Flüchtlinge vergessen hatte. Erst nach endlosen Mühen waren Abfahrt und Einreise in das britische Mandatsgebiet geregelt – aber nur für Käthe und die Kinder. Sie wollten nicht, nicht ohne Heinz, nachdem sie seit 1938 zusammengehalten und alles gemeinsam durchgestanden hatten. Heinz bestand darauf. Er hatte keine einflußreichen Freunde, weder in Shanghai noch in Tel Aviv. Für die Briten war er einfach ein potentieller Soldat für die jüdische Untergrundarmee, folglich unerwünscht. Er stand am Pier, als die Barkasse mit Frauen, Kindern und Greisen ablegte und auf den Überseedampfer zusteuerte.

Als Shanghai am Horizont verschwunden war, holte Käthe zerknittertes und zusammengefaltetes Papier aus ihrer Tasche. Lange saßen sie und die Kinder mit gebeugten Köpfen über den Resten des Schulatlasses des Deutschen Reiches. Keiner wollte die Tränen des anderen sehen. Finger fuhren über Kontinente, jahrelang. In der ersten Nacht an Bord zerriß Ernst das Blatt mit Europa in viele kleine Fetzen. Er weckte Anna, und sie stiegen an Deck. Gemeinsam warfen sie Schnipsel für Schnipsel ins Meer. So war es gut, niemand würde den Weg zurückfinden.

Im Herbst 1948, Monate nach der Gründung des Staates Israel, legte ein Schiff im Hafen von Haifa an. Unter den vielen Wartenden standen Käthe, Anna und Ernst. Sie hielten Ausschau, doch konnten sie Heinz nicht erkennen. Er hatte geschrieben, die «Jewish Agency» habe seine Passage bestätigt. Ein Einwanderer nach dem anderen passierte die Kontrollen, aber wo blieb er? Ein älterer Mann mit schlohweißem Haar kam auf sie zu, lächelte. Es war Heinz. In der Hand hielt er eine kleine fleckige Ledertasche. Deswegen hatte die Kontrolle länger gedauert.

Das Uhrmacherwerkzeug liegt noch heute verstaubt und fast vergessen in einem Vitrinenschrank in Haifa. Die Enkel durften manchmal damit spielen und fragten dann meist nach der Bedeutung jener seltsamen Inschrift am unteren Rand der Tasche: Meister Kronheim.

III.
Lebensläufe

Herzverpflanzung
Die Grünfelds in Israel
von Angelika Schardt und Juliane Wetzel

«Eines Nachmittags war ich auf dem Weg nach Hause, als mir auf der Straße ein Wasserstrom mit kleinen braunen Klümpchen entgegenkam, und ich dachte, ‹Ach um Gottes willen, die armen Leute, da ist die Kanalisation kaputt›. Je näher ich zum Haus kam, um so mehr Wasser floß mir entgegen, und die Klümpchen wurden immer größer. Ich erreichte meine Wohnungstür, schloß auf, und da kam mir ein ganzer Schwall von Klümpchen entgegen. Ich raste in die Küche, und das Rätsel der braunen Klümpchen löste sich. Am Vormittag hatte ich für meine Kinder Jona, Ruth und Rachel Schokoladenpudding gemacht und ihn zum Kühlen – einen Eisschrank hatten wir nicht – in das Spülbecken gestellt und einfach vergessen, den Wasserhahn abzudrehen. Ich stieg beim Nachbarn ein, um erst einmal bei dem Ordnung zu machen. Ich hatte Angst, die schmeißen uns raus!»

Nicht nur die Kühlung des Schokopuddings bereitete der Berliner Jüdin Hilde Grünfeld 1939 in ihrem neuen Zuhause in Haifa Schwierigkeiten, sondern auch andere alltägliche Dinge, wie etwa das Wäschewaschen. Dazu gab Frau Grünfeld uns einen anschaulichen Bericht, als wir sie im August 1989 im Schweizer Kurort Bad Ragaz, wohin sie einmal im Jahr vor der Tel Aviver Sommerhitze flüchtet, aufsuchten. Regelmäßig habe sie sich fürchterlich die Finger verbrannt, als sie mit dem Wäschekessel, der an Ketten in einem Baum über einer Feuerstelle hing, hantierte. Wo sollte sie solche hausfraulichen Tätigkeiten auch gelernt haben?

1897 in Berlin geboren, erlebte Hilde Osborn als Tochter des Kunstkritikers der «Vossischen Zeitung», Max Osborn, eine unbeschwerte Kindheit. Durch die Beziehungen ihres Vaters gingen im Hause Osborn Leute wie Max Reinhardt, Samuel Fischer, Gerhart Hauptmann und Thomas Mann ein und aus. Die intellektuell geprägte Umgebung veranlaßte Fritz Vinzenz Grünfeld, den Hilde im Januar 1924 heiratete, zu der Bemerkung: «Allein eine Aufzählung all der Maler, Bildhauer, Architekten, Kritiker, Verleger, Journalisten, Schriftsteller, Regisseure und Schauspieler, Musiker, Kunstsachverständigen, Museumsleiter, zu denen wir oft enge persönliche Fühlung fanden, mußte wie ‹name-dropping› wirken. Tatsache ist, daß es mir und meiner Frau beschieden war, den ungewöhnlichen Pulsschlag dieser glanzvollen Epoche aus nächster Nähe unmittelbar zu fühlen. Und es kam uns auch nicht ein einziges Mal, während dieser ‹goldenen zwanziger Jahre› der Gedanke, auch nur zu fragen, wer aus diesem Kreis jüdisch war, wer nicht.» Eben dieses kulturelle Umfeld sei es vor allem gewesen, weswegen Fritz sie geheiratet habe, sagt Hilde Grünfeld. Der Grundstein für diese aber wohl sehr glückliche Ehe, die übrigens der Berliner Rabbiner Leo Baeck schloß, wurde während der Revolutionswirren 1918/19 in München gelegt, wo beide damals studierten. Hier hatte Hilde auch den Schriftsteller Ernst Toller kennengelernt, den sie, als er nach der Niederschlagung der Räterepublik verfolgt wurde, trotz großer Gefahr in ihrer Wohnung versteckte.

Ihr beruflicher Werdegang führte Hilde nach dem Abschluß des wirtschaftswissenschaftlichen Studiums in Berlin zunächst zu den Firmen Osram und AEG, bis sie schließlich einige Jahre nach ihrer Hochzeit – mittlerweile Mutter von drei Kindern – zur Filialleiterin der Zweigstelle des Leinenhauses Grünfeld in Köln avancierte. Ihren Wohnsitz in Berlin gab sie deshalb aber nicht auf.

Inzwischen hatte sich die politische Lage durch Hitlers «Machtergreifung» jedoch drastisch verändert. Anfänglich litt die Familie Grünfeld allerdings noch nicht so sehr unter den antisemitischen Maßnahmen wie andere Glaubensgenossen. Mit dem weltberühmten Leinenhaus Grünfeld wollten die Nationalsozialisten nämlich der Öffentlichkeit beweisen, daß jüdische Unternehmen weiterhin existieren konnten. Im Zuge der zunehmenden Verschärfung der anti-jüdischen Politik blieb freilich auch die Familie Grünfeld nicht mehr verschont. Als im Zusammenhang mit den Verhaftungen der «Reichskristallnacht» 1938 auch Fritz Vinzenz bedroht war, kam Hilde ihr freundliches Wesen zugute. Sie wurde auf das Polizeirevier gerufen, und dort teilte ihr der zuständige Beamte mit: «Vatern kann zu Hause schlafen. Ick hab' Vatern aus die Judenkartothek genommen, und die Karte is im Klo.» Auf ihre Frage, wie sie zu soviel Güte käme, antwortete der Wachtmeister: «Det will ick Ihnen janz jenau sagen. Ihr ward keine stolzen Leute.» Ein Kollege habe ihm erzählt, daß ihn die Grünfeldschen Kinder jeden Morgen gegrüßt hätten. Außerdem sei Frau Grünfeld so freundlich gewesen, es den Schupos zu gestatten, ihre Regenmäntel im Pförtnerhaus der Firma Grünfeld am Kurfürstendamm aufzuhängen.

Auch wenn die Familie diesmal verschont blieb, war es doch höchste Zeit, Auswanderungsvorbereitungen zu treffen. An eine gemeinsame Emigration war zu diesem Zeitpunkt aber nicht mehr zu denken, da nie alle Familienangehörigen gleichzeitig ihren Reisepaß ausgehändigt bekamen.

Zunächst wurde Jona (damals hieß er noch Frank) im November 1938 mit einem Kindertransport nach England geschickt. Kurz zuvor (23. November 1938) war er aus dem «Staatlichen Französischen Gymnasium zu Berlin» entlassen worden. Das Abschlußzeugnis trug den amtlichen Hakenkreuzstempel und schloß mit dem Satz «Que dieu le tienne en sa sainte garde!» Nach Jonas Abreise brachte Hilde ihre ältere Tochter Ruth persönlich nach Haifa in eine «Boarding school». Diese Reise war nur möglich geworden, weil Frau Grünfeld der Gestapo schriftlich ihre Rückkehr nach Deutschland bestätigt hatte und der Rest der Familie ja als Geiseln in deutschen Händen blieb. Ende Dezember 1938 erhielt Fritz Vinzenz seinen Paß mit der Auflage, sofort abzureisen. Als er von seiner geliebten Opernbühne in Berlin Abschied nahm, stand sehr symbolhaft Wagners «Götterdämmerung» auf dem Programm. Zurück blieben Hilde und ihre jüngste Tochter Rachel (damals noch Irene). Erst nachdem Hilde Grünfeld den erpresserischen Forderungen des für die Auswanderung zuständigen Beamten nachgekommen war – an Weihnachten Gänse, zu Silvester Champagner –, rückte auch ihre eigene Auswanderung in greifbare Nähe. Nun mußte nur noch der Berliner Polizeipräsident mit 20 000 Mark bestochen werden. Das Geld stammte aus dem Erlös eines verkauften Perserteppichs, den Hilde noch für den allerletzten Notfall aufgehoben hatte. Am 24. Februar 1939 schließlich konnte sie mit Rachel Berlin verlassen.

In Palästina, wo sich die ganze Familie wieder traf, mußten die Grünfelds, ehemals eine der reichsten Familien Berlins, mit leeren Händen wieder von vorne anfangen. Mit ihren drei schulpflichtigen Kindern standen sie nun endlich im Frühjahr 1939 – nach Überwindung von Schwierigkeiten, deren Schilderung allein ein Buch füllen könnte – in Haifa vor der Frage, wie sie sich ernähren und ohne Geld und Möbel ein neues Leben beginnen sollten.

Hilde Grünfelds Schwierigkeiten mit der Haushaltsführung wurden schon geschildert. Sie war so in Anspruch genommen, daß ihrem Mann die Aufgabe zufiel, die Schularbeiten der Kinder zu beaufsichtigen. Das aber hatte den ganz wesentlichen Vorteil, daß Fritz Vinzenz ganz nebenbei die hebräische Sprache lernte, was ihm die Eingewöhnung in Palästina erheblich erleichterte. Hilde Grünfeld hingegen tat sich damit sehr viel schwerer, sie beherrscht die Sprache bis heute nicht sehr gut.

Am 1. September 1939, als in Europa der Krieg begann, zogen die Grünfelds von Haifa nach Tel Aviv. Ein ehemaliger Klassenkamerad von Fritz aus Berlin beförderte sie alle mit ihrem wenigen Hab und Gut auf einem Lastwagen zu der unmöblierten neuen Wohnung. Als Hilde sich noch Gedanken machte, wie sie die erste Nacht ohne Betten verbringen sollten, klingelte der polnische Hauswirt und bot ihr an, sie aus einem Depot, in dem alte Möbelstücke von Einwanderern, die sich mittlerweile neu eingerichtet hatten, gesammelt wurden, unentgeltlich mit Möbeln zu versorgen. Ein paar Stunden später war die Familie im Besitz von fünf Betten, Kissen und Decken, einem Tisch und Stühlen sowie einem Gaskocher.

Da die Familie ja irgendwie ernährt werden mußte, wurde die Neubauwohnung bald unter Hildes Führung, der dabei ihre Erfahrungen aus ihrer Tätigkeit in der Kölner Filiale zugute kamen, zum Miniableger des ehemaligen Berliner Grünfeldunternehmens. Die Grundausstattung bestand aus einer Musterkollektion, die alte Schweizer Geschäftsfreunde zur Verfügung gestellt hatten. Auch die Produktion begann auf der aus Deutschland geretteten Nähmaschine. Nach und nach erweiterte sich die «Filiale» mit zusätzlichen Nähmaschinen und einigen wenigen Näherinnen, behielt aber auch weiterhin ihren Standort in der Grünfeldschen Wohnung.

Mittlerweile war nach langen Irrfahrten der «Lift», der Speditionscontainer, mit den Möbeln aus Deutschland eingetroffen. Vieles war gestohlen, und die meisten übrigen Stücke mußten verkauft werden – die Schleiflackbetten waren ebenso wie der Steinwayflügel zu groß für die neue Wohnung, auch die großen silbernen Bratenschüsseln, ein Hochzeitsgeschenk der fünf Brüder Ullstein, paßten nicht mehr zum neuen Leben.

Hildes Kleinunternehmen reichte nicht aus, um die fünfköpfige Familie zu ernähren, und so mußte sich auch Fritz nach einer Arbeit umsehen. Gelegenheit bot sich bald bei einem Komitee für Soldatenhilfe. Jüdische Organisationen hatten es ins Leben gerufen, um den Frauen und Müttern der freiwilligen jüdischen Soldaten, die auf seiten Großbritanniens in der «Jewish Brigade» im Zweiten Weltkrieg kämpften, Arbeitsmöglichkeiten zu verschaffen. Fritz übernahm die Leitung des Komitees in Tel Aviv. Eine schwierige Aufgabe: Frauen aus verschiedensten Kulturen und Schichten sowie unterschiedlichsten Alters mußten integriert werden. Nachdem Fritz diese Probleme zufriedenstellend gelöst hatte, trat er bis 1947 als «Supply officer» für den Bereich Textilien in den Dienst der britischen Mandatsregierung. Im November 1947 übernahm er schließlich eine Stellung bei ATA, dem größten Textilkonzern des Landes. Fritz sollte für die Firma die neue Idee, sich auch für Privatkunden zu öffnen, in die Praxis umsetzen.

Dies wurde ihm jedoch durch die veränderte politische Lage in Palästina erschwert. Nicht nur in Fritz Grünfelds Arbeitsbereich, sondern auch in der Familie selbst spielte der israelische Unabhängigkeitskrieg eine wesentliche Rolle. Seine jüngste Tochter Rachel begleitete der Vater im Autobus an die Front in die Negev, bald lag zwischen ihr und den Eltern die vorstoßende ägyptische Armee. Gleichzeitig war die älteste Tochter Ruth mit ihrem Mann in dem völlig abgeriegelten Jerusalem an der jordanischen Front in einem Haus gegenüber dem provisorischen Hauptquartier der Arabischen Legion von der Umwelt abgeschlossen, selbst das Beschaffen von Wasser und Nahrungsmitteln war lebensgefährlich. Jona, der sich schon als Schüler der Palmach, der jüdischen Untergrundorganisation, angeschlossen hatte und dann mit seiner «Jewish Brigade»-Einheit bis nach Holland kam, dort untertauchte und die illegale Einwanderung nach Palästina mitorganisierte, war in der ersten Nacht nach Israels Unabhängigkeitserklärung an der syrischen Front nahe seinem Kibbuz in Galiläa schwer verwundet worden. Mit einem Freund hatte er Minen gelegt, um den feindlichen Vormarsch aufzuhalten. Auf dem Rückweg trat der Freund auf eine dieser Minen; er war sofort tot, Jona konnte verletzt entkommen.

Nachdem der Krieg zu Ende war, entschloß sich Rachel, zusammen mit ihrer Gruppe junger Kämpfer – alle unter 20 Jahren – in der Negev zu bleiben und einen Grenzkibbuz zu gründen. Anfänglich ohne Wasser und Elektrizität, schufen sie schließlich aus der Wüste eine blühende Landschaft. Fritz Grünfeld erinnert sich an den ersten Seder-Abend im Kibbuz seiner Tochter: «Der erste Seder-Abend in dieser neuen Siedlung – damals unmittelbar vor den ägyptischen Stellungen bei Gaza – wird mir unvergeßlich bleiben: die alten Bräuche – erneuert im Geiste unserer Zeit; die alten Melodien – im Chor von jungen Menschen gesungen; Lämmer aus der eigenen Herde – zum Pessach-Mahl geschlachtet; und die jungen Burschen und Mädchen, die während der langen Feier unter dem bestirnten Wüstenhimmel einander ablösend mit der Waffe in der Hand die Wachrunde um die Umzäunung machten.»

Auch Jona entschied sich zunächst für ein Leben im Kibbuz, dem Galil Ayelet Hashachar. Später studierte er in New York Biologie, kehrte mit seiner amerikanischen Frau Ruth nach Israel zurück und lebte bis zur Geburt des ersten Kindes im Kibbuz. Dann verließen sie das genossenschaftliche Leben, weil Ruth der Tradition der gemeinschaftlichen Kindererziehung ablehnend gegenüberstand. Nach weiteren drei Jahren Auslandsaufenthalt in Bern, wo Jona Veterinärmedizin studierte, zog die inzwischen fünfköpfige Familie nach Rehovoth, südlich von Tel Aviv.

Hilde und Fritz Grünfelds Leben wurde leichter, als sie 1957 im Rahmen der Wiedergutmachungszahlungen einen Bruchteil ihres ehemaligen Vermögens erstattet bekamen und sich selbst davon ein kleines Häuschen in Tel Aviv kaufen konnten. Gleichzeitig schloß Hilde auf Betreiben ihres Mannes ihr kleines Geschäft, und Fritz ging in Pension. Er setzte sich aber nicht wirklich zur Ruhe. Eine große Herausforderung bedeutete für ihn die hohe Zahl der Analphabeten in Israel und der Mangel an Hebräischkenntnissen in der Bevölkerung; er organisierte Hebräischunterricht, eine Beschäftigung, der Fritz Grünfeld bis ins hohe Alter mit großer Begeisterung nachging. Trotzdem aber blieb Hilde und Fritz genügend Zeit, erstmals 1959 ihre alte Heimat zu besuchen. Berlin, das bedeutete für sie noch immer ein pulsierendes kulturelles Leben, das sie in Israel wohl vermißten. Dennoch kam ihnen nie der Gedanke, wieder nach Berlin zurückzukehren. Sie waren und fühlten sich als wirkliche Israelis, aber, wie Hilde Grünfeld für sich betont, «mit sehr jäckischen Zügen». Fritz meinte einmal, sein Herz sei verpflanzt worden, das erste sei in Deutschland geblieben und dafür ein neues in Israel eingesetzt worden. Ähnlich müssen es wohl alle Mitglieder der Familien Grünfeld und Osborn – sie gehörten einstmals zu den angesehensten jüdischen Familien in Deutschland – empfunden haben; kein einziges Mitglied ist in die alte Heimat zurückgezogen. Selbst die Kinder von Fritz und Hilde kommen entweder überhaupt nicht oder nur unter großen seelischen Belastungen nach Deutschland. Die Enkel sind ganz und gar Israelis und sprechen gar nicht oder nur noch schlecht die Sprache ihrer Eltern und Großeltern.

Nachdem Fritz Vinzenz Grünfeld 1982 gestorben ist, lebt die mittlerweile 94jährige Hilde nun allein in ihrem Häuschen bei Tel Aviv. Sie nimmt noch regen Anteil nicht nur am Familienleben, sondern besonders auch an der politischen Entwicklung Israels. Als Liberale plädiert sie für Toleranz gegenüber den Palästinensern, deren menschenwürdiges Dasein zu ihren Anliegen gehört.

Ubi bene ibi patria
Ein Lehrer und Kaufmann in Istanbul

von Dietrich Gronau

Die türkische Regierung befand sich nach Ausbruch des Zweiten Weltkriegs in einer Zwickmühle. Sollte sie Deutschland den Krieg erklären oder nicht? Einerseits bestanden seit dem 19. Jahrhundert gute Beziehungen zwischen beiden Ländern, andererseits wollte man nicht zur angrenzenden Sowjetunion und zu Großbritannien, das im Vorderen Orient massive Interessen besaß, in ein schlechtes Verhältnis geraten, was womöglich zu einer militärischen Besetzung des eigenen Landes – wie schon einmal zwischen 1918 und 1922 – führen konnte. Die noch an den Traditionen osmanischer Diplomatie geschulten Politiker entschieden sich für Neutralität, schlossen aber gleichzeitig mit England und Frankreich einen Beistandspakt und 1941 mit Deutschland einen Freundschaftsvertrag. Am 23. Februar 1945 erklärten sie dem Hitlerregime und Japan den Krieg, um bei zukünftigen Verhandlungen auf der Seite der Sieger zu stehen.

Ähnlich vielschichtig war das Verhalten gegenüber den türkisch-jüdischen Staatsbürgern und den jüdischen Emigranten. Von 1933 bis 1938 hatte die Türkei im Rahmen einer Universitätsreform, die schon 1932 eingeleitet worden war, deutsche und österreichische Wissenschaftler und Künstler, ungeachtet ihrer Religionszugehörigkeit, als Dozenten mit befristeten Verträgen eingestellt, was vielen aus politischen und rassischen Gründen Verfolgten unerwartet zugute kam.

1938, drei Jahre nach dem Erlaß der Nürnberger Gesetze, achteten die türkischen Behörden schon strenger darauf, daß die sich bewerbenden Professoren eine christliche Taufe nachweisen konnten, und sie verweigerten Schiffen, die europäische Emigranten nach Palästina bringen wollten, die Zwischenlandung, wenn von der britischen Mandatsverwaltung keine Genehmigung zur Einwanderung vorlag. Nach dem Abbruch der diplomatischen Beziehungen zu Deutschland im Herbst 1944 wurden die meisten deutschen Emigranten, wenn sie nicht ausreisen wollten, interniert. Diese rigorose Maßnahme galt nicht für Personen, die sich noch in öffentlichen Diensten befanden oder die – und das betraf überwiegend Ehepartner – in ihren deutschen Pässen als Juden gekennzeichnet waren.

Für türkische Staatsbürger jüdischen Glaubens, aber auch für die griechischen und armenischen Minderheiten brachte die am 11. Dezember 1942 erhobene einmalige Vermögensabgabe («varlik vergisi»), die das durch die Verteidigungsausgaben entstandene Defizit ausgleichen sollte, plötzlich und unvermutet eine Existenzbedrohung mit sich, denn der Abgabesatz betrug meist das Vielfache ihres Besitzes und lag höher als für andere vergleichbare Einkommensgruppen islamischen Glaubens. Die Folgen waren Zwangsverkäufe von Läden und Kleinbetrieben, staatlich organisierte Schwerarbeit in Ostanatolien, um die fehlende Summe zu verdienen, und Massenauswanderungen (vor allem nach Australien, Argentinien und Brasilien).

Diese Vermögensabgabe, die auch von türkischer Seite als Härte empfunden und als schlecht durchdacht kritisiert wurde, verursachte somit auf indirekte Weise eine erhebliche Verringerung der jüdischen Bevölkerung. Der Grund für die gezielt ungerechte Taxierung lag offensichtlich, wie in Europa, in einer verstärkten nationalistischen Strömung, die keine Minderheiten duldete. Für die Türkei ergab sich daraus letztlich ein großer Verlust an qualifizierten Handwerkern, Kaufleuten, Ärzten und Juristen, von denen traditionsgemäß viele jüdischer, griechischer und armenischer Herkunft waren. Obwohl seit dieser Vermögensabgabe von 1942 keine ähnliche Diskriminierung mehr erfolgte, hat sich die Mitgliederzahl der jüdischen Gemeinden, die vor dem Ersten Weltkrieg noch ca. 200 000 (davon 80 000 im damals noch osmanischen Saloniki) betrug und sich während des Zweiten Weltkriegs und danach auf ca. 20 000 reduzierte, in den vergangenen drei Jahrzehnten nicht wieder erhöht.

Ehemals von spanischen Juden, die 1492 von der iberischen Halbinsel durch die Katholischen Majestäten Ferdinand und Isabella ausgewiesen wurden, im Osmanischen Reich unter Beyazit I. gegründet, bilden die Sephardim-Gemeinden nach jahrhundertelangem erfolgreichen Wirken, das in den angesehenen Schulen der «Alliance des Israélites» und in der Bekleidung höchster Staatsämter gipfelte, heute nur noch einen Schatten ihrer selbst. In Istanbul leben etwa 14 000 dieser Gemeindemitglieder, in Izmir 4000 und in Edirne, bis Anfang des 20. Jahrhunderts ein berühmtes Zentrum der Sephardim, nur noch einige wenige.

Julius Stern kennt noch die ghettoartigen Wohnviertel der Sephardim in Istanbul. Sie lagen am nördlichen und südlichen Ufer des Goldenen Horns. Heute sind nur noch einige verfallene kleine Synagogen übriggeblieben, und die jüdischen Familien leben in den weitläufigen modernen Vierteln des neueren Stadtteils Beyoğlu, dort, wo sich schon die Sultane im 19. Jahrhundert am Bosporus einen zweiten Palast hatten bauen lassen, den Dolmabahçe Serail, und wo sich der Mittelpunkt des Geschäftslebens, der Taksim-

Platz, befindet. Auch Herr Stern, oder Stern Bey, wie Türken ihn anreden, bezog in den fünfziger Jahren ein Appartement in Şişli, einem Bezirk im Norden von Beyoğlu. Die verhältnismäßig luxuriöse Wohnung konnte er sich jedoch erst leisten, nachdem er die Holzexportfirma seines Schwiegervaters, eines jüdischen Großkaufmanns aus Österreich, übernommen hatte. Die Zeit vorher war zwar finanziell weniger interessant, dafür aber um so befriedigender für den gelernten Pädagogen.

Julius Stern wurde 1904 in Oberhessen geboren. 1927 promovierte er an der Universität Gießen und legte gleichzeitig das Referendarexamen für das höhere Lehramt in den Fächern Biologie und Chemie ab. 1929 nahm er an einem Ausbildungskurs für Unterricht im Ausland teil und ließ sich von der Kulturabteilung des Auswärtigen Amts an die Deutsche Oberrealschule in Istanbul vermitteln. Der Vertrag galt für drei Jahre. Kurz bevor er in die Türkei reiste, legte er in Mainz die Assessorenprüfung ab. Als er den Zug bestieg, ahnte er nicht, daß er seine Heimat für immer verließ.

1932 mußte er sich entscheiden, ob er in der Türkei bleiben oder nach Deutschland zurückgehen wollte. Alles, was er über die Nationalsozialisten las und hörte, erfüllte ihn schon zu diesem Zeitpunkt mit Mißtrauen. Knapp und nüchtern erinnert er sich an das Ergebnis seiner Überlegungen, das sein weiteres Leben bestimmen sollte: «Im Jahre 1932 verlängerte ich wegen der schlechten innerpolitischen Lage in Deutschland und entgegen meiner ursprünglichen Absicht meinen Vertrag um weitere vier Jahre.»

Seine realistische Beurteilung, daß der Antisemitismus der Nationalsozialisten nicht nur Theorie bleiben würde, bestätigte sich schon bald, und es gelang ihm noch rechtzeitig, seinen verwitweten Vater und seinen verheirateten Bruder zu überreden, außer Landes zu gehen. Um sie bei ihrer Übersiedelung in die USA zu begleiten, hielt er sich notgedrungen 1934 für drei Tage in Deutschland auf, das ihm Angst und Widerwillen, aber kaum noch heimatliche Gefühle einflößte. Als er wieder in Istanbul war, stand für ihn fest, daß er alles tun würde, um auch nach Ablauf seines verlängerten Vertrags in der Türkei bleiben zu können.

Das für ihn kritische Jahr 1936 entwickelte sich unerwartet günstig. Er erhielt von der türkischen Regierung, die sich noch wenig um die Religionszugehörigkeit deutscher Staatsangehöriger kümmerte, eine Lehrerstelle für Deutsch am berühmten Galata Saray Lisesi, das 1868 zur Zeit des Sultans Abdul-Aziz (1830–1876) an der heutigen Istiklâl Caddesi in Beyoğlu gegründet worden war. Als Unterrichtssprache galt an dieser Eliteschule traditionsgemäß Französisch, was zur Folge hatte, daß sich der Lehrkörper überwiegend aus Franzosen zusammensetzte. Im selben Jahr heiratete Julius Stern Ruth, eine Tochter des Holzexporteurs Bauer aus Österreich, der ein großes und gastliches Haus führte, das gern von den deutschsprachigen Gastprofessoren der Istanbuler Universität besucht wurde.

Trotz dieser beruflich und privat glücklichen Umstände blieb die beunruhigende Frage nach der Dauer der Anstellung. Die nächsten drei Jahre vergingen jedoch ohne irgendwelche Schwierigkeiten von offiziellen Stellen, im Gegenteil, Julius Stern wurde von der Unterrichtsverwaltung zum Mitglied einer Kommission ernannt, die Lernmaterial herausgab. Zusammen mit einem Kollegen, Heinz Anstock, verfaßte er in dieser Zeit das Deutsch-Lehrbuch «Türkler için Almanca» (Deutsch für Türken). 1939, nach Beginn des Zweiten Weltkriegs, schien seine Entlassung bevorzustehen. In dem Gespräch, zu dem ihn der Direktor des Galata Saray Lyzeums gebeten hatte, wurde ihm jedoch nur mitgeteilt, daß er wegen des kriegsbedingten Ausfalls mehrerer französischer Lehrer von nun an seine alten Fächer Biologie und Chemie unterrichten müsse. Diese Aufgabe nahm er bis 1951 wahr, aber das Damoklesschwert der Entlassung und der damit verbundenen Ausweisung schwebte bis 1945 ständig über ihm.

Von 1938 an genügte es den türkischen Behörden nicht mehr, daß deutsche Emigranten ihren gesicherten Unterhalt nachweisen konnten, um aufenthaltsberechtigt zu sein. Die Beamten forderten zusätzlich die Vorlage eines christlichen Taufscheins. Einige der schon vor 1938 in der Türkei lebenden Emigranten – es handelte sich vor allem um Personen, die in keinem festen Dienstverhältnis standen – mußten diesen Nachweis nachträglich erbringen. Von den wenigen neuen Emigranten, die kein großes «J» in ihrem Paß eingestempelt trugen und die nicht gleich abgewiesen wurden, erwartete man ebenfalls die Bestätigung ihrer Taufe durch eine kirchliche Stelle. Julius Stern, seit 1938 Vorsitzender des Emigrantenausschusses der Jüdischen Gemeinde, gelang es, zu dem damals in Istanbul residierenden katholischen Bischof Roncalli, dem späteren Papst Johannes XXIII., Kontakt aufzunehmen, um ihm das Problem mit den Taufscheinen für Juden vorzutragen. Der Apostolische Delegat Roncalli erklärte sich sofort bereit, welche Papiere auch immer mit dem erforderlichen kirchenamtlichen Stempel zu versehen. Julius Stern: «Er vertrat den Standpunkt, es sei christlicher, auf ein Papier einen zwar falschen, aber harmlosen Stempel zu drücken, als durch dessen Verweigerung einen Menschen zur Ausweisung und damit zum sicheren Tod zu verurteilen.»

1951 übernahm Julius Stern die Firma seines Schwiegervaters, in der er schon mehrere Jahre nebenbei tätig war, und gab den Lehrerberuf auf. Er zog mit seiner Frau und seinen beiden Töchtern nach Şişli und arbeitete von nun an im Büro in der Istanbuler Innenstadt oder, was häufiger der Fall war, reiste durch Anatolien, um an Holzauktionen teilzunehmen oder die Qualität der Waldbestände zu überprüfen. Auf diesen Fahrten kreuz und quer durch die Türkei lernte er die Einheimischen noch besser kennen und schätzen als während der schwierigen Jahre bis 1945, die bis auf gelegentliche Ausflüge nach Bursa und in das dort liegende Erholungsgebiet um den gipfelverschneiten Uludağ keine weiteren Reisen durch das Land zuließen.

Die neue Tätigkeit belebte aber auch die innere Persönlichkeit des langjährigen Pädagogen, der plötzlich eine Fülle von neuen Eindrücken gewann, die ihn aus der Not – der dauernden Entlassungs- und Ausweisungsgefahr – und der Routine des Schuldienstes herausrissen. Diese leidenschaftlich erfahrene Existenzerweiterung, für die er keine Ausdrucksmittel besaß, mag einer der Gründe für seine zunehmende Vereinsamung gewesen sein. Bevor noch auf andere Ursachen und Auswirkungen dieser inneren Isolierung, die das Leben von Julius Stern in der Türkei deutlich kennzeichnet, eingegangen wird, soll hier ein Bericht folgen, den er selber, bei sonst äußerster Zurückhaltung als Interviewpartner, ungewöhnlich ausführlich formuliert und der seine anatolischen Erlebnisse betrifft.

«Meine geschäftliche Tätigkeit bestand im Export von Nußklötzen an die europäischen Furnierfabriken. Die sogenannten Klotzhändler sammelten Partien von 40 bis 50 Tonnen in einem Dorf mit einer Straße zum Meer, Klötze, die sie von Bauern dieses Dorfes und benachbarter Dörfer gekauft hatten. Diese Partien wurden von mir übernommen und in oft recht mühsamer Weise in einen Hafen und von dort mit Motorfrachtbooten nach Istanbul befördert. Da sich Nußbäume in allen Teilen der Türkei finden, mußte ich das ganze Land bereisen. Es gibt keine der 67 Provinzen, die ich nicht besuchte, und zwar nicht nur Städte, sondern auch dörfliche Gegenden.

Besonders gut bekannt ist mir der Osten, denn dort kamen durch Anlegen neuer Straßen besonders wertvolle alte Stämme in den Handel, die man bis damals wegen mangelnder Beförderungsmöglichkeiten nicht gefällt hatte (seit 1958 ist der Export von Nußklötzen verboten). Damals, das heißt in den fünfziger Jahren, waren diese Provinzen noch sehr primitiv. Touristen waren nicht zugelassen, Kaufleute und Archäologen nur mit besonderer Genehmigung. Unsere Wahl unter den Fortbewegungsmitteln war: Jeep, Maultier oder Schusters Rappen. Gute Unterkunft bestand in einem Lager auf dem Divan, weniger gute auf dem Fußbodenteppich des Wohnzimmers eines Bauernhauses.»

In den sechziger Jahren zog sich Julius Stern aus dem aktiven Berufsleben zurück, behielt aber die Holzexportfirma bei. In den siebziger Jahren starb seine Frau, und seine beiden Töchter heirateten ins Rheinland und nach Jerusalem, wo er sie gelegentlich besucht; über seine Aufenthalte in der Bundesrepublik schweigt er, wenn er auch indirekt einräumt: «Ich kann nur sagen, daß die Deutschen damals bei mir nicht in hohem Kurs standen.» Von den ehemaligen deutsch-jüdischen Emigranten haben die meisten zwischen 1945 und 1950 die Türkei verlassen. Die letzten drei sind inzwischen gestorben, und ihre Kinder leben in anderen Ländern. Gründe genug, den über Achtzigjährigen vereinsamen zu lassen. Über diese Erfahrungen des alternden Menschen hinaus, daß immer mehr Freunde und Verwandte aus dem persönlichen Umfeld dahingehen, spielte und spielt jedoch für ihn die Schwierigkeit, sich zwischen den Kulturen und Nationen zu orientieren, eine wesentliche Rolle. Sein Fazit: «Ein selbstbewußter Mensch lebt innerlich immer auf einer individuellen Insel.»

Das Verhältnis zu seinem Geburtsland Deutschland blieb außerordentlich zwiespältig. Einerseits, meint er, hätten die bald sechzig Jahre Türkeiaufenthalt den Gedanken an Deutschland verdrängt, andererseits gibt es Momente wie diesen: «Trotz 60 Jahren in der Türkei ärgere ich mich immer noch, wenn ich sehe, wie Autofahrer Verkehrsampeln nur als Straßenschmuck betrachten.» Nachdem er betont darauf hinweist, daß national beschränkte Kultur für ihn keine Kultur sei und er mit gleicher Aufmerksamkeit den «Spiegel» und die «Time» lese, antwortet er auf die Frage, ob er manchmal daran denke, als Deutscher geboren zu sein: «Manchmal ja, meist bei nebensächlichen Dingen, zum Beispiel wenn ich mich ärgere, wenn in einem Fußball-Länderkampf Deutschland verliert.» Doch wie erschrocken über seine Äußerung fügt er hinzu: «Um einer weiteren Frage vorzubeugen: Ich weiß nicht, wem in einem Länderkampf Türkei-Deutschland meine Sympathie gehören würde. Wahrscheinlich würde mich ein Unentschieden am meisten befriedigen.»

Auffällig mag sein, daß er nicht nach Deutschland zurückging, obwohl er Anfang der fünfziger Jahre die deutsche Staatsbürgerschaft, die allen ins Ausland emigrierten Juden aberkannt worden war, wieder annahm, obwohl er das Ruhegehalt eines Oberstudienrats von Rheinland-Pfalz bezieht und obwohl eine seiner Töchter in der Bundesrepublik lebt. Ausschlaggebend für seine unliebsame Bindung an die Bundesrepublik war jedoch, daß er mit einem Ruhegehalt von der Türkei, in deren Diensten er nicht lange genug gestanden hatte, nicht rechnen konnte.

Warum er nicht wie fast alle anderen deutsch-jüdischen Emigranten die Türkei nach 1945 verließ, läßt sich ebensowenig eindeutig klären wie sein persönliches Verhältnis zu Deutschland. Die Beendigung seines Schuldienstes 1951, der ihm immerhin sein Ruhegehalt rund um die Welt garantierte, wäre ein möglicher Zeitpunkt für eine Umsiedlung gewesen. Ein zweiter günstiger Zeitpunkt war sein Ausscheiden aus dem Holzexportgeschäft. Bei der Erörterung von Alternativen, in welchem Land er seine Enkelkinder gern leben sehen würde, nennt er weder Israel noch die Türkei oder ein europäisches Land. Die einzige Präzisierung fällt zugunsten der USA, alle anderen Äußerungen in dieser Richtung laufen auf den idealistischen Wunsch hinaus: «Ich möchte, sie sollen Weltbürger sein.»

Und seine Bindungen an die Türkei? Auch diese haben sich eher aus praktischen Gründen und aus Gewohnheiten als aus emotionalem oder geistigem Engagement entwickelt. Also auch hier kein Ausruhen, keine Verankerung, keine Hingabe, die der Einsamkeit oder Isolierung entgegenwirkt. Als er nach Istanbul kam, pflegte er lange Zeit überwiegend mit Deutschen gesellschaftlichen Umgang, was sogar dazu führte, daß er vor 1933 Vorstandsmitglied in dem äußerst konservativen Klub «Teutonia» war. Später jedoch, als er aus seiner Wohnung in der Deutschen Schule umzog, und noch später, als er durch Anatolien reiste, wuchs seine Sympathie für türkische Lebensart und das mitmenschliche Verhalten der Türken.

«In Deutschland stellte man in einem großen Mietshaus den Tod einer allein wohnenden Frau erst durch den Leichengeruch fest. Wenn ich mich hier für zwei Tage entfernen will, muß ich die benachbart wohnenden Familien verständigen, sonst riskiere ich, bei meiner Rückkehr eine aufgebrochene Tür zu finden, weil man feststellen wollte, ob mir nichts zugestoßen sei. Meine Tochter wohnt in Deutschland in einem Haus mit fünf Wohnungen und kennt kaum einen Namen der Mitbewohner. Ich wohne in einem Haus von zwölf Wohnungen und war schon bei allen Mitbewohnern zu Gast.»

Ein anderes Beispiel, um türkische Mentalität positiv zu charakterisieren, gibt er, diesmal als Pädagoge, mit dem fotokopierten Brief eines ehemaligen Schülers, der – inzwischen zum türkischen Botschafter in Caracas avanciert – ihm, dem verehrten Lehrer («hoca»), 1987 Neujahrsgrüße zusandte. Julius Sterns Kommentar: «Ich bewundere immer wieder die Verehrung, die der gebildete Türke seinen Lehrern und überhaupt dem Alter entgegenbringt. Die Neujahrswünsche erhielt ich von einem Schüler, von dem ich 45 Jahre nichts gesehen und gehört habe und der zufälligerweise meine Adresse erfuhr. Können Sie sich einen deutschen Botschafter vorstellen, der ähnlich gehandelt hätte? Ich nicht.»

Aktiv betätigte er sich niemals in der türkischen Gesellschaft, auch der Jüdischen Gemeinde gehörte er, nachdem sich der Emigranten-Hilfsausschuß am Ende des Zweiten Weltkriegs aufgelöst hatte, nicht mehr an. Dieser konstant sich vollziehende Rückzug auf die «individuelle Insel» legt die Vermutung nahe, daß er gleichermaßen einen Rückzug aus der jüdischen Gemeinschaft antreten wollte, oder, vielleicht richtiger formuliert, aus einer Minorität, deren Zukunft er weiterhin für wechselhaft hält: «Die Tatsache, daß eine deutsche Zeitschrift den Neo-Nazismus für bedeutend genug hält, um ihm zwei Artikel zu widmen, die Wahlerfolge von Le Pen in Frankreich und der Ultranationalen in Dänemark zeigen, in welche Richtung die Entwicklung geht.»

Die Ablehnung der türkischen Staatsbürgerschaft begründet er aus dem gleichen Motiv: «Um Vollbürger zu werden, müßte ich den Glauben wechseln. Nicht-mohammedanische türkische Staatsangehörige werden als Minderheit betrachtet, die allerdings die gleichen Rechte genießt wie mohammedanische Türken.»

So lebt er denn nicht als Jude in der türkischen Gesellschaft – eine Tendenz zur Diskretion wird auch den jüdischen Gemeindemitgliedern in Istanbul und Izmir nachgesagt –, sondern als Deutscher, der in den Genuß der traditionellen deutsch-türkischen Freundschaft kommt, die schon im frühen 19. Jahrhundert ihren Anfang nahm, als Helmuth von Moltke als Militärberater in osmanischen Diensten stand.

Da die Türken den Umgang mit Westeuropäern und ihrer Kultur, von der sie seit der Französischen Revolution vieles übernommen haben, gewohnt sind, wissen sie auch, daß sich nur selten Fremde ihrer Kultur einfügen können oder wollen, und sie tolerieren diese Weigerung oder dieses Unvermögen. Ob Julius Stern zu diesen Fremden als Jude, als Deutscher oder als Europäer gehört, ist spekulativ, eindeutig jedoch ist seine kategorische Ablehnung, sich diesem Land anzupassen, in dem er schon seit über einem halben Jahrhundert lebt: «Assimilation ist bei Erwachsenen meist eine aus Minderwertigkeitskomplexen oder aus materiellem Interesse vorgenommene, für sie innerlich bedeutungslose Annahme eines fremden Glaubens oder einer fremden Lebensart.»

Die Außenwelt dringt seit Jahren fast nur noch durch Bücher zu dem alten Herrn, der zurückgezogen in Şişli lebt. Seine bevorzugten Gebiete sind Archäologie und das Alte Testament. In Istanbul liegen die historischen Denkmäler und Kunstschätze buchstäblich vor der Tür, und Julius Stern kennt sie alle sehr genau. Obwohl ihm das Schreiben auch mit der Maschine schwerfällt, widmet er dennoch bei der Beantwortung der Interviewfragen eine halbe Seite der «Schlangensäule», die auf dem Hippodrom, in der Nähe der Hagia Sophia und der Blauen Moschee, als Torso emporragt und die einst im Apollo-Tempel von Delphi an den Sieg der griechischen Städte über die Perser 479 v. Chr. bei Plataä erinnerte. Die Hervorhebung dieser Säule kommt nicht von ungefähr, verrät sich in ihr doch etwas von der heimlichen Zugehörigkeit Julius Sterns: «Die Säule weist auf Ereignisse hin, die verhinderten, daß das, was wir heute europäische Kultur nennen, vor 2500 Jahren im Keime erstickt wurde.»

Aber auch eine andere Zugehörigkeit wurde plötzlich deutlich, jenseits der Antwortbogen, ganz und gar nicht heimlich und geradezu demonstrativ belegt durch einen fotokopierten Dankesbrief des Landesbischofs Eduard Lohse und einen erklärenden Begleittext: «Nicht durch meinen Aufenthalt in der Türkei, aber durch die Angriffe der Nazis gegen das Alte Testament beschäftigte ich mich mit diesem Teil der Bibel», schreibt Julius Stern. An den Bischof von Hannover, der die Texte von Qumran in Deutsch und vokalisiertem Hebräisch herausgegeben hatte, schickte er nach ausführlicher Lektüre und langem Nachdenken einen Verbesserungsvorschlag für die Aussprache des Tetragramms: «Die Aussprache Jahwe für das Tetragramm ist ebenso unberechtigt wie vorher die Aussprache Jehowa. Die richtige Aussprache ist Ja howe: der Seiende, der Wirkliche.» Der protestantische Bischof nahm die Anregung des deutschen Juden aus dem islamischen Istanbul dankend an.

Ruhe gefunden hat Julius Stern trotz der Beschäftigung mit seiner weiteren Herkunft nicht, zumindest nicht in seinem von unruhigen Zeitläuften und tiefen Enttäuschungen geprägten gesellschaftlichen Leben. Zwei Bemerkungen von ihm kennzeichnen nicht nur seine eigene Verstörung. Die eine läßt die Geburtsheimat, Deutschland, wie eine letzte Sehnsucht nach Geborgenheit anklingen: «Das Lebensgefühl ändert sich nicht so leicht.» Die andere bezeichnet die von Vernunft und Erfahrung geprägte Erkenntnis eines aus allen Bindungen hinausgejagten Menschen: «Ubi bene ibi patria – Wo es mir gutgeht, da bin ich zu Hause.»

Mein Haifa lob ich mir
Eine Leipzigerin in Israel
von Christiane Schütz

Dies ist die Geschichte der Mirjam Janai. Es ist eine ganz gewöhnliche Geschichte, so oder ein bißchen anders haben sie auch andere erlebt. Aber es ist eben auch eine besondere Geschichte; gibt es doch – wenn wir einmal von der Statistik und ihren nackten Zahlen absehen – bei der Vertreibung der Juden aus Deutschland immer nur Einzelschicksale. Dies ist aber auch die Geschichte der Marie Wolf; denn sie – geboren 1920 in Leipzig – wird sich Mirjam erst nach ihrer Ankunft in Palästina nennen. Bis dahin lebt sie in Deutschland, wie viele Kinder ihres Alters auch – ganz gleich ob jüdisch oder nichtjüdisch. Denn Deutsche sind sie zu jener Zeit alle noch. Mirjam erzählt ihre Geschichte im Sommer 1988. Sie lebt – dann 68jährig – in Haifa. Sie arbeitet im Bereich Öffentlichkeitsarbeit an der dortigen Universität.

Die Familie von Samuel und Frieda Wolf hat seit eh und je in Deutschland gelebt. Die Eltern sind Deutsche nach Staatsangehörigkeit und Selbstverständnis. Vom Großvater gibt es ein Bild «mit dem Stahlhelm mit der Spitze da oben, das ist merkwürdig zu sehen, in deutscher Uniform». Aber so ist es doch gewesen, sagt Mirjam, damals in Deutschland: «Irgendwie hat sich das doch eingefleischt.» Die Eltern leben heute nicht mehr. Bis zu ihrem letzten Tag sagten sie, wenn sie von damals erzählten: «Bei uns in Leipzig.»

Marie Wolf geht in Leipzig zur Schule, wie alle anderen Kinder auch, nach der staatlichen Grundschule in eine private Höhere Töchterschule. Das war in jener Zeit so normal, wie es nur sein konnte. Aber dann ist alles Normale vorbei. Das Jahr 1933 bringt den großen Schnitt in dieses Leben. Auch noch fünfzig Jahre danach erinnert sie sich intensiv und auch im Detail. Die Wolfs wohnen neben dem Haus einer Studentenverbindung. Das sind – so scheint es ihr – die ersten, «die nationalsozialistisch geworden sind». Die Eltern sagen: «Du darfst jetzt nicht rausgehen, du mußt drinbleiben.» Es ist der April 1933: «Und ich habe rausgeguckt und sah sie mit diesen Stiefeln.»

Dann kommt die Sache mit der Schule. 1933 ist Marie Wolf dreizehn Jahre alt. Sie muß die Schule verlassen, Juden sind unerwünscht. «Die Tatsache, daß wir so rausgeflogen sind, das hat so einen schrecklichen Schlag gegeben. Das ist ein Trauma. Man muß gar nicht umgebracht werden. Ich habe einen solchen Schlag bekommen, den man nie vergißt. Den habe ich absolut bekommen als Kind. Meine Freundinnen in der Klasse, die wollten mich einfach nicht mehr angucken, weil ich Jude war. Das war so etwas Furchtbares.» Auch jetzt – 50 Jahre danach – hat sie zu keiner ihrer Mitschülerinnen irgendeinen Kontakt.

Im Jahr 1933 hört für Marie das Leben auf, das bisher für sie als vorgegeben gilt. Sie wechselt die Schule, sie geht in die Carlebach'sche Jüdische Schule. An der neuen Schule sind alle – Lehrer, Eltern und Schüler – zionistisch eingestellt. Das trifft auf eine Grundhaltung mit Tradition in der Familie Wolf. Der Großvater war Delegierter auf dem 12. Zionistenkongreß, der vom 1. bis 14. September 1921 in Karlsbad stattfand. Die Familie Wolf gehört zur Bewegung des Misrachi, weltweit ein Zusammenschluß von «thoratreuen Zionisten». Im Jahre 1902 von russischen Zionisten in Wilna gegründet, will der Misrachi ein geistiges Zentrum (hebr. «merkas ruchani») sein, um den Standpunkt der «Thoratreuen» innerhalb des Zionismus gegenüber einem «allgemeinen Kulturjudentum» zu wahren. Die Misrachi-Bewegung fordert einen Staat der Juden auf der Grundlage der Thora und im Geiste des «traditionellen Judentums».

Nach der nationalsozialistischen Machtübernahme beschließen die Eltern, sobald wie möglich Deutschland zu verlassen. Das Ziel ist klar: Sie werden ins Land Israel gehen, nach Eretz Israel. Der Vater, bisher Kaufmann, erlernt einen neuen Beruf, er wird Tischler. Die Familie – Vater, Mutter und die vier Kinder – bereiten sich auf das Leben im neuen Land vor. Marie ist Jugendführerin in einem zionistischen Jugendbund und meldet sich wie ihre ganze Klasse zur Jugendalijah. «Alijah» ist das hebräische Wort für Aufstieg, für den Aufstieg der Juden aus dem Exil in ihr Land, nach Eretz Israel. Die Jugendalijah ist eine eigene Organisation mit dem Ziel, junge Juden in Palästina anzusiedeln. 1932 begleitet Recha Freier, die Gründerin des Unternehmens, die erste Gruppe in das Kinderdorf Ben-Schemen. Bis zum Jahr 1939 gelangen über 3000 Jugendliche zwischen fünfzehn und siebzehn Jahren mit der Jugendalijah nach Palästina. In Deutschland werden sie in Gruppen eingeteilt und in mehrwöchigen Kursen auf das neue Leben vorbereitet.

Die Jugendalijah ist darauf konzentriert, Mädchen und Jungen zu helfen, die nicht mit ihren Eltern nach Palästina gehen. Sie sorgt auch für den Transport von Deutschland mit all den notwendigen Formalitäten, insbesondere wenn es darum geht, Zertifikate zu beschaffen. Denn ohne ein Zertifikat von seiten der britischen Mandatsmacht kommt kein Jude ins Heilige Land. Nur unter der Bedingung, daß zwei Jahre lang für Ausbildung und Verpflegung gesorgt wird, erhalten die Jugendlichen die Einreiseerlaubnis. Marie reist jedoch nicht mit einem Zertifikat der Jugendalijah, und sie nimmt auch nicht an einem Vorbereitungslager ihrer Gruppe teil.

Ihre Familie hat vielmehr ihr eigenes Zertifikat. So fährt sie zusammen mit Eltern und Geschwistern, während die Gruppe aus der Jugendalijah schon eine Woche früher in Palästina eintrifft.

Marie Wolf verläßt mit ihren Eltern Ende Dezember 1935 Deutschland. Das Land, in dem sie geboren und aufgewachsen ist, hat sie seitdem nicht mehr wiedergesehen.

Acht Tage später, also um die Jahreswende 1935/36, landet die Familie Wolf mit dem Schiff in Haifa. Für sie ist dies keine Emigration im üblichen Sinn. Denn Palästina ist für Juden – insbesondere für gläubige Juden – nicht Exil. Aber sie sind eben doch in einem fremden Land mit einer Sprache, die sie selbst nicht im tagtäglichen Gebrauch sprechen können. Und sie sind in einem armen Land: «Die Leute haben alle sehr schwer gearbeitet von früh bis abends. Meine Eltern mußten rund um die Uhr arbeiten. Es war ein sehr schweres Leben. Ein Land aufzubauen, in dem nichts gewesen ist, ist nicht so einfach, und sie haben es damals getan. Es waren ja nur 500 000 Leute, als wir kamen. Diese 500 000 haben alles geleistet.»

Die Eltern versuchen, Arbeit in Haifa zu finden: «Mein Vater hat in der Ölfabrik Shemen als Arbeiter gearbeitet. Und da hat er gearbeitet, bis er in Pension gegangen ist. Wir kamen nicht mit Mitteln an. Wir hatten nur das Nötigste, um uns hier einzuordnen. Meine Eltern haben sehr schwer gearbeitet, und mein Vater hat nur als Arbeiter gearbeitet all die Jahre, bis er relativ früh gestorben ist.»

Erst mit den Zahlungen aus der Bundesrepublik Deutschland im Rahmen der Gesetzgebung zur Wiedergutmachung nationalsozialistischen Unrechts und des Israel-Vertrages ändern sich die Lebensverhältnisse grundlegend: «Die Tatsache, daß die Eltern dann Restitutionen bekommen haben, die hat ihnen einen angenehmen Lebensabend beschert, das heißt sie waren unabhängig. Und so ging es fast meiner gesamten Generation. Sie mußte ihre Eltern nicht finanziell unterstützen und war dadurch freier für ihr eigenes Leben und für ihre Kinder.»

Die Einwanderer aus Deutschland kamen als Juden ins Land der Juden, aber sie mußten auch dort mit Schwierigkeiten unterschiedlicher Art kämpfen. Da gab es schon frühere Einwanderungsschübe, mehrheitlich aus Polen und Rußland, und «es sind schon alle Posten und Pöstchen besetzt». Diejenigen, die früher gekommen sind, fühlen sich als die Zionisten der ersten Stunde. Sie nennen die Juden aus Deutschland gern «Jäckes», wohl weil jene so fein vornehm nicht von den Jacken lassen wollen. Und oft gibt es die witzig-mitleidlose Frage: «Kommen Sie aus Deutschland oder aus Überzeugung?» Da ist es schon logisch, daß sich die Deutschsprechenden zusammenschließen. Wenn eine «jäckische» Familie ankommt, dann zieht sie dahin, wo schon ein paar «jäckische» Familien leben: «So hat man auf der Masadastraße auf dem Hadar (in Haifa) nur Deutsch gesprochen. Einer nach dem anderen ist dahin gezogen. Alle, die in diesen Jahren gekommen sind, haben entweder in der Masadastraße oder in der Hillelstraße gewohnt.» So auch die Familie Wolf.

Diese Konzentration prägt das kulturelle Umfeld der gesamten Familie. Die Eltern haben eigentlich nur Kontakt mit anderen «Jäckes», mit denen aus der Nachbarschaft und denen aus der «Hitachdut Olej Germania» (Vereinigung der Einwanderer aus Deutschland). Dort werden die Veranstaltungen immer nur in Deutsch abgehalten. Zu Veranstaltungen auf Hebräisch gehen die Eltern nicht, da sie die Sprache nicht beherrschen. Außerdem besuchen sie Konzerte. Sie lesen das deutsche Blättchen «Jediot Chadashot», und sie sehen Filme – so beispielsweise mit Hans Moser – in deutscher Sprache. Bis zum Krieg zumindest.

Anders als Mirjam gehen die Geschwister in Haifa zur Schule, sie sind sehr schnell in die hebräisch sprechende Gesellschaft integriert. Zur Zeit der Einwanderung sind sie dreizehn, acht und sechs Jahre alt. Auch bei ihnen ist der Anfang in der Schule nicht leicht, aber bald haben sie Freunde aus allen Kreisen. Die beiden Brüder gehen bis zum achtzehnten Lebensjahr zur Schule; einer hat heute eine leitende Stellung in einem Elektrizitätswerk, der andere ist Beamter. Die Schwester verläßt mit vierzehn die Schule und ist heute selbständige Schneiderin in Haifa. Alle drei Geschwister haben Ehepartner aus deutschsprachigen Familien. Alle Neffen und Nichten verstehen Deutsch, einige sprechen es auch. Die Geschwister von Mirjam und sie selbst sprechen alle Iwrit. Die Eltern haben das jedoch nie geschafft. Sie sprechen bis zu ihrem Tode nur Deutsch.

Das Resümee der Tochter: «Die Eltern, die ältere Generation, sie hat sich wohl niemals richtig einleben können. Tatsache ist, daß die Landsmannschaften ihr ganzes Vergnügen waren; alles hat sich um die Landsmannschaften gedreht: Also mein Vater war viele Jahre Vorsitzender der Leipziger, da ist er drin aufgegangen. Was die sich für Bücher über Leipzig beschafft haben! Das war damals gar nicht so einfach gewesen, aber alles haben sie gewußt. Irgendwie haben sie sich die Kenntnisse verschafft, und sie haben immer Vorträge gehabt. Jede Woche haben sie sich getroffen, und es gab nichts, was sie davon abhalten konnte. Ich glaube, das tun sie bis zum heutigen Tage. Meine Generation macht da nicht mehr mit. Das war Sache der Eltern.»

Mit dem Eintreffen in Palästina legen Eltern und Kinder ihre «deutschen» Vornamen ab, und sie gebrauchen von nun an die hebräische Form. Samuel wird Shmuel und Frieda Shulamit. Marie heißt von jetzt an Mirjam. Aber der Vater wird sie weiterhin «Mariechen» rufen.

Als Mirjam in Haifa ankommt, nimmt sie sofort Kontakt auf zu ihrer Gruppe aus der Jugendalijah. Sie trifft sie im Kibbuz Rodges in der Nähe von Petah Tikwa. Das ist der erste Kibbuz, den thoratreue Zionisten aus Deutschland Ende der zwanziger Jahre errichtet haben; der Name stammt von einem Hachscharaplatz, einer Ausbildungsfarm nahe der Stadt Fulda.

Die Jugendlichen werden dort in Gruppen eingeteilt. Man kann Landwirtschaft oder ein Handwerk lernen oder gleich zu Bauern aufs Land gehen. Mirjam wählt Hauswirtschaftslehre und Haifa; ihre Schulfreundin aus Leipzig, Shulamit Nachalon, entscheidet sich für Landwirtschaft und Kibbuz. Die Jugendlichen dort leben sich viel leichter ein als die, die in der Stadt bleiben: Der Kibbuz ist offener. Shulamit lebt seit dem Jahre 1939 in der Bet-Shean-Senke, im Kibbuz Sde Elijahu, zu deren Gründern sie gehört. Die beiden sind bis heute miteinander befreundet.

Die Gruppe (hebr. «Kwuzah»), der sich Mirjam angeschlossen hat, kommt nach Haifa. Sie nennt sich «Kwuzah Rambam». «RaMBaM» ist die Namensabkürzung für Rabbi Moses ben Maimon, für Maimonides, den bedeutendsten jüdischen Philosophen und Kodifikator des Mittelalters. Die Jungen der Gruppe lernen ein Handwerk auf der Handwerkschule, die zum Technion Haifa gehört. Die Mädchen lernen Hauswirtschaft. In den Nachmittagsstunden sind alle zusammen, da geht es «um Iwrit, Geschichte und andere theoretische Fächer».

Die Kwuzah Rambam lebt in jener Zeit in einem Haus, das mitten in der Deutschen Kolonie liegt. Diese «Kolonie» ist in den sechziger Jahren des 19. Jahrhunderts von Angehörigen der württembergischen Tempelgesellschaft gegründet worden. Es sind deutsche Staatsbürger, deren Familien schon seit Generationen dort leben und arbeiten. Unter ihnen gibt es «Nazis und auch andere, genauso wie in Deutschland auch». Es gibt keinen Kontakt zueinander: sie sind «nicht interessiert, mit Juden zu sprechen».

Mirjam wohnt nicht bei den Eltern. Sie gehört jetzt voll zur «Kwuzah». Einmal in der Woche besucht sie ihr Zuhause. Sie kommt selten allein; oft ist die halbe Gruppe dabei. Die Eltern des weitaus größten Teils der Mitglieder sind in Deutschland geblieben. Viele haben Heimweh oder besser gesagt, sie haben Sehnsucht nach ihrem Elternhaus: «Meinen Eltern ging es finanziell sehr schlecht, aber einen Teller Suppe hatte meine Mutter immer für jeden.»

Für Mädchen ist es so gut wie unmöglich, eine Fachausbildung zu bekommen. Die Klage über den «wirklichen Ausbildungsschaden» ist unüberhörbar. Lakonisch sagt Mirjam: «Die Mädchen haben nur Iwrit und Hauswirtschaft gemacht.» Es sind schwere Zeiten, «da konnte eine so begabt sein wie sie wollte, sie bekam nicht die Möglichkeit, zu studieren». Das ist erst wieder denen gelungen, die einige Jahre jünger gewesen sind – ungefähr acht Jahre später. Die konnten dann das lernen, was sie wollten: «Also ich habe keine Freundin aus meiner Generation, die das geworden ist, was sie sich vorgenommen hatte. Keine hat Karriere gemacht, es fehlte die formelle Ausbildung.»

Mirjam wird – nach den zwei Jahren in der Jugendalijah – Arbeit in einem Laden annehmen als Ungelernte, als Laufmädchen. Eines Tages hört sie, wie ein Nachbar zu seiner Tochter, die offenbar in der Schule nicht fleißig ist, sagt: «Wenn du nicht lernen willst, dann wirst du dasselbe machen wie die Mirjam. Dann wirst du Dreckarbeit machen müssen.» Das war ein schrecklicher Schock für sie, Mirjam wird sich an diesen Nachbarn noch viele Jahre später erinnern.

Schon sehr früh lernt Mirjam ihren Mann Jakob, genannt Jankel, kennen, den sie im Jahre 1940 heiraten wird. Auch er stammt aus Deutschland und gehört wie sie zur Jugendalijah, auch er ist Mitglied von Kwuzah Rambam. Jankel absolviert eine Lehre an der Handwerkschule des Technions als Schlosser und Kühltechniker, «was er bis zum heutigen Tage macht». Sie haben drei Kinder: Rachel (1957), Raphael (1946) und Meir Israel (1948). Die Erziehung ist streng: «Pflichtgefühl ist eine Maxime.» Wenn Mirjam von ihren dreizehn Enkelkindern spricht, dann vermerkt sie nicht ohne Stolz, daß man sehr schnell bei einem Kind merken kann, ob es aus einem «jäckischen Haus» kommt oder nicht. Der Ordnungsgeist und die strenge Erziehung zu Hause, das ist zu allen Zeiten so gewesen: «Irgendwie haben wir das anders gelernt und anders mitbekommen. Die Kinder mußten viel mehr auf die Eltern hören. Das ist bei meinen Enkelkindern auch noch so.»

Mirjam hat sich öfter schon gefragt, ob diese «strengen» Erziehungsgrundsätze, die sie und andere so direkt auf Deutschland beziehen, dort heute noch gelten. Nach so manchem, was sie über junge Menschen in der Bundesrepublik hört, zweifelt sie daran. Und sie wundert sich: «Vielleicht haben wir, die Jäckes in Israel, hier so einiges konserviert von dem, was in Deutschland verloren gegangen ist. Etwa in der Erziehung der Kinder.»

Die tragenden Grundsätze für die Erziehung ihrer Kinder allerdings sieht Mirjam verankert in den jüdischen Religionsgesetzen. Das war so bei ihr im Elternhaus – in Leipzig wie in Haifa gleichermaßen. Das war so in ihrer Gruppe der Jugendalijah. Und so bleibt es auch, als sie selbst eine Familie gründet, bei ihren Kindern und bei ihren Enkelkindern. Das ist nicht für alle Juden aus Deutschland, die aus thoratreuen Familien stammen, so selbstverständlich. Auch in ihrer Familie gibt es den einen oder den anderen, der sagt: «Also, wenn ich Israeli bin, dann brauche ich nicht mehr die Frömmigkeit.» In der Tat ist es nicht immer leicht, die Gesetze einzuhalten. Alle müssen schwer arbeiten, die ganze Woche lang, und der Sabbat ist der einzige freie Tag: «Damit hat es gewöhnlich angefangen, sie hatten keinen anderen Tag zum Entspannen. Dann haben sie den Sabbat dazu genommen, zum Schwimmen zu fahren und Ausflüge zu machen. Es ist nicht jedermanns Sache, in die Synagoge zu gehen.»

Für Mirjam, ihre Familie und ihre Freunde gibt es eigentlich keinen Zweifel daran, daß für Juden «das fromme Leben, das jüdisch-gesetzestreue Leben» das richtige sei. Denn: Worin zeigt sich das Judesein? Ihre Antwort: «Irgendwie muß sich das doch ausdrücken, sonst brauche ich doch das Ganze nicht. Und wenn ich nichts halte, wer bin ich denn? Wenn ich meine Wurzeln haben will und meinen Kindern Wurzeln geben will, dann muß ich ihnen Tradition überliefern. Und das jüdische Volk hat sie doch. Warum soll ich davon abweichen? Außerdem stehe ich auf dem Standpunkt, daß nur die Thora das jüdische Volk erhalten hat über die Generationen hinweg. Denn eine Sache ist klar: In dem Moment, wo einer alles ablehnt an Religiosität, dann ist die dritte Generation nicht mehr jüdisch.»

Heute – mehr als fünfzig Jahre, nachdem sie Leipzig verlassen hat, ist Mirjam Israelin, selbstbewußt und stolz zugleich. Sicherlich: Sie hat als Person in ihrem Leben nicht alles erreicht, was sie gerne erreicht hätte. Sie hat wie viele ihrer Altersgenossinnen nicht die Ausbildung erhalten, die sie sich eigentlich gewünscht hätte. Aber: Ihre Kinder sind heute Anwalt, Physiker und Lehrerin: «Mir war es wichtig, daß meine Kinder eine gute Ausbildung hatten. Vielleicht deshalb, weil ich immer so gespürt habe, wie mir eine gute Ausbildung fehlte.»

Mirjam und ihr Mann führen in all den Jahren ein Leben, das gleichermaßen einfach und erfüllt ist. Heimweh nach Deutschland spüren sie und ihresgleichen nicht. Das war anders in der Generation ihrer Eltern. Für die Eltern war es schwer, so tiefgreifend entwurzelt zu werden, in eine Steinwüste zu kommen: «Man kam ja schließlich aus einem Kulturland, und den deutschen Juden, denen ging es gut vorher. Sie waren gesellschaftlich akzeptabel in Deutschland gewesen. Dann war der Unterschied so schrecklich groß.» Diese Menschen hatten in der Tat «so eine Art Heimweh». Aber mit der «Kristallnacht» ist auch das vorbei: «Also ich kenne noch Leute, die zurückgegangen sind. Eine Cousine von mir, die ist noch 1937 wieder zurückgegangen, und sie ist dann nicht mehr herausgekommen.»

Damals und dann in den ersten Jahren nach der Staatsgründung ist das Leben nicht leicht. Das Land ist arm, und Hilfe von außen gibt es so gut wie nicht: «In den Zeiten, als es uns schlecht ging, habe ich immer gesagt: Die Bibel lesen gibt einem die meiste Kraft. Ich bin am Sabbat immer in die Synagoge gegangen, um den Wochenabschnitt zu hören. Denn jede Woche gibt es irgend etwas, an dem ich gesehen habe: Mein Gott, es hat schon so schlimme Zeiten gegeben, und sie sind vorbeigegangen zu irgendeiner Zeit. Also kann ich mich irgendwie darauf verlassen.»

Wie sieht Mirjam Gegenwart und Zukunft ihres Landes, des Staates Israel? Und: Wie steht sie heute zu Deutschland und zu den Deutschen? Mirjam ist «Zionistin bis zum letzten». Und sie spiegelt ihrer Ansicht nach das Bild wider, das allgemein gezeichnet werden kann von denen, die wie sie mit der Jugendalijah in den dreißiger Jahren nach Palästina gekommen sind. Sie kommen so gut wie alle «aus zionistischen Häusern», und «sie sind auch sehr positive Israelis geblieben».

Keiner aus ihrer Gruppe verläßt, trotz all der Erschwernisse ihrer Existenz, das Land wieder. Keiner sagt: Ich will nicht mehr. «Von jäckischen Familien in unserem Alter – ich kenne keine, wo die Kinder weggegangen sind aus dem Land. Die leben hier.»

Alle nehmen aktiv Anteil an der Verteidigung der Existenz des Staates Israel. Mirjams Mann ist wie alle seine Freunde in der Haganah, er wird dort Offizier. Die Haganah ist in den Jahren vor der Staatsgründung die größte militärische Selbsthilfeorganisation der Juden in Palästina; aus ihr ist die Zwa Haganah Lejisrael, die Armee Israels, hervorgegangen. Die Opfer an Einsatz und Zeit, die dieser Dienst fordert, sind außerordentlich. Und nicht wenige gerade aus der Jugendalijah verlieren dabei Gesundheit und Leben: «Von den zwölf Jungen in unserer Kwuzah sind in unseren verschiedenen Kriegen fünf gefallen.»

In dieser thoratreuen Familie haben alle «politisch eigentlich eine Linie». Mirjam sieht sich für lange Zeit als die «Liberalste». Dann ist auch sie aus Überzeugung in das Lager derer geschwenkt, denen der Staat Israel in seinen heutigen Grenzen nicht die erforderliche Sicherheit bietet: «Wenn wir hier leben wollen, dann können wir uns nicht auf einen Streifen von fünfzehn Kilometern beschränken. Wir müssen ein bißchen Atemraum haben. Ganz egal, was man da denkt. Ich finde, es ist auch für uns noch Platz da. Vor allem, wenn ich keinen anderen vertreiben will und die anderen auch bereit sind, mit mir zu leben.» Das ist nicht nur so dahin gesagt, und es ist auch nicht nur Meinung ohne tatsächliche Konsequenz. Sie ist klar und unmißverständlich dafür, daß Juden auch in jenen Gebieten siedeln, die die israelische Armee seit dem Sechs-Tage-Krieg im Jahr 1967 besetzt hält. So sehen es in ihrer Familie alle und ohne Ausnahme. Aber damit nicht genug: «Ob ich selbst in Jehuda und Schomron (Judäa und Samaria) siedeln würde? Das kann absolut sein. Meine Tochter hat es getan. Warum sollen wir nicht auch dort sitzen? Das Land gehört uns wie den Arabern. Wir verjagen sie nicht. Wir gehen dorthin, wo ein freier Platz ist.

Gerade so, wie die Araber hier sind, können wir auch dort sein. Wir haben nicht die Einstellung, daß wir die Araber da verjagen müssen, in keiner Weise.»

Wenn Mirjam von diesen Siedlungen und den Siedlern dort spricht, dann erinnert sie sich an ihre ersten Jahre in Palästina. Da wird eine Art Pioniergeist beschworen, der Geist der Chaluziut. «Chaluzim» werden seit der Zeit des Ersten Weltkriegs jene jungen Juden genannt, die nach Palästina gingen, um beim Aufbau der «nationalen Heimstätte des jüdischen Volkes» mitzuwirken. Der Grundgedanke dabei ist, sich durch Arbeit wieder mit dem Boden Palästinas zu verbinden und dabei gleichzeitig das eigene Leben zu revolutionieren. Alle Freunde Mirjams, die wie sie aus thoratreuen Familien ins Land gekommen sind, haben «mindestens ein Kind in Jehuda und Schomron» wohnen. Ihre eigene Tochter Rachel wohnt mit ihrer Familie in der Siedlung Dolow. Sie sehen den Flughafen Lod und die Straße nach Jerusalem: «Wenn das judenrein wäre, das wäre ein großes Unglück.»

Die Familie der Tochter lebt noch nicht im eigenen Haus, sondern in einem Caravan. Und wie sie leben in dieser Siedlung etwa 40 Familien mit ihren Kindern. Fast alle sind junge Akademiker. Sie gehören zur thoratreuen Jugendorganisation B'nei Akiva: «Diese jungen Leute, die dort leben, sind alle Ende 20, Anfang 30; sie erziehen dort ihre Kinder phantastisch und tun etwas für die Allgemeinheit. Ein hoher Prozentsatz kommt aus jäckischen Familien.»

Wie sieht Mirjam heute Deutschland? Zum Land, in dem sie geboren ist, hat sie ein Verhältnis, das mit dem Terminus «zwiespältig» am besten beschrieben ist. Einerseits spricht sie mit ihren Kindern deutsch, und sie versteht nicht, wie andere Israelis das verurteilt haben und heute noch tadeln: «Ich habe nichts abgelehnt, was mit der deutschen Kultur zu tun hat. Ich liebe alles, was mit Deutsch zu tun hat, bis hin zur neuen Kultur, zur neuen Literatur. Wenn wir uns mit Freunden aus der Jugendalijah treffen, da fallen wir immer noch ins Deutsche zurück, obwohl jeder ganz perfekt Iwrit spricht.»

Andererseits: Mirjam ist in all den Jahren nie wieder nach Deutschland gefahren. Sie spricht von «gewissen Hemmungen», die sie zurückhalten; etwa die Erinnerung an Leipzig im Jahre 1933: «Ich habe bei einer Zwischenlandung auf dem Frankfurter Flughafen die Polizei gesehen mit diesen Stiefeln. Da bin ich wie versteinert im Flugzeug sitzen geblieben. Die haben mich nicht hochgekriegt. Ich konnte nicht.»

Ihre Kinder allerdings fahren in die Bundesrepublik, besuchen wissenschaftliche Tagungen und haben mit deutschen Kollegen gute Bekanntschaft. Sie haben «überhaupt keine Hemmungen». Das registriert Mirjam sehr wohl als bemerkenswert. Manchmal hat sie gefragt. «Heute frage ich schon gar nicht mehr – weil die Zeit ist längst vorbei.» Allerdings interessiert es sie schon, was in Deutschland geschieht. Sie verfolgt aufmerksam die Entwicklung der Dinge dort, vor allem politisch und kulturell. Nicht von ungefähr konzentriert sie sich in ihrer beruflichen Tätigkeit bei der Universität Haifa auf die Kontakte zu wissenschaftlichen Institutionen in Deutschland.

Sie will auch nicht ausschließen, daß sie doch noch einmal hinfährt, vielleicht in den Schwarzwald: «Der ist so schön.» Sie ist überzeugt, daß der Antisemitismus in der Bundesrepublik heute bestimmt nicht größer ist als irgendwo anders in der Welt. Und: «Die Menschen in Deutschland, die stehen mir viel näher als irgendwelche anderen Leute.»

Da ist unüberhörbar der Hinweis darauf, daß Deutschland als Land ihrer Geburt immer noch eine Kategorie in ihrem Denken ist. Es ist allerdings ein Denken, das in Gewicht und Ziel klar auf den Staat Israel gerichtet ist. Und zwar auf Israel nicht als Heimstatt für frühere Deutsche, sondern als der Staat, in dem alle Juden – auch die Juden aus Deutschland – ihre Zukunft sehen können.

«Ich war ein politisches Kind»
Ein Journalist in Paris
von Anna-Patricia Kahn

Er kommt pünktlich zu unserem Termin in mein Pariser Hotel, setzt sich zu mir auf die Couch, und kaum habe ich das Tonband eingeschaltet, beginnt er zu sprechen. «Ich bin in Berlin geboren, nee, verdammt nochmal, in Regensburg, dann sind wir nach Berlin gezogen.»

Wir kannten uns schon, Kurt Niedermayer und ich, und waren bereits Freunde, obwohl wir uns bislang erst zweimal getroffen hatten. Kennengelernt hatten wir uns in München, als er für ein Buch recherchierte, an dem er derzeit schreibt. Sein Titel: «Une enfance allemande».

Kurt Niedermayer ist vor 67 Jahren in Deutschland geboren – er beginnt, zu erzählen, fast ohne Pause, ununterbrochen, ich versuche verzweifelt, Blickkontakt mit ihm aufzunehmen, aber er spricht, ohne zu sehen, was um ihn herum ist, in gebetsmühlenartiger Weise. Er scheint sich in seiner Erzählung zu wiegen. Manchmal bricht er in ein Gelächter aus, das wie Weinen aussieht. Ich kann und darf ihn nicht unterbrechen. Nicht einmal, wenn er Hitler nachahmt. Und dennoch muß ich versuchen, ihn aufzuhalten, immer wieder, um zwischen der Erzählung und dem Jetzt durchatmen zu können, um Raum zu schaffen zwischen dem, was war, und dem, was ist; um nicht mit ihm in den Sog der Geschichte zu geraten. Schließlich wird die Geschichte doch zu meiner, da sie der Geschichte meiner Familie allzusehr gleicht...

Kurt ist gerade achtzehn Jahre alt, als seine Familie nach Berlin zieht. Er kann sich an das Datum genau erinnern, «ja, es war am 1. April 1931» – überhaupt hat Kurt ein hervorragendes Gedächtnis.

Seine Flucht bewegt sich zwischen drei geographischen Punkten, die zugleich die Etappen seiner Befreiung sind: Berlin – Basel – Paris. Bereits zu Beginn der dreißiger Jahre hat die Familie enge Beziehungen zu Basel, da eine gewisse Tante Sophia, genannt Fia, mit den Großeltern und ihrer Kunstgalerie schon früher in die Schweiz gezogen ist. Kurt nennt sie «unsere Retterin, unser gutes Omen». Sie ist es, die das Leben der Familie retten wird, sie ahnt als einzige die herannahenden Gefahren. Konsequent bemüht sie sich, die in Deutschland zurückgebliebene Familie von der Notwendigkeit der Emigration zu überzeugen.

Unterdessen wird Kurt in ein pädagogisches Institut in die französische Schweiz geschickt, da «ich ein schlechter Schüler war». Dort verbringt er zwei Jahre, die er als die glücklichsten seines Lebens bezeichnet. Dort erfährt er zum erstenmal, wie sehr das Schreiben Freude machen kann. Aber das Glück ist von kurzer Dauer. Im Mai 1933 erreicht ihn ein Brief der Mutter, der die Rückkehr des inzwischen guten Schülers befiehlt. Denn einerseits hat die Familie durch die gesetzlich bedingten Geschäftseinschränkungen in Nazi-Deutschland viel Geld verloren, andererseits will die Mutter aus Kurt einen Schuster machen, da sie die Meinung etlicher deutscher Juden teilt: «Die jüdischen Intellektuellen haben uns immer Unglück gebracht, sie sollen endlich aufhören, die Menschheit mit ihren Ideen zu belasten und statt dessen lieber einfache Handwerker und Bauern werden.»

Für Kurt bedeutet dies eine Katastrophe, er fühlt sich im Institut geborgen und wohl. Der Versuch des Direktors, den Buben ohne Schulgeld zu behalten, ist nicht nur erfolglos, sondern wird überdies zur schieren Beleidigung in den Augen der Mutter. Man ist doch aus «einer akkuraten, herrlichen, deutschen Familie, die niemals auf Almosen angewiesen war»!

Auf dem Weg zurück nach Berlin darf der junge Kurt sechs Wochen Zwischenstation bei Tante Fia machen, die sich den Jungen zum «Botschafter» ihrer Ängste erwählt. An ihm ist es, der Familie das schlimmstmögliche Bild zu malen, so daß sie sich endlich für das Exil entscheidet. Tante Fia unterzieht ihn deshalb einer gründlichen politischen Ausbildung: Sie spricht mit dem inzwischen Elfjährigen über den Nationalsozialismus, gibt ihm politische Bücher zu lesen und läßt ihn seiner ersten großen Leidenschaft nachgehen: Zeitungen lesen! «Ich war ein sonderbares Kind, ich hatte mit meiner Umwelt fast keine Beziehungen. Meine ganze Lebensenergie kanalisierte sich ausschließlich auf die Politik. Ich war ein politisches Kind, und abgesehen von der Politik interessierten mich nur die einsamen Wanderungen in der Natur.»

Kurt hat ein «Leibblatt», wie er es in seinem altmodischen Deutsch ausdrückt. «Die Basler National-Zeitung», und er wiederholt für sich einen Satz aus einem Lieblingsbuch: «Ich liebe die Schweiz, weil dort die Freiheit im Rahmen einer herrlichen Natur herrscht.»

Doch Kurt muß nach Berlin. Und Kurt fürchtet sich. Er war sicher: «1938 würde Hitler alle Juden vernichten, ... ja umbringen.» Seine Rückkehr mit dem Zug nach Deutschland beschreibt er als «Einfahrt in die Hölle». Als zwei junge amerikanische Studentinnen im Abteil ausrufen, wie schön Deutschland sei, ist Kurt restlos verzweifelt und versucht in gebrochenem Englisch den beiden Fräuleins klar zu machen, daß Deutschland «nicht so beautiful ist, sondern ganz schlimm».

In Berlin ist es wirklich schlimm, die öffentlichen Plätze werden für Juden verboten, auch Ausflüge kann man keine mehr unternehmen: Der Stiefvater, dieser kluge und witzige preußische Jude, den Kurt zärtlich liebt, als sei er sein eigener Vater (der war gestorben, als Kurt gerade anderthalb Jahre alt war), der Stiefvater hat nicht einmal mehr sein Auto, einen Opel, der Kurts großer Schwarm war.

Die Familie sitzt notgedrungen den ganzen Tag daheim. Kurts Hauptaufgabe besteht darin, dem Stiefvater die «Tribune de Lausanne» tagtäglich zu übersetzen und der Familie, ganz wie Tante Fia es befohlen hatte, Angst einzujagen. Doch er wird eher beschimpft als ernst genommen. Kinder sollten sich doch nicht um Politik scheren, schreit die Mutter.

Nach der «Kristallnacht» wird die Situation noch gefährlicher, der Augenblick, eine Entscheidung zu fällen, rückt näher. Wie schwer sie den deutschen Juden gefallen ist, läßt sich gut an den Reaktionen der Familie erkennen. Die Mutter ist «Monarchistin und hängt so an Deutschland, da war nichts zu machen». Der Stiefvater ist Freimaurer und eingeschriebener Sozialdemokrat, «er wußte, was dieses Regime bedeutete, er hatte es ja an seiner eigenen Haut erlebt, wie sie ihn couillonierten (Kurt verwendet hier das französische Wort «couilloner», was soviel wie «verarschen» bedeutet) und kaputtmachten». Doch da der Stiefvater die Kommunisten noch mehr haßt, meint er, «man solle lieber unter der Erde liegen, als in dieses servile Rußland zu gehen».

Also arrangiert Tante Fia zunächst die Flucht von Kurts Bruder in die Schweiz und schließlich nach Lyon. Kurt will mit der «Alyath Hanoah», einer zionistischen Jugendbewegung, nach Palästina. Um seine Papiere in Ordnung zu bringen, benötigt er ein ärztliches Attest. Die Mutter, die sich gegen Kurts Auswanderungspläne sträubt, da ihr Kind in ein «asiatisches wildes Kolonialland» will, plant mit dem jüdischen Arzt, der sich offiziell nur noch «Behandler» nennen darf, ein richtiges Komplott. Sie läßt ihn ein Attest schreiben, in dem er bestätigt, daß Kurt an einer schweren Krankheit leide. Somit soll Kurt ins Bett gebracht werden, damit er endlich Ruhe gebe und aufhöre, politische Skandale in dem Haus zu veranstalten.

Kurt erzählt auf Deutsch und hat ganz offensichtlich großes Vergnügen daran, inmitten von Paris seine Muttersprache zu sprechen. Wir schreiben den 1. Mai 1990, Paris flirrt in einer ungewöhnlichen Hitze, und am Place de la République feiert Jean-Marie Le Pen zusammen mit seinen Anhängern «Le jour du travail et Sainte Jeanne d'Arc». Kurts Stimme verändert sich, wird immer lauter, und der Herr vom Empfang steckt plötzlich seinen Kopf durch die Tür, als Kurts Schrei zum Gebrüll wird: «Man hat mir vorgeworfen, ich wäre ein falscher Prophet, aber ich werde Ihnen beweisen, daß ich die Zukunft voraussehe. Wenn das internationale Judentum einen neuen Krieg entfesseln wird, schwöre ich dir, mein deutsches Volk, kein Jude wird diesen Krieg überleben!»

Ich zittere ein wenig, während Kurt schon wieder lacht und berichtet, wie er als Vierzehnjähriger im elterlichen Haus schrie, «er wird uns alle ermorden», und das schöne Meissner Service der Frau Mama zerschlug. Nach einer ordentlichen Tracht Prügel wurde er ins Bett gesteckt: Kinder dürfen sich doch nicht um Politik kümmern!

Kurt tobt in der BFDZ, der «Berliner Freiheitlichen Demokratischen Zeitung», herausgegeben von Kurt für Kurt, seine Angst und Wut aus. Er schreibt: «Man sollte Hitler hängen», und er ruft verzweifelt nach Roosevelt und Léon Blum. Dieses erste politische Tagebuch begräbt er buchstäblich jeden Abend eigenhändig im Garten.

Nach dem deutschen Überfall auf Böhmen und Mähren wird die Flucht der Schwester der Mutter vorbereitet, natürlich wieder von Tante Fia. Kurts

Warnungen werden so drängend, daß die Mutter endlich nachgibt und er mit nach Basel darf. Dort wartet auf ihn Fia, die ihn diesmal jedoch nicht bei sich behalten kann, da illegale Flüchtlinge an der Grenze von den Schweizer Beamten abgewiesen werden. Er muß also weg aus Basel, weiter nach Frankreich. Die Tante bezahlt einen Passeur, der «mich aus ihrer Wohnung holte, und wir sind mit seinem Wagen zur Endstation der Linie 3 Burgfeldenstraße gefahren, wo sich übrigens der jüdische Friedhof befindet, ... bei Nacht hat uns der Passeur über die Grenze gebracht, eine Fremde, ein Paket und mich. Wir mußten 500 Meter in eine Richtung laufen und dann in eine andere. Die Frau ist hysterisch geworden, und ich schrie ‹vorwärts, vorwärts›.»

Im Hotel de Paris in Mühlhausen warten bereits Tante Fia und Rabbiner Hirschler, damals Rabbiner von Straßburg, auf ihn. Hier begegnet Kurt auch Monsieur Emile Cahen, «ein ganz hervorragender Mensch, Präsident der Liga für Menschenrechte und überzeugter Radikalsozialist». Monsieur Cahen lebt allein mit einer Haushälterin namens Emma und nimmt den Jungen bei sich auf, als wäre er sein eigener Sohn. Diese Phase bezeichnet Kurt als seine «Initiation à la France».

Während Monsieur Cahen seinen Geschäften nachgeht, kann sich Kurt unbehelligt und frei bewegen. «Ich war vollkommen illegal, aber wer hätte sich schon für einen Vierzehnjährigen interessiert, das kam erst später.» Mittags geht er täglich in das Flüchtlingslokal essen, «das war ein ganz großartiges Essen», erinnert er sich. Aber vor allem gibt es dort fünf Zeitungen, die an den Wänden angeschlagen sind. Ständig wandert er von einer zur anderen, um sie alle zu lesen. Zudem besitzt Monsieur Cahen eine beeindruckende Sammlung der «Illustration» und des «Le Soir», «eine fabelhafte Zeitung mit so vielen Bildern und solch' abenteuerlichen Reportagen». Kurt verschlingt alles mit Begeisterung und lauscht den antifaschistischen Reden Cahens, als ob es «Räuberromane gewesen wären, ich war wie verhext und habe das alles aufgenommen, als wäre das die Thora».

Emma, die Haushälterin, bringt ihm elsässische Lieder bei, Kurt singt sie mir hier, im Salon des Hotels, vor. Emma erzählt ihm von der mutigen Haltung der elsässischen Frauen, die 1914, als die Deutschen kamen, an ihre Fenster die Trikolore hingen und riefen: «Vive La France». «Seit damals», ereifert sich Kurt, «seit damals bin ich das Elsaß!» Mit Emmas Sohn Raymond lernt Kurt Fahrrad fahren, und neben den Zeitungen wird das Fahrrad seine zweite große Leidenschaft. Er fährt nun seit mehr als 40 Jahren.

Er ist diesen beiden waschechten Franzosen dankbar dafür, daß sie ihm seinen Eintritt in Frankreich auf so liebenswürdige Art und Weise ermöglicht haben. Seine Leidenschaft für das Elsaß ist bis heute nicht erloschen, und er meint: «Meine zukünftigen deutschen Leser werden es zwar nicht mögen, aber als ich in Straßburg arbeitete, da war ich froh, daß die jungen Leute französisch und nicht deutsch sprachen.»

Ein einziger Tag ist ganz schlimm in Mühlhausen, der Samstag. Da Erwachsene glauben, daß sie allzu sehr für Kinder denken müssen, sind sie alle der Ansicht, Kurt müsse mit Gleichaltrigen zusammenkommen. Infolgedessen muß Kurt jeden Samstag nachmittag mit den anderen jüdischen Kindern Fußball spielen. «Ich habe Fußball gehaßt.» Er haßt überhaupt Spiele mit anderen Kindern, er will lieber allein sein, allein spielen, sei es in Berlin, sei es in Mühlhausen. Nur so kann er sich einbilden, er sei ein Zug: «... und der Stock hinter mir, das waren die Waggons. Man hatte mich in der Familie immer ‹der Stockjude›, manchmal sogar ‹der Saustockjude› genannt. So bin ich gefahren, und da man mir immer sagte, daß man als Emigrant und Jude sehr stark sein muß, trainierte ich mich. Ich war zwar beim Turnen der letzte, dafür aber im Laufen der schnellste. Als Zug war ich ganz besonders schnell.»

Kurt lacht. Ich möchte als solidarische Geste mitlachen über den Buben, der sich damals in Berlin einbildete, er wäre befreundet mit dem französischen Konsul und würde mit ihm zusammen die Nazis stoppen und sie alle, alle verhaften. Aber Kurt läßt mir keine Zeit, er verläßt mit einem Satz die Träume des Jungen und erzählt kühl und sachlich weiter, wie er im August 1939 Mühlhausen und Herrn Cahen verlassen mußte: Der deutsch-sowjetische Pakt war unterschrieben, und Mühlhausen lag zu nah an der Maginot-Linie, ein illegaler Einwanderer konnte da nicht bleiben. Kurt erzählt nichts über seine Trauer, als er den geliebten Monsieur Cahen verließ. Er erzählt auch nichts über die Reise nach Paris, allein, wo die Leute vom «CAR» (Comité d'assistance aux réfugiés – Komitee zur Unterstützung von Juden aus Deutschland und Österreich) auf ihn warteten; er scheint nicht zu hören, wenn ich etwas frage, und beantwortet keinen meiner Einwände, plötzlich, irritiert, fügt er hinzu, und diesmal auf Französisch: «Plus tard, plus tard, laisses-moi raconter» – später, später, laß' mich erzählen! Also kehre ich mit ihm zur Gare de l'Est zurück.

«Ich bin an der Gare de l'Est angekommen, und das erste, was ich gemacht habe, war, 50 centimes auszugeben, um mir «L'Epoque» zu kaufen. Das war zwar ein rechtsextremistisches Blatt, aber das einzige Blatt, das schon frühzeitig gegen Hitler und das Münchner Abkommen war. Ich habe mich auf eine Terrasse gesetzt und für 40 centimes zum erstenmal in meinem Leben ein Croissant gegessen.»

An der U-Bahn-Station «Métro Wagram» entdeckt Kurt die Hölle. Hier ist der Sitz des «CAR». Bis jetzt ist er stolz, ein Flüchtling zu sein, er freut sich über seine großen Abenteuer. «Es war entsetzlich, da waren Hunderte von Menschen, die alle in einer Schlange standen, dort hat man denen etwas Geld gegeben, sonst wären sie verhungert. Die Schlangen standen in dem Haus, vor dem Haus, ich war das erstemal richtig verzweifelt, ich fühlte mich verlassen, ich tröstete mich mit der Mobilisation und war für den Krieg.»

Mit der Ankunft in Paris beginnt für Kurt eine neue Lektion, die er nur schwer lernen kann: Der Junge muß seine Kräfte mit der Bürokratie messen. Wegen seiner Papiere muß er von einem Komitee zum anderen und vor allem zur «Préfecture de Paris». Dort wartet er manchmal bis zu sechs Stunden, ehe man sich seines Falles annimmt. «Die Polizisten amüsierten sich damit, falsche Auskünfte zu erteilen, wir waren für sie eine Art Tiere, mit denen sie ihren Spaß hatten... Gesindel!»

Erschwerend kommt hinzu, daß Kurt sich einer eigenen französischen Sprache bedient, seiner «intimen Sprache», der Zeitungssprache, wenn er etwa sagt: «Je revendiques du pain.» («Ich erhebe Anspruch auf Brot») und nicht «Donnes moi du pain.» («Geben Sie mir Brot»). Der Beamte, entnervt über die widersprüchlichen Informationen, die Kurt in diesem merkwürdigen Kauderwelsch gibt, sperrt ihn in die große Untersuchungszelle. «Dort habe ich sogar ein riesiges Stück Emmentaler bekommen, es war sehr angenehm, ich mußte nichts dafür bezahlen.»

Mit dem Emmentaler bekommt er aber auch einen «Refus de séjour», eine Aufenthaltsverweigerung, die ihm lediglich gestattet, das Verlassen des nationalen Territoriums um vier Tage aufzuschieben. «Das war richtige Tierquälerei», schimpft Kurt. So muß er sich also alle vier Tage bei der Préfecture melden, und da er kein Geld für die Metro hat, entdeckt er dabei Paris zu Fuß, von der Préfecture zum Emigrantenhotel, das ironischerweise «Hôtel de la Liberté» heißt. Es liegt in der Nähe der Gare de l'Est.

Der Krieg beginnt und damit der fürchterliche Fliegeralarm, manchmal, damit die Bevölkerung sich an den Kriegszustand gewöhnen kann! Die Franzosen üben auf der Straße das exakte Anlegen der Gasmasken. Flüchtlinge müssen ohne sie auskommen. Es gibt angeblich nicht genug. Bei jedem Alarm verliert Kurt entweder seine Papiere oder sein Geld oder beides und muß daher jedesmal wieder zur Préfecture. «Ich war dort sehr bekannt, ich war der Junge, der alles verliert!» Einer der Beamten, den Kurt als «nett» einstuft, weil er nicht allzuviel brüllt, mokiert sich und sagt: «Eines Tages wirst du noch deinen Kopf verlieren.»

Einige Wochen kann Kurt mit den jüdischen Pfadfindern bei Rambouillet verbringen, wo er zusammen mit den anderen als Erntehelfer eingesetzt wird. Er bekommt täglich ein Frühstück und genießt es, mit den Kindern zu sein. Aber als er nach Paris zurückkehrt, wird er von dem Komitee wieder weggeschickt, um Schlosser zu lernen. Er tröstet sich erneut, beinahe schon routiniert, in der Wärme eines Flüchtlingslokals, in dem er seine Zeitungen liest.

Das Geld reicht nicht mehr, um das Hotel zu zahlen. Nun wird er in ein Obdachlosenheim gebracht. Er fürchtet sich dort ganz schrecklich und kann nicht schlafen: «Im Schlafraum waren Epileptiker, man hat sich geschlagen, es war ein richtiges Irrenhaus, la descente aux enfers quoi, eine Höllenfahrt!»

Kurt wird mit anderen Kindern aus Elsaß/Lothringen und den deutschen Gebieten nach Südfrankreich evakuiert. Diese Kinderkolonie in Villefranche im Département de L'Aveyron wird in einem alten Gebäude untergebracht, dessen Fenster zerschlagen sind, so daß die Kleinen in der Nacht erbärmlich frieren und ihre Bedürfnisse durch die Fenster hindurch verrichten müssen. Sie erfinden ein Lied, das Kurt jetzt vor mir mit voller Stimme anhebt: «Zwischen der Gasfabrik [gemeint sind die Gaskammern] und dem alten Gefängnis sind wir am Ufer von L'Aveyron untergebracht.» Den Leiter der Kolonie müssen die Kinder mit «Chef» anreden, doch Kurt kann das kaum aussprechen, «Chef ist doch auf Deutsch Führer, oder»?

Kurt besucht nicht mehr die Schule, er will, ganz dem Wunsche der Mutter entsprechend, Handwerker werden. In der Kolonie geht er bei einem Malermeister in die Lehre, viel lernt er bei ihm zwar nicht, dafür aber wird er mit einem französischen Namen bedacht, Henri, denn für den Meister ist Kurt einfach kein Name und sowieso viel zu schwierig auszusprechen. Dann wird Kurt Holzfäller. Mit den anderen Kindern wird nie über die zurückgelassenen Familien oder über Deutschland gesprochen, mit den anderen Kindern schwelgt er in Erzählungen heroischer Taten der französischen Armee. Als Monsieur Cahen ihm ein wenig Geld schickt, verfaßt Kurt seinen ersten Text, eine Hymne auf die französische Armee und – bezahlt damit die regionale Zeitung, damit sie ihn druckt.

Am Tag der Veröffentlichung werden die Kinder aus dem Kinderheim vertrieben. Die Nachbarn verstehen nicht, was dort vor sich geht, sie hören lediglich, daß Deutsch gesprochen wird, und meinen, diese Flüchtlinge gehörten zur fünften Kolonne. «Die Leute wußten nicht, was Juden sind, es war, als hätten wir von Babylonien gesprochen. Sie haben sich bei der Polizei beschwert, es waren doch nur Kinder. Die Kleinsten waren zehn Jahre alt, die Größten fünfzehn!»

Kurt scheint müde geworden zu sein. Wir sitzen mittlerweile auf einer Terrasse. Die Zeit hat uns wieder eingeholt. Kurt schaut auf und atmet tief. Der chronologische Faden ist abgebrochen. Stundenlang hat er seine Geschichte dermaßen dicht und komprimiert erzählt, daß er jetzt am Ende seiner Kräfte angelangt scheint. Mehr kann er jetzt nicht sagen, vieles will er auch nicht preisgeben, schließlich schreibt er seine Autobiographie, in der er sein Leben noch einmal gänzlich auszubreiten versucht. Wir sprechen über Deutschland, über den Begriff der Heimat, über Politik, über Israel.

Kurt ist in Regensburg geboren. Er ist Soziologe, Journalist, hat hochgepriesene Recherchen für das berühmte «CNRS» (Centre National de Recherches Scientifiques) über die Sozialisation im Kibbuz gemacht. Er hat das «Centre de Documentation du Moyen-Orient» begründet, gibt die Zeitschrift «Les nouveaux cahiers» heraus, er war parlamentarischer Assistent im europäischen Parlament in Straßburg, er war Sozialist, war Trotzkist, ist Humanist, schreibt.

Einige seiner Aussagen sollen an dieser Stelle ungekürzt wiedergegeben werden. Seine eigene Sprache, seine eigenwilligen Formulierungen zeichnen ein einprägsames Bild von Kurts Persönlichkeit. Über Deutschland: «Ich habe das Gefühl, daß es zwei Deutschlands gibt, ein gutes, geistiges und ein schlechtes, materialistisches. Und doch gibt es noch ein drittes, das geographische Deutschland, die Orte. Und das liebe ich auch nicht. Das einzige Deutschland, das ich liebe, ist Berlin. Weil es 200 Straßenbahnlinien gab und in Regensburg nur Nr. 1 bis Nr. 4, wobei ich die vierte nie gefunden habe. Und in Berlin gibt es zehn Bahnhöfe. Regensburg ist für mich zudem die Verkörperung des mittelalterlichen Deutschlands, verbunden mit einer gewissen Tradition. Berlin ist die Freiheit. Als Kind hatte ich mir eingebildet, daß, wenn man bis zum Ende des Kudamms spaziert, kommt man in einen Wald, und wenn man durch diesen Wald hindurch geht und immer weiter, dann ist da ... der Broadway.»

Über seine Heimat: «Da, wo ich sitze, ich bin stockfranzösisch, und zur Heimat zählt noch die Nachbarschaft, Italien und Spanien. Spanien, weil, als ich im Kinderheim war, meine Hauptfreunde Spanier waren. Sie waren dort als Flüchtlinge und kümmerten sich um den Haushalt. Außerdem war der spanische Widerstand für mich der Beweis, daß man Widerstand leisten kann und konnte. Ich fragte immer: ‹Hält Madrid noch?› und als am 26. Januar 1939 Barcelona fiel, war es furchtbar für mich. Italien, das ist der Brenner, und diese farbigen Uniformen imponierten mir. Natürlich kann man sagen, ich habe mich geirrt, es waren auch Faschisten, aber so war es ...» Hast du nie nostalgische Gefühle gegenüber Deutschland? frage ich. «Ganz im Gegenteil, ich möchte etwas Paradoxes sagen: Der Nationalsozialismus war die Chance meines Lebens, er hat mir ermöglicht, aus Deutschland wegzugehen. Von meiner Familie, es war die Rettung, hinaus, hinaus ...»

Über Berlin und den Fall der Mauer (da spricht er plötzlich französisch): «Nur deswegen hat es sich rentiert, das Leben zu leben, um die Befreiung von Berlin zu erleben, oh, es ist wie die libération de Paris, l'extase, quand je marche Unter den Linden, c'est la liberté ce dont j'ai toujours rêvé. Wenn ich morgen sterben müßte, macht es nichts, weil ich das erlebt habe. Und ich gehe noch weiter, ich habe sogar Berlin lieber als Jerusalem, ich fühle mich irgendwie besser.»

Über Israel: «Ich fürchte mich doch vor der Klagemauer, als ich sie das erste Mal gesehen habe, dachte ich mir, sie anzufassen wäre für mich so entsetzlich wie den Tod zu fühlen. Ich sagte mir, mein Israel ist futsch, ein neues Israel ist da, das ich hasse, es ist archaisch, religiös, nicht mehr das Israel der Kibbutzim, nicht mehr das Israel der Zukunft. Nein, es ist das tragische Israel.»

Zwischen 1938 und 1988 hatte Kurt Niedermayer keine Zeile mehr geschrieben. Er war wie jener Arzt in der Geschichte von Hans Christian

Andersen, der ein guter Arzt war, aber seine Patienten nicht pflegen wollte. Nach einem Herzinfarkt griff Kurt wieder zu Papier und Feder. Da er die Einsamkeit seiner «Studentenbude» nicht ertrug, verbrachte er seine Nächte in Nachtlokalen, wo man ihn ungestört sein Leben zwischen den Wörtern entdecken ließ. Kurt wird im Sommer 1990 in Israel sein Buch zu Ende bringen, die letzten Schönheitskorrekturen vornehmen. Zwischen den Fahrradtouren, die ihn bis kurz vor die Grenze der heiligen Stadt bringen, «nach Bethlehem kann man ja nicht radeln, vielleicht später, wenn Schalom da ist», wird er endlich tun, was er immer wollte und so gut kann: Schriftsteller sein.

Eine Situation, in der einer spricht und der andere Zuhörer und Fremder gegenüber der Geschichte ist, hat sonderbare Effekte: Man ist zugleich Voyeur des Leidens seines Gegenübers und Schüler, der Zusammenhänge verstehen lernt, manchmal sogar Teilnehmer, wenn der Erzähler es zuläßt, wenn er über die Schwelle seiner Ängste gehen kann und weiß, daß auch sein Leiden ein Geschenk sein kann. Ich möchte mich bei Kurt dafür bedanken, daß er vorab bereit war, ein wenig aus seinem Buch zu erzählen, mich bedanken auch für seine Begeisterung, seinen Mangel an Zynismus, seine Naivität. Für den schönen Augenblick, als er Bertolt Brecht französisch zitierte («le ventre est encore fécond d'où la bête rampe» – «Der Schoß ist fruchtbar noch, aus dem das kroch»), da Brecht für ihn doch zu den Franzosen zählt, und er sich entschuldigte für diese Phantasie, für seine Emphase in Sachen Politik und für seine Klarsichtigkeit, für seine Scheu, die Liebesgeschichte seines Lebens nicht erzählen zu wollen, für all das und vieles mehr.

Ein gelebtes Leben
Else Kapp in Kfar Shmaryahu

von Elisabeth Keil

Else Kapp lebt in Kfar Shmaryahu, in der Nähe von Tel Aviv, in einem Ort, der heute noch wie ein Dorf wirkt. Es ist ein besonderes Dorf; von aus Deutschland kommenden Einwanderern wurde es 1937 mit Hilfe der Gesellschaft «Rassko» gegründet und aufgebaut. Sie verkaufte ihnen das Land und stellte das Baumaterial für Haus und Ställe, später auch die Kühe und Hühner zur Verfügung, um den Ansiedlern, vorwiegend Akademikern, die Nazi-Deutschland rechtzeitig verlassen konnten, in Form einer landwirtschaftlichen Kooperative eine neue Existenz zu ermöglichen.

Sie mußten ganz von vorne anfangen: es gab keine Häuser, keine Straßen, nur Sanddünen und in der Ferne das Meer. Kamele schleppten das Baumaterial, Esel halfen beim Pflügen der Felder... Auch heute zeigt das «Dorf» noch seinen landwirtschaftlichen Charakter: hier und da werden noch Felder bestellt, Gärtnereien tauchen auf, im Morgengrauen krähen die Hähne. Aber neben den Häuschen der ersten Einwohner stehen prächtige Villen der neuen. Bäume, vor mehr als 50 Jahren gepflanzt, haben eine beträchtliche Größe erreicht, Apfelsinen- und Zitronenbäumchen tragen üppige Früchte... soviel Grün hat man in Israel nicht erwartet.

Bei einem Spaziergang durch Kfar Shmaryahu ist man zunächst auch überrascht, wenn man aus einem der gepflegten Vorgärten deutsche Worte vernimmt, wenn bei der Post oder an der Kasse im kleinen Lebensmittelladen auf Deutsch geantwortet wird, oder wenn auf ein paar gemurmelte Worte hin am Brotstand von der Frau neben dir eine Reaktion im Kölner Dialekt erfolgt. Kein Wunder, war doch in diesem Dorf die Straßensprache einstmals Deutsch, und in der Straße von Else Kapp, da leben sie auch noch, die ältesten Einwohner des Dorfes, die irgendwann einmal aus Rottweil am Neckar oder Nürnberg kamen, wo alles seinen Anfang nahm.

Ich treffe Else Kapp an einem sonnigen Wintermorgen. Sie kommt mir auf der Straße entgegen, auf der Derech Haganim, was «zu den Gärten» heißt. Schon von weitem sehe ich sie auf mich zulaufen, die 91jährige – eine kleine Gestalt, weißhaarig, mit einer roten Strickjacke und einem Stock, noch rüstig ausschreitend. Sie hält mitten auf der Straße inne, die Hände vor den Augen, und läßt mich herankommen, jeder weiß vom anderen, daß sie es ist.

Sie führt mich zu ihrem Haus. Vorher macht sie noch auf ein Schild mit dem Namen «Weil-Kapp» aufmerksam und erwähnt, daß Weil ihr Mädchenname sei. Ihr Bruder ist schon 1936 hierher gekommen, sie aber erst 1945. Der Weg zum Haus ist wie ein Feldweg, entlang einer großen Wiesenfläche, ringsum hohe Bäume, ein mannshoher Kaktus steht vor der weiten, geräumigen Terrasse, auf der Rückseite nochmal ein langer Weg runter zu einer anderen Straße, auch hier verwilderter Garten, alte Bäume, links zwei Schuppen: ein großes Grundstück!

Sie führt mich von hinten über die Terrasse hinein ins Haus, mir die Wahl lassend, ob wir uns innen oder außen hinsetzen wollen. Sie hat aber an einem kleinen runden Tisch schon zwei Tassen hingestellt und aufgeschnittenen Kuchen, da liegt auch ein Stapel vergilbter Briefe und Dokumente, eine schon etwas verwelkte, dunkelrote Rose steht in einer Vase. Es gibt Nescafé. Sie bedient, überhaupt nicht zittrig, ihr Gesicht ist braun, die Augen sind lebendig.

«Natürlich können wir uns öfter treffen», die Zeit sei für sie nicht mehr so wichtig, sie lebe allein, habe nur noch für sich selbst zu sorgen. Solange sie sich selber helfen könne, sei ja alles in Ordnung, aber sonst? Eigentlich habe sie schon zu lange gelebt, man sollte nicht so alt werden. Es sei nicht richtig, was die Medizin heute mit den Menschen mache. Ihre Schwägerin ist vor einem Jahr gestorben. Nein, es macht ihr nichts aus, alleine zu leben. Sie wundert sich selbst, daß sie nachts so gut schläft. Zum ersten Mal brauche sie nicht für andere zu sorgen...

Wir treffen uns dann noch öfter. Beim zweiten Mal wird sie mir wieder auf der Straße entgegenkommen, diesmal auf dem gleichen Bürgersteig wie ich, pünktlich, ich erkenne sie zuerst nicht, weil sie so jung aussieht, beim dritten Mal begrüßen wir uns im dunklen Flur, wo sie mir munter entgegentritt, beim vierten Mal erscheint ihr Gesicht nur am Fenster, und ich trete durch die angelehnte Tür ein. Bei all diesen ersten Begegnungen sprechen wir vor allem über die Zeit von 1940–1945, die Zeit, die sie mit ihrem Mann im Konzentrationslager Gurs in den Pyrenäen war und sich danach mit falschen Papieren in Frankreich versteckt hielt.

Von dieser Zeit will sie auch reden, «jetzt, nach fast 50 Jahren spreche ich darüber. Die meisten Eltern haben ihren Kindern doch nichts erzählt. Jetzt kommt die Angst dazu, daß etwas verloren geht, daß man dann überhaupt nichts mehr davon weiß.» Sie erinnert sich auch an Einzelheiten, bereitet sich auf jedes Gespräch sorgfältig vor, indem sie Dokumente, Briefe, Gedichte und Zeichnungen vom Lager Gurs bereitlegt.

Von der Zeit in Deutschland, immerhin 42 Jahre ihres Lebens, sei doch vieles «verschüttet, von dem Schweren danach einfach zugedeckt worden. Eigentlich geblieben sind nur die schweren Tage.» Sollte ich nun dem Verlauf unserer Begegnungen folgen, so müßten die Beschreibung der Lagerzeit und ihr Leben als Versteckte in Frankreich den größten Raum einnehmen. Hier wird der Schwerpunkt ein anderer sein, bestimmt von der Frage, wie ihr Leben als Ganzes aussieht und wie diese kleine, so zart wirkende Frau überleben konnte.

Else Kapp wurde am 29. Oktober 1898 in Karlsruhe geboren. Sie hat noch einen Bruder, der drei Jahre älter ist als sie. Da auch sonst in der Verwandtschaft nur Jungen sind, spielt sie, solange sie klein ist, nur mit Buben. Sie wächst auf als höhere Tochter – der Vater ist Besitzer der Badischen Bürstenfabrik «Süß-Weil & Co.» – und besucht die höhere Mädchenschule in Karlsruhe. Wenn sie von der «schönen Zeit» in Karlsruhe spricht, so meint sie die vielen Theater-, Opern- und Kunsthallenbesuche, die ihre Eltern ihr und ihrem Bruder so großzügig ermöglichten. Alles, was mit Bildung zu tun hatte, war ihnen erlaubt, «wir standen im Theater im vierten Rang». Sie betont immer wieder, wie sehr assimiliert sie erzogen worden sei. Sie habe sogar kein Gefühl dafür gehabt, daß es etwas anderes ist, ein Jude zu sein. Der Bruder sei auch in eine Studentenverbindung eingetreten, die sehr für das Deutsche war. Trotzdem wird in ihrem Haus auch die jüdische Tradition gepflegt. «Wir haben die jüdischen Feste gefeiert und auch die deutschen.»

Nach der Schule besucht sie noch zweieinhalb Jahre das Badische Lehrerinnen-Seminar und macht im Krieg 1917 Examen. So sehr sie auch ihren Vater lobt, der ihrem Bruder die freie Entscheidung bei der Wahl seines Berufes überläßt (er darf Jura studieren und muß nicht die Fabrik übernehmen), so sehr sind ihr als Mädchen die Möglichkeiten beschnitten. Ihre

Eltern erlauben ihr nicht, eine Stelle als Lehrerin auf dem Dorf anzutreten; sie wollen sie weiter behüten. So hat sie zwar eine Ausbildung als Lehrerin, gibt aber nur 1917 ein paar Privatstunden, ansonsten übt sie den erlernten Beruf, auch in ihrem späteren Leben, nicht mehr aus. Eine Stelle im Gaswerk 6 (einer Abteilung der Technischen Hochschule Karlsruhe) hingegen darf sie annehmen. Dort bleibt sie von 1918 bis 1922.

Sie arbeitet im Labor der Lehr- und Versuchsgasanstalt, hilft mit, wie es in ihrem Zeugnis steht, «bei der Untersuchung von Rohstoffen, Produkten und Nebenprodukten der Gaserzeugung». Sie macht mit bei der Untersuchung von Gasheizöfen, bestimmt den Heizwert von Gas, macht einen Lehrgang für Gasküche. Aber neben der praktischen Tätigkeit hat sie auch noch die Buchführung, Registratur und die Handkasse übernommen. Ihr Zeugnis lobt sie als «gewandte, zuverlässige Mitarbeiterin».

«Das Gaswerk war doch eine wunderschöne Angelegenheit», schwärmt sie noch heute. Sie hat sich im Kreis der Ingenieure sehr wohl gefühlt. In dieser Zeit lernt sie ihren ebenfalls jüdischen Mann kennen, Siegmund Kapp, geboren am 7. Juni 1891. Er war Offizier im Ersten Weltkrieg. 1922 heiraten sie und bekommen zwei Zimmer in der Wohnung der Eltern. Von da an hilft sie ihrem Mann, der eine Lederfabrik hat, in der er u. a. Mützen für Autofahrer herstellt.

Lassen wir am Schluß der Beschreibung der Karlsruher Zeit Else Kapp selbst zu Wort kommen. Ihr Bericht zeigt deutlich, wie stark Ereignisse dieser Lebensphase sie geprägt haben. Auch kann man hier das Muster erkennen, das ihr Verhalten im späteren Leben bestimmt: «Nach dem Gesetz, nach dem man angetreten ist, verläuft meiner Ansicht nach das ganze Leben. So wie man geboren wurde, vorbestimmt von der Natur. Von der Erziehung halte ich wenig. Ich weiß nicht, ob man verändern kann, was in einem angelegt ist. Sehen Sie, meine Schwägerin, sie war eine gesunde, kräftige Frau. Ihr ganzes Leben ist für sie gesorgt worden. Als Kind von reichen Eltern hat sie einen Mann gefunden, der bis zum Schluß seines Lebens für sie gesorgt hat. Sie ist 87 geworden, und immer hat einer sich um sie bemüht. Ich habe immer für andere mich sorgen müssen. Als ich zwölf oder dreizehn war, da hat mein Vater einen Schlaganfall bekommen. Danach hat sich alles für mich geändert. Wir haben immer Rücksicht nehmen müssen, in allem, auf meinen Vater. Vielleicht war das für mich ausschlaggebend. Sorglos sind wir dann nicht aufgewachsen. Man hat die Krankheit vor den Kindern verheimlichen wollen. Der Vater ist 70 Jahre alt geworden. Als er den Schlaganfall bekam, war er 45. Dann – als junge Frau – wollte ich natürlich auch Kinder haben, aber ich hatte zwei Bauchhöhlenschwangerschaften, und damit war es aus. Das war eine schreckliche Enttäuschung. Ich habe noch nie ein solches Leben geführt wie jetzt im Augenblick, da ich so wenig für andere zu tun habe.»

Vor dem Hintergrund der Karlsruher Zeit will sie zunächst nicht wahrhaben, was sich im Hitler-Deutschland zusammenbraut: «Die Enttäuschung war zu groß, wenn man so gelebt hat wie wir.» Sie ist «tief beleidigt» und kann es einfach nicht glauben, daß es soweit kommen konnte. Der Bruder aber sieht sich schon 1934 nach einer anderen Existenzform um. Nach einer vierwöchigen Reise nach Palästina steht für ihn fest, daß für ihn nur die Landwirtschaft in Frage kommt, alles andere sei zu orientalisch. 1937 wandert er endgültig aus. Nein, ein Zionist sei er nicht gewesen, die Zeit habe ihn dazu gemacht. Die Familie soll innerhalb eines halben Jahres nachkommen. Sie kündigen die Wohnung, sortieren Möbel aus, die sie mit entsprechender Erlaubnis noch mitnehmen wollen. Aber die Ausreise verzögert sich, denn Else Kapp will ihre Mutter nicht allein lassen, die schwer an Krebs erkrankt ist. «Man kann sich doch nicht trennen, wenn man so glücklich miteinander gelebt hat.» Die Sorge für andere, ihr Gesetz, nach dem sie angetreten ist, bestimmt die Situation. Die Mutter stirbt im November 1938, ein paar Tage vor der Pogromnacht. Jetzt ist es zu spät für eine Ausreise nach Palästina. Sie sollte auch erst viel später, 1945, nach einer langen Odyssee von Frankreich aus erfolgen.

Im Oktober 1940 kommt der «schreckliche Schlag». Sie wird zusammen mit ihrem Mann nach Gurs, in das französische Konzentrationslager am Fuß der Pyrenäen, transportiert. «Drei Tage Bahnfahrt, dann die leeren Baracken ohne Fenster, stockdunkel, draußen Regen, innen nur Fußboden, keine Betten, es war so kalt und naß. Die Aborte meilenweit entfernt...»

Kein Wunder, daß unter den harten Bedingungen des Lagerlebens viele alte Leute sterben. Else Kapp entwickelt Strategien, wie sie überleben kann. Ihr Mann, der in einer anderen Baracke untergebracht ist, gibt ihr den Rat, sich sofort eine Arbeit zu suchen. Überhaupt wird er – als alter Soldat – mit der Situation im Lager zunächst besser fertig. Sie meldet sich freiwillig zur Arbeit, denn das Nichtstun, das ewige Warten, ist das Schlimmste. Sie beschäftigt sich mit den Kindern im Lager und hilft den alten Leuten. Auch habe sie es leichter gehabt als die anderen, da sie schon immer nur ein kleiner Esser gewesen sei. So kann sie sich auch mit der kargen Suppe, «eine Kartoffel durch die ganze Suppe gezogen» – und den nie ausreichenden Brotrationen eher abfinden.

Ein Glück ist auch, daß sie sich sauber halten kann, denn es gibt jeden Tag für ein paar Stunden Wasser. Natürlich wäscht man ohne Seife. So prägt sich ihr der Spruch ein: «Naß ist gewaschen.» Eine wichtige Rolle spielen die Freundschaften, die im Lager entstehen. Vor allem hilft ihr aber die Beziehung zu ihrem Mann, ohne den sie die schwere Zeit nicht durchgestanden hätte.

Sie wundert sich noch heute, daß sie in der Lagerzeit nie krank wurde, obwohl sie doch eineinhalb Jahre auf dem Fußboden geschlafen hatte. Sie hat im Lager das Überleben gelernt, und in ihrem erzwungenen «Exil» Erfahrungen gemacht, die ihr später helfen, mit den Schwierigkeiten in der neuen Heimat Palästina fertig zu werden.

1942 kann eine Gruppe von 56 Menschen, darunter das Ehepaar Kapp, das Lager Gurs verlassen. Mit Hilfe von Abbé Glasberg – «ein wunderbarer Mensch – überhaupt ein großer Sozialist» – und seiner Organisation werden sie in das Dorf Pont de Manne bei Lyon gebracht. Ganz in der Nähe hatte der Abbé seine Pfarrei. Das Dorf dürfen sie nicht verlassen, überhaupt hat der Abbé dafür gebürgt, daß sie dem französischen Staat keinen Schaden zufügen. Nach ein paar Monaten taucht die französische Gendarmerie auf und bringt sie nach Venissieux in eine Kaserne. Die nun folgenden drei Tage sind für Else «unsagbar schrecklich». In dieser Zeit werden aus der Gegend die Juden zusammengetrieben und in die Kaserne für den Transport nach Auschwitz gesammelt. Die ganze Nacht hört man die Namen von denen, die abtransportiert werden. Else will das Gift nehmen, das ihr von einer Freundin noch zugesteckt wurde. Aber ihr Mann hält sie davon ab. Als sie dann ihren Namen endlich hören, werden sie statt auf bereitstehende Eisenbahnwaggons in ein anderes Zimmer geführt. Der Transport in die Todeslager geht ohne das Ehepaar Kapp ab. Der Abbé kommt noch in der gleichen Nacht zu der kleinen Gruppe der von ihm Geretteten. Mit falschen Papieren werden sie wieder in das Dorf Pont de Manne gebracht. Jetzt heißen sie Herr und Frau Chapel. Hier leben sie weiter in ständiger Angst vor der Entdeckung, bis sie von einem Unbekannten – vermutlich vom Abbé geschickt – abgeholt werden, der sie wieder gegen Süden fährt in die Gegend von Gers, auf das Schloß Bégué, in der Nähe von Cazauban. Hier tauchen sie unter bis 1945. In dem Schloß sind sie zusammen mit einer Gruppe von Flüchtlingen, von denen keiner den richtigen Namen des anderen kennt. So kann niemand zum Verräter werden, wenn eines Tages die Gestapo kommt. Die Bedingungen sind nicht so hart wie im Lager: die Verpflegung ist besser, vor allem kann Else mit ihrem Mann allein ein Zimmer teilen. Sie arbeiten bei den Bauern ringsum zwar ohne Bezahlung, aber dafür sind sie längere Zeit vom Schloß abwesend und entgehen dadurch eher einer Entdeckung. In dieser Zeit schließt sich ihr Mann der Resistance-Bewegung an.

Auch hier findet sie wieder Menschen, die sie mag und mit denen sie Freundschaft schließt. «Man hat auch nicht immer nur geweint. Wissen Sie, solange man jung ist, ist man auch nicht immer traurig. Wenn man gesund bleibt, dann sucht man doch immer, wie man sich ein bißchen halten kann.» 1944 feiern sie auf dem Schloß ein Faschingsfest. Die Situation ist absurd genug: Leute mit ohnehin fremder Identität verkleiden sich: «Quand je regarde le Chateau Bégué ... je me demande pourquoi un bal masqué, car le séjour dans cette étrange pension dépasse de loin toute imagination ...», so dichtet ein Mitbewohner des Schlosses und fährt in seinen letzten Zeilen fort:

> «Bien masqués nous attendons la paix
> Masqués nous attendons la liberté
> Pour pouvoir-enfin-nous démasquer.»

Sie warten nur noch auf den Frieden, um dann in der Freiheit wieder ihre wahre Identität zeigen zu können. Auf den Frieden müssen sie aber noch mehr als ein Jahr warten. Else Kapp überlebt die zweite Phase des Exils mit ihrem Mann, ohne den sie, wie sie auch hier wieder betont, sonst nicht hätte überleben können.

1945, als der Krieg zu Ende ist, beschließt das Ehepaar, jetzt endgültig nach Palästina auszuwandern. Else ist 47 Jahre alt, ihr Mann 54. Auf dem Palästinaamt in Paris bekommen sie zu hören, daß sie doch eigentlich schon viel zu alt seien für das Land. Dort gebe es nur schwere Arbeit für sie, dazu komme noch das Klima. Eigentlich wollen sie nur die jungen Leute! Sollte es also jetzt, wo sie endlich ihr Leben in Freiheit wieder neu beginnen wollen, schon zu spät sein für sie? Trotzdem fahren sie mit der offiziellen Einwanderungserlaubnis in der Tasche von Toulon aus mit einem aus England kommenden Truppentransporter Richtung Palästina.

Auf dem Schiff befinden sich viele junge Leute ohne Zertifikat, die man so durchschmuggeln will. Um nicht aufzufallen, sagt man nichts, erträgt man, daß es nicht genug Pritschen gibt für alle, man will ja die anderen nicht gefährden. Eine Episode, die Else auf dem Schiff erlebt, erzählt sie zweimal, so sehr ist sie immer noch getroffen davon. Als sie den großen Schiffsraum betritt, hört sie von den jungen Leuten: «Da kommt sie, die Alte!» Gehört sie wirklich schon nicht mehr dazu, fehl am Platze im Land Palästina?

Das Schiff erreicht Haifa. Else wirft hier nun endlich das Gift ins Meer, das sie all die Jahre in Frankreich mit sich herumgetragen hatte. «Wir haben uns eingebildet, jetzt ist alles gut. Es war ja auch alles gut!»

Nach drei Tagen im Lager kommt der Bruder und holt sie ab. Er bringt sie in das Dorf Kfar Shmaryahu, wo er inzwischen auf dem von ihm gekauften Grundstück ein kleines Häuschen gebaut hat. War das nun endlich Heimat für sie, ein Gefühl von «Angekommensein», von zu Hause nach all der schlimmen Zeit? Sie kann die Frage nur schwer beantworten. «Natürlich war der Tag mit Emotionen angefüllt. Man war doch innerlich krank von den schrecklichen Erlebnissen. Man hat doch Monate gebraucht, bis man wieder normal reagieren konnte.»

«Es galt schon viel, daß man in einem Bett schlafen konnte, das weiß überzogen war.» Sie finden sogar einige Möbelstücke vor, die ihnen gehören. Stolz zeigt sie mir bei unserem Gespräch einen Sekretär aus der Familie ihres Mannes, der sich immer noch in ihrem Zimmer befindet. «Ist das nicht ein schönes Stück?» Aber wie kommt das hierher? Die Schwiegereltern ihres Bruders haben die Möbel für sie mitgenommen, nachdem der Bruder noch ein Zertifikat dafür besorgt hatte, als sie nach Palästina auswanderten. Da steht es immer noch, mehr als 50 Jahre danach, im gleichen Haus!

In der ersten Zeit wohnen sie im Häuschen ihres Bruders. Zusammen mit den Schwiegereltern sind sie sechs Personen. Später bauen sie zwei Zimmer an. Sie fangen wieder an, zu arbeiten, «abgekämpft und kaputt wie wir schon waren». Sie ist zunächst Hausmädchen, ihr Mann verdient sich etwas bei den Bauern. Auch helfen sie ihrem Bruder auf der Hühnerfarm. 1948 bekommen sie endlich vom «Immigration Office» ihre Bescheinigung, daß sie nun Bürger des neugegründeten Staates Israel sind, ihr Mann mit der Beschäftigung: «Farmer, früher Lederfabrik».

«Als wir hierherkamen, hatten wir es schwer, aber im Vergleich, was wir erlebt haben, hatten wir es wunderbar.» Große Erwartungen haben sie nicht gehabt, als sie ankamen, deshalb gab es auch keine großen Enttäuschungen. «Wir haben keinen Luxus oder irgendwelche Annehmlichkeiten erwartet. Wir waren schon auf ein orientalisches Leben vorbereitet.» Natürlich haben sie viel vermißt, wenn sie an ihr schönes Leben in Deutschland zurückdachten – «Voll von Kunst, Wissenschaft und Theater». Gemessen aber an ihren Erfahrungen in ihrem erzwungenen Exil in Frankreich, können sie sich mit den Bedingungen in Palästina leichter abfinden. Zum Nachdenken haben sie sowieso keine Zeit, auch nicht zum «Beleidigtsein» mit den Deutschen. Sie sind zu sehr damit beschäftigt, ihren Lebensunterhalt zu verdienen. Dafür arbeiten sie hart.

In den fünfziger Jahren bekommen sie Geld von Deutschland. Das hilft ihnen über ihre schwere Zeit hinweg. Sie fangen eine eigene Hühnerfarm an, immer noch wohnen sie auf dem gleichen Grundstück, zusammen mit Bruder, Schwägerin und Schwiegereltern. Da die Farm aber allein nicht zum Leben ausreicht, entschließt sich Else Kapp, eine Pension aufzumachen. Ein Zimmer nehmen sie und ihr Mann für sich in Anspruch, das zweite vermieten sie.

Sie zeigt mir den anderen Raum und die angrenzende Küche, wo sie für andere gekocht hat. Die Küche ist winzig, fast noch genauso wie vor vielen Jahren, hier ist die Zeit stehengeblieben. Was bedeuten hier noch 40 Jahre und mehr, wenn sie im immer gleichen Rhythmus der alltäglichen Verrichtungen vergehen, bestimmt von den täglichen Bedürfnissen der anderen. Brauchte Else Kapp den gewöhnlichen Alltag, das geregelte Leben wieder, «die Wonnen des Gewöhnlichen», um den Abstand zu gewinnen zu der angstvollen Zeit, die sie erlebt hat? Man könnte es fast glauben, wenn sie mir den kleinen Ausgang der Küche und das Fensterchen am Ofen mit Blick ins Grüne zeigt: «Das war meine Ecke. Mein Glück! Hier habe ich zeitweise für 20 Personen gekocht.» Wir treten heraus auf die vordere Terrasse, und sie deutet auf die Bäume. «Damals war alles Sand hier.» Jetzt stehen da hohe Fichten- und Olivenbäume, die sie gepflanzt haben. Die Gäste kommen teilweise am Wochenende von Tel Aviv, das sei hier eine Art Sommerfrische für sie. Kein Wunder, daß sie sich hier wohl fühlen, ringsum das Grün, und das Meer nicht weit entfernt. Durch Mundpropaganda habe sie immer viel zu tun gehabt.

So verdienen sie sich ihren Lebensunterhalt: mit der Pension und der Hühnerfarm. «Wir waren arm wie die Kirchenmäuse, aber Schwindler waren wir nie.» Von völlig anderen Berufen kommend, stellen sie sich um auf ihre neue Lebensform. Da sie bescheiden sind, passen sie sich auch gut an: «Nach dem Krieg und all dem Schweren, was wir erlebten, hatten wir das Gefühl, daß wir all die Äußerlichkeiten nicht mehr brauchen. Es lächert mich, wenn ich heute höre, daß die Leute hier einen Salon brauchen.»

1960 stirbt ihr Mann. Sie lebt weiter bei ihrem Bruder und der Schwägerin. Aber die Pension gibt sie auf, allein schafft sie es nicht mehr. Ihr Mann hat ihr doch sehr geholfen. Nach einiger Zeit wird ihr auch die Hühnerfarm zu viel. Es ist zu anstrengend für eine mittlerweile 62jährige, schwere Futtereimer zu schleppen und jeden Morgen um sechs Uhr aufzustehen, um die Hühner zu versorgen. Von der Rente aus Deutschland allein kann sie aber nicht leben. Sie hilft im Dorf, wenn jemand krank ist. Später nimmt sie eine Stelle im Altersheim in Kfar Shmaryahu an. Seit 25 Jahren arbeitet sie nun schon da. Früher jeden Morgen von 7 bis 12 Uhr, heute nur noch dreimal in der Woche für ein paar Stunden. Dann sitzt sie an der Nähmaschine und flickt die Wäsche. Ja, sie bekommt etwas dafür, aber nicht viel. Pünktlich, seit 25 Jahren, geht sie also regelmäßig zur Arbeit. «Die Pünktlichkeit habe ich noch in den Knochen.» «Ich merke immer mehr, je älter ich werde, wie sehr ich doch gestempelt bin von meiner Erziehung in Deutschland.»

Früher hat sie mir eine Episode aus dem Konzentrationslager Gurs erzählt, die sie jetzt auch in diesem Zusammenhang deutet. In ihrer Baracke gab es keinen Tisch, aber einen kleinen Ofen. Sie beobachtet, wie Leute Bretter zum Verheizen aus der Barackenwand lösen. Dagegen wehrt sie sich energisch und schimpft: «Hört auf damit!» Worauf sie zur Antwort bekommt: «Gehört das denn dir?» Ich frage sie danach, warum sie noch so oft daran denken muß. Ja, das sei auch ihr Verantwortungsgefühl gewesen, man zerstört eine Sache nicht, auch wenn sie einem nicht gehört...

Ihr Interesse an der deutschen Literatur ist groß. In der Zeit unserer Gespräche leiht sie sich laufend von mir deutsche Bücher aus. Ihre Lieblingsschriftsteller sind Hermann Hesse und Thomas Mann. In Deutschland könnte sie aber heute nicht mehr leben. Eine Cousine von ihr sei mit ihren Eltern, die auch im Konzentrationslager Gurs waren, nach Chile ausgewandert. Die Eltern seien zurückgekommen und lebten jetzt mit der gleichen Generation im Altersheim in Deutschland zusammen, die unsere Mörder waren! Man merkt ihr noch immer an, wie tief sie getroffen ist, von dem was passiert ist. «Den Glauben an Deutschland, den hat man kaputtgemacht.»

Heute ist sie froh, daß sie noch in dem Haus wohnen kann, von dessen Bewohnern nur sie allein übriggeblieben ist. Sie will nicht ins Altersheim. Ihren Tagesablauf bestimmt sie noch selbst: Ja, sie hat viele Freunde im Dorf. Mit den jüngeren Besuchern spricht sie Hebräisch, aber sie hat es nie so gut gelernt. Mit den Älteren spricht sie Deutsch. Sie spielt gerne Bridge, trinkt gerne mal einen Cognac – eine Vorliebe noch aus der Frankreich-Zeit.

Ansonsten hat sie viel Zeit zum Bücherlesen, und die liest sie in Deutsch, Englisch und Französisch.

Jeden Morgen liest sie die «Israel-Nachrichten», die in Deutsch erscheinen. Sie ist informiert über das, was in der Welt passiert. Zutiefst verurteilt sie, was mit den Arabern in den besetzten Gebieten geschieht, «man kann doch nicht jahrelang Gebiete besetzt halten. Eigentlich brauchen wir die besetzten Gebiete nicht. Was für ein schweres Leben die Araber dort haben. Nichts als Ausgangssperren...»

«Aber ich tue auch nichts dagegen, gehöre mit zur schweigenden Masse.» Sie bedauert auch sehr, daß die Jugend in Israel so militärisch erzogen wird. «Das ist ein Trauma für die Jugend!» «In meiner Jugend hat man das Kriegsspielzeug noch verboten.» Das wichtigste Erziehungsziel für die heutige Jugend sei für sie die Erziehung zur Menschlichkeit. «Das Leben ist zu unmenschlich geworden.»

In die Politik will sie sich nicht mehr einmischen. Das sollen jetzt andere machen. Else Kapp hat ihren Alltag bewältigt – ihr Leben gelebt. Jetzt will sie nur noch ihre Ruhe haben. Noch für eine Weile will sie das ruhige, einfache Leben führen können, das sie sich bei ihrer Ankunft in ihrer neuen Heimat so sehr gewünscht hat.

Vergebliche Flucht
Ein Danziger Kaufmann in Italien

von Klaus Voigt

Im Leo-Baeck-Institut in New York sind elf Briefe des Danziger Kaufmanns Maximilian Segall erhalten, die er zwischen Oktober 1939 und November 1940 nach seiner geglückten Flucht nach Triest an seinen Bruder, Artur Segall, in Montevideo geschrieben hat. Sie sind das bewegende Zeugnis für die Lebensumstände, Gedanken und Stimmungen eines jüdischen Flüchtlings in Italien und zeigen seine am Ende vergeblichen Anstrengungen, aus Italien fortzukommen, das seit der Einführung der faschistischen Rassengesetze im Herbst 1938 keine sichere Bleibe mehr bot, und ein Visum für ein anderes Land zu erlangen. Private Mitteilungen in Briefen «kleiner Leute» sind aus dem italienischen Exil sonst bisher kaum bekannt. Die reichlich vorhandenen Schreiben von Flüchtlingen an die italienischen Behörden halten sich an die von der Bürokratie geforderten Förmlichkeiten. Auch die oft erst Jahrzehnte nach der Emigration verfaßten autobiographischen Berichte können die spontane Wiedergabe unmittelbarer Eindrücke und Empfindungen nicht ersetzen.

Bei der Ankunft in Triest war Segall 44 Jahre alt. Damit gehörte er unter den Flüchtlingen bereits zu den Älteren. In der Regel fiel den Jüngeren der

Aufbruch leichter, während sich die ältere Generation kaum aus der ihr vertrauten Umwelt zu lösen vermochte. Viele hielt auch die Ungewißheit eines beruflichen Neubeginns im fortgeschrittenen Alter zurück. Max Segall war alleinstehend, was seinen Entschluß zum Aufbruch erleichtert haben mag. Seine Schwester war mit einem Danziger Möbelgroßhändler, Artur Neustadt, verheiratet, der in der Jüdischen Gemeinde seiner Heimatstadt eine führende Rolle spielte, er leitete dort das jüdische Altersheim. Segall selbst stammte nicht aus Danzig, sondern war in Neunkirchen an der Saar geboren. Er muß sich kurz nach dem Ende des Ersten Weltkriegs in Danzig niedergelassen haben, das im Versailler Vertrag vom Deutschen Reich getrennt worden war und bis zur Besetzung durch die deutsche Armee am 1. September 1939 als eigene politische Einheit der Hoheit des Völkerbunds unterstand. Obwohl Segall auch in Danzig die deutsche Staatsbürgerschaft beibehielt, fühlte er sich zu der polnischen Bevölkerungsminderheit in der Stadt hingezogen und betonte ihr gegenüber seine Sympathie. Man möchte vermuten, daß er in den Möbelhandel seines Schwagers eingetreten war und in dem Familienbetrieb mitarbeitete. Er gehörte demnach wahrscheinlich zu den gutgestellten Kreisen des Danziger Bürgertums.

Segall lebte in Triest unter günstigeren Bedingungen als die meisten Flüchtlinge, denn er erhielt Dollar-Überweisungen von seinem Bruder in Montevideo und von einem Verwandten in den Vereinigten Staaten. So brauchte er sich nicht an das jüdische Hilfskomitee am Ort zu wenden. Er wohnte bei einer Wirtin in einem möblierten Zimmer zur Untermiete. In seinen ersten Briefen spürt man die Erleichterung, aus Danzig herausgekommen zu sein. Er genieße «die Freiheit» in vollen Zügen und führe «ein sorgenfreies Leben». Die Italiener begegneten ihm mit Liebenswürdigkeit: «Von Antisemitismus nicht die leiseste Spur.» Die faschistischen Rassengesetze schien es nicht zu geben. Wie ein Urlauber nutzte er das milde Herbstwetter, um Ausflüge in die Umgebung zu unternehmen.

Das «sorgenfreie Leben» bestand aber nur dem äußeren Anschein nach. In Gedanken ist Segall noch in Danzig bei seinen Verwandten und Freunden, denen noch nicht die Flucht gelungen ist. Er befragt aus Danzig eingetroffene Flüchtlinge nach den Vorgängen in seiner Heimatstadt und nach seiner Schwester Herta und seinem Schwager. Sie wollten sich einem illegalen Transport nach Palästina über die Donau und das Schwarze Meer anschließen. Zuerst hieß es, sie seien bereits unterwegs. Dann aber erfährt er, daß sie noch in Danzig waren. Die Nachrichten wurden immer bedrückender: bis zur Jahreswende hatten alle Juden die Stadt zu verlassen, «damit der Gauleiter Forster dem Führer die Judenreinheit Danzigs melden kann». Das jüdische Altersheim stehe vor der Auflösung. Die polnischen und staatenlosen Juden sollten sich binnen achtundvierzig Stunden zum Abtransport in das «Judenreservat» von Lublin bereithalten. Die Ungewißheit über das Los der Angehörigen wurde beendet durch die völlig unerwartete Ankunft der «geliebten Kinder» in Triest, wie er seine Schwester und seinen Schwager zärtlich nannte. Auf welche Weise ihnen die Einreise nach Italien geglückt war, bleibt auch in ihrem Fall unerwähnt. Überglücklich teilt er die Neuigkeit seinem Bruder mit.

Beständigen Anlaß zur Beunruhigung bot den Flüchtlingen die Haltung der Triester Quästur. Wie lange würde sie den Aufenthalt gewähren? Segall erhielt im Oktober die Aufenthaltsgenehmigung zunächst nur bis zum 5. Januar 1940. Eine Verlängerung um drei Monate hielt er jedoch für sicher: «Dann aber ist Schluß und man bekommt unerbittlich die Aufforderung, nach Ablauf dieser Zeit das Königreich wieder zu verlassen.» Anfang Januar 1940 verlängerte die Quästur tatsächlich seinen Aufenthalt bis Ende Februar. Er blieb weiterhin zuversichtlich und glaubte, «einen günstigen Wind für die Emigranten» zu verspüren. Er hatte insofern recht, als Ende Dezember die von Mussolini im vorangegangenen Juli verordneten Abschiebungen an die deutsche Grenze eingestellt worden waren. Ende Februar wurde sein Aufenthalt nochmals bis zum 20. April 1940 verlängert. Aber dann stellte er fest, daß der günstige Wind umzuschlagen begann, da in den vorausgegangenen Wochen Hunderte von Flüchtlingen, überwiegend Polen, mit «Gefälligkeitsvisen» nach Triest gekommen waren und sich dort zusammenballten. Jeder Emigrant wurde jetzt auf die Quästur bestellt und befragt, bis wann er ausgereist sei. Konnte er keine Antwort geben, so wurde ihm die Abschiebung an die Grenze – das hieß, an die deutsche Grenze – angedroht. Im April begann die Quästur die Drohungen wahrzumachen; die Abschiebungen an die deutsche Grenze wurden wieder aufgenommen. Ein jüdischer Flüchtling aus Polen wurde sogar bei Tarvisio der deutschen Polizei übergeben, was bisher noch nie vorgekommen war. Die Verzweiflung stieg so sehr, daß eine Gruppe von Flüchtlingen, von denen viele die Konzentrationslager Dachau und Buchenwald durchgemacht hatten, nach dem Scheitern eines illegalen Palästina-Transports an den Präsidenten der Union der Israelitischen Gemeinden Italiens in Rom schrieb: «Wenn wir an die deutsche Grenze abgeschoben werden, bedeutet das für uns den Tod. Wenn wir keinen anderen Ausweg haben als den Tod, so wollen wir ihn selber wählen, aber so, daß die ganze jüdische Welt erfahren soll, daß wir eher in unserem Elend hier in Ihrer Gemeinschaft den Tod gesucht haben, als unser Leben den Deutschen zu überlassen.» Eine andere Gruppe von Flüchtlingen in Triest sandte in ihrer Bedrängnis zwei Sprecher zur Union mit dem Auftrag, diese zu einer Fürsprache beim Innenministerium zu bewegen. Sie legten dar, daß sie Transitemigranten seien und nicht in Italien bleiben wollten, aber dringend einer Atempause bedürften, bis ihnen die Weiterreise gelungen sei.

Um sich der bedrohlichen Lage in Triest zu entziehen, folgten Segall und die Neustadts dem Rat eines italienischen Freundes und zogen nach Pirano um, einer kleinen Stadt am Meer, etwa anderthalb Stunden mit dem Schiff von Triest entfernt, wo ihnen die örtliche Polizei Aufenthaltserlaubnis als «Touristen» zugesagt hatte. Am 20. April 1940 scheint Segalls Aufenthaltsgenehmigung noch einmal verlängert worden zu sein.

Mit der Zeit wurde sich Segall seiner prekären Lage immer mehr bewußt. Den breitesten Raum nehmen jetzt in seinen Briefen die Bemühungen ein, in ein sicheres Zufluchtsland zu gelangen. Schon im Oktober 1938 hatte er sich in Danzig für die Einwanderung in die Vereinigten Staaten registrieren lassen. Die deutsche Quote wurde jedoch damals so stark in Anspruch genommen, daß mit einer längeren Wartezeit zu rechnen war. Ende Dezember noch hoffte Segall, im April oder im Mai an der Reihe zu sein. Aber allem Anschein nach fehlten ihm noch die unentbehrlichen Affidavits zweier wohlsituierter Amerikaner, die für seinen Unterhalt in den Vereinigten Staaten bürgen mußten.

Sein eigentliches Ziel aber war Uruguay, wo sein Bruder lebte. Im November 1939 stellte er einen Visum-Antrag an das uruguayische Generalkonsulat in Genua. Doch wollte er nicht recht an einen Erfolg glauben: «Der Konsul wird sich nämlich für unzuständig erklären, weil ich hier keinen Daueraufenthalt habe, und der Konsul in Hamburg wird sich auch nicht für zuständig erklären, weil ich nicht mehr in Deutschland bin.» Tatsächlich antwortete ihm das Generalkonsulat Ende November, daß er seine Eingabe an das Außenministerium in Montevideo zu richten habe. Er sandte also seine Dokumente dorthin und bat seinen Bruder, sich bei dem Ministerium für seine Einreise zu verwenden. Noch im April 1940 war er «guter Hoffnung, eines Tages ein Telegramm zu bekommen, daß eine günstige Entscheidung getroffen ist». Das Telegramm sollte nie eintreffen, denn Uruguay hatte wie viele Länder seine Grenzen gegenüber jüdischen Flüchtlingen abgeriegelt, auch wenn Verwandte schon seit längerer Zeit im Land lebten.

Um alle Möglichkeiten einer Einreise nach Uruguay auszuschöpfen, folgte Segall dem Rat, ein Bittgesuch an Papst Pius XII. zu richten, in der Hoffnung, der Vatikan werde sich bei der uruguayischen Botschaft am Heiligen Stuhl für seine Einreise verwenden. Ende Dezember 1939 wurde er zum bischöflichen Palast von Triest bestellt und nach seiner Person befragt: «Ich bin natürlich weit davon entfernt, übertriebene Hoffnungen auf die päpstliche Intervention zu setzen, aber vielleicht glückt mal so etwas!» Zwei Monate lang, bis Ende März 1940, hört er nichts. «Ich traue mich aber nicht, Rückfrage zu halten, vielleicht könnte man dadurch etwas verderben. Nach wie vor glaube ich aber, daß die Sache noch läuft, da der Vatikan eine Antwort so und so erteilt.» Im Mai entschloß er sich endlich, an den Bischof von Triest, Antonio Santin, zu schreiben. Am 6. Juni erteilte der Vatikan dem Bischof eine Antwort, über deren Inhalt wir nicht unterrichtet sind, die aber nur negativ ausgefallen sein kann. Der Vatikan scheint jedoch die erbetene Intervention unternommen zu haben, die von der uruguayischen Botschaft entweder abschlägig beschieden oder verschleppt worden ist.

Gleichzeitig erwog Segall die Überfahrt nach Palästina. Er hatte sich in Danzig um kein Palästina-Zertifikat bemüht, denn in der zweiten Hälfte der dreißiger Jahre bestanden dort für einen Kaufmann kaum Aussichten auf eine Einwanderung. An Flüchtlinge in Italien wurden in der Regel keine Zertifikate ausgegeben, weil die Jewish Agency sie hier in richtiger Einschätzung der Lage für weniger gefährdet hielt als in Mittel- und Osteuropa. Erst im Mai 1940, als eine größere Zahl von Palästina-Auswanderern nicht mehr zur Einschiffung nach Triest gelangen konnte, wurden ihre Zertifikate auf Flüchtlinge in Italien übertragen, die zum Teil unter dramatischen Umständen noch ihr Ziel erreichten. Für Segall kam also nur ein illegaler Transport nach Palästina in Betracht. Die Teilnahme an einem solchen Unternehmen lag ihm um so näher, als er ja lange Zeit glaubte, daß seine Schwester und sein Schwager bereits auf diese Weise nach Palästina unterwegs wären. Illegale Transporte im Rahmen der Alijah Bet wurden damals auch von italienischen Häfen aus vorbereitet. Segall ließ sich bald nach seiner Ankunft für einen Transport registrieren, der in sechs Wochen abfahren sollte und für den etwa 3000 Lire verlangt wurden. Aber der Transport scheiterte wie die meisten am Widerstand der italienischen Behörden. Den Kauf eines ihm angebotenen, «garantiert in Ordnung befindlichen Zertifikats» lehnte er ab, nachdem er erfahren hatte, daß «die Quelle höchst unsauber» war.

Als sich kein einziger Plan zu verwirklichen schien, erwog Segall vorübergehend, ein Schiff nach Shanghai zu besteigen. Shanghai war bis September 1939 das einzige Land gewesen, das jüdischen Einwanderern keinerlei Einreiseschranken entgegenstellte. Unter dem Eindruck von Mussolinis Ausweisungsdekret hatten viele Flüchtlinge den Weg nach Shanghai gewählt, obwohl sie dort von aller Welt abgeschnitten waren und kaum Aussicht auf einen Erwerb hatten. Inzwischen verlangte das Land aber ein so hohes Vorzeigegeld, daß auch Segalls Möglichkeiten erschöpft waren. So ließ er den Plan wieder fallen und hoffte weiterhin auf Uruguay: «Ich klammere mich an den Gedanken, zu Euch zu kommen, und sollte das nicht gelingen, dann ist eben nichts zu machen.»

Mit dem sich ankündigenden Kriegseintritt Italiens wurde Segalls Stimmung gedrückter, und die Einsicht drängte sich ihm auf: «Wir befinden uns jetzt auf einem sehr heißen Boden, und möchte Gott geben, daß es uns bald gelingt, diesem heißen Boden zu entrinnen!» Es sollte ihm nicht gelingen. Seine Schwester und sein Schwager konnten sich am 21. Mai 1940 in Genua auf der «Conte Grande» nach Tanger einschiffen. Sie hatten zur selben Zeit wie Segall die Einwanderung in die Vereinigten Staaten beantragt, waren aber als Danziger Staatsbürger auf der polnischen Quote registriert, die damals bessere Aussichten zum Fortkommen bot als die deutsche. Von

Tanger gelangten sie gegen Ende des Jahres auf einem anderen Schiff in die Vereinigten Staaten. Segall hingegen blieb in Triest hängen. Wie er, scheiterten auf dem europäischen Kontinent unzählig viele an den unüberwindbaren Einreiseschranken der Länder, die ihnen hätten Rettung bieten können.

Unmittelbar nach dem Kriegseintritt Italiens wurden die jüdischen Einwanderer und Flüchtlinge von der faschistischen Regierung interniert. Ursprünglich verfolgte die Internierung den Zweck, Männer im wehrfähigen Alter, die Staatsangehörige der Kriegsgegner waren, daran zu hindern, in ihr Heimatland zurückzukehren und den Kriegsdienst anzutreten. Auf ausdrücklichen Wunsch Mussolinis wurden dann auch die Juden aus den mit Italien verbündeten Ländern in diese Maßnahme einbezogen, die dadurch mit der antisemitischen Rassenpolitik in Zusammenhang trat.

Ob Maximilian Segall in Triest oder in Pirano verhaftet wurde, entzieht sich der Kenntnis. Gewiß ist jedoch, daß er sich eine Zeitlang im Gefängnis von Triest aufhielt. Alle Augenzeugenberichte stimmen darin überein, daß die Haft in den örtlichen Gefängnissen die schwerste Zeit der gesamten Internierung war. Es gibt keine Nachrichten über die Lage im Gefängnis von Triest. Man darf jedoch annehmen, daß sie sich nicht wesentlich von der in anderen italienischen Gefängnissen, wie San Vittore in Mailand oder Regina Coeli in Rom, unterschied, über die ausführliche Berichte vorhanden sind. In der Regel waren die Zellen überbelegt, so daß die zuletzt Eingelieferten oft auf dem Fußboden schlafen mußten. Es wimmelte von Ungeziefer, und es fehlte an den elementarsten sanitären Einrichtungen – in Regina Coeli stand ein Kübel in der Zelle, in den die Häftlinge ihre Notdurft verrichten mußten. In einigen Fällen waren die Juden mit Kriminellen zusammengesperrt. Am bedrückendsten aber war, daß die Behörden sie im unklaren ließen, was sie mit ihnen vorhatten. War die seit langem befürchtete Abschiebung nach Deutschland geplant? Meist erkannten die Häftlinge erst beim Abtransport von den Gefängnissen in die Internierungslager an der Fahrtrichtung des Zuges, daß sie nicht an die deutsche Grenze, sondern nach Süden gebracht wurden.

Mitte Juli 1940, drei bis vier Wochen nach seiner Verhaftung, wurde Segall in das «Konzentrationslager» Casoli in der Provinz Chieti überführt. Wir wissen nur, daß er im Gefängnis von Triest erpreßt wurde, die Fahrt nach Casoli selbst zu bezahlen. Andernfalls würde der Transport, so wurde ihm gesagt, in Handschellen und in einem geschlossenen Gefangenenwagen stattfinden. Nachdem er sich zur Bezahlung bereit gefunden hatte, erfolgte die Fahrt in einem gewöhnlichen Zugabteil unter Bewachung von zwei Polizeibeamten.

Die Internierung in Casoli hatte allerdings nichts mit einem Konzentrationslager gemein, wie man es aus dem nationalsozialistischen Deutschland kennt. Die Internierten, in Casoli ausschließlich Männer, waren innerhalb des Ortes in zwei alten Gebäuden untergebracht, einer ehemaligen Schule und einem leerstehenden Privathaus. Im September 1940 befanden sich dort etwa 50 nach Italien eingewanderte und geflohene Juden und einige wenige Katholiken und Protestanten, die ebenfalls von Mussolinis Rassenpolitik verfolgt waren. In der Schule wohnten die Internierten in einem einzigen großen Raum zusammen, in dem Pritschen und ein Ofen aufgestellt waren. Bei ihrer Ankunft fehlten noch Tische, Schemel, Kleiderhaken, Laken und Bettbezüge. Chef des Lagers war der Bürgermeister. Die Bewachung oblag drei oder vier Carabinieri, die zu diesem Zweck dem örtlichen Posten zugeordnet waren.

Die Internierten konnten sich in Casoli tagsüber innerhalb der Ansiedlung frei bewegen und mußten sich zweimal täglich zum Appell melden. Zur ärztlichen oder zahnärztlichen Behandlung durften sie mit einer besonderen Genehmigung nach Lanciano, dem nächsten größeren Ort, fahren. Wenn sie sich nicht aus eigenen Mitteln unterhalten konnten, erhielten sie ein staatliches Unterhaltsgeld von etwa 200 Lire im Monat. Segall, dem das Unterhaltsgeld zuerkannt wurde, obwohl er anfangs noch über Ersparnisse verfügte und gelegentlich sogar Überweisungen von seinem Bruder erhielt, schätzte jedoch, daß ungefähr 500 Lire im Monat nötig wären, um gut auskommen zu können. Die Bessergestellten nahmen das Essen in den Trattorien «Impero» und «Tricolore» ein, während sich die Mittellosen, die ausschließlich auf den Unterhaltssatz angewiesen waren, in einer gemeinsamen Küche zusammenschlossen und gemeinsam Einkäufe tätigten, um bei der Abnahme größerer Mengen Rabatte zu erhalten. Wer von 200 Lire im Monat leben mußte, konnte zwar noch für die notwendigsten Lebensmittel sorgen, war aber kaum mehr in der Lage, abgetragene Kleidungsstücke und Schuhe zu ersetzen.

Die Haltung der Bewohner von Casoli wird als freundlich geschildert. Grundsätzlich war es den Internierten untersagt, außer beim Einkaufen, in der Trattoria oder an der Bar und bei der ärztlichen Behandlung Kontakt zu den Einheimischen aufzunehmen und ihre Wohnungen zu betreten. In Casoli wurde die Vorschrift – wie an vielen anderen Orten – recht lax gehandhabt. Dies brachte bald die örtlichen Faschisten auf den Plan, die an dem milden Regiment des Bürgermeisters Anstoß nahmen. In einem von «einem Squadristen und Teilnehmer des Afrikakrieges» und «drei Faschisten seit 1919» unterzeichneten Denunziationsbrief wird Beschwerde geführt, daß der polnische Arzt Hermann Datyner Krankenbesuche durchführe und in der Praxis eines italienischen Arztes einen jungen Bauern operiert habe. Die Präfektur stellte daraufhin Nachforschungen an, die im wesentlichen die Anschuldigungen bestätigten. Datyner wurde zur Strafe in ein anderes Lager überführt.

Sieht man von der erheblichen Einschränkung der persönlichen Freiheit ab, so erwecken die Briefe Segalls an seinen Bruder in Montevideo den

Eindruck einer im ganzen erträglichen Lage. Bei den Briefen von Internierten ist aber stets zu beachten, daß sie unter Zensur standen und daß es die Schreiber folglich vermieden, sich zu beklagen oder schlechte Zustände zu schildern. Doch Segall spricht sich an einer Stelle erstaunlich freimütig aus. Seine Zeilen offenbaren einen düsteren Gemütszustand, ja Todesahnungen: «Wir leben jetzt in einer kritischen Zeit, und man kann nicht wissen, ob ich mit heiler Haut über diese Zeit hinwegkommen werde.» Gleichzeitig spricht er von seinem Vermächtnis, das er zusammen mit einigen Wertgegenständen und persönlichen Andenken bei einem Freund in Triest hinterlegt habe, dessen Anschrift sich seine Verwandten gut merken sollten.

Im Herbst 1941 stellte Segall einen Antrag an das Innenministerium auf Entlassung in die Einzelinternierung. Er litt an chronischer Bronchitis und nächtlichen Hustenanfällen, die für die anderen in dem großen Schlafraum eine arge Belästigung gewesen sein müssen. Das Innenministerium gab seinem Antrag statt. So kam er zunächst nach Castelfrentano und im September 1942 nach Guardiagrele, zwei Orten, die ebenfalls in der Provinz Chieti lagen. Hier konnte er jeweils in einem möblierten Zimmer wohnen, das von der Kommunalverwaltung für Internierte gemietet worden war. Sonst unterschieden sich seine Lebensumstände in der «freien Internierung» kaum von Casoli. Die Monotonie in den abgelegenen Ortschaften war wahrscheinlich noch größer als dort. Da er jetzt keine Überweisungen mehr erhielt und seine Ersparnisse inzwischen vermutlich aufgezehrt waren, lebte er allem Anschein nach in größter Bescheidenheit.

Zwei Tage nach dem Waffenstillstand, den die Regierung Badoglio am 8. September 1943 mit den Alliierten schloß, ordnete der Polizeichef, Carmine Senise, in einem Telegramm an die Präfekten die Aufhebung der Internierung von Ausländern an, wie es mit den Alliierten bei den Waffenstillstandsverhandlungen vereinbart worden war. Die Freigelassenen konnten wählen, ob sie an ihren früheren Wohnsitz in Italien zurückkehren oder am Ort der Internierung bleiben wollten, wo ihnen weiterhin das Unterhaltsgeld ausbezahlt werden sollte.

Für die Internierten in der Provinz Chieti kam die Rückkehr in die Städte des Nordens kaum in Betracht, weil es an Transportmöglichkeiten fehlte und die Verkehrsverbindungen an vielen Stellen unterbrochen waren. Vor allem aber hofften sie, bald von den Alliierten befreit zu werden, die sich bereits in Kalabrien befanden und rasch nach Norden vorrückten.

Im Oktober 1943 wurde die Provinz Chieti zum Kriegsgebiet. Zur Errichtung der Verteidigungslinie Montecassino–Pescara wurden viele Ortschaften von der Zivilbevölkerung geräumt, die nach Norden evakuiert wurde. In Guardiagrele befanden sich zu der Zeit über zwanzig Juden verschiedener Nationalität und in der gesamten Provinz Chieti etwas weniger als zweihundert. Die Chancen, im Kriegsgebiet unentdeckt zu bleiben, waren gering. Hoffnung auf Rettung bestand nur in der rechtzeitigen Flucht in eine größere Stadt, zumal nach Rom, an die Küste oder weiter nach Süden. Bei der Evakuierung der Zivilbevölkerung ging die deutsche Feldgendarmerie von Haus zu Haus und überprüfte die Papiere. Nach der Befreiung schrieb ein anderer Danziger, Arthur Friedrich, der zusammen mit seiner Frau in Guardiagrele interniert gewesen war und hier Segall kennengelernt hatte, an Segalls Schwester Herta Neustadt in den Vereinigten Staaten. Durch diesen Brief, der ebenfalls im Leo-Baeck-Institut aufbewahrt ist, sind wir über die Lebensumstände Segalls unter der deutschen Besetzung unterrichtet. Am 1. November 1943 wurde er in Guardiagrele von der Feldgendarmerie festgenommen, nachdem er noch rechtzeitig ein befreundetes Danziger Ehepaar hatte warnen können. Zusammen mit acht anderen Juden wurde er an einen bewachten Sammelpunkt im Ort gebracht. Die Zahlenangabe in dem Brief Friedrichs deutet darauf hin, daß es den meisten der in Guardiagrele internierten Juden gelungen war, sich – zumindest vorübergehend – der Festnahme zu entziehen. Zwölf von ihnen treffen wir im November 1944 in Bari unter der Obhut der Alliierten wieder. Die Mitteilungen Friedrichs werden in einem Schreiben der Präfektur Chieti an das Innenministerium bestätigt, wo es heißt: «Die Internierten aus den Lagern wie aus den Kommunen sind zum größten Teil flüchtig. Einige wurden von der deutschen Wehrmacht beim Durchkämmen der Gegend festgenommen.»

Am 4. November kam Segall zusammen mit seinen acht Schicksalsgefährten nach Chieti in ein Kriegsgefangenenlager, wo die Behandlung durch die deutschen Soldaten gut gewesen sein soll. Von Chieti wurde er am 20. November, vermutlich in einer größeren Gruppe, mit einem Militärtransport nach L'Aquila gebracht, wo er in einer für die deutschen Truppen requirierten Kaserne unter deutscher Bewachung blieb. Als die Wehrmacht die Räume für andere Zwecke benötigte, wurde er mit achtzig Mitgefangenen, Juden und Nichtjuden, wohl ohne Wissen der deutschen Sicherheitspolizei und der SS kurzerhand der Quästur von L'Aquila übergeben. Inzwischen hatte die Marionettenregierung Mussolinis am 30. November 1943 die bekannte Polizeiverordnung Nr. 5 herausgegeben, nach der alle Juden, auch die italienischen, zu verhaften und in Konzentrationslager einzuliefern waren.

Nach der Übergabe der achtzig Personen durch die Wehrmachtstellen begründete der Präfekt von L'Aquila in einem ausführlichen Schreiben an das Innenministerium, weshalb er nicht in der Lage sei, der Polizeiverordnung Nr. 5 nachzukommen und in seiner Provinz ein Konzentrationslager zu errichten. Alle größeren Gebäude seien mit deutschen Militärs und mit Evakuierten belegt. Zudem seien Bettgestelle, Matratzen und Decken auf dem örtlichen Markt nicht erhältlich. Er schlug deshalb vor, die verhafteten Juden in das Konzentrationslager einer anderen Provinz zu überführen. Zu der Zeit befanden sich in L'Aquila etwa hundert Juden, wohl fast ausschließlich Einwanderer und Flüchtlinge, in der Gewalt der Quästur. Etwa sechzig waren in der Provinz selbst festgenommen worden, die anderen, wie Segall, von anderen Provinzen nach L'Aquila geschafft worden. Am 18. Dezember 1943 ging der Polizeichef der Republik von Salò, Tullio Tamburini, auf den Vorschlag des Präfekten ein und verfügte die Einlieferung von siebzig Juden in die Konzentrationslager von Bagno a Ripoli bei Florenz und Scipione di Salsomaggiore in der Provinz Parma sowie von zehn weiteren nach Castello Montalbano di Rovezzano in der Provinz Florenz.

Wie wir aus dem Brief Friedrichs erfahren, war Segall in L'Aquila mit einem Schicksalsgenossen zusammen in einem von der Quästur gemieteten Hotelzimmer untergebracht und konnte sich, wie offenbar auch alle anderen festgenommenen Juden, tagsüber in der Stadt frei bewegen – eine Situation, die nach dem Erlaß der Polizeiverordnung Nr. 5 als ungewöhnlich gelten kann. Die Friedrichs schliefen nachts in einem Kloster und mußten sich am Tage in einer Schule aufhalten, von wo aus sie ebenfalls in die Stadt gehen konnten. Schon zwei Tage nach dem Eintreffen von Tamburinis Telegramm wußten die Internierten über den bevorstehenden Abtransport nach Norden Bescheid. Zweifellos hatten ihnen Angehörige der Quästur, die mit der Widerstandsbewegung sympathisierten, eine Warnung zugehen lassen. Die Friedrichs beschlossen daraufhin, sich zu verstecken und mieteten außerhalb der Stadt ein Zimmer. Vergeblich versuchten sie, Segall von der Notwendigkeit zu überzeugen, sich ebenfalls der Bewachung durch die Quästur zu entziehen und sich unerkannt ein Zimmer zu mieten. Sie boten ihm an, ihre Geldmittel mit ihm zu teilen, doch er meinte, es hätte noch Zeit. Nach den Entbehrungen der Internierung, die ihn psychisch und physisch erschöpft hatten, war die bereits in den Briefen aus Triest verspürbare Resignation zu Schicksalsergebenheit und Entschlußlosigkeit geworden. Am 11. Januar 1944 besuchte er zum letztenmal die Friedrichs in ihrem Versteck. Zwei Tage danach wurde er von italienischer Polizei oder Miliz zusammen mit 26 Juden nach Bagno a Ripoli abtransportiert. Die Fahrt fand wahrscheinlich streckenweise auf Lastwagen statt, weil zahlreiche Bahnlinien durch Bombardierungen unterbrochen waren. In der Gruppe befanden sich auch mehrere Frauen und Kinder. Eine zweite Gruppe von 41 Personen, darunter zehn Juden, wurde wenige Tage später nach Bagno a Ripoli gebracht.

Das Lager von Bagno a Ripoli war bereits im Juni 1940 zur Internierung von Ausländern errichtet worden und befand sich in einem großen alleinstehenden Gebäude, der «Villa La Selva», die einem nach Palästina emigrierten Florentiner Juden gehörte und vom Innenministerium für die Internierung requiriert worden war. Als die Gruppe aus L'Aquila eintraf, befanden sich bereits fast hundert Personen in dem Gebäude, und die Räume waren voll belegt. In einem Bericht der Präfektur Florenz ist zu lesen, daß die Neueingetroffenen in dunklen Dachkammern untergebracht werden mußten.

Trotzdem wurde wenige Tage später auch noch die zweite Gruppe aus L'Aquila in das überfüllte Gebäude gepfercht, dessen sanitäre Anlagen schon längst nicht mehr ausreichten.

Segall blieb im ganzen zwölf Tage in Bagno a Ripoli. Sein weiteres Schicksal wird aus einem Telegramm der Präfektur Florenz deutlich, in dem es mit kalter Routine heißt: «Die diesbezüglich genannten Internierten, die am 14. Januar des letzten Monats aus L'Aquila im Konzentrationslager Villa La Selva eingetroffen sind, wurden am 26. desselben Monats vom örtlichen Kommando der deutschen Sicherheitspolizei abgeführt und angeblich nach Norditalien gebracht.» Ob die Präfektur Florenz tatsächlich nicht über den Zielort Bescheid wußte, mag dahingestellt bleiben. Ziemlich gewiß ist aber, daß sie das Büro der Sicherheitspolizei auf die Ankunft der Gruppe aus L'Aquila aufmerksam gemacht hat. Aus der später ausgestellten Deportationsliste wissen wir, daß Segall in das Gefängnis von San Vittore in Mailand kam. Er verließ Mailand am 30. Januar 1944 mit einem Transport von über 700 Juden, der nach einer Woche, am 6. Februar, in Auschwitz eintraf. Segall war damals 49 Jahre alt. Sein Name fehlt auf der Einlieferungsliste in das Lager. Es ist daher anzunehmen, daß er nach der Selektion auf der Rampe sofort in die Gaskammer geschickt wurde.

Maximilian Segall war einer der etwa 7000 nach Italien eingewanderten und geflohenen Juden, die nicht rechtzeitig von den Alliierten befreit werden konnten und unter die deutsche Besetzung gerieten. Etwa jeder Vierte fiel der Menschenjagd zum Opfer und wurde deportiert. Die Phasen von Segalls über vierjährigem Aufenthalt in Italien waren in vieler Hinsicht für die Lebensumstände der jüdischen Flüchtlinge charakteristisch: prekäre Aufnahme nach gelungener Flucht und drohende Ausweisung unter den faschistischen Rassengesetzen, vergebliche Bemühungen um ein Visum für ein anderes Land, Internierung in einem Lager und Überführung in die «freie Internierung», schließlich Verhaftung, Deportation und Ermordung.

IV.
Rückblick und Erinnerung

«Es geht nichts über democracy»
Elisabeth Young in Sydney
von Frauke Meyer-Gosau

Bondi ist der Stadtteil Sydneys, der als «jüdisch» gilt. Jüdische Einwanderer kamen hierher schon in den zwanziger Jahren, das war eine durch Armut und Unternehmungslust motivierte Migration. Während des Zweiten Weltkriegs und unmittelbar danach folgten die politischen Flüchtlinge, Menschen, deren Lebensgeschichte durch ein mordendes und brennendes Europa verheert war, die physisch Überlebenden. In den siebziger Jahren kam schließlich die vorerst letzte Welle der rassisch und politisch Verfolgten weit aus dem europäischen Osten – sie geben dem am Meer gelegenen Stadtteil heute sein Gepräge: kleine Jungen mit Jarmulken und Schläfenlocken, die Männer in ihren langen schwarzen Mänteln, mit Rauschebärten und Pelzhüten, große Familien, die am Sabbat auf der Hauptstraße flanieren, als sei dies nicht eine neue, fremde Welt, sondern die ihre. «Ein Zuhause haben wir doch alle nicht mehr», sagt Elisabeth Young, die seit etlichen Jahren hier lebt, allein, in einer lichten Dreizimmerwohnung.

Sie möchte mit den Orthodoxen, die ihr Herkommen aus einer ganz anderen Kultur so selbstverständlich herausstellen, nicht in einem Zusammenhang gesehen werden. Sie kann es nicht billigen, wenn auf der Straße und in den Geschäften mehr Jiddisch, Ungarisch und Russisch als Englisch gesprochen wird. 1950 ist sie, von England kommend, mit Mann und Sohn in Sydney angelangt, und ihre Überlebensmaxime gibt auch die Erfahrungen dieser Einwanderergeneration wieder: «Man muß sich anpassen. Die das nicht konnten, sind zugrunde gegangen; so wie mein Mann. Ich konnte mich anpassen, darum hab' ich's geschafft.»

Also sprechen wir Englisch, wenn wir uns im Bus treffen, Englisch, wenn die Kellnerin an unseren Tisch tritt. So erkennen wir an, wo wir sind: im Ausland. In den eigenen vier Wänden aber spricht Elisabeth Deutsch, genauer: ein feines, geschmeidiges, lebendiges Wienerisch.

«Sich anpassen», das muß ja nicht heißen: Identität aufgeben, vergessen, woher man kommt und wer man ist. Es heißt, diese Identität den anderen nicht aufdrängen, sie nicht behelligen mit dem eignen Fremdsein – und Identität gerade darin bewahren. Als sie 1945 britische Staatsbürgerin wurde, hat Elisabeth ihren deutschen in einen englischen Namen verwandelt, und nur noch mit dem fühlt sie sich richtig angesprochen. Das deutsche Äquivalent steht demgegenüber für eine Zeit und ein Leben, aus denen sie vertrieben wurde. Sie hat sie von sich abgetrennt, und sie erinnert sich nicht gern daran: Mrs. Young, 84 Jahre alt und nun seit fast 50 Jahren in der Emigration.

Wien in den dreißiger Jahren. Eine junge Frau aus bürgerlichem Elternhaus, die Kunst und Kultur liebt, die Oper, das Theater, ganz besonders den Film. Die große Elisabeth Bergner hat sie schon als Anfängerin auf der Bühne gesehen. Inszenierungen von Max Reinhardt, alle Filme, die Aufsehen machen. In den zeitgenössischen Kontroversen nimmt sie ihren eigenen Standpunkt ein, eine moderne junge Frau, eine Frau, die «nach vorn» lebt. Sie hat einen handwerklichen Beruf erlernt, in dem sie auch arbeitet: Zuschneiderin ist sie in einer Fabrik, zehn Jahre lang. Auch ihre beiden Schwestern haben Berufe und verdienen ihr Geld selbst; der Bruder studiert. «Zum Glück hat unsere Mutter uns nie verwöhnt», sagt Elisabeth mit Bezug auf sich selbst und ihre Schwestern, «wir mußten alle arbeiten lernen, kochen und waschen mit zwölf, dreizehn Jahren. – Das ist uns zugute gekommen.»

Es zieht sich politisch etwas zusammen in Wien, Mitte der dreißiger Jahre, das spürt sie. Bei einem Vortrag, den sie mit einem kunstsinnigen Freund besucht, taucht ein Nazi-Trupp auf, der die Versammlung sprengt. «Komm, laß uns gehn, ehe es zu spät ist», bittet sie den Freund. Das Motto für die Jahre, die kommen sollen.

Die Schwestern verlassen Wien gleich nach dem «Anschluß» 1938, Elisabeth zögert noch. Sie ist die Zarteste von allen. Als junges Mädchen hat sie ein rheumatisches Fieber überlebt und fast ein Jahr lang nur gelegen. Sie ist anfällig geblieben für Krankheiten, die Eltern machen sich Sorgen um sie. «Du wirst das Ausland nicht überleben», sagt die Mutter, «es ist zu hart für dich.» Es sind aber die Eltern, die das Dableiben nicht überleben – abtransportiert, werden sie im Konzentrationslager ermordet. Da ist Elisabeth schon in England, ist schließlich, im Januar 1939, der älteren Schwester nachgefolgt, die dort eine Stellung gefunden hat.

Elisabeth, 35 Jahre alt, eine berufstätige Frau, fest eingebunden in einen Freundes- und Bekanntenkreis, eine Frau der Moderne. Sie findet sich wieder auf dem Lande in Großbritannien, in einem kleinen Ort an der Küste, als Hausmädchen.

Keine Klagen: «Da hatte ich das gute Essen, die frische Luft, da hab' ich mich erst einmal erholt. Da hab' ich dann all die Kräfte gesammelt, die ich in den späteren Jahren gebraucht habe.» Eine «gute Zeit» nennt sie rückblikkend, was doch, trotz der räumlichen Nähe zu ihrer Schwester und der «netten Leute», ein Kulturschock gewesen sein muß, im fremden Land, ohne Kenntnis der Sprache, in einer gesellschaftlich niederen Position.

In ihrer Erinnerung beginnt aber die Zeit der Demütigung und unablässigen Kränkung erst 1940. Die Flüchtlinge haben die Küstenregionen zu verlassen, selbst als Verfolgte werden sie als potentielle Spione angesehen. Elisabeth versucht, bei einer Verwandten unterzukommen, die mit einem Nicht-Juden verheiratet ist. Der aber will sie nicht in seinem Haus haben, und als sie sich auf der Polizei meldet, drohen die Beamten, sie auf der Isle of Man internieren zu lassen, wenn sie die Region nicht am nächsten Tag verläßt.

Auf diese Weise kommt Elisabeth nach London, wo die «aliens» sich zu sammeln und wöchentlich auf der Polizei zu melden haben. Die ersten sechs Wochen verbringt sie in einem Hostel, drei Häuser sind das, in denen über 80 jüdische Frauen und Mädchen leben. Wenn sie eine Woche lang abwäscht, dann eine Woche lang saubermacht, bekommt sie dafür 21 Shilling pro Woche. Zwei deutsche Jüdinnen führen das Regiment in dieser Einrichtung, es ist ein System der Drangsalierung und Einschmeichelei, und wer sich dem nicht fügt, muß für die anderen mitarbeiten. Elisabeth und eine Freundin arbeiten für die anderen mit.

Sechs Wochen geht das so, die Arbeitsvermittlung kann für sie keinen Job finden, das «Leben nach vorn» scheint ihr abgeschnitten – «Ich habe jeden Tag geweint». Obwohl das Tribunal sie als einen Flüchtling der Kategorie C eingestuft hat, was bedeutet, daß sie als politisch unbedenklich gilt und nicht interniert wird, werden ihr zwei Stellungen, die ihr angeboten worden waren, verweigert – sie ist ein «alien», das wird nun auch zur materiellen Kategorie.

Andererseits ist Elisabeth auch nicht bereit, Demütigungen hinzunehmen, nur um überhaupt eine Arbeit zu bekommen. So kündigt sie gleich hintereinander zwei Hausmädchenjobs, weil sie die Art, in der man mit ihr umspringt, nicht ertragen kann. Es erscheint hier, 1940, im Zusammenprall mit einer offen feindseligen Realität, die nicht selten auch von den – reichen – «eigenen Leuten» mitgeprägt wird, zum ersten Mal ganz deutlich das Muster, nach dem Elisabeth die langen Jahre des Exils übersteht: Unsentimental und klar registriert sie die Bedingungen, die ihrem Leben nun gesetzt sind. Aber so wenig sie sich deswegen verhärtet, so wenig liefert sie sich diesen Bedingungen aus. Sie besteht auf ihrer Würde.

Solche Integrität macht ihr das Leben nicht leichter. Zwar hat sie zusammen mit einer Freundin und der Schwester, die nun in London arbeitet, eine kleine Wohnung gemietet, aber es kränkt sie doch die «fürchterliche mess», in der sie dort hausen müssen. Heißes Wasser gibt es nicht, die Mäuse springen ihnen aus den Schubladen entgegen, ein einziges Schlafzimmer gibt es, dort nächtigen die drei Frauen im Ehebett.

London wird mittlerweile von den Bombenangriffen der deutschen Luftwaffe überzogen. Wenn sie um halb fünf die Arbeit verläßt – sie hat wieder eine Stelle als Hausmädchen angenommen –, verbringt sie die Abende im Bunker. Trotz Ausgangssperre laufen die Frauen dann in der Nacht nach Hause, um wenigstens ein paar Stunden im eigenen Bett zu schlafen. Sie wissen schon, unter welcher Brücke sie auf dem Heimweg Schutz vor den deutschen Bombern suchen müssen.

Elisabeth verbringt insgesamt elf Jahre in England, ein Leben, das sie knapp mit den Worten «upstairs, downstairs usw.» umreißt. In England hat sie geheiratet, dort ist ihr Sohn geboren, dort nimmt ihr Leben schließlich wieder eine gewisse Stabilität an. Sie hat gelernt, mit der Fremde umzugehen.

Auch Leo, Elisabeths Mann, stammt aus Wien. Er war dort Rechtsanwalt, als die Gestapo ihn 1938 auf der Straße verhaftete und nach Dachau abtransportierte. Vor der «Kristallnacht» war er dann nach Buchenwald gebracht worden – «sie wollten Dachau für neue Häftlinge freimachen» –, im Februar 1939 wurde er nach Wien entlassen, weil er ein Visum für die Schweiz hatte. Die Gestapo wußte sehr wohl, daß dieses Visum zum Zeitpunkt der Entlassung abgelaufen war. Eine Woche gaben sie ihm Zeit, die Ausreisegenehmigung in ein anderes Land vorzulegen. Gelang ihm dies nicht, sollte er ins Konzentrationslager zurückgebracht werden. «Das war die Taktik vor dem Krieg», sagt Elisabeth. «Sie wollten die Jungen wegkriegen.»

Der Mann hatte Glück. Ein englischer Major setzte sich für ihn ein, binnen einer Woche hatte er Paß und Visum und konnte nach England ausreisen. Das Kitchener Camp, in dem er interniert wurde, ließ ihm die Freiheit, Besuche zu machen, das Lager für befristete Zeit zu verlassen. So lernten Elisabeth und er einander kennen. Eine Beziehung aber konnte sich so nicht entwickeln: Vom Kitchener Camp über die Isle of Man wurde er nach Kanada gebracht. «Zweieinhalb Jahre haben wir korresponiert. Er hätte in Kanada bleiben können, aber meinethalben ist er zurückgekommen. Ich hatte ja kein Visum für Kanada und hätte auch keines bekommen, das war genauso schwer zu haben wie eines für die USA.»

So leben sie also zunächst weiter in London. Ihr Sohn wird geboren, die Familie nimmt die britische Staatsbürgerschaft an und damit auch ihren neuen, anglisierten Namen. Es könnte ein neuer Anfang im nun schon Bekannten werden, auf dem Weg zu einer Art Normalisierung nach dem Zusammensturz des «ersten Lebens» und den Wirren des Krieges, der Fremde.

Das aber gelingt nicht. Elisabeths Mann, der seinen Beruf geliebt hatte wie sie den ihren, kann in England als Anwalt nicht arbeiten. «Er kannte ja nur die österreichischen Gesetze und hätte neu studieren müssen. So konnte er nur als Büroangestellter für fünf Pfund in der Woche arbeiten. Es war eine sehr schwierige Zeit in London.» Ein neues Muster erscheint von nun an in Elisabeths Leben: die Niedergedrücktheit und zunehmende Verzweiflung ihres Mannes, gegen die sie anarbeiten muß.

Das Ehepaar beschließt, gemeinsam noch einmal einen Schritt aus den gegebenen Bedingungen herauszuwagen, hinter sich zu lassen, was ihr Leben mit nun innerem Unglück bedroht. Da gibt es eine Cousine des Mannes in Australien, die schon 1938 ausgewandert war. Für sie schien sich der Auswanderertraum von Erfolg und Besitz realisiert zu haben: Ihr Mann besaß eine Möbelfabrik, eine Wohnung hatten sie, ein Stück Land auch, auf dem sie ein Haus bauen wollten. Was ihnen fehlte – ein Kind, ein Erbe.

Die Cousine erbietet sich, den Youngs ein «Permit» für Australien zu verschaffen, und sie verspricht ihnen eine großzugige Teilhabe am Erfolg: Elisabeths Mann soll Manager in der Möbelfabrik werden, die Youngs werden die Wohnung der Verwandten beziehen – diese selbst werden ja bis dahin im eigenen Haus wohnen –, und der Sohn schließlich könnte später einmal die Fabrik übernehmen. In der Beengtheit ihrer britischen Lebenssituation ist das für Elisabeth und ihren Mann eine konkrete Aussicht auf ein neues, nicht länger entwürdigendes Leben.

Aber dann geschieht für eine lange Zeit nichts, und als die Cousine endlich ankündigt, sie werde nun das «Permit» schicken, da haben die Youngs als britische Staatsbürger es sich schon selbst organisieren können.

Wunschträume indes sind hartnäckig, zumal, wenn sie das Gegenbild einer in sich perspektivlosen, niederdrückenden Gegenwart entwerfen, und so betreiben Elisabeth und ihr Mann die Auswanderung nach Australien weiter, ohne sich länger über die recht verspätete Hilfeleistung ihrer Verwandten zu wundern. Die Londoner Wohnung wird aufgelöst, die Ersparnisse werden für die Schiffskarten eingesetzt.

«Als wir die Schiffskarten hatten, haben wir einen Brief bekommen: Es tut uns sehr leid, aber wir bleiben in unserer Wohnung. Wir haben übrigens jetzt auch ein Waisenkind adoptiert, und Leo wird dann bei meinem Mann in der Fabrik arbeiten können.»

So besteigen sie das Schiff – der Sohn ist sechs Jahre alt, die Eltern über 40 –, ohne größere Zuversicht, aber auch ohne jede Alternative. «Diese Cousine hat uns sehr downgelassen», sagt Elisabeth, und einschränkend, entsprechend ihrem heutigen Wissen fügt sie hinzu: «Aber jeder hat doch fast dieselben Immigrationserfahrungen gemacht.»

Das gilt allemal für die Anfangszeit in Australien, gilt im Hinblick auf die Ausländer- und Immigrantenfeindlichkeit besonders in den fünfziger Jahren und gewiß auch für den Mangel an Solidarität zwischen Alt- und Neueinwanderern. Mit einer Ausnahme: Während die Familie ihres Mannes sie erst täuscht, dann im Stich läßt, erfahren sie unerwartet Hilfe von Elisabeths Cousin und seiner Frau, «einer Christin, aber sie ist besser als ichweißnichtwas».

Als das Schiff nach fünfwöchiger Überfahrt endlich frühmorgens in Sydney anlegt – «bis Melbourne haben wir noch nicht gewußt, wo wir unterkommen werden» –, werden sie dort von Elisabeths Verwandten erwartet; von Leos Familie hingegen, auf die schließlich der Anstoß für die Auswanderung zurückging, ist niemand erschienen.

Die beiden Frauen gehen erst einmal zusammen Nahrungsmittel und Kleidung einkaufen, dann wird die Familie zu Leos Cousine geführt. Die hat ihnen wenigstens eine Unterkunft besorgt, welche, weit außerhalb des Stadtzentrums gelegen, aus zwei möblierten Zimmern mit Küchenbenutzung besteht – «bei einer hochneurotischen Frau. Wie ich das gesehen hab', die Frau, diese Wohnung... Mein Mann wollte sofort zurückfahren. Da hab' ich ihm gesagt: Das wird ja nicht gehen. Unsere ganzen Ersparnisse sind auf die Schiffsfahrt gegangen. – Damit war das fertig.»

«Wir hatten eine sehr schwierige Zeit in London. Aber in Australien war es viel schwieriger. Viel schwieriger.» Sie macht eine kleine nachdenkliche Pause. «Aber ich hab' immer einen enormen Willen gehabt.»

Während Elisabeth in den ersten Jahren des Exils sich selbst durchbringen und das Überleben in der Fremde lernen mußte; während in den Nachkriegsjahren sie und ihr Mann gemeinsam die kleine Familie mühsam durchbrachten, so findet sie sich jetzt, im Alter von 46 Jahren, all diesen Schwierigkeiten noch einmal gesteigert konfrontiert.

Die Anstellung, die ihr Mann in der Möbelfabrik seiner Verwandten findet, besteht im «Schleppen der schweren Möbelstücke». Er, der seit dem Steineschleppen im Konzentrationslager einen gesundheitlichen Schaden in den Beinen hat, erleidet nach sechs Wochen einen physischen Zusammenbruch. Diagnose: Überanstrengung, hohes Fieber, Venenentzündung. Er muß operiert, die Krampfadern müssen herausgenommen werden. «Zur selben Zeit hat der Junge die Masern bekommen, und ich hab' beide in den Betten nebeneinander gehabt. Keinen Job und die zwei Kranken...»

Seit ihrer Ankunft in Australien ist der Mann unglücklich, schwermütig. Elisabeth, die ja selbst auch nicht weiß, wie es weitergehen soll, versucht ihn aufzurichten: «Das alles wird besser werden. Wir müssen uns durchsetzen. Wir müssen uns durchsetzen.»

Eine Frau, die sie aus der Synagoge kennt, läßt sie halbtags bei sich putzen – «ich wollte nur vormittags arbeiten, wegen des Kindes» –, und es geschieht ihr hier wie dann noch bei zwei anderen jüdischen Frauen, daß sie sich nicht nur ausgenutzt, sondern auch mißachtet und gedemütigt fühlen muß. «Eine Frau, die so viel Glück hatte – ja, wenn sie noch Australierin gewesen wäre – aber eine Jüdin... und sich so schändlich zu benehmen! – In mancher Beziehung war mein Mann da ja noch besser dran als ich. Solche Demütigungen von unseren Leuten, die hier Häuser hatten, die hat er wenigstens nicht erlebt.»

Mit australischen Arbeitgebern indes macht Elisabeth auch keine besseren Erfahrungen. So arbeitet sie halbtags für einen Börsenmakler, «niedere Arbeiten wie Putzen und Küchenarbeiten» hat sie da zu verrichten, und die reiche Lady pflegt im Bett zu liegen, während Elisabeth «nicht mal 'ne cup of tea» bekommt. «Den kalten Toast hab' ich mir genommen, den kalten Tee, so hat man mich behandelt.»

Ihre Art der Rebellion gegen diese Bedingungen ist, wie so oft schon in den Anfangsjahren in England, die Kündigung. Auch für das so dringend benötigte Geld läßt sie sich keine entwürdigende Behandlung gefallen. Sie geht, sie sucht sich etwas anderes.

Ein Jahr braucht es, bis ihr Mann eine Anstellung in einem Büro findet und sie selbst, zunächst für eine Woche zur Probe, bei einem kleinen Innendekorationsbetrieb eingestellt wird. «Der Chef hat sofort gesehen, daß ich etwas verstehe vom Nähen.» So bleibt sie dort viereinhalb Jahre, näht Vorhänge und Betten, und als die Queen der Stadt Sydney einen Besuch abstattet, ist Elisabeth unter denen, die das Government House für den hohen Gast neu ausstatten helfen. «Ich hab' mir sogar ein Stück von dem Damast der Bettdecke genommen», sagt sie, nicht ohne Stolz und Vergnügen.

Was aber die menschliche Seite der Arbeitsbedingungen angeht, so setzen sich allerdings die unangenehmen Erfahrungen des ersten Jahres fort. «Ich war die einzige foreignerin im Werk – und die Kollegen waren derart unfreundlich gegenüber foreigners...» Selten einmal schleicht sich in ihr fließendes Deutsch eine englische Vokabel ein, die den Satz dominiert; hier scheint es unvermeidlich zu sein, um die Erfahrung des Fremdlings angemessen ausdrücken zu können. So hat die Sprache aufgehoben, was man ihr gesagt, was man ihr so unmißverständlich klargemacht hat. Neben Fremdenangst und Fremdenfeindlichkeit stößt Elisabeth aber auch noch auf eine weitere charakteristische Eigenschaft am australischen Arbeitsplatz, die ihr das Leben zusätzlich schwermacht: «Dieses eine Frauenzimmer, das mit mir zusammengearbeitet hat, hat keine Ahnung gehabt, wie man eine Französische Naht macht. Die war furchtbar neidisch und gehässig und hat alle gegen mich aufgebracht, und ich mußte mich doch so tummeln!»

«Sie können sich nicht vorstellen», sagt sie, eher verwundert als erschrokken, wenn sie sich an diese Zeit erinnert, «wie gehässig und klein, klein und klein-in-mind manche Australier waren.» Aber auch das relativiert sie dann nach kurzem Nachdenken: «Man kann sie deswegen nicht beschuldigen. Das war so eine Zeit, in der man sich eingewöhnen mußte, eine Zeit, in der es nicht leicht war, einen Job zu bekommen.»

Scharf markiert sie demgegenüber, was sie von ihren eigenen Leuten trennt, die schon vor dem Krieg nach Australien ausgewandert waren und von denen die Cousine ihres Mannes für Elisabeth nur eine Erscheinung unter vielen ist. «Unsere Leute, die 1938, 1939 gekommen sind, die hatten alle schon ihre Geschäfte, ihre Häuser – die wissen ja nichts. Aber für uns, die 1950 gekommen sind, waren dann schon keine Krümel mehr da. Wir mußten hart arbeiten. – Und wer zweimal hat auswandern müssen und zweimal das alles hat mitmachen müssen...» Den Satz läßt sie offen. Sentimentalität und Wehklagen sind ihre Sache nicht.

In der Mitte der fünfziger Jahre, Elisabeth ist nun schon über 50, scheint sich endlich wenigstens zum Teil zu erfüllen, wovon sie ihren Mann zu überzeugen versucht hatte: Ganz langsam, aber stetig geht es aufwärts mit ihnen. Sie haben ein kleines einfaches Häuschen gekauft, das sie abzahlen, einen schönen, großen Garten gibt es, ein paar Tiere darin. Den Versuch, selbst Gemüse anzubauen, muß Elisabeth freilich aufgeben – ihr europäischer Blick auf die Dinge hatte sie nicht sorgfältig genug prüfen lassen, wie es mit den Bewässerungsmöglichkeiten bestellt war, und so schleppte sie einen langen, heißen australischen Sommer lang die schweren Wassereimer einmal halb ums Haus herum und dann durch den Garten; das war dann doch entschieden zuviel für die kleine, zarte Person, und so stellt sie diesen Selbstversorgungsversuch wieder ein.

Beruflich aber kann sie sich im neuen Haus nun selbständig machen, indem sie in Heimarbeit mit ihrer Nähmaschine für verschiedene Firmen Auftragsarbeiten durchführt. Sie ist darin so erfolgreich, ihre Arbeit so begehrt, daß sie noch eine Frau einstellen muß, um die Aufträge zu bewältigen. Das bringt natürlich neue Schwierigkeiten mit sich, denn der Mangel an qualifizierten Arbeitskräften, zumal an qualifizierten Frauen, in Australien ist groß. Unzuverlässigkeit und Nachlässigkeit bei der Arbeit tun ein übriges, um westeuropäisches und australisches Denken und Verhalten mitunter recht unfreundlich aufeinandertreffen zu lassen.

Aber immerhin, das kleine «business» etabliert sich, und das hat gleich mehrere Vorteile. Zum einen ist Elisabeth nun für ihren Jungen wenigstens räumlich erreichbar. Während sie zuvor um vier Uhr nachmittags von der Arbeit nach Hause kam, dann einkaufte, kochte und am Wochenende noch damit beschäftigt war, in einem Kessel die Wäsche der Familie zu kochen, während das Kind also seine ersten Jahre in Australien als Schlüsselkind verbrachte, kann sie nun ein wenig mehr für ihn da sein.

Und auch materiell bessert sich die Situation: Mit der Zeit kann ein Kühlschrank angeschafft, können die gebraucht gekauften Möbel ersetzt werden, reicht sogar das Geld – außer für die Abzahlung der Hausraten – für die Anschaffung einer zweiten gebrauchten, dann sogar einer neuen Maschine.

Elisabeth liebt das Material, die Stoffe, mit denen sie umgeht, und sie liebt ihre Arbeit. Zweifellos arbeitet sie zuviel, sie überfordert sich, je mehr sich die Aufträge häufen. Sie arbeitet nun nicht mehr nur für verschiedene Firmen, sondern häufig auch für Privatleute direkt, die Innendekoration ganzer Häuser obliegt ihr. Was sie herstellt, findet auch öffentliche Anerkennung: Stücke aus ihrer Werkstatt werden auf einer Möbelausstellung gezeigt, die schaut sie sich stolz mit ihrer Angestellten, Mann und Sohn an einem Wochenende an.

«Ich hätte soviel Geld machen können», sagt sie heute, «hätte ich nur genügend Arbeiterinnen bekommen. An der North Shore, der besten Wohngegend Sydneys, können Sie überall fragen, mein Name ist überall bekannt. Und in der Stadt wären sie auch wild drauf gewesen!»

Sie übertreibt auch hier nicht. Sie ist stolz, daß sie es geschafft hat. Schließlich hat sie doch noch der Welt und sich selbst gezeigt, wer sie ist, was sie wert ist. Und daß sie im Recht war, wenn sie sich gegen Herabwürdigungen und Demütigungen zur Wehr setzte. Sie ist stolz, weil ihr Stolz Bestätigung gefunden hat in ihrer eigenen Leistung.

Nicht nur sie, auch ihr Sohn hat es geschafft. Seine Entwicklung hält sie – mit Recht – für typisch, was die Bedingungen und Schwierigkeiten angeht, unter denen Einwandererkinder sich zurechtzufinden haben. Ihm stand ja nicht der abgesicherte finanzielle Hintergrund zur Verfügung wie vielen anderen jüdischen Akademikerkindern, «die das Glück gehabt haben, hier geboren zu sein». Ihr Sohn, in London geboren, «mußte sich an Australien erst gewöhnen». Es gelang ihm, ohne daß die Eltern, so beschäftigt mit der Überwindung ihrer eigenen Probleme, ihm viel Hilfestellung hätten geben können. Auf Leistung und deren Anerkennung fixiert, hatte er schon in der Vorschule eine verantwortliche Position in seiner Klasse, war der drittbeste Abiturient seiner High School in North Sydney – eine Privatschule, die ein gutes Fortkommen praktisch garantiert hätte, konnten die Eltern ihm natürlich nicht bezahlen – und gewann schließlich vier Stipendien. Eines davon gewährte ihm einen Freiplatz an einer Universität mit Unterkunft im College für ein ganzes Jahr, dafür entschied er sich.

«Er hat mich nichts gekostet», sagt Elisabeth und zählt weitere Stipendien auf, die akademischen Grade, die erstklassigen Forschungsstellen, die er bekommen hat. «Er war immer ein sehr guter Schüler, er hat sich verdient, was er heute ist.»

Was er heute ist: verheiratet mit einer Israelin, die er während eines Forschungsaufenthaltes in Haifa kennengelernt hat (ihre erste Stelle in Australien als Lehrerin am jüdischen College besorgt ihr – Elisabeth); Vater zweier Kinder, Inhaber eines hochgestellten Postens in der Nahrungsmittelindustrie. Er arbeitet viel, vielleicht ein bißchen zu viel, auch seine Frau qualifiziert sich weiter, rückt langsam in Jobs an der Universität ein, die Kinder sind gut in der Schule, das Haus, das sie bewohnen, liegt in einer der bevorzugten Wohngegenden Sydneys. Eine Musterfamilie, eine Mustergeschichte von Aufstieg und Integration; Deutsch übrigens spricht der Sohn nicht mehr.

Seine Geschichte gehört eng zu der seiner Mutter, ist mehr als deren Fortsetzung, ist vielmehr deren Erfüllung: Wer etwas vorhat im Leben und einen starken Willen dazu, der bringt es auch zu etwas.

Mit ihrem Mann war das anders. «Er war so ein Musikliebhaber, so ein intelligenter Mensch. Als er noch gesund war, war er bei jeder Hetz dabei, jeder hat ihn gern gehabt. Aber er konnte sich schwer eingewöhnen. Hier ist ihm ja dasselbe wieder passiert wie in England. Er hat es nie verwunden, daß er seinen Beruf nicht ausüben konnte. Er hat unter Depressionen gelitten, und wenn nicht der Sohn gewesen wäre, die Enkelkinder, ich weiß nicht, wie es geworden wäre.»

Elisabeth hat sich mit ihrem kleinen Privatbetrieb überarbeitet. Sie will zu viel leisten, zu viel schaffen. Sie hat einen Zusammenbruch, nach dem sie alles verkaufen und die Arbeit aufgeben muß. Schließlich ist sie auch über 60 Jahre alt.

Das Haus wird verkauft, Elisabeth und ihr Mann kaufen sich eine Wohnung in Bondi in einem der Hochhäuser, die von gepflegten Gärten umgeben sind. Man sieht das Meer, ein mächtiger alter Feigenbaum wächst über den Balkon, beinahe schon schaut er zum Fenster herein.

In dieser Wohnung hat Elisabeth nichts selbst gemacht, alles wurde, wie es ist, gekauft. Auch darin ist sie konsequent: «Es war sehr, sehr schwer, die Arbeit aufzugeben, das Haus, unseren gewohnten Stadtteil», aber vorbei ist vorbei. Auf den Einfall, ganz privat nur ein bißchen weiterzumachen, käme sie im Traum nicht. Das alles war Beruf, «profession», und ist gewesen. Heute ist sie selbst wieder eine andere, eine alte Dame im Ruhestand, und auch darin wiederum ganz genau sie selbst.

Ihr Mann ist vor zwei Jahren gestorben. In den letzten zwei Jahren seines Lebens litt er an der Alzheimerschen Krankheit. Elisabeth hat ihn ein Jahr lang zu Hause gepflegt, dann schaffte sie es körperlich nicht mehr. «Ich hatte noch Glück, daß ich ihn in einem Heim unterbringen konnte. Dort war er ein Jahr, von einer Abteilung zur andern ...»

Er ist unbehaust geblieben auch auf dem neuen Kontinent, in seiner Identität so sehr gebunden an den Beruf, den er nicht mehr ausüben konnte, für den noch einmal sich zu qualifizieren ihm nicht möglich war. So wenig typisch, aufs Ganze gesehen, die Erfolgsgeschichte seines Sohnes ist, so erschreckend typisch ist seine Geschichte der Erfolglosigkeit, des Scheiterns eines Lebensentwurfs, unter der Bedingung von Emigration und Exil.

Dazwischen Elisabeth, tüchtig, nüchtern, weltklug. So sehr europäisch auch heute noch, dazu ausgestattet mit dem Talent, Bedingungen nicht hinzunehmen, sondern aus ihnen etwas zu machen – wenn es ihr denn abgezwungen wird. Eine immer noch ganz junge, moderne Frau, sehr offen und sehr bestimmt – ein gerader Mensch. Sicher oft unbequem in der Direktheit, mit der sie auf dem besteht, was ihr zukommt, in der sie sagt, was sie denkt. Doch so deutlich sie in ihren Zu- und Abneigungen auch ist, nicht weniger beeindruckend ist das Ausmaß an Toleranz, das ihren kritischen Geist prägt.

Ein gutes Haus zum Wohnen hat sie sich ausgesucht, das wird spätestens jetzt, da sie nun über 80 ist, deutlich. Leicht ironisch merkt sie an: «In meinen Anfangsjahren in England sprach ich besser Englisch als heute. Heute spreche ich einfach zu viel Deutsch.»

«Ihre Leute» wohnen nicht nur auf demselben Flur, sie wohnen im ganzen Haus verteilt, darunter eine gute Freundin, Wienerin wie sie. Fast scheint es, als hätten nach all den Jahren der Not, des Kummers und der unüberwindlich erscheinenden Schwierigkeiten die beiden alten Damen heute dort wieder angeknüpft, wo sie in Wien damals gezwungen wurden, eine Lebenskurve abzubrechen. Gemeinsam besuchen sie die Oper, die Konzerte – und beurteilen die Darbietungen kritisch und sachkundig. Zwar sind sie aus Vernunft- und Vorsichtsgründen genötigt, die Nachmittagsvorstellungen zu besuchen, weil es zu gefährlich wäre, sich bei Dunkelheit zu Fuß und mit dem Bus durch die Riesenstadt zu bewegen. Doch «das ist halt Sydney, was wollen Sie – und die Matineen sind oft sogar besser als die Abendvorstellung!»

Einen alten Freund ihres Mannes gibt es noch in Bondi, der schwer hört und sich nur noch mühselig bewegen kann. Um den kümmert sich Elisabeth, weil er so einsam ist. Einmal in der Woche treffen sie sich in einem jüdisch-ungarischen Restaurant an der Strandpromenade und essen zusammen. «Es ist schon manchmal eine Belastung», sagt Elisabeth, «aber wen hat er denn sonst?»

Sie selbst hat mehr Umgang mit Menschen, als ihr oft lieb ist, Menschen, die bei ihr läuten, sich bei ihr ausweinen wollen. «Das wird mir schon mitunter zuviel – es ist halt doch immer dasselbe!» Aber jemanden einfach abzuweisen oder vorzeitig hinauszubitten, das bringt sie eben nicht über sich. Und außerdem ist sie ja auch so etwas wie eine Instanz im Haus, nichts, was sie nicht wüßte, und da gehören diese Begegnungen eben auch dazu.

Über sich selbst sagt sie: «Wir haben, was wir brauchen. Ich hab' meine komfortable Wohnung, ich hab' meine Pension, ich bin all right. Ich bin happy mit meinen Kindern. Zu der Zeit, als wir kamen, konnte man schon nicht mehr reich werden. Aber ich hab' nie jemanden um Geld beneidet. Wir leben, sehen Sie. Wir leben.»

Letztlich hatte sie eine Operation, ihre Augenlider mußten geliftet werden, sie hat Schwierigkeiten beim Sehen. Der Narkosearzt hat ihr dabei eine zu hohe Dosis Betäubungsmittel gegeben – zu groß war ihr Widerstand, sich dem, was geschehen sollte, anheimzugeben. Noch lange nach der Operation leidet sie unter furchtbaren Kopfschmerzen, und scharfe Medikamente kann sie nicht vertragen. Sie ist außer sich vor Schmerz, aber auch über die Kränkung, sich als hinfällig, ausgeliefert wahrnehmen zu müssen. Sie ist nicht der Mensch, der etwas hinnimmt, sie revoltiert, wenn sie leidet. Und doch gilt für sie zugleich auch, wonach sie sich ihr Leben bewußt eingerichtet hat: «Man muß sich akklimatisieren!»

Protest, Anpassung, Produktivität, die aus diesem Widerspruch resultiert, sie haben dieses Leben geformt und sie zuletzt auch innerlich in Australien ankommen lassen. Einen Weg zurück nach Wien hätte es für sie nie gegeben – «das ist eine Frage der Menschenwürde» –, und sie benennt, was sie demgegenüber an Australien so sehr schätzt: «Vor allem: Sie haben Ihre Freiheit. Sie können reden, tun, machen, was Sie wollen – Sie sind frei hier. Es geht nichts über democracy.»

Diese Meinung ist ihr nicht aufgezwungen worden, sie hat sie sich gebildet aus ihren eigenen Erfahrungen. Elisabeth Young, 84 Jahre alt, weiß, wovon sie spricht. Zart und fast zerbrechlich, lebt sie immer noch «nach vorn».

«Schön war es nur in Wien»
Eine Wienerin in Australien
von Sabine Berloge

Zwei ungleiche Hälften sind es, in die Gretl Gerbers Leben zerfällt. Ungleich in der zeitlichen Ausdehnung: 36 Jahre Leben zu Hause, in Wien, 50 Jahre Leben im Exil, in England, in den USA, in Australien; ganz ungleich auch in der Qualität, in der Verteilung des Glücks.

Dort, wo dieses Leben angekommen ist, allein in einem geräumigen Haus mit Stuckdecken und Kristallüstern im äußersten Westen Australiens, dort läßt sich ahnen, mit welcher Begabung zum Glücklichsein Gretl Gerber am Beginn dieses Jahrhunderts in ihrem Geburtsort in der heutigen Tschechoslowakei ausgestattet worden sein mag. Es ist einfach zu verstehen, warum sie als der «Doyen» ihres großen Freundeskreises gilt; nur altmodische Vokabeln wie Wärme, Herzlichkeit, Großzügigkeit beschreiben die Atmosphäre, die sie mit sich bringt. Dies, und noch mehr die fast mädchenhafte Bereitschaft, Menschen zu vertrauen, Gefühle zu zeigen, läßt sie verletzbar und ausnutzbar erscheinen. Beides ist ihr geschehen, seitdem sie aus Wien flüchten mußte, aber dennoch ist sie nicht kalt geworden, nicht bitter, noch nicht einmal skeptisch. Sie ist, wie ihre jüngere Schwester sagt, «ganz Herz».

Wirklich entfalten aber konnte sich diese Begabung zum Glück nur in der ersten, kürzeren Hälfte ihres Lebens, in Wien. Dorthin war sie als kleines Kind mit ihrer aufstrebenden Familie gezogen, dort begann sie als 16jährige eine Lehre als Sekretärin in einem Elektrogroßhandel. 20 Jahre lang blieb sie bei dieser Firma, stieg zur Einkäuferin auf, machte Geschäftsreisen nach Deutschland, u. a. zu Siemens-Schuckert und Osram. Sie liebte ihre «wunderbare Stellung» und war selbst beliebt. Einmal veranstalteten die Einkäufer anderer Firmen für sie einen Ball. Sie genoß es, mit ihren Freunden auszugehen, ins Kino, in die Oper, ins Theater, zum Tanzen. «Ich habe es sehr schön gehabt. Wir waren alle so zufrieden.»

Bis 1938, dem Jahr des «Anschlusses» an Hitler-Deutschland, das für sie den abrupten und endgültigen Ausschluß aus dem glücklichen Leben bedeutete. Von nun an gilt ein anderer Satz: «Uns ist es nicht so gut gegangen.» Sie und ihre Geschwister konnten sich retten. Die Eltern wurden ermordet.

Gretl ist nie mehr nach Wien zurückgekehrt. Ihr Exil begann in Großbritannien, wo aus der erfolgreichen Einkäuferin die Köchin eines großen Haushalts in Kent wurde. Sowohl die neue Sprache («Ich konnte kein Wort Englisch») als auch die ungewohnte Tätigkeit («Vom Kochen hatte ich keine Ahnung») erlernte sie mit Hilfe eines Kochbuches, das ihre «Dame» ihr mitsamt einem Wörterbuch zur Begrüßung in die Hand gedrückt hatte. Obwohl sie, die bis dahin berufstätige Frau, nun «all die unangenehmen Sachen» wie Putzen, Waschen, Kochen zu erledigen hatte, fühlte sie sich von der Hausherrin gut behandelt und ist ihr bis heute besonders dankbar dafür, daß sie auch für ihre jüngere Schwester eine Stelle als Hausmädchen fand. «Viele jüdische Mädchen in England haben damals nur geweint, wollten nicht so eine schlechte Arbeit haben. Aber wir waren schon ein bisserl mature und wußten: Das ist unser einziger Weg, daß wir leben können. Es war sehr arg in England, aber wenigstens wußte man, man ist free.»

Der englische Teil des Exils dauerte zehn Jahre, die vor allem durch Kriegs- und Nachkriegszeit geprägt waren. Für Gretl Gerber bedeutete das zunächst den Verlust ihrer Stellung in Kent, da die Engländer eine Fraternisierung der «deutschen Mädchen» mit den möglicherweise in England landenden deutschen Soldaten fürchteten. So kam sie nach London, wo sie mit anderen Frauen in einem lagerartig organisierten Heim wohnte und verschiedene mehr oder weniger demütigende Stellungen als Haushaltshilfe vermittelt bekam. Sie erinnert sich an die Bombenangriffe der Deutschen, an die in U-Bahnschächten und Kellern verbrachten Nächte und an die Freundin, die bei jedem Bombenalarm ihr Affidavit für die USA als ihren kostbarsten Besitz an sich preßte.

Doch London sollte auch der Ort sein, an dem sie ihren späteren Mann kennenlernte. Ein deutscher Jude aus Bad Polzin, ein Kaufmann, dessen Familie ein großes Geschäft am Marktplatz gehört hatte, war aus dem KZ Buchenwald entlassen worden, weil er ein Visum für Chile nachweisen konnte. In London wurde er bei Kriegsausbruch jedoch interniert und kam zunächst in ein Kitchener Camp, dessen relativ großzügige Regeln einige Außenkontakte ermöglichten. So lernte Gretl ihn kennen – und wartete in London bis zum Kriegsende auf ihn. Denn er wurde zunächst auf die Isle of Man, dann in ein Internierungslager in der australischen Wüste verlegt. In Australien hätte er nach dem Krieg bleiben können, auch Chile stand ihm noch offen – aber er wollte zurück nach London, zurück zu Gretl.

So begann im zerstörten Nachkriegs-London eine «wunderbare Ehe». Er fand bald eine gute Stellung in seinem Beruf und wollte für immer in England bleiben. Heute ist Gretl der Meinung, daß sie damals auf ihn hätte hören sollen und die von ihr erfolgreich betriebene Auswanderung in die USA «der größte Fehler meines Lebens» war. Aber zu groß waren offenbar die Verlockungen des «guten Lebens», auf das sie seit einem Jahrzehnt hatte verzichten müssen und das ihr all die vielen Briefe ihrer älteren Schwester, die direkt ins amerikanische Exil gegangen war, in den prächtigsten Farben versprachen. «Warum kommt ihr nicht», schrieb die Schwester wieder und wieder, «wir haben hier alles im Überfluß.» In England dagegen «mußten wir uns anstellen nach einem Kotelett in der Woche. An einem Tag konnten wir dran riechen, am nächsten wurde es gebraten, am dritten erst haben wir es gegessen. So hatten wir länger etwas davon.» Diese Knappheit, deren Ende nicht abzusehen war, die furchtbaren Erinnerungen, auch die Nähe des zwar geschlagenen, aber nach wie vor gefürchteten Deutschland – all das wollte sie hinter sich lassen und in der Neuen Welt einen neuen, schöneren Anfang finden.

Davon träumte sie und setzte alles daran, diesen Traum zu verwirklichen. Vielleicht hat sie, als es endlich soweit war und sie mit ihrem Mann 1948 das Schiff nach Amerika bestieg, doch schon geahnt, daß es sie zwar weit weg von den Lebensmittelkarten und Kriegsruinen Europas, aber keineswegs ins so sehr gewünschte Glück bringen würde. Von der ersten Minute der Seereise an war ihr so schlecht, daß sie sich nur von Zwieback ernähren konnte. Zu allem Überfluß verlor das Schiff auch noch unterwegs eine Schraube – kein glücklicher Start ins neue Leben also.

Alle hatten sie in London um die Möglichkeit beneidet, ins «Goldene Land» zu ziehen. Konkret war das Detroit, denn dort lebte die Schwester. Eiseskalt, in Schnee versunken, die Straßen wie Eisbahnen – so war es, als sie im tiefsten Winter ankamen, so war es, als Gretls Mann neun Jahre später dort starb, so ist es in all ihren Erinnerungen. Die Neger, «die riesigen schwarzen Kerle», erschreckten sie, die weißen Amerikaner wirkten auf sie «arrogant, satt und protzig».

In allen Geschäften und Firmen fragte ihr Mann, der ausgezeichnete Referenzen aus England vorzuweisen hatte und gut Englisch sprach, nach Arbeit. Aber niemand war an seinen Qualifikationen interessiert. So landete er als Hilfsarbeiter in einer Autofabrik, zunächst am Fließband, «aber dafür war er zu klein, alles war doch für die Neger eingerichtet», dann in der Lackiererei. Von dort kam er immer wieder mit verätzten Armen nach Hause. Er wollte zurück nach England, möglichst mit dem nächsten Schiff. Aber Gretl, die das organisieren sollte, konnte sich nicht dazu durchringen, die Passage zu buchen. Zu groß war die Scham darüber, im Traumland gescheitert zu sein, mit leeren Händen zurückkehren zu sollen ins immer noch arme England. Vielleicht war sie es auch müde, mit Mitte Vierzig noch einmal alles zusammenpacken zu müssen, noch einmal neu anfangen zu müssen. Sicher hoffte sie auch darauf, doch noch teilhaben zu können am amerikanischen Traum.

An einem der ersten Tage hatte ihre Schwester sie mit in einen Supermarkt genommen. «Da haben die Hühner gehangen, drei Stück für einen Dollar. Und ich hatte in England in all den Jahren nur einmal ein Huhn kaufen können. So habe ich angefangen zu weinen.» Einmal, ihr Mann war in der Fabrik, sie selbst hatte noch keine Arbeit gefunden, hütete sie den kleinen Sohn ihrer Schwester. Der wünschte sich von ihr ein «eggy», ein Ei. Aber Gretl hatte kein Ei, konnte auch keins kaufen. Wieder weinte sie, nun nicht mehr überwältigt von der Pracht amerikanischen Wohllebens, sondern aus Verzweiflung und Enttäuschung darüber, von all dem ausgeschlossen zu sein, arm zu sein im Land des Überflusses. «Meine Schwester fragte immer, ob ich denn nicht glücklich darüber sei, in Amerika leben zu können. Aber ich sagte: ‹Wie kann ich glücklich sein, wenn mich ein Kind um ein Ei bittet – und ich kann es ihm nicht geben.›»

Materiell besserte sich die Situation etwas, als Gretl Arbeit fand: In einem Altenpflegeheim wurde sie als Hilfskraft beschäftigt. Dort erlebte sie, daß nicht nur Emigranten wie sie auf der Schattenseite des amerikanischen Wohlstandes lebten. Ersten Ärger gab es, als sie ganz selbstverständlich die Wäsche der Patienten häufig wechselte. Das war im Etat nicht vorgesehen. Auch damit, daß sie den alten Leuten nicht nur einmal im Monat die Haare wusch und die Nägel schnitt und sich zudem hin und wieder die Zeit für kleine Gespräche nahm, machte sie sich unbeliebt bei ihren Arbeitgebern. Viele der Patienten waren so vernachlässigt und jeden menschlichen Kontakts entwöhnt, daß auch von ihnen keine positive Reaktion auf Gretls Bemühungen mehr zu erwarten war. Im Gegenteil: Sie erinnert sich daran, daß einer der alten Männer ihr einmal das Gesicht zerkratzte, daß andere unwirsch mit ihr schimpften.

Aber einem der wenigen regelmäßigen Besucher, Sohn einer Patientin, fiel sie dann eines Tages doch auf. Er fragte sie, ob sie mit ihrem Job zufrieden sei – da hatte sie gerade beschlossen, bei nächster Gelegenheit zu kündigen, auch auf die Gefahr hin, dann arbeitslos zu sein. Die Kündigung erfolgte, aber die erneute Arbeitslosigkeit blieb ihr erspart; schon am nächsten Tag trat sie eine neue Stelle in einem der Filialgeschäfte des Besuchers an. Sie wurde Verkäuferin für Süßigkeiten. Hier konnte sie endlich einige Fertigkeiten ihres ursprünglichen Berufes einbringen. Organisationstalent, Zuverlässigkeit, Offenheit und Freundlichkeit im Umgang mit Kolleginnen und Kunden wurden bemerkt und honoriert. Bald war Gretl die Managerin des Ladens und blieb in dieser Position, bis sie 1957 das Land wieder verließ.

Die Arbeit gefiel ihr, mit einer der damaligen Kolleginnen ist sie heute noch befreundet. Mit ihr war sie oft abends nach Geschäftsschluß im Laden geblieben, um prächtige, von den Kunden georderte Geschenkkörbe zusammenzustellen. Es gab keine Jalousien, und die Frauen fürchteten sich vor den Negern, die stumm vor dem erleuchteten Schaufenster standen. Durch eine Hintertür verließen sie den Laden und rannten durch Dunkelheit und hohen Schnee zur Bushaltestelle. Dunkelheit und Schnee erwarteten Gretl auch, wenn ihr Busfahrer wieder einmal nicht an der richtigen Station angehalten und sie statt dessen weit von der Wohnung entfernt abgesetzt hatte.

Sommer in Detroit – davon erzählt sie nichts. Statt dessen sagt sie: «Wir mußten sehr schwer arbeiten. Mein Mann war nicht glücklich. Wir waren sehr betrübt.» Die Schwester hatte ihr bei der Ankunft prophezeit: «Du wirst noch die Erde hier küssen vor Dankbarkeit.» Heute sagt Gretl: «Wir haben sie nicht geküßt.»

Von einer Rückkehr nach England war dennoch nicht mehr die Rede. Der Mann hatte wohl verstanden, daß er würde allein zurückgehen müssen, daß Gretl es dort, wo sie auf ihrer Odyssee gelandet waren, unbedingt schaffen wollte. Ohne sie aber wollte er nicht leben und blieb. Neun Jahre lang lebte er in Amerika, dann, an seinem 52. Geburtstag, starb er.

Das ist nun mehr als 30 Jahre her. Doch bis heute lebt Gretl in der Erinnerung an diesen «lieben, hübschen und guten Mann», der ihr Liebesbriefe in der Wohnung zurückließ, wenn er zur Arbeit ging. Mit seinem Tod endet das zweite Jahrzehnt ihres Exils, endet auch das amerikanische Kapitel. «Ich mußte fort. Überall sah ich ihn.» Amerika, von dem sie so gewünscht hatte, es möge ihr gemeinsames Land werden, war ihr nun unerträglich. Schuldgefühle ihrem Mann gegenüber mögen dabei auch eine Rolle gespielt haben.

So zog sie weiter, inzwischen 55 Jahre alt, wieder auf einen anderen Kontinent, nach Australien. Dort lebten in Sydney ihre jüngere Schwester und in Perth ihr Bruder. Mit ihm zusammen kaufte sie das Haus, in dem sie heute noch lebt.

Die Hoffnung, es noch einmal zu etwas zu bringen, die Hoffnung auch auf persönliches Glück hatte sie aufgegeben. Doch mit der ihr eigenen Begabung, Gutes auch in schweren Situationen zu sehen, genoß sie die ein Jahrzehnt andauernde Wohngemeinschaft mit ihrem Bruder, der 1970 starb.

Beide waren sie, vertrieben aus Wien, durch die halbe Welt gezogen, bevor sie sich hier, im Westen des fünften Kontinents, ihr letztes Zuhause einrichteten. Für den Bruder war Indien die erste Exilstation gewesen. Mit Frau und Tochter hatte er dort zunächst als am Rande geduldetes Mitglied der britischen Kolonialgesellschaft gelebt. Seine Dienste als Zahnarzt wurden gefragt, bei einigen Maharadschas war er gern gesehen. Doch seine Frau verließ ihn, und seine heranwachsende Tochter, «eine wirkliche Schönheit», wurde Alkoholikerin.

Mit der Unabhängigkeit des Landes verlor er seinen gesellschaftlichen Platz. Er ging nach Australien. Doch Indien blieb in seiner Erinnerung lange ein Wunderland voller Reichtum und Pracht. So verwundert es nicht, daß er eines Tages seine Schwester in Perth zurückließ, um ihr in Indien «einen reichen Mann zu suchen». Er wollte ihr dabei helfen, den Traum von einem guten Leben mit einem guten Mann zu verwirklichen. Doch kam er bald – und ohne Ehemann für Gretl – zurück, verstört darüber, das Land, in dem er so lange gelebt hatte, nicht mehr wiedererkannt zu haben.

Von Perth aus gab es nun für beide Geschwister keine Umkehr mehr.

Amerika, Indien, England waren aus unterschiedlichen Gründen als Exilländer ausgeschieden, ein Zurück nach Österreich kam nicht in Frage, und es gab auch kein «Weiter». Australien, der Kontinent am Ende der Welt, Perth, die selbst für australische Verhältnisse isolierte Stadt am Indischen Ozean, boten wenn auch nicht Wohlstand und Glück, so doch wenigstens Ruhe.

Den Traum vom eigenen Haus mit Garten konnten sie verwirklichen. So gehörte Gretl hier endlich einmal nicht mehr zu den Zukurzgekommenen. Arm ist sie nicht mehr gewesen, seitdem sie nach Perth zog. Doch mußte sie sich auch dort wieder eine Arbeit suchen, und wieder fand sie nur einen Aushilfsjob im Krankenhaus. Die Beschäftigung mit den Patienten war nur den Schwestern vorbehalten, sie selbst wurde für die Küche engagiert. Entgegen ihrer Hoffnung, wenigstens eine ihrer Exilqualifikationen nutzen und als Köchin arbeiten zu können, bestand ihr Arbeitstag vor allem aus Abwaschen, Putzen und Kartoffelschälen. Mit der Chefin bekam sie Ärger, weil sie einer jungen Schwester, der es nicht gut ging, ein Glas Milch gegeben hatte; das war strengstens verboten. Einmal in der Woche kam sie zum Austeilen des Essens mit auf die Stationen. Doch damit war es vorbei, als ihr einmal ein pochiertes Ei vom Teller rutschte, ein Mißgeschick, das der Oberschwester nicht entging.

Gretl fühlte sich überwacht, schikaniert und schlecht behandelt. Aber sie hatte keine Wahl und blieb, bis sie das Rentenalter erreichte. So endete ihr Berufsleben.

Nie in all den Jahrzehnten ihres Exils war es ihr möglich gewesen, in ihren ursprünglichen Beruf zurückzukehren. Denn nie hatte sie die Zeit gehabt, wirklich an ihrem Englisch zu arbeiten. Heute sagt sie: «Ich spreche keine Sprache richtig. Mein Deutsch ist wrong und mein Englisch auch.»

Nach ihrer Pensionierung führte sie ihrem Bruder den Haushalt und genoß die regelmäßigen geselligen Zusammenkünfte in ihrem gemeinsamen Haus. Jeden Sonnabend kamen die Doktorenkollegen zu einem «Nachtmahl». Diese Kollegen, meist Exilierte wie sie, und deren Frauen und Kinder sind noch heute fast 20 Jahre nach dem Tod des Bruders für sie «wie meine Familie». Schon am Morgen ruft immer jemand an, um sie zu fragen, was sie aus dem Supermarkt braucht. Dann kommt eine Freundin auf eine Tasse Kaffee vorbei, und am Abend gibt es Canasta-Runden. «Ich habe sie alle um mich herum, und das ist das Schöne.»

Wenn sie in die City oder zum Arzt will, ruft sie sich ein Taxi – aber sie fährt immer nur mit einem bestimmten Fahrer, einem ehemaligen Patienten ihres Bruders, der regelmäßig stolz auf seine Zähne zeigt: «That's your brother's work.» Das Werk ihres Bruders, darauf ist sie stolz, sein Freundeskreis ist nun ihre Zuflucht im Alter. Doch mehr, als sie es weiß, ist das *ihr* Werk, Ergebnis ihrer Ausstrahlung, ihrer Bereitschaft, hier, am Ende der Welt, am Ende ihres erzwungenen Umherirrens auch, noch einmal Gutes zu sehen und sich am Leben zu freuen.

«Ich lebe lieber mit den Australiern als mit den Amerikanern, oh ja, definitely. Wissen Sie, Perth ist wie ein Dorf, so gemütlich. Ich fühle mich wonderful hier.» Sehr klein, sehr zerbrechlich geht sie die Strandpromenade entlang, für australische Augen sofort als Europäerin erkennbar an ihrem hellen Übergangsmantel. Sie erzählt von Mehlspeisen und Apfelstrudel, von einem Freund, der es neulich nicht bemerkt hat, daß der Kuchen aus der Tiefkühltruhe kam. «Er wollte sogar das Rezept haben, stellen Sie sich vor!» Ihr Gang ist nicht mehr sicher, sie hakt sich lieber ein. Und sagt: «Aber schön war es nur in Wien.»

«Nur jetzt nach all den Jahren denke ich daran»
Eine Kunstlehrerin in England
von Bernd Ulrich und Angelika Tramitz

Claire kennt sich hier sehr gut aus. Mehrere Jahrzehnte hat sie in London gewohnt, viel länger als in Berlin. So sind wir auf ihren Vorschlag eingegangen: Treffpunkt London-Houston, Vorhalle. Es wird schwierig sein, sie hier im Gewühl zu finden.

Bis jetzt ist es uns noch nicht gelungen, sie zu einem Besuch in der Stadt ihrer Kindheit zu überreden. Kommen möchte sie zwar – um uns zu besuchen, nicht um Erinnerungen aufzufrischen –, aber sie findet tausend Gründe, es vorläufig doch nicht zu tun. Anfangs war ihre Ablehnung noch dezidierter. Wenige Wochen vor unserer ersten Begegnung im Frühjahr 1989 schrieb sie: «Ja, du verstehst, daß ich nicht nach Berlin will, aber es ist wohl, weil ich denke, daß es sich *alles* so verändert hat, daß ich meine kindlichen Erinnerungen vollkommen verlieren würde. Die paar Straßen und Parks und der Olivaer Platz usw. und die zwei Schulen, wo ich war – ich war dreizehn, als wir weggingen. Ich kann mich an genug Sachen erinnern – und wir haben Glück gehabt, das heißt, meine Eltern und ich.» Wenn sie sich erinnert an Berlin, dann mit einem Gefühl der Dankbarkeit für alle, die ihr und ihren Eltern geholfen haben. In dieser Weise versteht sie auch ihre Auseinandersetzung mit dem Deutschland des Nationalsozialismus. Ende 1988 hatte sie geschrieben: «Ich habe gerade einen Film im Fernsehen gesehen über die Zigeuner und die Nazis – er hieß «The Forgotten Holocaust». Ich suche nicht nach solchen Filmen, aber es ist für mich wichtig, *alles* zu sehen – dann weiß ich immer, was für ein *enormes* Glück meine Eltern und ich hatten. Alles andere, worum ich mich ärgere – solche dummen Sachen – sind doch vollkommen unwichtig.»

Wir warten darauf, daß sie uns besuchen wird und daß wir ihr Berlin zeigen können, so wie es jetzt ist. Ihr Zögern aber ist gut zu verstehen. Um sie wiederzusehen, nutzen wir die Gelegenheit, von Mittelengland aus für einen Tag nach London zu fahren. Dort werden wir uns auf halbem Wege treffen. Es ist nicht einfach, in der auch an einem Novemberwochenende überfüllten Stadt einen Ort zu finden, an dem wir drei uns ungestört unterhalten können. Auf dem Weg, mitten im Gedränge, sprechen wir über die neuesten Entwicklungen in Deutschland und die Veränderungen, die die Öffnung der Mauer für unsere Stadt mit sich bringt. Auch Claire begrüßt es, daß die Grenze durchlässiger geworden ist. Aber sie räumt ein: «Lange Zeit habe ich gedacht: It serves them right, wenn die Wand bleibt.»

Schließlich landen wir in der überfüllten Cafeteria der National Gallery; keine besonders geeignete Umgebung für ein ruhiges Gespräch. Nur gut, daß wir Claire schon kennen und gesehen haben, wie sie alltäglich lebt. Wenige Monate zuvor haben wir sie in der von ihr gehaßten Kleinstadt am Ärmelkanal besucht. In dem Badeort am Kanal lebt sie seit ihrer Pensionierung, weil London für Rentner zu teuer ist. Mehr als dreißig Jahre hat sie in der Hauptstadt als Kunstlehrerin gearbeitet, und auch jetzt beschäftigt sie die Kunst nach wie vor. Sie malt, Bäume vor allem, fast ungegenständlich, denn sie interessieren vor allem die Oberflächenstrukturen. In einem alten englischen Haus wohnt sie seit Anfang der achtziger Jahre, zusammen mit ihrem wortkargen englischen Mann, der lange Jahre Commander bei der Royal Navy war und später als Ingenieur gearbeitet hat. Wie Claire uns berichtet, weiß sie z. B. über die Kindheit ihres Mannes so gut wie gar nichts. Fragen danach würde er als Einmischung empfinden. Seine Kindheit, die sei doch nicht von Interesse, hat er behauptet, als sie danach fragte. Und er will auch nichts über ihren Hintergrund wissen.

In Claires Haus gab es viele Gelegenheiten, in aller Ruhe über ihr Leben zu sprechen. Sie schien tatsächlich erstaunt, daß wir uns dafür interessierten; und wir waren verblüfft, weil zu bemerken war, daß sie keineswegs daran gewöhnt ist, ihre Vergangenheit zum Thema zu machen. Über vieles hatte sie seit Jahren nicht mehr geredet. Denn es scheint in ihrer unmittelbaren Umgebung niemanden zu geben, den ihre ganz besondere Geschichte interessiert, und nur wenige Menschen, die ähnliche Erinnerungen haben wie sie. Andere Juden in der Kleinstadt kennt sie nicht, und Bekannte, die ebenfalls mit den Eltern emigriert sind, leben viele Meilen von ihr entfernt.

Die Einrichtung des Hauses, die täglichen Gewohnheiten – ständig wurden Sandwiches und Tee zubereitet –, das alles wirkte auf die Besucher vom Kontinent «very british», nur Claire selbst nicht. Ständig verwickelte sie sich mit Fremden in ein kurzes und lebhaftes Gespräch, sobald es einen Anlaß gab, sie auf der Straße anzusprechen. Ihr liegt das sehr: auf Menschen zuzugehen. Nicht nur ihre Aufmachung läßt sie jugendlich erscheinen, und sie lacht sehr, als wir ihr berichten, daß wir uns anfangs unter «Claire, Kunstlehrerin, geboren 1923» eine kleine, ältere Dame mit kurzen, grauen Haaren vorgestellt haben.

Als wir im Frühjahr ihrer Einladung folgten und ihr zum ersten Mal begegneten, bestand schon seit fast zwei Jahren ein lebhafter Briefwechsel. Gleich zu Beginn teilte sie uns mit, daß sie seit 1938 in England aufgewachsen sei und ihren deutschen Hintergrund «fast vollkommen hinter sich gelassen» habe. Zudem sei sie «englisch verheiratet». Sie schreibe das, um ihre Situation zu erklären.

«Claire» hieß sie für uns bei unserer ersten Begegnung noch nicht sehr lange. Anfangs hatte sie die Briefe nach Berlin mit ihrem zweiten Vornamen Miriam und dem englischen Familiennamen Allen unterschrieben. Nach etlichen Briefen schickte sie zum Jahreswechsel 1988/1989 beste Grüße zum Neuen Jahr und unterschrieb mit «Claire», also ihrem ersten, uns bis dahin unbekannten Rufnamen. Und sie schlug vor, künftig nicht mehr so förmlich zu sein und auf das – für sie in England ohnehin ungewohnte – «Sie» zu verzichten.

Kaum ein Brief, in dem sie nicht entschuldigend auf die Mängel ihrer Deutschkenntnisse hinweist. «Es sind enorm viele Wörter, die mir fehlen ... Die ganze Sache mit der communication ist schon schwer genug. Kann man sicher sein, daß man in der eigenen Sprache verstanden wird?» Die eigene Sprache, das ist Englisch für sie. Ob sie verstanden wird, wenn sie in dieser Sprache etwas sagt, das bezweifelt sie immer mehr. Wenn sie einen Sachverhalt schwierig zu erklären findet, wechselt sie – in Unterhaltungen ebenso wie in Briefen – vom Deutschen in die Sprache, mit der sie erwachsen geworden ist. Daran, wie sie die uns vertraute Sprache, Deutsch also, verwendet, ist zu bemerken, daß sie Deutschland bereits als Kind verlassen mußte und seitdem nur ausnahmsweise in ihrer Muttersprache redet.

Als wir sie fragen, ob sie sich an bedrohliche Situationen erinnern kann aus der Zeit vor der Emigration, bejaht sie. Und sie erzählt von einem Mann mit blutüberströmtem Gesicht, den SA-Männer «gehauen» hatten. So euphemistisch, wie das klingt, ist es nicht gemeint. – Einmal unterbricht sie das Gespräch, um zur «To» zu gehen. Begriffe, die für eine knapp Dreizehnjährige unbedeutend waren, kennt sie häufig nur auf Englisch. Das Wort «Geldschrank» sagt ihr nichts, als ich den Geldschrankschlosser erwähne, der mir von seinem Leben im südafrikanischen Exil berichtet hat. Claire greift sofort ein, als ich von der Notwendigkeit berichte, den Text zu anonymisieren, weil mich der alte Herr darum gebeten hat. Sie bestreitet lebhaft, daß er zu Recht befürchtet, wegen seiner Äußerungen verfolgt zu werden. Ihr Argument: Keinen Staat interessiere es, einen Unbekannten zu verfolgen, der sich nicht politisch beschäftigt. Diese Angst sei ebenso unbegründet wie typisch, behauptet Claire, es handle sich um eine richtige Emigrantenneurose: Man würde eben den Gedanken nicht los, daß überall so eine Art Gestapo herumläuft und es auf einen abgesehen hat.

Wie immer, wenn sie erzählt, spricht sie auch jetzt sehr eindringlich, einzelne Wörter stark betonend. Nichts von dem, was sie sagt, wirkt gleichgültig, abgeklärt. Dabei scheint sie keiner einzigen Aussage zu vertrauen. Auch ihre eigenen Schilderungen relativiert sie unablässig: Sie könne jetzt nicht mehr mit Gewißheit sagen, wie sie die Emigration als Kind oder Jugendliche wirklich erlebt habe. Sicherlich habe sich da später viel verschoben in der Erinnerung: «Kennst du jemand, der zwölf ist und not very sophisticated, he is *terribly* young!»

Claire ist noch ein Kind von knapp dreizehn Jahren, als sich ihre Eltern im Juni 1938 zur Emigration entschließen. Ihr Vater, der Arzt und Psychologe Paul Plaut, will auch zu diesem Zeitpunkt Deutschland nicht verlassen. Da sind die Patienten, die den geschätzten Hausarzt in seiner Berliner Praxis aufsuchen. Und eigentlich kann sich der Vater auch jetzt noch nicht vorstellen, was auf ihn und die Familie zukommt, wenn sie bleiben.

Paul Plaut gehört zu jenen deutschen Juden, die sich im Ersten Weltkrieg freiwillig meldeten. Er schrieb – wie tausend andere auch – patriotische Gedichte und publizierte sie in den «Berliner Akademischen Nachrichten» und diversen Soldatenzeitungen. Ein Foto aus dem Jahre 1916 zeigt ihn stolz, eben dekoriert mit dem Eisernen Kreuz II. Klasse. In seinen Feldpostbriefen jedoch wird deutlich, daß die nach außen dokumentierte Einigkeit mit dem deutschen Kaiserreich keineswegs seiner alltäglichen Erfahrung entsprach. «Ich bin», so schreibt er im Oktober 1915 nach Berlin, «der einzige Jude in der Kompanie. Das wird Ihnen alles sagen.»

Plaut macht Aufzeichnungen über sein Kriegserlebnis, die für sein früh entwickeltes psychologisches Interesse sprechen. Nach dem Krieg wird er sie einfließen lassen in eine breit angelegte Untersuchung zur Psyche der Soldaten an der Front. Beständig setzt er sich für eine enge Zusammenarbeit von Psychologie, Geschichte und Soziologie ein. Doch sind diese Bemühungen heute ebenso vergessen wie sein großes Werk über die ‹Psychologie der produktiven Persönlichkeit› (1929), für das er über 400 prominente Künstler und Wissenschaftler der Weimarer Republik brieflich befragte. Nachträglich erscheint es wie eine letzte Bilanz: Der unbekannte oder doch nur einem Fachpublikum präsente Paul Plaut befragt die großen, prominenten Vertreter deutscher Kultur und Gelehrsamkeit. Viele von ihnen – von Heinrich und Thomas Mann bis zu Kandinsky und Pechstein – werden wenig später emigrieren müssen.

Paul Plaut will auch 1938 nicht aufgeben, weiter im Land bleiben. Natürlich, seine Tätigkeit als Assistenzarzt an verschiedenen Berliner Nervenkliniken und vor allem seine Berufung zum Gerichtsgutachter in Jugendstraf- und Sittlichkeitsprozessen hat er zwangsweise aufgeben müssen. Aber er, als dekorierter Frontkämpfer des Ersten Weltkrieges, kann sich nicht vorstellen, im neuen soldatischen Staat verfolgt zu werden. Es bleibt ja noch die kleine, unter harten Auflagen zu führende Arztpraxis. Und es bleibt die Mutter, Claires Großmutter. Kann man sie, die sich mit ihren 74 Jahren zu alt fühlt, um zu emigrieren, allein zurücklassen?

Es ist Claires Mutter, Thekla Plaut, die die lebensbedrohende Entwicklung klar erfaßt. Schon seit Jahren ist die weltzugewandte Frau damit beschäftigt, bei wohlhabenden Familien Geld für die Ausreise jüdischer Kinder zu sammeln. Dabei lernt sie einen Seifenfabrikanten aus Frankfurt/Oder kennen, der nach England emigrieren will. So wählt auch die mit ihm befreundete Thekla Plaut dieses Land für das Exil ihrer Familie. Ein bereits erworbenes Affidavit für die USA wird dem Bruder überlassen. Zielstrebig beginnt Claires Mutter, Englisch zu lernen. Mehrmals in der Woche kommt eine Lehrerin ins Haus. Sie bringt ihr die fremde Sprache bei und einen Akzent, der noch Jahre nach der Auswanderung alle zum Lachen bringt, insbesondere die Tochter. Thekla Plauts Ehemann sträubt sich nach wie vor, Berlin zu verlassen. Mit den Veröffentlichungen ihres Mannes im Gepäck macht sich seine Frau entschlossen auf den Weg nach London, um die Bücher «herumzuzeigen» und auf Paul Plauts Qualifikationen hinzuweisen.

Mittlerweile hat Claire ihre Schule in der Pfalzburger Straße verlassen müssen. Ihr Lehrer, ein Patient des Vaters, hat ihr betreten mitgeteilt, daß sie nicht mehr am Unterricht teilnehmen darf. «Er sagte, es täte ihm sehr leid», berichtet Claire uns, und sie zitiert unvermittelt den Lehrer Sperling englisch: «– but the regulations are such.» Für kurze Zeit besucht sie noch die Theodor-Herzl-Schule am Kaiserdamm. Dann ist es soweit.

Tatsächlich ist es Thekla Plaut gelungen, in England eine Arbeit für Paul Plaut zu organisieren. Ebensowenig wie ihre Tochter hat sie Schwierigkeiten damit, auf Leute zuzugehen; es fällt ihr leicht, mit Fremden ins Gespräch zu kommen. Claires Vater ist anders. Er möchte am liebsten seine Ruhe haben und an seinen Büchern arbeiten. «Vater war ein fantastischer Mensch, und es ist wohl schlimm, daß die carreer so einer Person so abgeschnitten war. Aber es war wichtiger, am Leben zu bleiben.» Immerhin kann er in London als Gerichtsgutachter neu beginnen. Seine Aufgabe wird es sein, die Aussagen jugendlicher Straftäter zu beurteilen. Endlich ist er zur Ausreise bereit.

Die Eltern sprechen mit Claire nicht über die Hintergründe der bevorstehenden Auswanderung. Aber die Tochter registriert die gründlichen Vorbereitungen. Später erfährt sie, daß die Eltern in mehreren Auslandsreisen etwas Gold aus dem Land schmuggeln konnten. Es ist in Amsterdam bei einem holländischen Juden deponiert. Amsterdam wird dann auch die erste Station der Reise in die Fremde sein. Ein Patient, Tischler von Beruf, hat zudem vor dem Umzug einige Regalbretter so präpariert, daß Wertsachen darin versteckt werden können. Dazu gehört auch ein großer Edelstein, den Claire heute am Ringfinger trägt. Der Ring erinnert sie an das Glück, der Vernichtung entkommen zu sein, und die Dankbarkeit denen gegenüber, die dabei halfen. Außerdem aber erweckt er in ihr ein diffuses Gefühl von Schuld gegenüber allen, denen ein Entkommen nicht mehr möglich war.

Die Plauts hatten geplant, das herausgeschmuggelte Juwel in England zu versetzen. Der Erlös sollte dazu dienen, auch Paul Plauts Mutter das Exil noch zu ermöglichen. Aber dazu war es bereits zu spät. Claires Großmutter wird 1942, im Alter von 78 Jahren, im Konzentrationslager Theresienstadt ermordet. Claires Eltern haben «wohl starke Schuldgefühle» gehabt deshalb, aber mit ihrer Tochter niemals darüber geredet.

Vier Jahre vorher, zum Zeitpunkt des Umzuges, gibt es noch Grund, hoffnungsvoll zu sein. Viel von dem, was Claire vertraut ist, umgibt sie auch in dem Moment, in dem sie die Heimatstadt verläßt. Es ist keine Flucht, sondern ein regulärer Umzug «mit Eltern und all den Sachen und Spielzeug und all dem Kram». So kann sie sich heute nicht daran erinnern, sich als Kind ausgegrenzt gefühlt zu haben. «Man kann ja nicht seine Kindheit mit anderen vergleichen. Für mich denke ich nicht, daß ich eine besonders schlechte Kindheit gehabt habe, nur wenn ich daran denke – was man lesen kann –, daß man in ein camp hätte kommen können.»

Mehr als der Gedanke, in Gefahr zu sein und die vertraute Umgebung auf immer verlassen zu müssen, beschäftigen sie naheliegende Ängste. Der Vater erreicht viel zu spät, erst unmittelbar vor der Abfahrt, den Zug. Mutter und Kind verbringen bange Minuten. Paul Plaut hält sich kurz vor der Abreise noch im Kaufhaus des Westens, dem KaDeWe, auf; es gibt noch Kleinigkeiten zu besorgen. In den Toilettenräumen des Kaufhauses versteckt er nochmals eine kleine Menge Gold in seinem Körper. Dadurch kommt es zu der dramatischen Verspätung. Die Angst, der Vater könne den Zug verpassen, ist noch heute in der Erinnerung Claires vorherrschend. Und als die Familie schließlich England erreicht hat, da ist für das Kind sofort klar, daß es diese Insel niemals wieder verlassen will: Alle waren seekrank geworden auf der Überfahrt, und so etwas will sie keinesfalls erneut überstehen müssen.

Der Familie bleibt kaum Zeit, sich gemeinsam an das Leben in dem fremden Land zu gewöhnen. Claire ist unmittelbar nach der Emigration im Sommer 1938 für vier Jahre in eine Boarding-school «zu den Quäkern gekommen, die haben sehr viele jüdische refugees-Kinder aufgenommen.» Die Schule liegt eine halbe Stunde vom Londoner Stadtrand entfernt. Ihre Eltern sieht das Mädchen nur an den Wochenenden und während der Ferien. So bietet sich wenig Gelegenheit, der neuen Sprache auszuweichen. Zudem: Ihre Freundinnen sind alle Engländerinnen. Und den Emigrantenkindern – in ihrer eigenen Klasse gibt es nur vier, und die gehören nicht zu ihrem Freundeskreis – ist es untersagt, Deutsch zu sprechen.

Nach Kriegsbeginn vergräbt das Ehepaar Plaut die ins Land gebrachten Wertsachen. «Man durfte im Krieg ja kein Gold haben, also haben meine Eltern es versteckt, in der Nähe meiner Schule, erst auf dem Feld, und als das bombardiert wurde, in der Ecke eines Grabes auf dem Friedhof.» Claire weiß damals schon davon und wundert sich jetzt darüber, dieses Geheimnis niemals einer Schulfreundin verraten zu haben. 1940, während der Ferien, besucht sie die mittlerweile in eine größere Wohnung umgezogenen Eltern, die anfangs zusammen in einem Zimmer gelebt hatten. Während dieser Ferien wird die neue Wohnung ausgebombt. Der Alltag, die Gegenwart in England, ist so bestimmend, daß für Erinnerungen an das Leben in Deutschland wenig Zeit bleibt: «Da war so viel zu lernen in den vier Jahren, wahrscheinlich muß man da viel arbeiten. Ich denke, ich habe nicht viel dran gedacht. Das macht mir *jetzt* manchmal Angst, wenn ich daran denke.» Insbesondere, wenn sie nachrechnet, wie wenig Zeit nach ihrer Emigration noch blieb bis zum Pogrom des 9. November 1938.

Mit einer Freundin in Berlin werden anfangs noch Briefe gewechselt. Deren Vater, einem Abteilungsleiter bei Tietz, gelingt die Flucht mit der Familie nicht. «Als die Briefe dann plötzlich aufhörten, habe ich, glaube ich, gewußt, warum.» Dennoch erscheint es ihr durchaus wahrscheinlich, daß sie seinerzeit nur selten daran gedacht hat, was in Deutschland geschah während des Zweiten Weltkrieges. Mit Sicherheit weiß sie nicht mehr zu sagen, was sie damals am meisten beschäftigt hat. Vermutlich der Schulalltag, meint sie.

Die ganze Reflexion über das Vergangene, «die kommt erst jetzt, man kann nicht mehr viel nach vorne denken». Kürzlich hat sie eine alte Freundin aus der Studienzeit wiedergesehen, zum ersten Mal seit über 30 Jahren. Und dabei erfahren, wieviele ihrer Kameradinnen von damals schon verstorben sind. Zunehmend beschäftigt sie das Alter, und somit verändert sich auch ihr Blick auf das Leben in der Emigration. Jetzt denkt sie sehr viel öfter an das Zurückliegende als früher. Im Grunde genommen sei ihre Lage gar nicht so schwierig gewesen damals: «Ein Lamm, das zur Schlachtbank geführt wird, hat es leichter als ein Schlachter, wenn er anfängt zu denken.» Sie bekennt sich zu der Verdrängung, die sie seit Jahrzehnten betreibt: «I don't want to dig it out all.» In ihren Briefen hat sie das oft zum Thema gemacht, die Notwendigkeit und die Angst davor, an das zu denken, was geschehen ist. «Ich habe einen guten alten Freund, englisch, nicht jüdisch, der als medical student mit einer Gruppe nach Belsen gegangen ist, wie das Lager offen war. Er hat mir manchmal davon erzählt, aber wohl nie – auch nach so vielen Jahren –, ohne von den Erinnerungen immer noch sehr mitgenommen zu sein. Ich will auch gar nicht *alles* wissen – aber jetzt vielleicht muß ich anfangen. Das ist nicht sehr gut ausgedrückt, und genug davon.» Auch bei unserem Wiedersehen macht sie das wieder zum Thema: «Das ist *da*, da *hinten*, das weiß ich!»

In unangenehmer Erinnerung hat sie den letzten, monatelangen Aufenthalt in Südfrankreich. In dem kleinen Ort, in dem sie seit 20 Jahren mit ihrem Mann den Sommer verlebt, scheut sie davor zurück, ihre Biographie den anderen Urlaubern auch nur teilweise zu offenbaren. Im Sommer 1989 schrieb sie an uns: «Ich treffe hier eine enorme Menge Deutsche. Wohl ein wenig zu viel. Ich scheue mich enorm vor der Situation, die wohl nicht zu vermeiden ist, wo Leute mich fragen, entweder, wo ich geboren bin – oder wo ich so gutes Deutsch her könnte. Vielleicht bin ich zu self-conscious, will auch nicht etwas sagen, das jemanden dann irgendwie stört. Das ist wohl nicht so bei den Jüngeren – aber es sind auch ältere, wohlhabende Deutsche hier, und da ist es manchmal so? Man muß es wohl auf die Seite legen oder wo hingehen, wo nur Franzosen sind. So, nun Schluß ...» – Dieses «So, nun Schluß» oder auch ein «Genug davon» findet sich in jedem Brief, in jeder Gesprächssequenz, wenn es um ihre Vergangenheit geht. Aus einem späteren Brief, nach der Rückkehr von Frankreich nach England: «Drei Monate von hier weg zu sein war gerade richtig – obwohl es auch hier gut ist. Aber ich habe hier wirklich wenige Freunde. Dort ja. Man braucht ja nicht viele. Aber davon will ich nicht anfangen, denn ich habe Euch ja geschrieben, daß ich mich nicht sehr comfortable gefühlt habe mit der Gesellschaft von den älteren Deutschen. Gewöhnlich kann ich es abstreifen – aber dieses Jahr ging das nicht so leicht.»

Bei unserer Begegnung mit Claire komme ich auf den südafrikanischen Gesprächspartner zurück. Der nämlich hatte zu meinem Erstaunen von «uns Deutschen» gesprochen, als er vom Zweiten Weltkrieg sprach. Etwas Ähnliches kann sie sich für sich selbst nicht vorstellen: «Ich würde niemals sagen: Wir Deutschen. Auch nicht: Wir Juden, wir Engländer.» Sie fühle sich wurzellos, doch sei das nicht weiter schlimm: Heute würden viele sowieso keine Wurzeln haben wollen. Und man würde wohl auch keine brauchen. Sagt sie. Auf die Frage, wann sie begonnen hat, sich in England heimisch zu fühlen, antwortet sie lachend: «Immer noch nicht!»

Ihre Scheu, die eigene Herkunft preiszugeben, ist sehr alt. Bereits in den vierziger Jahren, während der Ausbildung, mochte sie kein Namensschild vor sich stellen. Ihr Mädchenname wäre sofort als ein fremder erkannt worden: «Während der Kunstschule in Oxford habe ich immer vermieden, meinen Nachnamen aufzuschreiben. Ich habe mich geschämt.» Aber wenigstens ihr Vorname Claire gab keinen Anlaß zu neugierigen Fragen.

Nach dem Schulabschluß im Jahre 1942 bis zum Jahr des Kriegsendes hat sie an einem Diplomkurs an einer kriegsbedingt von London nach Oxford ausgelagerten Kunstschule teilgenommen. Dann folgte noch eine einjährige Lehrerausbildung. Ab 1947 war sie berufstätig und blieb es bis 1980. Zu der Freundesclique der Ausbildungszeit gehörten Schriftsteller und Künstler, auch später so Erfolgreiche wie die Schriftsteller Kingsley Amis und Philip Larkin. Im Gegensatz zu den Eltern, die bis zum Lebensende vorwiegend mit anderen Emigranten verkehrten, gehörten zu Claires eigenem Freundeskreis nur wenige, die eine ähnliche Vergangenheit haben wie sie. Gespräche über ihre Erfahrungen waren und sind selten. «Es gibt da einen Bekannten, dessen Onkel hat die Wiener Library gegründet. Mit dem unterhalte ich mich als einzigem manchmal darüber, der ist auch mit seinen Eltern ausgewandert.» Und eine lange nicht gesehene Freundin von früher gehört auch zu den Emigranten: «Ich muß mal versuchen, ob ich mit ihr nicht darüber reden kann.» Dieses «Ich muß mal versuchen» ist Claires typische Umschreibung für Pläne, die sie viel lieber unverwirklicht ließe. So muß sie auch «mal versuchen», sich Gewißheit über das Leben und Sterben ihrer Kindheitsfreundin zu verschaffen, die in Deutschland umgebracht worden ist. Die Briefe des ermordeten Kindes hat Claire während der ganzen Jahrzehnte ihres Exils aufgehoben, und sie denkt immer wieder daran, ob sie nicht nach einem Verlag suchen sollte, der die Texte veröffentlicht. Bis heute aber hat sie die alten Briefe nicht wieder angerührt.

So sehr sich Claire von Jugend an darum bemühte, nicht als Fremde zu erscheinen, für die Behörden ist es Miss Plaut – meistens wird ihr Name wie «Plot» ausgesprochen – dennoch: Als «feindliche Ausländerin» ist sie während der Kriegszeit Einschränkungen ihrer persönlichen Freiheit ausgesetzt: «Aber es war Krieg, und das gehörte wohl dazu.» Als «enemy alien» darf sie sich im Winter nur bis 21.30 Uhr und im Sommer nur bis 22.30 Uhr außerhalb ihrer Unterkunft aufhalten. Das empfindet das junge Mädchen zwar nicht als diskriminierend, aber als recht störend, denn es gibt viele Parties zu dieser Zeit. Sie darf auch keinerlei Fahrzeug besitzen, nicht einmal ein Fahrrad. So reitet sie einmal auf einem geliehenen alten Ackergaul zum weit entfernten Amt, denn wenn sie nach London zu ihren Eltern fährt, dann ist sie verpflichtet, sich vorher polizeilich abzumelden und nach der Rückkehr wieder anzumelden. Mehr als das stört sie aber die Ausgangssperre am späten Abend.

«In Oxford habe ich einen englischen jüdischen Jungen gekannt für acht Jahre, aber dann haben wir uns gestritten.» Claire geht unmittelbar nach der Trennung überstürzt eine erste Ehe mit dem Freund ihres langjährigen Freundes ein. Sie heiratet vor allem deshalb, weil sie mit Mitte Zwanzig «wegwollte», also nach Abschluß der Ausbildung nicht mehr bei ihren Eltern leben mochte. Sie war ganz einfach der Beschränkungen überdrüssig, denen unverheiratete Frauen damals unterlagen. Nach nur achtzehn Monaten Ehe hat sie die Koffer gepackt und ist gegangen. Ihr Mann – ein nichtjüdischer Engländer – erschien ihr einfach unerträglich. Er war – wie sie jetzt meint – «zu englisch». Was das für sie bedeutet, fragen wir, da wir uns gut an ihren jetzigen Ehemann erinnern. Ihren zweiten Mann John findet sie, wie sie zugibt, ebenfalls viel zu englisch: «not very open, covered by a thin layer of ice, not able to express emotions.» Sechs Jahre dauert es, bis es zur Scheidung der ersten Ehe kommt. Und das ist gut so: In ihrem Beruf sei eine offizielle Trennung anfangs nicht möglich gewesen, als Geschiedene und somit moralisch suspekte Frau hätte sie – Anfang der fünfziger Jahre – ihre Stellung verloren. Die fast zehn Jahre des Alleinseins genießt sie sehr. Sie mietet sich ein kleines Haus in London – in der Nähe ihrer Eltern, aber weit genug entfernt, um ein eigenständiges Leben führen zu können.

Ihren jetzigen zweiten Ehemann lernt sie Ende der fünfziger Jahre kennen. Nach drei Jahren heiratet sie ihn und bekommt 1964, mit über 40 Jahren, ihr erstes und einziges Kind. Der Tochter Rebecca bleibt die Wahl überlassen, an welchem Religionsunterricht sie in der Schule teilnehmen will. Anfangs entscheidet sie sich für die Religion ihres Vaters, und Claire akzeptiert das, obwohl das Kind nach mosaischem Verständnis als Tochter einer jüdischen Mutter eine Jüdin ist. Claire allerdings stammt aus keinem sehr religiösen Elternhaus. Zwar ist ein Großvater «ziemlich orthodox» gewesen, die Eltern aber nicht. Sie waren «sehr überzeugt jüdisch, aber nicht religiös». Nur einmal im Jahr – am Versöhnungstag – nahmen die Eltern Claire Miriam mit in die Synagoge in der Fasanenstraße. In dem Ort, in dem Claire jetzt lebt, «gibt es sowas nicht, und ich würde es auch nicht mehr verstehen». Jom Kippur ist der einzige jüdische Feiertag, der auch heute noch für Claire von Bedeutung ist. Auch sie fastet dann. «Es hat wohl nichts mit Religion zu tun, es ist zur Erinnerung an *alles*, was war.» – Erst in den letzten Jahren hat die Tochter – ohne von der Mutter dazu gedrängt worden zu sein – damit begonnen, sich stärker mit dem Judentum zu beschäftigen.

Claires Alltag und ihr Selbstverständnis jetzt: «Es ist wohl eine ziemlich komplizierte Sache. Aber man soll es nicht mehr komplizieren. Ich denke ganz viel jetzt an die Vergangenheit und werde versuchen, es *alles* für meine Tochter aufzuschreiben. Mit ihr sprechen, ist wohl nicht richtig. Mit meinem Mann auch nicht. Er versteht absolut *nichts*. Will er ja auch nicht. Bis jetzt haben mir meine eigenen Leute wohl nicht so gefehlt. Man hat so sehr versucht, *alles* zu vergessen und im Hintergrund zu lassen. Aber das ist wohl nicht natürlich, ziemlich spät kommt die Zeit, auszukramen. Erst jetzt, nach all den Jahren, denke ich daran.» Sie ist sich mit sich selbst nicht darüber einig, wie notwendig «Wurzeln» für sie sind. Vielleicht gibt es, wie sie gegen Ende unseres Treffens einräumt, jetzt im Alter doch so etwas wie «Sehnsucht nach Wurzeln, aber das ist nicht cynical gemeint.»

Nach 27 Jahren Ehe überlegt Claire, ob sie ihren Mann verlassen soll. Es beschäftigt sie, daß «ich jetzt anfange zu denken und er aus dem Zimmer geht. He doesn't understand, he is'nt interested. *Absolut* ist er antisemitisch!» Das stehe, so Claire, überhaupt nicht im Widerspruch zu seiner langen Ehe mit einer Jüdin: «In England gibt es so einen Spruch: ‹Some of my best friends are jewish.›» Sie meint, vom Antisemitismus ihres Mannes auch schon lange zu wissen und ihn nicht – wie wir vermutet haben – vielleicht erst nach der Pensionierung bemerkt zu haben. Nun scheint es ihr von Monat zu Monat unerträglicher, und sie fragt sich, ob es nicht doch besser gewesen wäre, mit einem jüdischen Mann verheiratet zu sein. Das beschäftigt sie schon seit längerem. Bald nach unserem ersten Treffen schrieb sie in einem Brief: «Um so älter ich werde, um so größer wird die Distanz zwischen uns. Ich will da nicht viel drüber schreiben – aber ein

Grund ist, daß ich immer gedacht habe, es macht nichts, wenn es eine Mischehe gibt. Aber nicht so wie meine! Je älter man wird, um so mehr denkt man zurück, nicht um etwas zu ändern, denn das ist ja unmöglich. – Aber der John hat absolut kein Verständnis oder Gefühl von Sachen, die mit den Nazis zu tun haben. Manchmal denke ich... vielleicht habe ich zuviel Primo Levi gelesen. Ich wünschte, er würde es tun, aber das ist unmöglich. Er würde es weder tun noch verstehen. Es ist wie ein tiefer Graben um mich 'rum. Das ist nicht leicht, jemandem zu erklären.»

Hyde Park, Chicago

von Catherine Stodolsky

Als ich nach 25 Jahren an die Stätte meiner Kindheit in Chicago zurückkehrte, fand ich die deutsch-jüdische Szene nicht wieder, die einst die Straßen des Stadtviertels Hyde Park geprägt hatte. Als ich ein kleines Mädchen war, schien mir jeder in der 53. Straße deutsch zu sprechen, und die Straße hieß auch – in einem phonetischen Wortspiel – Cincinnati Street (weil dort ständig die Wendung benützt wurde «Sind Sie nicht von...?»). Wenn wir von der Bäckerei Nachmann kamen, wo wir Pfeffernüsse zu Weihnachten und Mohnstollen im Herbst kauften, gingen wir oft zu «Kronbery's Delicatessen» wegen der Leberwurst oder der ungarischen Salami, und mein Vater gönnte sich dort gelegentlich ein Stück Paprikaspeck. Sonntags pflegten wir zum «Point» zu spazieren, dem felsigen Landvorsprung am Michigan-See. Ich erinnere mich an die Damen auf der «deutschen Bank», der Bank, auf der sie in der kalten Wintersonne saßen, in ihren für Chicago auffälligen Persianermänteln; sie sprachen davon, wie es «früher bei uns» gewesen war.

Heute sind die meisten dieser Leute, die in Hyde Park lebten, hoch in den Siebzigern; nur einige fand ich noch vor, und nur mit wenigen konnte ich mich treffen. Schließlich sprach ich, als ich 1988/89 Chicago besuchte, mit zwei ganz verschiedenen Gruppen deutscher Emigranten.

Zuerst traf ich Marianne und Eva. Sie können sich das Leben in Hyde Park immer noch leisten, obwohl die meisten Apartments jetzt Eigentumswohnungen in teuren Hochhäusern sind. Marianne lud mich ein in ihr Apartment im 11. Stock mit Aussicht auf den Michigan-See. Offensichtlich hatte sie von ihrem Mann, einem Arzt, eine schöne Altersversorgung geerbt. Das Ehepaar hatte aber auch früher außergewöhnliches Glück gehabt: Keiner von beiden hatte Familienangehörige unter der Naziherrschaft verloren. Sie hatten sogar einen Teil ihres Besitzes mitbringen können, als sie 1938 Deutschland verließen. Für Marianne scheint es niemals Probleme gegeben zu haben, das Interesse und die Freundschaft zu akzeptieren, die ihr jetzt von Deutschen entgegengebracht werden. Sie sprach mit Wärme über ihre zahlreichen Besuche in München; der erste war auf Einladung der Stadt erfolgt. Sie legte Wert auf die Feststellung, wie viele freundliche und hilfreiche Leute sie während ihres Aufenthalts in der früheren Heimat getroffen hatte; aus einer Begegnung beim Kartenvorverkauf der Münchner Oper wurde eine Freundschaft. Marianne spielt Violoncello, und im Mittelpunkt ihres Lebens stehen Musik und die Oper. Die Reisen nach Deutschland haben für sie größte Bedeutung.

Eva lebt nicht weit von Marianne in einem weniger exklusiven, aber doch modern-gläsernen Wolkenkratzer in der Nähe des Sees in Hyde Park. In der ganzen Zeit ihrer langen Freundschaft haben sie nie über das Trauma der Flucht Evas vor den Nazis gesprochen. Überhaupt schien bis vor kurzem das ganze Thema der Verfolgung und Ermordung der Juden mehr oder weniger tabu. Ruth zum Beispiel, eine Nachbarin, sagte, sie habe über ihre Erlebnisse beim Novemberpogrom 1938, der «Reichskristallnacht», mit ihrem Rabbiner gesprochen, aber erst 1988 machte er den Vorschlag, sie solle darüber zu einer Gruppe von Senioren im Stadtteil sprechen.

Als Eva mir zuliebe über ihre Erlebnisse in Deutschland sprach, stellte sich heraus, daß ihre Erfahrungen ganz entgegengesetzt zu der Mariannes und ihre Einstellung zum heutigen Deutschland entsprechend abweisender ist. Als junges Mädchen arbeitete Eva als Haushaltshilfe in Belgien; die «Reichskristallnacht» brachte sie zur Überzeugung, daß sie nicht nach Mainz, in ihre Heimatstadt, zurück konnte. Sie schlug sich zu Anfang des Krieges ganz allein nach Frankreich durch und wurde während der deutschen Besetzung von einer französischen Familie in der Gegend von Lyon verborgen. Als sie am Ende des Krieges ihr Versteck verlassen konnte, war sie ganz überrascht davon, daß die Leute im Dorf seit langem über ihre verborgene Existenz Bescheid wußten. Die französischen Kleinbauern hatten ihr unter hohem Risiko Zuflucht gewährt und auch ihre bescheidenen Lebensmittelrationen mit ihr geteilt. Sie meinten, daß dieses Verhalten «normal» gewesen sei und Eva ihnen keinen Dank schulde.

Eva kann sich einen Besuch in Deutschland nicht einmal vorstellen. Ihre ganze Familie wurde ausgelöscht, und sie hat kein Interesse daran, zu erfahren, was Deutsche heutzutage bewegt.

Eva hat die Verbindung zu ihren einstigen belgischen Arbeitgebern wieder aufgenommen, die heute in New York leben. Eva war es aber wichtig, unabhängig zu sein, und sie zog nach Chicago, wo sie als Schneiderin arbeitete. Im Alter von 50 heiratete sie, ihr Mann war auch aus Europa eingewandert. Die Ehe hielt jedoch nicht, vielleicht war Eva zu lange alleine gewesen.

Eva und Marianne sprechen gewöhnlich englisch miteinander, obwohl Evas Englisch nicht entfernt so gut ist wie das von Marianne. Bei einem Lunch, zu dem Marianne eingeladen hatte und der überhaupt nicht amerikanisch war, lernte ich sie kennen. Das feinste Porzellan und richtiger deutscher Kaffee, Aufschnitt und Salat in bemerkenswert deutschem Stil. Die Förmlichkeit der Einladung, die Tischsitten, der Zeitpunkt – alles erinnerte mich an den Vollzug eines Rituals, das seinen Ursprung wohl im deutsch-jüdischen Bürgertum mehr als ein halbes Jahrhundert früher hatte.

Im «self-help home» (einer Einrichtung für Alte und Behinderte) im Norden der Stadt entdeckte ich eine noch intakte Welt deutsch-jüdischer Emigranten. Einige von ihnen haben Entschädigungszahlungen aus Deutschland erhalten, aber keiner ist wohlhabend. Alles, was sie aufbringen können, geben sie für den Unterhalt des Heimes, das umgekehrt die vollständige Sorge für sie übernimmt. Die Atmosphäre ist mehr als freundlich, meist fröhlich; die Gesünderen helfen den Älteren und Gebrechlicheren. Jeder hat seine eigene kleine Wohnung mit Küche und Bad. Trotzdem essen die meisten in der Cafeteria, die auch als Treffpunkt und Sozialstation dient. Für diejenigen, die Pflege brauchen, aber nicht so krank sind, daß eine Hospitalisierung notwendig ist, steht ein Stockwerk mit Pflegern und Betten zur Verfügung.

Umgangssprache ist ein Mischmasch aus Englisch und Deutsch, und die «Kinder» – sie befinden sich inzwischen in mittleren Jahren – mischen ebenfalls deutsche Ausdrücke in ihr Englisch. Ein Neuankömmling zum Beispiel muß wählen zwischen einem «Kitchen apartment or voller Verköstigung».

Ich besuchte Willi Wolf, der mit seinen 96 Jahren vollständig im Besitz seiner Geisteskräfte ist. Er zeigte mir ein Album mit Bildern, das ihm die Stadt Mainz geschenkt hat. Er stammt aus Bretzenheim, das heute zu Mainz gehört. In seiner Jugendzeit hatte es acht jüdische Familien in Bretzenheim gegeben. Willi hat freundliche Gefühle gegenüber den Leuten, die ihn zu seinem 95. Geburtstag wieder eingeladen hatten. Es war sein zweiter oder dritter Besuch nach dem Krieg, zu allen Reisen war er von der Mainzer Stadtverwaltung eingeladen worden. Nach dem Ende der NS-Herrschaft erhielt Willis Vater seine kleine Kleiderfabrik zurück; deren Verkauf ermöglichte ihm den Start eines neuen Geschäfts in den USA. Willi ist heute noch stolz auf seinen Kriegsdienst im deutschen Heer im Ersten Weltkrieg, und er scheint keine bitteren Gefühle gegenüber Deutschland zu hegen.

Lachend berichtet er, daß ihn sein Vater 1935 nach Chicago geschickt hatte, wo er bei einer Tante leben sollte. Nach sieben Wochen jedoch beschloß er, nach Deutschland zurückzukehren, da ihm wegen der amerikanischen Wirtschaftskrise die Situation «zu Hause» eher erträglich schien. Er empfand das Leben in Deutschland nicht als unangenehm, sagte er auf eine Frage, und zwar, weil die organisierten Linken in seiner Heimat stark waren. Trotzdem schickte er seinen dreizehnjährigen Sohn 1936 in die Vereinigten Staaten, weil er in der Schule als Jude behandelt worden war. Am 1. September 1938 beschloß Willi Wolf, selbst Deutschland zu verlassen.

Weder Willi Wolf noch Frau Michael, die auch aus Hyde Park kommt und in diesem Altersheim lebt, haben feindselige Gefühle gegenüber Deutschland. Sie haben Wiedergutmachungszahlungen erhalten und Einladungen, Aufmerksamkeiten und andere Zeichen guten Willens aus ihren früheren Heimatstädten empfangen. Trotzdem haben sie niemals ernstlich den Gedanken an eine Rückkehr erwogen, um dort zu leben. Nicht so sehr aus prinzipiellen Überlegungen, vielmehr wegen der Kinder, die natürlich Amerikaner sind.

Frau Michael verließ 1936 Frankfurt mit dem Geld, das ihr nach einer Scheidung zugesprochen worden war. Obwohl ihr Bruder in Amerika sie ununterbrochen gedrängt hatte, Deutschland zu verlassen, brauchte sie viel Zeit für den Entschluß, alles aufzugeben. Den Ausschlag gab ihr sieben Jahre alter Sohn Walter; die Diskriminierungen, die er in der Schule erdulden mußte, überzeugten sie von der Notwendigkeit zu emigrieren. Ein anderes Zeichen, daß es Zeit war zu packen und zu gehen, gab es in der Woche vor der Abreise. Die ganze Familie litt an einer Lebensmittelvergiftung, und ihr Arzt, ebenfalls Jude, durfte nicht einmal versuchen, sie in ein Krankenhaus zu überweisen. Sie ließ einen geistig behinderten Bruder zurück; er wurde mit anderen Pflegebedürftigen 1940 in der Anstalt ermordet.

Ein anderes Erlebnis hat Frau Michael heute noch nicht verwunden. Eine nicht-jüdische enge Freundin, eine, «die für mich durchs Feuer gegangen wäre», hatte die Emigration nicht verstehen können. Sie schrieb Frau Michael nach Chicago, sie hätte Deutschland nicht verlassen sollen. 1938, nachdem sie Zeugin der «Kristallnacht» gewesen war, schrieb sie wieder und zeigte sich erleichtert, daß ihre Freundin nicht mehr in Deutschland war. Die Freundinnen haben sich nie wieder gesehen. Als Frau Michael 1969 nach Frankfurt kam, war es zu spät. Die Nichte ihrer Freundin sagte am Telefon: «Sie hat auf Sie gewartet, nun ist sie tot, Sie hätten nicht mehr kommen müssen», und legte den Hörer auf.

Frau Gelder, die Nachbarin von Frau Michael im Altersheim, ist wegen einer halbseitigen Lähmung weitgehend an ihr Zimmer gebunden. Man drängte mich, sie zu besuchen, da sie das Problem aus einer anderen Perspektive sehe. Frau Gelder würde niemals nach Deutschland zurückkehren. «Sie wollten mich damals nicht, warum sollte ich jetzt dorthin gehen?» Als junges Mädchen übersiedelte sie von Köln nach Berlin mit ihrem Verlobten und dessen Familie. Zuvor hatte sie eine Anstellung im «Kaufhaus des Westens» gefunden. Am ersten Arbeitstag fragte man sie, ob sie Jüdin sei, und als sie bejahte, war sie auch schon wieder gekündigt. Frau Gelder fühlt sich längst nicht mehr als Deutsche. Obwohl ihre Ausdrucksweise stärker mit deutschen Begriffen, Präpositionen und sogar Verben durchsetzt ist als die der meisten hier im Heim, mag sie deutsch weder sprechen noch lesen. Sie hat Trivialromane und das Fernsehen am liebsten. Sie ist stolz, Amerikanerin zu sein und will ihr hart erarbeitetes Geld in den USA ausgeben. Ihre beste Zeit hatte sie in den ersten zehn Jahren nach der Einwanderung 1938, als sie mit ihrem Mann in New York lebte. Er arbeitete als Aufzugstechniker und sie als Flickschneiderin in Heimarbeit. Arm, aber glücklich konnten sie wenigstens die Lichter der großen Stadt genießen. Aber als sie schließlich «es sich leisten konnten», Kinder zu haben, war es zu spät dafür.

Zuletzt besuchte ich Frau Schuster, die 1946 als Witwe nach Amerika kam. Sie hatte keine Hemmungen, die Probleme des Emigrantenlebens darzulegen, insbesondere die Schwierigkeiten zu beschreiben, die es machte, Ehen aufrechtzuerhalten unter den Zwängen emotionaler und finanzieller Krisen. Am schlimmsten war es, wenn die Männer arbeitslos waren, die Frauen aber die Familie als Haushaltshilfen durchbringen konnten. Als Alleinstehende war Frau Schuster aus der Gesellschaft der verheirateten Flüchtlinge völlig ausgeschlossen. Sie verdiente ihren und ihrer Tochter Lebensunterhalt durch Arbeit in Kaufhäusern, zuletzt war sie Buchhalterin. «Irgendwie lebte ich – es gab so viele Arten zu leben.»

Mit ihrem Mann zusammen hatte sie bereits 1933 in Deutschland einen wirtschaftlichen Zusammenbruch erlebt, als die Kunden ihres Elektrogroßhandels sich weigerten, mit Juden Geschäfte zu machen. Die Auswanderung nach Belgien, im Jahre 1933, war auch keine Lösung, da die belgischen Behörden die Arbeitserlaubnis verweigerten. Zurückgekehrt nach Deutschland, bemühten sie sich um die Ausreise nach Palästina. Nach einer gewissen Zeit glückte ihnen das.

Frau Schusters erster Besuch in Deutschland, 1969, war eine große seelische Belastung. Es sei alles zu «alt-neu» gewesen, beschreibt sie ihre Eindrücke: Die bekannten Straßen zu entdecken, aber feststellen zu müssen, daß die alten Freunde und Nachbarn tot waren, das war sehr hart. Aber mit dem ersten Besuch war doch das Eis gebrochen. Der zweite Aufenthalt, organisiert durch die Stadt Frankfurt, war ein völlig anderes und besseres Erlebnis. Mit der Einladung war die Übernahme aller Kosten verbunden, das Hotel war erstklassig; am besten gefiel ihr das minuziös ausgearbeitete Programm für jeden Tag der zwei Wochen. Am wichtigsten war ihr, daß sie «wunderbare Menschen» kennenlernte – Menschen, die zu jung waren, um «damals» dabeigewesen sein zu können. Auf die Frage nach ihren Gefühlen gegenüber dem heutigen Deutschland zeigt sich Frau Schuster tief beunruhigt durch die Erfolge der Rechtsradikalen bei den Berliner Wahlen im Januar 1989. Sie räumt ein, daß sie möglicherweise besonders empfindlich reagiere auf Grund ihrer Erfahrungen, sie glaubt aber auch, daß ihr Judentum sie politisch bewußter gemacht hat. Daß ein Mitglied des Ku-Klux-Klan ins Parlament des amerikanischen Staats Louisiana gewählt wurde, war für sie beispielsweise Grund für große Beunruhigung, ja Verstörung. Auf jeden Fall ist sie Rechtsextremismus gegenüber weniger tolerant als manche ihrer amerikanischen Bekannten, die nur mit der Feststellung reagieren, das «gehöre eben zur Demokratie». Weil sie unter dem Terror des Hitlerstaats gelebt habe, sei sie sich der Gefahr bewußt, solche Erscheinungen zu verniedlichen.

Die Geschichten dieser ehemaligen Einwohner von Hyde Park, vorwiegend deutscher Juden aus der unteren Mittelschicht, geben einen Eindruck vom Weg gewöhnlicher Leute, wie sie den Hitlerterror erfuhren und wie sie ihn überlebten. In diesen Lebensgeschichten geht es um Verluste, die niemals ersetzt werden können, um verhinderte Möglichkeiten, die die endgültige Trennung von Familien und Kindern zur Folge hatten, um die Schuld an dem, was den Zurückgelassenen geschah – Eltern, Geliebten, auch Feinden. Dem Zuhörer fällt es schwer, das Alte und das Neue in diesen Geschichten zu trennen. Sicherlich ist die Erinnerung an das Vergangene geprägt von der jeweiligen neuen Existenz, aber in der Einstellung zum heutigen Deutschland spiegeln sich Schmerz und Leid, die vom Nationalsozialismus verursacht wurden.

Nur ein Photo von den Eltern
Mit dem jüdischen Kindertransport nach England
von Jenny Kreyssig

«Wenn du vierzehn bist, brauchst du deine Mami, wirklich!» Beinahe beschwörend klingen die Worte von Lorraine. Sie ist jüdische Emigrantin, die im Alter von vierzehn Jahren das nationalsozialistische Deutschland verlassen konnte, verlassen mußte – jedoch ohne ihre Eltern, die sie dann nie mehr wieder sah.

Schicksale wie dieses waren zahlreich. Nach der Pogromnacht im November 1938 verstärkte sich die Fluchtbewegung aus Deutschland. Vor allem war man bemüht, jüdische Kinder vor dem Zugriff der Nationalsozialisten in Sicherheit zu bringen. Der grenzenlose Judenhaß der Nationalsozialisten schnitt gewaltsam in das Leben vieler Menschen ein und zerstörte deren soziale und seelische Stabilität. Die lebensentscheidenden Ereignisse von damals wirken 50 Jahre später noch nach; noch immer sind die Betroffenen zwar geprägt vom Glück über die eigene Rettung, und doch werden sie gleichzeitig von anhaltenden Schuldgefühlen gequält, dem Überlebenssyndrom. Als nach der «Reichskristallnacht» die Emigrationswelle einsetzte, standen viele Eltern vor einer Entscheidung – das wissen wir heute –, bei der es um Leben oder Tod ging. Diejenigen Eltern, die damals die Möglichkeit hatten und sich dazu durchringen konnten, ihr Kind oder ihre Kinder «abzuschieben», ins Exil zu schicken, dürften die Tragweite eines solchen Entschlusses freilich allenfalls erahnt haben. Und was andererseits in den Kindern vorging, kann mehr als 50 Jahre später kaum noch jemand artikulieren – wenn man es überhaupt könnte.

Großbritannien mit seiner relativ liberalen oder jedenfalls flexiblen Immigrationstradition reagierte auf den organisierten Antisemitismus in

Deutschland, indem es die Einwanderung für Kinder bis zum 17. Lebensjahr erleichterte. Dadurch konnten – immerhin – fast zehntausend deutsch-jüdische Kinder vor allem durch die private Initiative verschiedener Hilfsorganisationen gerettet werden. Die Aktion wurde bekannt unter dem Begriff «Kindertransport».

Was ist nun aus diesen Menschen geworden, die als Jugendliche in England Zuflucht fanden und so dem Holocaust entgingen? Menschen, die keine «Privilegierten» waren. Fünf Lebensläufe.

Marion Harston wurde 1925 im damals ostpreußischen Tilsit geboren und verbrachte eine glückliche Kindheit in Halle a. d. Saale, wo ihr Vater als kaufmännischer Angestellter in einem Warenhaus arbeitete. Das blonde und blauäugige Mädchen ging samstags zur Synagoge und besuchte eine katholische Schule. Marion war gut in Mathematik und besaß zu Hause eine kleine, feinsäuberlich geordnete Bibliothek. Als ein Onkel der Familie aus Furcht vor den Nationalsozialisten Selbstmord beging, erlitt sie ihren ersten Schock. Ihre Eltern planten schon seit geraumer Zeit die Auswanderung, erhielten jedoch keine Visa und entschieden sich deshalb, ihre Tochter mit dem Kindertransport nach England zu schicken. Eine Bekannte hatte sich um Pflegeeltern für Marion bemüht, und so kam sie mit dreizehn Jahren zu einer englisch-jüdischen Familie in Wandsworth, einem Stadtteil im Süden Londons. Neben den zwei verwöhnten Töchtern des Hauses sollte sie als drittes Kind integriert werden, fühlte sich jedoch mit ihrer zufriedenen Bescheidenheit «wie Aschenputtel» in dieser von Wohlstand und Überheblichkeit geprägten Umgebung.

Marion hatte den Wunsch, Kinderschwester zu werden, und konnte eine Fachschule besuchen, wo sie freundlich aufgenommen wurde. Wegen unzureichender Unterrichtsmöglichkeiten während des Krieges wurde diese Schule bald nach Reading, nordwestlich von London, evakuiert, und Marion kam bei einer einfachen und netten Familie unter. Kurz danach sandten die ersten Pflegeeltern ihr das restliche Gepäck nach. Sie wollten Marion loswerden.

Doch Marion hatte Glück. Denn in der Zwischenzeit war auch ihren Eltern der Sprung nach England gelungen. Der Vater hielt sich in einem Flüchtlingslager auf. Für ihre Mutter fand sich nach langem Suchen eine Stelle als Hausangestellte bei Quäkern. «Wir waren alle froh, in diesem Land zu sein», erzählt Marion Harston heute. Sie wundert sich nur: «Wie das meine Mutter schaffte? Denn Zuhause hatten wir immer ein Dienstmädchen, und nun war sie selbst eine ‹domestic›.»

Mittlerweile war Marion nach Guildford evakuiert worden. Die Schuldirektorin, die für sie eine gute Freundin geworden war, vermittelte der 15jährigen eine Stelle als Kindermädchen bei einer reichen Familie, die sie bald mit den eigenen zwei Kindern in Devon, im Südwesten, unterbrachte.

Aber schon bald mußte Marion wieder ihren Aufenthaltsort wechseln. Sie begann in Wiltshire die Ausbildung als Krankenschwester – «eine harte und gute Ausbildung» –, die sie nach drei Jahren mit einer Abschlußprüfung absolvierte. Nachdem ihr Vater, der im Krieg in der britischen Armee gedient hatte, verwundet worden war, zogen die Eltern nach Welwyn Garden City in Hertfordshire, einem neuen Entlastungsort nördlich der Hauptstadt. Hier scharte der ehemalige Rabbiner aus Halle eine Gemeinde von deutschen Juden um sich. Marion hat nie wieder bei ihren Eltern gewohnt, seitdem sie Deutschland verlassen hatte, aber sie besuchte sie nun, so oft es ging. Sie arbeitete zunächst in einem Säuglingsheim, kam dann in eine Privatklinik am elterlichen Wohnort und blieb über vier Jahre als Kindermädchen in einem jüdischen Haushalt. 1949 heiratete sie einen wesentlich älteren Engländer, er war Übersetzer und Linguist, den sie beim Tanzen kennengelernt hatte.

«Aber es waren harte Zeiten für uns», sagt Marion. Ihre Mutter starb im Alter von 51 Jahren. Sie hatte sich nie mit der neuen Situation in England zurechtfinden können, und hinzu kam, daß sie erfahren hatte, daß alle ihre Verwandten in deutschen Konzentrationslagern umgekommen waren. Sie litt an Asthma, es schnürte ihr die Kehle zu. Danach heiratete der Vater eine deutsche Emigrantin, die zunehmend Nervenzusammenbrüche bekam, während bei ihm Krebs diagnostiziert wurde.

Heute leben die Harstons in Stanmore (Middlesex) in einem schmucken kleinen Haus. Marion hat einen Sohn und eine Tochter großgezogen und freut sich nun über die fünf Enkelkinder, die sie oft besuchen. Während ihrer Ehe nahm sie nur vorübergehend Teilzeitarbeit an, um die Familienkasse aufzubessern. Als sie jung war, mußte sie ihren Lebensunterhalt verdienen. «Eigentlich hätte ich damals gern Chemie studiert.» Um ihr Bildungsdefizit wettzumachen, besucht sie Kurse, nimmt an Führungen der National Gallery teil, geht in Konzerte und entspannt sich bei Musik von Beethoven. Als Mitglied der orthodoxen jüdischen Gemeinde geht sie ziemlich regelmäßig zur Synagoge und kocht koscher. «Ich fühle mich mit jüdischen Menschen wohler als mit Nichtjuden», gesteht sie und fügt hinzu: «Ich habe patriotische Gefühle für Israel.» Leben könnten sie dort nicht, des Klimas wegen, wie sie sagt. Aber sie besucht Verwandte ihres Mannes. Engagiert arbeitet sie in einer englischen Wohltätigkeitsgruppe für geistig behinderte Kinder in Israel.

Vor einigen Jahren reiste sie nach Deutschland und stellte fest, daß sie «doch sehr englisch geworden» ist: «Die Deutschen sind so erfolgreich und so obenauf. Das geht mir gegen den Strich.» Es mag neben den deutlichen Ressentiments besonders gegenüber der älteren deutschen Generation auch etwas Neid oder eine unbefriedigte Eitelkeit in dieser Äußerung mitschwingen. Marion Harston hat im Lauf der Zeit ihr Leben zunehmend nach Prinzipien und Ordnungsmäßigkeiten ausgerichtet, es in Formen und Regeln gebunden. Sachlich, diszipliniert vermeidet sie jegliche Irritation. Sicher hat die Tatsache, daß ihren Eltern die Flucht vor Hitler gelang, wesentlich dazu beigetragen, daß sie innere und äußere Ruhe gefunden hat. Nun verteidigt sie diese auch gegen alles Ungewohnte. Vermeintliche Unsicherheiten werden abgewehrt, denn sie könnten ihr scheues Wesen erschüttern.

In einem «sorgenfreien und liebevollen» Elternhaus lebte Liesl Munden, mit Mädchennamen Heilbronner. Sie ist 1924 in Düsseldorf geboren, ihr Vater verdiente als Käsehändler seinen Lebensunterhalt. 1933 wurde sie gezwungen, eine jüdische Mädchenschule in Köln zu besuchen, der Verlust der bisherigen Klassenkameradinnen traf sie sehr. Liesl war ein sportliches Mädchen, das «immer gewinnen wollte», zum Schwimmen, Rollschuh- und Schlittschuhlaufen ging. Der ehrgeizige und strenge Vater spornte sie dabei an. Aber Liesl war eben ein jüdisches Kind, und plötzlich waren alle diese Freizeitfreuden vorbei. «Es schien, als habe meine Welt aufgehört zu existieren», sagt sie. Die Diskriminierung ist ihr noch heute gegenwärtig. «Vielleicht wäre ich eine berühmte Eisläuferin geworden, wer weiß?»

Als die Nationalsozialisten die Wohnung der Heilbronners in der «Kristallnacht» fast völlig zerstörten, war sie zum ersten Mal vom Entsetzen ergriffen. Die Eltern, die vergeblich versucht hatten, Deutschland zu verlassen, «brachten ein großes Opfer» und schickten Liesl im August 1939 nach England. Sie kam in ein Internat in St.-Leonards-on-Sea bei Hastings, doch das neue Glück endete abrupt, als sie 1940 als «feindliche Ausländerin» von der Schule gewiesen wurde. Das Wohlwollen der Briten für deutsche Emigranten hatte einen Tiefpunkt erreicht. Liesl war «gehaßt und wieder gehaßt», wie der Titel eines Gedichts lautet, das sie damals schrieb: «... Als Jüdin lebte ich in Deutschland, meinem Vaterland / Es war ein Glaubenskrieg, in dem ich England fand. / Als Feindin lebe ich in England selber heut' im Krieg, / In stillem Dank beuge mich, und bete nur für Sieg ...»

Sie ging in eine Londoner Handelsschule, arbeitete dann als Stenotypistin und half nebenbei in einem Krankenhaus. Die britische Staatsbürgerschaft erhielt sie 1948 und heiratete im selben Jahr einen englischen Hochschullehrer, der nicht Jude ist. Ihre Berufstätigkeit als Sekretärin gab sie nach ein paar Jahren auf und brachte zwei Kinder zur Welt. Die Tochter, die in Oxford studieren konnte, lebt verheiratet mit drei Kindern in Norwegen; der Sohn wurde im Bootsbau erfolgreich.

Liesl Munden machte schließlich ihr Hobby zum zweiten Beruf: sie wurde Floristin und Blumenzüchterin. Einst hatte ihre Mutter gelernt, Filzblumen herzustellen, in der vergeblichen Hoffnung, daß sie dadurch ein Auskommen hätte, wenn sie aus Deutschland herauskäme. Nun reüssierte die Tochter, gewann und gewinnt nach wie vor Freude, Freunde und Ansehen durch ihre Tätigkeit als Lehrerin, Ausstellerin und Jurorin bei Blumen- und Gartenschauen in London und Sussex. Auch im eigenen großen Garten und

Haus in der Nähe von Hastings, wo sie seit über 20 Jahren lebt, pflegt sie diese Kunst mit Profession und Leidenschaft.

Aufgewachsen in einem liberalen jüdischen Elternhaus fand sie in ihrer zweiten Heimat nie zum traditionellen Judentum. «Ich finde es befremdend, mit Juden zusammen zu sein. Ich glaube an einen Gott, aber weiter würde ich nicht gehen, obwohl ich nie meinen ursprünglichen Glauben ändern könnte.» Liesls Eltern wurden 1941 in Minsk erschossen, ihre Verwandten ebenso ausgelöscht. «They were all exterminated.» Erinnerungen, die sich ihr eingeprägt haben, es ihr aber schwermachen, sich stärker in der jüdischen Gemeinde ihrer Wohngegend zu engagieren. Sicherlich hat zu ihrer Distanz gegenüber der Religion auch beigetragen, daß ihr Ehemann nicht jüdisch ist. In Israel ist sie nie gewesen, «dort zieht es mich auch nicht hin».

Nach dem Krieg kam Liesl noch einmal nach Deutschland, um Wiedergutmachungsansprüche zu regeln und «ohne Haßgefühle nach England zurückkehren zu können». Sie ließ im jüdischen Friedhof ihrer Heimatstadt einen Gedenkstein für ihre Eltern errichten, denen sie «für immer zu Dank verpflichtet ist für ihre Selbstlosigkeit». «Aber», so ergänzt sie, «dieses Kapitel meines Lebens ist völlig abgeschlossen.»

Ist es das wirklich? Noch heute versucht Liesl Munden herauszufinden, was mit ihrer Großmutter und ihrer Tante geschehen ist, die in ein Konzentrationslager kamen. Ohne das Photo ihrer Eltern auf dem Nachttisch, bekennt sie, käme sie sich verloren vor. Nach dem Krieg mußte sie allein mit dem tragischen Verlust zurechtkommen, sie fand eine gewisse Beruhigung darin, daß sie mit ihrer Trauer doch nicht die einzige war. «Mit zunehmendem Alter», sagt Liesl Munden, «ist mir eigentlich erst der frühe Verlust bewußt geworden.» Neuerdings kämpft sie mit Phasen der Niedergeschlagenheit und Einsamkeit. Einst ein ehrgeiziges Mädchen, führt sie nun ein Leben in häuslicher Zurückgezogenheit. Widersprüchliche Empfindungen riefen in ihr auch die Teenagerjahre ihrer Kinder hervor. Erneut wurde sie mit der eigenen Vergangenheit konfrontiert. Sie beneidete Tochter und Sohn um das Glück ihrer Jugend und erwartete insgeheim mehr Respekt und Rücksicht von ihnen, während diese eben ganz normale Tendenzen der Loslösung von der Familie zeigten.

«Dort drüben ist Churchill zur Schule gegangen», erklärt John Newman und zeigt aus dem Küchenfenster auf das elitäre Internat in Harrow. Der gemütlich und behäbig wirkende Mann lebt mit seiner Frau in einer gediegenen Wohnung im Nordwesten Londons. Ursprünglich hieß er Hans Nebenzahl, geboren in Hamburg. Er hat noch immer etwas Schwierigkeiten mit der englischen Sprache, vermag seinen deutschen Akzent nicht zu verbergen.

Im Jahr 1932 war er neun Jahre alt, seine Eltern waren gestorben, und zusammen mit seinem jüngeren Bruder kam er ins Waisenhaus. In der

Hamburger Talmud-Thora-Schule faszinierte ihn die Mathematik. Durch Vermittlung des Waisenhauses erreichten er und sein Bruder im Dezember 1938 Harwich. Während sein Bruder weiterhin zur Schule gehen konnte, mußte der 16jährige John in der Landwirtschaft arbeiten und wurde immer wieder in andere Teile Englands versetzt. Als im Mai 1940 der neue Premierminister Winston Churchill, der den Juden immerhin noch einige Sympathie entgegenbrachte, anordnete, die «enemy aliens» einzusperren, kam auch John für vier Monate in ein Internierungslager.

In späteren Kriegsjahren diente er bei der Royal Air Force und war schließlich für mehr als zwei Jahre in Deutschland stationiert. Dann zog er nach Gloucester, wo sein Bruder lebte, und arbeitete einige Jahre als Elektriker in einem Krankenhaus. Schließlich folgte er dem Bruder nach London. 1960 erhielt John eine Stelle als Elektrotechniker bei British Airways, wo er dann 22 Jahre lang tätig war. Nachdem er am Flughafen Heathrow angefangen hatte, traf er, wie er sagt, die beste Entscheidung seines Lebens. Er heiratete eine englische Jüdin, die verwitwet war und eine Tochter aus erster Ehe hatte.

Seine Ausbildung bei der Air Force hatte es ihm ermöglicht, bei der britischen Luftfahrtgesellschaft zu arbeiten und von da an ein relativ normales Leben zu führen. Dennoch: John Newman ist ein stiller Typ geworden, und die Aussagen über seine Vergangenheit sind widersprüchlich. Einerseits war er als Waisenkind bestimmt nicht verwöhnt, er hatte schon vor dem Exil gelernt, auf sich gestellt zu sein. Im Grunde, meint er, sei das Leben in England besser gewesen, und fast ironisch fügt er hinzu: «Das Schwierigste, an das ich mich hier gewöhnen mußte, war, daß es Weißbrot statt Schwarzbrot und Tee mit Milch statt mit Zitrone gab.» Andererseits mußte er eben doch ohne Eltern und Verwandte zurechtkommen, er hatte niemanden, der ihm half. Obwohl ihm während des Erzählens gelegentlich Tränen in die Augen schießen, streitet er ab, schlimme Erfahrungen gemacht zu haben. Es ist vielmehr seine Frau, die offen und kritisch seine damalige Lage beurteilt und darin auch einen Bezug zu seiner Krebsoperation vor ein paar Jahren sieht: «Alles, was mein Mann erleben mußte, hat seine Krankheit verursacht: ein fremdes Land, von einem Ort zum anderen geschickt, keine Eltern. Es war schwierig für ihn. Schon als ich ihn kennenlernte, war er drei Jahre im Krankenhaus gewesen.»

Es drängt sich die Vermutung auf, daß John Newman einer bewußten Verarbeitung seiner Verlusterlebnisse ausgewichen ist. Er gewährt kaum Einblick in seine Erinnerungen an Kindheit und Elternhaus, erzählt nichts von Vater und Mutter; sie sind eines natürlichen Todes gestorben, selbst darüber schweigt er. Die Beziehung zu den Eltern, so scheint es, ist bis heute ungelöst. Das Waisenhaus wurde zum zentralen Ausgangspunkt seiner Lebensgeschichte. Die folgende Trennung vom gewohnten Lebensraum und die diversen Umzüge sind verdrängt worden. In England aß er sich dann aus Mangel an Geborgenheit einen «Kummerspeck» an, weswegen ihn seine Frau zur Diät zwang. Sie kritisiert auch sein «cholerisches Temperament», das hin und wieder durchbreche. Er hingegen brüstet sich, eben ein Rebell zu sein. Gleichermaßen zeugen auch diese Ausbrüche des Jähzorns eher von Gefühlen der Erniedrigung und des Mißverstandenseins. John Newman zeigt mit seiner aggressiven Protesthaltung, daß die Schreckenserfahrungen in seiner Jugend ihn ängstlich und verzweifelt gemacht haben. Als er nach seiner Ankunft in England vier Monate lang im Lager war, schloß er keine neuen Freundschaften, indes hatte er «immer eine schnelle Faust». Sein zielloses Wutverhalten sollte seine Angstgefühle kaschieren, dabei erschwerte es den Umgang mit den Mitmenschen.

Wirklichen Halt fand er schließlich in der Ehe. Seine Frau holte ihn weg von den christlichen Freunden, mit denen er im Pub gerne trank, und er folgt mittlerweile ihrer jüdischen Tradition. Als religiös bezeichnet er sich nicht, aber eine Nicht-Jüdin hätte er wohl nicht geheiratet. Die finanzielle Lage der beiden war nicht immer einfach. Sie wohnten bei der Schwiegermutter, weil er nicht genug verdiente, und seine Frau mußte noch zusätzlich arbeiten; ein zweites Kind, das sie gern gehabt hätte, konnten sie sich nicht leisten. Durch seine Tätigkeit bei British Airways wurden die Newmans allerdings in die Lage versetzt, große Reisen zu machen. Sie kamen nach Israel, Amerika, Australien, Singapur und Hongkong. Heute haben sie ihr Auskommen, gehen kaum weg, führen ein ruhiges Dasein, treffen sich mit Freunden zum Kartenspiel. Aufmerksam verfolgt John Newman die englische Tagespolitik. Früher war er in der Gewerkschaft und favorisierte die Labour Party, «aber die sind 50 Jahre hinterher», findet er. Nun schwankt er zwischen liberal und konservativ. Über Margaret Thatcher, die inzwischen zurückgetretene Premierministerin, erklärt er: «Sie tut wenigstens, was sie sagt. Die anderen ändern ständig ihre Meinung.»

«Ein Volk, ein Reich, ein Führer» – diese und ähnliche Naziparolen, die ihm in seiner Jugend eingebleut wurden, sind ihm noch geläufig. Unverständlich bleibt ihm nach wie vor das Ausmaß der Judenvernichtung. «Die Deutschen sind doch gebildete Leute», sagt er. In England fühlt er sich zu Hause, aber die Erinnerungen kreisen um seine Heimatstadt Hamburg, die Reeperbahn und den Hafen. Seinen Enkelkindern erzählt er die Geschichte vom Struwwelpeter und singt ihnen «Hänschen klein, ging allein» vor – im Waisenhaus hat er das Lied gelernt, es ist das Leitmotiv seines Leben geworden.

Für Johnny Blunt gab es 1987 zwei bedeutende Ereignisse. Zum einen überreichte ihm ein Graf von Stauffenberg die Orden, mit denen sein Vater, Richard Eichwald, im Ersten Weltkrieg ausgezeichnet worden war: das Eiserne Kreuz I. und II. Klasse sowie das Verwundetenabzeichen. Die Medaillen waren in der «Kristallnacht» geraubt worden, und der Sohn, der lange Zeit auf der Suche nach Erinnerungsstücken war, ist heute stolz, sie zu besitzen. Das andere Erlebnis war der Besuch in seinem Heimatstädtchen Kappeln an der Schlei in Schleswig-Holstein. Er sah sein Elternhaus wieder, traf Freunde von damals, hielt einen Vortrag vor Schülern und wurde in der Lokalpresse gefeiert.

Seit 30 Jahren lebt er mit seiner Frau in einem schmalen Reihenhäuschen in Willesden Green, einem nordwestlichen Stadtbezirk Londons. Auf der Straße liegt noch das Herbstlaub, und auch die Müllbeutel wurden noch nicht abgeholt. Das kleinbürgerliche Ambiente belebt der korpulente Mann, nicht groß von Statur, mit seiner freundlichen Gesprächigkeit. Als ob es ganz selbstverständlich wäre, spricht er deutsch. Er ist ein Meister der Selbstdarstellung, der ungeduldig darauf drängt, Geschichten aus seinem Leben zum besten zu geben, und sogleich in Photoalben blättert. Sein Vater führte ein Tabakwarengeschäft in Kappeln, die Mutter kam aus einer sehr religiösen und wohlhabenden Familie in Kopenhagen. Johnny, Jahrgang 1923, hatte noch zwei jüngere Brüder und berichtet: «Wir waren die einzigen Juden im Ort.» Nach 1933 wurden die Diffamierungen gegenüber der Familie immer unerträglicher, er wurde in die jüdische Schule nach Hamburg geschickt, und im Dezember 1938 gelangten die drei Söhne nach England. Zusammen mit einem Gleichaltrigen aus Wien, den er im Lager kennengelernt hatte, ging er nach Schottland, um Koch zu lernen. In einem kleinen Hotel an der Westküste, das von ehemals polnischen Juden geführt wurde, hielten die beiden «mit Wanzen und Flöhen» ein knappes Jahr durch. «Dann flohen wir bei Nacht und Nebel nach Glasgow», wo sie ihre Berufsausbildung abschlossen. Johnny Blunt schaffte es, von zwei Londoner Luxushotels als Koch angestellt zu werden: zunächst beim Savoy und dann im Claridge's.

Im Krieg trat Johnny freiwillig in die britische Armee ein. Er wollte sich damals, wie er sagt, an den Deutschen rächen. Nach Kriegsende traf er während seiner Stationierung in Deutschland in einem Kieler Kaffeehaus zufällig eine Bekannte aus Kappeln wieder. Sie hatte als junges Mädchen in seiner Nachbarschaft gewohnt. Die zwei heirateten 1947, und nach seiner Entlassung aus der Armee ging sie mit ihm nach London. Bald kam die erste Tochter zur Welt, drei Jahre später folgte die zweite.

Johnny Blunt hatte schon kurz nach Kriegsende erfahren, daß seine Eltern und weitere Angehörige in Minsk ermordet worden waren, die Großeltern kehrten aus Theresienstadt nicht mehr zurück. Seine Brüder, die das Exil vor einem ähnlichen Schicksal bewahrt hatte, lebten in der Nähe der englischen Stadt York. Der eine machte eine Bäckerlehre und starb mit 17 Jahren an Tuberkulose; der andere wechselte häufig den Beruf, war Autoschlosser, Photograph, Spielwarenhändler und zuletzt Postangestellter – auch er ist inzwischen tot. «Und soeben wurde festgestellt, daß ich Lungenkrebs habe», entfährt es Johnny Eichwald, und es versagt ihm fast die Stimme. «Das wird nun das Ende der Familie sein.»

Während der Nachkriegszeit hatte das junge Ehepaar Blunt keinen leichten Stand. Es wohnte lange Jahre in einem einzigen Zimmer ohne fließend Wasser. Johnnys Frau hätte es beinahe nicht durchgehalten. Er kehrte ins Hotelgewerbe zurück, arbeitete hart und verdiente wenig. Beruflich war es eine wechselvolle Zeit. Er begann in der kalten Fischküche und als Suppen- und Gemüsekoch in verschiedenen großen Hotels. Nebenher leitete er in den frühen fünfziger Jahren den «Anglo-Continental European Club», einen Tanz- und Vergnügungsverein, in dem sich Alleinstehende unterschiedlicher Nationalität trafen und fanden. Johnny Blunt war selbst ein guter Tänzer und, wie er sich beschreibt, ein «charmanter, gutaussehender Mann».

Etwas später ging er für zwei Jahre auf der «Queen Elizabeth» zur See. Zurück in London, wechselte er erneut mehrmals die Stelle und übernahm dann als Organisator die Neueröffnung von Spezialrestaurants, Cafés und Imbißketten. Später hielt er auch Managementvorträge. Gut 20 Jahre war er in der Gastronomie tätig gewesen, hatte bei der Vorbereitung prächtiger Galadiners für Herzöge und Könige mitgeholfen und «kistenweise den Spargel geschält» für die Großen der Gesellschaft. Da sagte er sich: «Wenn ich halb so viel für mich arbeite wie für andere, dann kann ich nicht fehlgehen.» 1969 machte er seine ursprüngliche Nebentätigkeit als Taxichauffeur zum Hauptberuf, wurde selbständig und gründete ein Taxi- und Autovermietungsunternehmen. Zu seinen Kunden zählten Minister und viele reiche Juden.

Johnny Blunt ist stolz darauf, Jude zu sein, praktiziert seinen Glauben aber nicht. «Als ich erfahren habe, was meinen Eltern passiert ist, habe ich nur gedacht, da konnte kein Gott sein.» Er möchte von religiösen und politischen Kontroversen am liebsten in Ruhe gelassen werden. Gegen die Deutschen hegt er keinen Haß, aber er meint: «Vergessen? Nein, das darf nie vergessen werden.» Selbst fühlt er sich sogar «doppelt englisch», weil er sich bewußt entscheiden konnte, Brite zu werden. Die Freundschaft von Juden, auch die Hilfe einiger vermögender jüdischer Kunden, schätzte er als Tourist in Israel und besonders, als er sich 1978 einer Gehirnoperation unterziehen mußte und mehrere Monate im Krankenhaus lag. Angefangen hatte es mit epileptischen Anfällen, die Krankheit führte zu seiner Lähmung. Nach der Entfernung eines Tumors blieb der linke Unterschenkel gefühl- und bewegungslos, deshalb geht er seitdem an zwei Stöcken. Doch er lamentiert nicht, spielt seine Behinderung eher herunter und erzählt Witze aus der Zeit, die er im Hospital verbrachte. «Wenn ich nicht meinen ‹sense of humour› hätte, wäre ich da nicht rausgekommen.»

Die Geschäfte der «Car Hire Company» regelt er noch von Zuhause aus, einfach um die Verbindung zu anderen Menschen aufrechtzuerhalten. Freilich ist es auch eine finanzielle Frage. Seine Frau arbeitet seit 34 Jahren bei einer Firma, die Antiquitäten exportiert. Sie ist 62 und möchte gern in den Ruhestand, allerdings würde dann das Geld nicht reichen. In seine Heimatstadt Kappeln käme Johnny Blunt gern noch einmal. «Denn man kann sagen, was man will: die Heimat ist die Heimat. Egal, was geschehen ist, man kommt davon nicht weg.»

Im Frühjahr und Sommer 1988 ging eine Welle von Fernsehsendungen und Zeitungsreportagen durch England, die besondere Aufmerksamkeit bei den Briten fand. Die «verlorenen und gefundenen Kinder», die «Seelen, die aus der Nazi-Tyrannei gerettet» wurden, rückten in das öffentliche Interesse. Wiederholt brachten die Medien Leid und Lebensweg gerade derjenigen ans Tageslicht, die als junge deutsche Juden durch die britische Fluchthilfeaktion in Sicherheit gebracht worden waren. Es «ergriff die Herzen vieler», schrieb eine der englischen Zeitungen. Im Gedenken an das 50. Jahr nach dem «Kindertransport» treffen sich mehr als tausend Verfolgte von damals im Juni 1989 zu einem Wiedersehen.

Für die jüdischen Jugendlichen, die in den Jahren 1938/39 nach England kamen, war zunächst der Verlust des vertrauten Elternhauses und deutschen Wohn- oder Geburtsorts schmerzlich. Hinzu kam die Eingewöhnung in eine neue, fremde Umgebung. Das gelang in unterschiedlicher Weise. Im Lauf der Jahre und Jahrzehnte fühlten sie sich jedoch im Gastland heimisch. Mit geradezu deutscher Gründlichkeit sind viele von ihnen englisch geworden. In der Bundesrepublik wollten und wollen sie jedenfalls nicht leben, ihr Bewußtsein ist britisch. Je sachlicher und distanzierter sie ihre Vergangenheit beurteilen, desto entschiedener der Entschluß, Deutschland nie wieder zu betreten. Diejenigen hingegen, die emotionaler, anekdotenhaft und oft in Superlativen von sich erzählen, zieht es zumindest als Besucher eher wieder dorthin zurück, wo sie ihre Kinderjahre verbracht haben. Gemeinsam ist den ehemaligen Flüchtlingen, daß sie ein starkes Lebensgefühl innerhalb der Familie entwickelten, was für Menschen jüdischer Abstammung wohl typisch ist. Das Beisammensein von Eheleuten, Kindern und Enkeln wird besonders geschätzt.

Marion Harston, Liesl Munden, John Newman und Johnny Blunt stammten aus dem kleinen und mittleren Bürgertum, mußten allen Besitz aufgeben, um frei zu sein. Keiner von ihnen ist deshalb zu einem «sozialen Härtefall» geworden. Doch England war nicht Utopia. In wirtschaftlich schlechten Zeiten meisterten die Älteren der sogenannten zweiten Emigrantengeneration mit Fleiß und Durchhaltevermögen ihr Schicksal. Die große Chance, zu Wohlstand und Ansehen zu kommen, gab es für sie allerdings nicht. Über lange Jahre hinweg war es vor allem eine unstete Existenz im Exil.

Ganz ohne seelische Erschütterungen kam keiner davon. In der labilen Phase der Pubertät hatten sie, wie andere Gleichaltrige auch, sich selbst und die eigene Unabhängigkeit gesucht. Doch die endgültige Entlassung aus der elterlichen Kontrolle hatte ihnen jede Gewißheit geraubt, weiterhin einen abgesicherten Platz, einen Zufluchtsort in der Familie zu haben. Dem Prozeß der Abnabelung konnte keine Rückbindung an die Eltern mehr folgen. «Wenn du vierzehn bist, brauchst du deine Mami, wirklich!» Das sagt Lorraine Allard, inzwischen fünffache Großmutter.

Lorraine kommt als Lore Sulzbacher 1925 in Fürth zur Welt, wo die Familie ihres Vaters, der Hopfenhändler ist, seit vielen Generationen lebt. Die Mutter, Konservatoristin in Würzburg, stammt aus einem alteingesessenen jüdischen Haus in Erfurt. «Gehegt und gepflegt», wird Lore ein verwöhntes Kind. Dann eines Tages das erste Trauma: Ein «arischer» Schulfreund wirft Steine nach ihr und ruft «Du Judenstinker». Bald sind ihr alle Vergnügungen verboten, kein Kino, kein Theater, keine nicht-jüdischen Freunde mehr. Der Vater, eine Persönlichkeit in Fürth, muß sein Geschäft schließen, die Familie ist gezwungen, mit einer kleineren Wohnung vorlieb zu nehmen. Lange versuchen die Eltern die weiteren Folgen des sozialen Abstiegs vor der Tochter zu verbergen. In der «Kristallnacht« werden die Sulzbachers abgeführt und müssen zusammen mit zahlreichen anderen Juden der Stadt stundenlang Schikanen aushalten.

Am 18. April 1939 erreicht Lore, die sich von nun an Lorraine nennt, ihr Exilland. «Die ersten vier Jahre hier habe ich nur geheult», erzählt sie. Aufgewachsen in einem liebevollen Daheim, wird sie von ihrer «neuen Mutter» von Anfang an abweisend behandelt. In den darauffolgenden Jahren ist sie im Bekleidungsgeschäft dieser Familie im mittelenglischen Lincoln eine nützliche Arbeitskraft. Mit achtzehn Jahren geht Lorraine als weiblicher Chauffeur für Offiziere in die britische Armee.

In dieser Zeit ringen ihre Eltern immer noch verzweifelt darum, eine Ausreisegenehmigung zu bekommen. Mit geradezu aberwitzigem Galgenhumor beschreibt der Vater in einem Gedicht den gänzlich aussichtslosen Versuch, dem Hitlerstaat zu entrinnen. Lorraine versucht «wie verrückt», jemanden zu finden, der ihre Eltern in England aufnehmen würde; vergeblich. 1942 werden die Sulzbachers nach Theresienstadt deportiert, im Oktober 1944 endet ihr Weg in Auschwitz. «Nun, mehr gibt es dazu eigentlich nicht zu erzählen», sagt die Tochter, fassungslos bis heute. Sie ist bemüht, sich von ihrer Ergriffenheit nicht überwältigen zu lassen.

Bei Kriegsende findet Lorraine Allard eine Tante und eine Cousine, die nach England emigriert sind. Sie haben ein kleines Hotel auf dem Land eröffnet. Von 1945 bis 1949 wohnt und arbeitet Lorraine dort mit ihnen. Dann muß das Hotel geschlossen werden. Denn: diese Cousine ist die Schauspielerin Trude Kolman. Die geht nach Deutschland zurück und gründet mit Erich Kästner und anderen in München das Kabarett-Theater «Die kleine Freiheit».

Nun ist Lorraine arbeitslos und wieder allein. So schlittert sie in eine Ehe mit einem Mann, den sie nicht liebt und der sie schlägt. «Ich kann Hitler nicht für alles verantwortlich machen», sagt sie, «aber wären die Umstände anders gewesen, ich hätte diesen Mann nie geheiratet.» Er ist vermögend, und sie muß nicht zusätzlich arbeiten. In dieser trügerischen Sicherheit glaubt sie ihre Angst vor dem Leben besänftigen zu können. Doch «es war eine schreckliche Ehe, ich fühlte mich so elend». 1960 wird sie geschieden. Die Trennung gelingt ihr nicht zuletzt deshalb, weil die Bundesrepublik Wiedergutmachung zahlt. Wieder auf sich gestellt, muß sie nun auch allein für ihr Kind sorgen. Mit dem Verkauf von Spielwaren schlägt sie sich zwei Jahre lang durch.

Dann geht Lorraine eine zweite Ehe ein. Sie heiratet einen englischen Juden namens Allard, der in der Zahnforschung tätig ist. Ein verständnisvoller und fürsorglicher Partner. Sie gewinnt Selbstvertrauen, ergreift den Beruf der Raumdesignerin und kann es sich leisten, ihrem Sohn eine private Ausbildung zu finanzieren. Er wird medizinischer Fachberater, heiratet, hat zwei Kinder und lebt in London.

Die Enkel – es sind nunmehr fünf, denn Lorraines Mann brachte zwei Söhne aus erster Ehe mit, die ebenfalls für Nachwuchs sorgten – sollen im jüdischen Glauben und Brauchtum aufwachsen. Deshalb achten die Allards die hohen Feiertage, religiös aktiv aus eigenem Impuls sind sie aber nicht. Bereits Lorraines Eltern sahen sich in erster Linie als Deutsche und dann erst als Juden. «Vielleicht», meint sie, «mache ich den gleichen Fehler. Ich bin sehr britisch, mein Jüdischsein ist zweitrangig.» Ihr Freundeskreis schließt Juden wie Nicht-Juden mit ein. «Man fragt nicht, bist du Jude, denn ich will mich mit dir anfreunden.» Falls Mißverständnisse entstehen sollten, verteidigt sich Lorraine allerdings schnell. Mit einem spontanen, klaren Nein beantwortet sie auch die Frage nach einer Sehnsucht nach Deutschland. 1950 zwingt sie sich zu einer kurzen Rückkehr, um überhaupt über Vergangenes sprechen zu können. Denn «wenn mich jemand nach meinem Leben fragte, brach ich sofort in Tränen aus», sagt Lorraine.

Seit ein paar Jahren leben die Allards in einem modernen Appartementhaus. Von der obersten Etage aus blicken sie über die Dächer von West Finchley in London. Mit dem Gespür einer Innenausstatterin gestaltete Lorraine die geräumige Wohnung in einer Mischung aus klassisch-antiker Eleganz und allerneuestem Chic. Ihr Mann und sie führen nun ein bewegtes Ruhestandsleben, «der Tag scheint nie lang genug zu sein». Trotz allem: Lorraine hat Krebs, wird operiert, bekommt Bestrahlungen. Dabei erhält sie Verbrennungen, die ihre physische und psychische Widerstandskraft schwächen. «Sicher, es ist eine Alterskrankheit», sagt Lorraine, «doch ich glaube auch, daß meine Kindheit nachwirkte. Ich gerate jetzt schneller aus dem Gleichgewicht, bin empfindlicher geworden.»

Anläßlich der Gedenkfeier zur «Kristallnacht» im November 1988 kommt Lorraine Allard auf Einladung ihrer Heimatstadt nach Fürth. Ihr wird ein großer Empfang bereitet, sie gibt ein Rundfunkinterview und unterhält sich mit historisch interessierten jungen Leuten. Wieder in London, sucht Lorraine die Briefe heraus, die ihre Eltern noch einige Zeit über die Schweiz geschickt hatten. All die liebevolle Wärme von Vater und Mutter in deren Ausweglosigkeit kommt in diesen Briefen an die Tochter zum Ausdruck. Lorraine ist noch nicht über den Mord an ihren Eltern hinweggekommen. Sie hofft, daß es ihr irgendwann einmal gelingen möge. «Ich fing an, die Briefe zu lesen – es war mir unmöglich. Tränen rannen mir herunter. Die Nähe meiner Eltern war so gegenwärtig. Es ist hart bis auf den heutigen Tag.»

Central Park West, New York

von Miriam Koerner

Central Park, West 70 Street, New York City, eine vornehme Adresse. An der Straße stehen schöne, fünfstöckige «Brownstone»-Gebäude, Reihenhäuser im englischen Stil aus dem Stein, der aus den Ufern des Hudson geschnitten ist. Sie sind an beiden Enden von Hochhäusern eingerahmt, die um die Jahrhundertwende entstanden sind, stattlichen, zehnstöckigen Steinhäusern mit den für New York City typischen Baldachinen vor den Eingängen. Früher bewohnten einzelne, große Familien diese Brownstonehäuser. Jetzt sind sie unterteilt in kleine elegante Wohnungen. Am einen Ende der Straße liegt der Central Park, der graziöse, von Ohlmstead entworfene Park, ein paar Blocks weiter werden in dem Gebäude der Historischen Gesellschaft von New York die Erfolge der großen Stadt verherrlicht. Daneben liegt das Naturgeschichtsmuseum mit seinen Exponaten einer längst untergegangenen idyllischen Welt der Natur und der sagenhaften Schätze der Ureinwohner Amerikas. Und hier, in dieser Umgebung, im Parterre hinter verblichenen, staubig gewordenen Vorhängen, wohnt eine deutsche jüdische Emigrantin. Sie – 1895 geboren – hat ihre Zeitgenossen überdauert und lebt nur noch mit ihren Erinnerungen. «Nun bin ich die letzte aus dem alten kultivierten Kreis. Es wohnten so viele Emigranten hier (in der 70. Straße) und ein so gutes Publikum, jetzt wohnen sie auf Friedhöfen.» Ich gehe rasch, um nicht zu spät zu kommen. Mich umgibt eine Welt vergleichsweiser Ruhe und Ordnung, eine saubere, baumbestandene Seitenstraße der verkehrsreichen Avenue. Ich klingle dreimal, wie telefonisch vereinbart, damit sie weiß, daß ich es bin.

Ein Schnarrton, und ich werde eingelassen in die Eingangshalle eines alten Mietshauses, deren Wände von immer neuen Farbschichten bedeckt sind.

Ich höre, wie sich jemand an den vielen Schlössern einer Wohnungstür zu schaffen macht, und werde schließlich von der Haushälterin eingelassen, einer Frau aus Guayana, die vor Jahren kam, um eine paar Stunden täglich auszuhelfen, und eines Tages bat, in der Wohnung übernachten zu dürfen. Seitdem ist sie geblieben. Eine einfache Frau, wortkarg, und wie ich später erfahre, vollständig ausgefüllt in ihren religiösen Bindungen an die Zeugen Jehovas. Weil sie alleinstehend ist und zu ihren in Guayana zurückgebliebenen Kindern keinen Kontakt unterhält, gibt es in ihrem Leben anscheinend nur noch Jesus, Staubwischen und eine Art Haßliebe zu ihrer Herrin.

Sie bittet mich herein. Der Korridor ist finster, vollständig dunkel bis auf eine kleine, gelbe Lampe auf niedrigem Tischchen, deren Schirm drauf und dran ist abzufallen.

Als meine Augen sich an das Zwielicht gewöhnt haben, erkenne ich zwei mit verschossenem Stoff bezogene Stühle, auf denen keiner mehr sitzen kann, aber auf denen einst Patienten auf den «Herrn Doktor» gewartet haben.

Mit dem Ruf «Die Dame ist gekommen, jetzt ist sie da» führt sie mich in ein Hinterzimmer, in dem die Sonne versucht, durch schmutzige Fenster hereinzuscheinen, Fenster, die teilweise mit zerschlissenen Vorhängen zugehängt sind und zwischen die Lumpen und ein alter Mantel gestopft sind, um die Kälte auszusperren. An einem wackeligen Kartentisch, dessen Kreuzstichdecke mit einem gelblichen Plastiküberzug geschützt ist und auf dem ein Wust von Papieren und Büchern liegt, daneben auch eine runde Dose mit bunt verpackten Bonbons, sitzt gerade aufgerichtet Dr. med. Hertha Nathorff. Sie streckt mir zur Begrüßung beide Hände entgegen, und ihr herzliches Lächeln und ihre leuchtend blauen Augen lassen mich das schäbige Zimmer sofort vergessen.

Wir sitzen inmitten von vergilbten Papieren, und sie beginnt zu sprechen. Ganz langsam entrollt sich vor mir ihr Leben. Ich höre zu, ich lese, ich versuche zu verstehen.

Hertha Nathorff, einst eine reiche, prominente Frau, die «Sonnenärztin», wie ihre Patienten sie zu nennen pflegten. Die blauäugige, blonde jüdische Ärztin mußte, wie Tausende andere, vor dem Naziterror aus Berlin fliehen. Sie war in Laupheim geboren, gehörte zu der berühmten Familie Einstein und war die erste Frau des Städtchens, die ein humanistisches Gymnasium besuchte. Später wurde sie, in noch jungen Jahren, Chefin der Frauenklinik des Rot-Kreuz-Krankenhauses in Berlin. Sie heiratete ihren Oberarzt, er war zehn Jahre älter als sie und stammte aus der Familie Hofmannsthal. Sie war bei ihren Patienten außerordentlich beliebt und führte eine fast idyllische Existenz, bewegte sich in höchsten gesellschaftlichen und kulturellen Kreisen. Mit ihrem Mann verband sie eine wundervolle Liebe. Ein Leben harter Arbeit, Befriedigung, Ordnung und Vollendung. In der Berliner Wohnung stand das herrlichste Porzellan. Teppiche und Möbel waren aus den Deutschen Werkstätten. Das Mädchen Minna sorgte dafür, daß alles reibungslos lief und daß sie und ihr Mann ungestört arbeiten konnten.

Im Jahre 1933 war alles zu Ende. Ein Instinkt sagte ihr, daß ihnen der Untergang drohte, und sie flehte ihren Mann an, Deutschland zu verlassen. Doch er wollte, wie viele andere, nicht glauben, daß diese Ordnung vernichtet werden könnte. «Nun schrieb mir die alte Patientin aus Amerika (1935) ‹Amerika ist das Land für Sie, in dem Sie wieder etwas werden können... Ärzte wie Sie und Ihren Mann kann man hier gebrauchen.› Wortlos reiche ich dir den Brief. Du liest, und dann prasselt es über mich – niemals noch hab ich dich so gesehen – Wut, Empörung schreit aus dir, und du sagst mir: so geh doch, wenn du willst. Und ich frage leise: Und du und das Kind? Und ich höre mich sagen: Du weißt, mein Leben ist zutiefst an deines gebunden. Ich könnte nicht atmen, nicht aufbauen ohne dich im fremden Land. So werde ich denn bleiben... und hier mit dir zugrunde gehen. Denn ich weiß und fühle es: in diesem Lande hier wird Furchtbares geschehen.» Schließlich, im Jahre 1939, waren sie nach dem Novemberpogrom verfemt, «Volksfeinde», und das Leben wurde für sie unerträglich. Da gab er nach. Sie verließen Deutschland, und ihr Leben als deutsche Bürger jüdischen Glaubens war zu Ende, wie bei tausend anderen. Zu einem Nichts geworden, ausgestoßen, von ihrem Land und dessen Kultur ausgeschlossen, ihrer Identität gewaltsam beraubt, flohen sie. Körperlich und seelisch erschöpft kamen sie in Amerika an, das ihnen der Retter schien, nur um festzustellen, daß dieser Retter auch ihr neuer Unterdrücker werden würde. Denn Amerika, fern den Schlachtfeldern Europas, verstand die Neuankömmlinge nicht. Man begrüßte sie mit Bemerkungen wie: «Oh, wir finden Hitler fabelhaft. Mein Vater macht Geschäfte mit ihm.»

Die Amerikaner fanden die Flüchtlinge überheblich und verwöhnt, weil sie aus guten alten Familien stammten. Dies war ein vergleichsweise junges, puritanisches Land, in dem man bei Null anfing und hart arbeiten mußte, um nach oben zu kommen.

Die Haltung der amerikanischen Regierung gegenüber Flüchtlingen war nicht wohlwollend. Zur Verständnislosigkeit aber kam noch die fürchterliche Spannung zwischen den einzelnen Mitgliedern der jüdischen Gemeinde selbst. «Drecksflüchtling», «Nazi-Agent», das waren einige der Schimpfworte, die sie zu hören bekamen von etlichen der osteuropäischen Juden.

Hertha Nathorff unterschied drei Typen von Einwanderern: erstens die, die bei ihrer Ankunft Vermögen hatten, weil sie rechtzeitig und mit allem Hab und Gut weggegangen waren. Zweitens diejenigen, die reich gewesen und jetzt arm waren, wie sie und ihr Mann. Es waren die zu spät Geflohenen, die nichts hatten retten können als die eigene Haut. Drittens diejenigen, die schon immer arm gewesen waren, wie etwa die osteuropäischen Juden, die es aber in Amerika einigermaßen zu etwas brachten. Einige wurden so etwas wie 200prozentige Amerikaner und verschlossen sich vor ihrer Vergangenheit, gingen sogar so weit, die eigene Muttersprache zu vergessen, oder wenigstens so zu tun als ob.

Die Spannungen zwischen diesen Gruppen wurden noch verschärft durch alles, was sie in der Vergangenheit durchgemacht hatten. Obwohl Tausende von jüdischen Einwanderern ähnliche Erfahrungen zu machen hatten, hoben sich doch die von Hertha Nathorff heraus. Aus verschiedenen Gründen. Einmal wegen ihres Bedürfnisses, den Ruf der Juden zu retten. «Ich will beweisen, an allem, was ich tue, einmal, daß der Nazigeist nicht alle Sinne umnebelt, nicht alle Herzen vergiftet hat. Ich will beweisen, daß Juden, Menschen aus jüdischem Blut, anders sind, als Hitler und seine Schergen behaupten.» Dann aber auch wegen ihrer tief eingewurzelten Hilfsbereitschaft dem Mitmenschen gegenüber, und schließlich wegen ihrer unstillbaren Sehnsucht, sich schriftlich auszudrücken. Schon seit ihrem 14. Lebensjahr führte sie regelmäßig ein Tagebuch, und darin standen nicht nur Schilderungen ihres täglichen Lebens in Prosa, sondern auch zahlreiche Gedichte. Es sind keine literarischen Ereignisse, und doch sind sie bemerkenswert wegen ihrer Aufrichtigkeit und der Veranschaulichung der Leiden, Gefühle und Neigungen einer feinsinnigen Frau. Ihr Tagebuch war in der Hauptsache für sie selbst bestimmt. «Es steht soviel Persönliches drin, daß niemand es je lesen soll.» Andererseits wollte sie die Ereignisse ihrer Zeit aufzeichnen in der Hoffnung, daß ihr Schicksal und das Tausender von Juden niemals in Vergessenheit geraten sollten.

Von ihrer Jugend zu sprechen fällt ihr leicht, die Worte sprudeln nur so hervor. Es war ein Leben der Ordnung und Sicherheit gewesen, ein tief in der deutschen Geschichte wurzelndes Leben. Ihre Mutter war eine große Bewunderin «ihres» Kaisers, sein Bild hing im Wohnzimmer. «Schön gerahmt hing es da, das Prunkbild im Wohnzimmer, Mutters ganzer Stolz, das Bild ihres Kaisers Wilhelm II. Jedem, der in das Zimmer trat, fiel es sofort in die Augen, denn es hatte natürlich den besten Platz – immer viel Licht von den vier Fenstern darauf, und wir beobachteten Mutter oftmals, wie sie schnell diese oder jene Gardine vor oder zurückzog, zumal wenn Besuch kam –, so daß man ihren Kaiser in der schmucken Uniform mit den vielen Orden nur ja ‹im richtigen Licht› sah. Und immer standen Blumen in der großen Vase aus Kopenhagener Porzellan vor dem Bild. Ja, Mutter war eine gute Patriotin, und der unselige Krieg, sein trauriges Ende, des Kaisers Flucht nach Holland, sie erlebte es mit wehem Gefühl. Was galt ihr die Demokratie, was all die dumme Politik – ihr Kaiser war nicht mehr da. Aber sein Bild blieb unverändert ... Und dann kam ich eines Tages zu Besuch. Das Bild war weg. Was war geschehen, schon wollte ich fragen, da blinzelte mir Vater verständnisvoll zu und legte seine Hand auf den Mund, als wolle er mir sagen: frage nicht. Plötzlich sagte Mutter, ‹Weggehängt hab ich ihn. Jetzt ist er nicht mehr mein Kaiser. Daß er seine gute Frau (Augusta) so schnell vergessen und die Hermine geheiratet hat, nein, *das* verzeihe ich ihm nie.› Ich konnte mein Lachen nicht verbeißen: Mutter, die gute Patriotin, die Kaisertreue, konnte es nicht überwinden, daß er so schnell wieder geheiratet hatte, und alle Argumente, daß ja auch andere Witwer und Witwen oft wieder heiraten, ließ Mutter nicht gelten: *ihr* Kaiser hätte das nicht tun dürfen.»

Der Vater, ein Fabrikant, war ein weit liberalerer und pragmatischerer Mensch. Er war es, der sich einverstanden erklärte, daß sie «als erstes und einziges Mädel» in die Lateinschule ging. «Frei und ungeziert sollte ich aufwachsen und lernen, soviel ich nur Lust hatte. Mutter klebte an traditionsgebundener Etikette.»

Ersichtlich waren diese frühen Jahre anregend und glücklich. Bald wurden sie überschattet vom Ausbruch des Ersten Weltkriegs. Er wurde ihr zur ersten Begegnung mit dem Leiden. Damals wurde sie sich auch zum ersten Mal ihrer Rolle als Emanzipierte bewußt. Bis jetzt war sie «eine der Buben» gewesen, bis ihr ein Klassenkamerad, als alle jungen Männer sich freiwillig zu den Waffen meldeten, sagte: «Jetzt siehst du, daß du nur ein Mädel bist.» Es war ein Wendepunkt ihres Lebens. Das sorglose Dasein war vorbei, vorbei auch ihr Wunsch, Musikerin zu werden. Jetzt wurde ihr klar, daß sie im Leben ein Ziel hatte. Sie mußte ihren Klassenkameraden beweisen, daß sie jedem von ihnen als Frau gleichwertig war, sie mußte Menschen in Schmerz und Leiden beistehen. Als Frau durfte sie zwar nicht in den Krieg ziehen, doch sie half Verwundete pflegen, die von der Front zurückgebracht wurden. Sie war untröstlich, als so viele der «Buben» fielen, und es war ihr ein schwerer Schlag, als auch der Gegenstand ihrer jungen Liebe nicht aus dem Krieg heimkehrte.

Nach dem Abitur studierte sie in Heidelberg, Freiburg und München. Als Studentin an der Freiburger Universitätsfrauenklinik hörte sie zum ersten Mal den Satz: «Daß Sie Einstein heißen, ist hier keine Empfehlung für Sie.» Sie vergaß die Bemerkung nie. Sie wurde ihr zu einer Art Omen für das, was sie angstvoll heraufziehen sah. Schon früh witterte sie schwerste Bedrohungen, die Auflösung einer geordneten Welt. Nach dem Staatsexamen kamen die Assistentenjahre in Berlin unter dem berühmten Sauerbruch und unter Borchardt, der dafür bekannt war, daß er Frauen ablehnte und geschworen hatte, nie eine Frau als Assistentin zu dulden.

Als sie Vorstandsmitglied des Berliner Ärztevereins wurde, war sie wieder einmal allen anderen voraus, ebenso als sie die erste und einzige Frau im Gesamtvorstand der Ärzte wurde. Ein Erfolg löste den anderen ab, und als Krönung all dieser Erfolge verliebte sie sich in ihren Oberarzt, was damals als etwas Unerhörtes galt. So etwas liest man in Liebesgeschichten: Sie erkrankt schwer, der Oberarzt rettet ihr das Leben, sie ist dankbar, mag ihn aber nicht besonders, findet ihn zu streng, und was noch schlimmer ist, er ist Preuße aus einer Geheimratsfamilie. Doch die Liebe vermag Seltsames. Binnen eines Jahres sind die zwei verheiratet. Später schildert sie diese Ehe und ihre Beziehung zu ihren Schwiegereltern. Es sind einander widerstrebende Gefühle, die sie als emanzipierte Frau gegenüber der sehr traditionsgebundenen Familie bewegen. «Das Provinzmädel, das Kaufmannstöchterlein – es konnte sich messen mit dem geheimrätlich-schwiegerväterlichen Einkommen und konnte geben, wo es dort nicht mehr reichte. Das ist meine größte Genugtuung, und was mein Sohn einmal erben wird, es wird bestimmt drei Viertel von mir und ein Viertel nur von seinem Vater sein ... Und wenn der Großvater auch keinen Geheimratstitel hatte, er war ein königlicher Kaufmann – er war nur zu bescheiden und vornehm, um es mehr zu zeigen, und ich, ich bin meines Vaters echte Tochter auch in dieser Beziehung. Weder mit meinem Wissen, noch mit meiner Stellung, noch mit meinem Gelde habe ich je geprotzt oder auf andere herabgesehen, weil sie weniger waren oder weniger Geld hatten, immer galt mir zuerst und vor allem der Mensch, und immer und zuerst habe ich dich als Mensch geliebt, um dich gerungen, um dich gelitten. Die Treue gehalten in Glück und Leid – noch über das Grab hinaus.»

Sie wurde Chefin der Frauen- und Kinderabteilung des Deutschen Rot-Kreuz-Krankenhauses in Berlin und erwarb sich den Titel «der blonde Engel» und «die Sonnendoktorin», weil sie rückhaltlos für ihre Patienten da war. Sie wurde sogar «Mode», wie sie es nennt, und immer mehr Prominenz, Angehörige des Adels, Sängerinnen und Schauspielerinnen wurden ihre Patienten. Wenn sie von dieser Zeit erzählt, hört man viele bekannte Namen.

Die Euphorie des Erfolges erreichte mit der Geburt ihres Sohnes den Höhepunkt. Nun war ihr Leben wirklich «vollkommen». Sie hatte alles, was man sich wünscht, einen Mann, der sie anbetete, einen Sohn, auf den sie stolz war, und ein Dienstmädchen, das sie vor Haushaltsbelastungen bewahrte. Sie war zufrieden und glücklich.

Inzwischen ist es spät geworden; ich meine, Frau Nathorff müsse vom vielen Reden total erschöpft sein. Schon mich hat das intensive Zuhören, bei dem ich kein Wort verlieren möchte, sehr müde gemacht. Aber wer bin ich, die Jüngere, daß ich müde werden darf, wenn die 92jährige noch frisch und munter ist? Ehe ich gehe, drängt sie mir noch ein paar Bonbons auf. Es sei ein Ritual ihres Hauses, sagt sie – die kleine runde Schale auf dem Tisch darf nie leer sein. Einst stand sie im Wartezimmer ihres Mannes, damit die Patienten etwas naschen konnten, ehe sie drankamen.

Als ich mich zum Gehen wende, fragt sie, ob ich ihr wohl helfen würde, ein wenig Ordnung in ihren Papierkram zu bringen. Kurz nach ihrer Ankunft in Amerika, 1940, erzählt sie, hatte ihr eine Freundin von einem Preisausschreiben der Harvard University erzählt. Und obwohl ihr das Original ihres Tagebuchs auf der Flucht abhanden gekommen war, konnte sie sich doch hinsetzen und es für dieses Preisausschreiben rekonstruieren. Sie gewann zwar damit einen Preis, doch dann verstaubte das Manuskript in den Archiven von Harvard, erst 1988 ist es in einem deutschen Verlag erschienen.

Noch immer führt sie Tagebuch, bis auf den heutigen Tag. Im gleichen Atem, mit dem sie meine Hilfe erbittet, entschuldigt sie sich überschwenglich wegen der Unordnung. Sie wäre verzweifelt bei dem Gedanken, all das je wieder zueinanderzufügen. Ihr Traum war immer, etwas Geschriebenes zu veröffentlichen, doch nach einer anfänglichen Ablehnung – die ist mittlerweile 30 Jahre her – hat sie den Gedanken aufgegeben. Ob ich ihr wohl helfen könne, ihren Traum zu verwirklichen?

Sie zeigt auf eine große Schachtel am Fenster, die mit einem Tuch zugedeckt ist, und mehrere Kartons. Ich öffne vorsichtig die Schachtel und finde darin Hunderte und Aberhunderte loser Blätter, einige mit Schnur zusammengebunden, einige in brüchig gewordenen Umschlägen, wieder andere in Plastiktüten gestopft. Unter ihrem Bett stehen zwei Koffer, deren Inhalt ebenso chaotisch ist. Ich lache mutig und versichere ihr, daß wir das alles miteinander entwirren werden, dabei frage ich mich insgeheim, wie! Mit dieser Versicherung und naivem Gottvertrauen fülle ich zwei große Einkaufstaschen mit Papier, nehme auch die beiden Koffer mit, verabschiede mich und verspreche, am nächsten Donnerstag wieder bei ihr zu sein.

In meine Wohnung zurückgekehrt, beginne ich die vergilbten Papiere zu sortieren. Während ich sie nach Daten ordne, fällt mein Blick auf immer wiederkehrende Wörter, und ich kann nicht umhin, hie und da ein paar Zeilen zu lesen. Liebe, Heimat, Verzweiflung, Ehre, Pflicht, mein Sohn, Deutsche, Kultur, Einsamkeit, Elend. Was für ein Gegensatz zu dem früheren Tagebuch, das ich gelesen hatte. Zwischen den Papieren liegen zwei Dokumente, die sich vom übrigen abheben. Sie sind weder von ihr geschrieben noch tiefschürfende Deutungen historischer Ereignisse, doch sie sagen in ihrer Kargheit und Sachlichkeit mehr aus über die Zeit von 1939 bis 1940, als Worte wiedergeben können. Eines davon ist ein Telegramm, das ihr Sohn nach seiner Ankunft in England schickte. Er war im März 1939 mit einem Kindertransport aus Deutschland dorthin in Sicherheit gebracht worden und heil angekommen.

«Gut angekommen. Heinz.»

Wie schlicht es klang, so als sei er in die Ferien gefahren. Das Telegramm bedeutete, daß ihr Sohn gerettet war. Keiner wußte, ob sie oder ihr Mann ebenfalls gerettet und ihn jemals wiedersehen würden.

Das zweite «Dokument», das mir ins Auge fiel, war ein Kofferanhänger – von ihrem Gepäck auf der Reise nach Amerika, mit dem Datum 12. Februar 1940 und dem Namen des holländischen Schiffs, der «Volendam».

Sie hatte ihn aufgehoben. Ich glaube nicht, daß das ein Zufall war. Für sie müssen es Symbole herannahenden Unheils, Symbole der Hoffnung und der schließlichen Rettung gewesen sein.

Wieder ist Donnerstag, 11 Uhr vormittags. Einen Blumenstrauß in der Hand, klingle ich wieder dreimal an der Tür. Diesmal kommt Hertha selbst an die Tür, weil die Haushälterin einkaufen gegangen ist. Ich reiche ihr den

Arm, sie lehnt sich schwer auf mich, als wir langsam ihrem Zimmer zustreben. Für dieses energische Wesen ist es schwer hinzunehmen, daß sie nicht mehr so recht gehen kann. Sie behauptet beharrlich, daß sie erst vor drei Wochen gestürzt ist und vorher noch ausgezeichnet marschieren konnte. In Wirklichkeit sind es schon drei Jahre, die sie an den Folgen des Sturzes leidet. Sie ist zu stolz, es zuzugeben oder sich eines Stockes zu bedienen, und schämt sich, nicht mehr so beweglich zu sein wie früher. Diesmal trägt sie ein feuerrotes Kleid und freut sich sichtlich, daß ich es bemerke. Zwar ist es so verschlissen wie alles übrige in der Wohnung, doch sie wirkt darin heiter und gelassen – obwohl sie mir von ihren Schmerzen erzählt, strahlt sie Energie und Jugendlichkeit aus. Ehe ich mich hinsetze und zuhöre, gehe ich in die Küche, eine Vase suchen. Auf dem Weg dorthin komme ich durchs Wohnzimmer. Es ist vollkommen dunkel, da das einzige Fenster der Kälte wegen verhängt ist. Sie ruft mir nach, wo der Lichtschalter ist. Als ich ihn anknipse, verbreitet sich gelblicher Schein. Rasch werfe ich einen Blick nach links auf eine Reihe der Porträts. Jedes hängt in einer anderen Höhe, und alle hängen schief. Sie sehen mich unmittelbar an, Vater, Sohn, Großvater Einstein, wie ich später erfahre. An der Wand gegenüber hängt ein Riesengemälde, das Porträt einer Dame im reichverzierten Rahmen. Sie, so höre ich, ist eine geborene von Hofmannsthal. Ich kann mich jetzt nicht aufhalten, weil es unartig wäre, Hertha warten zu lassen. Ich will sie eines Tages nach den Bildern fragen und gehe weiter zur Küche, vor deren Tür eine Art Vorhang drapiert ist. Dort entgeht mir nicht, daß alles sehr reparaturbedürftig ist. Der Putz fällt von der Decke infolge eines Wasserrohrbruchs in der Wohnung darüber, die Wände sind sichtlich seit dreißig Jahren nicht mehr gestrichen worden, und ich unterdrücke einen kleinen Schreckensruf, weil ein riesiger Kakerlak über den Boden kriecht und mich anschaut, als sei ich ein Eindringling.

Froh, die Vase endlich gefunden zu haben, kehre ich eilends zurück. Hertha freut sich über die Blumen, sie bringen ein bißchen Leben und Buntheit ins Zimmer, und ich bin dankbar, sie mit einer solchen Kleinigkeit froh gemacht zu haben.

Sie reicht mir ein 1933 geschriebenes Gedicht und beginnt von neuem mit der Erzählung ihrer glücklichen Jugend und ihres inhaltsreichen Lebens in Berlin. Sie wiederholt die Geschichte des Aufstiegs des Naziregimes und ihrer Flucht aus Deutschland, als werde es ihr, immer wieder erzählt, begreiflicher, wie das alles geschehen konnte.

Wir wenden uns dann wieder ihren Jahren in Amerika zu. Ihr Tagebuch ist hier viel weniger konzentriert, viel sporadischer als das in Deutschland geführte. In ihm spiegeln sich die Kämpfe und Probleme wider, die sie tagtäglich zu bestehen hatte, und ebenso ihr innerer Aufruhr. «Ich nehme wieder meine Zuflucht zum Schreiben, weil ich aus mir herausschreien, herausschreiben muß, um nicht ganz zugrunde zu gehen.»

Über ihre ersten Jahre in Amerika schreibt sie: «Hätte ich geahnt, was mir hier alles widerfahren würde, ich wäre lieber ins Meer gesprungen mit Mann und Kind. Als wir von England abgefahren sind, war ich noch so voller Hoffnung, voller Erwartung, voll Kraft und guten Willens, neu aufzubauen. Und nach außen habe ich es geschafft, ein wenig Erfolg gehabt. Erich habe ich in die Praxis gebracht unter Verzicht auf eine eigene. All die stillen Verzichte beruflich und privat – haben sie sich gelohnt? Vielleicht für die, für die ich sie brachte, ich stehe da, leer, ausgebrannt. Ich habe es geschafft, geschaffen mit meinem Fleiß, meiner Zähigkeit, meiner Arbeit, die weit über meine Kräfte ging. Und mit viel Hoffnung und Erwartung kam ich hier an, allerdings die Begrüßung auf amerikanischem Boden hätte mich gleich belehren sollen – ‹wo wollt ihr denn jetzt wohnen?› Noch in meinen Träumen höre ich diese Worte, so viel Häßliches, Böses, Gemeines habe ich vergessen, aber das – es ist, als ob ich es nicht ausradieren könnte.»

Was geschah während dieser ersten Jahre, an das sie sich vierzig Jahre später mit soviel Bitterkeit erinnert? Nach einem ersten Schlag seitens ihrer Angehörigen, die früh genug gekommen waren, all ihr Hab und Gut retten konnten und nicht daran dachten, für sie und die Ihren zu sorgen, merkte sie, daß ihr Überdauern von nun an auf ihren Schultern lasten würde. Sie mußte vom ersten Tage an ums nackte Leben kämpfen. Die ersten drei Nächte wurden die Nathorffs provisorisch untergebracht, danach fanden sie Zuflucht im sogenannten Congress-House, einem Asyl für obdachlose Flüchtlinge, das von der Frau des Rabbi Stephen Wise geführt wurde. Hier waren sie wenigstens unter Menschen gleichen Schicksals, fanden Arbeit und hofften auf ein Darlehen, um die Lagergebühr für die Habe zu bezahlen, die von Berlin nach Holland gegangen war. «Ich bat, ich flehte um ein Darlehen von 72 Dollar, um unsere in Holland lagernden Lifts auszulösen, der Transport war bereits in Berlin bezahlt. Mit einem höhnischen süßen Lächeln wurde ich abgewiesen. Eine der Damen, die klug genug gewesen war, schon 1934 mit ihrer Familie, Gut und Geld auszuwandern, d. h. nach USA umzuziehen, und die nun bei einer Organisation einen ganz schönen Posten bekleidet, sagte wörtlich: Sie hängen nur an Ihrer eleganten Wohnung und an Ihrem guten Leben, Ärzte haben wir hier genug – Ärztinnen will man schon gar nicht. Gehen Sie doch mit Ihrem Mann als Couple in einen Haushalt. Ich kann Ihnen gleich eine Stellung geben. Ich nahm sie an, die Stellung!»

Hier stieß sie zum ersten Mal auf die Unbarmherzigkeit und Aggressivität, mit der früher angekommene Flüchtlinge die Neuankömmlinge behandelten. Es waren diese Einwanderer, die schon in den späten zwanziger und frühen dreißiger Jahren gekommen waren und rasch vergessen hatten, was hinter ihnen lag. «Die Damen, mit denen wir verhandelten, taten alle, als verstünden sie kein Deutsch.»

Als sie noch im Congress-House, dem Asyl für jüdische Flüchtlinge, wohnten, hatte sie Gelegenheit, mit Rabbi Stephen Wise über die verzweifelte Lage der in Deutschland zurückgebliebenen Juden zu sprechen. Wenige Tage, ehe die ihnen gewährte Zeit im Congress-House ablief, bat sie ihn, den einflußreichen Rabbiner, Präsident Roosevelt diese Lage klarzumachen. Am 1. März 1940 schreibt sie in ihr Tagebuch: «Hab' nochmal mit Stephen Wise gesprochen und bin gespannt, ob er auf meine Bitte wirklich zu Roosevelt geht und ihm sagt, daß die Quoten den Tod vieler Menschen bedeuten und daß sie aufgehoben werden müssen. Es kommt in diesem großen reichen Lande nicht auf ein paar mehr oder weniger an, und diese Immigranten werden gute Amerikaner werden und dem Lande Ehre machen.»

Obwohl sie hart arbeiten mußte, um die Familie zu ernähren, fühlte sie sich doch darüber hinaus noch immer verantwortlich für andere. Daraus entsprang ein ganzes Leben des Dienens und der Hingabe, nicht nur an die Ihren, sondern auch an die Einwandererkolonie. Von Anfang an wollte sie dort etwas leisten, wußte aber nicht, wohin sie sich wenden sollte. Ganz zufällig geriet sie an die richtige Stelle während der Pflege einer Patientin. «Und da geschah's – da kam mir eines Nachts unter all den Zeitungen der ‹Aufbau› in die Hände. Eine jüdisch-deutsche Zeitung, ja, gab es das? Ich las und las, und immer wieder dachte ich, vielleicht könnten die helfen, damit ich anderen etwas helfen kann.»

So hält sie denn ihren ersten Vortrag im New World Club, einer Gesellschaft von Emigranten für Emigranten. Sie ist durchdrungen von der Überzeugung, daß «unser Club eine Mission und eine Verantwortung hat und immer unter Beweis stellt und stellen muß, daß wir aus Deutschland eingewanderten Juden unsere Kultur, unser soziales Gefühl, unsere Menschenwürde ‹transferiert› haben und eine Bereicherung sind und bleiben wollen für Amerika, für Israel, für die Juden der ganzen Welt – in Wort und Tat!»

Ihr Vortrag «Die Frau als Kameradin» hatte einen solchen Erfolg, daß man bald merkte, daß sie eine gute Reklame darstellte und neue Mitglieder anzog. Der Club gab ihr bald die Erlaubnis, Kurse in Kranken- und Kinderpflege abzuhalten, was ihr Gelegenheit gab, mancher eingewanderten Frau zu helfen, die wie sie arbeiten mußte, um ihrer Familie in Amerika zu einem neuen Start zu verhelfen. Die meisten dieser Frauen waren ohne die geringste Erfahrung und ohne Ausbildung. Der Job, der ihnen am leichtesten zugänglich war, blieb Kranken- und Kinderpflege, und wenn sie nicht in Hertha Nathorffs Kursen eine Grundausbildung bekamen, verloren sie einen Job nach dem anderen. «Wieder habe ich eine Stelle angetreten, wo vor mir eine andere Immigrantin war, und warum hat man sie entlassen? Die Patientin sagte wörtlich: ‹Sie hat vom Pflegen überhaupt keinen Dunst, sie hat zwar guten Willen, aber man merkt bei allem, daß sie eben nichts gelernt hatte und früher eine große Dame war.›»

Neben den Kursen, die abends, nach einem vollen Arbeitstag abzuhalten waren, organisierte sie – wiederum im Rahmen des New World Club – einen Kulturkreis für Frauen mit den verschiedenartigsten Veranstaltungen.

«Sie kamen aus Hunger nach geistiger Nahrung.» Aus ihren Jahren in Berlin kannte sie viele Künstlerinnen, die in die USA ausgewandert waren. Zu ihnen gehörten, um nur einige zu nennen, die Schauspielerin Erika Mendelssohn und die Schriftstellerin Vicky Baum. Sie lud sie alle ein, vor ihrer Damengruppe zu sprechen. Zwar hatte sie kein Geld, um sie zu bezahlen, doch sie kamen aus Freundschaft und waren dankbar für eine Gelegenheit, wieder öffentlich aufzutreten. Im Jahr 1948 übernahm sie zu all ihren anderen Tätigkeiten im New World Club auch noch ein «Open House», das «Golden Age Club» genannt wurde.

Binnen eines Jahres nach ihrer Ankunft konnte ihr Mann sein amerikanisches medizinisches Examen machen. Daß er das in so kurzer Zeit schaffte, war darauf zurückzuführen, daß sie sie beide über Wasser hielt, dadurch konnte er ungestört studieren. Während der ersten Jahre seiner Praxis verdiente er sehr wenig, da die meisten seiner Patienten Einwanderer waren wie er. Sie hatten kein Geld, ihn für seine Dienste zu bezahlen, versprachen das aber nachzuholen, wenn sie erst zu Geld gekommen wären. Nur zu oft aber taten sie es nie. Auch kam es vor, daß die Amerikaner nicht zahlten, wie der Fall eines sehr reichen Patienten beweist: Ein sehr wohlhabender Rechtsanwalt rief ihn eines Abends an und bat ihn gleich zu kommen, er fühle sich äußerst schlecht. «Nur um zu zeigen, wie schofel manche reichen Amerikaner waren: Mein Mann schickte ihm eine Rechnung über 5 Dollar. Nach vier Monaten bekam er einen Scheck über 3 Dollar und einen Dankesbrief, in dem es hieß, er hielte 3 Dollar für genug.» Die beiden hingen lange Zeit von Herthas Einkommen ab, um durchzukommen. Trotz aller beschränkten Verhältnisse wollte sie ihrem Mann aber einmal ein Geschenk machen. «Ich habe es mir in den Kopf gesetzt: ich will dir einen Goethe zum Geburtstag schenken... Ich erstehe einen kleinen Band – eine Auswahl Goethescher Gedichte (am 28. August, Goethes Geburtstag. Mein Mann und ich haben den Tag immer irgendwie gefeiert und dem lieben Gott gedankt, daß er der Welt diesen Großen geschenkt hat).»

Als ihr Mann seine Arztpraxis wieder eröffnet hatte und vieles etwas leichter wurde, half sie ihm in der Sprechstunde und brauchte nicht jeden Gelegenheitsjob anzunehmen, doch jetzt nahm die Sozialarbeit sie zunehmend in Anspruch.

Sie hätte gern selbst noch einmal ihr Examen gemacht und dafür studiert, war aber körperlich und geistig erschöpft. Sie war mittlerweile Ende vierzig, und es war ihr schlechterdings unmöglich, nach den ersten schweren Jahren noch so viel zu arbeiten. Es war klar, daß sie die nötigen Prüfungen nur würde machen können, wenn ihr finanzielle Hilfe von außen zuteil würde. Ganz zu Anfang, als sie noch den ganzen Tag arbeitete und Abendkurse abhielt, versuchte sie heimlich zu studieren, während ihr Mann sich auf seine Approbationsprüfung vorbereitete. Aber eines Tages brach sie erschöpft zusammen. Als ihr Mann sah, daß sie sich mit allzuvieler Arbeit buchstäblich kaputtmachte, verbot er ihr, sich weiter auf die Examina vorzubereiten. Er ahnte nicht, daß er ihr, indem er sie schonen wollte, eine tiefe innere Wunde zufügte.

Daß sie nicht mehr Ärztin sein durfte, sollte für den Rest des Lebens an ihr nagen. Ja, es ging so weit, daß es sie beinahe umbrachte, als er äußerte, er wolle das Wort «Examen» nie wieder in seinem Hause hören. Nach diesem Ausspruch ging sie ans Ufer des Hudson und wollte sich schon hineinstürzen, da hielt jemand sie auf. Erst viel später, 1944, unternahm sie einen letzten Versuch, Geld aufzutreiben, und wandte sich an die Educational Foundation for Jewish Girls: «Ich möchte die State Board-Prüfung ablegen und mir hierzulande eine Praxis einrichten. Aus diesem Grunde benötige ich ungefähr ein Jahr der Zweitausbildung, um meine amerikanischen Studien zu beenden. Wir haben alles verloren, was wir einst besaßen, mußten und müssen die nötigsten Instrumente, Apparate usw. immer noch auf Raten kaufen. Mein Mann ist somit nicht in der Lage, mir den entsprechenden Betrag für die Wiederholungskurse zu geben. Meiner Schätzung nach würde ich hierfür ca. 100 Dollar benötigen.» Die Bitte wurde abgelehnt. Auf das Antwortschreiben schrieb sie quer «Die Nazis haben mich nicht umgebracht. Nie habe ich den Mut verloren, aber was man mir hier in den U.S.A. antut, wird mich zerbrechen und am Ende umbringen.»

Diese ersten Jahre in Amerika waren erbarmungslos hart, aber auch sehr fruchtbar. Sie schrieb viel, wurde im «American Herold», der «Staatszeitung», im «Aufbau» abgedruckt. Sie beobachtet scharf und schildert die wichtigsten Ereignisse und wichtigsten Gesprächsthemen der Emigrantenkolonie. Viele ihrer Artikel handelten von Menschen, die sie in Deutschland gekannt hatte und die jetzt größtenteils in den Staaten leben. Hertha Nathorff schrieb auch regelmäßig für die «Welt», eine Monatszeitschrift, die in Winnona, Wisconsin, gedruckt wurde. Sie hatte darin eine Kolumne mit dem Titel «Die Ärztin spricht» und die Kolumne «Psychologie».

Außerdem hatte sie ein wöchentliches Radioprogramm, das man über verschiedene deutschsprachige Sender hörte. Auch hierbei war die Palette der Themen zwar breit, doch ging es in der Hauptsache um Psychologie und Medizin. Da sie stets frei sprach, ist keine dieser Reden erhalten geblieben. Es ist jedoch möglich, daß irgendwo in einem Archiv in Washington noch eine Aufzeichnung existiert, da gelegentlich ein Zensor neben ihr saß und sich Notizen machte. «‹Das geht doch nach Washington›, erklärte mir die Dame. ‹Sie machen manchmal Stichproben, daß nicht etwas Politisches gesagt wird. Wir sind doch mitten im Krieg.› – Ja, das ist das Demokratische in Amerika. Trotz Krieg die deutschen Radiostationen, es sind noch zwei in New York. Es herrscht zwar sogenannte Zensur, aber man darf reden in der Heimatsprache, solange nichts Strafbares gesagt wird.»

Durch ihre Vorträge und Veröffentlichungen wurde sie bekannt, und man schätzte sie hoch. «Ich bekomme Briefe ... Es kommen Menschen zu mir,

Menschen aus der alten Heimat ... auch hier lebt noch ein Stück des guten alten deutschen Kulturkreises ... ich fühle und merke es mit jedem neuen Tag mehr ... und zu seiner Pflege und Erhaltung will ich hier das Meinige beitragen.»

An ihrem 60. Geburtstag bezeichnet der «Aufbau» sie liebevoll als «Charwoman during the day, Chairwoman at night» (Tags Putzfrau, abends Vorsitzende). Infolge ihrer vielen Tätigkeiten kam sie nur noch sehr selten dazu, Tagebuch zu führen. «Wie die Zeit wieder verflogen ist. Arbeit, beruflicher Erfolg – und doch nicht ganz zufrieden. Es ist immer das gleiche geteilte Gefühl in mir: Ich freue mich, in der Praxis mitarbeiten zu können, und es grämt mich – nur mitarbeiten zu können, aber wie sollte ich noch zu einer Examensarbeit Zeit haben? Hausarbeit, Kochen, Einkaufen, Sprechstundenhilfe, Nähen, Sticken, Waschen, Korrespondenz, Telefonistin – und dazu noch Ehefrau und Mutter und auch noch meine ‹Hobbies›, wie man hierzulande sagt: Beratung und Hilfe für Neueinwanderer, Kurse, Vorträge, Artikel und Geschichten schreiben.»

Im Jahre 1954 starb ganz plötzlich ihr Mann an einem Herzanfall. Sein Gesundheitszustand war immer schwankend gewesen, seit er als Lazarettarzt im Ersten Weltkrieg die Grippe gehabt hatte, und er wurde weiter geschwächt durch seine sechswöchige Haft im Sachsenhausener Konzentrationslager im November/Dezember 1938.

Eine Woche nach dem Tod ihres Mannes löste sie seine Praxis auf: «Nun habe ich die medizinischen Apparate weggegeben. Stück für Stück wurde abgeholt ... Ja, das habe ich doch schon einmal erlebt, daß so Stück für Stück aus der Wohnung getragen wurde, und auch damals zog sich mein Herz in bitterem Weh zusammen. Das war drüben, in der alten Heimat, bevor wir sie verließen. Aber, da stand neben allem Weh die Hoffnung, der Glaube, daß es auch für uns noch eine Zukunft mit ein bißchen Glück, beruflicher Arbeit und Zufriedenheit geben würde – damals waren wir *zusammen* – aber nun, nun bin ich allein.»

Nach seinem Tode mußte sie wieder ihren Unterhalt verdienen. Mehr und mehr wandte sie ihre Kräfte der Sorge um andere zu. Es war ein Versuch, mit der schweren Depression nach dem Tode des Lebensgefährten fertig zu werden. Kurz nach dem Tode ihres Mannes schlug eine Freundin ihr vor, sich an das Adler-Institut für Psychotherapie zu wenden, denn außer ihrem Doktorgrad hatte sie auch noch einen akademischen Grad in Psychologie und auf diesem Gebiet die amerikanische Lizenz.

Damit begann eine langjährige Zusammenarbeit mit dem Adler-Institut, in dem sie anfangs auch persönlich für ihre tiefe Depression Unterstützung fand. Finanziell gesehen war die Zusammenarbeit in keiner Weise lukrativ. Für die wenigen Patienten, die sie hatte, zahlte man ihr eine Minimalgebühr. Anfangs 4 Dollar die Stunde, später 10 Dollar. Mit der Zeit verschlimmerte sich ihre Depression, obwohl sie mit ihrer «Praxis» und auch mit ihren Veröffentlichungen alle Hände voll zu tun hatte. Gleichgültig was sie tat, die Vergangenheit suchte sie heim. Im Jahre 1962 schreibt sie: «Die erste Maniküre seit 24 Jahren. Es ist unglaublich, aber wahr. Sonnabend bin ich eingeladen zum Dinner bei einer Patientin, die einst in Berlin in unser Haus kam, seinen Zuschnitt kannte und mich – nicht die bekannte Ärztin, aber die gepflegte, kultivierte Dame meine ich damit... Ja, ich weiß es, ganz genau, am 9. November 38 war abends die Maniküre bei mir in der Wohnung. Wir saßen an meinem Toilettentisch in meinem ‹lila Zimmer›, so nannte ich es wegen der lila Decken und Tapete, lachten, plauderten, während sie mich bzw. meine Hände wie üblich verschönerte – und wie wenig ahnten wir, daß es bereits der Anfang der «Kristallnacht» war, daß bereits Synagogen in Brand gesteckt, angesehene Männer ins Gefängnis oder KZ abgeführt, Geschäfte demoliert wurden. Und selbst dann hätte ich noch nicht geglaubt, daß 24 Stunden später zwei Halunken in meine Wohnung eindringen würden, mir ihre Revolver unter die Augen hielten, ‹verdammte Judenhure› sagte der eine, als ich ihn nicht ins Zimmer des schlafenden Kindes ließ, es ihm mit Worten untersagte. ‹Noch einmal, verdammte Judenhure, noch ein Wort, und die Kugel sitzt dir im Hirn. Wo hast du dein Schwarzgeld?›, und ich höre mich mit ruhiger Stimme sagen: ‹Ich habe keins, durchsuchen Sie ruhig das ganze Haus, hier im Schrank liegen sämtliche Schlüssel – neben dem Schmuck› (den er sich gleich nahm! Dazu die Perlenkette von meinem Hals, die ich trug, und den Ring mit den Rubinen und Brillanten vom Finger – Großvaters Ring, das erste Stück, das Erich mir schenkte zu unserer heimlichen Verlobung, den ich seither immer trug). Dann die Frage: ‹Wo ist eigentlich Ihr Mann?› ‹Er macht noch Krankenbesuche.› ‹Das ist wohl auch wieder erlogen.› ‹Ich lüge nicht›, sagte ich. Ich höre die Haustüre gehen, es ist möglich, daß mein Mann nach Hause kommt, er ist seit 6 Uhr unterwegs, das war gegen 10 Uhr abends. Richtig, er war es, und da sie mir nichts mehr anhaben konnten, packten sie den Ahnungslosen am Arm, zerrten ihn die Treppe hinunter, ich rannte hinterher: ‹Was wollen Sie von meinem Mann?› Sie schlugen mich blutig auf der Straße, daß ich auf den Boden fiel, und meinen Mann schleppten sie ins Gefängnis, einen schuldlosen, angesehenen, unbescholtenen Mann...»

Normale, alltägliche Kleinigkeiten lösen solche alten Geschichten immer aufs neue aus. Mit zunehmendem Alter wird sie immer besorgter um den Sohn, der wie sie von den Kriegserlebnissen und der Auswanderung gezeichnet ist. Für sie ist er das Sinnbild der Kontinuität sowohl der Familie als auch der «Heimat», und sie klammert sich immer stärker an ihn. Sie bewältigt die Vergangenheit dadurch, daß sie ständig von ihr spricht. Er wiederum versucht, in düsterem Schweigen jeder Verbindung mit dieser Vergangenheit aus dem Wege zu gehen. Das fürchterliche Vermächtnis wirkt in ihrer beider Leben tragisch weiter. Es endet nicht mit dem grauenvollen Tod der Millionen, die nicht mehr rechtzeitig fliehen konnten, auch nicht mit dem «offiziellen Ende des Krieges» im Jahr 1945. Wie ein Krebsgeschwür bleibt es tief im Inneren und verursacht einen langsamen, schmerzhaften seelischen Tod.

Ihre Trauer über den Verlust ihres Mannes überschattet all ihr Tun. Sie trauert nicht nur um einen geliebten Menschen, auch um den Verlust der beruflichen Laufbahn. Keins von beiden wird je zurückzugewinnen sein. Ihr seelischer Zustand verschlimmert das Heimweh, verstärkt das Gefühl, fremd zu sein. Daß sie jetzt alt und allein ist, erscheint schlimm genug, doch daß sie alt ist und außer ihrem Sohn keine Angehörigen mehr hat, zu denen sie gehört, daß sie weder nach Amerika paßt, noch in ein Deutschland, das vollständig anders ist als das, was sie einst kannte, das empfindet sie als grausames Schicksal.

Aber sie versucht auch, die Dinge in etwas positiverem Licht zu sehen. «Ich will an die Güte denken, daß ich es hier doch noch einmal zu Existenz, Ansehen, Geehrtsein, Beliebtheit gebracht habe. Count your blessings! Ich habe aber brennende Sehnsucht nach dir, und ich habe Heimweh – nach Heimat und nach Heim. Ich habe keine Heimat mehr, weder drüben noch hier – entwurzelt – verlassen – verloren.»

In solcher Stimmung sucht sie sich mit Erinnerungen zu trösten. «Heut abend hab ich das frisch geputzte Silber für eine Stunde aufgestellt in meinem Zimmer und hab mich eine Weile gefreut – es war fast wie einst daheim, wo es so schön auf dem Buffet glänzte.»

Im Jahre 1967 wurde sie für jahrelange außerordentliche Verdienste um die Einwanderergemeinde durch die deutsche Regierung geehrt. Sie bekam das Bundesverdienstkreuz. «Mit tiefem Dank nehme ich aus Ihrer Hand, sehr geehrter Herr Generalkonsul, die mir vom Herrn Bundespräsidenten Dr. Heinrich Lübke verliehene, große, ehrende und mich beglückende Auszeichnung an ... Und ich möchte Ihnen, Herr Generalkonsul, die Versicherung geben, daß mein Sohn – trotzdem er schon mit 14 Jahren die Heimat verlassen mußte – die Tradition des Elternhauses und die Kultur Berlins mit in die neue Welt genommen hat, um auch hier an ihr festzuhalten und sie weiter zu pflegen.»

Doch die Freude über die Auszeichnung war kurz, denn bald überkam sie wieder Verzweiflung über den Tod ihres Mannes, den verlorenen Beruf, die verlorene Heimat. Von da an sind die meisten ihrer Tagebucheintragungen ihrem Gram und ihrer Einsamkeit gewidmet. Sie beklagt sich bitter, daß sie im Alter in ein Altersheim soll, klammert sich aber eigensinnig und erfolgreich an ihre Wohnung und versucht dadurch eine Art Kontinuität für ihren Sohn zu bewahren. Sie möchte, daß er irgendwo zu Hause ist, etwas, was sie beide bei der Auswanderung verloren haben. «Er soll immer ein Stück Heimkommen haben, wir waren eine Familie, wie sie sein soll. Wir sind die geblieben, die wir einst drüben waren – die innere Kultur haben wir nicht mit dem Geld verloren.»

Zwar hatte sie die Heimat verloren, aber nicht den Stolz auf ihr kultiviertes Zuhause und ihre Familientraditionen. «Ich habe mich meines Namens und meines Judentums nicht ‹geschämt›, und unser Name hatte seit Generationen einen guten Klang, ehe der Professor Albert und Fredl (Alfred) ihn ‹berühmt› gemacht haben. Ich darf stolz sein auf meine Ahnen, meine Familie – jüdischer Adel –, wenn wir auch wohl von guten Katholiken abstammen.»

Als sei ihr nicht schon genügend Schreckliches im Leben zugestoßen, wird sie im Jahre 1968 das Opfer eines Überfalls. «Wie war das möglich? Hinter Heinz kommt um halb eins in der Früh ein Neger bis an meine Tür. Auf meine Frage, zu wem er will, tritt er halb herein und zieht wortlos einen Revolver (genau wie einst die Nazis). Nun mußte ich es hier noch einmal erleben. Nur dieses Mal rannte ich in die Lobby, schrie um Hilfe – daß Heinz so ruhig stehen blieb? Ich hab mir gar nicht überlegt, daß ich ihn gefährden könnte. Ich sagte zu ihm, geh hinter, und ich weiß nicht, warum er nicht ging und hinten sofort die Polizei rief. Dachte er nicht daran? War er so geschockt, oder wollte er mich beschützen? Er trat ja zwischen mich und den Revolverhelden. Und daß der dann wortlos abzog, als ich sagte: ‹You better go before they catch you› – Ich versteh das alles nicht recht. Heinz sagte, er habe zu dem Neger gesagt: wir haben kein Geld und keine Wertsachen im Hause. Hitler hat uns schon alles genommen. Und ich sagte, die Nazis wollten mich zweimal erschießen, aber sie konnten es nicht. Und nachher haben sie es ‹gekriegt›, und so wird es dir auch ergehen.»

Die Folge des Überfalls war, daß sie das Praxisschild ihres Mannes von der Haustür entfernte. Vielleicht hatte der Räuber Drogen gesucht? «Vor ein paar Tagen habe ich unsere Ärzteschilder mit einem Hammer zerschlagen und die Scherben weggeworfen. Wie weh es doch tat. Jeder Schlag zerschlug ein Stück meines Herzens.»

Immer mehr ihrer Zeitgenossen sterben, sie ist immer mehr allein und jetzt vor allem damit beschäftigt, ihre Angelegenheiten zu ordnen, damit ihr Sohn nicht noch zusätzliche Sorgen haben soll. «Nun habe ich wieder eine Pflicht erfüllt. Ich habe die Grabstätte gekauft. Da draußen mit dir – da werd ich dann wohl nicht mehr einsam sein. ‹Sind es zwei, die sich vereinen, daß man sie als *eines* kennt.› Und den Lindenbaum werde ich, wenn es erlaubt ist, im Frühjahr pflanzen lassen. Wenn sie dann duftet, werden sich andere Friedhofsbesucher, ich hoffe es, daran erfreuen, aber keiner wird wissen, wie oft wir uns unter einer blühenden Linde noch hier im Central Park geküßt haben ...»

1968 bei der Beerdigung einer Freundin beschloß sie, ein für allemal, daß bei ihrem Tod keine Begräbnisfeierlichkeiten abgehalten werden sollten. Noch immer beschäftigt sie sich mit den Vorbereitungen für ihren Tod. Vor einiger Zeit war sie sonntags auf dem Friedhof, um die Grabstätten von Freunden und Bekannten zu besuchen. Bei dieser Gelegenheit suchte sie auch das Grab, das sie für sich und ihren Mann bestimmt hatte, den Ort, wo eines Tages ein Stein zu ihrem Gedächtnis errichtet werden würde. «In meinen Armen trug ich Rosen, rote Moosrosen – ohne daß es jemand sah, legte ich verschämt ein paar dieser Rosen auf den Hügel, der eigentlich ‹der meine› ist, meine und meines Mannes gemeinsame Ruhestätte werden wird. Ein komisches Gefühl, sich Rosen auf das eigene Grab zu legen – aber wer wird sich nach meinem Tode noch Zeit nehmen, es zu tun? Mein Sohn vielleicht ein oder zwei Mal im Jahr, aber wer sonst?»

Auch diese letzte Hoffnung hat sie nun nicht mehr. Heinz Nathorff, der Sohn und letzte Angehörige, ist im Frühjahr 1988 ganz plötzlich gestorben. Er, der zu ihrem Kummer allein und so weit entfernt von ihr lebte, in Albany, wo er als Elektroingenieur im öffentlichen Dienst des Staates New York (zu ihrem weiteren Kummer an wenig prominenter Stelle) arbeitete, erlag bei einem seiner seltenen Besuche bei der Mutter einem Herzschlag. Die 96jährige ist jetzt endgültig allein.

V.
Suchen nach Identität

Auf der Suche nach meiner Identität
von Herbert Liffman

Im Februar 1908 kam ich in Aachen als Deutscher auf die Welt. 31 Jahre später, im Februar 1939, verließ ich als gehaßter Jude mein «Vaterland», ebenfalls in Aachen, um im fast letzten Moment das Leben meiner Mutter, meiner jüngeren Schwester und mein eigenes zu retten. Damit begann mein zweites Leben. Ich kam, wie alle Säuglinge, nackt und ohne einen Pfennig auf die Welt. Ich verließ das Land, das ich für so viele Jahre als mein Vaterland ansah, halbnackt und mit zehn Mark in der Tasche.

Am 22. Februar 1939, an meinem Geburtstag, kam der täglich erhoffte, aber nicht mehr wirklich erwartete Brief aus England, das schönste Geburtstagsgeschenk meines Lebens. Der Inhalt war kurz und lakonisch, aber für mich schöner als das schönste Lied oder das schönste Gedicht. Auf einem Zettel, kleiner als eine Postkarte, wurde uns mitgeteilt, daß die Welfare-Society drei Kabinen auf der «Esperance Bay» gebucht hatte, Abfahrt am 8. März 1939. Wir dürften nicht früher als zwei Tage vor der Abfahrt mit je einem Koffer in England eintreffen. Die Kabinen waren für meine Mutter, meine jüngere Schwester und mich bestimmt. Ohne dieses Geburtstagsgeschenk hätte ich wohl nicht mehr viele Geburtstage erlebt; meine Familie und ich wären mit vielen anderen umgekommen.

Ich möchte nicht zu sehr auf mein Leben in Deutschland während der Naziherrschaft eingehen, meine Erlebnisse in der «Kristallnacht» sollten jedoch berichtet werden. Mein Bruder Erich und seine Frau Ilse lebten damals schon seit einem Jahr in Australien. Am Tag der «Kristallnacht», am 9. November 1938, erhielten wir ein Telegramm aus Australien: Unsere Einwanderungsanträge (Permits) waren bewilligt worden, Kopien sollten folgen. An dem vorhergehenden Abend hatte uns eine Freundin zum Gänsebraten eingeladen. Als wir jedoch vom Tod vom Raths in der Zeitung lasen (dem deutschen Diplomaten in Paris, der von Herschel Grynszpan, einem 17jährigen polnischen Juden, angeschossen worden war), hielten wir es für besser, das Essen zu verschieben. Wir fürchteten, daß irgend etwas geschehen würde.

Am nächsten Morgen wurde ich durch Lärm auf der Straße geweckt. Ich sah Rauchwolken am Himmel, hatte jedoch keine Ahnung, daß sie von der einige Straßen entfernten Synagoge kamen. Der Lärm und das Gejohle wurden lauter, und bald konnten wir den uns so wohl bekannten Sprechchor hören: «Juda verrecke.» Dann sah ich eine große Menge SA-Leute in unserer Straße, sah sie in jedes Haus laufen, in dem Juden wohnten. Ich hörte das Klirren von zerbrechenden Fenstern – am Ende des Tages waren die Straßen mit Scherben bedeckt, daher der Name «Kristallnacht» –, sah Möbelstücke und Bilder aus den Fenstern fliegen und wußte, daß die Männer auch bald bei uns sein würden.

Es klingelte denn auch wenig später, und als ich die Tür öffnete, hörte ich statt des üblichen «Scheißjude» ein höfliches «Guten Morgen» und meinen Namen. Niemals in meinem Leben war ich überraschter. Da standen zwei SA-Leute, und als sie ins Zimmer kamen, sagten sie, sie seien gekommen, um mich zu beruhigen, daß unsere Wohnung verschont bleiben würde, ich brauchte keine Angst zu haben, sie wären die Führer dieser SA-Gruppe. Erst da erkannte ich sie. Es waren zwei Lager-Arbeiter der jüdischen Firma, in der ich angestellt war als «Betriebsberater». Sie waren also meine Untergebenen. Ich stand mit allen Angestellten, ob Juden oder Christen, auf gutem Fuß. Natürlich bedankte ich mich sehr bei ihnen. Im Fortgehen wiesen sie auf ein ziemlich altes Radio und sagten, daß ich das wahrscheinlich doch nicht mehr benützen würde. Ich gab es ihnen mit Vergnügen, obwohl ich bis jetzt nicht weiß, weshalb sie mein altes Radio haben wollten. An diesem Tag konnten sie so viele moderne Radios bekommen, wie sie wollten.

Dann kam die Post mit dem Telegramm meines Bruders. Kurz danach klingelte es wieder an der Tür. Draußen standen eine Dame und ein Herr. Sie war die Witwe eines ehemaligen Geschäftsfreundes meines Vaters (er war 1936 gestorben), dem mein Vater Jahre zuvor geholfen hatte, sich zu etablieren. Ausgerechnet jetzt fiel es ihr ein, daß mein Vater ihrem verstorbenen Mann eine nicht unerhebliche Summe Geldes schuldete, was völlig unmöglich war, weil ihr Mann von meinem Vater gekauft hatte. Sie hatte keinen anderen Beweis als den sie begleitenden Herrn, der, wie sie sagte, ausgezeichnete Beziehungen zur SS hatte, und ich würde wohl wissen, was das für mich bedeutete. So blieb mir nur die Wahl zwischen Bezahlen und KZ. So schwer es mir fiel, ich mußte zahlen.

Ich stamme aus einer typisch deutsch-jüdischen Mittelstandsfamilie; mein Vater war Kaufmann, Importeur von Herrenstoffen. Ich habe den größten Teil meines Lebens in Deutschland, in Wuppertal-Elberfeld, verbracht. Im Jahre 1936 zogen wir nach Köln, wo wir bis zu unserer Auswanderung blieben. Als Juden waren wir liberal, sogenannte Feiertagsjuden. Wir hielten das jüdische Neujahr, Pessach hatten wir zwei Sederabende, am Versöhnungstag zog mein Vater seinen Gehrock an, setzte seinen Zylinder auf und verbrachte den Tag in der Synagoge. Die ganze Familie fastete. Das war das ganze Ausmaß unseres Judentums. Das wichtigste im Leben meiner Eltern – und ich kann hier ihren ganzen gesellschaftlichen Kreis einschließen – war ihr Deutschtum. Zweifel daran sind ihnen nie gekommen. Mein Vater trug mit Stolz den Kaiser-Wilhelm-Schnurrbart. Ihre rein jüdischen gesellschaftlichen Verbindungen stammten vielleicht unbewußt aus dem Gefühl, daß sie von ihren nichtjüdischen Nachbarn nicht völlig als Deutsche akzeptiert wurden, ein Gefühl, das sie freilich nie in ihr Bewußtsein aufsteigen ließen. Sie waren deutsche Patrioten, «deutsch bis auf die Knochen».

Mein Vater war einer der gutmütigsten Menschen, die ich kannte, aber er hatte manchmal sonderbare und eigenwillige Ideen. Eine dieser Ideen war, mich auf die einzige Schule in Elberfeld zu schicken, die den Ruf hatte, antisemitisch zu sein. Der Direktor wie mein Englischlehrer waren als Antisemiten bekannt, der letztere war der Führer der deutsch-völkischen Freiheitspartei. Ich war der einzige Jude in der Schule während meiner ganzen Schulzeit. Aber es fällt mir immer noch schwer zu glauben, daß diese Antisemiten, die mich, den einzigen Juden in der Schule, mit Gerechtigkeit und Anstand behandelten, Jahre später der «Endlösung» zugestimmt haben. Mein Englischlehrer drückte vor der ganzen Klasse sein Bedauern aus, als ich die Schule verließ – mit den Worten: «Liffman, es ist eine Schande, daß dein Vater dich von der Schule nimmt.» Ich muß sagen, daß ich bis zum Verlassen Deutschlands nie einen Angriff auf mich persönlich erlitten habe.

Wie fast alle deutschen Jungen hatte ich eine Karl-May-Periode; da aber meine Hauptneigung damals (wie heute) Geschichte war, wurde Felix Dahn mein Lieblingsschriftsteller. Als ich später Geschichte nicht mehr als Unterhaltung ansah, sondern sie ernst nahm, erkannte ich, wieviel in seinen Romanen und auch in unserem Geschichtsunterricht Geschichtsklitterung war. Landsknechtslieder wie «Vom Barette weht die Feder», «Horch, Kind horch, wie der Sturmwind braust», oder «Wir zogen vor Friaul» waren es unter anderem, die fast blitzartig mein Identitätsproblem hervorriefen. Plötzlich kam mir die Erkenntnis, daß meine Vorfahren zu jener Zeit statt des Baretts den Judenhut getragen hatten und den gelben Fleck und daß sie von Ghetto zu Ghetto getrieben worden waren. Ich wurde des wachsenden Antisemitismus gewahr, und unausweichlich kam mir nun die Frage: Was bin ich, Deutscher oder Jude? Konnte ich beides zu gleicher Zeit sein? Das war der Beginn meiner Identitätskrise; sie dauerte über 40 Jahre, bis ich eine Lösung fand.

Infolge dieser Erkenntnis wurde ich Zionist. Dies half in einem gewissen Maß, meine Identitätskrise zu erleichtern, aber es war keine vollkommene Lösung. Israel bestand zu der Zeit noch nicht, und ich bezweifle, daß, hätte es bestanden, ich ernsthaft erwogen hätte, dorthin auszuwandern. Wir deutschen Juden wurden zu jener Zeit nicht in einer Weise verfolgt, die uns gezwungen hätte, Deutschland zu verlassen. Palästina galt als Land der Zuflucht für Juden aus dem Osten, die in ihren Ländern unter Verfolgung lebten und für die ein jüdischer Staat die ideale Lösung gewesen wäre. Nur wenige junge deutsche Juden waren idealistisch genug, ihr bequemes Leben und ihre Zukunft in Deutschland gegen das harte Leben in Palästina einzutauschen. Mein Zionismus war mehr intellektuell. Gefühlsmäßig und besonders kulturell war ich innig mit Deutschland verbunden.

Eigentlich verdanke ich es der Anständigkeit eines SS-Mannes, daß ich Deutschland gemeinsam mit Mutter und Schwester verlassen konnte. Unsere Auswanderung ging über Aachen. Als der Zug dort anhielt, liefen die SS-Männer durch den Zug: «Alle Juden raus mit Gepäck!» Leibesvisitation. Ich war der letzte in der Reihe der Männer und hatte bereits begonnen, mich auszuziehen, als der SS-Mann mir einen freundlichen Klaps auf die Schulter gab und sagte: «Hauen Sie ab, sonst versäumen Sie den Zug.» Der Zug hatte sich schon langsam in Bewegung gesetzt. Ich sah Mutter und Schwester weinend am Fenster stehen, lief halbangezogen und mit dem Koffer nebenher, hilfreiche Hände zogen mich in den Zug. Dies war der Moment der Freiheit und des Wieder-Mensch-Seins. Zehn Minuten später erreichten wir die erste Station in Belgien. Eine kleine Landstation; für mich – und für viele andere gleich mir – war es einer der schönsten Bahnhöfe der Welt. Abends kamen wir in London an. Nach zwei Tagen ging es aufs Schiff, auf die «Esperance Bay», ein keineswegs luxuriöses Schiff, das später im Krieg als Hilfskreuzer ruhmreich unterging. Es war fast zur Hälfte voll mit englischen Soldaten, die auf dem Weg nach Malta waren: ein Zeichen des kommenden Krieges.

Wir saßen als einzige Zivilisten in einer halbdunklen Lounge, eng aneinander gedrückt, umgeben von englischen Soldaten. Plötzlich wurde uns die Ungewißheit unserer Zukunft bewußt. Als wir in die Kabinen gingen, verstärkte sich unsere Depression noch. Unsere Kabinen waren natürlich die billigsten auf dem Boot. Ich hatte meine Kabine mit fünf anderen Männern zu teilen, was mich nicht sehr störte. Meine Mutter und Schwester lagen mit zwei anderen Frauen zusammen. Von einer erfuhren wir am nächsten Tag, daß sie Epileptikerin war; die andere war eine Griechin mit einem Baby, die dauernd betete, während ihr Kind aus Leibeskräften schrie. Außerdem war sie seekrank mit den dazugehörenden Konsequenzen. Auch meine Mutter fühlte sich seekrank, meine Schwester hatte ihre Finger in eine plötzlich zuschlagende Tür eingeklemmt, kurz, es war ein Bild des Elends. Ich wandte mich an einen der Offiziere. Er sah, daß meine Mutter eine «Dame» war und besorgte uns mit größter Mühe eine Zweibettkabine. Das kostete uns aber ein Drittel unseres Vermögens.

Am nächsten Morgen stieg ich auf das oberste Deck. Der Himmel war blau und wolkenlos, und ein eisiger Wind blies. Über mir wehte der «Union Jack». Es überkam mich ein grenzenloses Glücksgefühl. Nach sechsjähriger, immer stärker werdender Unterdrückung waren wir frei, hatten wir wieder eine Zukunft! Was konnte uns unter dem Schutz der englischen Flagge geschehen?

Einige Wochen später erreichten wir abends in Sturm und Regen Fremantle, wo wir zum ersten Mal den Boden unserer neuen Heimat Australien betraten. Die Stadt, die sich heute sehr herausgemacht hat, versetzte uns einen Schock. So war also das Land, in dem wir unser zukünftiges Leben zu verbringen hatten? Zwei Tage später jedoch erreichten wir Adelaide, das uns in strahlendem Sonnenschein den deprimierenden Eindruck von Fremantle vergessen ließ. Und wieder zwei Tage später: Melbourne! Die Ankunft in Melbourne bei herrlichem Wetter war einer der freudigsten Momente unseres Lebens. Auf der Fahrt in das schäbige Boarding-House, in das mein Bruder uns eingemietet hatte, sahen wir einiges von der Stadt. Unter dem vorherrschenden Gefühl, endlich frei in einem fremden Land zu sein, fand ich alles, was ich sah, faszinierend.

Den nächsten Tag verbrachten wir bei der «Jewish Welfare Society», einem Hilfsverein für Emigranten. Die Räume waren voll mit Flüchtlingen aus fast allen europäischen Ländern. Das Sprachgewirr erinnerte an den Turmbau zu Babel. Die meisten waren auf europäische Art gut angezogen: in Wintermänteln, viel zu lang für die australische Mode. Jeder hatte eine Aktentasche bei sich, noch für viele Jahre das Symbol des Emigranten. Die Wände waren bedeckt mit Zetteln wie: «Weiß jemand etwas von Dora Levi aus Berlin... oder Fritz Adler, letzter Aufenthalt Buchenwald oder Dachau...?» Der Hauptzweck unseres Besuchs war, Arbeit zu finden. Das war schwierig, da Australien noch unter den Folgen der großen Depression von 1931 litt.

Als ich die Formalitäten zum Erhalt meiner Möbel abwickelte, traf ich beim Spediteur Doris, ein junges Mädchen aus Wien, Refugee wie ich selbst. Ihr Vater, Prof. Dr. David Ernst Oppenheim, ein klassischer Gelehrter, arbeitete zuerst mit Freud und später mit Adler. Ihre Mutter, Dr. Amalie Oppenheim, war eine der ersten Frauen, die an der Wiener Universität graduiert hatten. Wir heirateten 1942 und haben bisher glücklich miteinander gelebt. Während des Krieges waren ihre Eltern nach Theresienstadt deportiert worden. Sie konnten auf Grund einer Operation, der sich der Vater unterziehen mußte, von ihren Permits keinen Gebrauch machen. Er starb an Diabetes wegen fehlender Medikamente. Meine Schwiegermutter überlebte und kam nach dem Krieg nach Melbourne.

Da ich dem jüdischen Mittelstand angehörte, identifizierte ich mich mit seinen Werturteilen. Daher zogen wir, unter großen materiellen Schwierigkeiten, in eines der kleinen Häuschen mit Garten, die uns schon am ersten Tag so gut gefallen hatten. Das ziemlich moderne Ziegelhaus bestand aus Küche, Wohnzimmer, Eßzimmer, zwei Schlafzimmern, Eingangshalle, Badezimmer und Garage. Damals galt es als unhygienisch, die Toilette im Hause zu haben, und die Bauregeln verlangten, daß sie im Hintergarten, oft separiert vom Haus, sein mußte, was besonders an regnerischen Wintertagen oder -nächten große Unbequemlichkeiten mit sich brachte. Heute dagegen sind Mittelstandshäuser, die nicht zwei Toiletten und Badezimmer im Haus haben, schwer zu verkaufen.

Der Vorgarten war für uns lange ein großes Vergnügen. Ich bepflanzte ihn liebevoll mit Blumen, erreichte jedoch nie die Blütenpracht unserer Nachbarn. Unglücklicherweise wuchs das Gras erheblich besser als meine Blumen, die bald unter dem Gras verschwunden waren. Dann kam ein Brief unseres Agenten, daß unser Garten eine Schande für die Nachbarschaft sei. Also begab ich mich an die Arbeit. Ich nahm die größte Schere, die wir besaßen, und begann damit das Gras zu schneiden. Ich schätzte, daß es ein bis zwei Tage harter Arbeit bedurfte, den Rasen zu schneiden, aber dann wäre wohl für die nächsten sechs Monate Ruhe. Vor lauter Gras und Arbeit hatte ich nicht bemerkt, daß sich in der sonst so stillen Straße eine kleine Gruppe von Menschen gebildet hatte, die mir teils mit Erstaunen, teils mit Amüsement zusahen. Plötzlich erschien mein Nachbar mit einem Rasenmäher und sagte: «So etwas braucht man dazu.» Ich verzog mich schleunigst in unser Haus, rief den Agenten an und kündigte das Haus zum nächstmöglichen Zeitpunkt, und dann zogen wir in eine Wohnung, hoch über jedem Grashalm.

Um ehrlich zu sein: Die Grasschneide-Aktion war der Anlaß für unseren Umzug, aber nicht die Ursache. Wir waren damals in dieser Wohngegend die einzigen Emigranten und hatten keinen Kontakt mit unseren australischen Nachbarn. Um der Einsamkeit zu entkommen, zogen wir in einen Vorort, in dem viele deutsche und österreichische Juden für sich eine Art Ghetto geschaffen hatten. Für die Absonderung gab es viele Gründe; um zwei zu nennen: die Sprachschwierigkeiten und das Gefühl, ein Fremder in einem fremden Land zu sein. Dieses Intermezzo in einer für uns Emigranten ungeeigneten Wohngegend war dennoch für mein privates Leben von entscheidender Bedeutung.

Ein Beispiel für den schwierigen Umgang mit den Gebräuchen des fremden Landes: Wir hatten zum ersten Mal australische Gäste, zwei ältere Ehepaare. Es war eine ungeschriebene Regel, daß 20 Minuten nach dem Abendessen Abschied genommen wurde, was auch planmäßig geschah. Wir gingen alle in den Vorraum und warteten, daß die Gäste das Haus verließen. Doch nichts geschah, wir standen und machten mühselig Konversation. Ich dachte schon daran, Stühle in den Flur zu bringen, als ein außergewöhnlich mutiger Gast sagte: «Mr. Liffman, Sie kennen wahrscheinlich die australischen Sitten noch nicht genau, aber es ist bei uns unmöglich, daß der Gast die Haustür öffnet, das wäre äußerst unhöflich, das muß der Gastgeber tun.» Ich bin ihm heute noch dankbar – sonst stünden wir womöglich immer noch in der Halle.

Da ich nicht ganz ohne gefühlsmäßige und intellektuelle Bindungen durchs Leben gehen konnte, entschied ich mich für einen kulturellen Judaismus. In der heutigen Terminologie würde ich mich wahrscheinlich als einen ethnischen Juden bezeichnet haben. Auch das wäre keineswegs eine endgültige Lösung meines Problems; die Identität, nach der ich suchte, bestand aus vielen Komponenten, die im Streit miteinander lagen. Es war mir jedoch klar, daß ich meine tiefe Verbundenheit mit der deutschen Kultur nicht aufgeben konnte – trotz allem, was in Deutschland geschah. An die Dauer des «tausendjährigen Reiches» glaubte ich nicht.

Wir alle hatten natürlich Schwierigkeiten, uns als Fremde in einem fremden Land mit fremden Sitten einzuleben. Die in Australien lebenden Einwanderer waren vorwiegend Italiener und Griechen der Arbeiter- und Bauernschicht, während die eingewanderten Juden meist dem gebildeten Mittelstand angehörten. Im allgemeinen begegnete uns die australische Bevölkerung mit einem gewissen Mißtrauen und vielleicht auch mit Furcht vor Konkurrenz. Während die anderen Einwanderergruppen nach Australien gekommen waren, um ihre materielle Lage zu verbessern, waren wir politische Refugees, die ihre Heimat hatten verlassen müssen. Sehr viele von uns, ob Akademiker, Kaufleute oder Angehörige sonstiger Mittelstandsberufe, fanden in den ersten Jahren nur Verdienstmöglichkeiten als Fabrikarbeiter, sehr oft in Nachtschicht arbeitend. Glücklichere mit einem kleinen Kapital konnten ein Geschäft aufmachen oder eine kleine Fabrikation beginnen. Der Weg, wieder einen Mittelstandsstatus zu erreichen, war lang und schwierig.

Natürlich war auch ich in Australien nicht müßig. Die Hoffnung, eine mir auch nur im geringsten zusagende Anstellung zu bekommen, zerschlug sich, vielleicht auch deswegen, weil ich lieber selbständig als angestellt arbeiten wollte. Mir kam die Idee, etwas in Australien einzuführen, das es noch nicht gab: einen Lesezirkel. Dafür brauchte ich aber einen Partner und etwas Kapital. Ich fand einen Kompagnon, einen Berliner Anwalt mit seiner Frau, beide erheblich älter als ich. Das Kapital, fünf Pfund, lieh mir ein Mitglied der Australisch-Jüdischen Gesellschaft. Die Firma lief unter dem Namen «W. M. M.» (Weekly Modern Magazines). Kunden waren vor allem Ärzte, Friseure und andere, die die Zeitschriften in ihren Wartezimmern auflegten. Wenn ich sage, lief, gibt das ein schiefes Bild: ich lief, die Firma lief nicht, sondern ging nur mit den kleinsten Schritten vorwärts. Die «gute» Idee, dieses Unternehmen zu gründen, habe ich 35 Jahre lang bedauert (so lange ich das Geschäft betrieb). Meine Partner bedienten die Stadt, ich die Vorstädte, das hieß, einen mit Journalen vollgepackten Koffer von Vorstadt zu Vorstadt schleppen, oft zu Fuß, wenn es keine Straßenbahn gab, im Sommer manchmal bei 40 Grad Hitze oder auch bei strömendem Regen. Erst nach einigen Jahren konnte ich mir ein altes Auto kaufen. Es war ein offener, kleiner Wagen, auf dessen Ladefläche sein vorheriger Eigentümer ein unbewegliches Verdeck gebaut hatte. Fensterscheiben gab es dazu nicht, so setzte ich mir einige Röntgenscheiben ein, die mir ein befreundeter Arzt gab. Die Landschaft durch die Rippen alter Patienten zu sehen, tat wenig dazu, sie attraktiver zu machen. Aus Hartnäckigkeit und wegen mangelnder Entschlußkraft habe ich 35 Jahre meines Lebens an dieses Unternehmen verschwendet. Refugees, die mit 100 oder 200 Pfund hier ankamen, wurden von mir (und von anderen in meiner Lage) als Kapitalisten bezeichnet, sie konnten eine kleine Existenz aufbauen, im Detailhandel oder in der Industrie. Manche eröffneten einen Stand mit Textilwaren auf den vielen Märkten. Sie florierten fast alle, besonders während des Krieges, und viele Anfänge zu beträchtlichen Vermögen wurden auf diese Weise gemacht. Andere wieder arbeiteten in Fabriken, zum Teil auf Nachtschicht. Ich aber hegte und pflegte mein fast totgeborenes Kind so viele Jahre lang. Ich hatte eben den unwiderstehlichen Wunsch, zum Mittelstand zu gehören, nach außen hin zu leben wie unsere erfolgreicheren Freunde, ein Vorhaben, das uns zwar gelang, aber unser Leben auch sehr erschwerte.

Nachdem ich einigermaßen Fuß gefaßt hatte und unsere leibliche Nahrung mehr oder weniger gesichert war, kam das Bedürfnis nach geistiger Nahrung. Und hier stand ich «vis-à-vis de rien». In der Millionenstadt Melbourne gab es weder ein Schauspielhaus noch ein Opernhaus. Die wenigen Privattheater waren auf Gastspieltruppen angewiesen. Klassisches Ballett war sehr beliebt. Es gab ein staatliches Radio-Orchester und mehrere Rundfunkstationen, die jedoch – wie heute – fast den ganzen Tag Schlager brachten, gemischt mit viel Reklame. Im ganzen Staat Victoria gab es außer einigen Fachhochschulen nur eine einzige Universität von mittelmäßigem Ruf. Das soll nicht heißen, daß es nicht auch Kreise hochgebildeter Menschen gab. Doch zu diesen Kreisen hatte ich, wie fast alle Refugees, keinen Zutritt.

Gerade unsere Generation hatte in der deutschen Kultur heftig geschwelgt. Meine und meiner Zeitgenossen Sturm- und Drangperiode fiel in die «dekadenten», glorreichen zwanziger Jahre, die Jahre der Symbiose deutschen und jüdischen Geistes. Von 1933 bis zu unserer Auswanderung trat für uns die kulturelle Stille ein. Was blieb uns übrig, als in Australien etwas eigenes zu schaffen? Aber dabei muß ich wieder daran erinnern: Die meisten von uns kamen mit mehr oder weniger ungenügenden Sprachkenntnissen nach Australien. So wurde denn bald «Anstellung» zu «Job», wir baten um ein «Appointment» und gingen an den «Beach» (Strand). Dies war der Beginn einer neuen Sprache, die wir «Emigranto» nannten. «Emigranto» wurde zur Kommunikationsmöglichkeit, zu einer Kunstsprache, in der wir Refugees Englisch und Deutsch bastardisierten. Als wir uns schließlich bewußt wurden, was für eine groteske Ausdrucksweise wir uns angewöhnt hatten, fingen wir an, mit beiden Sprachen zu spielen. Wir übersetzten unübersetzbare Ausdrücke der einen Sprache in die andere. Das wurde witziger in dem Maße, wie unser Englisch besser wurde. Ich gehöre zu denen, die manchmal noch «Emigranto» sprechen. Da mir infolge meines Alters manchmal Wörter entfallen, ersetze ich sie oft mit einem Wort der anderen Sprache. Ich habe mit Absicht niemals Sprachstunden genommen, da man ohnehin nach einem gewissen Alter seinen Akzent nicht verliert. Für mich klingt Queen's English von einem Ausländer gesprochen geziert und unnatürlich. Sollen meine Zuhörer gewahr sein, was ich bin, ein Refugee, der übrigens länger in diesem Land gelebt hat als in Deutschland, von dem ich gewiß war, daß es mein Vaterland sei, mit dem mich jedoch nichts mehr verbindet als die Kultur, viele schöne Jugenderinnerungen und viele bange Jahre der Unsicherheit und Furcht.

Als der so lange drohende Krieg schließlich ausbrach, waren wir plötzlich «enemy aliens» (feindliche Ausländer), da wir noch deutsche Pässe besaßen. Als solche wurden uns gewisse Einschränkungen auferlegt. Wir mußten unsere Radios und Fotoapparate abgeben, mußten uns wöchentlich bei der Polizei melden und durften unseren Polizeidistrikt nicht ohne schriftliche Erlaubnis verlassen. Die letztere Einschränkung nahmen wir nicht sehr ernst, da sie eine völlige Unterbrechung unseres gesellschaftlichen Lebens zur Folge gehabt, auch Kinobesuche und ähnliches unmöglich gemacht hätte. Die Polizei sah das ein und drückte ein Auge zu. Außerdem mußten wir alle Waffen in unserem Besitz abgeben; ich bezweifle jedoch, daß auch nur einer von uns bewaffnet nach Australien gekommen ist.

Alle diese Einschränkungen bedeuteten keine allzu große Härte; sie waren von der Furcht diktiert, daß Deutschland uns zum Spionieren zwingen werde unter der Drohung, sonst die in Deutschland gebliebenen Verwandten zu bestrafen. Jüdische Einwanderer aus den von Deutschland besetzten Gebieten, wie Polen und Tschechen, waren «friendly aliens» (befreundete Ausländer) und unterlagen keinerlei Einschränkungen. Als ich meinen Einberufungsbefehl für die Armee bekam, erhielt meine Frau das Radio zurück; nachdem ich wegen der Folgen einer Kindheits-Tuberkulose als nicht kriegsdienstfähig abgelehnt worden war, mußten wir das Radio wieder abgeben. Die Regierung in ihrer Weisheit nahm an, daß ein dienstunfähiger deutscher Jude, der den Nazis entkommen war, ein Spion sein müsse.

Die meisten von uns hatten sich bereits bei der Ankunft als Freiwillige für den Fall eines Krieges gemeldet, um Deutschland vom Naziterror zu befreien. Von diesen Angeboten machte die Regierung aber erst 1942 Gebrauch, nachdem Japan in den Krieg eingetreten war. Leider wurden wir aber nicht eingezogen, um die Welt und unser ehemaliges Vaterland von den Nazis zu befreien, sondern wir mußten an der Grenze zwischen den Bundesstaaten Victoria und New South Wales, wo die Spurbreite der Eisenbahngleise sich änderte, die Frachten in andere Züge umladen. Wir trugen die australische Armeeuniform und erhielten die gleiche Bezahlung, aber zu diesem Zweck hatten wir uns nun wirklich nicht freiwillig gemeldet.

Nach Kriegsende waren die meisten der Refugees wohlhabend genug, sich eigene Häuser leisten zu können. Wie bei Doris' und meinem mangelnden Geschäftssinn zu erwarten, blieben wir wieder zurück. Die ersten Autobesitzer erschienen bei uns. Sie waren leicht erkennbar, da sie schon vor dem Abschied mit den Wagenschlüsseln spielten. Natürlich war es fast schon eine Lebensnotwendigkeit, in dieser riesigen Stadt ein Auto zu haben. Für uns Refugees aber war es schlicht ein Statussymbol. Autos waren ein unerschöpfliches und von uns «Noch-nicht-Autobesitzern» gehaßtes Gesprächsthema.

Wir sparten zunächst einmal jeden Pfennig, um nach Europa reisen zu können. Diese Reise war eine dringende Notwendigkeit, besonders für mich, der ich noch schwer zu definierende Bindungen an Deutschland hatte. Wir fuhren mit gemischten Gefühlen, mit Freude auf Europa und in völliger Unsicherheit über das, was wir in unseren ehemaligen Heimatländern zu erwarten hatten. Es waren die Länder, die wir beim Verlassen nie wiederzusehen geglaubt hatten. Es waren die Länder, deren Völkern das «tausendjährige Reich» versprochen worden war. Nach zwölf Jahren bereits war der unheimliche und blutige Spuk vorüber. War er auch für uns vorüber?

Nach dem Grenzübertritt stand ich 1965 zum erstenmal wieder auf deutschem Boden. Ich fühlte nichts von der Erregung, die ich befürchtet und erwartet hatte. Wir kamen mit dem Auto von Amsterdam und fuhren direkt nach Köln, zu dem einzigen Menschen, den wir noch in Deutschland kannten, zu unserer alten Freundin Hilda. Sie hatte viel riskiert, um ihren jüdischen Freunden zu helfen, und ihre Wohnung war während der schlimmsten Zeit der einzige Platz gewesen, in dem meine Schwester und ich uns geborgen gefühlt hatten. Erst als ich die Schilder las: «Nach Duisburg, Düsseldorf, Köln» wurde ich mir bewußt, wirklich wieder in Deutschland zu sein. Wir hatten vor, nur Englisch zu sprechen; dieses Vorhaben hielten wir jedoch nicht lange durch. Die einzige «Vereinbarung», die wir einhielten, war die, keinen Kontakt mit Angehörigen unserer Altersgruppe aufzunehmen, deren Tätigkeit während der Nazizeit ungeklärt war. Einige schwere Momente hatte ich in Wuppertal und Köln, da sonderbarerweise alle Häuser, in denen wir gewohnt hatten, sowie das Geschäftshaus meines Vaters unzerstört geblieben waren. Traurige Erinnerungen wurden in mir erweckt. Den Aufenthalt in Berlin und den Rest unserer Reise verbrachten wir als Touristen.

Doris erlebte ihre Angst vor dem Wiedersehen mit Wien in München, wo wir in einem Hotel gegenüber dem Hofbräuhaus wohnten. Die Sprache und die Tracht der Menschen erinnerten sie so sehr an Wien, daß sie nicht länger dort bleiben wollte, so daß wir am nächsten Tag abreisten. Nach diesem Schock in München fiel ihr das Wiedersehen mit Wien etwas leichter. Zusammenfassend kann ich nur sagen, daß dieses erste Wiedersehen mit Deutschland meine Identitätsprobleme nicht gelöst, sondern nur verstärkt hat.

Als Doris' Mutter, der in Australien dank ihrer Enkelkinder noch ein kurzes, aber erfülltes Leben beschert war, starb, hinterließ sie uns eine kleine Summe, die es uns ermöglichte, ein Haus zu kaufen, und im Jahre 1956 zogen wir in unser Eigenheim. Es war ein neugebautes, weiß gestrichenes Holzhaus in einem für sich viel zu großen Garten: Küche, Waschküche, Wohn- und Eßzimmer, Badezimmer und Garage, ein «schmuckes» Häuschen. Unsere mitgebrachten Möbel, Bilder, Ziergegenstände und die vielen Bücher gaben ihm eine ausgesprochen «kontinentale» Atmosphäre. Mit unseren Nachbarn standen wir auf freundlichem Grußfuß, aber ohne näheren Kontakt. Wir waren vielen unserer Mitbürger noch nicht ganz geheuer.

Und wir waren immer noch in gewissem Maße scheu, nicht zuletzt wegen unseres starken Akzents. Diese Zurückhaltung wirkte bei unseren Nachbarn als Arroganz, dazu kam ein gewisser Respekt vor den «gebildeten Europäern».

Mit der gleichen Offenheit, mit der ich unseren Existenzkampf beschrieben habe, will ich auch unseren sozialen Aufstieg schildern, den wir spät genug in unserem Leben erreichten. Um unsere Position klar zu machen, muß ich Doris und unseren Sohn Michael in diesen Bericht einschließen. Michael hat in Melbourne und an der London School of Economics Politik- und Sozialwissenschaft studiert und 1978 das Buch ‹Power for the Poor› veröffentlicht. Doris, die bei der Erreichung der Altersgrenze für Staatsbeamte in den Ruhestand getreten ist, war zuletzt Leiterin der Abteilung für jugendliche Kriminelle und allein durch diese Tätigkeit weit bekannt. Heute arbeitet sie als Beraterin auf verschiedenen Gebieten der sozialen Wohlfahrt. Durch die zahlreichen Vorträge, die Michael, Doris und ich gehalten haben, kennen uns viele Menschen. Ich bin mir bewußt, wie unbescheiden alles dies klingt, es fällt mir schwer, es niederzuschreiben, aber es ist ja der Zweck dieses Beitrags, meinen Werdegang, den Werdegang eines deutsch-jüdischen Refugees, zu schildern. Seit längerer Zeit habe ich wieder den Status erreicht, den ich (und meine ganze Familie) in Deutschland hatte, den eines Angehörigen des gebildeten Mittelstands. In weiten Kreisen gelte ich hier als der typische Repräsentant dieses Standes, was sich darin zeigt, daß man häufig Doris und mich auffordert, an öffentlichen Diskussionen teilzunehmen. Meine Tätigkeit als Dozent der «Universität des dritten Alters», der Hochschule für Senioren, hat mich weiter bekannt gemacht. Meine bescheidene schriftstellerische Tätigkeit, die ich im reifen Alter von 78 Jahren begann, hat gleichfalls dazu beigetragen, daß ich bekannt wurde. Diese Tätigkeit begann mit einem Artikel, den ich in einem Sonderheft des «Australian Journal for Politics and History» unter dem Titel «In Search of my Identity» veröffentlichte. Artikel über mich sind in einigen lokalen Zeitungen erschienen. Alles dieses gibt mir nicht nur eine große Genugtuung, da ich fühle, daß ich im hohen Alter noch nützlich bin, es schmeichelt auch meiner Eitelkeit, für die ich für so viele Jahre keinen Anlaß hatte.

Einer der Höhepunkte unseres Lebens war unsere zweite Reise 1972 nach Deutschland, diesmal mit unserem Sohn. Wir trafen ihn in England, wo er seine Studien beendet hatte, und zeigten ihm die Stätten unserer Jugend. Auf dieser bedeutungsvollen Reise fand mein Identitätsproblem endlich seine Lösung. Sonderbarerweise haben wieder deutsche Lieder den Anlaß dazu gegeben. Es war einer der seltenen Augenblicke, in dem man vom Flugzeug aus klar das Land sehen konnte. Ich sah unter mir den Rhein, den Schwarzwald, Städte, Dörfer und Kirchen, die Landschaft meiner Jugend. Ich bekenne, daß ich diese Landschaft liebe; eine Landschaft kennt keine Vorurteile. Ohne mir dessen bewußt zu sein, sang ich in meinen Gedanken Lieder.

Plötzlich erkannte ich, daß es die lange vergessenen und vielleicht verdrängten Lieder meiner Jugend waren. Da wurde mir alles klar.

Ich hatte den Jubel der Bevölkerung über den Sieg der Alliierten geteilt, aber doch mit schwerem Herzen. Nun würde ich erfahren, was mit den in Deutschland und in den besetzten Ländern zurückgebliebenen Verwandten, Freunden und Millionen anderer Juden geschehen war. Heute weiß es jeder, für die meisten Nichtjuden ist es ein gräßliches Geschehen, ein Rückfall in eine Barbarei, aber es ist für sie auch Geschichte, die ein halbes Jahrhundert zurückliegt. Für uns Überlebende ist es jedoch noch Gegenwart! So wie ich stehen die meisten von uns kurz vor dem Ende ihres Lebens. Niemals in meinem Leben war die Beschäftigung mit Fragen des Judentums so aktiv wie heute. Es gab eine Zeit, zu der ich mein Judesein vernachlässigt habe, die Zeit meines Deutschtums. Heute bin ich Jude und will nichts anderes sein. Mein Leben war kein leichtes, aber ein erfülltes, und wenn es mir gegeben würde, würde ich es noch einmal leben wollen!

Die Haltung und die Reaktion der uns folgenden Generation ist nicht leicht mit Sicherheit oder in Prozenten festzustellen. Durch unsere Tätigkeiten und durch unseren Sohn kennen wir viele dieser Generation. Als mein Sohn hier heranwuchs, hatten wir das Gefühl, daß er nichts über unsere Vergangenheit hören wollte, was, soviel ich weiß, auch für viele Angehörige der ersten in Australien aufgewachsenen Generation galt. Ich habe das Gefühl, daß es eine Abwehrhaltung war, da es ihnen soviel besser ging, als es uns ergangen ist. Unter seinen Büchern hat mein Sohn jedoch viele, die sich mit der NS-Zeit befassen. Wie er haben viele dieser Generation «ausgeheiratet». In nur sehr seltenen Fällen ist der nichtjüdische Partner zum Judentum übergetreten. Nicht so häufig sind Fälle, in denen die Kinder liberaler Juden durch die Ehe mit einem orthodoxen Partner oder aus Überzeugung dem orthodoxen Judentum beitreten, meistens zum Leid ihrer Eltern. Diese liberalen Eltern müssen dann, um mit ihren Kindern in ihrem Haus essen zu können, einen «koscheren» Haushalt führen, sonst können die Kinder, gemäß den strengen orthodoxen Speisegesetzen, nicht einen Bissen bei ihnen essen.

Als wir hier ankamen, gab es keine jüdische Schule, heute gibt es viele aller religiösen Schattierungen. Die älteste ist das Mt. Scopus College, eine der größten Schulen in Melbourne mit den besten Abitur-Resultaten. Heute schicken die meisten jüdischen Eltern, gleichgültig wie religiös sie selbst sind, ihre Kinder in eine jüdische Schule, wenn auch manchmal nur für einige Jahre. Ich selbst bin kein religiöser Jude und sehr gegen die Absonderung jüdischer Kinder von den nichtjüdischen, infolgedessen war Michael nie auf einer jüdischen Schule. Einige, ich möchte annehmen, wenige, Juden haben sich völlig dem Judentum entfernt. Ich glaube nicht, daß viele von ihnen offiziell aus dem Judentum ausgetreten sind, aber sie haben sich soweit assimiliert, wie es ihnen möglich war. Ich kenne etliche aus meiner

Generation, die schon in ihrem Geburtsland an «Jüdischem Selbsthaß» litten, sie sind, wenn man diesen Ausdruck benützen kann: jüdische Antisemiten. Das hält aber die, die ich persönlich kenne, nicht davon ab, fast ausschließlich jüdischen Verkehr zu haben. Ihre Kinder kann man allerdings nicht mehr als Juden bezeichnen, obwohl sie nach Hitlers Rassegesetzgebung «Volljuden» gewesen wären. Antizionisten gibt es auch, obwohl für die überwiegende Mehrzahl Israel bis vor einiger Zeit unantastbar war. Jetzt gibt es viele, die der israelischen Politik den Arabern gegenüber kritisch sind, das Land jedoch nicht weniger lieben.

Meine Identität ist dreigeteilt. Ich bin in erster Linie Jude, aber die deutsche Kultur kann und will ich nicht vergessen, ich habe sie in meinem Blut. Meine Heimat ist Australien, für das ich weit stärkere Gefühle habe als nur die Dankbarkeit dafür, daß die Einwanderungserlaubnis mir das Leben gerettet hat.

Das Erbe einer Jugend im Exil
Lebensjahre in Belgien, Frankreich, Australien

von Sophie Caplan

Einige Stunden nachdem unser Schiff am Circular Quay in Sydney angelegt hatte, gelang es dem Bruder meiner Mutter, an Bord zu kommen. Nach der Begrüßung teilte er uns mit, daß unser Familienname von nun an nicht mehr Kempinski, sondern Kemp lauten werde. «Der richtige Anfang ist wichtig, mit einem Namen, den man leicht englisch aussprechen kann. Erzählt keinem, daß euer Name Kempinski war.» Verwirrt fügten wir uns, ohne ein Wort herauszubringen. Hatten wir eine Wahl? Noch in der ersten oder zweiten Woche führte mein Onkel meinen Stiefvater zu einem Rechtsanwalt. Die Namensänderung wurde notarisiert, gerade noch rechtzeitig, denn einige Monate später kam ein neues Gesetz heraus, das Namensänderungen erst nach der Einbürgerung zuließ – und dazu brauchte man fünf Jahre. Was unsere Namensänderung angeht, empfand ich in späteren Jahren die Frage nach unserem «irischen» Zunamen Kemp immer als unangenehm. Als Kind und Jugendliche wollte ich eben immer so sein wie alle.

Mein Onkel Sali und zwei Cousins hatten die Bürgschaft für die überlebenden Familienmitglieder in Europa übernommen und uns die Einwanderung nach Australien im Rahmen der «Familienzusammenführung» ermöglicht. Sali und seine Frau hatten sich ein Haus in einem Vorort gebaut, ein typischer Nachkriegsbungalow aus rotem Backstein. Wir sollten die alte Wohnung über ihrem Laden in Mascot bekommen und die Möbel übernehmen. Aber bei unserer Ankunft war der Bungalow noch nicht zum Einzug bereit, so daß wir für einige Tage alle gemeinsam im Appartement wohnen mußten. Es gab nicht genug Betten, und deshalb wurde ich für die Nacht zu Freunden meines Onkels und meiner Tante geschickt, die – wie sie selbst – vor dem Krieg eingewandert, aber «echte» deutsche Juden waren, seit vielen Generationen in Deutschland ansässig gewesen. Sie waren gütig, aber umständlich, in allem korrekt und phantasielos. Sie hatten eine Tochter, Hannelore, die ein Jahr jünger war als ich. Mein Onkel und meine Tante lobten die Freundlichkeit und Gastfreundschaft der Lewins, mich für einige Nächte aufzunehmen, und äußerten gleichzeitig den Wunsch, daß ich mich mit Hannelore, dem einzigen Kind ihrer guten Freunde, eng befreunden werde. Die Eltern besäßen ein Auto, fügten sie hinzu, und unternähmen jedes Wochenende mit ihrer Tochter Ausflüge. Wenn Hannelore in mir eine angenehme Gefährtin fände, würde ich sicherlich an diesen Ausflügen teilnehmen können. Ich wußte nicht, wie ich reagieren sollte, und sagte nichts. Aber selbst mit vierzehn Jahren war ich einer so offensichtlichen Bestechung nicht zugänglich.

Das Haus der Lewins, fünf Autominuten von der Wohnung meines Onkels entfernt, war ein ganz gewöhnlicher australischer Backstein-Bungalow mit drei Schlafzimmern, typisch für diesen kleinbürgerlichen Vorort. Aber einem Kind, das seit sieben Jahren kein ordentliches Zuhause mit eigenen Möbeln gehabt hatte, erschien er großartig. Ich bekam ein eigenes Zimmer mit einem richtigen Bett, Kissen, Laken und Decken; was für ein Unterschied zu der engen Stahlkoje im vorderen Schiffsladeraum des Zwischendecks, in dem wir in den letzten zehn Wochen übernachtet hatten, und der Ein-Zimmer-Wohnung mit Plumpsklo hinten im Garten, in der wir für zweieinhalb Jahre nach Kriegsende untergekommen waren. Ich versuchte mir nicht anmerken zu lassen, daß ich solchen Luxus seit Beginn des Krieges nicht mehr gewohnt war.

Am Morgen nach meinem Einzug frühstückte ich mit den Lewins, bevor Hannelore in die Schule mußte, und ich zur Wohnung meiner Eltern zurückgebracht wurde. Es gab Toast, Weißbrot, nicht das Schiffsbrot, aus dem geflügelte Insekten aufgetaucht waren, Butter, Tee mit Milch und weichgekochte Eier, alles ungewohnte Delikatessen. Beim Ei zögerte ich und entschied mich dann, es mit dem Löffel aufzuschlagen, da ich mich an diese Gepflogenheit zu erinnern glaubte. Vor wieviel Jahren hatte ich zum letztenmal ein Ei zum Frühstück bekommen? Fast acht. Ich schluckte die erste Portion, leicht gesalzen, glücklich hinunter. Hier konnte sich Herr Lewin nicht länger zurückhalten: «Du sollst so ein kluges Mädchen sein und weißt nicht, wie ein gekochtes Ei geköpft wird? Hat man dir keine Manieren beigebracht?» Verschämt ließ ich den Kopf sinken. Hannelore blickte mürrisch herüber, und ich ließ mein Frühstück kalt werden. Ich übernachtete noch einige Male im Haus der Lewins, aber das Interesse an einer Freundschaft mit ihrer Tochter war mir vergangen.

Einige Tage später brachte mich mein Onkel zur Schulbehörde, um mich in einer passenden Schule unterzubringen. In Frankreich hatte ich ein «Collège moderne», ein siebenklassiges Gymnasium, besucht, das auf moderne Sprachen und Mathematik ausgerichtet war, und in der höchsten Förderklasse gesessen, in der Englisch, Spanisch, Mathematik I und II unterrichtet wurde. Obwohl ich mit 14 noch zu jung gewesen war, an den Prüfungen zum «Brevet élémentaire», dem Abschlußzeugnis der Mittelschule teilzunehmen, konnte ich vier französische Oberschuljahre als eine der Klassenbesten vorweisen. Der Einschulungsbeamte der Schulbehörde warf nur einen Blick auf das Stück Papier des französischen Gymnasiums, das mir den «befriedigenden Abschluß von vier Jahren Oberschule» bescheinigte, und wies mir die zweite Klasse eines Unterstufengymnasiums in unserem Viertel von Sydney zu. Vor der Einschulung mußte ich mich noch mit einer vollständigen marineblauen Schuluniform aus derbem Material ausrüsten, die an meiner zukünftigen Schule wie an allen weiterführenden Schulen Australiens Pflicht war (und an den meisten Schulen noch heute ist). Meine Eltern konnten sich den Blazer, der zur Uniform gehörte, nicht leisten, und ich mußte ohne ihn auskommen. Trotzdem hatten die Uniformen auch Vorteile. Der Neid auf die teurere Kleidung der Wohlhabenderen wurde vermieden, wir mußten uns nicht um die Mode kümmern und konnten uns besser auf das Lernen konzentrieren.

Als ich im Oktober 1947 an der Crown-Street-Schule anfing, gehörte ich möglicherweise zu den allerersten Kindern der nach dem Krieg aus Europa gekommenen Einwanderer, war in meiner Klasse das einzige nichtanglokeltische Kind und für einige Tage Gegenstand großer Neugier. In Australien fragte man damals nicht: «Wo bist du geboren?», sondern: «Woher kommst du?», so daß ich wahrheitsgemäß antworten konnte: «Aus Frankreich.» Dort hatten wir fast acht Jahre gewohnt, und ich fühlte, schrieb, dachte und träumte in Französisch. Damals fragte niemand nach meinem Geburtsort, und ich hätte mich lieber foltern lassen, als jene deutsche Kleinstadt als meinen Geburtsort anzugeben. Deutschland befand sich zu dieser Zeit in meiner Achtung ganz unten, auch in der meiner Spielgefährten, von denen viele Kinder australischer Soldaten waren, die mit den Alliierten in Nordafrika, im Nahen Osten oder im Pazifik gekämpft hatten. Ich beneidete meine kleine Schwester, die eine französische Provinzstadt, bekannt für ihr Porzellan und Emaille, als Geburtsort vorweisen konnte, und trug mich vorübergehend mit dem Gedanken, diese Stadt auch als meinen Geburtsort zu adoptieren.

Ich behielt mir trotzdem meinen Sinn für Komik und erinnere mich noch mit Vergnügen an den Tag, an dem mich unsere Französischlehrerin vor die Klasse stellte und begeistert meine Gesichtszüge und physischen Merkmale der Reihe nach aufzählte, die ihrer Meinung nach meine «gallische Abstammung» zeigten. Ich wollte die gute Frau nicht in Verlegenheit bringen, zumal sie mich in ihrer Freude, französisch sprechende Schülerinnen in ihrer

Klasse zu haben, als Auskunftsquelle für die entlegensten Informationen über Frankreich benutzte. Ich hielt still, ließ mich drehen und wenden und war ganz damit beschäftigt, bei diesem Unfug nicht laut herauszuplatzen.

Ende des Jahres 1947 genoß Frankreich hohes Ansehen in Australien. Nicht nur waren die Franzosen im benachbarten Neukaledonien während des Krieges zu de Gaulle und den Alliierten übergegangen, sondern auch Christian Dior und drei andere berühmte Couturiers hatten ihren Besuch in australischen Warenhäusern mit «New-Look»-Kollektionen und Mannequins angesagt. Die zwei führenden australischen Frauenmagazine boten eine Vorschau auf die französische Mode. Meine Mitschülerinnen fragten mich während meiner ersten Schultage an der Crown-Street-Schule nach dem Leben in Frankreich aus und wollten alles über die französischen Modehäuser und die Kleidung der französischen Teenager wissen. Mein Ansehen verschlechterte sich leider endgültig, als ich beschämt zugeben mußte, daß meine Mutter sich nicht bei Christian Dior, Jacques Fath oder Nina Ricci einkleidete und daß ich niemanden kannte, der dort Kleider kaufte.

Zum zweitenmal mußte ich die Schule in einer neuen Sprache beginnen, aber es gab einige Unterschiede zu Brüssel 1939. Damals war ich sechs Jahre alt, schüchtern und verwirrt, fern von meinen Eltern in der Obhut eines alleinstehenden Onkels, der bis spät abends arbeitete und mich erst zwei Stunden nach Ende der Schule abholen konnte. Ich sprach kein Wort Französisch, als ich eingeschult wurde, und weinte jeden Nachmittag auf dem verlassenen und kahlen Schulhof, nachdem alle anderen Kinder nach Hause gegangen waren.

Diesmal verfügte ich im Englischen über ein Grundvokabular, das ich mir in den vier Jahren der französischen Oberschule angeeignet hatte, und ein Verständnis für Grammatik, das zwar eher theoretisch, aber dem meiner Mitschülerinnen vielleicht sogar überlegen war, da sie nur sehr wenig Grammatik gelernt hatten und die Sprache instinktiv benutzten. Ich mußte also meinen Wortschatz ausweiten und festigen. Damals dachte noch niemand an Sprachkurse für Einwanderer. Man versuchte es eben, so gut es ging. Glücklicherweise war ich nicht zurückhaltend und plapperte vom ersten Schultag an mit meinen Mitschülerinnen, wann immer es ging. Französisch sprach ich mit Pariser Akzent, den ich in den zweieinhalb Jahren nach dem Internierungslager in dem französisch-jüdischen Kinderheim aufgeschnappt hatte. Zu dieser Zeit wollte ich diesen Akzent unbedingt annehmen, um alle Spuren des Deutschen in meiner Aussprache zu verwischen, außerdem galt 1947 ein französischer Akzent in Australien als süß und sexy. Sobald sich herausstellte, mit 14 oder später, daß ich aus Frankreich kam, erschien ich den anderen unwillkürlich als sexy, obwohl meine blaustrümpfige Verhaltensweise nichts dazu beitrug. Dennoch liebte ich Frankreich, die Sprache, die Schriftsteller und die Kultur und wollte für immer dazugehören.

Gleichzeitig wollte ich unbedingt vergessen, daß ich in Deutschland geboren war, daß mein Vater dort begraben lag und daß ich das einzig wirkliche Zuhause, das ich bis dahin kannte, dort gehabt hatte. Als ich ins schulpflichtige Alter kam, durften jüdische Kinder in Deutschland keine allgemeinen Schulen mehr besuchen. Da es in unserer Kleinstadt keine jüdische Schule gab, mußte ich warten, bis mein Onkel mich nach Belgien nahm, damit ich dort in einer fremden Sprache mit der Schule beginnen konnte. Die Deutschen waren für mich das Volk, das meine vier Großeltern, fast alle Onkel und Tanten und alle anderen Verwandten umgebracht hatte, die in Deutschland oder Polen geblieben oder nach Belgien, Holland oder Frankreich geflüchtet waren. Nur durch Zufall sind meine Mutter, mein Stiefvater, mein Onkel Benno, seine Freundin und ich im August 1942 in Rivesaltes vor der Deportation nach Drancy und weiter nach Auschwitz gerettet worden.

Erst Jahre später, nachdem ich das ganze Ausmaß der Verfolgung der Juden in Vichy-Frankreich erfahren hatte, gab ich mir über das unglaubliche Glück Rechenschaft, dem wir unser Leben verdanken. Angesichts der 78 000 aus Frankreich deportierten Juden, die meisten davon – wie wir – Flüchtlinge oder Zugewanderte, waren wir fünf, trotz dem uns Zugefügten, noch relativ unversehrt davongekommen. Aber auch zu diesem Zeitpunkt empfand ich meine Bindung an Deutschland als zerstört. Mein Geburtsland hatte mich verstoßen, mich und meine Familie zu ermorden versucht; jetzt lehnte ich es ab.

Einige Wochen nach meiner Einschulung in der Crown Street hörte ich von einem Mädchen, das in die Klasse unter mir gekommen war. Sie hieß Miriam, war Jüdin und stammte aus Palästina, wie es damals noch hieß. In einer Freistunde sprach ich sie an, wir fanden sofort Kontakt und verbrachten zusammen die Mittagspause. Sie sprach kein Französisch, ich kein Hebräisch, und beide konnten wir nicht genug Englisch. Aber wie sich herausstellte, sprachen wir beide gut Deutsch, und wir begannen, uns in dieser Sprache zu unterhalten. Miriam wollte Medizin studieren. Auf meine Frage, ob sie immer in Palästina gelebt habe, antwortete sie: «Ja, in Haifa.» Warum sie ein so gutes Deutsch spräche? «Ich spreche Deutsch mit meinen Eltern. Sie kommen aus Deutschland.» Woher mein Deutsch stamme, fragte sie zurück. «Auch ich spreche zu Hause Deutsch mit meinen Eltern.» Und woher wir kämen? «Aus Frankreich», antwortete ich, «aus Limoges.» «Aber deine Eltern stammen auch aus Deutschland, nicht wahr?» «Ja, meine Eltern, die haben in Deutschland gelebt», gab ich zurück. Nach einigen Tagen verließ Miriam die Schule, da ihre Eltern ein Haus in einem anderen Stadtteil gefunden hatten, und ich vergaß sie.

Zwei Jahre später kam mein Stiefvater aufgeregt mit der Nachricht nach Hause, daß eine Familie aus unserer deutschen Kleinstadt jetzt in Sydney wohne. Bald danach wurde für einen Sonntag ein Besuch bei den Stiels angesetzt. Sie hatten sich 1937 nach Palästina eingeschifft. Dort waren auch ihre Kinder geboren, außer der ältesten Tochter, die, wie ich selbst, aus Eschweiler stammte. Wir kamen an, begrüßten und umarmten uns, während Frau Stiel immer wieder ausrief, wie sehr ich doch gewachsen sei, seitdem sie mich zuletzt in Deutschland gesehen habe. Aber die größte Überraschung war, daß ich die älteste Tochter schon kannte: Weder Miriam noch ich hatten unseren wirklichen Geburtsort eingestehen wollen – Eschweiler!

In Frankreich beschränkten meine Eltern ihren Umgang auf andere Flüchtlinge, die sich wie wir in Limoges oder den Dörfern der Umgebung niedergelassen hatten. Sie lebten alle in schäbigen Wohnungen oder Zimmern in den ärmeren Vierteln der Stadt oder, wie die Zlotchowers, in einem kleinen Dorf fünf oder sechs Kilometer außerhalb. Keiner von ihnen hatte engere Bindungen an Frankreich, da sie entweder polnische Staatsbürger waren oder staatenlos, wenn sie aus Deutschland oder Österreich stammten. Um in Frankreich eingebürgert zu werden, mußte man entweder 25 Jahre in Frankreich gelebt, in der französischen Armee gedient oder einen Sohn beim Militär haben. Frankreich war nicht so sehr ein Land des Asyls als der Internierung gewesen, und so hofften die meisten, in ein vom Krieg verschontes Land oder nach Palästina auszuwandern.

Wenn diese Familien sich trafen, sprach man oft über die Aussichten einer neuen Existenz in einem anderen Land. Die Gegenwart war trostlos und voller Ungewißheit, und man wartete auf Entwicklungen, die den Neubeginn eines sinnvolleren Lebens versprachen. Aber die Aussicht auf eine neuerliche Auswanderung war nicht ungetrübt. Bindungen mußten wieder gebrochen, eine neue Sprache, fremde Gewohnheiten und Sitten in einem langen Prozeß erlernt werden. Selbst die eigenen Kinder in den USA oder Verwandte, die für eine Einwanderung bürgten, waren inzwischen Fremde. Sie gehörten schon zu dem neuen Land und der neuen Gesellschaft, in die man sich erst einordnen mußte. Am Abend vor seiner Abreise in die USA versuchte Dr. Wohlgemut, ein alter Mann aus unserem Bekanntenkreis in Frankreich, sich mit einem Schlafmittel umzubringen. Fast wäre es ihm gelungen. In Wien war er ein angesehener Rechtsanwalt gewesen, in Frankreich wurde er zu einem von jüdischen Hilfsorganisationen unterstützten Flüchtling in fortgeschrittenem Alter. In New York stand ihm das Schicksal bevor, ein ehemaliger Flüchtling und betagter Einwanderer zu sein, unterhalten von seinen Stiefkindern. Das war schwer zu akzeptieren. Ich sträubte mich, wieder alles aufzugeben, und bat meine Eltern wiederholt, mich in Limoges zurückzulassen.

Ich änderte allerdings meine Meinung nach einem Vorfall in meiner Schule. Die Schulleiterin war durch die Klassenzimmer gegangen, hatte die Ausschreibung eines Stipendiums für bedürftige Schüler durch den französischen Staat angekündigt und uns zur Bewerbung aufgefordert. Das Stipendium war besonders für die gedacht, die einen Vater verloren oder im Krieg unter den Maßnahmen der Deutschen oder der französischen Regierung gelitten hatten. Staatszugehörigkeit wurde nicht erwähnt, und ich glaubte, alle Kriterien zu erfüllen. Ich war die ärmste Schülerin der Klasse, mußte mir Schulbücher von anderen über Nacht ausleihen, weil wir sie nicht kaufen konnten, mein Vater war tot, und ich hatte zwei Jahre in einem französischen Internierungslager verbracht. Auch wußte ich, daß die Schulleiterin mich mochte. Als ich aber die Hand hob, um mich um das Stipendium zu bewerben, sagte sie nur kurz: «Du nicht.» Später hielt sie mich im Gang auf und sagte etwas freundlicher: «Das Stipendium ist nur für französische Staatsbürger. Du kannst dich nicht bewerben.»

Jetzt, in Sydney, schlug ich mich in der Crown-Street-Schule mit der englischen Sprache herum. Würde ich die englische Sprache je so beherrschen wie die französische? Das geringe Tempo meiner Fortschritte brachte mich zur Verzweiflung. Die Lehrerin wies zwei Mädchen an, mir die Stadtbibliothek von Sydney zu zeigen. Ich wurde Mitglied, vorerst aber nicht, um englische Bücher zu entleihen, sondern französische Klassiker aus der französischen Abteilung, die ich bald entdeckt hatte, und englische Klassiker in französischer Übersetzung. Ich begann auch, englische Bücher zu lesen. In der Schule gab es eine kleine Bücherei mit Kinderbüchern, die meist in englischen Mädcheninternaten in den ersten drei Jahrzehnten des Jahrhunderts spielten und Titel wie ‹Die Stiftsmädchen zu Hause› oder ‹Die Stiftsmädchen schaffen es› hatten. Ich verschlang diese Bücher, während ich gleichzeitig die Klassiker der Literatur in Französisch las. Die Geschichten waren für mich nicht nur eine Leseübung. Ihre Gesinnung entsprach ganz der der englischen Privatschule, und auch das Australien der vierziger und fünfziger Jahre orientierte sich daran.

Mein Onkel und meine Tante waren in ihr neues Haus gezogen und hatten uns ihre alten Möbel und einen Teil des Hausrats hinterlassen. Wir blieben allerdings in der Wohnung in Mascot nicht lange allein. Die überlebenden Mitglieder der Familie kamen einer nach dem anderen an. Sechs Wochen nach unserer Ankunft in Sydney zogen mein Onkel Ben, seine Frau, die kleine Tochter und seine Schwiegermutter bei uns ein. Als sie schließlich auszogen, kam ein alleinstehender Cousin zu uns. Leo hatte die Kriegsjahre zuerst als Kriegsgefangener, dann als alliierter Soldat in der polnischen Exilarmee im asiatischen Teil der Sowjetunion verbracht. Leo wohnte auf unserer geschlossenen Veranda einige Monate, während er sich einen kleinen Friseurladen einrichtete. Ein anderer Cousin meiner Mutter, der auch Soldat in der polnischen Armee in der Sowjetunion gewesen war, während man ihm Frau und Kind in Ostgalizien umbrachte, hatte seinem Dorf Nowica und den kleinen Städten der Umgebung einen Besuch abgestattet und saß nun an Wochenenden stundenlang mit Leo in unserer Küche in Mascot. Sie tranken Zitronentee aus dicken weißen Tassen und verdrückten den Apfelstrudel oder Käsekuchen meiner Mutter, während sie sich über die Heimat und vergangene Zeiten unterhielten. Ich war damals 14, 15, 16 und fand die Gespräche der Erwachsenen über tote Familienmitglieder, deren Eltern oder die eigene Jugend unendlich langweilig; ich lief durch die Küche, gab brav jedem einen Kuß auf die Wange, ließ mich von einem einsamen Mann mittleren Alters großzügig in den Arm kneifen, während er mir ein «Nu, Sophielein, wie geht's?» zurief, lächelte geduldig und verschwand in meinem Zimmer mit einem Buch oder mit Freunden. Heute bedauere ich, daß ich bei diesen Sitzungen nicht in der Küche geblieben bin, um mehr über die Familiengeschichte zu erfahren. Damals sehnte ich mich nach einem anderen Leben und anderen Erfahrungen, und diese Geschichten interessierten mich nicht.

Das Leben war für meine Eltern in Australien anfangs nicht einfach. Meine Mutter hatte bei der Ankunft eine Tochter von 21 Monaten und konnte keine Stelle annehmen. Mein Stiefvater besaß keine Berufsausbildung und hatte nichts gelernt, und beide sprachen bei der Ankunft kein Wort Englisch. Da es in Australien in der Nachkriegszeit an Arbeitskräften mangelte, fand mein Stiefvater Rudi sofort Beschäftigung als ungelernter Arbeiter in einer nahegelegenen Gummifabrik. Meine Eltern, beide 44 Jahre alt, mußten ein kleines Kind und eine jugendliche Tochter ernähren und bekleiden. Geld konnten wir nur sehr vorsichtig ausgeben, und Extras gab es nicht. Meine Mutter, eine Bauerntochter, war eine vorbildliche Hauswirtschafterin, und es war immer genug Essen für uns und alle Gäste auf dem Tisch. Zwei Jahre nach unserer Ankunft half sie bereits Neueinwanderern aus Rumänien mit Essen und Kleidung. Ein kleines Mädchen erhielt die Sachen, die meiner Schwester zu klein geworden waren, und meine Mutter brachte mehrmals in der Woche Milch und Lebensmittel für die Erwachsenen hinüber. Einer unserer Cousins, der vor dem Krieg eingewandert war, schenkte uns ein Radio, von dem meine Mutter Englisch lernte, indem sie der langjährigen Serie «Blue Hills» zuhörte, die zweimal am Tag ausgestrahlt wurde.

Meine Mutter wußte immer, was wichtig war. Für Alkohol, Glücksspiele und Unterhaltung wurde kein Pfennig ausgegeben, aber bei nahrhaften Lebensmitteln kein Geld gespart und die Miete rechtzeitig bezahlt. Sie schwelgte im Überfluß Australiens an frischem Obst und Gemüse. Da sie jetzt soviel Mehl, Butter und Eier kaufen konnte, wie sie wollte, wurde jede Woche gebacken. Nicht nur wir im engeren Familienkreis genossen ihre Kuchen, sondern auch Freunde der Familie und Moritz, ein entfernter Cousin, der früh das Haus verlassen hatte.

Moritz war in den dreißiger Jahren in Australien eingewandert. Gemeinsam mit seiner Frau, die seinetwegen zum Judentum übergetreten war, lud er uns zu sich nach Hause ein. Isobel sprach nur Englisch, aber sie war charmant und wunderschön. Auch sie wohnten in einem neu erbauten Haus in einem Viertel des gehobenen Bürgertums in der Nähe des Meeres. Meinem unerfahrenen Auge erschien das Haus wie aus einem Hollywood-Film, elegant und luxuriös. Als ein Teenager, der sich gerade für Kleider zu interessieren begann, beeindruckte mich auch, wie beiläufig Isobel sehr gepflegt aussehen konnte. Daß ihre kleinen Kinder nicht sehr viel von ihrer Mutter sahen, war deutlich zu erkennen. Der dreijährige Junge und das einjährige Mädchen wurden kurz vom Kindermädchen hereingebracht, um bewundert zu werden, und dann schnell wieder abgeführt. Offensichtlich widmete Isobel ihren Kindern nur wenig Zeit, im Gegensatz zu meiner Mutter, deren Leben sich ganz um die Familie drehte.

An einem Sonntag während unseres ersten Frühjahrs in Australien luden uns Moritz und Isobel zu einer Fahrt in ihrem großen amerikanischen Auto ein. Sie wollten uns Teile von Sydney zeigen, die wir nicht zu sehen bekamen, wenn wir von unserer sehr einfachen Gegend aus mit der Straßenbahn durch die ärmeren Viertel und Industriegebiete in die Innenstadt fuhren. Meine Mutter hatte Moritz' Lieblingskuchen gebacken und geplant, unsere Cousins nach der Spazierfahrt zum Tee in unsere Wohnung einzuladen. Sie ließ mich übersetzen: «Sophie, bitte Isobel und Moritz zum Tee daheim. Sag' ihnen, daß alles vorbereitet ist. Frag' sie jetzt.» Kinder von Einwanderern mußten immer für die Eltern übersetzen. Ich nahm mich zusammen und sagte: «Isobel, meine Eltern wollen, daß ich euch beide zum Tee in unser Heim einlade. Meine Mutter hat alles vorbereitet.» Isobel verbesserte mich. «Nicht ‹in unser Heim›, Liebling, in ‹unsere Wohnung›. So mußt du das sagen. Es tut mir leid, aber wir haben heute schon etwas vor. Ein anderes Mal.» Diese Sprachlektion habe ich nie vergessen. Reiche haben ein «Heim», Arme nur eine «Wohnung».

Cousin Moritz war zu dieser Zeit auf dem Höhepunkt seines geschäftlichen Erfolges. In den ersten 15 Jahren nach unserer Ankunft in Australien hatte er nacheinander zwei Vermögen verspielt. Zum erstenmal schien ihm alles zu glücken, was er anfaßte, und er teilte gerne Ratschläge an alle aus, die weniger verdienten, darunter natürlich auch wir. Mein Stiefvater mußte sich als Hilfsarbeiter durchschlagen, und meine Mutter versuchte beim Freitagsmarkt an einem kleinen Stand auf Paddy's Market Stoffreste zu verkaufen. Doch solange meine kleine Schwester noch nicht zur Schule ging, war es für meine Mutter unmöglich, sich geschäftlich zu etablieren. Sie kaufte dann eine Pedalnähmaschine und nähte Röcke für einen Laden in der Nachbarschaft. Was sie verdiente, gab sie für die Kleidung ihrer Kinder aus, nie für sich selbst.

Obwohl es in Australien Gesetze gegen Kinderarbeit gibt, erhielt ich von meinem fünfzehnten Lebensjahr an eine Arbeit am Samstagvormittag als Verkäuferin im Schuhgeschäft meines Onkels. Die Arbeit machte mir Spaß und gab mir die Befriedigung, mein eigenes Taschengeld zu verdienen und damit indirekt meinen Eltern zu helfen. In der Schule machte ich sehr gute

Fortschritte. Zum erstenmal in meiner Schulzeit war ich mit Gleichaltrigen zusammen. Am Ende des dritten Jahres in der Crown Street machte ich den Mittelschulabschluß und bewarb mich in einer Prüfung um ein Stipendium für die weiterführende Schule, die Sydney-Oberschule. Bei meiner Bewerbung um das Stipendium, das ich dann auch erhielt, mußten meine Eltern sich verpflichten, die Einbürgerung innerhalb der kürzestmöglichen Zeit zu erreichen, da Ausländer normalerweise nicht für Stipendien in Frage kamen.

Beim Abitur spezialisierte ich mich auf Sprachen, besuchte höhere Englisch-, Französisch- und Deutschkurse, erzielte bei der Französischprüfung das beste Ergebnis im Bundesstaat und das sechstbeste im Deutschen. Ironischerweise ließ die Fachleiterin für moderne Sprachen an meiner Oberschule nicht zu, daß ich für meine Leistungen in Französisch einen Preis bekam, da sie mich für eine geborene Französin hielt. Das kränkte mich, aber für eine Französin gehalten zu werden, war ein Trost. Die Feindseligkeit dieser Lehrerin führte leider dazu, daß ich mich gegen ein Sprachstudium an der Universität Sydney entschied, für die ich ein Stipendium gewonnen hatte, das alle Studien- und Bücherkosten deckte.

Ein Studium wäre sonst von meinen Eltern nicht finanzierbar gewesen. Während der Vorbereitungskurse und der Ferien arbeitete ich in Fabriken, als Kellnerin und verkaufte weiterhin am Samstagvormittag Schuhe. Ich lernte das Abfüllen von Tomaten- und Pfirsichkonserven, das Pflücken von Aprikosen und Pfirsichen, das Beschneiden von Obstbäumen und das Herstellen von Toilettenpapier und Servietten. Diese Erfahrungen vermittelten wichtige Einsichten für jemanden, der für den Rest des Lebens zur Mittelschicht gehören sollte.

Als wir in Australien ankamen, war ich in dem Alter, in dem man feste Jugendfreundschaften schließt. In meiner direkten Umgebung gab es jedoch keine passenden Kandidaten. Aus meinen Kontakten auf dem Einwandерungsschiff entstanden zwei lebenslange Freundschaften, die erst kürzlich durch den Tod der beiden ein Ende fanden. Aber wir wohnten in weit voneinander entfernten Teilen der Stadt und besuchten verschiedene Schulen. In der Crown-Street-Schule schlug der Rabbiner William Katz, der uns eine Stunde in der Woche in jüdischer Religion unterrichtete, mir vor, dem «Yechud Habonim» (Bund der Bauleute) beizutreten, einer zionistischen Jugendgruppe, die sich samstags in der Innenstadt von Sydney traf. Katz war selbst 1939 mit seiner Familie aus Kassel in eine australische Provinzstadt ausgewandert, ein Mann von starkem Intellekt und großem Einfühlungsvermögen.

Meine ersten Wochen beim Habonim fielen mir nicht leicht. Jugendliche neigen zur Cliquenbildung, und ich war der Außenseiter, aber nach einiger Zeit fand ich mich zurecht. Der Habonim folgte in etwa dem Vorbild des «Wandervogels».

Jugendliche wurden ab dem sechzehnten Lebensjahr auf interne Trainingskurse für Jugendleiter geschickt und mit siebzehn oder achtzehn dazu ermutigt, Gruppen jüngerer Mitglieder nach dem Vorbild der Pfadfinderbewegung zu leiten. Ich wurde zu der Zeit Mitglied, als die Vereinten Nationen in ihrer Generalversammlung gerade die Teilung Palästinas in einen jüdischen und einen arabischen Staat beschlossen hatten und die Vorgänge im Nahen Osten Gegenstand intensiver, oft stundenlanger politischer Diskussionen wurden, die manchmal sehr viel Wissen voraussetzten. Die Teilnahme an den Veranstaltungen des Habonim brachte uns dazu, die Tages- und Wochenpresse zu lesen. All das stellte einen Prozeß der formlosen, aber intensiven Erziehung in den jüdischen Traditionen dar, von denen ich bis dahin nur wenig wußte, und der bewußten Auseinandersetzung mit den Fragen, die die Juden in der Welt damals beschäftigten. Trotzdem wurde den persönlichen Erfahrungen der vielen Einwandererkinder aus Europa während der Kriegszeit keinerlei Interesse geschenkt. Unter uns befanden sich auch Kinder, die als einzige ihrer Familien überlebt hatten und von der «Australian Jewish Welfare Society» nach Australien gebracht worden waren. Später fand ich heraus, daß enge Freunde beim Habonim versteckt in Warschau, Budapest, Berlin, Krakau und Prag überlebt oder die Deportation nach Sibirien überstanden hatten. Hier traf ich auch jemanden aus Rivesaltes und ein Mädchen, das mit zwölf Jahren aus einem Deportationszug in Litauen gesprungen war und bei einer jüdischen Partisanengruppe in den Wäldern im Norden von Polen überleben konnte. Sie heiratete später einen dieser Partisanen und lebt heute ein völlig bürgerliches Leben in Melbourne. Damals hatten wir ein starkes psychologisches Bedürfnis, über diese Erfahrungen zu schweigen und nur in die Zukunft zu blicken. Die Zeit für die Erinnerung war noch nicht gekommen, und die in Australien geborenen oder vor dem Krieg eingewanderten Jugendlichen wollten damals unsere Geschichten nicht hören.

Nur ein Aspekt der Kriegszeit wurde herausgestellt, der des bewaffneten jüdischen Widerstandes in den Zwangsghettos der Nazis und anderswo in Europa. Unser angeschlagenes und erniedrigtes Selbstbewußtsein brauchte die Bestätigung, daß einige Juden gekämpft hatten mit dem wenigen, das ihnen zur Verfügung stand. Damals dachten wir, alles, was wir wissen wollten, schon über die zu wissen, die in die Lager und Gaskammern scheinbar «wie Schafe zur Schlachtbank» gegangen waren, und mehr wollten wir über ihr Schicksal nicht hören. Aber der Wilnaer Dichter und Erzieher Abba Kovner, der Führer des Aufstandes im Warschauer Ghetto, Mordechai Anielewicz, seine Mitstreiter Antek Zukerman und Zivia Lubetkin, die jungen Juden aus Palästina, Hannah Szenesh und Enzo Sereni, die als Freiwillige über dem besetzten Europa abgesprungen waren, um den Widerstand zu organisieren, und getötet wurden, das waren unsere Helden und Vorbilder.

Diese Vorbilder beeinflußten auch unsere politische Einstellung. Die jungen Kämpfer in den Ghettos hatten den linksgerichteten zionistischen Jugendverbänden angehört, zumindest die, über die man uns erzählte, und die Armeen, die in Osteuropa die größten Konzentrationslager befreit hatten, waren die sowjetischen. Zur selben Zeit schienen damals die Briten im Palästina-Konflikt auf arabischer Seite zu stehen, während sie die erbärmlichen, rostigen Schiffe mit Überlebenden des Holocaust vor der Küste aufbrachten und die Passagiere auf Zypern internierten. Die Amerikaner versuchten unserer damaligen Meinung nach alles, um sich aus dem Nahost-Konflikt herauszuhalten, während sie den Wiederaufbau Deutschlands großzügig unterstützten. Das gab uns das Gefühl, daß Juden immer noch zu Opfern gemacht wurden. Wir wollten nie wieder Opfer sein, und das führte bei vielen Jugendlichen zu einer prosowjetischen Einstellung. Einige Jahre später erfuhren wir dann von den Verbrechen in der Stalin-Zeit und dem schändlichen Verhalten der Roten Armee vor Warschau, die der Vernichtung des polnischen sozialdemokratischen Untergrunds durch die Deutschen zugesehen hatte, und gingen auf Distanz.

Beim Habonim fand ich einen passenden Kreis von Freunden und Gefährten, und meine Zugehörigkeit zu der Bewegung von 1947 bis 1953 hatte einen starken Einfluß auf mein Leben. Im Sommer gingen wir für zehn Tage in ein Zeltlager, auf das wir uns das ganze Jahr über freuten, da wir dort Habonim-Mitglieder aus Melbourne, Perth, Brisbane und sogar aus Neuseeland trafen und neue, interessante Kontakte herstellen konnten. Nach den Zeltlagern beherbergten wir die Auswärtigen bei uns oder wurden selbst in anderen Städten von jüdischen Familien aufgenommen.

An der Universität Sydney studierte ich Geisteswissenschaften. Ich war die erste, die in meiner Familie die Universität besuchte, und fühlte mich schuldig, daß ich zum Auskommen der Familie nichts beisteuern konnte. Das Studium der unter dem Begriff der Erziehungswissenschaften zusammengefaßten Disziplinen, Teile der allgemeinen Psychologie, Entwicklungspsychologie, Philosophie der Erziehung, Jugend- und Schulsoziologie, gab mir sehr viel und bahnte mir den Weg in den Beruf. Ich schloß das Studium in der kürzestmöglichen Zeit von drei Jahren ab. Erst in den letzten neun Monaten vor dem Abschluß konnte ich die nötige Zeit in mein Studium stecken, da ich den Habonim verließ und meine mich dort ständig in Anspruch nehmenden Aufgaben abgab.

Meine Eltern hatten es wirtschaftlich immer noch schwer. Ende 1952 überredete sie unser Cousin Moritz, eine undankbare Aufgabe zu übernehmen. Er war Mitglied in einem jüdischen Club, der vor kurzem ein Anwesen in einem exklusiven Vorort im Osten Sydneys übernommen hatte, um eine Art Country Club zu eröffnen. Der Club suchte nach einem Ehepaar, das die Hausmeisterstelle und das Restaurant für Mitglieder übernehmen sollte. Moritz hielt meine Eltern für die idealen Kandidaten, da Rudi sich in allen technischen Dingen auskannte, meine Mutter hervorragend kochen konnte und beide ehrlich, arbeitsam und sauber waren. Den Ausschlag gab die geräumige Wohnung, die dem Hausmeisterehepaar im Club zur Verfügung stand und unsere ständige Abhängigkeit von der Wohnung meines Onkels beenden würde. Außerdem lebten wir in einem Industriegebiet in der Nähe stinkender Gerbereien und kaum besser riechender Lebensmittelfabriken; Mascot war auch damals schon der wichtigste australische Flughafen und nicht gerade eine gute Adresse. «Du hast eine Tochter im heiratsfähigen Alter», pflegte Moritz meiner Mutter zu sagen, «und kannst sicher sein, und ich weiß, wovon ich spreche, daß kein anständiger jüdischer Junge auch nur daran denken würde, mit einem Mädchen aus Mascot auszugehen.» Meine Mutter, die mich nicht zu einem Leben als alte Jungfer verurteilen wollte, nahm die Stelle im Club an. Die Arbeit war eine Zumutung; von zehn Uhr morgens bis zwei Uhr nachts wurde man von Leuten herumkommandiert, die einen wie Diener behandelten; von einer finanziellen Verbesserung konnte kaum die Rede sein. Glücklicherweise waren wir noch nicht in die Hausmeisterwohnung gezogen, so daß der Entschluß noch rückgängig gemacht werden konnte.

Auch in anderer Hinsicht hatte sich Moritz geirrt. An netten, begabten jüdischen Jungen, die bereit waren, sich mit einem Mädchen aus Mascot einzulassen, herrschte kein Mangel. Zur Zeit der Club-Episode hatte ich gerade begonnen, mit einem Jurastudenten, meinem späteren Ehemann, auszugehen. Wir lernten uns in einem Ausschuß kennen, und unsere Beziehung entwickelte sich entsprechend den damaligen, weniger freien Verhaltensnormen langsam. Er war in Australien geboren, seine Eltern waren getrennt als Jugendliche vor dem Ersten Weltkrieg aus England eingewandert, hatten aber beide einen osteuropäischen Ursprung. Die Familie sprach bereits in der zweiten Generation Englisch.

Niemand in der Familie meines zukünftigen Ehemannes konnte verstehen, warum dieser vielversprechende junge Mann, der einzige Sohn einer angesehenen australisch-jüdischen Familie, eine «Fremde» heiraten wollte, die zudem noch eine «deutsche Jüdin» und gleichzeitig eine «Froschschenkelesserin» war.

Nach der Club-Episode gingen meine Eltern ein Risiko ein, mieteten nach einer Übernahme-Zahlung einen vernachlässigten, alten Laden in einem Arbeiterviertel von Sydney und eröffneten im Februar 1953 ein Schuhgeschäft. Wir zogen in die heruntergekommene Wohnung über dem Laden und waren froh, endlich unabhängig zu sein. Ruth, die Schwester meiner Mutter, stieß zu uns als Verkäuferin, und auch ich arbeitete am Freitag und Samstag im Geschäft, wenn die Universität keine Vorlesungen hatte. Ein Buchhalter brachte mir Buchführung bei, und acht Jahre lang führte ich meinen Eltern die Bücher, glücklich, für ihr wirtschaftliches Fortkommen endlich etwas tun zu können. Meine Mutter investierte viel harte Arbeit in den Erfolg des Geschäftes, und mein Stiefvater, der nicht zum Geschäftsmann geboren war, trug seinen Teil dazu bei. Erst lange nach meiner Hochzeit erreichten meine Eltern wieder ein gewisses Maß an bürgerlichem Wohlstand und verfügten am Ende über ein gutgehendes Geschäft und ein eigenes Haus.

Beziehungen zu Deutschen hatten wir in einer bestimmten Weise immer unterhalten, meistens zu Frauen, die an der Seite ihrer jüdischen Ehemänner und Kinder ins Exil gegangen oder zum Judentum übergetreten waren und sich völlig an das Leben und die Einstellungen ihrer jüdischen Freunde oder Familien assimiliert hatten. Eine dieser Frauen in Sydney wurde zur tüchtigen und bewunderten Leiterin einer großen jüdischen Frauenorganisation, die Spenden für Israel sammelte. Ihre Identifikation mit den Juden war total, und sie wurde uneingeschränkt akzeptiert, obwohl die meisten ihre Herkunft kannten. Gegenüber Deutschen, die während der Nazi-Zeit in Deutschland geblieben waren, hatten wir eine andere Haltung. Für die Verbrechen der Nazis empfanden wir Abscheu und vermieden soweit wie möglich jeden persönlichen Kontakt.

Nach dem Universitätsabschluß heiratete ich und wurde im selben Jahr Lehrerin an einer der neu eröffneten Gesamtschulen im westlichen Außenbezirk von Sydney, in dem man billige Wohnungen baute. Die Schule verfügte über nur wenige Einrichtungen, und mehr als ein Drittel der Mädchen war eingewandert. Außer mir gab es nur noch eine weitere eingewanderte Lehrerin, wie auch ich nach dem Krieg gekommen, und da die meisten der an dieser Schule eingesetzten Lehrkräfte jung waren, trafen wir uns auch privat. Mit Menschen aus allen anderen ethnischen Gruppen fühlte ich mich immer entspannt, nur bei Deutschen blieb ich mißtrauisch. Merkwürdigerweise empfand ich weniger Spannungen bei Deutschen, die meinen stereotypen Vorstellungen entsprachen, also sich arrogant, grob und gemein verhielten.

Auf der Universität war ich Mitglied der «New Education Fellowship» (NEF) geworden, einer weltweiten Organisation, die sich zum Ziel gesetzt hat, die Erziehung den wirklichen Bedürfnissen des Kindes anzupassen. Als Lehrerin begann ich an der Organisation gerade aktiveren Anteil zu nehmen, als die älteren Mitglieder eine Sektion für die Jüngeren jenseits des Studentenalters ins Leben rufen wollten. Mitglieder in dieser Altersgruppe wurden an einem Sonntag zu einer ganztägigen Zusammenkunft eingeladen und aufgefordert, interessierte Freunde und Bekannte mitzubringen. Jemand hatte vier junge Deutsche eingeladen. Der Tag wäre möglicherweise sehr angenehm verlaufen, hätten zwei der jungen Deutschen das Gespräch nicht auf Juden, polnische Juden, deutsche Juden gebracht und erklärt, daß ihre Vernichtung gerechtfertigt gewesen sei. Bald brach jede andere Unterhaltung ab, und man schwieg, außer den zwei oder drei Leuten, die mit ihnen zu argumentieren versuchten. Mein Mann und ich verließen die Versammlung, und von diesem Tag an nahm ich keinen aktiven Anteil mehr an der NEF.

Ein kurzer Besuch 1956 in Deutschland half mir auch nicht, meine negativen Gefühle zu zerstreuen. Wir hatten mein Gehalt ein Jahr lang gespart und unseren Kleinwagen verkauft, um Arbeitsferien in England zu verbringen. Davor fuhren wir auf einer Lambretta durch Europa und wohnten in Jugendherbergen und billigen Hotels. Wir gingen von Holland aus einige Tage über die Grenze, hauptsächlich um meinen Geburtsort Eschweiler und das Grab meines Vaters in Aachen zu besuchen. Dies war mein erster Besuch in Deutschland, seitdem ich es 1939 als kleines Kind verlassen hatte, und ich war gespannt und neugierig. Der Krieg lag elf Jahre zurück, und ich war Bürgerin Australiens. Gegenüber meinem Geburtsort empfand ich keine sentimentalen Regungen, aber die Aussicht, vertraute Straßen, Gebäude, vielleicht sogar Gesichter wiederzusehen, versetzte mich in Unruhe.

Die erste Nacht verbrachten wir in einer Aachener Jugendherberge und waren erstaunt, wie autoritär sie geführt wurde und wie ein deutscher Jugendleiter mit seinen Schützlingen umging. Von der freundlichen, entspannten Atmosphäre, die wir aus Jugendherbergen in Australien und Westeuropa kannten, war nichts zu spüren.

Der Besuch in Eschweiler enttäuschte mich sehr. Ich erkannte vieles wieder, besonders in der Altstadt um den Marktplatz herum, wo wir gewohnt hatten. Die Schnellengasse, in der ich geboren wurde und bis zu unserem Wegzug zu Hause war, existierte noch fast unverändert. Die große Wirtschaft gegenüber unserem Haus stand noch wie die beiden Lebensmittelgeschäfte an den beiden Enden der Straße. Nur unser ehemaliges Schuh- und Arbeitskleidungsgeschäft war jetzt ein Pelzgeschäft mit einem viel kleineren Schaufenster. Es war Sonntag, alle Geschäfte hatten geschlossen, und ich traute mich nicht, an die Tür zu klopfen und zu bitten, nach oben in unsere ehemalige Wohnung gelassen zu werden. Die Straße lag verlassen, kein Mensch war zu sehen. In London hatte uns ein entfernter Verwandter, der auch aus Eschweiler stammte, erzählt, daß Dr. Wilhelms, unser früherer Hausarzt, noch lebte, und uns vorgeschlagen, ihn aufzusuchen. Der Verwandte versicherte uns, daß Dr. Wilhelms gegen das Regime gewesen sei. Ich fand sein Haus in der Dürener Straße gegenüber der Schnellengasse leicht. Die Tür wurde uns von einer Frau mittleren Alters geöffnet, die seine Tochter oder Haushälterin sein konnte und uns unfreundlich begrüßte. Dr. Wilhelms war nicht zu Hause, und sie wußte nicht, wann er zurückkommen werde. Ich sei «von sehr weit her», erklärte ich, eigentlich eine Untertreibung. Das beeindruckte sie überhaupt nicht, und sie schlug uns die Tür vor der Nase zu, bevor ich noch mehr sagen konnte.

In Aachen hatte uns ein freundlicher, alter Wärter am jüdischen Friedhof die Adresse eines Juden gegeben, der nach dem Krieg nach Eschweiler zurückgekehrt war, um seine deutsche Freundin zu heiraten. Wir fanden die

Wohnung der Leopolds, aber sie waren verreist. Wir sprachen mit dem Schwiegervater, aber der konnte sich an meine Familie nicht erinnern. Ich suchte die Stelle, an der die Synagoge in Eschweiler gestanden hatte, an deren Brand am 10. November 1938 ich mich so deutlich erinnere, aber ich konnte sie nicht finden und wollte nicht fragen. Alles, was ich als groß in Erinnerung hatte, die Inde-Brücke, der Marktplatz, an dem die Nazikundgebungen abgehalten wurden, die Jahrmärkte, die riesige Treppe an der Kirche, schien jetzt geschrumpft. Einige Leute beschauten uns neugierig, aber niemand sprach uns an, und ich wußte nicht, wen ich ansprechen konnte. Ich fühlte mich völlig fremd, sicher mehr noch als mein Mann, für den der Besuch keine emotionale Bedeutung hatte.

Ich kehrte 20 Jahre später noch einmal nach Eschweiler zurück, diesmal bürgerlich-komfortabel im Auto und in Begleitung meines Mannes und meiner drei Söhne. Ich war entschlossen, an die Tür meines Geburtshauses zu klopfen, mir die Wohnung anzusehen und sie meinen Kindern zu zeigen. Aber das Haus war geräumt und sollte eingerissen werden. Als mein Mann mich in den Eingang stellte, um Aufnahmen zu machen, öffneten sich einige Fenster, und Leute blickten neugierig herunter. Eine Frau kam aus einem Haus nebenan, schaute mich an und rief: «Aber das muß doch die Sophie sein!» Ich war begeistert, nach 37 Jahren wiedererkannt zu werden, zerbrach mir aber den Kopf, wer mich da erkannt hatte. Die Frau stellte sich mir vor, ihr Name sagte mir aber nichts. «Ihre Tante Ruth hat mich doch immer zu Pessach in ihre Küche gerufen, um Matzes zu essen.» Ich muß immer noch verwirrt ausgesehen haben, denn sie fügte hinzu: «Und wie geht's dem hübschen Onkel Benno?» und wies sich damit als eine gute Freundin der Familie aus. Später erkannte ich sie als ein junges Mädchen auf dem Foto, das an meinem zweiten Geburtstag aufgenommen worden war und alle Kinder der Straße zeigte.

Bald gesellten sich noch andere Leute aus den Häusern nebenan zu uns. Wir hatten eine Frau aus Aachen im Auto mitgenommen, die für einen Cousin arbeitete, der nach Deutschland zurückgekehrt und mit einer netten deutschen Frau verheiratet war. Die Frau, die wir mitgenommen hatten, sagte nun zu jedem, der es hören wollte: «Die sind in der großen Judenauswanderung aus Deutschland weg.» Dieser Ausdruck machte mich sehr böse, aber ich ließ ihn ohne Kommentar durchgehen. Offenbar lebten alle, an deren Namen ich mich noch erinnern konnte, weiterhin in Eschweiler, außer einem Mädchen namens Nellie, das ich besonders gemocht hatte, und einem Jungen, der Hänschen gerufen wurde und als Soldat in Rußland gefallen war. Hänschen dürfte bei seinem Tod nicht älter als siebzehn oder achtzehn gewesen sein.

Es war ein heißer Tag, und meine Söhne und meinen Mann, die kein Wort Deutsch verstanden, hatte die Hitze in der Straße müde gemacht. Ich erinnerte mich an ein Lebensmittelgeschäft am oberen Ende der Schnellengasse, in dem vielleicht Eis oder kalte Getränke zu kaufen waren, und wir gingen hinüber. Ich trat ein und bekam einen fast körperlichen Schock. Mir gegenüber stand eines der Kinder aus dem Foto vor 40 Jahren, jetzt eine Frau mittleren Alters mit Brille, wie damals und dem gleichen sauren Gesichtsausdruck. Sie erkannte mich nicht, selbst als ich fragte, ob der Laden schon länger, 40 Jahre, im Besitz der Familie sei. Als sie bejahte, fragte ich nach ihrem Namen. Sie wich aus, ich verzichtete darauf, mich vorzustellen, und bezahlte für die Getränke. Meine Mutter hatte mir erzählt, daß die Besitzer dieses Ladens «echte» Nazis, also von Anfang an dabei gewesen seien.

Mein erster Kontakt zu Deutschen, der aus Rede und Antwort bestand, fand im April 1983 statt, als ich im Rahmen eines «Oral History»-Projektes mit Überlebenden des Holocaust und Flüchtlingen aus Nazi-Deutschland an einer Konferenz in Warschau teilnahm, zu der auch eine große Zahl von Historikern aus West- und Ostdeutschland gekommen war. Der Schutzmantel meines Mißtrauens gegenüber Deutschen brach auf, als ich während eines Besuches der ehemaligen Konzentrationslager Maidanek und Sobibor bemerkte, daß einige der deutschen Historiker so stark wie ich von dem berührt waren, was wir dort sahen und hörten, darunter auch die eigenen Erlebnisse eines Überlebenden von Sobibor, der uns führte. Diese Gefühle waren ebenso echt wie ihre Anteilnahme an den Verbrechen, die im Namen des deutschen Volkes ausgeführt wurden.

Nach dieser Konferenz ergaben sich freundliche berufliche Verbindungen mit einigen deutschen Forschern und Historikern. Trotzdem ist mir bewußt, daß ich gegenüber Deutschen immer eine größere Reserve empfinden werde als gegenüber anderen. Solange ich nicht weiß, mit wem ich es zu tun habe, hat für mich die Unterhaltung mit einem Deutschen Ähnlichkeit mit dem Gang durch ein Minenfeld.

Mein Exil in Argentinien

von Kurt Fischbein

Ich wurde in der Gellerstraße 11 in Hamburg am 17. Februar 1926 geboren. Meine Mutter, Hanna Rosenbaum, heute 87 Jahre alt und seit 1950 in Israel, stammt aus einer gutbürgerlichen, liberalen jüdischen Familie. Ihr Vater, Siegfried, auch aus der Freien und Hansestadt, war Inhaber eines gutgehenden Damenmodegeschäfts auf dem Neuen Wall; ihre Mutter, Anna Freundlich, kam aus Neustettin in Pommern, wo ihr Vater eine Fabrik für Filzpantoffeln besaß. Mein Vater, Bernard Benjamin, wurde in Bremen geboren, er zog mit seinen Eltern noch als Jüngling nach Hamburg. Nach dem Studium in Marburg wurde er Nationalökonom. Sein Vater, Isidor, stammte aus

Galizien und kam aus einer tiefreligiösen Familie; er führte mit seiner Frau, Bella Levy, der Tochter des Verfassers eines hebräisch-deutschen Gebetbuches und Oberkantors in der Bremer Synagoge, einen streng orthodoxen Haushalt. Isidor meldete sich als Freiwilliger im Ersten Weltkrieg und erhielt für seinen Dienst das «Eiserne Kreuz».

Meine Eltern heirateten im Mai 1925, und kurz nach meiner Geburt zogen wir in eines von mehreren Wohnhäusern, von meinem Vater und seinem Partner, Architekt Hans Prahl, gebaut, am Alsterkamp und an der Sophienterrasse. Das Haus am Alsterkamp steht heute noch, und ich sah es 1980, zum erstenmal seit fast einem halben Jahrhundert, wieder. Die Wohnung war Sammelpunkt vieler deutscher und ausländischer Künstler; es wurde viel musiziert und über Bücher gesprochen. Die erste Musik, die ich in Erinnerung habe, war ein Orgelkonzert von Händel. Gut erinnere ich mich auch noch an zwei Musiker vom berühmten Budapester Streichquartett, die vor 1933, als sie in Hamburg spielten, bei uns gewohnt und geübt hatten. Am 29. August 1929 kam mein Bruder Michael zur Welt; heute ist er Architekt für Regionalplanung in Israel, wo er seit 1949 lebt. Ich verbrachte eine wirklich wunderbare Kindheit; fast jedes Wochenende ging es in die Lüneburger Heide, mein Vater spielte Laute, und wir sangen zusammen mit guten Stimmen schöne deutsche Lieder und auch schon Melodien aus dem neuen Palästina. Mein Vater war Mitbegründer einer zionistischen Jugendbewegung, und, wie auch meine Mutter, Sozialdemokrat. Ich kam 1932 in die Talmud-Thora-Volksschule am Bornplatz, neben der großen Synagoge, und wurde einer der besten Schüler meiner Klasse. Ich hatte viele Freunde und Freundinnen, wurde oft eingeladen.

Kurz nach der Machtübernahme der Nationalsozialisten 1933 wurde mein Vater zum erstenmal verhaftet: Jude und Geschäftsführer einer sozialdemokratischen Baugenossenschaftsgesellschaft, das war zu viel. Er kam für drei Monate ins Gefängnis von Hamburg-Altona, und man zwang ihn, auf den Posten des Geschäftsführers zu verzichten. Mein Großvater stellte eine Kaution, woraufhin er freigelassen wurde. Wir mußten unser schönes Haus verlassen; wir zogen in die Husumer Straße und ein Jahr später auch von dort weg, nur dieses Mal sollte es viel weiter gehen – nach Köln am Rhein. Der Abschied von Hamburg wurde mir furchtbar schwer; ich heulte tagelang und glaubte, niemals in einer anderen Stadt leben zu können. Der Grund der Übersiedlung war, daß mein Vater in seinem Bereich keinen Lebensunterhalt mehr verdienen konnte und Partner seines Bruders Willy in dessen Gesellschaft für Erzeugung und Verkauf von Kunststoffartikeln in Köln wurde. Die Firma wurde «arisiert» unter dem Namen eines Mitarbeiters und hieß nun «Wilhelm Runge & Co.», Inhaber blieben mein Vater und mein Onkel. Nachdem die Tränen getrocknet waren, kam ich zuerst in die Morija-Volksschule in der St.-Apern-Straße, neben der orthodoxen Synagoge und dann in das Realgymnasium Jawne im selben Gebäude. Der Antisemitismus war in Köln viel stärker als in Hamburg zu spüren; es gab viel mehr «Stürmerkästen» auf den Straßen, und ganz ekelhaft waren die grotesken «Judenfiguren» bei den Karnevalsumzügen. Zu jener Zeit lernte ich Herbert Liffman kennen, Bruder einer Sekretärin bei Runge & Co. Des öfteren war ich Sonnabend nachmittags bei ihm; er begeisterte mich für Geographie und Geschichte. Durch die Mitarbeit an diesem Buch erfuhr ich, daß er nach Australien emigriert ist.

Am Tag vor meinem Geburtstag, am 16. Februar 1938, wurde mein Vater zum zweitenmal verhaftet – die Nazis in Hamburg ließen nicht nach –, und ein neuer Prozeß begann. Er wurde beschuldigt, vor 1933 als Geschäftsführer der sozialdemokratischen Baugenossenschaftsgesellschaft mit einer Bausparkasse gearbeitet zu haben, von der er gewußt haben sollte, daß sie bankrott war. Er kam wieder in das Gefängnis von Hamburg-Altona, dieses Mal aber für neun Monate. Der Prozeß zog sich hin; meine Mutter fuhr jeden Dienstag nach Hamburg, um ihn für 20 Minuten besuchen zu können. Meinem Bruder und mir sagte sie nichts von der Haft meines Vaters, weil sie uns nicht belasten wollte. Sie erzählte uns, sie würde ihre kranke Mutter besuchen und mein Vater sei andauernd unterwegs für das Geschäft. Nach langem Suchen im «Hamburger Fremdenblatt» fand sie eine kleine Notiz, durch die bewiesen wurde, daß die Anklage grundlos war, da das Datum der Bankrotterklärung der Bausparkasse viel später lag, so daß Vater damals nichts davon wissen konnte. Die Gefängniswärter – meist alte Sozialdemokraten – sorgten dafür, daß es meinem Vater nicht allzu schlecht ging, der Entlassungstag wurde für den 17. November festgesetzt.

Bis dahin allerdings wurde ich Augenzeuge von fürchterlichen Ereignissen. Auf meinem Weg in die Schule frühmorgens am 10. November 1938 sah ich einige Folgen der «Kristallnacht»: zertrümmerte und ausgeplünderte jüdische Geschäfte mit eingeschlagenen Schaufenstern und dann, in der St.-Apern-Straße, meine Schule und die Synagoge daneben in Schutt und Asche. Ich fuhr schnell nach Hause. Mein Bruder kam erst später, er stand vor einer anderen, noch brennenden Synagoge in der Stadt. Wir wohnten im Parterre; ein Ehepaar Katz, sie und er Fotografen, wohnte im obersten Stock. Sie verstanden sich nie gut mit dem Portier. In der Nacht vom 9. zum 10. November wurden sie verprügelt und ihre Wohnung zerschlagen. Sie sind vom Portier denunziert worden; wir nicht. Als wir zwei Tage später am Hamburger Hauptbahnhof ankamen, sah ich, wie Herr Katz, nicht weit von uns, von zwei Männern abgeführt wurde.

Am 10. November abends schliefen wir nicht zu Hause, sondern bei einer christlichen Freundin meiner Eltern. Am 11. November fuhren wir nach Hamburg zu meinen Großeltern mütterlicherseits. Meine anderen Großeltern sollte ich ein halbes Jahr später unversehrt in London wiedersehen; sie wurden von meinem Onkel nach England geholt. Nachdem dieser die Nacht vom 9. auf den 10. November in einem Berliner Hotel verbracht hatte, in dem sich meistens die hohen Nazi-Bonzen versammelten und er sich am sichersten fühlte – er war groß und blond und hatte einen Schmiß in der Backe, der allerdings nicht durch ein Duell verursacht war, sondern dadurch, daß er als kleiner Junge auf einen beschädigten Blumentopf gefallen war –, reiste er mehrere Tage und Nächte ununterbrochen mit verschiedenen Zügen durch Deutschland. Von Köln aus fuhr er mit seinem Horch und vom Chauffeur begleitet nach Basel zum badischen Bahnhof. Er ließ den Chauffeur warten, rief ihn dann von der schweizerischen Seite aus an, verabschiedete sich und flog nach London, wo er schon längere Zeit vorher mit Erfolg geschäftliche Beziehungen angeknüpft hatte.

Meine Schulzeit wurde abrupt vom Hitler-Regime beendet. Ich gelangte bis zur Quarta im Jawne-Gymnasium, hatte bereits Latein, Englisch und natürlich auch Hebräisch, was ich seitdem nicht mehr verlernt habe. Ich war immer noch unter den besten Schülern meiner Klasse, aber nun gingen mir sechs Jahre Schulzeit verloren, denn 1940 in Argentinien mußte ich nochmals zwei Volksschulklassen besuchen. Es war freilich nicht das Schlimmste, was mir hätte passieren können! Viele Jahre später erfuhr ich, daß die meisten meiner Klasse von unserem wunderbaren Gymnasiumsdirektor Dr. Erich Klibansky und seiner Frau persönlich nach England gebracht worden waren. Trotz vieler Bitten, er möge sich und die Seinigen selbst retten, beharrte er auf seiner Tätigkeit, bis es zu spät wurde. Er und seine Familie wurden später in Riga ermordet.

Am 18. November 1938 sah ich nach vielen Monaten meinen Vater in Hamburg wieder. Einen Tag vorher hatte ihn meine Mutter aus dem Gefängnis geholt und in das Diakonissen-Krankenhaus gebracht. Freundliche Schwestern erwarteten ihn, und der Chefchirurg ordnete an, daß er, falls die Gestapo kommen sollte, sofort auf den Operationstisch zur Entfernung der Gallensteine kommen würde. In jenen Tagen konnte ich mich nützlich machen. Ich brachte die Briefe meines Vaters in ein naheliegendes Postamt; sie gingen nach Indien, Australien und nach Argentinien. Anfang Dezember erfolgte der Bescheid von meinen Großeltern in Hamburg: sie hatten ein «Affidavit» von meinem Onkel Siegbert in New York, der bereits 1929 in die USA ausgewandert war. Inzwischen besorgte mein Onkel in London ein befristetes Visum für uns nach Holland, und zurück in Köln gelang es meiner Mutter, den für die Auswanderung benötigten Schein vom höchsten Beamten der zuständigen Behörde zu erhalten. Der Lift wurde in aller Schnelle fertig gemacht; die Koffer wurden gepackt, und am 30. Dezember 1938 verließ ich Deutschland zusammen mit meiner Mutter und meinem Bruder. Mein Vater, der bereits in der Nacht vom 24. auf den 25. Dezember – man hielt die Weihnachtszeit für die sicherste Gelegenheit – nach Amsterdam gefahren war, erwartete uns am Bahnhof.

Amsterdam machte einen großartigen Eindruck auf mich, ganz abgesehen von der «freien Luft». Mein Vater mietete zwei Zimmer bei der netten, aus Polen stammenden Familie Lustig. Nach dem Krieg erfuhren wir, daß sie von den Nazis in ein Vernichtungslager im Osten deportiert worden sind. Ich kam in eine holländisch-jüdische «Overgangsschool», begann die Geographie und Geschichte Hollands zu lernen, bekam Nachhilfestunden für die neue Sprache, die mir verwandt mit Deutsch und Englisch erschien, aber doch so anders, besonders in der Aussprache. Der Direktor der Schule war ein Dr. Rees, ein guter Pädagoge, der leider auch nicht die Besetzung Hollands überleben sollte. Er gab mir auch Unterricht zur Vorbereitung meiner Bar Mizwa (jüdische Einsegnung), die Anfang Februar stattfand. Die Feier war in einer schönen Synagoge im Zuid, der Rabbiner sprach in seiner Predigt über Ikarus und warnte mich davor, zu hoch zu streben. Ich trug zum erstenmal einen Anzug mit langen Hosen und natürlich auch einen Hut. Danach gab es einen Empfang bei einer entfernten Verwandten, zu dem auch einige Freunde meiner Eltern erschienen. Ich bekam schöne Geschenke von nah und fern. Mutter und Vater waren stolz auf mich; ich glaube, ich selber auch.

Mein Vater wollte zuerst in Holland bleiben, um sich dort eine neue Existenz in einer neuen Kunststoffindustrie aufzubauen. Er sah noch nicht – wie so viele – die Gefahr der bevorstehenden Hitler-Expansion. Auch in der Schule sprachen weder Lehrer noch Schüler von der Ausdehnung des «Dritten Reiches»; nicht einmal nach der Errichtung des «Protektorates» über Böhmen und Mähren. Eine Beobachtung meiner Mutter rettete schließlich unser aller Leben. Sie sah mehrere Tage hindurch an mehreren Stunden des Tages und der Nacht einen Mann auf dem Platz, an dem wir wohnten, hin und her gehen, und sie fürchtete, er könne von der Gestapo sein, die meinen Vater «zurück» haben wollte. Mein Onkel in London wurde angerufen, wir bekamen ein Visum für England, es wurde wieder gepackt, der Lift blieb in Holland, und wenige Tage später überquerten wir den Ärmelkanal.

Mein Onkel holte uns vom Bahnhof ab, und wir fuhren in eine gemietete Wohnung am Regents Park. Es war bereits Juni 1939. Freitag abends verbrachten wir bei unseren Großeltern, die eine kleine gemütliche Wohnung hatten. Wir erhielten Spanischunterricht von einer netten jungen Dame, einer spanischen Republikanerin, die in London im Exil lebte. Unser neues Auswanderungsziel war Argentinien, «ganz unten» in Südamerika.

Am 26. August 1939 bestiegen wir den englischen Frachter «Afric Star», der auch einige Passagiere mitnahm. Wir fuhren die Themse hinunter, und als es dunkel wurde, waren wir bereits im Ärmelkanal. Nach ziemlich stürmischer Fahrt gelangten wir am 29. August nach Teneriffa: Europa lag hinter uns, aber nur geographisch. Bei der Rundfahrt durch die Stadt sahen wir viele Franco-Fahnen, wenige italienische, aber furchtbar viel Hakenkreuzfahnen. Nachmittags verließen wir spanisches Hoheitsgebiet und erfuhren, daß auf dem Atlantik bereits mehrere deutsche U-Boote kreuzten. Wir aßen am Kapitänstisch; die Unterhaltung drehte sich hauptsächlich um die sich zuspitzende Situation. Nach dem deutschen Überfall auf Polen versammelte der Kapitän die Mannschaft und die Passagiere, zusammen hörten wir die Rede Chamberlains, in der er Deutschland den Krieg erklärte. Das Schiff wurde sofort grau angemalt und abends verdunkelt. Im Nordatlantik war bereits ein englisches Passagierschiff versenkt worden; die Stimmung an Bord war nicht die beste. Wir aßen weiter am Tisch des Kapitäns, er wußte, daß wir Flüchtlinge waren. Jeden Tag fanden Übungen zum Verlassen des Schiffes statt, und in der Nacht vor Rio de Janeiro wurde im dichtesten Nebel U-Boot-Gefahr ausgerufen. Vor dem Anlegen im Hafen der damaligen brasilianischen Hauptstadt sagte uns der Kapitän, er müsse uns nun leider absetzen, da wir deutsche Pässe hätten, wenn auch mit eingestempeltem großen «J». Nach kurzen, aber aufregenden Verhandlungen mit den brasilianischen Einwanderungsbehörden – wir hatten große Angst, nach Deutschland zurücktransportiert zu werden – bekamen wir eine Aufenthaltserlaubnis für zwei Wochen, da ja das argentinische Visum in den Pässen vermerkt war. Wir gingen von Bord, zogen in eine kleine Pension in der Nähe des herrlichen Copacabana-Strands, besichtigten die schöne Stadt und badeten im Meer. Zehn Tage später bestiegen wir das große amerikanische Passagierschiff «Argentina». An Bord feierten wir das jüdische Neujahr mit sehr gemischten Gefühlen: Hoffnung auf eine bessere Zukunft und Angst um die Lieben, die in Europa zurückgeblieben waren. Nach kurzer Reise sind wir vormittags am 27. September 1939 in Buenos Aires gelandet.

Am Hafen wurden wir von Dr. Villanova und seiner Familie empfangen. Er war ein hoher Beamter des argentinischen Außenministeriums, der 1937 in Deutschland gewesen war und dabei auch die neue Kunststoff-Fabrik meines Onkels und meines Vaters im Westerwald besucht hatte, wo «Neocell»-Artikel hergestellt wurden. Er zeigte Interesse daran, daß solche und ähnliche Produkte in Argentinien fabriziert würden, und diese Beziehung wurde genutzt, um unsere Einwanderungserlaubnis in das Land am La-Plata-Fluß zu erhalten. Auch Herr Laser aus Hamburg, ein langjähriger Mitarbeiter meines Vaters, war dort, um uns zu begrüßen: er war der erste Jude aus Deutschland, den wir in der neuen Heimat wiedersahen. Die erste Nacht verbrachten wir im gutbürgerlichen City-Hotel, und am anderen Morgen machten wir mit den Villanovas eine Stadtrundfahrt: Buenos Aires machte auf uns einen sehr guten Eindruck. Mittags, in einem typischen «Criollo»-Restaurant, konnten wir kaum die wohlschmeckenden riesigen «Bifes» aufessen. Inzwischen gingen wir in eine Pension in Belgrano, eine Stunde vom Zentrum entfernt, in dem Stadtteil, wo damals die meisten Deutschen und auch Engländer lebten sowie auch viele jüdische Emigranten. Am nächsten Tag fuhr uns Familie Villanova in die Ortschaft Tigre, ein Vorort von Buenos Aires mit vielen kleinen Flüssen und einer Anzahl von Ruderclubs am Delta, wo der Fluß Parana in den Rio de la Plata mündet.

Als ich mich am selben Abend ins Bett legte, fühlte ich mich sehr schlecht und fiebrig; um Mitternacht stieg die Temperatur auf 40°, und trotz vieler Wolldecken war mir eiskalt. Am frühen Morgen konnte ich mich nicht mehr bewegen. Dr. Würzburger, ein älterer Emigrantenarzt aus Deutschland, wurde von meinen verzweifelten Eltern geholt, und er stellte fest, daß es sich um einen Anfall von Kinderlähmung handelte. Ich erhielt mehrere Spritzen an jedem Tag, die Lähmung wurde gebremst: ich konnte weiter atmen, auch die meisten Bauchmuskeln arbeiteten normal. Meine Arme wurden allerdings stark von der Krankheit mitgenommen, und meine Beinmuskeln belebten sich nur sehr langsam. Noch vor Jahresende begann ich, von meinen Eltern gestützt, wieder gehen zu lernen. Es wurde nie festgestellt, wann und wo ich von dieser schlimmen Krankheit angesteckt worden war.

Im März 1940 ging ich, von meinen Eltern begleitet, weil ich noch nicht alleine gehen konnte, in die Pestalozzi-Schule, heute noch eine der besten Privatschulen der Stadt. Es war die Emigranten-Schule, von der bekannten, aus der Schweiz stammenden Familie Alemann gegründet, die auch die Anti-Nazi-Zeitung «Das Argentinische Tageblatt» herausgab. Ich wurde in die 4. Volksschulklasse eingegliedert. Unterricht wurde in Deutsch und Spanisch erteilt. Daß Kinder sehr grausam sein können, erfuhr ich jetzt: Ich wurde in den ersten Tagen von Mitschülern ausgelacht, als ich mit Hilfe meiner Eltern die Treppen des ziemlich alten Schulgebäudes hinaufkletterte. Es gab natürlich auch Jungen und Mädchen, die dabei nicht mitmachten; sie wurden meine ersten Freunde – eine von ihnen meine erste «Braut», umkämpft vom Klassenersten und mir. Mein Gehen besserte sich von Tag zu Tag, nur fühlte ich mich noch miserabel, wenn es einmal pro Woche auf den Sportplatz ging; in Köln war ich in der Schulfußballmannschaft gewesen.

Ein besonderes Wort nun zu dem strengen, wunderbaren Mann, den ich heute noch bestens in Erinnerung habe und verehre, Prof. Dr. August Siemsen, der bis zur «Machtergreifung» Abgeordneter im Reichstag war, von den Nazis 1933 zum Tode verurteilt wurde, sich aber nach Argentinien retten konnte. Er war ein hervorragender Lehrer, viel zu gut für Volksklassenschüler, die ihn nicht verstanden und noch hinzu durch Störrufe und Lachen seinen Unterricht und sein Leben erschwerten. Zu kurze Zeit hatte ich ihn als Lehrer; zum erstenmal in meinem Leben lernte ich gründlich Schiller und Goethe, Heinrich Heine und Heinrich Mann, Döblin und Tucholsky kennen sowie die Verse «Brüder zur Sonne zur Freiheit...» und die der «Moorsoldaten». Trotzdem waren meine Bildungslücken deutscher Literatur groß und schmerzhaft; sie wurden erst später von mir selbst zum großen Teil überbrückt. Durch Dr. Siemsen und seinen Unterricht gab es bei mir keinen richtigen Bruch mit Deutschland. Er war auch Redakteur der Monatsschrift «Das andere Deutschland», und so erlebte ich durch ihn, daß es, obwohl viele Deutsche «mitmachten», auch solche gab, die ihr Leben im Kampf gegen den Nationalsozialismus aufs Spiel setzten, im Exil und in Deutschland.

Mein Vater hatte inzwischen eine Gesellschaft für den Import und die Herstellung von Kunststoffartikeln gegründet. Mitinhaber waren ein sehr bedeutender Großindustrieller und der Partner einer großen englischen Versicherungs- und Bankfirma. Durch die Verbindung zwischen ihrem Kapital und dem Fleiß, dem Können und der Erfahrung meines Vaters errang die Firma sehr bald eine gute Position. Wir mieteten eine bessere Wohnung. Der Schutz meiner Eltern und natürlich auch die Pestalozzi-Schule bewirkten, abgesehen von meiner Poliomyelitis, daß meine ersten Jahre im Exil im großen und ganzen in Sicherheit und Geborgenheit verliefen. Meine Volksschulzeit wurde erfolgreich beendet, ich sprach schon fast perfekt Spanisch und kam in ein argentinisches Staatsgymnasium, wo ich bis zu meinem Abitur blieb. Dort hatte ich das Glück, wieder einen glänzenden Geschichtslehrer zu bekommen, Dr. Schoo, Schuldirektor und gleichzeitig Vorstandsmitglied der «Acción Argentina», einer überparteilichen Antinazi-Organisation. Wir zogen nun in eine noch schönere Wohnung, in der die Fenster unserer Schlafzimmer auf einen großen Garten gelegen waren; glücklicherweise wohnten wir nicht im Parterre, sondern im 2. Stock. In diesem Park fanden große Siegesfeiern statt, besonders in den Jahren 1941 bis 1943. An den Bäumen hingen Hakenkreuzfahnen, und zu diesen Gelegenheiten versammelten sich dort die deutschen Nazi-Bonzen, die bereits vor dem Kriege hier lebten, und die Führer der örtlichen Hitleranhänger. Militärmärsche, «Sieg-Heil»- und «Heil-Hitler»-Rufe drangen in unsere Wohnung und machten uns auch die Nächte schwer. Das Abhören der BBC-Nachrichten, der Reden von Churchill und Roosevelt, und die proalliierten Schlagzeilen der meisten argentinischen Zeitungen trugen dagegen zu unserer Erleichterung bei.

Ende 1939 trafen meine Eltern zufällig auf der Straße den Vetter meiner Mutter, Hanns Harf; er hatte am Rabbinerseminar bei Leo Baeck in Berlin studiert, wurde in Buenos Aires bald Rabbiner der größten deutsch-jüdischen Gemeinde und ist heute ihr «rabino emérito». Alle anderen Onkel und Großonkel unserer Familie, mit Ausnahme zweier Onkel meines Vaters, sind in den Vernichtungslagern im Osten um ihr Leben gekommen. Im Jahre 1944, ich war gerade 18 geworden, gründete ich zusammen mit einem Freund und mit einem kaum jüngeren Mädchen die zionistische Jugendgruppe «Kadima». Wir hatten Mitglieder aus Deutschland, Österreich, Polen und der Tschechoslowakei. Wir versammelten uns jeden Sonnabend nachmittag, besprachen die Lage in Palästina und in der ganzen Welt, lasen Zeitungsberichte vor, hielten Vorträge und schrieben Artikel. Einige Beiträge erschienen in der «Jüdischen Wochenschau», andere sogar im «Argentinischen Tageblatt». Die «Kadima» stand Pate bei drei Hochzeiten ihrer

Mitglieder. Damals waren meine Eltern bereits längere Zeit politisch engagiert. Mein Vater, Mitbegründer und Präsident des «Forum Sionista», einer Vereinigung aus Mitteleuropa stammender Juden, war auch für den «Jüdischen Weltkongreß» tätig und brachte eine große Sammlung zugunsten jüdischer Flüchtlinge auf die Beine. Sein wichtigster Posten im jüdischen Gemeindewesen des Landes war der des Vizepräsidenten der DATA (Delegación de Asociaciones Israelitas Argentinas), dem Dachverband aller jüdischen Organisationen und Vereinigungen, der heute noch besteht und weiterhin gegen Rassendiskriminierung jeder Art und für die Menschenrechte eintritt. Damals kam es zu einem persönlich-politischen Zusammenstoß mit meinem Vater. Auf ein und derselben Seite der «Jüdischen Wochenschau» erschienen zwei Annoncen zur Kampagne für die Wahlen zum Zionistischen Weltkongreß; in der einen wurde bekanntgegeben, daß Dr. Bernard Fischbein auf einer Versammlung der «Mapai»-Anhänger (Sozialdemokratische Arbeiter-Partei Ben Gurions) sprechen würde, und in der anderen, daß – zur gleichen Zeit – Kurt Fischbein auf einer Versammlung von «Mapam»-Anhängern, der linksstehenden nichtkommunistischen Partei, die damals für ein binationales Palästina eintrat, dasselbe tun würde. Meine Mutter wurde zu einer fleißigen Mitarbeiterin der Witwe des Gründers der Sozialistischen Partei Argentiniens. Sie leitete die sozialistische Frauenschrift «Vida Femenina», für die meine Mutter lange Zeit Beiträge schrieb, besonders über die Rolle der Frau in Deutschland vor und unter dem Hitler-Regime.

1944 bekam ich meine erste Arbeitsstelle, und zwar in einer Zeitung, die sich ausschließlich mit dem Immobilienmarkt von Buenos Aires beschäftigte. Jeden Tag trug ich einige hundert Exemplare von der Druckerei aus in das Büro der Redaktion, schnitt und sortierte die verschiedenen Inserate aus und klebte sie auf große Papierbogen. Besitzer dieser Zeitung war Hans Kroch, ein sehr reicher Emigrant aus Leipzig, immer so angezogen – wodurch er großes Aufsehen erregte –, wie es zu Beginn des Jahrhunderts Mode war; ich genierte mich immer, mit ihm zusammen auf der Straße zu gehen. Er hatte sich mit Tochter und Sohn aus Deutschland retten können; seine Frau war umgebracht worden. Nach wenigen Monaten – die Arbeit war mir völlig uninteressant und langweilig – trat ich in die Dienste der «International Editors Co.», deren Inhaber die besten Freunde meiner Eltern waren, Dr. Hugo Lifczis und seine Frau Annie, die aus Wien eingewandert waren. Die Firma befaßte sich mit der Vertretung großer deutscher, österreichischer und tschechischer Schriftsteller im Exil. Ich bekam ein weitaus besseres Gehalt als bei der Zeitung; die Arbeit, Übersetzungen und Abschriften von Copyright-Verträgen, und besonders die Bekanntschaft mit interessanten Persönlichkeiten des argentinischen Kulturlebens zog mich sehr an.

Zwei Jahre später rief mich mein Vater in seine Firma, wo ich bald – trotz einiger Auseinandersetzungen – die Korrespondenz mit Kunststoff-Fabriken in den USA, England und Italien führte. Dann ging ich auch in den Verkauf der Ware und wickelte beim Zoll die Einfuhrformalitäten ab. Bald bekam ich meine ersten Mitarbeiter: Laura Thieberger, Tochter aus Österreich emigrierter Eltern – sie wurde meine Sekretärin, und José Donato Lamastra, auch Dante genannt, aus einer aus Italien stammenden Familie. Hinzu kam eine von uns allen geliebte Katze, die unter anderem die Tonleiter mitsang, wenn ich importierte Spielflöten ausprobierte. 1948 fusionierten die Firmen meines Vaters mit der der katalanischen Gebrüder Francisco und Roberto Masjuan, Hauptinhaber der damals bereits größten Fabrik Atma für Elektroartikel. Die neue Firma hieß Plastix Argentina. Francisco Masjuan wurde Präsident, sein Bruder und mein Vater waren Vizepräsidenten.

Ende 1949 trennten sich meine Eltern, was mich persönlich sehr betroffen machte. Meine Mutter wanderte im Januar 1950 nach Israel aus, wo mein Bruder bereits lebte. Ich fuhr mit ihr zusammen bis nach Genua; sie reiste über Neapel nach Haifa. Plastix Argentina – ich war inzwischen Vizedirektor – beauftragte mich, vor meiner Einwanderung in Israel, in Italien und England Verhandlungen zu führen, um durch den Ankauf von Rohmaterial leihweise Stahlformen für unsere Fabrik in Argentinien zu erhalten. Ich fuhr mit vielen Mustern eigener Herstellung zuerst von Genua nach Mailand und sprach erfolgreich mit dem Inhaber eines der größten Kunststoffkonzerne Italiens.

Über Paris und Calais fuhr ich nach London weiter. Ich war nun das erstemal vollkommen alleine, und als ich in London ankam, es war gerade an meinem Geburtstag, war mein Onkel auf Winterferien in der Schweiz. Am nächsten Tag wurde mein Nervenzustand unerträglich; ich war nicht imstande, Verhandlungen mit den britischen Firmen zu führen, ich aß kaum etwas, konnte weder lesen noch ausruhen. Eine schwere Neurose hatte sich eingestellt, und trotz der Bemühungen meines Onkels, mich durch Zerstreuungen wieder in die Höhe zu bringen, kam keine Besserung. Er ging mit mir zum bekanntesten Psychiater Londons, der meine Internierung vorschlug, was ich natürlich ganz und gar ablehnte. Mein Vater wurde in Buenos Aires angerufen, meine Mutter in Israel. Es wurde beschlossen, daß ich sofort nach Tel Aviv fliegen sollte, um dann in Haifa eine Behandlung zu beginnen. Während des Fluges dorthin hatte ich den Wunsch, die Maschine sollte immer weiter fliegen und nirgends ankommen. Meine Mutter holte mich vom Flughafen ab, und wir fuhren zusammen in den Kibbuz meines Bruders. Es ging mir etwas besser, ich nahm ein wenig an dem Leben dort teil, aber nach kurzer Zeit verschlimmerte sich mein Zustand wieder. In Haifa erhielt ich eine Elektroschockbehandlung, die einfach fürchterlich war. Als auch das keinen Sinn mehr hatte, rief meine Mutter meinen Vater in Buenos Aires an, und mit meinem Einverständnis wurde beschlossen, daß ich zurück nach Argentinien gehen sollte, um dort psychoanalytisch behandelt zu werden. Schweren Herzens verabschiedete ich mich von meiner Mutter.

Ich wohnte wieder zu Hause – die zweite Frau meines Vaters war inzwischen in Argentinien angekommen –, und meine Behandlung begann. Mein Arzt war Dr. Paul Schechter, Schüler von Sigmund Freud in Wien, einer der wunderbarsten Menschen, die ich in meinem Leben kennengelernt habe. Er war aus Österreich mit seiner Frau eingewandert, arbeitete in Buenos Aires zuerst als Flaschenwäscher bei einer Brauerei, war dann Fußpfleger, wiederholte Fach für Fach sein ganzes Medizin-Studium «cum laude» und wurde dann später einer der berühmtesten Analytiker des Landes. Er behandelte Patienten in deutscher, französischer und spanischer Sprache, und viele mußten monatelang warten, bis ein Termin frei wurde. Meine Behandlung verlief hervorragend, und sie war überdies ein menschliches Erlebnis. Wenige Monate später hieß Dr. Schechter nach Absprache mit meinem Vater gut, daß man mich in Argentinien alleine ließ. So wanderte mein Vater zusammen mit seiner zweiten Frau nach Kalifornien aus. Ich arbeitete weiter in der Plastix Argentina, die inzwischen in ein eigenes, großes Gebäude gezogen war, und wohnte in einer Pension deutsch-jüdischer Emigranten mitten in der Stadt.

Ein Jahr danach plante ich erneut die Auswanderung nach Israel; durch Korrespondenz mit einer dortigen Kunststoff-Fabrik bekam ich einen guten Posten zugesagt. Ich hatte bereits eine Schiffspassage nach Israel reserviert und Ende Mai 1951 bei der Firma gekündigt, als ein Telegramm meines Vaters aus Los Angeles eintraf, worin er mich bat, bis September auf ihn in Buenos Aires zu warten, er würde geschäftlich auf zwei Wochen herkommen, und ich könne ihm bei seinem Besuch sehr nützlich sein. Ich wartete also auf den Besuch meines Vaters, der allerdings nicht kam. Inzwischen hatte ich mich bereits entschlossen, zusammen mit Frau Olga Schechter und einem Mitarbeiter der Plastix Argentina, einem aus Spanien geflohenen Sozialisten, der knapp einem Erschießungskommando falangistischer Soldaten entkommen war, eine kleine Kunststoffartikel-Fabrik aufzubauen. Wir ließen uns eine mit Handhebel zu bedienende Injektionsmaschine bauen, nebst einigen Stahlformen für die Herstellung verschiedener Produkte, hauptsächlich Spielzeug. So startete die «Aristoplast». Alle Arbeit wurde gleichmäßig bezahlt. Auch ich turnte einige Monate an unserer Handmaschine herum und verdiente so im Schweiße meines Angesichts den Lebensunterhalt. Frau Schechter hatte die Abteilung zur Fertigstellung und Verpackung der Artikel unter sich; Solé, der Spanier, leitete die technische Arbeit, und ich übernahm bald Korrespondenz, Verkauf und Verwaltung. Die Anfangserfolge waren recht gut; meine Beziehungen und meine Erfahrung kamen uns sehr zugute.

1951 machte ich eine schöne Ferienreise per Dampfer bis an die Südküste Patagoniens. Die «Asturiano» war ein Fracht- und Passagierdampfer, der alle Häfen bis Rio Gallegos (in der Nähe der Magellanstraße) anlief. Eines Tages legten wir in «Puerto Deseado» an, der «Ersehnte Hafen», im Norden der südlichsten Provinz Argentiniens, Santa Cruz. Hauptprodukte beim Abladen waren Lebensmittel und andere den Einwohnern der Region wichtige Artikel; aufgeladen wurden viele Tonnen Schafswolle, Haupterzeugnis – neben Petroleum – dieser riesigen Zone des Landes, die etwa ein Drittel der Fläche Argentiniens ausmacht, aber von nicht mehr als einer Million Menschen bewohnt ist. Wir hielten uns dort einen halben Tag auf, was ich ausnutzte, um diese kleine Stadt anzusehen. Am Rande der Ortschaft befand sich ein vielleicht 50 Meter hoher Felsen, den ich bestieg; ich legte mich oben angelangt auf den Rücken, beschaute den Himmel und die schöne Landschaft um mich herum und dachte, wie schön es wäre, am Fuße dieses Felsens ein Haus zu haben und dort zu leben. Nachmittags verließen wir Puerto Deseado in Richtung Süden. Der eigenartige Wunsch nach einem Haus am Fuße jenes Felsens verließ mich nicht. Neun Jahre später wurde dort das Haus gebaut, wo meine Frau, die Kinder und ich fast ein Jahr leben sollten.

1953 entschied ich mich kurzfristig, die Schiffsreise nach Patagonien zu wiederholen. Am ersten Abend an Bord setzte ich mich auf einen Sessel an Deck. Irgendwo wurden argentinische Folklore-Lieder gesungen, was mir gut gefiel. Als auch englische und sogar deutsche Lieder an die Reihe kamen, stand ich auf, um mir die Sängergruppe anzusehen. Mehrere Passagiere hatten sich bereits vor drei Lehrerinnen aus Rosario versammelt.

Mit einer der Rosarinerinnen unterhielt ich mich besonders gut bis 2 Uhr morgens, und so sollte es sich jede Nacht wiederholen. Sie hieß Maria Julia Quinteros, war Musiklehrerin und Chordirigentin und wurde ein Jahr später meine Frau, mit der ich nun schon über 35 Jahre glücklich verheiratet bin. Ich überredete die drei Lehrerinnen, ihre Fahrt bis zum Endhafen auszudehnen, und zusammen fuhren wir von dort aus nach Buenos Aires zurück. Am nächsten Wochenende war ich bereits in Rosario. Der Vater von Lily, so wurde Maria Julia auch genannt, war 1945 gestorben, er stammte aus einer spanischen Familie, die sich vor mehreren Generationen in Argentinien niedergelassen hatte. Ihre Mutter war Tochter einer Frau, die aus Gorizia, an der italienisch-jugoslawischen Grenze, nach Argentinien gekommen war. Ich wurde liebenswürdig aufgenommen. An allen Wochenenden und Feiertagen von März 1953 bis Februar 1954 war ich nun in Rosario. Die Wochentage wurden durch viele Telefongespräche überbrückt. Am 6. Februar 1954 fand die Hochzeit statt. Am anderen Tag fuhren wir nach Buenos Aires und zogen in unsere nette Wohnung in Belgrano ein. Mein Eheleben begann, und am 18. November 1954 wurde unsere erste Tochter, Claudia, geboren. Meine Mutter aus Israel und auch meine Schwiegermutter waren für dieses große Ereignis zu uns gekommen.

Ende 1955 verkaufte ich meinen Anteil an der Aristoplast, gründete zusammen mit meiner Schwägerin und einem Bekannten aus Buenos Aires die Baufirma «Erfico», und wir zogen nach Rosario, wo am 15. Januar 1956 unser Sohn Thomas geboren wurde. Wir kauften zwei Grundstücke in der Industriestadt San Nicolás, eine Stunde entfernt, und begannen dort zu bauen. Zuerst ein Hotel mit 102 Zimmern, aber wir planten auch, eine Arbeitersiedlung zu errichten, wozu es leider nicht kam. Das Hotelgebäude konnte fertiggestellt werden, aber dabei ging uns die Puste aus, und der Kapitalpartner aus Buenos Aires weigerte sich, mehr Geld zur Verfügung zu stellen. So mußten wir Schluß machen, und da ich persönlich inzwischen größere Geldanleihen unterschrieben hatte, die nebst Zinsen bezahlt werden mußten, kam es für mich zu sehr schweren Zeiten. Zusammen mit befreundeten Ärzten hatte mein Schwager in San Nicolás ein Medizin-Institut gegründet; ich arbeitete dort zusammen mit meinem anderen Schwager als Geschäftsführer. Unsere Baufirma erhielt inzwischen verschiedene kleine Aufträge in Rosario, und ich beobachtete den Aufschwung in Patagonien, der gerade begonnen hatte. Amerikanische Petroleumgesellschaften sowie die staatliche italienische Firma ENI erhielten Konzessionen von der argentinischen Regierung. Tausende von Arbeitern wurden dort angestellt, und eine richtige Wanderung in den fernen Süden des Landes hatte begonnen.

Im Laufe des Jahres 1959 reiste ich mehrmals nach Patagonien und knüpfte Beziehungen an, besonders in Puerto Madryn. Dort sollte eine große Aluminiumfabrik entstehen. Natürlich war ich auch mehrere Male in Puerto Deseado, wo «mein» schöner Felsen stand. In jener Ortschaft sollte sich die Texas Butadinie Co. niederlassen, um mit einer Anfangsinvestition von zehn Millionen Dollar die erste petrochemische Fabrik Argentiniens zu bauen. Petroleum wurde schon in der Nähe in großen Mengen gefördert, und es herrschte reger Betrieb dort unten. Unsere Entscheidung fiel zugunsten von Puerto Deseado aus. Dort hatten Kaufleute, Geschäftsberater, Wollexporteure und andere Leute die Niederlassung einer Baufirma befürwortet und uns gute Aufträge in Aussicht gestellt. Wir kauften in Rosario die notwendigen Maschinen, Baumaterialien und Büromöbel und zogen Anfang 1960 nach Puerto Deseado. Unser Haushalt in Rosario wurde nicht ganz aufgelöst; wir wußten natürlich nicht, wie sehr uns das bald zugute kommen würde. In Patagonien mußten wir uns zuerst an die Kälte und an den stark wehenden Wind gewöhnen. Wir bekamen sofort viele Aufträge und bauten mit voller Kraft. Ende Dezember sollte der Grundstein der petrochemischen Fabrik gelegt werden, wozu man die Leute der Texas Butadinie in Puerto Deseado erwartete. Die kleine Stadt rüstete sich auf den großen Moment, und wir – wie alle Einwohner der Stadt – waren glänzender Stimmung.

Sie sollte jedoch nicht lange anhalten. Der damalige Industrie- und Handelsminister, Kapitän Ingenieur Alvaro Alsogaray, Mitglied einer Familie von Generalen, die sich an verschiedenen Staatsstreichen gegen zivile demokratische Regierungen beteiligt hatten, war Inhaber einer großen Fabrik in der

Nähe von San Lorenzo, nicht weit von Rosario entfernt. Im Jahre 1959 kaufte er viel Land in der Zone von San Lorenzo auf. Eine Woche vor der Ankunft der Nordamerikaner in Puerto Deseado, genau am 24. Dezember 1960, wurde bekanntgegeben, daß Minister Alsogaray den Vorvertrag mit der amerikanischen Gesellschaft aufgehoben hatte. Kurz danach erteilte er einer anderen US-Firma die Erlaubnis, eine petrochemische Fabrik in der Nähe von San Lorenzo zu errichten. Diese Nachricht platzte wie eine Atombombe über Puerto Deseado, und es herrschte Panikstimmung. Die Hoffnung auf den Fortschritt der Stadt und Umgebung war zunichte. Wir hatten inzwischen mehrere Bauten fertigstellen können; andere standen erst am Anfang. Die Aufträge wurden uns gekündigt, und wir bestanden nicht auf der Erfüllung der Verträge. Es hätte ohnehin wenig Sinn gehabt. Meine Schwägerin blieb noch einige Zeit dort und wohnte in unserem Felsen-Haus, das dann verschleudert werden mußte. Keiner wollte mehr in Puerto Deseado investieren. Obwohl wir ohne direkte Verluste aus diesem «Boom» in Patagonien herausgekommen sind, konnte uns niemand die Zeit, Arbeit, Begeisterung und die hohen Transportspesen ersetzen. Erneut stand ich vor einer großen Leere, konnte allerdings in San Nicolás in dem Medizin-Institut weiter arbeiten.

Am 19. August 1962 wurde unsere jüngste Tochter, Juliana, geboren. Ich trat in eine Gesellschaft für Aufforstung ein, die im Norden der Provinz Santa Fe große Eukalyptusbaum-Pflanzungen anlegte, wo man mit großen Steuerermäßigungen Pflanz-Verträge tätigen konnte. Nach einem intensiven Einführungskurs, den ich gut bestand, begann meine neue Tätigkeit, die sehr schnell erfolgreich war. Ich verdiente gut. Vier Jahre später gründete ich zusammen mit einigen Bekannten eine eigene Forstwirtschaftsgesellschaft, die in der Nähe von Bahia Blanca, der großen Hafenstadt im Süden Argentiniens, auf eigenem Boden Eukalyptusbäume zu pflanzen begann. Ich arbeitete bis 1971 in dieser Firma, verließ sie dann aber, weil die monatlichen Reisen und die drei Wochen langen Aufenthalte dort für mich zu anstrengend wurden. Bis 1978 war ich noch für andere Firmen dieser Branche mit Erfolg tätig.

1969 reiste ich das erste Mal nach 20 Jahren wieder nach Israel, sah dort meine Eltern wieder und lernte die Frau und Töchter meines Bruders Michael kennen. Es war das erste aber auch das letzte Mal, daß die engere Familie wieder zusammen war, mein Vater starb wenige Wochen nach meiner Abreise. Er hatte sich von seiner zweiten Frau getrennt, war 1965 nach Israel gegangen und dort Leiter der Kunststoffabteilung des Exportinstituts des israelischen Industrieministeriums geworden. Bei der Begrüßungsansprache an die ausländischen Delegierten eines internationalen Kongresses, der in Haifa stattfand, fiel er leblos um. Ein guter Jude und Zionist, ein überzeugter deutscher Sozialdemokrat, der für seine Tätigkeit in Hamburg 12 Monate im Gefängnis verbringen mußte, war nicht mehr am Leben.

Das Jahr 1970 näherte sich und damit das 200. Geburtsjahr Ludwig van Beethovens. Ich träumte davon, wie schön es wäre, wenn sich in Rosario alle Kulturvereinigungen zusammenschließen würden, um dieses Ereignis gebührend zu feiern. Lily meinte, das sei sehr schwer zu organisieren, und sie glaubte auch nicht, daß ich so etwas schaffen könnte. Sie war bereits 25 Jahre an verschiedenen Schulen in und um Rosario Musiklehrerin, und sie kannte die Rosariner Gesellschaft sehr gut (übrigens bildete ihr Gehalt mehrere Jahre hindurch unseren Hauptlebensunterhalt). Sie kannte die Auseinandersetzungen zwischen den verschiedenen Musik- und Kulturvereinigungen Rosarios. In diesem Fall allerdings irrte sie sich. Ich begann, mein Projekt zum Beethovenjahr mit den Vorständen dieser Gesellschaften zu besprechen, und bald konnte ich die «Comisión de Homenaje a Ludwig van Beethoven en el Bicentenario de su Nacimiento» gründen und leiten. Das ganze Jahr 1970 hindurch organisierten wir viele Konzerte, Vorträge, Filmvorführungen und Ausstellungen. Wir hatten ein großartiges Echo in der Bevölkerung. Am 16. Dezember fand die Schlußfeier vor dem Beethoven-Denkmal im großen Park der Stadt statt. An diesem Denkmal, dem ersten seiner Art in Südamerika, brachten wir eine besonders schöne Bronzetafel an, in deutscher und spanischer Sprache, und zur selben Stunde übergaben meine Frau und eine Kollegin, die zu den Festspielen in Bonn gefahren waren, im Beethoven-Haus ein Album mit Abbildungen aller unserer Veranstaltungen in Rosario und Zeitungsausschnitte mit Berichten über unsere Tätigkeit sowie auch eine Bronzetafel.

Als Folge meiner Bemühungen um das Beethovenjahr wurde ich von der Botschaft der Bundesrepublik gefragt, ob ich für sie ehrenamtliche Kulturarbeit leisten wollte. Daraufhin veranstaltete ich in Rosario eine deutsche Kulturwoche, u. a. mit dem «Studio der Frühen Musik» aus München und einer Dürer-Ausstellung. Wenig später begann ich, auch für das Goethe-Institut Veranstaltungen in Rosario zu organisieren. Ein bemerkenswerter Augenblick ergab sich ganz zu Anfang dieser Tätigkeit, als nämlich der Präsident des Deutschen Schulvereins in Rosario, eine führende Persönlichkeit der Stadt, den Kulturreferenten der Deutschen Botschaft fragte, ob er eigentlich wisse, daß ich Jude sei. Der zunächst sprachlose Diplomat erteilte dem Nazi dann in schroffer Form die gebührende Antwort.

1972 gründete ich das «Instituto de Intercambio Cultural y Humano Universal», das viele Veranstaltungen über Kunst, Geschichte und Literatur sowie Debatten über Zeitgeschichte organisiert hat. 1973 reiste ich zusammen mit meiner älteren Tochter nach Europa und Israel und kam dabei zum ersten Mal nach der Auswanderung nach Deutschland; meine juristische «Wiedereinbürgerung» lag schon 20 Jahre zurück. In Köln sahen wir zusammen das Haus in der Wiethasestraße, in dem ich bis Dezember 1938 gewohnt hatte. Wo Schule und Synagoge in der St.-Apern-Straße gestanden hatten, fand ich nun Geschäfte vor. Ich fühlte mich zugleich heimisch und fremd. Es kam mir alles so vor, wie es oft passiert in Traum und Wirklichkeit, als wäre ich an einen Ort gekommen, von dem ich glaube, schon einmal dort gewesen zu sein. Abscheuerregend erschienen mir die Gesichter einiger älterer Leute und ihr Benehmen, und ich mußte darüber nachdenken, was sie wohl während der Nazizeit verbrochen hatten. Das passierte mir allerdings nicht bei der jungen Generation.

Von 1975 bis 1980 war ich Redakteur der sozialistischen Wochenschrift «La Vanguardia», die am Ende des vergangenen Jahrhunderts gegründet worden war. Mitte 1978 wurde ich von einem mir politisch nahestehenden Freund für den Posten des Generaldirektors eines zu organisierenden Kulturzentrums in Rosario bei der Stadtverwaltung vorgeschlagen, für den sich 24 Personen beworben hatten. Nach langen Gesprächen mit demokratisch eingestellten Freunden, die mich drängten, jenen Posten anzunehmen, damit er nicht in reaktionäre, klerikale Hände gelangte, wurde ich dem Bürgermeister vorgestellt. Ich legte ihm meine Bedingungen vor: Selbstauswahl meiner Mitarbeiter, keinerlei Zensur meiner Programme oder Referenten, weiteres Wirken für das Goethe-Institut, für die «Vanguardia», für die Botschaft der Bundesrepublik Deutschland und für mein «Intercambio»-Kulturinstitut. Zu meiner Überraschung nahm er alle Bedingungen an, und eine Woche später wurde ich ernannt.

Im Oktober 1979 sandte mir der ehemalige Dirigent des Symphonieorchesters von Rosario, Jorge Rotter, der inzwischen nach Deutschland gegangen war und dort das Siegerländer Orchester dirigierte, eine Anzeige aus der «Zeit», in der ein führender Mitarbeiter für das Mannheimer Kulturamt gesucht wurde. Rotter wußte von meinem Traum, einmal wieder in Deutschland leben und wirken zu können. Damals standen mir die finanziellen Mittel zur Verfügung, um die Unkosten für eine Auswanderung in die Bundesrepublik bestreiten zu können. Ich schrieb sofort nach Mannheim und bewarb mich um den Posten. Kurz darauf erschien ich dort persönlich, und man sagte mir, ich wäre unter den ersten, die in Frage kommen würden. Inzwischen las ich auch viele andere ähnliche Annoncen, was mich ermutigte, mit der Familie nach Deutschland auszuwandern. Im Kulturzentrum von Rosario beantragte ich unbezahlten Urlaub auf ein Jahr. Am 25. Januar 1980 flogen meine Frau, mein Sohn und meine jüngere Tochter in die Bundesrepublik; der größte Teil unserer Habe verließ ungefähr gleichzeitig den Hafen von Buenos Aires. Einen Tag vorher, als ich mich auf der Deutschen Botschaft in Buenos Aires verabschiedete, war mir völlig unerwartet das Verdienstkreuz am Bande der Bundesrepublik Deutschland überreicht worden. Nach kurzem Aufenthalt bei unseren Freunden in Siegen fuhren wir nach Mannheim, wo noch kein endgültiger Bescheid vorlag. Einige Tage blieben wir in Heidelberg, bis ich erfuhr, daß der Mannheimer Posten einem anderen Bewerber zugesprochen worden war. Enttäuscht, aber nicht hoffnungslos reisten wir nach Bonn. Wir fanden eine möblierte Wohnung, bald kamen auch unsere Sachen aus Argentinien an. Ich schrieb Woche für Woche an jedes Kulturamt der Bundesrepublik, das Mitarbeiter suchte; nach Lindau am Bodensee, nach Osnabrück und Bremen, nach Salzgitter, Freiburg und an viele andere Städte. Ich wandte mich auch an das Amt des Bundespräsidenten. Ende August fuhr ich zusammen mit meiner Frau auf eine Anzeige hin nach Hamburg, überreichte Bewerbungsschreiben nebst Unterlagen persönlich und nutzte diesen Besuch aus, um Lily meine schöne Heimatstadt zu zeigen. Das Haus an der Gellerstraße stand nicht mehr, aber das am Alsterkamp. Ohne Erfolg auch in Hamburg ging es nach Bonn zurück. Auch bei der Zentrale des Goethe-Instituts in München, wo ich des öfteren vorsprach, konnte man nichts für mich ausrichten. Inzwischen lernten meine Kinder die Landessprache; meine Tochter machte ihr deutsches Abitur in Köln, und beide studierten dann an der Universität Bonn. Ich befaßte mich in der Wartezeit mit dem deutschen Widerstand gegen Hitler, traf mich mit Leuten, die ihre Väter in diesem Kampf verloren hatten, und plante eine Filmserie für das Fernsehen.

Anfang Januar 1981 wurde ich von der Kölner Niederlassung der Versicherungsgesellschaft Nova engagiert; über Weihnachten war ich nach Rosario gefahren, wo ich bei meiner verheirateten Tochter Claudia wohnte, trat als Generaldirektor des Kulturzentrums der Stadt zurück, und am 31. Dezember war ich wieder in Bonn. Am 2. Januar fuhr ich zu einem Vorbereitungsseminar nach Soltau und begann auf einem für mich ganz neuen Gebiet zu arbeiten, und zwar mit unerwartetem Erfolg. Trotz allem war für mich diese Branche nicht dasselbe wie Kulturarbeit, die ich immer mehr vermißte. Im Mai bewarb ich mich um einen Posten am Kulturamt von Siegen. Aber auch das ging schief, und man ließ mich höflich wissen, daß die Bewerbung an meinem Alter gescheitert sei (wie schon so oft vorher). Anfang Juni erhielt ich aus Rosario ein Schreiben, in dem mich ein neuer Bürgermeister wissen ließ, daß er mich wieder als Generaldirektor des Kulturzentrums wünsche. Ich entschied mich schweren Herzens, dieses Angebot anzunehmen und Deutschland zu verlassen.

Zweimal habe ich aus der Bundesrepublik je 5000 DM Entschädigung für die Unterbrechung der Ausbildung in der Nazizeit erhalten. Eine andere Art von Wiedergutmachung, nämlich die, wieder in Deutschland leben und auf dem Gebiet wirken zu können, auf dem ich in zwei Jahrzehnten viele Erfahrungen und Erfolg verbuchen konnte, kam mir nicht zu. Aber was nicht war, kann vielleicht noch einmal werden, und es kann ja sein, daß man dann mehr auf meine Leistungsfähigkeit achtet als auf mein Alter.

Meine Frau blieb noch zwei Monate bei den Kindern in Bonn; im August 1981 kam auch sie nach Argentinien zurück. Ich stürzte mich in meine Arbeit im Kulturzentrum. Ende Juli 1981 erhielt ich den Auftrag der größten Genossenschaftsgesellschaft Argentiniens und ganz Lateinamerikas, «El Hogar Obrero» («Das Arbeiterheim»), in Rosario ein Kulturinstitut zu organisieren. Am 29. August 1981 wurde es eingeweiht, und ich leite es seitdem. Die Gesellschaft zählt 1 800 000 Mitglieder und wurde 1905 vom Gründer der Sozialistischen Partei ins Leben gerufen. Im Institut haben wir an jedem Wochentag morgens Kurse in Gymnastik, Stricken, Schneidern, Folklore-Tanz und in Genossenschaftswesen, abends über die Geschichte Argentiniens, Weltgeschichte, Anthropologie, Probleme der Gesellschaft, Soziologie, Musik, Literatur, Malerei und seit drei Jahren «Demokratie lernen» sowie offene Debatten über politische Ereignisse im In- und Ausland. Außerdem gibt es Filmvorführungen, Ausstellungen und manchmal Konzerte und Theatervorführungen.

Ende 1983 wurde ich von der indischen Regierung dadurch ausgezeichnet, daß ich für einen dreiwöchigen Aufenthalt nach Indien eingeladen wurde. Ein Jahr darauf gründete ich zusammen mit einem politischen Freund in Buenos Aires die «Mahatma Gandhi Foundation» Argentiniens; ich wurde Vizepräsident. Am 8. Januar hielt ich die Festrede bei der offiziellen Eröffnungsfeier in der Aula Magna des Colegio Nacional Buenos Aires und überreichte dem argentinischen Präsidenten Alfonsín das Diplom des Ehrenpräsidenten der Stiftung. Minister der Regierung, Mitglieder des Obersten Gerichtshofes, das Corps Diplomatique sowie Mitglieder des Senats und der Deputiertenkammer nebst Presse, Rundfunk und Fernsehen waren zugegen. 1987 wurde ich Mitglied des Rates des Instituts für Kultur- und Wissenschaftsaustausch Argentinien/Israel in Rosario, und im selben Jahr erhielt ich von der größten Kulturstiftung der Stadt «Fundacịọn Hẹctor I. Astengo» eine Bronzeplakette überreicht mit der Inschrift: «Kurt Fischbein – für seinen wertvollen Beitrag zur Kultur der Stadt Rosario».

Ende 1988 fiel mir eine ganz üble antisemitische Hetzschrift in spanischer Sprache in die Hände, im Stil Goebbels' geschrieben, 1987 in der 5. Auflage verlegt. Ich komme zusammen mit zahlreichen Regierungsmitgliedern, Vertretern des argentinischen Kulturlebens, der Wirtschaft und Finanzen sowie der demokratischen Parteien des Landes in dem Pamphlet vor: «Gandhi-Stiftung: internationaler Verein, dessen Vizepräsident in Argentinien der Zionist-Marxist Kurt Fischbein ist. Diese Personen befassen sich damit, die Armeen, die nationalen Körperschaften, die traditionalistischen Gruppen und die katholische Kirche zu erniedrigen, gestützt auf den falschen Pazifismus des Mitglieds des englischen Intelligence Service, des berühmten ‹gewaltlosen› Mahatma Gandhi, ohne sich daran zu erinnern, daß diese Person in England Anwalt wurde und sich dem britischen Geheimdienst im Alter von 23 Jahren zur Verfügung gestellt hatte und als solche das erste Mal im Burenkrieg als Instrument des englischen Heeres tätig war.» In dieser Hetzschrift bin ich allerdings in bester Gesellschaft. Nach mir kommt der «Präsident der Dritten Welt», der argentinische Präsident Alfonsín, «sephardischer Abstammung», und auf einer anderen Seite der «Zionist» Willy Brandt: «Sein wahrer Name ist Willy Frahm, in der Stadt von Thomas Mann, im jüdisch-zionistischen Ghetto von Lübeck geboren; seine Mutter war ledig, deshalb seine bastardische Herkunft.» In dieser Schrift wird anhand von Landkarten «bewiesen», daß schon seit vielen Jahren ein internationales und jüdisches Komplott besteht, Argentinien in drei Teile zu zerreißen: Der Norden des Landes gehe an die USA, das Zentrum bleibe noch so wie derzeit mit Buenos Aires als Hauptstadt; der Süden des Landes werde in einen jüdischen Staat verwandelt.

Manchmal ist mir wegen solcher antisemitischen Aktivitäten nicht ganz wohl. Vielleicht muß ich wieder einmal auswandern; in diesem Fall als politisch-rassischer Flüchtling. Vielleicht gelingt es mir dann, in der Bundesrepublik einen Platz zu finden; vielleicht habe ich dann mehr Glück als 1980/81.

Eine neuseeländische Identität
von Antony Barta

Das Morgenlicht in Dunedin hat eine eigenartige Stärke. Wenn die Sonne über dem Hafen aufsteigt, scheint sie von der langen Wasserfläche heraufzuleuchten, mit verdoppelter Intensität. In Roslyn oder Maori Hill, wo wir wohnten, konnte man kaum in ihre Richtung schauen, wenn man morgens hinunter zur Schule ging. Die Schatten der Kinder vor uns waren zweimal so lang wie sie selbst.

Die Häuser, mit breiten Fenstern, um die Sonne und die Aussicht einzufangen, haben Namen wie «Craigmuir» oder «Braeside». Auch unsere Namen, muß man sich vorstellen, klingen anders. «Franz» wurde mit kurzem «a» ausgesprochen, wie im Englischen «and», «Hedy» mit kurzem «e». Meine zwei Jahre ältere Schwester Lenie war zuerst Leni, und meine jüngere Schwester Maria wurde während ihrer Kindheit bei ihrem schottischen zweiten Namen «Jean» genannt, weil es den Leuten der ursprünglich schottischen Hafen- und Universitätsstadt weniger Schwierigkeiten bereitete. Wenn «Tony» ab und zu in Briefen als «Toni» auftauchte, fühlte ich die gleiche Verlegenheit, wie wenn ich anders gekleidet in der Schule erscheinen mußte, mit Cordanzug aus Amerika oder Argentinien. Die anderen Kinder hatten keine Verwandten in Amerika oder Argentinien, sie hatten Großeltern und Cousinen in Milton oder Alexandra.

Erst später habe ich darüber nachgedacht, aber ich kann mich nicht erinnern, daß die wenigen auffallenden Unterschiede uns wirklich bekümmert haben. Wir bemerkten manchmal, daß unsere Eltern anders sprachen, obwohl nie mit einem so auffallenden Akzent wie Mrs. Fromm oder Dr. Graetzer, der aus Shanghai kam und überhaupt ganz chinesisch aussah. Wir waren wohl die einzigen Kinder, die eine Sprache außer Englisch verstanden (daß wir zu Hause auf Deutsch antworteten, hörte schon vor der Schule auf). Ich glaube nicht, daß die drei Parata-Kinder zu Hause Maori hörten, jedenfalls ging es mir nie durch den Kopf. Nur auf zwei Ebenen spielten kulturelle Unterschiede eine Rolle: im Sport, wo die Buben, die Fußball spielten, wußten, daß sie nie Nationalhelden der Rugby Mannschaft «The All Blacks» werden könnten, und in der Religion. Die meisten Familien, mit Namen wie Cameron oder McKenzie, waren Presbyterianer. Manche – irgendwie vornehmer vielleicht – waren Anglikaner. Wenige waren Methodisten oder, wie wir, Baptisten. Ganz anders aber waren die Evatts. Mit den Evatt-Kindern haben wir nie gespielt, sie besuchten auch andere Schulen. Sie waren katholisch. Später, auch hier viel später, fiel mir ein, daß man vielleicht eine jüdische Familie in Deutschland oder Österreich so betrachtet hätte.

Also, das Anderssein war doch ein Begriff, auch in Fairfax Street, Dunedin. Vielleicht haben die Nachbarkinder bemerkt, daß es bei uns mehr Bücher gab und mehr Schallplatten. Viele unserer Bücher waren in Deutsch, Gesamtausgaben von Goethe, Schiller und Heine. Daneben, in schönem weißen Leinen, die Jahreszeitschriften des Deutschen und Österreichischen Alpenvereins. Die Bände in Englisch waren nicht so systematisch geordnet, nur nach dem Fach: Kunst, Musik, Religion, Fotografie – und wieder Bergsteigen, hauptsächlich im exotischen Himalaya. Romane gab es auch: Moravia, Maurois, Simenon, in den bunten Farben der ersten Penguin-Hefte. Zu den Schallplatten – ganze Beethovensymphonien und Haydnkonzerte auf His Master's Voice oder RCA 78s – gehörten auch die schmalen Bände der Partituren, mit denen mein Vater manchmal den Aufführungen folgte.

Meistens mußte er etwas anderes tun, während er die Platten hörte. Im halbverdunkelten Wohnzimmer, die Vergrößerungsbrille auf der Nase, saß er mit dem schmalsten kleinen Pinsel über seine Negative gebeugt und retuschierte – färbte jene winzigen weißen Flecken ein, die Probleme beim Lichtpausverfahren geben konnten. Diese sonderbar durchleuchteten Porträts, mit ihren weißen Pupillen und schwarzen Zähnen, waren eine ständige Begleitung unserer Kindheit; ich habe es nie gelernt, in diesen graugrinsenden Gestalten die Leute zu erkennen, die so freundlich lächelnd aus den fertigen Bildern herausschauten. Für uns Kinder blieb das ganze fotografische Unternehmen irgendwie geheimnisvoll und ein Besuch im Studio immer imponierend; die vielen Stufen hinauf, die vornehmen Empfangsräume, der größere Raum mit Vorhängen, Lichtern und Großformatkamera. Da war auch viel Spielzeug für die Kinderaufnahmen, und daneben das Arbeitszimmer, wo die immer freundlichen und lustigen Mädel die Bilder fertigstellten. Das größte Abenteuer, nie ohne Spannung erlebt, war der Eingang durch die zwei lichtdichten Türen in die Dunkelkammer. Wenn alles schwarz war beim Entwickeln und nur die Stimme des Vaters in der Finsternis zu hören war, konnte man nur stockstill stehen. War die schwache rote Beleuchtung an, stand mein Vater entweder beim riesigen Vergrößerungsapparat und machte Handbewegungen wie ein Zauberer im Lichtstrahl oder bei dem großen flachen Trog, wo, noch magischer, seine Hände streichelnd ein Gesicht aus dem untergetauchten Papier lockten.

Für ihn und für meine Mutter auch, sagte mein Vater, war es ein Abenteuer. Beide waren jung und gesund, sie hatten sich gerade ineinander verliebt, und nach früheren unglücklichen Erlebnissen wollten sie zusammen einen neuen Anfang machen. Für jemanden, dessen Leidenschaft im Leben das Bergsteigen war, kamen auch andere Länder als Auswanderungsziel in Frage; Franz hatte auch an Alpinistenklubs in Kanada und Südamerika geschrieben. Doch als die Antwort aus Wellington kam, daß an der Südwestküste der Südinsel von Neuseeland ein Bergführer gebraucht wurde, war er froh. Er erinnerte sich an die Schilderung eines beliebten Geographielehrers und stellte sich vor, wie die Gletscher direkt in den halbtropischen Palmenstrand münden würden. Ganz so war es in dem winzigen, regnerischen Ort, wo Mr. Sullivan für die ersten Touristen sein Hotel gebaut hatte, nicht. Aber eins stand fest: Weiter von Europa wegzukommen war auf dieser Erde nicht möglich.

Vor dem 11. März 1938 hatten zwei junge Österreicher kaum Grund, an Auswanderung zu denken. Alles, was sie liebten und das Leben lustig machte, gab es hier im eigenen Land. Nicht nur schöne Landschaft zum Schwimmen, Skifahren und Bergsteigen. Beide hatten Arbeit – Hedy bei ihrem Vater im kleinen Geschäft für Arbeitskleider, Franz in der Expedition des «Wiener Telegraph» –, und dazu gab es in Wien Theater, Oper, Konzerte und viele Freunde. Vor allem aber gab es Familie. Franzens Mutter war energisch und gesund. Seine etwas ältere Schwester Illy war mit dem begabten Chemiker Georg Sutheim, Sohn eines Fabrikbesitzers, verheiratet. Hedys Eltern, Salomon und Wilhelmine Karniol, waren ebenfalls gesund und glücklich; Paula, ihre ältere Schwester, war Ärztin und mit dem Arzt Karl Schubert verheiratet. Hedy und Franz selbst hatten noch keine festen Heiratspläne. Sie wollte unbedingt Kinder; er meinte, die politische Lage sei dazu zu unsicher. Von Auswandern war jedenfalls keine Rede.

Dann änderte sich schlagartig alles. Die deutsche Besetzung war nicht mehr Bedrohung, sie war Tatsache geworden. Am anderen Morgen saß der bisher immer freundliche Kollege im SA-Hemd vor meinem Vater und überreichte ihm die Kündigung zur Unterschrift. Der Angestellte Franz Barta, hieß es, bitte freiwillig um seine Entlassung und habe keine Ansprüche zu erheben. Bei der Firma Edelstahl ging es für Hedy etwas anständiger zu, aber das Endergebnis war dasselbe. Kein Österreicher, auch wenn er sich von der Umjubelung Hitlers distanzierte, konnte sich den Maßnahmen der neuen Machthaber entziehen. Die Lage war klar: Hier, wo man aufgewachsen war, gab es plötzlich keine Zukunft mehr. Nach dem Willen der Eltern sollten die Kinder so schnell wie möglich das Land verlassen. Im

Ausland würden sie auch bessere Chancen haben, die Eltern in Sicherheit zu bringen. Briefe wurden sorgfältig entworfen, abgetippt, aufgegeben. Von den entferntesten Enden der Welt erwartete man Antwort. Soweit sie konnten, versuchten alle, ein normales Leben weiterzuführen. Aber der Alltag im nationalsozialistischen Wien wurde immer gefährlicher. Zu den üblichen Schikanen – Beschlagnahmung der Wohnung, «Requisition» des Motorrades – kam die schlimmste Erpressung. Georg Sutheim, Illys Mann, wurde nach Dachau verschleppt. Nur mit viel Geld für die SS und mühsam errungener Ausreisebewilligung wurde er zur sofortigen Emigration freigelassen. Man schrieb Briefe, stellte sich an bei Konsulaten und Steuerbehörden und wartete.

Keiner von uns, weder meine Eltern noch später die drei Kinder, hatten je einen Zweifel daran, daß wir Mr. Sullivan, der das Arbeitsangebot aus dem fernen Neuseeland schickte, unser Leben verdankten. Mir ist diese kleine Intervention in dem Geschichtsverlauf immer ein Wunder geblieben – meine spätere Weltanschauung, auch als Historiker, wurde sehr davon beeinflußt. Über die geographische Entfernung und die vielfältige kulturelle Distanz hinweg, hatte der Einfall des irisch-katholischen Viehzüchters, seinen Hotelgästen einen echten österreichischen Bergsteiger vorzuführen, die Schicksale einer ganzen Reihe von Menschen über mehrere Generationen bestimmt. Sicher hat er gewußt, daß er Leuten in der Not zur Hilfe kam, aber er hat nie viel daraus gemacht. Er sorgte für das junge Paar und dann für die kleine Familie, als wären sie Leute, die man zum Arbeiten angestellt hatte, und nicht Flüchtlinge vor kaum vorstellbaren Zuständen auf der anderen Seite der Welt.

Franz hatte Wien Anfang November als erster verlassen, per Flug nach Budapest. (Seinen lieben und klugen Vetter Gyuri konnte er nicht überzeugen, daß so etwas wie in Österreich auch in Ungarn geschehen könnte.) Mit neuen Kleidern, Kamera, Eispickel und Ski nahm er dann in Genua Abschied von Europa. Nach der Hetzerei der vergangenen Monate war die Seereise ein Vergnügen. Mit englischen und australischen Bekannten vom Schiff – mit Österreichern hatte er weniger Kontakt – besichtigte er Colombo, Melbourne und Sydney. Bei der Ankunft in Melbourne hörte er zum ersten Mal vom Vorurteil eines Neuseeländers gegen die australischen Nachbarn: Ein Australier sei jemand, der eine Hure heiratet und sie dann zu seinem eigenen Niveau herunterzieht. Nach seiner Erfahrung aber waren alle freundlich und hilfsbereit, genau wie die Neuseeländer später. In Melbourne hatte er gerade Zeit, die größte Kino-Neuigkeit zu sehen, «Snow White and the Seven Dwarfs»; in Sydney nahm man ihn mit zum Cricket. Anstatt sich für den großen Don Bradman zu begeistern, schlief er ein. Die letzte Strecke der Seereise, über den Tasman, war schlimm. Sein erster Schluck Whisky, vom katholischen Pfarrer empfohlen, war kein Erfolg und blieb ihm länger im Gedächtnis als im Magen. In Wellington erwarteten ihn zwei Vertreter des Alpinistenklubs und fünf Neuseeländische Pfund von Mr. Sullivan: Sonst hätte er den restlichen Weg zum Süden der Südinsel nicht geschafft. Noch eine Fähre, ein Zug durch die Alpen, viele Stunden im Bus, dann stand er vor dem Fox Glacier Hotel.

Hedy war inzwischen in London. Sie hatte eine Stelle als Dienstmädchen angenommen – so gelang es auch ihrer Schwester Paula, die Einreisebewilligung nach England zu bekommen – und konnte, alle Papiere endlich in Ordnung, Anfang Dezember Wien verlassen. Sechs Monate arbeitete sie bei Mrs. Yates, bis ihr Schiff endlich den englischen Hafen verließ; im August 1939, als auch Premierminister Chamberlain wußte, daß der Krieg in Europa nicht mehr zu vermeiden war, stand sie auf dem Kai in Auckland. Franz war da mit einem Mietauto, um sie zu empfangen; wenige Tage später, mit Karl R. Popper als Trauzeugen, haben sie in Christchurch geheiratet.

Bisher ist es also die Geschichte von zwei Österreichern und ein Stück österreichische Geschichte. Daß diese offen bekannte Identität für das Fußfassen in der neuen Heimat ein Vorteil war, auch während des Krieges, steht außer Zweifel. In Wien wurde Franz von Nazis angepöbelt, weil er in Lederhosen und weißen Kniestrümpfen vor einem Konsulat stand; in Weheka, Süd-Westland, waren Franz mit seinen Lederhosen und Hedy in ihrem Dirndl gerade richtig angezogen. Scheinbar haben alle das junge Paar als Nazigegner verstanden; auch offiziell waren sie «friendly aliens». Franz bewarb sich als Unterrichtskraft für Bergtruppen bei der Armee, kam jedoch nur zur «Home Guard», ein kleiner Haufen Männer mit Uniformen und Gewehren (die Gewehre waren neu, amerikanische Springfield, nur die Munition fehlte) ohne jede Chance, die lange Küste gegen den sich schnell annähernden Feind zu verteidigen. Der Feind sah allerdings jetzt anders aus: Nicht die Deutschen, sondern die Japaner drohten mit Invasion. Im Busch waren Verstecke vorbereitet; der Mann, der an der Küste Posten stand, bekam zwei Patronen – eine als Warnschuß, eine für sich selbst. Hedy meinte es ernst, wenn sie sagte, daß sie lieber mit der kleinen Leni vom Fels springen würde, als in die Hände des Feindes zu fallen. Auf etwas besondere Weise war die neue Familie Barta also in Kriegserlebnisse gegründet, die sie mit vielen anderen gleichaltrigen Neuseeländern teilte. Sie hatte die furchtbaren Kriegsjahre in Europa nicht miterlebt, so daß ihr Vorkriegsbild noch bestand, auch als das Schlimmste später bekannt wurde. Eine Zeitlang konnte man noch hoffen, daß alle entkommen seien. Die Sutheims waren in Amerika, die Schuberts in Australien. Franzens Mutter hat den ganzen Krieg mit ihren Budapester Verwandten durchlebt und ist dann zu Illy nach New York übergesiedelt. Hedys Eltern, von der Wohnung in der Bastiengasse vertrieben, erhielten die Nachricht, daß sie nun auf der anderen Seite der Welt ein Enkelkind hatten. Durch das Rote Kreuz kamen die Zeilen: «Laß sie nur schwimmen und turnen lernen. Lebt wohl. Karniol.» Dann kam noch eine Karte, aus Theresienstadt.

In Europa existierte keine Familie mehr; in Neuseeland gab es eine neue Familie. Schon im Juli 1940 wurde Leni – Helen Anne – in Christchurch geboren, ich – Anthony Allan – zwei Jahre später in Greymouth. Für andere Leute war unser kleines Familienleben mit den fremden Kosenamen wahrscheinlich etwas exotisch, aber es war auch eine eigene Form des Zusammenseins, die sich gegen die Gesellschaft und die Welt abschloß. Unser Familienleben war der Mittelpunkt der Welt und gleichzeitig der hauptsächliche Integrationsfaktor in die größere Gesellschaft. Diese Familie war es, die aus uns allen echte Neuseeländer machen sollte.

Am Anfang war alles recht idyllisch. Jedesmal, wenn ich das Fotoalbum durchblättere, muß ich mich wieder daran erinnern, daß diese so friedlichen Szenen mitten im Krieg stattfanden. Das kleine Häuschen neben dem hölzernen Hotelgebäude, hinten die Alpen, die aus dem Busch ragen; das Milchholen auf der Landstraße mit Kanne und Kinderwagen; die zwei kleinen Kinder mit Alois, dem großen goldfarbenen Hund. Die Sullivans hatten ein weiteres Schlafzimmer für uns Kinder gebaut, und auch ein Badezimmer, wodurch die teilweise noch mit Kisten möblierte Wohnung zum echten kleinen Einfamilienhaus wurde. Dazu kam noch eine Dunkelkammer, in der Franz die auf dem Gletscher aufgenommenen Fotos für die Hotelgäste entwickelte und kopierte. Aber er mußte oft auf Hochgebirgstouren gehen, und mit der Zeit schien ihm das doch ein etwas riskanter Beruf für einen Familienvater zu sein. So kam der Gedanke auf, den Beruf des Fotografen woanders auszuüben.

Freunde unter den Alpinisten gaben den Ausschlag. Jock Sim, Anwalt, und Roly Ellis, Matratzenfabrikant, beide aus Dunedin, wußten, daß dort ein 80jähriger Fotograf bereit war, sein Geschäft für nicht allzuviel Geld zu verkaufen. Franz reiste nach Dunedin und sah gute Möglichkeiten, den Betrieb wieder zu beleben und zu vergrößern. Nur Geld fehlte: Die zwei Freunde haben bei der Bank für eine Anleihe von 550 Pfund Bürgschaft geleistet. Mitte 1944 nahmen Franz und Hedy feierlich Abschied vom Fox Glacier. Mr. Sullivan hielt eine kleine Rede und überreichte ihnen zehn Pfund. In Dunedin hatten Jock und Roly eine Wohnung gefunden und richteten sie mit gebrauchten Möbeln ein. Dann kam noch ein Couvert mit 25 Pfund und einem maschinegeschriebenen Zettel: «Auf keinen Fall nur ein Wort zu J. Sim oder R. Ellis sagen!» Damals, sagte mein Vater, war das viel Geld.

Das Geschäft ging aufwärts, aber nicht immer glatt. Manchmal verging ein ganzer Tag ohne Kundschaft. Das Studio wurde weitgehend renoviert – eine neue Treppe, neue Vorhänge und Beleuchtung, moderne Fotoapparate. Anleihe und Zinsen mußten bezahlt werden. Seinen ersten Auftrag, eine Fußballmannschaft zu fotografieren, hatte Franz verpatzt, und danach bekam er nie mehr einen; die Repertory Society war empört, als er für die Reklamebilder eine Rechnung schrieb. Aber trotzdem wurde die Unterschrift «Franz» mit dem schwungvollen F eine bekannte Marke für Qualität und Klasse in Dunedin. Dieser Fotograf kam nicht zu Hochzeiten; wenn eine Braut die Signatur vom Franz Studio wollte, mußte sie zwischen Kirche und Empfang die Treppe hinauf ins Studio kommen. Debütantinnen, Universitätsabsolventen und Professoren, Ärzte, angesehene Bürger und ihre Familien – allmählich kamen die Kunden, auf die Franz hoffte. Sein Ruf als Porträtist (besonders erfolgreich war er mit Kindern) wuchs immer mehr und blieb Grundstein des Geschäfts, auch wenn es sich später in andere Richtungen entwickelte. Ich erinnere mich an die ersten Versuche mit Farbfotografie für Werbung – das Eis, das zum Dessert paßte, schmolz ständig unter den heißen Lichtern – und Hunderte von Federbetten, die für die Firma Ellis «in Stereo» (dreidimensionaler Effekt) aufgenommen wurden. Das vornehme Ambiente der Atelierräume war immer das Maßgebende beim Geschäft. Die eleganten Hilfskräfte – später meine Mutter und vor ihr eine Reihe von netten jungen Damen – gehörten zum «Studio», was für manchen Kunden Kunstsinn und Technik bedeutete, für andere die persönliche Begegnung mit dem Fotografen mit dem exotischen Namen und dem bereitwilligen Lachen.

Später hat sich mein Vater viel eingesetzt für die Zunft der Fotografen und ihr berufliches Niveau. Er wurde zum Präsidenten des Neuseeländischen Berufsfotografenverbandes gewählt und mit anderen Ehren ausgezeichnet. Die Kollegen in Dunedin waren alle seine Freunde. Aber unser Familienfreundeskreis schien nur einmal im Jahr mit dieser geschäftlichen Bekanntschaft zusammenzukommen: beim Ausflug ins Grüne. Unsere engeren Freunde kamen ganz anderswoher, nämlich von der Kirche.

Daß wir jeden Sonntag zur Sonntagsschule gingen und die Bibelgeschichten dort lernten, unterschied uns nicht von anderen Kindern unseres Alters. Daß wir weniger Familienangehörige als andere hatten, haben wir, wie gesagt, kaum gemerkt. Von Anfang an war die warme, freundliche Kirchengemeinde der Roslyn Baptist Church unsere größere Familie, aus der wir Kinder bald mehr Onkel und Tanten hatten als die Edwards oder die MacElroys. Der Pastor und seine Frau waren unser Onkel Jim und Tante Nita; Onkel Ron, der älteste eines ganzen Clans von Chisholms, war mit Tante Chrissie, die die Orgel spielte, verheiratet. Ihr Vater, der alte Mr. Armour mit seinem dicken schottischen Akzent, war es, der meine Mutter tröstete, als sie weinend zum ersten Mal die Küche des alten Hauses betrat: «Hedy, du wirst eine genauso schöne Küche haben wie alle anderen!», und er baute sie ihr selbst. Als ich später meine Eltern fragte, wieso wir eigentlich Baptisten seien, haben beide die Freundschaft als Hauptgrund genannt. Am Fox Gletscher waren sie erst mit dem presbyterianischen Seelsorger, Mr. Hatfield, befreundet und dann mit Mr. Wood, dem Anglikaner. Beide waren sehr hilfsbereit und auch die einzigen, die etwas gebildeter waren, mit denen man sich über mehr als nur das Alltägliche unterhalten konnte.

Meine Eltern waren sich darüber im klaren, daß es am besten für die Kinder sein würde, im christlichen Glauben aufzuwachsen, aber sie schlossen die Religion der meisten Österreicher, jedoch nur weniger Neuseeländer aus: Sie wollten nicht, daß wir wieder zu einer Minorität gehörten. Dann kamen der junge Baptistenpfarrer Frank Reddell und seine Frau – heute noch immer mein Onkel Frank und Tante Enid –, denen es viel bedeutete, Franz und Hedy in ihre Glaubensgemeinschaft aufzunehmen. Also wurden wir Baptisten und blieben es, bis mein Vater – ich glaube, es hing mit dem Vietnamkrieg zusammen – nicht mehr mit dieser so lieben, aber auch so konservativen Gemeinde einig war.

Im März 1946 wurde Maria (Jean) geboren, und unsere kleine Familie war komplett. Eine Zeitlang war meine Mutter krank und mein Vater sehr besorgt, aber als Kinder haben wir nicht viel davon gemerkt. Was in Erinnerung blieb, sind die langen Sommerabende, der Geruch vom frischgemähten Rasen, die Ferien auf dem Land – hier wieder ein Geruch, die Sonne auf der warmen, aufgepflügten Erde zwischen den Apfelbäumen. Wären wir in Europa aufgewachsen, es wäre auch so gewesen. Für meine Eltern haben solche Kindheitserinnerungen Österreich bedeutet, für uns Neuseeland: In diesem Sinne entkommt niemand seiner ursprünglichen Identität. Aber unsere Familienidentität, die meine Eltern für sich selbst und ihre Kinder aufbauten, ist völlig, wenn auch eigenartig, eine neuseeländische, untrennbar von allem, was in jenen Jahren das Leben brachte.

Sie ist auch nach so vielen Jahren von großer Traurigkeit nicht zu trennen. Meine Eltern haben versucht, Jean und mich, die jüngeren Kinder, von den langen Tagen im Spital und dem Leben unserer Schwester fernzuhalten. Wir wußten, daß Lenie eine furchtbare Krankheit hatte und daß die Ärzte sie nicht aufhalten konnten. Als sie im August 1953 starb, war sie gerade 13 Jahre alt.

Erst viele, viele Jahre später konnte mein Vater darüber reden, und dann nur unter Tränen. Meine Mutter schrieb, als ich sie bat, etwas über die Familiengeschichte für ihre erste Enkelin zu erzählen, daß sie sich wie ein Baum vom Blitz gespalten fühlte, sie würde nie wieder ganz heil werden. Nur mit meinem Vater zusammen konnte sie wieder Freude am Leben finden und er nur mit ihr. Noch im Alter haben sie viel miteinander gescherzt. Obwohl Franz an Arthritis litt und Hedy ständig um ihn besorgt war, sind sie viel gereist – mehrere Male nach Österreich. Über die fünf Enkelkinder haben sie sich sehr gefreut. Seit mein Vater gestorben ist, wohnt meine Mutter allein in Dunedin. Sie hat noch immer viele gute Freunde, und meine Schwester ruft sie jeden Tag an, aber sie fühlt sich zum ersten Mal wirklich allein. Das Morgenlicht über dem Hafen ist noch genauso wie es vor 45 Jahren war, aber sie hat zuviel leere Zeit jeden Tag vor sich, und ihre Gedanken wandern zu denen, die nicht mehr da sind.

Die Integration in eine neue Gesellschaft ist von vielen Umständen und individuellen Prägungen bedingt. Alter, Temperament und Vorurteile spielen eine große Rolle. Man hätte vielleicht erwartet, daß der Sportler Franz Barta engere Bindungen im Vereinsleben entwickeln würde oder daß Hedy ähnlich gesinnte Frauen aus der Emigration treffen müsse. Aber Franz machte schnell die Erfahrung, daß die neuseeländische Sportkultur, damals noch mehr von Rugby und Sauferei bestimmt, fast keine Gemeinsamkeiten mit dem europäisch-sozialistischen Sportleben von Wien besaß, und Hedy hatte, nach nur einer Einladung von Emigrantenfrauen, genug von deren Beweinen der vergangenen, schöneren Zeiten. Die Gründung der Familie und der Aufbau des Geschäfts entsprachen zugleich den tiefsten persönlichen Bedürfnissen des Privatlebens und den sozialen Bedürfnissen der kulturellen Integration.

In Neuseeland schickt man Weihnachtskarten. Ich habe sie in Erinnerung als schwarzweiße Aufnahmen von Dunedin oder Umgebung mit herzlichen Glückwünschen an Freunde und Verwandte in Neuseeland, in Australien, in Amerika und in Europa. Manche waren auf deutsch geschrieben, manche auf englisch. Alle hatten dieselbe Unterschrift: «Love from Franz and Hedy, Lenie, Tony and Jean.» Es waren wohl nur sechs Jahre, daß die Karten mit dieser Unterschrift von Dunedin in die Welt hinausgingen. Aber als ich an die Dokumentation für diesen kleinen Teil einer großen Geschichte dachte, kam ich nicht an diesen Karten vorbei. Nichts in dieser Geschichte ist nur privat oder nur anekdotisch. Daß die schlimmsten historischen Ereignisse nicht immer das Glück besiegen und die wichtigsten persönlichen Erlebnisse oft nichts mit der politischen Geschichte zu tun haben, ist viel wert und nicht zu unterschätzen. Aber eine einzelne Person oder ein Familienschicksal außerhalb der größeren Geschichte ist auch nicht denkbar. Ohne Hitler hätte es für zwei junge Österreicher keine Verbindung mit Mr. Sullivan gegeben, keine Familie im neuen Land, keine neuseeländische Familiengeschichte, keine Weihnachtskarten von Dunedin. Und für mich, auch nach 20 Jahren glücklichen Familienlebens in Australien, gäbe es keine neuseeländische Identität.

«Ich bin nicht und war nie im Exil»
Ein Amerikaner aus Berlin in Australien

von Klaus Loewald

Am Ende des Zweiten Weltkriegs wartete ich in London auf eine Gelegenheit, in die Vereinigten Staaten einzuwandern und meine Eltern und Schwester nach sieben Jahren wiederzusehen. Sie waren aus Berlin über Schweden, durch Rußland und über den Stillen Ozean ausgewandert, und ich war nach 15 Monaten als Londoner Fabrikarbeiter interniert und nach Australien geschickt worden, hatte dort kurz in der Armee gedient und war im April 1945 wieder in England gelandet.

Ich hatte das Abitur, weiter nichts gelernt, besaß nichts, wußte nicht, was ich werden wollte, war mir aber über einen Punkt seit der Auswanderung immer im klaren gewesen: Deutschland könnte mir zukünftig bestenfalls zu kurzen Aufenthalten dienen. Ich hatte zu Beginn meiner Internierung über einen Flüchtling gestaunt, der das Ende des Krieges so nahe wie möglich bei Deutschland abwarten wollte, um dann sofort zurückzukehren und beim Wiederaufbau zu helfen – was er dann auch tat. Während ich nun auf die Abreise wartete, arbeitete ich als Büroangestellter in London, besuchte Theater und hörte Konzerte. Im Januar 1946 flog ich nach Amerika.

In Chicago schlug ich das Angebot meines Vaters, auf Kosten meiner Eltern zu studieren, wegen ihres mühsamen Lebens und meines Widerwillens aus, als 25jähriger mit 18jährigen Dummköpfen zusammen auf der Schulbank zu hocken; es war mir wichtig, meinen Unterhalt selbst zu verdienen, und ich arbeitete in verschiedenen kaufmännischen Stellungen, deren letzte ich fünf Jahre innehatte, tat diese Arbeit aber gleichsam nebenbei, während mein Kopf bei Musik und Literatur war. Meine Eltern, nun Amerikaner, freuten sich auf meine Einbürgerung nach fünf Jahren, worüber ich in der festen Überzeugung lachte, ein solch nationalistischer Unsinn sei im Zeitalter der Vereinten Nationen überflüssig geworden. Die Jahre belehrten mich eines Schlechteren, und ich wurde und bleibe amerikanischer Bürger, denn ich bewundere die Prinzipien, die diesem Land zugrunde liegen; allerdings wird der Gegensatz zwischen diesen und dem heutigen Zustand immer unerträglicher.

In den wenigen Jahren, die mir bis zum Tode meines Vaters blieben, beeinflußte er mich grundlegend. In Berlin waren wir einigermaßen wohlhabend gewesen, hatten gut gewohnt, gegessen und auf Ferien mit Köchin oder Gouvernante gelebt, kannten Literatur, Theater, Oper und Konzerte. In Chicago war mein Vater ein Büroangestellter mit kleinem Gehalt, und meine Mutter war Säuglingspflegerin. In einer unserer ersten Unterhaltungen wies mein Vater auf den großen Unterschied der Lebensweisen hin und betonte, daß er sich nach keiner der Annehmlichkeiten Berlins zurücksehne: Er habe bei allem Wohlstand nie gewußt, was Freiheit wirklich bedeute, und er sei nie so glücklich gewesen wie in Amerika. Meine Bewunderung wuchs, als die Möglichkeit entstand, in Deutschland «Wiedergutmachung» zu beantragen, denn mein Vater hatte kein Interesse daran. Dies hing zum Teil damit zusammen, daß er sich andauernd mit der Frage beschäftigte, wieso er es sei, der gerettet worden, wieso gerade unsere Familie – Eltern, Tochter und Sohn – es war, die sich nach Jahren wieder zusammenfinden konnte, wo da das Verdienst sei – und das führte zu der Frage, ob man dann auch noch Geld nehmen solle. Mein Vater widerstand dem Zureden der

Freunde jahrelang, bis ihn das Argument bezwang, er könne doch meine Mutter nicht unbemittelt zurücklassen, falls ihm etwas zustoße. Seine Eingabe kam so spät, daß er ihre Folgen nicht mehr erlebte, aber meine Mutter verbrachte die 35 Jahre ihrer Witwenschaft im Wohlstand. Ich, der ich nichts verloren zu haben glaubte, denn ich hatte die Schule absolviert und war deshalb von einem Lebensziel nicht abgebracht worden, weil ich keines besaß, war also eigentlich von Hitler «gerettet» worden, indem ich legal hatte auswandern können. Ich war und blieb so von meines Vaters Ansicht beeindruckt, daß ich nie um eine «Wiedergutmachung» eingekommen bin. Deutschland schuldet mir nichts (außer dem Anstand, den es der Welt schuldet): Ich besuche dort ab und zu einige wenige deutsche Freunde, und außer zu ihnen halte ich Distanz.

Die deutsche Sprache allerdings ist mir wichtig geblieben. Ich habe sie immer viel gelesen, aber nicht oft sprechen können, und meine Liebe bleibt den Klassikern, Heine, Fontane, Morgenstern und den Großen unseres Jahrhunderts. Zum Sprechen komme ich bei Treffen ehemaliger Internierter oder mit den wenigen alten Schulfreunden; dann aber fange ich schnell an zu berlinern.

Unterdessen war mir weiterhin unklar, was ich eigentlich mit meinem Leben anfangen wollte. Ein Ferienbesuch in San Francisco überzeugte mich, das sei der schönste Ort in Amerika, und meine erste Frau, eine jüdische Amerikanerin, war zum gleichen Urteil gekommen. Wir zogen sofort nach der Trauung (durch Rabbiner Joachim Prinz) nach Berkeley, und dort begann ein Klärungsprozeß in meinem Kopf. Ich fing an, Übersetzungen zu machen und Deutsch zu lehren, wurde dann auch nach kurzem Training Diskussionsleiter in mehreren Kursen über Weltpolitik. Und die Universität, in deren Nähe wir wohnten, übte einen solchen Sog aus, daß ich, 35 Jahre alt, doch noch Student wurde, und zwar in Politologie und Geschichte. Während des Studiums wurde mir bewußt, daß ich für internationale Verständigung und für den Frieden wirken wollte. Ich dachte an eine Tätigkeit für die UNO oder die UNESCO. Das langsame Herauskristallisieren eines solchen Ziels war einer der Gründe, die zur Auflösung meiner Ehe führten. Aber während der Fortdauer des Studiums, als ich auch Lehrpflichten übernahm, entwickelte sich das Lehren zu einem weiteren Ziel. Es dauerte einige Jahre, bis es den Sieg davontrug, weil sowohl äußere Umstände als auch eigene Überlegungen mich davon überzeugten, daß das frühere Ziel am besten durch die Ausübung des zweiten zu erreichen sei. In jenen Jahren war ich Universitätsdozent, Sprachlehrer und Kulturattaché im amerikanischen auswärtigen Dienst und in Washington.

Die Auflösung meiner Ehe trieb mich auf der Suche nach Tapetenwechsel für einige Monate nach Berlin, wo ich an der Freien Universität ein Semester lang seltsame deutsche Geschichte hörte und für die Regierung Übersetzungen machte. Die Scheidung änderte aber nichts an meinem Willen, verheiratet zu sein. Ich war nie religiöser Jude (außer in Berlin im Alter von 15–17 Jahren, als ich regelmäßig zum Freitagabend-Gottesdienst gegangen war), hatte aber nicht an eine Ehe mit einer Nichtjüdin gedacht, hauptsächlich weil es mir schien, daß eine jüdische Partnerin vieles mir Wichtige, das in den vergangenen Jahren geschehen war, von selbst verstehen müsse. Diese Ansicht behielt ich auch nach der Scheidung bei und fügte stillschweigend hinzu, daß wohl eine gebürtige Amerikanerin nicht mehr in Frage käme. Wo würde ich denn nun eine Lebensgefährtin finden? In Israel, und ich hoffte, Washington werde mich dorthin schicken.

Statt dessen sandte mich die Regierung nach Saigon. Nun hatte ich in den vorhergehenden Jahren amerikanische Politik gelehrt und die fundamentale Bedeutung der Unabhängigkeitserklärung und der Verfassung betont. Seit den Unterhaltungen mit meinem Vater, seit meinem Studium und in mehreren Arbeiten hatte ich mich mit dem Begriff der Freiheit beschäftigt. Die Idee des Anstands beschäftigte mich und schien mit der Freiheit verbunden (ich hatte auch gedacht, ein im Grunde unanständiger Mensch, etwa Wagner, könne große Kunst nicht hervorbringen, während große Kunst, also etwa die Mozarts, von einem anständigen Menschen herrühren müsse), natürlich auch die Fähigkeit zum Diskutieren und Fragenstellen: also nichts Neues für alle Theoretiker der Demokratie. In Saigon jedoch vereinigten sich die verschiedenen Ideen über Freiheit, Anstand und Wahrheit bei einem der regelmäßigen Interviews mit Studierenden, die durch meine Hilfe Stipendien an amerikanischen Universitäten zu bekommen suchten. Eine Vietnamesin trat in mein Büro, aufrecht und mit derartig geradem Schritt, mit solch klarem Blick, so gesetzt und dennoch so beschwingt, daß es eigentlich schon um mich geschehen war, ehe wir miteinander sprachen; und dann bestätigte jeder Satz, jede Meinung, jedes Benehmen meinen ganz bewußten ersten Eindruck: Hier war ein freier Mensch, eine regelrecht ideale Amerikanerin.

Wir sind seit 1964 verheiratet und haben zwei Kinder; es hatte sich bald herausgestellt, daß man keine Jüdin in Israel sein muß, um das Geburtsland aufgegeben (sie kam aus Hanoi), um im Gefängnis ohne gerichtliches Verhör und unter periodischen Foltern sechs Monate gesessen, Verwandte «verloren» zu haben, in der Schule der Herkunft wegen gepeinigt worden zu sein und dennoch Verständnis für Land, Muttersprache und Literatur zu bewahren.

Seit wir uns kennen, lernen wir voneinander. Als Präsident Diem ermordet wurde, entfernte meine Organisation, die «U.S. Information Agency», alle seine Fotografien aus der monatlichen Zeitschrift, die sie für die Vietnamesen herausgab, und ich hörte die Fragen meiner damals noch zukünftigen Frau an einen unserer Redakteure: Sei Diem denn nicht neun Jahre lang Präsident gewesen? Könne man so etwas denn auslöschen? Und das fragte eine Vietnamesin, die unter Diem mißhandelt worden war.

Unsere kurze Hochzeitsreise führte uns nach Malaysia. Mit einem geliehenen Wagen von Singapur nach Norden fahrend, schwelgte ich in der landschaftlichen Schönheit. Meine Frau erklärte, Natur sei das Gegebene und weder schön noch häßlich und eigentlich uninteressant, wies mich aber auf ein an der Straße liegendes Bananenblatt hin: und ich lernte, daß in Vietnam so ein Blatt nicht auf der Straße läge, da es wertvoll sei zum Einwickeln gewisser Reiskuchen und anderer Dinge, daß daher Malaysia das reichere Land sein müsse. Eine Welt tat sich auf.

Seit meiner Auswanderung stellte sich mir manchmal die Frage, wo ich nun zu Hause sei. Trotz der unangenehmen Zeit in der Londoner Fabrik vor meiner Internierung war ich mir bei meiner Rückkehr zu meinem Erstaunen darüber klar, «nach Hause» zu kommen, als ich am 20. April 1945 nach fast fünfjähriger Abwesenheit in London aus dem Zug stieg. Ich fühle mich dort immer zu Hause, auch bei meinen jetzt seltenen Besuchen. Chicago, wo ich sieben Jahre lebte, war auch ein Zuhause, ist es aber nicht mehr; und auch San Francisco und Berkeley, wo ich seit 1953 Wähler bin, sind etwas verblaßt. Australien nimmt einen besonderen Platz ein. Ich lehrte 15 Jahre lang an der kleinen Universität in Armidale, einer Stadt, die während jener Zeit von 12000 auf etwa 20000 Einwohner wuchs. Die Verbindung von junger Familie, angenehmer Arbeit, schöner Landschaft und gesundem Klima beseitigte, was ich mir stets eingebildet hatte: daß ich ein Großstadtmensch sei und bliebe. Ich war in Armidale zu Hause, allerdings hauptsächlich, weil ich in Australien zu Hause bin. Dasselbe gilt von meinem jetzigen Wohnort Canberra. Es ist größer als Armidale und wächst schneller, ist aber trotz seiner Viertelmillion keine Großstadt; dazu bleibt es zu künstlich, denn es besteht nur aus Beamten, Akademikern und Diplomaten. Aber es liegt in Australien, und das gibt den Ausschlag.

Ich führte im Geiste eine Liste aller freien Länder auf, deren beste in der Welt den geringsten Schaden anrichten und deren letzte die gefährlichsten sind. Australien gehört zu den besten. Das angerichtete Unheil trifft größtenteils das eigene Land und kann noch bekämpft werden. Auch ist der Kontinent so unwichtig, daß sein plötzliches Versinken von der Welt allenfalls als das Versiegen einer Mineralienquelle wahrgenommen würde. Als Bürger eines freien Landes in einem anderen zu leben, erscheint mir angenehm, obwohl es in manchem meinen eigenen Prinzipien widerspricht: Soll man nicht im Lande seiner Nationalität an der dauernden Aufklärung der Mitbürger arbeiten?

Seit meiner Einwanderung in Australien habe ich zeitweise diese Frage angesichts meiner Überzeugung erwogen, daß ich als amerikanischer Bürger mitverantwortlich bin für die Regierung des Landes. Meine Theorie – sicherlich nicht meine Idee – besagt, daß ich bei einer Wahl zweifach politisch tätig bin: Als Individuum stimme ich für den Kandidaten, den ich für den besseren halte, und als Teil des wahlberechtigten amerikanischen Volkes erwähle ich den Sieger: denn Herr Reagan zum Beispiel war Präsident aller Amerikaner, Amerika hat ihn gewählt, ich gehöre zu Amerika; er war daher mein Präsident, obwohl ich ihn nicht achtete und als Individuum jemand anderen vorzog. Mußte ich nun diesen Reagan nicht «ausbaden» und alles tun, um dem Lande einen guten Nachfolger zu sichern?

Trotz meiner Hoffnung auf Weltbürgertum war ich 1952 Amerikaner geworden und habe das Land auch im auswärtigen Dienst vertreten; es war eine Schuld, die ich unter Präsident Kennedy abzutragen begann. Nach sechs Jahren trieben mich die Entwicklung des Vietnamkrieges und der Bürokratismus aus dem Amt, und ich wäre als Lehrer in Amerika geblieben, hätte das Volk nicht wissentlich einen Schurken zum Präsidenten gewählt: Die amerikanischen Lehrer hatten versagt. Ich schrieb damals einen Aufsatz, der die Auflösung der Vereinigten Staaten in den siebziger Jahren diagnostizierte. Diese Desintegration ist ja auch eingetreten in der Form einer geistigen Depression, die die große Weltwirtschaftskrise nach 1929 in den Schatten stellt: Das amerikanische «Große Experiment» hat versagt. Der Niedergang des Landes ist unter anderem am Format seiner Präsidenten seit 1945 zu verfolgen.

Ich bin also Ausländer. Zum Teil paßt dies zu meiner Hoffnung auf Weltbürgertum. Ein Paß ist ja zum Reisen noch notwendig und stempelt einen zum Bürger, aber ein freier Bürger muß leben können, wo er will, und er muß sich auch zu Hause fühlen, wo er will und kann. Ich reise für mein Leben gern. Europäer bin ich trotz allem auch geblieben und besuche den alten Erdteil oft; aber mein Entzücken bei der Rückkehr nach Australien ist jedesmal fast körperlich, ich setze meinen Fuß mit Begeisterung auf australischen Boden: Reisen und Rückkehr können nicht oft genug stattfinden. Die Idee des Weltbürgertums hat aber zumindest vorläufig etwas Überhebliches an sich: Ich kann heute Weltbürger sein wollen, weil es Nationalitäten gibt, und ich muß eine besitzen, um mich gleichzeitig über sie hinauszuschwingen; als Staatenloser könnte ich das wohl nicht.

Diesen Besitz eines Passes, dieses Ausländertum, diesen Widerwillen gegen das Hochhalten einer Flagge betrachte ich als etwas Gutes, aber immer mit dem Bewußtsein, aus der Not eine Tugend gemacht zu haben. Ist es wirklich heute eine Not, kein Land «sein eigen» zu nennen? Solange ich lehre, sei es vor einer Klasse, in einem Vortrag, durch eine Schrift, wirke ich, wie ich hoffe, an der Aufklärung der Hörer und Leser, indem ich sie überzeuge oder zum Widerspruch reize. Diese Tätigkeit macht mich nicht zum Staatsbürger, aber sie eliminiert zwei negative Definitionen: Ich bin nicht und war nie im Exil. Dort ist, wer, etwa als Schriftsteller oder Politiker, auf Rückkehr hofft. Er mag sich positiv betätigen, aber er tut es auf Abruf. Soweit er sich als Bürger fühlt, ist er seinem Geburtslande verbunden. Weltbürger kann er nicht sein. Auch bin ich nicht, war aber einmal Flüchtling; ich könnte fast sagen, ich sei es zweimal gewesen, aber eben nur fast. Ich war ganz eindeutig ein Flüchtling, als ich 1939 aus Deutschland floh, und ich blieb es offiziell, bis ich wieder eine Nationalität besaß; ich blieb es geistig, bis ich auf eigenen Füßen stehend im Lande meines Aufenthalts politisch zu funktionieren begann. Dies geschah fast gleichzeitig, denn ich arbeitete kurz nach meiner Einbürgerung begeistert und erfolglos für die Wahl Stevensons zum Präsidenten. Daß ich 1970 aus der unerträglichen Depression der USA floh, ist sachlich richtig, aber ich war kein Flüchtling, der entweicht, weil es um sein Leben geht.

Jeder Exilierte ist entweder ein Verbannter oder ein sich selbst Verbannender. Ein Flüchtling hat die Wahl, Flüchtling zu bleiben oder nicht. Will er nicht zurück, hängt sein Flüchtlingsein von seinem Selbstmitleid ab: Flüchtling werden ist eine physische Notwendigkeit; Flüchtling bleiben ist ein Geisteszustand.

All dieses hängt eng mit dem Prozeß des Lernens zusammen; in Deutschland heißt das oft «Vergangenheitsbewältigung». In den letzten Jahrzehnten habe ich mich viel damit beschäftigt, angeregt durch meines Vaters Worte und später durch das gerade Denken meiner Frau. Es wurde mir klar, daß Westdeutsche, denen die Unlust zur Bewältigung ihrer Nazizeit oft vorgeworfen wird, sich vielleicht gezwungenermaßen nachhaltiger mit ihr befaßt haben als Franzosen und auch Schweizer, von Österreichern ganz zu schweigen. Aber in neuerer Zeit ist mir die viel entsetzlichere Tatsache aufgefallen, daß die überlebenden Opfer der Nazis in ihrer Mehrzahl auch nichts hinzugelernt haben. Sie sind voller Rassenhaß gegen «Farbige»; einem Hitler, der nur Neger haßte, wären sie gefolgt. Sie unterstützen reaktionäre Regierungen, für sie steht der Feind weiterhin links, obwohl die Rechte ihnen und der Welt das fürchterlichste Schicksal beschert hat. Und sie sehen darin, daß sie Opfer sind, waren oder solche kannten, schon eine moralische Überlegenheit.

Diese und andere Überlegungen haben mich dem Rest der jüdischen Religion und den anderen «westlichen», die ja eigentlich kleinasiatische Religionen sind, entfremdet. Sie sind mir auch alle zu blutig, und ich habe sogar bezweifelt, daß ihr Monotheismus die große geistige Errungenschaft ist, für die er gilt, denn er liegt ja unzweifelhaft vielen Greueln zugrunde. Es scheint mir amüsant, die «westlichen» Religionen mit dem östlichen Opium verglichen zu sehen, obwohl sicherlich auch die östlichen Lebensweisheiten dem Narkotikum zugerechnet werden können; aber ihre Maximen sind weniger angriffslustig.

Ich bezeichne mich nicht mehr als Juden. Eine Zeitlang blieb ich Jude explicite, weil mir dies, obwohl inzwischen unnötig, anständig vorkam. Aber mit den Jahren schien mir das Judesein ähnlich dem Stolz auf ein Deutschsein, das sich auf der Größe einstiger deutschsprechender Menschen gründete. Im Glanze Bismarcks oder gar Beethovens und Goethes zu leben, scheint mir so blödsinnig, wie stolz darauf zu sein, daß es vielleicht ein

Vorfahre war, der vor langer Zeit den Monotheismus oder die Zehn Gebote erfunden hat. Das Wort «Volk der Dichter und Denker» ist ebenso verderblich wie das vom «erwählten Volk».

Alles scheint mir davon abzuhängen, ob und bis zu welchem Punkt Fragen und Zweifel zulässig oder sogar geboten sind. Als Lehrer habe ich mich in den Nachkriegsjahren überzeugt, daß sie immer und überall erlaubt und notwendig sind und nur solche Fragen zur Standpunktfähigkeit führen, zu einem zeitweiligen Zustand, der selbst Fragen unterworfen bleibt, aber gleichzeitig die Freiheit des Menschen bedeutet.

Mit solchen Ansichten gelangte ich zu der Überzeugung, daß in einem freien Land die Universitäten die Bastionen und Garanten der Freiheit sein müssen. In Amerika habe ich in meinen Klassen diskutiert, ob Studenten Politik und Geschichte belegen sollten. Einer meiner Kurse war Pflichtübung jedes kalifornischen Studenten; alle mußten mindestens einen Kurs über die politischen Institutionen der USA absolvieren. Meine Anfangsbehauptung, sie seien natürlich alle begeistert, in meinem Kurs zu sein, begegnete weitverbreitetem Stöhnen. Ich griff mir einen Studenten heraus, der Brückenbauer werden wollte. Ich schlug vor, er solle annehmen, es zum besten Brückenbauingenieur der Welt gebracht zu haben, und fragte, ob er nun eigentlich nicht für eine Diktatur arbeiten wolle: Man brauche dort die besten Ingenieure, bezahle sie gut, erlaube ihnen zu reisen, behänge sie mit Orden, usw. Nachdem seine Entrüstung sich gelegt hatte, begann ihm und der Klasse zu dämmern, daß es wichtigeres gibt als ausgezeichnete Berufsfähigkeit und daß, wer in politischer Freiheit leben will, zu ihrer Festigung und zu ihrem Schutz beitragen muß.

Ich führe solche Gedanken an, weil sie sich in mir in den 40 Jahren seit dem Krieg entwickelt haben, oft mit Hilfe anderer. Unter ihnen sind manche, deren Bilder sich in meinem Kopf durch meine Fragen verändert oder die mich infolge ihrer Fragen gewandelt haben. Solche Änderungen regten wieder neue Fragen an: Was hat sich in mir verändert, was kann sich in einem Menschen verändern? Wenn er Neues lernt, so wird er anders; ändert er sich aber grundlegend? Einmal ein Schuft, immer ein Schuft? Für «Schuft» kann man auch «Nazi» sagen.

Wie habe ich mich denn geändert? Und ist meine etwaige Veränderung ein Hervortreten vorhandener Eigenschaften, ein Zurücktreten vorheriger, die Geburt neuer und der Tod alter? Im Jahre 1945 war ich ein unreifer 25jähriger Junge. Ich habe seitdem, wie man sagt, «viel gelernt», aber wenn das Wort Bedeutung haben soll, so muß es doch wohl besagen, daß ich nach diesem vielen Gelernten zu leben begonnen habe, denn sonst hätte ich mich ja wahrhaftig nur mit Äußerlichem beschäftigt. Die Frage bleibt, und da ich sie mir selbst stelle, so heißt das zumindest, daß ich am Leben bin – *quaero, ergo sum.*

Das ist viel, und es hat Glück dazu gehört, ein solches Leben zu erreichen und dabei zu bleiben. Das Glück ist sowohl persönlicher als auch finanzieller

Natur: Falls nicht die ganze westliche Welt in eine ökonomische Katastrophe gerät oder schwere Krankheit uns heimsucht, darf ich ziemlich sorglos sein. Aber das bestehende System, das es mir möglich macht, angenehm zu leben, ist vielen, ja den meisten anderen gegenüber rücksichtslos. Ich befürworte daher eine grundlegende Änderung des Systems, während ich doch von seinem Schutz profitiere. Es ergibt sich letzten Endes die Frage, ob politische Freiheit – deren Vorrangstellung für mich als höchstes Gut wohl offensichtlich ist – nur als Komponente dieses mich schützenden ökonomischen Systems existieren kann, oder ob sie einem wichtigeren Prinzip, dem des allgemeinen menschlichen Anstands und Wohlstands, weichen muß, wenn sie mit ihm nicht identisch sein kann. Das heißt: Kann das bestehende politisch-ökonomische System die gleichartige Behandlung aller Menschen erreichen? Muß ich meine Freiheit aufgeben wollen, wenn ich die Menschenrechte allgemein angewandt sehen will?

Es entsteht also die Frage, ob der Kapitalismus mit Anstand vereinbar ist, wie auch die Gegenfrage, ob etwa Besitzgleichheit und Freiheit zusammen existieren können. Das aber sind Extremfragen, denn es scheint mir, als sei ein stark modifizierter Kapitalismus ebenso mit Anstand zu kombinieren wie ein annähernd gleicher Besitz mit Freiheit. Da jedoch die Beweise fehlen (aber es fehlt vielleicht nur der Anstand), erhebt sich, besonders unter kritischen jungen Menschen, die Frage nach der Notwendigkeit der Abschaffung aller Systeme, weil jedes zumindest für viele unannehmbar, wenn nicht gar grausam ist: Die Idee eines Systems bedeutet Zwang.

Ich habe Studenten verteidigt, die solche Gedanken entwickelten, besonders wenn sie gegen die oft zur Schau getragene Überlegenheit der Erwachsenen mit europäischer oder aus Europa eingeführter Kultur ins Feld geführt wurden. Wir kultivierten Europäer haben aus Europa einen Schutthaufen gemacht, und da wir überdies schlechte Lehrer waren und solche auch heranbildeten, so ist es nicht verwunderlich, daß wir meistens nur eine Antwort für die Protestierenden hatten, wenn wir sie nicht überhaupt kurzweg verdammten: «Wie sieht denn *Euer* Plan aus?» Und die Studenten, die nicht Genies zu sein brauchten, um zu erkennen, daß die Gleichzeitigkeit von wahnsinnigem Reichtum und unwürdiger Armut, Überfluß von Nahrungsmitteln und Hungersnot, demokratischen Parolen und scheußlichem Gemetzel abzulehnen ist, hatten von uns Lehrern nicht genug gelernt, um Pläne für eine neue Welt auszuarbeiten; und dieser Unfähigkeit haben wir sie dann auch noch angeklagt. Es ist eine der Wahrheiten, die ich gelernt habe, daß Einwohner freier Länder, die über Mißstände klagen, meistens nicht wissen oder wahrhaben wollen, daß auch sie daran die Schuld tragen; besonders Lehrer wissen dies nicht.

Bin ich zu alt, um mit solchen Fragen noch zu Rande kommen zu können? Die jungen Leute, besonders Studenten, haben die Welt um einiges vorwärtsgebracht, und nicht nur im Westen. Freiheitlich, demokratisch gesinnte Menschen schulden ihnen großen und andauernden Dank, leider aber kaum ihren Lehrern. Einer meiner Studenten in New York sagte in meiner Abwesenheit zu einem Kollegen, ich sei sehr enttäuschend, denn ich lehrte gar nicht, sondern zwänge die Studenten nur nachzudenken. Die meisten wollen das nicht. Ein erfolgreicher Universitätslehrer öffnet in einer Klasse von 50 Studenten in zwei Köpfen pro Semester einige Fensterchen, und aus solchen wenigen Köpfen setzen sich dann die Bewegungen zusammen, die der Welt einige Schritte vorwärtshelfen und von Professoren und Präsidenten als «eine kleine Minderheit» verschrieen werden.

Ich brauche nicht zu glauben, daß eine Minorität immer im Recht und die Majorität stets im Unrecht ist. Aber da das ungefesselte und dabei disziplinierte Denken für mich die Hauptsache ist, muß ich zumindest solchen Gruppen, die zu den *per definitionem* im Denken trainierten Menschen gehören, erst einmal Aufmerksamkeit und mein eigenes Denken widmen; und als Lehrer muß mir daran gelegen sein, die Fähigkeit zu denken in den meistmöglichen Köpfen auszubilden, denn es gilt nicht, brillante Menschen besonders zu fördern, sondern die Durchschnittsfähigkeit zu heben.

Daß ich mit dem spät ergriffenen Lehrberuf zufrieden, ja recht eigentlich von ihm begeistert bin, steht außer Frage. Ich war fast 40 Jahre alt, als ich mich für das Lehren entschied, und 50, als ich meine erste Dauerstelle ablehnte und meine erste annahm. Ich war 43, als ich meine Lebensgefährtin fand. Im Vergleich zu vielen anderen bin ich also spät «angekommen», aber das ist unwichtig. Wenn ich in diesen späten Jahren privat etwas erreicht habe, so ist es Zufriedenheit; diese allerdings erscheint manchen Verwandten und Bekannten einfach als Mangel an Ehrgeiz, und ich geize wahrlich nicht mit Ehre. Das hat sich unter anderem darin ausgedrückt, daß es mir nie um Beförderung ging, daß ich mich aus dem amerikanischen akademischen «rat race», auch mit Hilfe einer schlecht vorbereiteten und schlecht absolvierten Prüfung, hinausrettete, daß ich mich weigerte, veröffentlichen zu müssen (was seinerzeit in Australien noch möglich war), und daß ich mich einmal sogar, da ich mich als Universitätslehrer glücklich und wohlbezahlt wußte, gegen eine allgemeine akademische Gehaltserhöhung ausgesprochen habe; die meisten meiner Kollegen verstanden nicht, daß für mich das Lehren nicht nur Beruf, sondern gleichsam Hobby ist, für welches auch noch bezahlt zu werden eigentlich an Unanständigkeit grenzt.

Die Zufriedenheit erreicht zu haben, ist an sich nicht unbedingt viel, denn sie mag auf Selbsttäuschung beruhen. Getan zu haben, was ich konnte, mag wenig sein. Als Lehrer brachte ich mit mir das Studium, einige Sprachen, etwas kaufmännische Erfahrung, Kenntnis verschiedener Länder und vielleicht, nach fast 50 Jahren, etwas Reife, die durch den Entzug des Bodens unter den Füßen, die Auswanderung, die Internierung und ein breiteres Lesepensum, als den meisten frischgebackenen Lehrern vor die Augen kommt, an Tiefe gewonnen haben könnte. Die Berechtigung der Zufriedenheit bleibe also dahingestellt. Daß ich seit 1945 aber ein ganz anderer Mensch geworden bin, zeigt mir unter anderem die peinliche Lektüre meiner Briefe an meine Eltern bis in die fünfziger Jahre. Außer einigen Passagen, in denen gut fundierter Widerstand gegen die eine oder andere Meinung aufblitzt, zeigen die Briefe einen konservativ beengten Sinn, dazu kindliche Meinungen und wenig Selbstvertrauen, wie wohl nicht verwunderlich, da ich ja damals noch immer nicht wußte, wohin mit mir.

Es ist mir unvorstellbar, daß ich ein ähnliches Leben in einer dauerhaften Weimarer Republik geführt hätte. Ob ich die Kraft gehabt hätte, mich gegen den väterlichen Willen durchzusetzen, nach dem ich Mitinhaber seiner Baufirma werden sollte – nicht daß er ein Tyrann gewesen wäre: er hätte wohl mit Bedauern nachgegeben –, oder ob ich mich seiner liebenden Führung gefügt hätte, all dies ist ungewiß. Ein hitlerloses Deutschland war nur bis 1933 denkbar; dann mußte umgedacht werden, und neue Fragen ergaben sich. Für mich wie für meinen Vater bildete sich bei bleibender Trauer über die Opfer ein Glück, dauernd belagert von der Frage, die ihn nie freigab und mich nicht verläßt: Warum für mich?

Und diese Frage trifft mich auf eine Weise, die meinem Vater in ihrer ganzen Tragweite vielleicht nicht bewußt sein konnte. Er war dem europäischen Scheiterhaufen entkommen, dabei vom finanziellen und kulturellen zum sozusagen politischen Wohlstand fortgeschritten, und er starb ziemlich arm wenige Jahre nach Franklin D. Roosevelt, als unsere Ära, das Nixon-Zeitalter, noch jung war. Wenn aber ich von Zufriedenheit spreche, so steht dahinter die Frage nach dem Sinn nicht nur meines Überlebens, sondern auch danach, was ich mit diesem Überleben getan habe.

Ich habe viel gelesen, viel nachgedacht, viel diskutiert, versucht zu lehren, zur allgemeinen Bildung beizusteuern; ich rede und schreibe vom vernünftigen Denken, vom Respekt vor der Sprache, vom Recht des Hörers, von den Sorgen und Freuden des Paßbesitzers, vom freiheitlichen Leben: und was bedeutet all das angesichts des weltweiten Elends, des Krieges der Reichen gegen die Armen, der Weißen gegen die Farbigen, der Großmächte gegen die Kleinen, der multinationalen Konzerne gegen die Arbeiter, des Krieges der Arbeitenden gegen die Arbeitslosen, der Technik gegen die Umwelt, alles begleitet von Lügen, Euphemismen, Vereinfachungen und weltgefährdenden Kinderspielen? Ich kann beinahe verstehen, daß das Entsetzen zu Bomben greift; doch dann erobert sich das Fragen und Nachdenken wieder sein Recht: Die Bomben «wohlmeinender» Terroristen können weder durch Überzeugungskraft noch in ihrem Kampf gegen erdrückende Gegengewalt Erfolg haben. Andererseits hat das Unglück in Tschernobyl gezeigt, daß eine Katastrophe «Erfolg» haben kann und daß Panik, die bei ähnlichen Vorkommnissen durch irreführende offizielle Bekanntmachungen vermieden werden soll, vielleicht ein Segen wäre; aber ich habe nicht gelernt, sie zu wünschen.

Da sitze ich und schreibe über meine Entwicklung, über das Nachkriegsleben eines Vorkriegsflüchtlings. Wenn es gelesen wird, so mag es beeindrucken oder langweilen, aber die so Betroffenen sind ja «Kinder aus meiner Klasse», vielleicht auch Enkel, Menschen, die wie ich oder auch ganz anders denken, die aber ein Dach über dem Kopf und ein Huhn im Topf haben und denen meine vielleicht veraltete, vielleicht jeder Zeit gemäße Denk- und Schreibweise geläufig ist und passend oder unpassend erscheint.

In all diesen Jahren habe ich viele alte Freundschaften aufrechterhalten und in den verschiedenen Beschäftigungsperioden neue gefunden. Ich bin heute mit Freunden in Verbindung, die ich aus der Schule kenne und die in alle Welt verstreut sind. Eine andere Gruppe stammt aus der Kriegszeit und eine weitere aus den Jahren des Studiums. Auch scheine ich das Glück zu haben, an alte Beziehungen trotz jahrelangen Schweigens wieder anknüpfen zu können; auch meine Frau, die doch aus einer anderen Welt kommt, kann sich in diese Freundschaften einfühlen. Ich wiederum hoffe, mich in die vielen neuen und jungen Beziehungen einzufühlen, die ihrer unbefangenen und egalitären Weltoffenheit zuströmen. Jedes Mitglied unserer Familie stammt aus einem anderen Erdteil, alle haben vier Erdteile bereist, meine Frau und ich auch ein weniges von Afrika. Unser Haus ist voller Musik (von Bach bis Rock), deutscher, englischer, französischer und vietnamesischer Literatur, mein Beruf hat uns an viele Universitäten geführt, unsere Küche ist international, meine Frau arbeitet als Schriftstellerin, Dolmetscherin, Frauenbewegungsmitglied, Lehrerin, Gastronomin, Restaurateurin und interkulturelle Aktivistin; aber vor allem hat ihre Klarheit, Energie, Logik, Frische und Liebe in mir ein Gefühl bleibender Jugendlichkeit erzeugt und dadurch verhindert, daß ich mich zu viel mit der Vergangenheit befasse oder mit gewissen Traditionen begnüge, die aus meiner Berliner Familie stammen. Damals gingen bei uns Architekten, Musiker, Wissenschaftler und Anwälte aus und ein, und wenn ich Arbeiter in unserer Wohnung sah, so waren sie mit Reparaturen beschäftigt. Heute gehören Flüchtlinge, Arbeitslose, brotlose Künstler, «Unterprivilegierte» ebenso zu unserem Kreis.

Aus der Zeit meiner kaufmännischen Tätigkeit sind keine bleibenden Beziehungen entstanden. In London war ich 1945, um mich finanziell über Wasser zu halten und die Reise nach Amerika bezahlen zu können, Angestellter eines Versandhauses für Flaschen, Gläser und Gefäße für Essenzen, Cremes und Tinkturen gewesen, in Chicago begann ich als Verwalter von Bleistiften und Notizblöcken im Büro der Zeitschrift «Esquire» und blieb sechs Wochen. Dann war ich zwei Wochen lang Bürohilfe eines Strafverteidigers, dem ich ein Plagiat eines Artikels über Hypnose anfertigen mußte, denn er wollte darüber ein Buch schreiben. Ich wurde dann Angestellter und zeitweise Vertreter einer Firma, die Geräte an Dampfwäschereien und chemische Reinigungen verkaufte, und blieb dort zwei Jahre. Schließlich ging ich zu einer En gros-Firma für Haushaltsgegenstände (Küchengeschirr, elektrische Geräte, Ölheizung, Fernsehapparate) und Baumaterialien; nachdem ich den Mechanismus des Unternehmens verstanden hatte, wurde ich Einkäufer und Inventarverwalter. Ich blieb dort fünf Jahre, bis zum Umzug nach Kalifornien. In Berkeley arbeitete ich dann einige Zeit in einer Reparaturfirma, bis die Nähe der Universität, Übersetzungen, Sprachunterricht und neue persönliche Beziehungen mich im Alter von 35 Jahren zum Studenten machten.

Meine kosmopolitischen Hoffnungen und die Wahl eines anscheinend das Land mit Jugend und Vernunft, zumindest aber mit fließender Sprache beeindruckenden Präsidenten bestimmten mich, Kulturattaché zu werden. Nach mehr als zwei Jahren in Saigon, wo ich heiratete, folgten etwa 30 Monate im State Department in Washington, wo ich den kulturellen Austausch mit Südvietnam, Laos, Kambodscha, Thailand und Malaysia betreute; dann kam ich an die Gesandtschaft in Canberra (ich hatte Australien auch während eines Urlaubs von Saigon aus wieder besucht), von wo meine politischen Meinungen in Verbindung mit einiger mir übergeordneter Mißgunst mich bald vertrieben und zum Lehren zurückführten. Nach einem Jahr in Kalifornien und einem weiteren in New York wanderten wir dann nach Australien aus, wo mir die Stellung in Armidale in den Schoß fiel.

Meine Frau hatte das Diplomatendasein gehaßt, besonders als sie es in seiner ganzen Nichtigkeit in Canberra kennenlernte. In Saigon war zuviel Krieg, als daß man auf die korrekte Länge der Handschuhe und die Qualität der anzubietenden Zigarren Rücksicht zu nehmen brauchte; ich hatte Minister und Professoren zu Besuch, ohne daß jemand aufs Protokoll achtete. In Washington war ich, wie jedes amerikanische Durchschnittsmitglied des auswärtigen Dienstes, ein einfacher Büroangestellter. In Canberra dagegen war kaum etwas zu tun außer dem Gesellschaftlichen, und die Handschuhe und Zigarren wurden beurteilt. Und da die meisten an der Gesandtschaft Männer waren, so mußten ihre Frauen ihre Zeit mit solchen Dingen hinbringen und dabei dekorativ aussehen.

Wir waren also froh, den Dienst zu verlassen. Allerdings war dann meine Frau auch ziemlich entsetzt, als sie das Städtchen Armidale in Augenschein nahm. Die kleine Universität minderte einige der ärgsten Vorurteile, aber beseitigte sie auch nicht. Man nahm trotz Gegenbeweises an, meine Frau spreche nicht Englisch, und «verstand» sie daher nicht; oder man fragte, ob sie bald wieder «nach Hause» fahren werde. Sie sah schneller als ich, wie es um Hygiene, gute Nahrung, Rassentrennung, allgemeine Vorurteile, Hochnäsigkeit der Universität gegenüber dem Städtchen, Haß des Städtchens gegen die ihm ökonomisch zum Vorteil gereichende Universität bestellt war, und sagte mir, kaum im Scherz, daß entweder sie die dortige Gesellschaft ändern würde oder wir die Stadt verlassen müßten. Sie hat vieles geändert und zu ändern geholfen, teilweise auch dadurch, daß sie ein

Restaurant leitete, neue Gerichte einführte, Kleinkinder betreute und Nachhilfestunden gab.

Für unsere Kinder waren die 15 Jahre in dem Städtchen gut, abgesehen von den Vorurteilen, die sie auf der Schule kennenlernten, aber auch überwanden. Außerdem wurde Armidale, hauptsächlich der Universität wegen, in den siebziger Jahren immer internationaler, als Asiaten, auch einige Afrikaner, allerdings kaum australische Eingeborene, unter Studenten und Lehrkräften auftauchten.

Daß wir aber, nachdem ich die gesetzliche Altersgrenze erreicht haben würde, aus Armidale fortziehen wollten, stand fest. Da ich es gewesen war, der die Stadt und ihre Universität gewählt hatte, und da meine Frau erheblich jünger ist als ich, hatte sie die Wahl, unseren nächsten Wohnort auszusuchen. Sie war ursprünglich geneigt, nach Amerika zurückzukehren, denn die Vereinigten Staaten hatten sie korrekt und anständig behandelt, und anfänglich teilte sie mein Entsetzen über die Entwicklung der amerikanischen Gesellschaft nicht. Dennoch entschied sie sich für Canberra. Wir hatten hier als Diplomaten gelebt und Freunde gewonnen; Canberra ist schön und nicht weit von Sydney, und obwohl sie diesen Wohnort wohl hauptsächlich mir zuliebe gewählt hat, fand meine Frau doch einen neuen und wachsenden Kreis von Bekannten und Freunden in Politik, Literatur, Frauenbewegung, Sozialhilfe und Erziehung.

Im Rückblick auf mein Leben kann ich nur urteilen, daß ich viel Glück gehabt habe. Herkömmliche Kriterien scheinen seit den dreißiger Jahren nicht mehr gültig: etwa das gemachte Bett, die Erbschaft oder reiche Heirat, der zielbewußte Werdegang, Friedenszeiten, Gleichgültigkeit anderen Ländern, Wirtschaftssystemen und Rassen gegenüber. Ich kann heute und konnte schon seinerzeit weder die Auswanderung, die traurige Fabrikzeit in London vor der Internierung, diese selbst, die Verschickung nach Australien, die zwei Jahre dort hinter Stacheldraht, noch die mehr oder minder unbefriedigenden kaufmännischen Stellungen anders sehen als eine Reihe von Glücksfällen; sicherlich deshalb, weil mir die positiven Aspekte dieser negativ klingenden Erfahrungen immer bewußt waren. Die Auswanderung nach England, ermöglicht durch die Fabrikarbeit, rettete mein Leben; die Internierung und Verschickung wahrscheinlich auch, denn die Bombardierung Londons begann einige Tage nach der Einschiffung; die zwei Jahre im Lager, in Australien, weit vom Schuß, gaben mir zum ersten Mal Zeit und Gelegenheit, gute Bücher zu lesen, mehr Musik zu treiben und neue Arten von Freundschaft zu schließen; und selbst die Anstellungen hatten ihre positive Seite, nicht, weil sie mir praktisches Arbeiten beibrachten, wie Geschäftsleute gern behaupten, sondern weil ich lernte, wie inkompetent viele private Unternehmen geführt werden.

Ein seltenes Glück war ferner, daß nach sieben Jahren der Trennung meine Familie in Amerika wieder zusammentraf, daß das Studium mir auch deshalb große Freude machte, weil ich, meines Abiturs wegen als Student des dritten Jahres zugelassen, sofort und ungewöhnlicherweise Assistent eines Professors der Nationalökonomie wurde und an Veröffentlichungen mitarbeitete, daß die zwei Jahre in Südvietnam nicht nur zu meiner Ehe führten, sondern auch faszinierende Arbeit brachten, und daß ich schließlich bis zu meinem Ruhestand an einer kleinen, kaum distinguierten (aber dem Selbstlob ergebenen) Universität in schöner Umgebung leben und eine junge Familie wachsen sehen konnte. Ich bin mir aber auch der Wohltäter an meiner Familie immer bewußt: der Köchin, die auf die Rückkehr meiner Großmutter aus Theresienstadt wartete und sie dann versorgte, bis sie nach Amerika reisen konnte; des Freundes, der meinen Vater und mich zeitig vor der «Kristallnacht» warnte, so daß wir bei der Haussuchung nicht zu finden waren, und der uns später die Affidavits für Amerika besorgte; der Freunde und Lehrer, die mir in der Musik Vorbilder gewesen sind.

Die Zufriedenheit, in der ich lebe, paßt schlecht zur Stagnation des Weltgeistes, der Fortschritte zu machen unfähig scheint. Die fürchterlichsten Katastrophen haben bestenfalls Teile der betroffenen, aber kaum die darauffolgenden Generationen etwas gelehrt. Man läßt sich nicht «entmutigen» oder, besser gesagt, bilden. Kann ich denn nun zufrieden sein im Glauben, zur allgemeinen Bildung beigetragen zu haben? Ist Versuchen, und wahrscheinlich Scheitern, alles, was ich guten Willens tun kann? Richtet sich die Antwort nach der Anzahl der Köpfe, in denen ich Fenster geöffnet zu haben glaube? Wieviele meiner eigenen Fenster sind verschlossen geblieben?

«Meine Kindheit war wie ein Märchen»
Eine jüdische Familie in der Schweiz

von Barbara Distel

Als im Dezember 1990 der 80. Geburtstag der Mutter bei einer Jugendfreundin in Köln gefeiert wird, scheinen die Wunden des Exils vergessen und verheilt. Auch die ursprünglich aus Nürnberg stammende Freundin, die 1933 aus Deutschland fliehen mußte und nie wieder deutschen Boden betreten wollte, hatte sich dann doch entschlossen, aus der Schweiz mitzukommen. Mit achtzig Jahren ist ihr das täglich erfahrbare Geschenk der engen, freundschaftlichen Verbundenheit wichtiger geworden als die Verletzungen aus der Vergangenheit. Schmerzlich vermißt wird allerdings die 84jährige Schwester, die seit 1938 in Australien lebt und in den letzten Jahren gebrechlicher geworden ist; die Sorge, wie ihr über die große Entfernung hinweg im Notfall beigestanden werden kann, überschattet ein wenig die Freude des Festes. Der 46jährige Sohn Michael, der mit den Kölner Freunden der Mutter das Fest organisiert und vorbereitet hatte, hat auch seine eigenen engsten Freunde dazugeladen. Vielleicht fällt den Jüngeren stärker auf, daß die freudige Stimmung brüchig ist, und dies nicht nur, weil der Kreis der Freunde und Verwandten in den letzten Jahren kleiner geworden ist und sich Krankheiten und Beschwerden des Alters immer stärker bemerkbar machen. Vielleicht trägt auch dazu bei, wie bei dieser Gelegenheit und an diesem Ort deutlich wird, daß sich die Erfahrung des Exils nicht mehr rückgängig machen läßt und daß, über innige persönliche Freundschaft und das verbindende Interesse an Kunst und Kultur hinweg, das Zerbrechen der gemeinsamen Welt eine Trennungslinie geschaffen hat, die sich niemals mehr ganz aufheben läßt.

Dabei hatte sich der Lebenslauf von Michaels Mutter anfänglich nicht von dem ihrer Altersgenossen aus nichtjüdischen großbürgerlichen Familien unterschieden: Marianne war 1910 als zweite Tochter eines angesehenen Juristen und einer Pianistin in Düsseldorf zur Welt gekommen. Als der Vater hoch dekoriert aus dem Ersten Weltkrieg zurückgekommen war, zerbrach die Ehe der Eltern, und die Mutter zog im Jahr 1921 mit den beiden Töchtern nach München. Die Trennung der Eltern erfolgte in freundschaftlichem Einvernehmen, und als der Vater wieder heiratete und noch weitere drei Kinder geboren wurden, entwickelte sich ein herzliches Verhältnis zwischen den Stiefgeschwistern, das bis heute besteht. Auch die Mutter heiratete zum zweiten Mal, diesmal einen Münchner Industriellen, einen Nachkommen der Nanette Kaula, die als «Münchens schönste Jüdin» in die Schönheitsgalerie von König Ludwig I. aufgenommen worden war. Die Familie gehörte zur kulturellen Elite des Münchens der zwanziger Jahre. Schriftsteller, bildende Künstler, Musiker gingen ein und aus, Thomas Mann war Nachbar. Marianne besuchte zunächst die katholische St.-Anna-Schule und wurde dann auf ein Institut für sogenannte Höhere Töchter nach Genf geschickt, um Französisch zu lernen, bevor sie zuerst in München und dann in Berlin ein Gesangsstudium begann.

In Berlin trifft sie als 20jährige im Hause von Freunden ihren späteren Ehemann, den um 23 Jahre älteren russisch-jüdischen Emigranten Ilja, der bereits eine bewegte Exilgeschichte hinter sich hat. Noch nichts deutet allerdings darauf hin, daß es nicht einmal ein Jahrzehnt dauern wird, bevor sie selbst und ihre gesamte Familie auch gezwungen sein wird, ins Exil zu gehen. Ilja spricht nicht gern über seine Vergangenheit; im Laufe der Jahre erfährt sie immer nur Bruchstücke über sein abenteuerliches Leben: 1887 in Omsk als Sohn eines Kaufmanns und Enkel eines Rabbiners geboren, war er zusammen mit seinen Eltern und drei Geschwistern im Jahr 1905 nach der ersten russischen Revolution nach Basel gekommen, wo er Chemie studierte. Als Anhänger der Menschewiki kehrte er nach Abschluß des Studiums nach Rußland zurück und gründete in Moskau eine Vertretung der Firma Ciba. Einer seiner Brüder kehrte nach dem Medizinstudium mit einer Schweizer Ehefrau ebenfalls nach Rußland zurück und ließ sich in Nowosibirsk nieder. Dieser Bruder verschwand während der stalinistischen Verfolgungen Ende der dreißiger Jahre mit Frau und Kindern, spätere Nachforschungen über das Schicksal der Familie blieben erfolglos. Ilja scheint weder mit seinen Eltern noch mit den beiden in der Schweiz zurückgebliebenen Geschwistern je wieder Verbindung aufgenommen zu haben, ja er hielt sogar die Existenz dieser Familienmitglieder gegenüber engsten Freunden und später auch gegenüber seiner eigenen Familie geheim. Der Bruder arbeitete als Journalist beim Völkerbund in Genf, die Schwester in einem Basler Verlag und Michael, der Sohn Iljas, erfuhr erst aus dem Nachlaß seiner Tante einiges über die Geschichte dieser Seite seiner Familie.

Im Jahr 1917 mußte Ilja auf abenteuerliche Weise und völlig mittellos aus Rußland fliehen. Über die Jahre zuvor in Moskau kann sein Sohn kaum etwas sagen. Der Lebensabschnitt, den sein Vater in Rußland verbracht hat, scheint auch heute noch wie ein ferner Mythos aus längstvergangenen Zeiten. Er erinnert sich vage an Erzählungen des Vaters über das Rußland zu Beginn des Jahrhunderts, über Besuche bei Leo Tolstoj, an Schilderungen von Fahrten mit dem Hundeschlitten, und er weiß, daß sein Vater neben vielen anderen Künstlern den Maler Marc Chagall kannte und mit der Familie Pasternak befreundet war. Wie bei seinem Vater spielt auch im Leben Michaels das Interesse und die Begeisterung vor allem für zeitgenössische Kunst und die Unterstützung von befreundeten Künstlern eine wichtige Rolle.

Als Ilja 1930 seine zukünftige Frau in Berlin trifft, die er acht Jahre später heiraten wird, ist er ein arrivierter Mann von Welt, ein wohlhabender Junggeselle mit vielfältigen Kontakten zu russischen Emigranten- und Künstlerkreisen. Er war nach seiner Flucht von Berlin nach München gezogen und hatte dort eine alteingesessene chemische Fabrik übernommen. Auch in Zürich hatte er eine Zweigstelle gegründet und die Schweizer Staatsbürgerschaft erworben. Der Stiefvater Mariannes ist nicht begeistert über ihre Verbindung mit dem mehr als doppelt so alten Mann, die Mutter hingegen begegnet ihr mit Verständnis und Toleranz. Ilja führt sie in die kulturelle Vielfalt des Berlins der ausgehenden zwanziger Jahre ein, und sie treffen sich heimlich in Paris, aber das Vergnügen wird durch die Machtübernahme Hitlers jäh beendet. Mariannes Eltern holen sie aus Berlin weg und schicken sie zum weiteren Gesangsstudium nach Mailand. Dort gehört sie zur ersten Gruppe der jüdischen Flüchtlinge aus Deutschland, sie fühlt sich fremd und einsam ohne Freunde und zunächst auch ohne Sprachkenntnisse. Ilja besucht sie einige Male; als die Politik Mussolinis gegenüber den ausländischen Emigranten immer restriktiver wird, geht sie als freie Mitarbeiterin des neugegründeten Radiosenders Monte Ceneri ins Tessin.

Sowohl ihre Mutter und ihr Stiefvater als auch ihr Vater mit seiner zweiten Frau bleiben in Deutschland. Sie glauben wie so viele andere nicht an die tödliche Bedrohung ihrer Existenz durch den Nazi-Staat. Und auch Ilja wohnt weiterhin in München, als Schweizer Staatsbürger fürchtet er offenbar nicht um seine Sicherheit. Die Firma wird «arisiert», aber es gelingt, den Betrieb weitgehend frei von Nazispitzeln zu halten. Das Unternehmen wird von den Mitarbeitern loyal weitergeführt, bis es nach Ende des Krieges wieder an seinen rechtmäßigen Besitzer übergehen kann. Allerdings wird Ilja dann nur noch als Besucher nach Deutschland kommen. Wie furchtlos er noch im Jahr 1938 in München agiert hat, läßt sich aus dem Nachkriegsbericht eines ehemaligen kommunistischen Widerstandskämpfers entnehmen, der schildert, wie er Ende 1937 aus dem Konzentrationslager Dachau entlassen worden war und als ehemaliger KZ-Häftling nirgends eine Arbeitsstelle fand. Schließlich kam er in Iljas Firma als Packer unter, bis er dann bei Kriegsbeginn wieder verhaftet und ins Konzentrationslager Dachau zurückgebracht wurde. Wörtlich sagte er über Iljas Bereitschaft, ihn aufzunehmen: «Da hat mich ein Jude hineingebracht, der war da mit beteiligt gewesen bei der Firma – und der hat mich überhaupt bloß deswegen aufgenommen, weil er gewußt hat, daß ich aus Dachau komme.»

Die Hochzeit von Ilja und Marianne findet in London ausgerechnet am 9. November 1938 statt. Auf dringendes Anraten des Dichters Albrecht Haushofer, auch ein Nachbar in München, der zunächst gute Kontakte zu den Nationalsozialisten pflegte, war Mariannes Mutter zu diesem Anlaß nach London gefahren. Auch der Stiefvater war gewarnt worden, daß seine Verhaftung bevorstünde, und er konnte sich retten, indem er sofort mit dem Zug zu Freunden nach Köln floh. Der Hochzeitstag vergeht mit dem Bemühen, ein Einreisevisum für den Stiefvater nach England zu erhalten, am Abend hören sie dann die Schreckensnachrichten über den Pogrom in Deutschland. Der Stiefvater kann über Holland nach England entkommen, und mit Hilfe Thomas Manns erhalten Mutter und Stiefvater nach langen Bemühungen das begehrte Affidavit für die Einreise in die USA. Allerdings gelingt es ihnen dann nicht mehr, England vor Ausbruch des Krieges zu verlassen. Mariannes Vater, der bis zuletzt die drohende Gefahr nicht wahrhaben will, entkommt buchstäblich im letzten Moment aus Deutschland in die USA. Marianne verbringt den Sommer 1939 in England bei ihrer Mutter. Nach einem Anruf ihres Mannes, der sie dringend bittet, umgehend in die Schweiz zurückzukehren, ergattert sie einen Platz auf dem letzten, überfüllten Schiff, das vor Kriegsbeginn von England nach Bordeaux fährt. Noch fünfzig Jahre später steht ihr die nächtliche Zugfahrt von Bordeaux nach Zürich lebhaft vor Augen. Sie verbringt sie mit einem Germanisten aus München, den sie zufällig trifft, im Speisewagen, wo sie die ganze Nacht zusammen Rotwein trinken und sich voller Angst vor dem bevorstehenden Weltkrieg fragen, ob sie ihre Angehörigen und Freunde jemals wiedersehen werden. Die Verbindungen nach Deutschland sind nun endgültig abgerissen, und sie lebt die nächsten Jahre so wie alle über die Welt verstreuten Flüchtlinge aus Hitler-Deutschland, in Ungewißheit und Sorge über das Ergehen von Freunden und Verwandten. Tatsächlich wird Marianne ihre Mutter erst zehn Jahre später und ihre Schwester, die 1938 nach Australien geflohen war, erst 17 Jahre später wiedersehen.

Marianne arbeitet während der Kriegsjahre weiterhin als Sängerin am Rundfunksender Monte Ceneri. Ihrer Mutter, die in London ausgebombt wird und bei Freunden unterkommen muß, gelingt es immer wieder, die Rundfunkübertragungen mit ihrer Tochter zu hören. Eines Tages erklärt sie, daß sich Mariannes Stimme verändert habe und sie entweder krank oder schwanger sein müsse.

Der Sohn Michael kommt im Sommer 1944 zur Welt, zwei Jahre später folgt die Tochter Claudia. Ilja ist 57 bzw. 59 Jahre alt bei der Geburt seiner Kinder. Die Familie wohnt zunächst in ziemlich beengten Verhältnissen in Zürich. Marianne gibt mit der Geburt ihrer Kinder ihre Karriere als Sängerin auf und konzentriert sich fortan ausschließlich auf ihre Familie. Niemals äußert sie gegenüber ihrer Umgebung Bedauern über diese Entscheidung, und erst Jahrzehnte später deutet sie an, daß sie auch andere Alternativen erwogen hatte. Erst dann wird auch ihrem Sohn und ihren engsten Freunden klar, wie wichtig ihr die Jahre waren, in denen sie ihren Beruf als Sängerin ausüben konnte.

1949 kehrt Marianne mit ihren Kindern endgültig ins Tessin zurück. Ilja führt während der Woche in Zürich die Firma und sein gewohntes Leben weiter, Urlaub und Wochenenden verbringt er mit seiner Familie. Diese Regelung scheint seinem Bedürfnis nach Distanz entsprochen zu haben, er lebt quasi in zwei getrennten Lebensbereichen, und nach wie vor übt er auf viele Frauen eine große Anziehungskraft aus.

Für seine Kinder ist er eher ein geliebter Onkel, der zum Wochenende in seinem Traumauto mit Schokolade für sie erscheint, als eine reale Vaterfigur. «Meine Kindheit war wie ein Märchen», sagt der Sohn Michael rückblickend. Zur Lösung ihrer Alltagsprobleme ist zumeist nur die Mutter anwesend, was ihnen, solange sie noch klein sind, nicht ungewöhnlich erscheint. Sie wachsen in einer paradiesischen Umgebung auf, sind verwöhnt, hübsch und begabt. All ihre Neigungen werden gefördert. Es scheint, als könne es keine Türen geben, die ihnen verschlossen blieben. Sie sind von Anfang an zweisprachig, zu Hause sprechen sie deutsch und in der Schule und mit ihren Freunden italienisch. Sie sind beide katholisch getauft und wissen nichts über den jüdischen Hintergrund der Familien ihrer Vorfahren oder die Geschichte der Vertreibung ihrer Eltern. So wie Ilja über seine Flucht aus dem Rußland der Revolution geschwiegen hat, so schweigen nun beide Eltern über die Vertreibung aus Hitler-Deutschland. Sie sind sich einig, daß ihre Kinder möglichst in ihre Umwelt integriert aufwachsen sollen, damit ihnen die bitteren Erfahrungen des Außenseitertums erspart bleiben.

Das in den Jahren 1952/53 neu erbaute, traumhaft über dem See gelegene Haus wird zum Treffpunkt von Verwandten und Freunden, die aus aller Welt dorthin kommen. Es sind auch viele jüdische Künstler darunter, die eine Atmosphäre von Kultur und Weltläufigkeit mitbringen und verbreiten. Aber es kommen auch Freunde aus Deutschland, denn Marianne und Ilja haben, sobald die äußeren Umstände es zuließen, ohne Vorbehalte oder Ressentiments wieder Verbindung mit ihnen aufgenommen, und ihre herzliche Gastfreundschaft und die Großzügigkeit, mit der sie ihr Haus öffnen, sind für alle, die dorthin kommen, eine beglückende Erfahrung. Dabei entwickelt sich eine besonders enge Beziehung zu den Mitarbeitern der Firma in München, die ihrem von Staats wegen verfemten Chef die Treue gehalten hatten und nun erfuhren, daß sich anständiges Verhalten auch bezahlt machen kann.

Rückblickend meint der Sohn, daß er sich wohl zu dieser Zeit zum ersten Mal darüber gewundert hat, daß so viele Gäste seiner Eltern, auch wenn sie Verwandte waren, von so weit her kamen und Geschichten aus der Emigration erzählten. Seine Großmutter, die nach dem Krieg von England in die Vereinigten Staaten gezogen war, pendelt nach dem Tod ihres Mannes zumeist zwischen ihren beiden Töchtern in Australien und der Schweiz hin und her, bis sie schließlich schwerkrank ins Tessin kommt, um dort 1961 zu sterben. In der Schule wird er von einem ihm sehr unangenehmen Lehrer gefragt, ob sein Name jüdisch sei. Aber er ist erst 13 Jahre alt, als sein Vater einen ersten Schlaganfall erleidet, und die Fragen, die er an ihn richten möchte, werden ihn erst dann ernsthaft bewegen, wenn sein Vater sie nicht mehr beantworten kann. Ilja erleidet im Laufe der folgenden Jahre noch mehrere Schlaganfälle und wird allmählich immer pflegebedürftiger. Auch für die Tochter Claudia, die bereits als Schülerin Israel besucht und in einem Kibbuz arbeitet, ergibt sich keine Möglichkeit mehr für einen erwachsenen Dialog mit ihrem Vater; sie leidet ganz besonders unter seiner fortschreitenden Krankheit. Die Zahl der Besucher nimmt ab, und Marianne benötigt ihre ganze Kraft für die Pflege ihres Mannes, der schließlich Ende 1967 achtzigjährig stirbt.

Beide Kinder hatten nach Abschluß der Schule das Elternhaus verlassen, Claudia war nach Florenz gezogen, um dort Literatur und Philosophie zu studieren, und Michael hatte zunächst in Zürich ein Studium der Betriebswirtschaft begonnen, um dann in Genf Jura zu studieren. Die Geschwister sind von sehr unterschiedlichem Temperament, Claudia ist spontan, extrovertiert, warmherzig und verschwenderisch großzügig, Michael ist viel zurückhaltender, systematisch, sparsam, ironisch, distanziert, aber beide sind vielseitig künstlerisch begabt. Während die Tochter bei der Wahl ihres Studiums freie Hand hat, wird der Sohn bereits als Kind immer wieder mit der Erwartung konfrontiert, daß er eines Tages die Firma des Vaters übernehmen wird. Dies würde ihm dann auch die materiellen Voraussetzungen für seine künstlerischen Neigungen schaffen. Er fügt sich schließlich dieser

Erwartung, aber er braucht viele Jahre, bis er die Leitung des Unternehmens seines Vaters wirklich als seine originäre Lebensaufgabe anerkennen kann, und er verliert niemals ganz das Gefühl der Trauer und Enttäuschung über ein nichtgelebtes Leben als Bildhauer oder Musiker. Claudia fühlt sich zunächst sehr glücklich in Florenz, und auch im Mai 1968 bei Ausbruch der Studentenunruhen in Paris ist sie dabei. Aber nach einer persönlichen Krise geht sie von Florenz nach Zürich, um dort ein Medizinstudium zu beginnen.

Als das Leben Iljas schließlich erloschen ist, folgt Marianne im Februar 1969 einer Einladung ihrer Stiefgeschwister zu einem Erholungsurlaub in die USA. Dort erreicht sie gleich nach ihrer Ankunft die Nachricht, daß ihre Tochter, von der sie sich am Tag zuvor in Zürich verabschiedet hatte, in ihrer Wohnung tot aufgefunden worden war. Sie war im Alter von 22 Jahren über Nacht an einem selten auftretenden Gehirntumor gestorben. Es folgt eine schwierige und traurige Periode.

Michael zieht nach Abschluß seines Studiums 1970 endgültig von Genf nach Zürich, um die Leitung des Familienbetriebs zu übernehmen. Auf der Suche nach der eigenen Identität und in der Auseinandersetzung mit der Person, die sein Vater gewesen war, gerät er in eine schwerwiegende Krise. Nach einer Phase intensiver Auseinandersetzung mit dem Judentum und dem Staat Israel, den er auch einige Male besucht, findet er eine Position ironischer Distanz, die die eigene Betroffenheit nicht verleugnet. Und mit ironischer Distanz könnte man überhaupt die Haltung umschreiben, die seine Beziehungen zu anderen Menschen bestimmt. Er hat mit Ausnahme von ganz wenigen engen Freunden nicht viele Menschen, die ihm nahestehen, Auskünfte über sich selbst beschränkt er auf das Minimum, und er entzieht sich, soweit möglich, Ansprüchen an seine Person. Seine Mutter, die darin auch einen Wesenszug seines Vaters wiedererkennt, schließt seinen engsten Freund ebenso wie seine langjährige Freundin als zur Familie gehörend ins Herz, ohne die Hoffnung auf Enkelkinder je ganz aufzugeben.

Im Laufe der Jahre wird Marianne darüber hinaus die Rolle der Gastgeberin immer mehr zur Lebensaufgabe. So wie sie früher ihren Mann und ihre Kinder umsorgt hat, widmet sie sich nun ihren Freunden und Verwandten, die sie in ihr Haus einlädt. Es sind allmählich immer mehr ältere und auch gebrechliche Menschen unter ihren Gästen, für die es keinen anderen Ort gibt, an dem sie neben der Schönheit der Umgebung so viel Wärme und Zuneigung erfahren.

Michael ist schließlich auch in die Rolle des Firmenchefs hineingewachsen, die er, als die Generation der Führungskräfte, die noch aus der Ära seines Vaters stammt, durch die nachfolgende Generation ersetzt wurde, immer stärker übernimmt und ausfüllt. Der gutgehende Betrieb expandiert in den achtziger Jahren unter seiner Leitung zu einem nach modernen Managementmethoden geführten Unternehmen mit mehreren Zweigstellen in der Bundesrepublik.

Die Frage nach seinem Selbstverständnis als Schweizer Staatsbürger jüdischer Herkunft, mit starken persönlichen und beruflichen Bindungen zur Bundesrepublik, bleibt relevant. Er verfolgt die Auseinandersetzungen um den Umgang mit der jüngsten deutschen Geschichte und ist ein wachsamer Beobachter politischer Prozesse hier wie dort. Fremdenfeindliche Strömungen und antisemitische oder nationalistische Untertöne registriert er mit großer Sensibilität. Seine häufigen geschäftlichen Aufenthalte in München sind ja auch immer wieder Begegnungen mit dem Ort, der einmal die vertraute Heimat seiner Eltern war, bevor man sie ihnen unwiderruflich zerstört hat. Dies macht ihm einen unbefangenen Aufenthalt eigentlich unmöglich. Und so bestimmt auch in dieser Familie, die im Vergleich mit vielen anderen Opfern der nationalsozialistischen Verfolgungs- und Ausrottungspolitik Glück gehabt hat, die Erfahrung der Eltern das Leben der heutigen Generation entscheidend mit. Die Frage, inwieweit die Eltern durch das Erlebnis von Angst, Demütigung und zwangsweiser Trennung traumatische Beschädigungen erlitten haben, die auch ihre Kinder geprägt haben, muß offen bleiben.

VI.
Rückkehr?

«Wie ich in der DDR aus einer Kommunistin zu einer Jüdin wurde»
von Salomea Genin

Nationale Wurzeln suchte ich. Sie braucht man wie die Luft zum Atmen. Das hatte ich in meinem australisch modifizierten, osteuropäisch-jüdischen Zuhause mit der Muttermilch aufgesogen. Menschen teilte ich nach nationalen Kategorien ein. Ich wollte Wurzeln, aber keine jüdischen. Wer wollte schon Jude sein? Daß das etwas Widerliches ist, hatten die Nazis in Berlin mir schon vor meinem sechsten Lebensjahr gründlich beigebracht. Auch hatte ich eine sehr gestörte Beziehung zu meiner polnisch-jüdischen Mutter. Mit der Ablehnung ihrer Person lehnte ich auch eines ihrer Wesensmerkmale ab, nämlich ihr Jüdin-Sein. Zwölfjährig trat ich 1944 dem Kommunistischen Jugendverband und siebzehnjährig 1949 der KP Australiens bei, als die Illegalität mitten im Kalten Krieg drohte. Ich wußte, die Mechanismen des Kapitalismus waren schuld am Krieg, am Faschismus, an der Verelendung so vieler Menschen. Der Sozialismus beruht auf Mechanismen, die Machtgehabe, Unterdrückung und Krieg überflüssig machen. Mit 18 Jahren fuhr ich 1951 nach Berlin als Mitglied der australischen Delegation zu den 3. Weltfestspielen und sah mit eigenen Augen: Hier wird an der «Neuen Welt» und dem «Neuen Menschen» gebaut.

Wieder in Australien zog ich Bilanz. Das Jüdische brauchte und wollte ich nicht, Australierin war ich nicht. Ich glaubte, Identität könne man wählen. Mit 21 wußte ich, was ich sein wollte: eine deutsche Kommunistin. So machte ich mich auf den Weg und kam nach neunjährigem Bemühen 30jährig 1963 in die DDR, allerdings nur durch einen einflußreichen Freund. Froh war ich, endlich in diesem antifaschistischen Staat mein Zuhause, eine Heimstatt für mich zu finden. Denn hier ist die Menschenwürde zu Hause, der Faschismus für immer verbannt und mit ihm auch der Antisemitismus. Hier lohnte es sich zu leben, zu arbeiten, sich zu engagieren – für den Staat und für die Individuen. Hier spielte es keine Rolle, daß ich Jüdin bin, sowenig wie es für mich selbst eine Rolle spielte.

Ab November 1963 arbeitete ich bei Radio Berlin International, Südostasien-Redaktion, als Journalistin, Sprecherin und Übersetzerin. Das Journalistische machte mir Spaß. Den Rest nahm ich mit, weil es notwendig war. Ich wußte nichts von den politischen Tabus, empfand es als meine Pflicht, gesellschaftliche Probleme anzusprechen, wie ich das im Kapitalismus immer getan hatte.

Nach einem Jahr wurde an mein Pflichtgefühl appelliert: Ich, die Muttersprachlerin, würde gerade jetzt als Übersetzerin und Sprachkorrektorin dringend gebraucht. Die journalistische Arbeit sollte für ein Jahr aus meinem Vertrag gestrichen werden. Ich willigte ein. Nach einem weiteren Jahr sah ich, es war eine Ausrede gewesen, um mich von der journalistischen Arbeit ganz auszuschließen. Warum, das sagte mir keiner. «Du bist hier das enfant terrible», sagte mir eines Tages mein Abteilungsleiter. Das verstand ich nicht. Erst Jahre später begriff ich: Ich hatte ständig, ohne es zu merken, «Aber der Kaiser ist doch nackt!» ausgerufen.

Fast hatte ich vergessen, daß ich Jüdin bin. Durch den Sechs-Tage-Krieg 1967 wurde ich das erste Mal wieder daran erinnert. Das «Neue Deutschland» veröffentlichte täglich Briefe von prominenten Genossen, die jetzt plötzlich ihre jüdische Abstammung hervorkehrten, um Israel zu verdammen. Auch ich schrieb einen entsprechenden Brief und war enttäuscht, als er nicht veröffentlicht wurde. Mit 22jähriger Verspätung bitte ich meine acht Cousins und Cousinen in Israel um Verzeihung. Better late than never!?

Eine zweite Erinnerung kam durch die Freundin, mit der ich den DEFA-Film «Professor Mamlock» sah. Der Film hatte mich sehr aufgewühlt, und hinterher auf der Straße brach ich in Tränen aus. Sie nahm mich in die Arme, versuchte, mich zu trösten: «Für dich als Jüdin muß dieser Film besonders schlimm sein.» Befremdet löste ich mich. Was heißt hier – als Jüdin? Als Mensch, als Kommunist, der dafür kämpft, daß solche Unmenschlichkeit nie wieder vorkommt, wühlte er mich auf, aber doch nicht als Jüdin! Ich ahnte nicht, wie sehr sie recht hatte.

Zu meiner ersten Begegnung mit Antisemitismus in der DDR kam es durch ein «Überbleibsel»: Hannelore war Germanistin, spezialisiert auf die Schriften des Bauernkrieges, vollbusig und walkürenhaft, Ende zwanzig. Sechs Jahre kannten wir uns, und ich zählte sie zu meinem engeren Bekanntenkreis. Eines Tages, es muß 1968 gewesen sein, sagte sie, ich sei doch nur wegen der «VdN»-Privilegien (VdN = Verfolgte des Naziregimes) in die DDR gekommen. So seien eben die Juden, das wisse sie von ihrer Mutter. Daß ich von diesen Privilegien vor meiner Übersiedlung in die DDR nichts gewußt hatte, überzeugte sie nicht. Ich versuchte, sie von ihrer Meinung abzubringen, begriff jedoch, es hatte keinen Zweck. Ich sorgte dafür, daß ich sie nie wiedersah. Erst viele Jahre später wurde mir bewußt, wie privilegiert ich in der DDR lebte, und merkte den Neid, den das verursachte.

Das große Schweigen um die Juden störte mich nicht. Die Betroffenheit und Abwendung vieler, wenn sie erfuhren, daß ich Jüdin bin, verwirrten mich.

Im Januar 1968 war ich erschöpft. Meine Kinder waren 1965 und 1967 geboren worden. Die Beziehung zu dem Vater kriselte, und ich ahnte schon, ich würde diese Kinder allein großziehen müssen. Ich brauchte dringend Urlaub, aber der Feriendienst des «FDGB» nahm keine Kinder unter drei Jahren auf. Ich schrieb an den Bundesvorstand, daß ich einen Urlaubsplatz zusammen mit meinen Kindern bräuchte, wo ich weder einkaufen noch kochen müßte, und wenn sie mir nicht helfen könnten, müßte ich mich an die Kirche wenden, denn von ihr wußte ich, daß sie für Mütter mit Kleinkindern Urlaub möglich machte. Eine Kollegin fand den Durchschlag dieses Briefes in meinem Schreibtisch. Von Februar bis Mai fand mein Parteiverfahren statt. Mir wurde «Verrat an der Partei» und «Kleinbürgerlichkeit» vorgeworfen. Ich versuchte, mich – entsprechend der Vorwürfe – kritisch zu sehen. Schließlich waren es doch meine Genossen, die über mich zu Gericht saßen. Sie meinten es doch aufrichtig und gut mit mir. Das Verfahren endete mit einem Verweis – milder geht es nicht –, meiner völligen Verwirrung und einer tiefen Depression. Ich hatte das Gefühl, von Vater und Mutter gerügt und verlassen worden zu sein. In den drei darauffolgenden Jahren brach ich in Tränen aus, wann immer von dem Verfahren die Rede war. Das wiederholte sich im Januar 1971, als ich mein Herz meinem einflußreichen Freund ausschüttete.

«Du kannst das doch nicht persönlich nehmen. Es gab einen Befehl von oben, dieses Verfahren gegen dich durchzuführen.»

«Von wem?» fragte ich bestürzt.

«Vom Zentralkomitee», antwortete er.

«Und warum?» fragte ich entgeistert.

Er wurde väterlich. «Na, denk doch mal nach, Mädchen. Es brodelte doch in der Tschechoslowakei. Der Prager Frühling drohte, auf die DDR überzuschwappen. Die Mäuler mußten gestopft werden.»

«Aber ich sah den Prager Frühling doch auch als eine Gefahr für den Sozialismus! Ich habe nicht einmal solche Diskussionen gehört, geschweige denn, mich für Dubcek ausgesprochen. Ich akzeptierte auch den späteren Einmarsch als notwendig!»

«Ich versuchte, das Verfahren auch von dir abzuwenden, aber es gelang mir nicht. Ich konnte es nur mildern, so daß du lediglich einen Verweis bekamst.»

«Willst du mir etwa sagen, sie brauchten einen Prügelknaben, und da ich schon immer unkonventionelle Meinungen hatte, war ich dafür gerade gut?» Plötzlich erinnerte ich mich an den Satz, mit dem der Parteisekretär die letzte Sitzung meines Verfahrens eingeleitet hatte: «Wir haben Anweisung bekommen, dieses Verfahren durchzuführen...» Ich hatte mir den Satz zwar gemerkt, aber die Bedeutung, so elend wie mir nach den ganzen Beschuldigungen war, gar nicht erfassen können. Mir wurde schwarz vor Augen. So geht meine Partei mit politischen Konflikten um? Anstatt sie auszudiskutieren, statuiert sie ein Exempel an Unschuldigen? Das ist doch Stalinismus! Ich dachte, der sei mit dem 20. Parteitag der KPdSU 1956 vorbei gewesen.

Nach diesem Gespräch stürzte ich in meine erste Identitätskrise. Entsetzt nahm ich zur Kenntnis: Meine Partei verlangt von mir blinden Gehorsam! Ich dachte über den Gehorsam und die Autoritätshörigkeit nach, die ich in den letzten Jahren in der DDR erlebt hatte. In Australien war ich fest überzeugt gewesen, daß meine Partei nach 1945 zusammen mit dem Schutt von den Straßen diese Eigenschaften aus den Köpfen geräumt hatte, Eigenschaften, die Faschismus möglich gemacht hatten. Jetzt fiel es mir auf: Eine «let us agree to disagree»-Tradition («Laßt uns darin einig sein, daß wir uns uneinig sind»), wie ich sie aus Australien und England kannte, ist hier unbekannt. Eher herrscht die Haltung: «Willst du nicht mein Bruder sein, dann schlag ich dir den Schädel ein.» Das gehörte, so schien es mir, zum Deutsch-Sein. So aber kann und will ich niemals werden. Lange Zeit danach haßte ich «die Deutschen». Nur meine Freunde, die fast alle Deutsche waren, habe ich unbemerkt von dieser Ablehnung ausgenommen. Aber sie waren meine Freunde, eben weil sie toleranter waren. Erst nachdem ich zwölf Jahre wieder in Deutschland gelebt hatte, konnte ich aufhören, Deutsche negativ pauschalisiert zu sehen, wie ich das in Australien unbewußt gelernt hatte.

Dabei nahm ich bestürzt zur Kenntnis, Identität kann man sich nicht wählen. Mein Versuch, «deutsch» zu werden, hatte mich von mir viel weiter entfremdet, als ich es jemals gewesen war. Wer bin ich, fragte ich mich verzweifelt. Widerwillig und gleichzeitig erschüttert merkte ich, ich bin Jüdin, ob ich will oder nicht, und die gesellschaftliche Tabuisierung dieses Themas hatte es mir schmerzlich bewußt gemacht. Und zwar bin ich ein sehr typisches Produkt osteuropäisch-jüdischer Geschichte mit Kindheitsprägungen aus dem Nazi-Berlin und Australien und Erfahrungen in verschiedenen Ländern. Ergo: Ich bin eine jüdische «woman of the world»!

Also gut: wenn schon, denn schon. 1972 wurde ich Mitglied der Jüdischen Gemeinde, studierte die Geschichte der Juden, las, was mir dazu in die Hände fiel, erkannte wieder bestürzt, daß ich einen Weg gegangen war, den viele Juden über die Jahrhunderte vor mir genommen hatten.

Gleichzeitig beantragte ich und bekam die Genehmigung, ab September 1972 ein Fernstudium der Philosophie an der Humboldt-Universität in Berlin zu machen. Ich wollte mich in den Marxismus-Leninismus vertiefen, denn wenn die Praxis, die ich erlebte, so verschieden war von der Theorie in meinem Kopf, konnte das nur an meinen unzureichenden theoretischen Kenntnissen liegen.

In meinem Philosophieseminar war ich, wie so oft, Außenseiter. Ich wußte nicht, warum, wandte mich an den Parteisekretär des Seminars, erklärte mein Problem. Er gab mir zweierlei Rat: nicht so auffällige Kleidung zu tragen (ich trug Folklorekleidung, als es noch nicht Mode war) und nicht solch spitzfindige Fragen zu stellen. Erstaunt und betroffen sah ich ihn an. Er, Jahrgang 1935, konnte nicht wissen, daß die Nazis den Juden Spitzfindigkeit vorgeworfen hatten, dachte ich. Außerdem wußte er doch gar nicht, daß ich Jüdin bin! Was ging hier vor sich?

Ein Jahr später entschuldigte sich eine Kommilitonin bei mir dafür, daß auch sie geholfen habe, mich zum Außenseiter zu machen. Ich hätte mich immer in die vorderen Stuhlreihen gesetzt. Alle anderen drängten nach hinten, so weit von dem Dozenten weg wie möglich, damit sie weniger auffielen. Außerdem hätte ich Fragen gestellt. Nach diesem Gespräch begriff ich, daß von den 21 Seminarteilnehmern höchstens fünf überhaupt Fragen hatten. Die restlichen brauchten das Diplom wohl für die Karriere.

Beim Lesen von Marx' ‹Zur Judenfrage› fand ich, er hatte recht. Die Juden als die Verkörperung des Schachers und damit des Kapitalismus zu sehen, war berechtigt und damit auch der Ruf, die Welt von «dem» Juden, d. h. vom Kapitalismus zu befreien. Mit Antisemitismus, so war ich überzeugt, hatte das nichts zu tun!

Ich suchte eine gesellschaftliche Aufgabe in der Jüdischen Gemeinde. Aufgrund der festgefahrenen diktatorischen Strukturen gab ich die Hoffnung bald auf, dort eine zu finden. Ich wandte mich den Palästinensern zu, studierte auch ihre Geschichte, ihren Leidensweg unter meinen israelischen Verwandten, freundete mich mit einigen an, wäre am liebsten nach Beirut oder Libanon gegangen, um ihnen zu helfen. Ich brauchte einige Zeit, bis ich erkannte, den Standpunkt der Juden begreifen sie nicht, er interessiert sie auch nicht, wobei die Ausnahme die Regel bestätigte. Nach Jahren fiel mir auf, daß diese Zuwendung auch mit meinem tiefsitzenden jüdischen Selbsthaß zu tun hatte.

1975 ließ ich mir aus Westberlin einen silbernen Davidstern mitbringen und legte ihn abends um meinen Hals. Dabei dachte ich an den goldenen von meinem Vater, den ich mit neun Jahren absichtlich auf dem Wege zu der christlichen Sonntagsschule verloren hatte (deren Besuch ich vor meiner Familie verheimlicht hatte). Im Schlaf vergaß ich ihn und war völlig überrascht, ihn am nächsten Morgen im Spiegel an meinem Hals wiederzusehen. Ich brach in Tränen aus und wußte, ich hatte damit ein Stück meines jüdischen Selbsthasses abgelegt. Als ich das Haus verließ, hatte ich Angst, den Stern sichtbar zu tragen. Warum bloß? Ich war doch in der DDR und nicht von Antisemiten umgeben.

Kurz darauf fuhr ich nach Bad Elster zur Kur. Dort, wo ich keinen kannte, würde ich ihn tragen, sehen was passiert. Es passierte zweierlei: 1. Meine Zimmernachbarin – über 60 Jahre alt – erzählte mir unaufgefordert, sie habe Juden geholfen und sie habe von den Greueln nichts gewußt. 2. Bei der zufälligen Begegnung mit Heinz E., einem mir aus Australien bekannten nichtjüdischen Genossen, fragte er: «Was trägst du denn da um deinen Hals? Du siehst ja aus wie eine zionistische Zimtzicke.» Hilflos zuckte ich mit den Achseln. Mit Antisemitismus aber brachte ich beides nicht in Verbindung.

Immer noch auf der Suche nach einer mir entsprechenden Aufgabe, schaute ich mich um. Ein jüdisches Museum in Berlin, der Stadt, von der die «Endlösung der Judenfrage» ausgegangen war, würde diesem sozialistischen Staat gut zu Gesicht stehen, flüsterte mir mein einflußreicher Freund ins Ohr. Gern griff ich das auf.

Auf fünf Seiten begründete ich diesen Vorschlag und richtete ihn im April 1975 an den Genossen Rudi Bellmann, Leiter der Abteilung für Kirchenfragen beim Zentralkomitee. Ja, sagte er, und schickte mich zum Staatssekretär für Kirchenfragen. Ja, sagte Genossin J., und ermutigte mich, das vorzubereiten. Zwei Jahre lang arbeitete ich emsig an dem Plan. 1977 ging ich zu ihr mit einer Liste bekannter Persönlichkeiten, unter ihnen viele Juden und Genossen. Ich schlug vor, das Staatssekretariat sollte gemeinsam mit der Jüdischen Gemeinde diesen Persönlichkeiten schreiben, um ihre Unterstützung zu bekommen. Sie sagte daraufhin, daß viele von denen keine Juden seien, denn nur wer gläubig sei, würde vom Staatssekretariat als Jude anerkannt.

«Aber auch ich bin Kommunist und schon immer Atheist. Bin ich dann etwa nicht Jüdin?»

«An diesem Grundsatz müssen wir festhalten, sonst rutschen wir in den Antisemitismus ab.»

«Ich nicht», sagte ich wieder hilflos. Auf dem Weg nach Hause dachte ich, wenn sie daran festhält, dann bin ich hier keine Jüdin. Jetzt wurde mir plötzlich klar, warum die Jüdische Gemeinde offiziell ausschließlich eine Religionsgemeinschaft war und es keinen Jüdischen Kulturbund gab, wie z. B. in Polen. Da formte sich zum ersten Mal der Gedanke: das ist doch Antisemitismus! Ich schüttelte ihn ab, denn wie kann in meiner antifaschistischen DDR eine Staatsfunktionärin Antisemitin sein?

Mit der antizionistischen Welle von 1953 brachte ich das nicht zusammen, denn sie hatte ich seinerzeit nicht als antisemitisch gesehen. Ich glaubte meinen Genossen, daß die jüdischen Ärzte in Moskau zu Recht verhaftet, daß «Rajk, Slansky und Konsorten Agenten des Imperialismus» gewesen seien. Heute denke ich, die Genossin J. hat lediglich die 1953 festgelegten staatlichen Vorgaben befolgt. Damals aber und viele Jahre danach haßte ich sie. Ihr gab ich auch die Schuld dafür, daß meine Bemühungen um das Museum scheiterten. Ich erfuhr niemals, warum. Während meiner Vorarbeiten hatte ich Besprechungen mit einem prominenten Historiker, mit dem Leiter des Märkischen Museums und anderen Vertretern staatlicher Stellen. Freundlich waren sie alle und wie eine Gummiwand, gegen die ich ständig mit meinem Kopf rannte. Am Ende stand ich wieder draußen.

Was nun? Ich wollte eine Diplomarbeit zur Judenfrage schreiben. Meine

Beschäftigung damit hatte mich zu der Hypothese geführt: Europäische Juden sind eine ethnische Minderheit und befinden sich in verschiedenen Stadien der Assimilation, abhängig von dem Grad der Entfernung vom Ghetto. Das galt es zu beweisen. Ich reichte es der Universität als Thema ein. Kopfschütteln: «Dazu haben wir keinen Mentor.»

«Ich werde einen finden.» Achselzucken. Zwei ganze Bücher gab es in der DDR zu dem Thema im Jahre 1975 zu kaufen: ‹Antisemitismus› von Walter Mohrmann und ‹Juden unterm Hakenkreuz› von fünf Autoren. Zu einem von ihnen, Rudi Goguel, dem Verfasser des Moorsoldaten-Liedes, ging ich. Von ihm erfuhr ich, welch starken Widerstand es gegen das Buch gegeben hatte. Ich schüttelte den Kopf über so viel Unwissenheit und Engstirnigkeit. Er war bereit, mein Mentor zu sein, aber er zweifelte, ob die Universität ihn anerkennen würde. Um das zu begründen, erzählte er mir seinen Lebensweg: 12 Jahre KZ als deutscher Kommunist, Redakteur der Süddeutschen Zeitung nach 1945, Flucht nach dem KPD-Verbot 1956, Anstellung beim Deutschen Wirtschaftsinstitut in der DDR und dann, langsam aber sicher, ins Abseits geschoben. Er hatte unerwünschte Meinungen gehabt. Nunmehr sei er VdN-Rentner und freue sich, eine Bibliographie antifaschistischer Literatur zusammenstellen zu dürfen. Die Verbitterung war nicht zu überhören. Ich würde ihn als Mentor anmelden, sagte ich. Er nickte. Aber bevor ich das tun konnte, verstarb er – mitten in einem Disput mit mir zur Judenfrage.

Im ersten Studienjahr hatte ich bemerkenswerte Vorlesungen über die antike Philosophie bei einer Professorin, Mitglied der Jüdischen Gemeinde und Holocaust-Überlebende, gehört. Sie rief ich an, bat um Rat. Nein, sie wolle kein Mentor sein, könne auch keinen vorschlagen. Es sei jetzt nicht die Zeit für so ein Thema. «Nehmen Sie statt dessen ein Parallelthema über eine andere unterdrückte Gruppe, z. B. Frauen.» Nun gut. Wenn auch sie das ablehnte, hatte ich keine Chance. Ich schrieb eine Diplomarbeit zur feministischen Bewegung in den USA.

Zu jener Zeit hatte ich einen privaten Englischklub gebildet. Ich dürstete nach Gedankenaustausch zu den Problemen der DDR. Auf Englisch schlug ich zwei Fliegen mit einer Klappe: Die anderen üben sich im Sprechen, und ich höre ihre Meinungen. Zwei Historikerinnen und zwei Sprachwissenschaftlerinnen kamen regelmäßig. Eines Abends berichtete eine Historikerin – ihr Arbeitsthema war die Arbeiterbewegung in Großbritannien – von einem Internationalen Soziologiekongreß in Uppsala. Der Leiter ihrer Arbeitsgruppe hieß Swen Levy.

«Oh», sagte ich. «Ist der Jude?»

Erschrocken schaute sie mich an. «Das würde ich doch niemals fragen!»

«Warum nicht?» fragte ich erstaunt. Beim nächsten Satz stotterte sie.

«Da ... da hätte ich doch das Gefühl, ich wü ... würde jemand fragen, ob er ein Dieb ist oder Tbc hat.»

Noch mehr erstaunt nahm ich das zur Kenntnis. Sechs Wochen später, nachdem sie nie mehr in meinem Klub erschienen war, suchte ich nach dem Grund. Erst da erinnerte ich mich ihres Satzes. Ja, sie fühlte sich wohl ertappt, schämte sich vielleicht und war zu feige, mit mir darüber zu sprechen! Plötzlich begriff ich, warum es in der DDR-Presse und Literatur keine Juden, sondern nur «jüdische Menschen» oder «jüdische Mitbürger» gab. Sie empfinden das immer noch als Schimpfwort! Das ist doch Antisemitismus! Ich rechnete nach, wann die Historikerin geboren war: mitten im Krieg...!

Monate später fragte ich Professor Hertha Kuhrig, Leiterin für Frauenforschung an der Akademie der Wissenschaften und auch in Uppsala anwesend, ob ein von ihr erwähnter Mann Jude war. Auch sie würde das niemals fragen, erfuhr ich. Jetzt mußte ich nicht mehr fragen, warum.

Nach abgeschlossenem Studium und mit einem «Dipl. phil.» in der Tasche, wollte ich endlich meine Hypothese in einer Doktorarbeit beweisen. Ich ging wieder ins ZK zu Rudi Bellmann, der auf meine Anrufe durchweg freundlich reagierte und mich stets empfing, wenn ich darum bat. «Bitte hilf mir, einen Mentor zu finden.» Bereitwillig nickte er. In der Erinnerung an die Gummiwände flehte ich ihn an: «Und bitte, sage mir, wenn es nicht geht. Laß mich nicht einfach warten. Ich möchte wissen, woran ich bin.» Selbstverständlich würde ich von ihm hören. Dreimal rief ich im Laufe der nächsten Monate an. Nein, er hätte immer noch keinen gefunden. Ich würde von ihm hören. Ich hörte nie vom ihm. Ein Jahr später traf ich ihn wieder. Ich dolmetschte bei einem Empfang. Auf meine sarkastischen Vorwürfe wußte er gar nicht, wovon die Rede war. Fünf Jahre später traf ich ihn beim Schlangestehen in der Kaufhalle. «Guten Tag, Genosse Bellmann», sagte ich.

«Guten Tag. Ihr Gesicht ist mir zwar sehr bekannt, aber leider weiß ich nicht, wo ich es hintun soll.»

Ich winkte ab und ging.

Wieder dolmetschend bei einem offiziellen Essen, sprach ich Klaus Gysi an, Staatssekretär für Kirchenfragen und Jude. So etwas Dummes habe die Genossin J. gesagt? Das könne ich doch nicht ernst nehmen! Das wäre doch nur Unwissenheit. Ja, er würde sich um einen Mentor kümmern. Ich solle in zwei Wochen anrufen. Er war nie zu sprechen. Ich lauerte ihm auf. Er sah durch mich hindurch, als wäre ich nicht vorhanden.

Ich gab's auf. Seitdem erwarte ich von DDR-Staats- und Parteifunktionären nichts mehr als dieses feige Wegschleichen und bin angenehm überrascht, wenn ich es anders erlebe. Jetzt fing ich an, mich zu fragen: Gibt es mich überhaupt, oder bin ich vielleicht nur ein Gespenst, das weder sicht- noch hörbar ist?

1976 waren meine Söhne, Frank und André, 9 und 11 Jahre alt. Sie gingen in die Walter-Husemann-Schule in Berlin-Mitte. Als kleine Kinder hatte ich sie am 1. Mai und zu der «OdF»-Kundgebung (OdF = Opfer des Faschismus) im September immer mitgenommen. Jetzt wehrten sie sich, denn sie fanden Demonstrationen langweilig. Ich verstand das. Woher sollten sie auch eine Beziehung zu diesen Anlässen haben? 1976 nahm ich sie, anstatt zu der zentralen OdF-Kundgebung, zu der Zeremonie auf dem Jüdischen Friedhof in Weißensee mit. Ich wußte, sie kommen in ein Alter, in dem sie ihre eigene Beziehung zu diesem wichtigen Teil ihrer Geschichte entwickeln müssen, und ich fragte mich, wie schaffe ich es, daß sie das Gedenken an die Opfer des Faschismus nicht automatisch mit Langeweile verbinden. Kurz darauf besuchte ich eine Genossen-Eltern-Versammlung in der Schule. Der Parteisekretär wies darauf hin, daß es für die Schüler ab 6. Klasse Pflicht sei, zu der OdF-Kundgebung zu gehen, und schimpfte auf Eltern, die Entschuldigungszettel für ihre Kinder schrieben. Ich war keineswegs bereit, meine Kinder zu zwingen da hinzugehen, und überlegte, wie man diese Kundgebung interessanter machen könnte.

Mit Hilfe meines «WPO»-Sekretärs (Wohnpartei-Organisation) schrieb ich einen Brief an das Komitee der Antifaschistischen Widerstandskämpfer, welches diese Kundgebungen organisierte. Ich stellte das Problem dar und machte Vorschläge. Durch einen Anruf wurde ich im Februar 1977 aufgefordert, in die Abteilung Öffentlichkeitsarbeit zu kommen. Neunzig Minuten dauerte die ausführliche Diskussion mit einem älteren Genossen und seinem jüngeren technischen Assistenten. Nicht wenig war ich erstaunt, von dem Älteren dreimal versichert zu bekommen, daß sie meinen Brief nicht als Provokation auffassen würden. Ansonsten würde ich das Problem doch wohl etwas übertreiben. Aus rein sicherheitstechnischen Gründen seien meine Vorschläge abzulehnen. Ja, für die Kinder sei vielleicht ein Problem vorhanden, man würde sich Gedanken machen, aber eine schnelle Lösung, z. B. bis zur nächsten Kundgebung in sechs Monaten, sollte ich nicht erwarten. Als ich nach Hause ging, fühlte ich mich auf den Arm genommen. Warum hatten sie meine und ihre Zeit so verschwendet, wenn sie sowieso nicht ernst nahmen, was ich ihnen schrieb? Sollte ich mich an das ZK wenden? Ich besprach das mit Heinz E., der mich nach der Kur zu Hause besuchte.

«Was zerbrichst du dir da den Kopf», meinte er. «Wir haben die Vergangenheit bewältigt.»

Plötzlich begriff ich: «Du?» fragte ich, «du hast doch nichts zu bewältigen. Du hast noch vor den Nazis ‹Hitler bedeutet Krieg› an die Wände geschrieben.»

Meine Gedanken wischte er als unwichtig weg. Ich wußte jetzt, im ZK würden sie genauso reagieren.

Ich war im Elternaktiv und dachte, wenn «die da oben» nicht hinhören, dann muß man es von der Basis aus probieren. Ich brachte das Problem des Pflichtbesuches der Kinder bei der OdF-Kundgebung im Elternaktiv zur Sprache, nicht ohne das Schutzschild meiner Vergangenheit zuerst aufzustellen, falls jemand auf die Idee käme, mir vorzuwerfen, ich wäre gegen die Kundgebung überhaupt, wie es mir schon mal bei einer Kritik der Methoden des Russischunterrichts geschehen war. Freundlich, verständnisvoll wurde ich angehört. Eine Lösung fanden auch sie nicht. Sehr bald wurde ich von Andrés Klassenlehrerin gefragt, ob ich nicht im Elternbeirat mitwirken möchte. Ich fühlte mich geehrt und ließ mich wählen. Nun wurde mir mitgeteilt, ich müßte das Elternaktiv verlassen, denn Mitgliedschaft in beiden Gremien sei nicht erlaubt. Das lehnte ich ab, bekam aber keine Einladungen für die Aktiv-Sitzungen mehr und fand mich am Ende der Wahlzeit aus dem Beirat ausgebootet. Auch hier erlebte ich die gummiwandige Freundlichkeit, die mich ausschloß. Noch sieben Jahre gingen meine Söhne in diese Schule, und nie wieder wurde ich zu einer Genossen-Eltern-Versammlung eingeladen. An den OdF-Kundgebungen hat sich nichts geändert.

Immer öfter fiel mir die Selbstherrlichkeit der Funktionäre auf, die doch meine Genossen waren! Ich sah, daß sie unter «Parteidisziplin» Gehorsam gegenüber der Führung verstanden. Entsetzt erkannte ich, daß hinter dem gesellschaftsweiten Ruf nach «Disziplin, Ordnung und Sicherheit» der Kadavergehorsam der Vorkriegszeit steckte.

Meine Angst vor Meinungsäußerung in der Öffentlichkeit spürte ich erstmals 1976. Ich saß bei einer Veranstaltung im Club der Kulturschaffenden. Ein führender Pädagoge hatte gerade 30 Minuten über die Probleme in den Schulen gesprochen. Es fehlte Wesentliches. Während ich anfing, im Kopf zu formulieren, was ich in der Diskussion sagen wollte, bekam ich rasendes Herzklopfen. An diesem Abend hielt ich meinen Mund und tat es von da an oft. Entweder weil ich sah, die Verantwortlichen wollen von Problemen nichts wissen, oder weil mich die Angst vor der Reaktion so überwältigte, daß ich mundtot wurde. Gleichzeitig schämte ich mich dieser Angst, denn in Australien hatte ich als Kommunistin gelernt, daß es meine Pflicht ist, kritisch zu sein. Bald erkannte ich: Die Tabuisierung gesellschaftlicher Probleme macht Angst und die Menschen sprachlos und damit hilf- und wehrlos. Es ist ein Mittel zur Beherrschung einer Bevölkerung. Das Unterbinden von Öffentlichkeit ist geistige Unterdrückung.

Bei Diskussionswochenenden der Evangelischen Akademie Berlin atmete ich auf. Hier durfte ich Jüdin sein. Hier durfte ich auch eine um ihre Autonomie kämpfende Frau sein. Hier war ich umgeben von vielen Menschen, die viele Probleme hatten, die wie ich aufatmeten, denn hier gewannen sie ihre Sprache wieder. Sehr bald sah ich: Dieser, mein Staat – die Verbitterung kam hoch – mißbraucht die Kirche als Ventil, um sich mit gesellschaftlichen Problemen nicht beschäftigen zu müssen. Die führenden Genossen meiner Partei scheuten die Auseinandersetzung wie der Teufel das Weihwasser!

1978 besuchte mich meine Schwester Renia. Sie wollte ihre alte Schule, die Jüdische Mädchenschule in der Auguststraße, wiedersehen. An der Tür wurden wir vom Pförtner aufgehalten. Mit meiner Schwester wolle ich hinein? Woher sie denn käme? Aus Australien? Nein, das ginge nicht, denn Ausländer dürften nicht in die Schulen. Als ich um Verständnis bat, schickte er mich zur stellvertretenden Schuldirektorin. Vom Magistrat brauche Renia eine schriftliche Erlaubnis. Ich erklärte Renias Vergangenheit, flehte die Direktorin an, doch traf ich auf eine Wand eisiger Gleichgültigkeit. Unverrichteter Dinge mußten wir gehen.

Ab April 1981 kamen das erste Mal traumatische Ängste aus meiner Kindheit hoch. André ging in die 10. Klasse. Ich war gerade von einem zweiwöchigen Internatslehrgang der Akademie der Wissenschaften nach Hause gekommen, wo ich wieder Englisch unterrichtet hatte. Bedrückt sagte mir André, er müsse für die Schule eine Stellungnahme schreiben. An seinem Gesichtsausdruck, seiner Gestik und dem Tonfall merkte ich, er hatte etwas erlebt, was er zu verdrängen suchte. Mit viel Mühe konnte ich ihm einiges aus der Nase ziehen. Er und zwei andere Schüler hätten vor dem Unterricht Witze gerissen und einen davon an die Tafel geschrieben: «Lech Walesa unser Vorbild.» (Fünf Monate zuvor war in Polen der Kriegszustand ausgerufen worden.) Er überreichte mir seine Stellungnahme: «Ich möchte nochmals betonen, daß ich das nicht mit politischer Absicht oder um irgendwelche Folgen zu testen an die Tafel geschrieben habe. Ich habe es als Ulk gemeint, und es wurde auch so verstanden. Keiner aus meiner Klasse ist auf die Idee gekommen, daß ich das aus meiner Überzeugung heraus geschrieben hätte. Ich war mir dieser Folgen keineswegs bewußt. Ich hätte nie geglaubt, daß mir jemand zutrauen würde, Partei für so eine verbrecherische Vereinigung mit einem Mörder an der Spitze zu ergreifen.»

«Andy», sagte ich. «Wie kommst du auf diesen Satz?»

«Na, Frau Homann hat uns erzählt, Lech Walesa hat 69 Morde begangen.»

«Sagte sie, wo, wann und an wem?»

«Nein.»

Ich las weiter: «Ich dachte, ich hätte meine Einstellung genügend bewiesen. Aber ich kann auch in meiner Stellungnahme nicht Dinge zugeben, die überhaupt nicht der Wahrheit entsprechen, z. B. daß ich mir bewußt den Russischraum ausgesucht hätte, dafür von den Polen bezahlt werde, oder mit der Absicht, das an die Tafel zu schreiben, in die Schule gekommen bin. Außerdem habe ich nie etwas gegen die Sowjetunion gehabt. Ich fühle mich eher in ihrer Schuld, weil durch deutsche Schuld 20 Millionen Sowjetbürger zum großen Teil auf das Grausamste umgebracht worden sind. (...) Ich habe mir viele Gedanken gemacht und bin zu dem Entschluß gekommen, daß ich mir solche ‹Scherze› in Zukunft verkneifen werde. Ich hoffe, daß Sie mir Glauben schenken.»

Am nächsten Tag rief mich die Direktorin, Frau Homann, an. «Bevor ich Andrés Schulabschlußbericht schreibe, möchten wir doch mit Ihnen sprechen.» Ihre Stimme klang, als würde sie mir einen großzügigen Gefallen tun. «Diese Provokation muß selbstverständlich erwähnt werden.» Ich traute meinen Ohren nicht. Sie wollte meinem nicht ganz 16jährigen Sohn die ganze Zukunft in diesem Lande zunichte machen! Wir vereinbarten einen Zeitpunkt für den nächsten Tag. Ich schlief schlecht. Alles ging mir durch den Kopf. Ich hatte versucht, meine Söhne zu einem Klassenstandpunkt und selbständigem Denken zu erziehen. Ich wußte, André strahlte einen starken Willen aus, und hatte schon längst gespürt, Frau Homann paßte das nicht. Um meinen Sohn zu retten, müßte ich diese Genossin, Mitglied meiner Partei, bekämpfen! Ich spürte einen Haß in mir hochkommen, wie ich ihn als Jungkommunistin während des Krieges in Australien nur gegenüber den deutschen Faschisten empfunden hatte.

Bei der Aussprache war auch Herr Krahn, der Parteisekretär, zugegen. Nach einer Stunde bestand Frau Homann immer noch darauf, daß André «zu klug und zu intelligent» sei, «um das ohne Absicht gemacht zu haben». «Wenn Sie darauf bestehen», sagte ich, «dann muß ich mich an meine VdN-Kreisleitung und die höheren Parteiorgane wenden.» Fast im Chor warfen sie mir Erpressung vor. Herr Krahn versuchte einzulenken. «Wir haben doch gesehen, daß Ihr Sohn das bereut hat. Wir schickten ihn auf den Korridor, um den anderen Jungen allein anzuhören. Als wir ihn hineinbaten, liefen ihm die Tränen herunter. Aber dann war er so kalt und abweisend, daß wir nicht umhin können, diese Tat doch nur seinetwegen, aus rein erzieherischen Gründen, in seinen Abschlußbericht zu schreiben.»

Mir wurde schlecht. Dieses Verhör mit seinen ganzen Unterstellungen war das Trauma, über das André nicht sprechen konnte. Und so etwas erzählte mir auch noch dieser vom Staat mit dem Titel «Verdienter Lehrer des Volkes» ausgezeichnete Genosse meiner Partei! Ich beendete das Gespräch, indem ich aufstand und ging. Ungern rief ich den einflußreichen Freund an. Er half. Hinterher erfuhr ich, sein Organ mußte Frau Homann verbieten, das Ereignis in Andrés Schulabschlußbericht zu schreiben.

Ich hatte gewonnen, aber wie? Darüber dachte ich lange nach. Diesen Freund hatte ich nur, weil ich Emigrantin, Kommunistin und Jüdin war. Und was macht Lieschen Müller? Sie ist dem hilf- und wehrlos ausgesetzt! (Ich bekam noch einmal eine Ahnung davon, als ich – fünf Jahre später – ein handgemaltes Plakat der Hausgemeinschaft in meinem Wohnhaus veränderte und mich mit Namen dazu bekannte. Das sei eine strafrechtliche Handlung, sagte der Parteibeauftragte. Mit Konsequenzen wurde gedroht, mir wurde Böswilligkeit unterstellt und meine Begründungen lächerlich gemacht.) Ein Satz von Herrn Krahn während der Aussprache kam mir jetzt in den Sinn: «Sie verstehen doch, Frau Genin, daß wir diesen Vorgang der...» Er zögerte, versicherte sich durch einen Blick, ob ich das nichtaussprechbare Wort in meinem Kopf ergänzt hatte, «... selbstverständlich melden mußten.» Ich hatte noch verständnisvoll genickt! Jetzt begriff ich: Aus

Angst hatte die Russischlehrerin den Satz nicht weggewischt. Ca. 30 Augenpaare hatten ihn gesehen und würden zu Hause davon erzählen. Jemand von den Eltern würde das weitermelden, und dann hätte man sie der Beihilfe bezichtigt. Herr Krahn (Jahrgang ca. 1928, d. h. sicherlich als Hitlerjunge erzogen) hatte Angst, es nicht zu melden. Und Frau Homann? Auch sie hatte Angst, denn sie fühlte sich von André bedroht, weil er einen eigenen Willen hatte. Übergangslos war auch diese Frau von der Nazizeit mit ihrem Mangel an Unrechtsbewußtsein in den Sozialismus hineingewachsen. Ergo: Es sind die Strukturen von diesem, meinem Sozialismus, die durch Angst den Gehorsam und die Untertänigkeit erzeugen! Und wenn ich das bisher nicht bemerkt hatte, dann nur, weil ich durch meine Vergangenheit Narrenfreiheit besaß. Immer deutlicher wurde mir, daß die Betroffenheit, die mein Jüdischsein auslöste, zwar zur Abwendung führte, gleichzeitig aber ein Schutzschild war, der mich unantastbar machte.

Die Schizophrenie der Deutschen unter Hitler, nicht zur Kenntnis zu nehmen, was sie sahen, fiel mir ein. Es war ein Phänomen, das ich nie begriffen hatte. Entsetzt fing ich an, es zu begreifen. Noch hatte ich die Kraft, das Entsetzen, den Schmerz und die Verbitterung zu verdrängen. Der völlige Zusammenbruch kam achtzehn Monate später. Im November und Dezember 1982 war ich erstmals in meinem Leben aus nervlichen Gründen arbeitsunfähig.

Februar 1983 dachte ich darüber nach, daß es für meine Kinder wichtig sei, sich das Land anzuschauen, in dem ihre Mutter aufgewachsen war, und auch meine Schwestern kennenzulernen. Ich beschloß zu versuchen, mit ihnen nach Australien zu fahren. Auf dem Weg zur Polizei überwältigte mich Angst. Ich ging in die VdN-Zentrale und bat sie unter Tränen um eine Befürwortung für meine Reise. Mitleidig wurde mir mitgeteilt, ich sei nicht die einzige mit diesem Wunsch! Das würde aber von der Polizei als eine Einmischung in ihre Angelegenheiten verstanden und übelgenommen. Ich bekam die Befürwortung nicht, durfte aber über einen Brief an Erich Honekker trotzdem fahren. Bei der Rückkehr blieb André, gerade zwei Wochen vor seinem 18. Geburtstag, in Westberlin. Ich wußte, den Schmerz dieser Trennung hatte ich u. a. auch Frau Homann und Herrn Krahn zu verdanken.

Im Mai 1984 las ich in einer Wochenendbeilage des «Neuen Deutschland» das Porträt einer in der DDR lebenden Jüdin, verfaßt von Gisela Steineckert, Schriftstellerin und Funktionärin. Mir wurde übel angesichts des Selbstmitleids der Autorin, zum Volk der Täter zu gehören, und ihrer gleichzeitigen Huldigung an jene Jüdin. «Rampe, Auschwitz, Selektion (...)», schrieb sie. «Niemand darf so tun, als wäre er dabei gewesen. (...) Meine Haltung ist nicht zulänglich gegenüber eurer Erfahrung.» Ihre triefende Sentimentalität trieb mich zur Erwiderung. Zuerst hielt ich meinen jüdischen Schutzschild hoch. Dann sagte ich meine Meinung: Niemand dürfe so tun, als wäre er nicht dabei gewesen, als wäre das von Monstren gemacht, und niemand dürfe die Opfer auf ein Podest heben und sie damit zu besonderen Wesen verklären. Mit dieser «Monstren-Podest-Haltung», schrieb ich, verbanne man jene Ereignisse aus der Wirklichkeit, und dann hätten sie mit uns Heutigen nichts mehr zu tun. Mit klopfendem Herzen saß ich an der Schreibmaschine und beschrieb meine in der DDR erworbenen Ängste. Diesen Brief schickte ich an das «Neue Deutschland» mit der Aufforderung, ihn als Diskussionsgrundlage zu veröffentlichen.

Katja Stern, Leiterin der Wochenendbeilage des «Neuen Deutschland», rief mich an. Sie sei über meinen Brief erschüttert. Da sie mir «keine nichtssagende Antwort» schreiben wolle, schlug sie einen Besuch bei mir vor. Beim Kaffee verstärkte sie meine Ängste, indem sie versuchte, sie mir auszureden. Drei Monate brauchte Gisela Steineckert für ihre schriftliche Antwort. Ihre Aggressivität, ihre – wie ich meine – unbewußte Verlogenheit hatte sie mit Unverschämtheiten gespickt. Ich verstand: Meine Ängste hätten keine Grundlage in der Wirklichkeit, sondern ich hatte hier ein psychisches Problem. Beim Lesen fragte ich mich das erste Mal (im September 1984): Kann ich noch warten, oder sollte ich lieber gleich meine Koffer packen?

1985 war ich wieder Lehrerin auf einem zweiwöchigen Internatslehrgang der Akademie der Wissenschaften, auf dem ca. 40 Wissenschaftler, zumeist Reisekader, Englisch lernten. Wir sechs Lehrer wurden gefragt, ob wir abends auf Englisch einen Vortrag halten würden. Ich bot an, 30 Minuten zur Judenfrage zu sprechen. Meine Worte wurden ignoriert. Zwei Tage später wurde die gleiche Frage an die Runde gerichtet. Ich könnte zu den Wurzeln des Zionismus sprechen, sagte ich diesmal. Jetzt war klar, der Vortrag würde antizionistisch sein, also riskierten sie, ihn mich halten zu lassen. Ich sprach über Osteuropa, über den Traum, einen eigenen Staat zu gründen, um dem Antisemitismus zu entgehen, über die verschiedenen Strömungen von rechts bis links, sogar eine marxistische, die sich unter dem Banner des Zionismus gebildet hatten. Unter den Zuhörern im Alter zwischen 30 und 55 entstand beklommenes Schweigen. Dann kamen zögernd Fragen zum heutigen Israel. Für Antisemitismus oder die Wurzeln des Zionismus, geschweige denn für Relevantes zur Nazizeit interessierte sich anscheinend keiner. Jetzt wußte ich, es war die Angst vor dem tabuisierten Thema. Die Enttabuisierung kam ja mit der «Gedenkepidemie» 1988 erst zwei Jahre später.

Im August 1987 wurde ich VdN-Rentnerin (mit 55 Jahren). Ich sah mich in Westberliner Buchläden um. Wichtige Bücher entdeckte ich, die in der DDR niemals offiziell erwähnt werden, geschweige denn gedruckt werden: ‹Die Unfähigkeit zu trauern› von Alexander und Margarete Mitscherlich, bereits 1967 erschienen. ‹Wir wissen nicht was morgen wird, wir wissen wohl was gestern war› von Peter Sichrovsky. Es waren Aussagen voller Unbehagen von jungen Juden in Westdeutschland und Österreich, die genausogut in der DDR hätten geschrieben werden können. Auch Ralph

Giordanos ‹Die zweite Schuld oder von der Last, Deutscher zu sein›, das von einem in der DDR verordneten Antifaschismus spricht, beschrieb, was ich in der DDR erlebte.

Im Juni 1987 erzählte mir eine Historikerin im Heimatgeschichtlichen Kabinett der Sophienstraße, Berlin-Mitte: Weil die Israelis die Palästinenser so behandeln wie die Nazis die Juden, könne sie nicht bedauern, daß Juden hier umgebracht wurden. Meinen wütenden Versuch, mich mit ihr auseinanderzusetzen, lehnte sie ab, weil ich ihren Satz «aus dem Zusammenhang gerissen» hätte. Bis Januar 1988 erlebte ich die Solidarisierung ihrer Kollegen mit ihr, die nicht nur ablehnten, mit mir darüber zu sprechen, sondern sichtbare Probleme hatten, mir auf der Straße «Guten Tag» zu sagen. Jetzt war ich nicht mehr bereit, solches Verhalten nur als Dummheit abzutun, sondern nenne es, so wie ich es empfinde, nämlich blanken Antisemitismus! Ich schrieb einen Aufschrei, hier in Auszügen wiedergegeben!

«(...) veranlaßt mich die Bemerkung dieser freundlichen, hilfsbereiten jungen Frau, in der ich unbewußten Antisemitismus spüre, den ich nicht zum erstenmal erlebe, zu folgenden Überlegungen: Es gibt keine kollektive Schuld, es gibt nur eine kollektive Scham, (...) was es dazu noch geben sollte, ist eine kollektive Verantwortung jedes Volkes für seine eigene Geschichte. Was mich an dem Ganzen beschäftigt, ist die nebulöse Verquikkung von Schuldgefühl und Verantwortung, so daß Schuldgefühl als Verantwortung empfunden wird. Bei nicht wenigen Menschen kommt ein Abwehrmechanismus in Gang, denn wer lebt schon gern mit Schuldgefühlen? Der Spieß wird umgedreht. Eine Unmenschlichkeit wird gegen die andere aufgerechnet, und siehe da, das Schuldgefühl verschwindet; und damit auch die vermeintliche Verantwortung für die eigene Geschichte. Und, wie im Falle der jungen Frau, muß man dann im nachhinein den Mord an 6 Millionen Juden nicht mehr bedauern.

Das Resultat ist eine Gleichgültigkeit gegenüber den Opfern, wie ihre Eltern oder Großeltern sie zeigten, die sich schuldig machten durch mangelnde Zivilcourage, durch unterlassene Hilfeleistung und damit Verbrechen zuließen, indem sie sich blind und taub stellten. Mit der Gleichgültigkeit wiederholen die ‹Nachgeborenen›, ungewollt, genau das, was sie an ihren Vorfahren nicht begreifen oder sogar verdammen. (...)

Interessant fand ich, daß im Festzug zu 750 Jahre Berlin die 12 Jahre des Faschismus durch einen Sarg mit Millionen Toten – wahrlich wie eine Blackbox mit unbekanntem Inhalt – und eine Gruppe jubelnder Widerstandskämpfer vertreten waren. Gegen wen haben sie eigentlich gekämpft? Wer hat sie denn ins KZ gebracht? Wo sind denn die 80 Prozent der deutschen Bevölkerung hin, von denen Hitler getragen wurde? (...)

Unter uns leben noch viele Menschen, die damals, wie man so sagt, ‹Mitläufer› waren. Kann es auf Dauer gelingen, Jahre eines Lebens zu vergessen oder zu verdrängen? Auch ihre Vergangenheit gehört zu unserer

Geschichte. Ich möchte, daß derjenige, der es nötig hat, die Ermordung der Juden in Deutschland zu vergessen und mich heute heimlich zum Teufel wünscht oder auch mich lieben möchte, eben weil mein bloßes Dasein ihn an sein verdrängtes, schlechtes Gewissen erinnert, dazu ermuntert wird, sich seiner Geschichte zu erinnern. So können wir unsere Erfahrungen austauschen, unsere verschiedenen Erlebnisse kennen und begreifen lernen und uns darüber verständigen. Wann hören wir auf, uns aus diesem Teil der deutschen Geschichte auszuklinken?»

Diesen Brief schickte ich an den «Sonntag», bekam eine zweiseitige Antwort, voller Sympathie und Mitgefühl. Aber eine Veröffentlichung käme nicht in Frage, denn die Öffentlichkeit sei zu diesen Problemen genügend aufgeklärt. Ich schickte ihn dann an die Jüdische Gemeinde für das «Nachrichtenblatt». Dr. Kirchner, der Vorsitzende in Berlin, schrieb mir: «(...) müssen uns davon freihalten, unser eigenes gestörtes Verhältnis zur Geschichte immer nur auf unsere Umwelt zu übertragen und als Bösartigkeit dieser Umwelt uns gegenüber zu interpretieren. Erst wenn es uns gelingt, einen festen Standpunkt zur eigenen Geschichte zu haben und diese distanzierter zu sehen als nur mit dem nicht immer vertretbaren, allein emotionalen Aspekt, wird es uns auch möglich sein, wieder weniger problematisch in dieser Umwelt zu leben.» Mit anderen Worten, ich solle gefälligst nicht so überempfindlich sein. Ich antwortete, «ich habe es aufgegeben, weniger problematisch in meiner Umwelt zu leben». Dann versuchte ich es bei «Sinn und Form». Antwort: Diese Zeitschrift habe niemals die von mir kritisierte Haltung eingenommen, daher keine Veröffentlichung. Nun wandte ich mich an meine Parteigruppe. Das Ergebnis war auch dort Hilflosigkeit und ein dreiseitiges «Papier», erstellt vom Bereich Allgemeine Geschichte der Akademie der Wissenschaften, das nur von Borniertheit und Ignoranz strotzte. Nirgends fand ich Gehör. Ich, die Genossin, wandte mich in meiner Verzweiflung an «Die Kirche». Dort wurde mein Aufschrei im Mai 1988 gedruckt.

Im Oktober 1988 bat mich Herr Dresdner, Reporter bei Radio DT64, meine Erinnerungen aus dem Scheunenviertel der dreißiger Jahre ins Mikrophon zu sprechen. Das «Erinnern an 1938» lief in allen Medien auf vollen Touren. Er versicherte mir, mit seiner Sendung dem Bedürfnis nach Information nachkommen und das Schweigen der letzten Jahrzehnte brechen zu wollen. Ich erzählte dazu von dem Erlebnis in der ehemaligen Jüdischen Mädchenschule im Jahre 1978 und bat inständigst, auch dieses zu senden. Er versprach, sein Bestes zu tun. Gesendet wurde es nicht. Meine Versuche, ihn am Telefon zu erreichen, schlugen fehl. So schrieb ich seinem Chefredakteur, daß das 78er Erlebnis die große Wunde von vor 1939 wieder geöffnet hätte, und fragte, warum er sie noch einmal durch diese Unterschlagung aufreiße. Schriftlich entschuldigte er sich mit «Anteilnahme» und «aufrichtigem Bedauern». Dieses Thema wäre eine andere Sendung geworden. Ich forderte ihn auf, wieder schriftlich, die Sendung zu machen. Jetzt bekam ich eine hilflose Bestätigung über den Erhalt meines Briefes von der Intendantin, die der Entschuldigung nichts hinzufügen könne. Als ich die Intendantin anrief und sie aufforderte, diese Sendung zu machen, geriet sie hörbar in Panik und wurde sehr aggressiv, was sie allerdings leugnete. Der Chefredakteur sei nicht mehr da, sie habe nur seinen Schriftverkehr übernommen. Und überhaupt, ich solle es doch dabei belassen, denn ich würde wohl «einiges nicht verstehen». Ich verstand sehr wohl, daß so eine Sendung gegen das offizielle Selbstbildnis der DDR verstoßen würde, eine Heimstatt für Juden zu sein. Schon der Versuch, so eine Sendung zu machen, könne sie ihren Posten kosten.

Fazit am 16. Mai 1989: Heute vor 26 Jahren kam ich in die DDR. 45 Jahre nach meinem Eintritt in den Kommunistischen Jugendverband und 40 Jahre nach meinem Eintritt in die Kommunistische Partei stelle ich fest, den Sozialismus, für den ich mich mein Leben lang eingesetzt habe, gibt es nicht. Die führenden Genossen meiner Partei glauben, die einzige Wahrheit zu besitzen. Das macht sie blind und taub. Sie verstehen vieles nicht, doch haben sie keine Fragen, weil sie andere Lebenserfahrungen, andere Standpunkte und andere Glücksansprüche als die ihrigen nicht anerkennen. Jede Kritik ihrer bevormundenden und entmündigenden Herrschaftspraxis wird als Opposition zum Sozialismus und damit zur klassenfeindlichen Tätigkeit stigmatisiert bzw. kriminalisiert.

Heute, nach 26 Jahren in der DDR lebend, ersticke ich durch den Mangel an Öffentlichkeit. Hiermit stelle ich meine sinnlosen Bemühungen ein, den Blinden Farben zu erklären. Indem ich dieses aufschreibe und es veröffentliche, gebe ich meinen jüdischen Schutzschild auf und bin mir sehr bewußt, wieder einmal, wie alle engagierten Juden in der Geschichte, doppelt gefährdet zu sein: als Andersdenkende und als Jüdin.

Meine Erfahrung ist, trotz aller offiziellen Behauptungen vom Gegenteil: Es gibt in diesem Land unter den Machthabenden vorwiegend Mißtrauen gegenüber den vielfach selbständig denkenden Juden und unter der «Normal»-Bevölkerung den schon immer dagewesenen Antisemitismus. Er ist seit 1945 von sehr vielen Menschen zusammen mit der echten Schuld und den dazugehörigen Schuldgefühlen nur verdrängt worden. Es gibt keine kollektive Schuld, aber ein kollektives Schuldgefühl, das, da nicht verarbeitet, auch an die «Nachgeborenen» weitergegeben worden ist. Trotz der «Gedenkepidemie» vom Frühjahr bis November 1988 und einem neuen Bewußtsein, daß es Juden hier gibt, wird um das vergangene Schweigen keine Auseinandersetzung geführt. Damit hat kaum jemand eine Chance, sich mit seinem eigenen, oft unbewußten Antisemitismus auseinanderzusetzen. So bleibt alles beim alten, denn die DDR hat einen «Tapetenwechsel» nicht nötig!

Ich kehre zum Judentum zurück, weil die immer freundliche, niemals explizite, immer gummiwändige, mich schonende und daher für mich so lange nicht erkennbare Ablehnung der anderen, deren Annahme ich so sehnlichst wünschte, daß ich bereit war, mich dafür völlig aufzugeben, mich zwang, mich auf mich zu beziehen. Aber da war nichts mehr verblieben, worauf ich mich beziehen konnte, außer den mir noch verbliebenen jüdischen Werten, weil sie in meinem Sozialismus aufgegangen waren; einem Sozialismus, geboren aus den wunderbaren, aber illusionären Menschheitsvisionen der rabbinischen Vorfahren des Juden Karl Marx. Und so schrieb ich in mein neuerworbenes jüdisches Gebetbuch im Oktober 1986: «This belongs to Salomea Genin who returned to the fold between Rashashonah and Yom Kippur 5747.»

«Für den Vater war es sehr schwer» Lucy Geigers Auswanderung und Rückkehr

von Ute Benz

Warum ausgerechnet ihre Geschichte für uns von Interesse sein soll, fragt Lucy Geiger kopfschüttelnd, es gebe doch wirklich bedeutendere jüdische Emigranten und so viele mit schwererem Schicksal: «Was wollen Sie wissen?»

Gediegene bürgerliche Atmosphäre umgibt uns in ihrer mitten in Schwabing gelegenen Wohnung, in der sie mit ihrem Mann lebt. Die Kinder, zwei Söhne, sind längst aus dem Haus, Bilder von kleinen Enkeln, zu denen sie ein herzliches Verhältnis hat und deren Entwicklung sie bewußt genießen kann, zieren die Wände. Mit meinen Fragen nach ihrem Leben im Nationalsozialismus, in der Emigration und nach 1945 in München komme ich mir, freundlich empfangen, ein wenig wie ein Störenfried in der sorgsam gepflegten Umgebung vor.

Lucy Geiger ist 1920 als älteste Tochter von Albert und Hedwig Löw geboren. Ihr Vater war ein angesehener Kaufmann und erfolgreicher Viehzüchter und -händler im Allgäu, der auf dem Reichelsberg bei Kempten ein Gut gepachtet hatte. Zusammen mit ihrer ein Jahr jüngeren Schwester Traudl wuchs Lucy in Kempten auf und besuchte dort das Lyceum. Obgleich besonders von der Mutter sehr behütet und unpolitisch erzogen im bürgerlich-bäuerlichen Umfeld – «ich war eine Träumerin» –, war Lucy Geiger zu Beginn der nationalsozialistischen Herrschaft mit 13 Jahren alt genug, um aus den Gesprächen der Eltern und Freunde über Chancen der Auswanderung zu begreifen, daß es diesmal nicht irgendwelche vorübergehenden politischen Aufmärsche waren, wie sie sie in den letzten Jahren der Weimarer Republik im Zusammenhang mit den häufigen Wahlen oft am elterlichen Haus in der Bahnhofstraße vorüberziehen gesehen hatte. Die Stiefel der SA-Männer hörte sie auf dem Pflaster vor ihrem Haus knallen und die mörderischen Hetzlieder gegen jüdische Bürger dazu. Lucy Geiger sind weniger persönliche Kränkungen in der Schule oder seitens der Kameradinnen gegenwärtig, als vielmehr Gedanken an die Not und Kränkungen ihrer Eltern, die hilflos den wirtschaftlichen und sozialen Ruin ihrer Existenz erlebten. Nach 1933 hielten sich immer mehr Bauern als Kunden fern, wenige entschuldigten sich verschämt dafür, daß sie sich von der NSDAP genötigt fühlten, den Handel mit Albert Löw einzustellen. Mit der Zwangsversteigerung seiner Tiere wurde die schrittweise Zerstörung der wirtschaftlichen Existenz der Familie innerhalb von fünf Jahren besiegelt. Im November 1938 wurde Albert Löw verhaftet, und die Familie mußte noch froh darüber sein, daß er, weil er krank war, durch Intervention des Landgerichtsarztes «nur» in Kempten ins Gefängnis mußte und nicht ins KZ Dachau kam. Albert Löw, den Lucy als stark und kräftig in Erinnerung hatte, verließ diese Gefangenschaft als ein gebrochener Mann.

Lucy Geiger fühlte sich als junges Mädchen in Kempten eingeengt. Sie ist nie sonderlich gerne zur Schule gegangen. Ob sie selbst antisemitische Feindseligkeit seitens der Mitschülerinnen und Lehrer in Kempten gespürt hat? Lucy Geiger vermittelt in ihren Antworten vor allem, daß sie nur ein sehr differenziertes Betrachten gelten läßt; sie gestattet weder sich noch anderen, in simplen Verallgemeinerungen zu urteilen. Die geläufige, scheinbar so klare Kategorisierung in Opfer und Täter zerfließt, wenn Lucy Geiger während ihrer Schilderungen immer wieder an sich und an uns heute die persönliche Frage richtet: Was hätte ich in der oder in jener Situation getan? Was vordergründig so wirken mag, als würden damit die Gemeinheiten deutscher Bürger gegenüber jüdischen Bürgern relativiert und als würde damit ein Schlupfloch geboten für viele Deutsche, sich aus der Verantwortung für die nationalsozialistische Geschichte zu stehlen, zeugt in Wahrheit von der tiefen Überzeugung Lucy Geigers von der Schwäche menschlicher Natur und ihrer Fehlerhaftigkeit, die zu profundem Mißtrauen gegenüber jeglicher Form von radikaler Ideologie und Idealisierung geführt hat. Allen Ideologien, die einen anderen Menschen reklamieren, gilt ihre grundsätzliche Ablehnung. Fanatismus ist Lucy Geiger zuwider und verdächtig. Sie sieht in der demokratischen Verfassung eines Staates die einzige Chance, die unterschiedlichen Egoismen der Bürger zu bändigen.

Hat sie in ihrer Schule Haß und Ablehnung erfahren? Es habe wohl einzelne fanatisierte Kinder gegeben, aber wie bei Kindern eben üblich, habe sie die nicht beachtet und sei ihnen aus dem Weg gegangen. Anders war es jedoch, erinnert sich Lucy Geiger, auf der Straße, dort hatte sie Angst vor den Jungen, Pimpfen und Hitlerjungen, die lautstark ihre Hetzparolen brüllten und ihre Gewalt gegen Judenkinder hemmungslos, von niemandem zurückgehalten, genossen. Gewöhnlich entzog sie sich durch

Ausweichen, aber einmal wurde sie in Gegenwart eines nichtjüdischen Mädchens, dessen Vater Offizier bei der Reichswehr war, angepöbelt und übel beschimpft. Als die andere sich weigerte, einfach wegzulaufen, wie Lucy drängte, sondern ihrerseits die Jungen aufforderte, endlich Ruhe zu geben und abzuhauen, erlebte Lucy zu ihrem Entsetzen, «wegen mir hat die einen brutalen Boxschlag mitten in die Stirn abgekriegt, daß sie getaumelt ist». Das Mädchen wurde genauso wie sie selbst beschimpft und beleidigt: «Bist du vielleicht auch so eine von den Judensäuen?» Lucy Geiger sieht die Szene noch heute vor sich, und es ist ihr arg – als wäre sie verantwortlich für den Schlag, den die andere erhielt. Die meisten Menschen, so denkt Lucy Geiger im Rückblick, waren keine groß begeisterten Nazis, «der eine hat halt mal hier, der andere mal dort ein bißchen mitgemacht». Und dann fügt sie, als könnte sonst ein Eindruck von Einseitigkeit entstehen, hinzu: «Es gab auch welche, die uns hier und da ein bißchen geholfen haben.» Lucy Geiger denkt, das eigentliche Problem war, daß keiner genau hingesehen hat, und sie fügt hinzu: «Aber tun wir denn heute was anderes? Auch wir sehen weg, auch wir wollen oft nichts wissen.» Lucys Schutz zur Schulzeit war wohl der Rückzug in ihre Träume und die Gewohnheit, denen aus dem Weg zu gehen, die sie kränkten. Wie sehr jedoch die permanenten Kränkungen durch Zurücksetzung und Ausstoßung aus der deutschen Gesellschaft gewirkt haben, vermittelt Lucy Geiger indirekt, als sie von ihrem nach Abschluß des Lyceums an der israelitischen Frauenschule in Wolfratshausen verbrachten Jahr erzählt. Dort und in Nürnberg, der Heimat der Mutter, begegneten ihr überzeugte Zionisten, und sie fand ihre jüdische Identität bestärkt durch die Teilnahme an jüdisch-kulturellem Leben, jüdischen Liedern, Festen zionistischer Organisationen und ihren Projekten zur Einwanderung nach Palästina, um einen eigenen jüdischen Staat zu errichten. «Im Grunde lag das ja auf der gleichen Linie wie die Pläne der Nationalsozialisten – raus aus Deutschland –, nur eben jetzt aus eigenem Entschluß, wir wollten weg.» An dieser Schule fand sie erstmals wirkliche Freundinnen und in der Gemeinschaft Achtung, Stolz und Selbstwertgefühl. Dort fühlte sie sich geradezu befreit aus der spießigen und bedrohlichen Enge der Kleinstadt.

Auswanderungspläne waren in der Familie mit Freunden und Verwandten seit 1933 vielfach erwogen und wieder verworfen worden, weil der Vater sehr an seinem Beruf hing und andernorts keine Chance für die Familie sah. Im Herbst 1938, kurz vor dem Novemberpogrom, drängten die Eltern Lucy zur Ausreise nach England. Sie ergriff die Chance gerne, Verwandte in Sussex waren bereit, für sie zu bürgen. Mit 18 Jahren wollte sie etwas von der Welt sehen, und sie erinnert sich, wie sehr sie von Kameradinnen beneidet wurde, die ihr sagten: «Du hast es gut, daß du rauskommst in die Welt.» England, so meinte sie anfangs, werde nur das Sprungbrett sein nach Palästina oder Amerika.

Daß es bei jüdischen Jugendlichen neben dem Emigrationszwang auch Reiselust gegeben haben könnte aus altersangemessener Sehnsucht nach Begegnung mit Neuem in der Welt – dieser Gedanke wirkt überraschend für mich. Die Denkpfade, auf denen ich mir bisher das Erleben der Emigration vorstellte, erscheinen plötzlich eng und unlebendig. Lucy Geiger hat die Unbekümmertheit der Jugend bei allen Schwierigkeiten, die es zu überwinden galt, das Zurechtfinden in England erleichtert. Das Erlebnis eines wirklich demokratischen Landes war für sie befreiend.

Von der Verhaftung des Vaters durch die Nationalsozialisten erfuhr Lucy Geiger in England. Nachdem ihre Schwester Traudl mit einem Kindertransport in plombierten Eisenbahnwagen, organisiert von der britischen Vereinigung «Save the Children Fund», über Holland nach England gerettet worden war und als 1939 auch die Eltern Hedwig und Albert Löw nach England flüchten konnten, wußte Lucy die Kernfamilie in äußerer Sicherheit. Lucy Geiger, die den Vater als aufrechten kräftigen Mann in Erinnerung hatte, erinnert ihren Schrecken, als sie ihn wiedersah, abgemagert, gebückt und um Jahre gealtert. «Für den Vater war es sehr schwer.» An seinem Schicksal ermißt Lucy den Schock der Entrechtung, der völligen Verarmung und der aufgenötigten Emigration. Was die 18jährige als Chance nutzen konnte, war für den Vater krankmachende Demütigung und Last, um so mehr, als er als 60jähriger bei Kriegsausbruch (als «enemy alien») für einige Monate interniert wurde. Während die Mutter erstaunliche Kräfte und Fähigkeiten entfaltete und den Job als Köchin zunächst in einer Schule und später in einer Privatpension ausübte und sich, da sie die englische Sprache beherrschte, mit der neuen Umgebung verständigen konnte, tat sich der Vater schwer. Es belastete ihn bei allem Unglück zusätzlich, daß er nicht in der Lage war, die traditionelle Rolle als Familienernährer zu erfüllen. Kärglich verdiente er mit Hilfsdiensten und später in Heimarbeiten durch Lockenwickler-Drehen dazu.

Lucy hatte in England Unterstützung durch Familienmitglieder erfahren und durch neu gewonnene Freunde, aber sie erntete auch dafür, daß sie nun in England in Sicherheit lebte und nicht wie die ehemalige Freundin nach Palästina ausgewandert war, deren harte Kritik; bis heute blieb der Bruch der Freundschaft irreparabel.

In England arbeitete Lucy zuerst als Kinderpflegerin, war dann im Gärtnereibetrieb der Verwandten tätig und in einer Uhrenfabrik, schließlich in der «Women's Land Army». Sie fand einen Job in Cambridge auf biologischen Forschungsstationen der Universität und engagierte sich politisch in der «Freien Deutschen Jugend», um Widerstand gegen den Nationalsozialismus zu leisten. «Open the second front now» – vom Eingreifen der Alliierten erhofften sie einen raschen Sieg über Hitler. In England galt Lucy als Deutsche, und es war ihr ein wichtiges Anliegen, zu begreifen und begreiflich zu machen, wie es zum Nationalsozialismus in Deutschland kommen konnte, ein Thema, das sie noch heute sehr beschäftigt. Denn es impliziert den Gedanken, ob und unter welchen Umständen der Nationalsozialismus heute wiederkehren könnte.

1943, anläßlich der 10jährigen Wiederkehr von Hitlers Machtergreifung, veranstaltete sie mit Emigranten eine Ausstellung in Cambridge zu diesem Thema. Sie fühlte sich verpflichtet, in England zu zeigen, daß nicht alle Deutschen Nazis waren.

Lucy Geigers politisches Interesse ist wach geblieben, ihr damaliges Engagement in kommunistischen Gruppen betrachtet sie heute aus kritischer Distanz: «Wir waren halt jung und voller Illusionen, glaubten, wir könnten die Welt und die Menschen verändern.» Nach der deutschen Kapitulation 1945 war Lucy überzeugt worden von den Argumenten der Freunde, die sie beschworen, «gerade als Deutsche müßt ihr jetzt dort für die demokratische Erziehung der Jugend sorgen». Das war ein Motiv für ihre Rückkehr ins Nachkriegsdeutschland. In England hat sie nicht bleiben wollen, «man war ja auch fremd dort». Hier sah sie eine wichtige Aufgabe für sich. Die Amerikaner brauchten ihre Sprachkenntnisse und engagierten sie beim CCD («Civil Censorship Division Eucom»), dessen Aufgabe es war, nach dem Zusammenbruch des NS-Regimes die Fortschritte der Demokratisierung in Deutschland zu kontrollieren. Lucy kam 1945 als 24jährige nach München, wo ihr angesichts der desolaten Zustände, der Trümmer und des Elends rasch klar wurde, daß vor allem praktische Hilfe erforderlich war, und sei es, daß sie dafür, unter Überwindung erheblicher Skrupel, Grenzen überschreiten mußte, die sie unter normalen Umständen rigide beachtete: Etwas, was es in der amerikanischen Kantine im Überfluß gab, Zucker in Dosen auf den Tischen, kippte sie im Vorübergehen in die Handtasche, um anderen, die nichts hatten, abzugeben. Weil sie, was Nahrung und Wohnung betraf, ohne Not war, fühlte sie sich dazu verpflichtet.

Das KZ Dachau? Entsetzen über die Zustände, aber nun waren die anderen hinter Gittern, es schien Gerechtigkeit zu geben. Lucy Geiger sah sich aber bald wachsend enttäuscht in der Hoffnung, die Amerikaner würden gründlich die eigentlich politisch Verantwortlichen des Naziregimes aufdecken und sie müßten alle abtreten. Sie erkannte, daß durch die Entnazifizierungspolitik viele neue Ungerechtigkeiten entstanden. Hinzu kam, daß den Amerikanern nach ihrem Eindruck bald offenkundig mehr an der Überwachung kommunistischer Gruppen lag als an der Verfolgung der Nationalsozialisten. Der Vater hatte die Hoffnungen der Töchter von Anfang an skeptisch kommentiert und sie vor der Überschätzung ihrer erzieherischen und aufklärerischen Möglichkeiten gewarnt.

Wie sind ihr die Deutschen bei ihrer Rückkehr begegnet? Lucy Geiger zögert mit der Antwort, sie möchte gerecht sein, Zorn, Vorwürfe, Anklagen, was so viel verständlicher wäre in Anbetracht der offenbar gewordenen Verbrechen durch Deutsche, äußert sie nicht. Wieder denkt sie mehr an des Vaters als an die eigenen Belastungen. Sie erlebte, als die Eltern 1947 zurück nach Kempten kamen, seine Verbitterung über das nicht endenwollende Ungemach. Das Haus in der Bahnhofstraße gehörte Deutschen, die es nach der Enteignung billig erwerben konnten, er mußte um sein Eigentum streiten, die Wohnung war kalt und leer, der geschäftliche Neuanfang im Viehhandel außerordentlich kläglich und demütigend, und das wenige mühsam erwirtschaftete Geld wurde mit der Währungsreform fast wieder zunichte. Einzelne ermutigende Reaktionen alter Kemptener konnten die Verbitterung und das zerstörte Vertrauen nicht ausgleichen. Als quälend peinlich wurde von der Familie empfunden, wenn Leute versuchten, sich für ihr damaliges Verhalten herauszureden oder wenn sie schriftlich bestätigt haben wollten, daß sie Juden nichts getan hätten. Der Vater ist ganz unglücklich gewesen und immer kränker in all den Aufregungen geworden, er starb 1951, bevor das Haus an seine Frau zurückgegeben wurde. Lucy hat 1949 Joseph Geiger geheiratet, der als kommunistischer Widerstandskämpfer 1935 zu siebeneinhalb Jahren Zuchthaus verurteilt und 1942, anschließend, im KZ Buchenwald gefangengehalten wurde. Als müßte sie, weil sie, ihre Schwester und die Eltern in England überleben konnten, während Millionen umgebracht wurden, zufrieden sein, beklagt sich Lucy Geiger nicht. Sie beobachtet die politischen Entwicklungen in Deutschland mit wacher Aufmerksamkeit. Sie mag sich von niemandem vereinnahmen lassen, weder von religiösen noch von politischen Gruppen, wenngleich sie aus ihren Sympathien z. B. für Willy Brandt kein Hehl macht. Sie wägt sorgfältig ihr Urteil.

Keine Spur von Ressentiments, von eigener Angst? Als 1954 die Fußballweltmeisterschaft lautstark in Schwabing gefeiert wurde und grölende Menschen auf den Straßen lärmten, saß Lucy Geiger mit dem Erstgeborenen beim Füttern und mußte auf einmal weinen, die Angst war plötzlich wieder da. Und als 1989 die Massen begeisterter Menschen am Brandenburger Tor feierten und Fahnen schwenkten, wurde die Angst erneut lebendig. Wird es gelingen, die demokratische Ordnung zu wahren und die nationalen Emotionen zu bändigen? Mehr als in jungen Jahren beschäftigen Lucy Geiger heute Gedanken an Verwandte, die im KZ umkamen, von denen sie nichts Genaues weiß. Da gab es die Tante, die sie besonders gerne mochte, die in einem Lager ermordet wurde, und die Gedanken kreisen um Erinnerungen, um kleine Dinge, eigene Reaktionen, hätte man etwas anders machen können?

Die Frage, wie es zum Nationalsozialismus kommen konnte, beschäftigt Lucy Geiger noch immer, darüber liest sie viel. «Das Wegschauen», sagt Lucy Geiger, «war das eigentliche Problem. Viele wollten nicht sehen. Aber auch wir hier und die Leute in anderen Ländern schauen heute weg, so vieles wollen wir nicht sehen, das ist auch verständlich, es ist auch so vieles sehr unangenehm. Das Wichtigste ist, daß die demokratische Ordnung erhalten bleibt, ohne sie würde es wieder schlimm.»

Rückkehr auf Zeit: Erfahrungen deutsch-jüdischer Emigranten mit Einladungen in ihre ehemaligen Heimatstädte

von Wolfgang Benz

«Die Stadt Erlangen grüßt die ehemaligen jüdischen Mitbürger aus Erlangen und Jena zu Purim 5750 mit einem ‹Gelobt sei Mordechai – verflucht sei Haman›!» Mit diesen Worten beginnt ein Brief an etwa 40 ehemalige jüdische Bürger der Stadt Erlangen, die heute in USA und Südamerika und sonstwo im Exil leben, in das sie sich nach 1933 retten konnten. Der Brief endet: «So wünsche ich Ihnen und Ihren Familien und Freunden fröhliche Purimtage in Erinnerung an die wunderbare Errettung der persischen Juden unter ihrem König Ahasveros und Königin Esther. Sicher werden Sie, wenn Sie an den Gottesdiensten teilnehmen, das alte Purimlied Schoschanat – Ja'akov singen, und die Kinder werden beim Verlesen des Namens ‹Haman› mit den Ratschen einen besonderen Krach machen. Lassen Sie sich auch die ‹Hamantaschen› gut schmecken, so, wie Sie es auch in Ihrer alten Heimat Erlangen (mit Purim-Ball im Bahnhofshotel) einst taten.»

Solche Briefe sendet «die Beauftragte für die Betreuung ehemaliger jüdischer Mitbürger» – so lautete der offizielle Briefkopf – zu den jüdischen Feiertagen, außerdem schreibt sie persönlich zu allen Geburtstagen, und sie kondoliert mit einer ausführlichen Würdigung des Verstorbenen und der Familiengeschichte bei Trauerfällen. Die Betreuung der ehemaligen Erlanger Juden gilt in der ganzen Bundesrepublik als vorbildlich. Trotzdem gibt und gab es Mißverständnisse. In der «Allgemeinen jüdischen Wochenzeitung» erschien Anfang 1989 ein Artikel über «die verräterische Macht der Worte», dort wurde als Beispiel «für hanebüchene Wortklauberei» die politische Revision der Worte «Gast» und «Mitbürger» angeführt: «Was es mit dem verräterischen Wörtchen ‹Mitbürger› auf sich hat, darauf wies schon mehrfach in Reden und Publikationen der Direktoriumsvorsitzende des Zentralrats der Juden in Deutschland, Heinz Galinski, hin. ‹Mitbürger› ist eine Degradierung, eine Reduzierung des ‹Bürgers›, und es ist kein Zufall, daß der große sechsbändige Duden als Beispiel für den Gebrauch ‹unsere alten, kranken Mitbürger› anbietet. Diejenigen also, die stets ‹unsere jüdischen Mitbürger› im Munde führen, verraten dadurch, was sie über Juden denken.»

Darauf schrieb die Beauftragte der Stadt Erlangen einen Leserbrief, in dem sie «diese vergiftende Formulierung und Unterstellung mit aller Schärfe» zurückwies und erklärte: «In den nunmehr neun Jahren, in denen ich als Beauftragte der Stadt Erlangen für die Betreuung ehemaliger jüdischer Mitbürger ehrenamtlich (!) tätig bin, hat sich bei meiner weltweiten Korrespondenz – nicht nur mit unseren Erlanger ehemaligen jüdischen Mitbürgern – nur Adolf Diamant aus Frankfurt/Main an meinem Titel ‹gestoßen›, sonst niemand. Es ist mir auch ziemlich egal, was der Direktoriumsvorsitzende Heinz Galinski zu diesem Thema zu sagen hat. Wenn er das Wort Mitbürger als ‹Degradierung› und ‹Reduzierung› des Wortes ‹Bürger› empfindet, dann ist das seine Sache. (...)» Für sie, damit schloß der Leserbrief, der erst nach einigem Hin und Her publiziert wurde, stehe «der Mit-Mensch und der Mit-Bürger mit mir in der gleichen Reihe, in der gleichen Gemeinschaft».

Zwei Tage später meldete sich der Publizist Adolf Diamant, ehemaliger Chemnitzer Bürger, der von 1939 bis 1944 im Ghetto Lodz, dann in Auschwitz-Birkenau leben mußte und der für seine Verdienste um die deutsch-jüdische Versöhnung 1988 das Verdienstkreuz am Bande des Verdienstordens der Bundesrepublik erhalten hatte. Diamant verlangte vom Erlanger Oberbürgermeister, die Beauftragte wegen ihrer unzumutbaren Äußerungen von ihrer Aufgabe zu suspendieren. Der Begriff «jüdische Mitbürger» sei verwerflich, die Beauftragte habe noch immer nicht erfaßt, was es bedeute, ein «Mitbürger», also nur ein Geduldeter, zu sein. Im übrigen sei Bundeskanzler Kohl in seiner Ansprache am 9. November 1988 in der Frankfurter Synagoge wegen des Wortes «jüdische Mitbürger» ausgepfiffen worden.

Der Erlanger Bürgermeister antwortete unter mehrmaligem demonstrativem Gebrauch der inkriminierten Vokabel: «Der persönliche und enge Kontakt der ehemaligen jüdischen Mitbürgerinnen und Mitbürger und ihrer Familien mit ihrer Heimatstadt Erlangen sowie vielfältige Korrespondenz aus dem In- und Ausland bestätigen immer wieder die positive und anerkannte Arbeit von Frau Ilse Sponsel. Für ihr engagiertes Wirken wurde sie mit dem Bundesverdienstkreuz, der Bürgermedaille der Stadt Erlangen und der Yad Vashem-Medaille ausgezeichnet. Ich bin sicher, daß Frau Sponsel auch künftig eine breite Anerkennung ihrer ehrenamtlich übernommenen Aufgabe erfahren wird, und kann auch im Hinblick auf ihre bisherigen Leistungen für die Stadt Erlangen Ihre Kritik nicht unterstützen.»

Das Beispiel sollte deutlich machen, welch schwieriges Terrain betreten wird bei den Beziehungen zwischen ehemaligen deutschen Bürgern im Exil, den Repräsentanten einer versöhnungswilligen Bundesrepublik und den Offiziellen der Juden in Deutschland, die diese Aktivitäten aufmerksam beobachten, in vielfältiger Weise auch daran teilnehmen, aber – aus gutem Grund Distanz haltend – Tonart und Lautstärke, Melodie und Takt jeder Weise kritisch prüfen und im Licht der historischen Erfahrung werten. Es ist zu vermuten, daß die Anspannung den Kulminationspunkt erreicht, wenn jüdische Bürger im Exil sich zur Rückkehr auf Zeit entschließen, wenn sie der Einladung ihrer früheren Heimatstädte folgen und als deren Gäste (oder auch aus eigenem Antrieb und auf eigene Kosten) Deutschland besuchen.

Den Anfang machten Ende der sechziger Jahre München und Berlin; in Berlin läuft das Besucherprogramm noch auf lange Zeit. Da in der ehemaligen Reichshauptstadt zuletzt – vor der Emigration oder Deportation – der größte Teil der deutschen Juden lebte, ist der Andrang hier so groß, daß

Wartelisten existieren und 60jährige noch auf längere Sicht keine Chance haben, das einwöchige Gruppenprogramm mit Stadtrundfahrt, Theaterbesuch, Empfang beim Regierenden Bürgermeister usw. zu erleben. Zunächst kommen die 90- und 80jährigen an die Reihe. Die enttäuschte Hoffnung hat ein ehemaliger Berliner, der in Zimbabwe lebt, vor Jahren den Zuständigen an der Spree kundgetan:

«Die Stadt Berlin hat eingeladen
Um gut zu machen Hitler-Schaden.
Es liegt ihr schwer auf dem Gewissen,
Daß man uns hat herausgeschmissen.
So sagt man uns: ‹Kommt nach Berlin,
Ein Wiedersehen muß Euch zieh'n,
Und wir bezahlen Eure Reise.
Ihr seht Berlin auf diese Weise
Fast kostenfrei. Hotel und Essen,
Und Taschengeld, das angemessen,
Bestreiten wir, und nicht genug,
Wir zahlen auch für Euren Flug.›
Die Reaktion war ungeheuer.
Es wäre viel, viel, viel zu teuer,
Wenn wir auf einmal bringen sollen
Die Tausende, die kommen wollen.
So – wer die Wahl hat, hat die Qual
Zu wählen aus der Riesenzahl
Wer kommt zuerst, wer kommt zuletzt.
Drum fühl' Dich nicht zurückgesetzt,
Wenn trotz sehnsücht'ger Wanderlust
Du 20 Jahre warten mußt.
Erst kommen die von 70 Jahren
Und jene, die in Lägern waren,
Dann diese, die in Frage Geld
Nicht ganz so wunderbar bestellt.
Da jetzt nur 60 meine Jahre,
So wird's, bis nach Berlin ich fahre
(Ich sah's zuletzt in sechsunddreißig,
Und ohne Frage, dieses weiß ich,
Kann ich den Fahrpreis nach Berlin
Von meinem Konto niemals zieh'n.)
Noch viele, lange Jahre dauern.
Ich denke daran nur mit Schauern,
Wie man im Rollstuhl mich wird schieben,
Im Bett muß ich schon sein um sieben,

Theater ist an mir verloren,
Denn viel zu schwach sind meine Ohren;
Die Rundfahrt ist ganz nutzlos dann,
Da ich ja nicht mehr sehen kann.
Und wenn Sie die Beschreibung wundert –
Bis man mich holt, bin ich schon hundert!!
Wie schade! Besser wär's gewesen,
Hätt' ich den ‹Aufbau› nie gelesen,
In dem ich Ihren Aufruf sah.
Die Deutschlandreise schien so nah.
Nach dem, was Sie mir nunmehr schreiben,
Kann nicht viel Hoffnung übrig bleiben,
Daß ich Berlin noch einmal sehe,
Bevor ins Altersheim ich gehe.
Nichtsdestowen'ger bleib ich doch,
Mit besten Grüßen Ihr

Hans Bloch
Bulowayo, Rhodesien»

Organisation und Betreuung sind in Berlin perfekt, auch nach dem Besuch wird der Kontakt gepflegt, vor allem durch regelmäßige Informationen über Berlin und durch die Zeitschrift «Aktuell», die alle ehemaligen jüdischen Bürger erhalten, soweit sie dem beim Informationszentrum Berlin ressortierenden Referat zur Betreuung dieser Besucher bekannt geworden sind. Das Referat wurde im Herbst 1970 errichtet, damals standen 13 000 Bewerber auf der Warteliste, inzwischen sind 23 000 ehemalige Berliner aus aller Welt in ihrer früheren Heimatstadt gewesen. Aber die Warteliste existiert immer noch, 1987 waren 1775 Personen zu Besuch, 1201 potentielle Gäste teilten im gleichen Jahr erstmals ihren Besuchswunsch mit. Daraus läßt sich auch schließen, daß es vielen im wachsenden Abstand zum NS-Regime und mit zunehmendem Alter leichter fällt, den Wunsch nach einer Rückkehr auf Zeit überhaupt zu artikulieren. Der erste Gast, der nach dem Senatsbeschluß vom 10. Juni 1969 Berlin besuchte, ein Ingenieur aus Kanada, war etliche Jahre zuvor nicht in der Lage gewesen, bei einer Zwischenlandung in Frankfurt das Flugzeug zu verlassen, weil er deutschen Boden (noch) nicht betreten konnte.

Dem Beispiel von Berlin und München sind viele andere Orte – insgesamt 90 – gefolgt, die Initiative zur Einladung ging teils von städtischen Honoratioren und Amtspersonen, oft auch von der lokalen Gesellschaft für christlich-jüdische Zusammenarbeit oder von Kirchengemeinden aus. Einen,, Überblick, wieviele frühere jüdische Bürger einer Einladung gefolgt sind, gibt es ebensowenig wie Informationen, wo die Programme noch durchgeführt werden, wo sie als abgeschlossen gelten, und am wenigsten weiß man über die Wirkungen des Wiedersehens. Daß die Besuchsprogramme auf deutscher Seite als sehr befriedigend empfunden werden, ist allerdings offenkundig.

Den Lokalzeitungen kann man entnehmen, wer kam, welches Programm geboten wurde und vor allem, was das Stadtoberhaupt beim festlichen Empfang gesprochen hat. In der Dokumentation, die von der gastgebenden Stadt in der Regel angefertigt wird, ist nachzulesen, daß die Deutschen aus ihrer Vergangenheit gelernt hätten, daß es «den überlebenden Leidtragenden des Nationalsozialismus jedoch nachzufühlen» sei, «wenn sie heute mit Vorbehalten ihre alte Heimatstadt besuchen». So hatte es der eloquente Stuttgarter Oberbürgermeister Manfred Rommel im Juni 1983 ausgedrückt, als erstmals jüdische Gäste im Rathaus empfangen wurden. Von den Gästen erwartet die Lokalpresse Bekundungen der Versöhnungsbereitschaft, der Wiedersehensfreude; ausführlich werden rührende Szenen beschrieben, wie sich Schulfreunde in die Arme fallen, die sich seit 50 oder mehr Jahren nicht mehr sahen und auch sonst nichts voneinander gehört haben.

Die Reaktionen sind, folgt man der Presseberichterstattung landauf landab, erstaunlich stereotyp, und zwar auf beiden Seiten. Die jüdischen Gäste loben Gastfreundschaft, Organisation und Großzügigkeit der früheren Heimatorte, sind offensichtlich in der Mehrzahl bewegt von Erinnerungen an die Orte der Kindheit, sind glücklich, das Elternhaus noch einmal gesehen zu haben. Manche benutzen die Einladung vor allem, um die Pflicht zu erfüllen, am Grab von Familienangehörigen Kaddisch zu sprechen, sie wollen sonst nichts weiter und sind nur dankbar, daß ihnen die Möglichkeit zum Friedhofsbesuch geboten wurde.

Erstaunlich stereotyp sind auch die Briefe, die nach dem Besuch geschrieben werden: Dank für die freundliche Aufnahme, Bestätigung der Heimatverbundenheit, Versicherungen, daß es überhaupt keinen Mißklang gegeben habe. Eine Ablehnung wie die folgende, die am 9. November 1989 im Bürgermeisteramt Stuttgart registriert wurde, gehört zu den absoluten Ausnahmen. Die Schulzeit im schönen Stuttgart sei ihr in «leuchtendster Erinnerung», schrieb eine alte Dame aus dem Staat New York: «Die Schulschließung durch das Naziregime 1938 war vielleicht der größte Schmerz meines Lebens.» Sie könne die Einladung nicht annehmen, schrieb sie weiter und begründete es auch: «Ich weiß nicht, was 1982 den Stuttgarter Gemeinderat bewog, ‹ehemalige jüdische Mitbürger› einzuladen. Verfestigt man nach allem, was passiert ist, den Begriff Rassenzugehörigkeit dadurch nicht aufs neue?»

Ebenfalls aus New York war im April 1987 eine Absage gekommen. «Es wäre nicht im Sinn meiner Familie, diese Einladung anzunehmen, wie gut sie auch gemeint ist. Meine Eltern (...) und ich haben aus moralischen Gründen nie ‹Wiedergutmachung› oder irgendwie Kompensation verlangt für das, was wir im Dritten Reich verloren haben, insofern als mein Vater der Meinung war, daß kein Geld die Geschehnisse ‹wieder gut machen› könnte. Nach unserer Flucht im Dezember 1937 hatten wir zwar sehr schwere, mit Sorgen gefüllte Jahre, aber konnten uns dann allmählich eine gute Existenz in der neuen Heimat aufbauen.» Eine Sorge bewegte jedoch den Schreiber des Briefes, und sie veranlaßte ihn zur Bitte an die Stadt Stuttgart, sich um die Gräber der beiden Großväter zu kümmern und das Ruherecht dauernd zu gewährleisten: «Viel lieber, als daß die Stadt Stuttgart die Kosten einer Reise für mich bezahlt, wäre es mir, wenn solche Summen zu diesem Zweck benützt würden, was auch mehr dem Sinn meiner Großeltern und Eltern entspricht.»

Vielleicht ist dieser Brief auch repräsentativ für viele Absagen, die nicht begründet oder auch überhaupt nicht schriftlich artikuliert werden. Den Gastgebern sind Bekundungen, daß man durch den Besuch «den Frieden mit der alten Heimat gemacht habe», und die Versicherung, man «könne jetzt in Ruhe sterben», lieber, weil sie einen Erfolg der Aktion bestätigen. 30 bis 40 Prozent der Eingeladenen reagierten übrigens nach Auskunft des Stuttgarter Kulturamts auf das Einladungsschreiben nicht.

Das Ergebnis meiner Frage nach den Erfahrungen bei der Begegnung mit der früheren Heimat – um Berichte dazu hatte ich im Juni 1989 im New Yorker «Aufbau» gebeten – war ebenso positiv wie konventionell. «Wir haben keine Minute bereut, dort gewesen zu sein» (Koblenz) oder «Über alle Veranstaltungen kann ich mich nur voll Lob äußern» (Eßlingen) oder «Die Aufnahme und Herzlichkeit war so echt und darf (ich) sicher im Namen der meisten ehemaligen Frankfurter sprechen, wenn ich sage, daß wir die ausgestreckte Hand mit gleicher Wärme entgegennehmen» oder, ein letztes Beispiel: «Zusammenfassend möchte ich sagen, daß der Besuch in Berlin mir noch mehr gab, als ich erwartete, und daß der Empfang, den die Mitarbeiter der Berliner Senatskanzlei uns bereiteten, ganz besonders herzlich war.»

Stellvertretend für viele steht der Brief eines 84jährigen ehemaligen Bürgers von Konstanz, der jetzt in San Francisco lebt: «Ich war zuletzt im Herbst 1986 von der Stadt Konstanz eingeladen gewesen und hatte dort eine sehr schöne Woche. Amerika ist seit 1940 mein Vaterland geworden, aber die alte Heimat ist stets in meinem Herzen geblieben. Es war so schön, wieder die alte Wohnung zu sehen, wo man mit den Eltern gewohnt hatte, seine Jugend wieder zu erleben, wie man zum Gymnasium gegangen ist oder schöne Sonntagnachmittage verbracht hat. (...) Ich weiß sehr, daß zum Beispiel meine Schwester nur in der Nachbarstadt Kreuzlingen (Schweiz) bleiben wollte und ‹nur› zu Fahrt oder Spaziergang nach Konstanz wollte. (...) Ich weiß von einem alten Freund, der schon öfters in seiner Heimatstadt (Göttingen) war, wo er groß wurde bis zu seiner Auswanderung, daß er dort nur auf den Friedhof seiner Eltern geht, aber sonst mit niemandem sprechen will, weder frühere Mitschüler noch Angestellte seiner Eltern. (...) Meine Sehnsucht wäre, wieder noch für den Rest meines Lebens in der alten Heimat zu leben und dankbar sein zu können, daß ich – zwar spät – aber lebend aus der großen Katastrophe rausgekommen bin. (...)»

Von Mißklängen ist selten die Rede. Ein ehemaliger Berliner, der heute in Israel lebt, war 1983 eingeladen und begeistert. Der Empfang sei «einfach königlich» gewesen, schrieb er und fügte hinzu: «Was wissen die Deutschen (...), in welchem herrlichen grundgesetzlichen Rahmen sie leben und arbeiten dürfen!!» Aber: «Ein Fauxpas passierte, als ein Hotelangestellter, dem ich lobend über unsere Aufnahme sprach, erwähnte ‹aber was das alles kostet›. Ich antwortete ihm, ‹das stimmt, das kostet so viel jedes Jahr, wie das Leben eines vergasten Juden wert ist›.»

Auf die Vermutung, daß solche Mißtöne wohl öfters vorkämen, antwortete er, das glaube er nicht. Er habe sich damals bei der Hoteldirektion schriftlich – ohne Angabe des Arbeitsplatzes des Missetäters – beschwert und eine «außerordentlich befriedigende Antwort bekommen». Die Hoteldirektion habe sämtliches Personal aufgeklärt, «daß die Einladung ehemaliger Berliner mit der sogenannten Wiedergutmachung nichts zu tun» habe und daß «Gesten, die zum Aufbau einer Normalität gehören, eben keinen Kostenpreis kennen».

Ein anderer kritischer ehemaliger Berliner, der heute in Pittsburgh lebt, war mehrfach in der alten Heimat. Zuerst auf eigene Kosten 1953 und 1956, mit dem Hauptzweck, die 1944 und 1949 geborenen Kinder dem in Berlin lebenden (nichtjüdischen) Großvater vorzustellen. Er registrierte, daß die Gesprächspartner beim ersten Besuch oft das Bedürfnis hatten, sich für das unter dem Hitler-Regime Geschehene zu entschuldigen. Das war später nicht mehr der Fall, man habe über derlei nicht mehr geredet.

Kehren wir noch einmal nach Erlangen zurück, weil dort die Bemühungen um die ehemaligen jüdischen Bürger intensiver als andernorts sind. Die Korrespondenzpartner der Beauftragten der Stadt loben einmütig das Engagement von Frau Sponsel. Es ist ihr gelungen, durch ständigen persönlichen Kontakt eine Vertrauensbasis herzustellen. Aber Skepsis über die Wirkung ist auch hier angebracht. So schreibt ein heute in Florida wohnender früherer Erlanger, der seit 1953 oftmals zu Besuch kam, den Kontakt zu Schulkameraden wiederaufnahm, an mehreren Klassentreffen teilnahm, als Fazit, er sei der Ansicht, «daß Bürger der Stadt ihre ehemaligen Juden vergessen haben». Zu seiner Resignation mag beigetragen haben, daß er sich über zehn Jahre lang für die Wiedererrichtung eines Denkmals für Jacob Herz einsetzte und mit dem Ergebnis (einer Säule, bei deren Inschrift das Wort «Jude» fehlt) nicht zufrieden war.

Eindeutiger ist der Befund wohl noch bei Frau Annie Jacob aus New York, die «nach sehr reiflicher Überlegung und Überwindung von seelischen Widerständen» 1981 die Einladung der Stadt Erlangen annahm. Ein wichtiger Beweggrund war der Wunsch, das Grab des Großvaters zu besuhen, «ein weiterer Ansporn waren die edle Gesinnung und unermüdliche Tätigkeit von Frau Ilse Sponsel». Für den offiziellen Teil des Besuches hat Frau Jacob nur Worte des Lobes. Aber dann heißt es: «Während meines Aufenthaltes in Erlangen besuchten mich drei ehemalige Schulkameradinnen. Es entstand ein einmaliger Briefwechsel, jedoch ohne nennenswerten Erfolg oder eine positive Äußerung. Ich nehme an, ihre Neugierde war gestillt.»

Jahre später erregt ein Artikel im Magazin «Das neue Erlangen» ihren Unmut. Unter der Überschrift «Nürnberg sollte sterben» war in etwas unglücklicher Formulierung und in wehleidiger Diktion von der «sinnlos vernichteten Stadt» die Rede. Daß jeder Hinweis auf die Ursachen des Luftkriegs fehlte, war ebenso ärgerlich wie die Erwähnung des Morgenthau-Plans, der mit der Zerstörung Nürnbergs wirklich nichts zu tun hat. Frau Jacob wertete das als «eine nur leicht verhüllte antisemitische Anspielung» und stellte der egozentrischen Klage über das zerstörte Nürnberg die «Ausrottung von Millionen Menschen» gegenüber, «deren einzige Schuld es war, Jude oder Zigeuner oder körperlich oder geistig behindert zu sein».

Frau Jacob erhielt auf ihren Brief weder vom Autor noch vom Herausgeber eine Antwort. Man hat ihre Beschwerde wohl zu den Akten getan ohne Verständnis dafür, daß die Opfer der nationalsozialistischen Judenpolitik – und dazu gehören die ins Exil getriebenen nicht minder als die Nachkommen der Ermordeten – auf peinliche Formulierungen nicht nur sensibel zu reagieren pflegen, sondern zu besonders kritischer Sensibilität auch berechtigt sind. Hätte der Autor geantwortet, dann wäre Frau Jacob wahrscheinlich nicht zu folgendem Fazit gelangt: «Ich muß mich daher fragen, ob sich die Kluft jemals überbrücken läßt, trotz des guten Willens und der aufopfernden Tätigkeit so vieler Menschen guter Gesinung.»

Die Begegnung zwischen «Exil» und «Heimat» ist schwierig und durch vieles belastet, auf der Seite der Einladenden durch Befangenheit, durch mangelndes Einfühlungsvermögen und fehlende Kenntnis (so kam es vor, daß in einer Stadt die jüdischen Besucher in einem Hotel logieren sollten, das sie einst als lokales Gestapohauptquartier kennengelernt hatten), aber auch durch die Erwartungshaltung, es müsse zur großen Versöhnungsgeste kommen, der Friede müsse sich deutlich sichtbar ausbreiten, die deutsche Anstrengung müsse honoriert werden. Die Angst der Juden – und zwar im doppelten Sinne, lebensgeschichtlich anläßlich der Wiederbegegnung mit Kindheit und Jugend und generell vor der historischen Erfahrung als Gruppenerlebnis – wird oft nicht verstanden, das Mißtrauen verübelt, denn die Gastgeber sind ja guten Willens, frei von individueller Schuld und oft auf hilflos-naive Weise bereit zur «Versöhnung».

Autorenverzeichnis

Rudolf Aub, geb. 1901 in Augsburg. 1939 nach Jamaika ausgewandert, wo er lange Jahre als Arzt tätig war. 1989 in Lindau/Bodensee gestorben.

Antony Barta, senior lecturer für Geschichte an der La Trobe Universität Melbourne. Er beschäftigt sich vor allem mit der deutschen Geschichte des 20. Jahrhunderts und mit der Rolle von Film, Fernsehen und Video bei der Vermittlung von historischen Fakten.

Ute Benz, geb. 1942, Studium an der Kunstakademie und an der TU Stuttgart, von 1969–1977 Lehrerin für Kunsterziehung und Sozialkunde an Gymnasien, seit 1980 analytische Kinder- und Jugendpsychotherapeutin und seit 1990 Paar- und Familientherapeutin in freier Praxis. Lehrbeauftragte an der Akademie für Psychoanalyse und Psychotherapie München.

Wolfgang Benz, geb. 1941, war von 1969 bis 1990 Mitarbeiter im Institut für Zeitgeschichte. Seit November 1990 ist er Professor an der Technischen Universität Berlin und Leiter des dortigen Zentrums für Antisemitismusforschung. Er ist derzeit in Projekten zur Geschichte der Juden und der Judenverfolgung in Deutschland und Europa sowie zur Geschichte der Bundesrepublik engagiert.

Sabine Berloge, geb. 1952, Soziologin, Germanistin und Geographin in Berlin.

Sophie Caplan, geb. als Ostjüdin in einer deutschen Kleinstadt, flüchtete während der NS-Zeit zunächst nach Frankreich, dann nach Australien. Sie unterrichtet heute an der Universität New South Wales in Sydney und ist dabei, die Erinnerungen an ihre Kindheit in Deutschland und Frankreich aufzuzeichnen.

Barbara Distel, Leiterin der KZ-Gedenkstätte Dachau, Mitherausgeberin der «Dachauer Hefte – Studien und Dokumente zur Geschichte der nationalsozialistischen Konzentrationslager».

Kurt Fischbein, geb. 1926 in Hamburg, Ende 1938 Auswanderung nach Argentinien. Generaldirektor des Kulturzentrums der Stadt Rosario/Argentinien. Seit 1971 Organisator der Kulturveranstaltungen des Goethe-Instituts in Buenos Aires.

Salomea Genin, geb. 1932 als Kind polnisch-jüdischer Eltern. 1939 Auswanderung nach Australien. 1963 Übersiedlung in die DDR. Dort arbeitete sie als Übersetzerin und Englischlehrerin, seit 1985 als Publizistin und Schriftstellerin, im Mai 1989 Austritt aus der SED.

Dietrich Gronau, geb. 1943, Studium an der FU Berlin und der Sorbonne. Lebt als freier Schriftsteller in Berlin und veröffentlichte eine Biographie über Nazim Nikmet, erschienen 1991.

Anna-Patricia Kahn, geb. 1959 in Neuilly/Frankreich, Studium der Geschichte, Literatur, der hebräischen Sprache, des zeitgenössischen Judentums und der Psychologie in Paris, Jerusalem, Tel Aviv und München, seit 1986 Korrespondentin der KPA-Presseagentur sowie freie Mitarbeiterin bei verschiedenen französischen Zeitungen und Zeitschriften.

Elisabeth Keil, geb. 1944, aufgewachsen in Krefeld, Studium der Germanistik, Pädagogik in Bonn und Reutlingen. Studienrätin in München, lebt zur Zeit in Tel Aviv.

Miriam Koerner, geb. 1942 in Jackson/Tennessee, studierte an der Michigan State University und an der University of Pennsylvania, unterrichtete einige Jahre Sonderklassen für sozial schwache Kinder in New York und ist heute Mitarbeiterin am International Rescue Committee in New York.

Jenny Kreyssig, geb. 1959, studierte in München und Cambridge Neuere Geschichte. Die promovierte Historikerin ist heute freiberuflich für verschiedene Zeitungen und Buchverlage tätig.

Herbert Liffman, geb. 1908 in Aachen, aufgewachsen in Wuppertal. Studium der Volkswirtschaft in Köln, 1933 Promotion. Anschließend Tätigkeit als Textilkaufmann, dann Mitarbeiter an der Erfindung von Plastikbehältern. 1939 Auswanderung nach Australien, Staatsbürgerschaft 1943. Gründung eines Magazinverleihs, später Lehrer und schließlich im Alter von 76 Jahren Dozent an der neu gegründeten University of the 3rd Age. 1989 gestorben.

Klaus Loewald, geb. 1920 in Berlin, Historiker und Politologe, lebt in Canberra/Australien.

Irene Lorisika, geb. 1952. 1985 Promotion mit dem Thema Anna Seghers und Irmgard Keun an der Universität Frankfurt a. M., DFG-Stipendium über deutsche Exilanten in Mexiko, arbeitet heute als entwicklungspolitische Gutachterin.

Frauke Meyer-Gosau, geb. 1950. Literaturwissenschaftlerin und Publizistin in Berlin, Redakteurin der Zeitschrift «Text und Kritik», Veröffentlichungen v. a. zur deutschsprachigen Gegenwartsliteratur, insbesondere zur Literatur der DDR.

Patrik von zur Mühlen, geb. 1942, Studium der Geschichte, Philosophie und Politischen Wissenschaften in Berlin und Bonn, Abschluß Promotion. Seit 1975 im Forschungsinstitut der Friedrich-Ebert-Stiftung tätig. Veröffentlichungen zum Widerstand im Dritten Reich, Exil und Emigration.

Gert Niers, geb. 1943 in Dresden. Seit 1971 in New Jersey, journalistische Tätigkeit. 1987 PH. D. Rutgers University, New Brunswick, N.J., Lehraufträge an verschiedenen Colleges, Veröffentlichung: Frauen schreiben im Exil, 1988.

Gernot Römer, geb. 1929 in Wuppertal, lebt heute als Journalist bei Augsburg, Chefredakteur der «Augsburger Allgemeinen Zeitung». Veröffentlichungen: Der Leidensweg der Juden in Schwaben (1982), Für die Vergessenen – KZ-Außenlager in Schwaben/Schwaben in Konzentrationslagern (1984), Die grauen Busse in Schwaben (1986), Die Austreibung der Juden aus Schwaben (1987) und Schwäbische Juden – Leben und Leistungen in zwei Jahrhunderten (1990).

Hilde-Rohlén-Wohlgemuth, geb. 1909 in Wuppertal-Elberfeld, 1933 nicht zum Staatsexamen zugelassen, deshalb 1934 Promotion in Geographie, Geologie, Mineralogie an der Universität Berlin. Danach Auswanderung nach Schweden. Nach Abschluß einer Ausbildung zur Bibliothekarin 1948–1965 in der Bibliothek der jüdischen Gemeinde Stockholm tätig, anschließend Wechsel an die Stadtbibliothek Göteborg bis zur Pensionierung. Vorsitzende des «Vereins der Freunde der jüdischen Bibliothek Stockholms».

Angelika Schardt, geb. 1966 in München, Studium der Politikwissenschaften und Geschichte an der Universität München. 1990 Magister mit einer Arbeit über jüdische Displaced Persons im Lager Föhrenwald.

Christiane Schütz, geb. 1956 in Berlin, Studium der Kunstgeschichte in Berlin, Jerusalem und Bonn mit Abschluß Promotion. Wissenschaftliche Mitarbeiterin der Ausstellung «Jüdische Lebenswelten» der Berliner Festspiele. Veröffentlichung: Preußen in Jerusalem, 1988.

Frank Stern, geb. 1944, Promotion 1988, Mitarbeiter am Institut für Deutsche Geschichte der Universität Tel Aviv, Dozent für Neuere Geschichte mit dem Schwerpunkt deutsche Zeitgeschichte, Veröffentlichungen zur Nachkriegszeit, zu deutsch-jüdischen Beziehungen, Antisemitismus und Philosemitismus.

Catherine Stodolsky, geb. 1938 in Paris, wuchs in Hyde Park/Chicago auf, studierte Geschichte an der University of Chicago, der University of Michigan und der SUNY in New York. Sie promovierte über deutsche Bildungsgeschichte im 19. Jahrhundert und unterrichtete anschließend Geschichte an der University of Maryland. Sie lebt heute in München und ihre Forschungsschwerpunkte liegen im Bereich der Frauengeschichte und des Exils.

ANGELIKA TRAMITZ, geb. 1959, Studium der Soziologie und Psychologie, lebt als freie Autorin in Berlin.

BERND ULRICH, geb. 1956, Historiker, Wissenschaftlicher Mitarbeiter an der FU Berlin.

KLAUS VOIGT, promovierter Historiker und Übersetzer, lebt in Berlin. Veröffentlichung: Zuflucht auf Widerruf. Exil in Italien 1933–1945, Bd. I, Stuttgart 1989.

JULIANE WETZEL, geb. 1957 in München, 1987 Promotion in Geschichte und Kunstgeschichte in München. Von 1987 bis Anfang 1991 Mitarbeiterin im Institut für Zeitgeschichte München, jetzt am Zentrum für Antisemitismusforschung der TU Berlin. Veröffentlichungen zum Thema jüdische Verfolgungs- und Nachkriegsgeschichte und zum Rechtsextremismus.